阐释学年鉴

（2022年）

陈开举 主编

周新 张伟 副主编

社会科学文献出版社
SOCIAL SCIENCES ACADEMIC PRESS (CHINA)

《阐释学年鉴》编辑委员会

目 录
CONTENTS

第一部分　学术成果

哲学阐释学 …… 3

公共阐释论 …… 张　江 / 3

从话语到概念：作为哲学的诠释学的使命
…… ［德］汉斯－格奥尔格·伽达默尔 / 文　陈　莹 / 译，王宏健 / 校 / 28

理解、阐释与阐释的本质
——兼论强制阐释 …… 傅永军 / 39

“应用解释学”之“应用”
——以伽达默尔的“大学理念”为例 …… 何卫平 / 54

摘要收录 …… / 69

文学阐释学 …… 149

论文学阐释学之学理特征及功能 …… 李春青 / 149

生命与意义：论狄尔泰的“体验”概念与间在解释学 …… 金惠敏 / 164

“强制阐释”的逻辑辩误
——兼论“中国阐释学的建构”路径 …… 谷鹏飞 / 181

艺术活动的理解维度与诠释学辩证法 …… 李建盛 / 194

摘要收录 …… / 206

译介阐释学 …… 241

翻译符号学视域下符号阐释的意指秩序 …… 潘琳琳 / 241

莎士比亚十四行诗经典价值跨文化翻译阐释
——以黄必康仿词全译本为例…………………………… 吕世生　汤　琦 / 250
翻译规范本源性概念的中国诠释……………………… 喻旭东　傅敬民 / 261
知识翻译学的知识论阐释……………………………………… 李瑞林 / 271
摘要收录………………………………………………………………… / 285

法学阐释学…………………………………………………………… 296

个人信息处理者的自动化决策解释义务研究………… 何新新　徐澜波 / 296
据法阐释及意义探究…………………………………………… 陈金钊 / 307
论商标使用概念及其立法定义的解释………………………… 殷少平 / 325
民商事审判中“常理”的运用
——法理阐释、案例考察与规则设定………………………… 董淳锷 / 342
刑民交叉案件中的证据使用问题
——以刑事言词笔录为中心的阐释…………………………… 亢晶晶 / 368
印证原理的知识论诠释：理论纠偏与认知重构……………… 周慕涵 / 388
摘要收录………………………………………………………………… / 411

第二部分　学术动态

大事记…………………………………………………………………… / 465
著作出版………………………………………………………………… / 486

第一部分

学术成果

哲学阐释学

公共阐释论*

张　江

摘　要　阐释是公共的。阐释在公共空间展开，是公共空间中的相互理解与交流，而非私人空间的个体理解与自言。阐释空间具有自由性、平等性、宽容性、公共约束和共识性追求等特征。阐释的生成，以普遍的公共性要素为前提，为当代公共理性所规引。阐释的全部前提来源于公共、立足于公共，共通感、集体表象为人类普遍共同所有，语言、逻辑与知识均为公共精神积累。公共理性是阐释为公共的基本根据，是激发和推动阐释的积极动力，是约束和规范阐释的框架标准，是衡量阐释有效性的基本尺度。公共理性在公共阐释中实现功能，公共阐释在公共理性引导和约束下展开。阐释自觉是阐释公共性的本质要求，阐释主体坚持独立主体身份和清醒理性自知，深刻把握阐释的公共规律，满足并超越公共期望，以真理性阐释为目标，实现阐释的实践价值。

阐释是公共的。阐释在公共空间中展开。阐释的生成，以普遍的公共性要素为前提，为当代公共理性所规引。阐释的公共性，决定了阐释的有效性。有效性阐释未必是真理。自觉冲破公共理性期待，无限靠近真理性认知，是阐释的最高境界。如此判断及相关命题，涉及阐释学基本问题的讨论，即如何理解、定义、认知阐释，阐释的实践行为如何展开，阐释是否有效的衡定标准，阐释的创造性意义。本文试图回答：阐释何以公共；阐释的公共性如何实现；阐释学意义的公共空间、公共理性如何界定；如何坚持阐释自觉，提升阐释水准。

* 2017年6月，笔者所著《公共阐释论纲》（《学术研究》2017年第6期）发表后，引起各方关注。许多学者发表文章，对公共阐释提出商榷。五年来，笔者与国内外各方学者广泛对话，持续交流，从中国阐释学建构角度，撰写多篇文章，深入探讨有关阐释的公共性问题，有了一些新的体会和认识。本文对学界提出的部分问题做了回复，修正、调整了一些不够严整和完备的提法，对公共阐释概念及命题做出新的补充和阐发，以就教各方。

一　阐释在公共空间展开

阐释是公共的。此命题的首要意义是，阐释为公共空间中的相互理解与交流，而非私人空间的个体理解与自言。公共空间为阐释提供可能，阐释巩固和扩大公共空间。束缚于私人领地，意识主体可生成和推进自成一体的理性与非理性活动，但无公共意义，无阐释可言。阐释的公共空间，本有自在的诸多特征，保障阐释的正当展开与完成，保证私人话语提升为公共阐释。此为确证阐释公共性的第一要义。公共空间及其基本特性的存在，以及对阐释生成与传播的决定性作用，使阐释的公共化成为可能。所谓公共空间，前人多有论述，广泛涉及政治、经济、社会、文化诸方面。在阐释学的建构意义上，我们集中考察承载普遍精神行为的特殊空间，可称为“阐释空间”，区别于一般指称的公共空间。

（一）阐释空间的存在形态

阐释空间是一般公共空间的重要呈现。阐释空间的定义是，由人们的共同话语诉求表达而自觉结构的精神空间。共同话语为公共意；精神空间为形态意；自觉结构实现公共与形态的自然呈现。由此，阐释空间区别于一般的公共空间。公共是人类存在的重要形式。公共形态的具体样式，大致可分为物理形态与精神形态两种形式。共同物质需求，通过各种物态空间中的实际活动寻求满足；共同精神需求，通过各种精神形态空间中的话语交流寻求满足。物理形态的公共空间可以是多样的，诸如商店、车站、机场，以至公园、广场，等等。有特定需求的人们进入此类场所或场地，通过现实活动实现物质满足。精神形态的公共空间也可以是多样的，诸如各类媒体与出版物，以及大到各种社会组织，小到私人举办的趣味沙龙、各种主题的学术会议，等等。它们虽然不能离开物态空间的载体，但有特别需求的人，为寻求满足而进入空间，以在场或不在场的讨论、对话、交流等话语方式，满足精神需求。此类精神形态的公共空间，以话语及话语交流，即公共性阐释为主要形式而存在，可统称为阐释空间。物态空间与精神空间有别。从公共意义上说，进入公共物态场所的独立主体，虽然可以获得物质满足，但未必构成实际的公共关系。进入公共精神空间，即阐释空间的意识主体，虽然未必获得精神满足，但一定构成多方对应的公共关系，生产公共观念。其实现过程是，进入阐释空间的独立意识主体、同类质的精神共同体、各类不同形式的意识客观化载体，以其独有的思想观念与意志情感大范围地向外展开，并以相互之间的抵抗、博弈、交融，获取不断扩大的观念共识与情感共鸣，生产新的可靠知识，推进人类精神进步。阐释空间的公共，是无形但实在的公共。观念公共性构建区别于物理公共性的构建。阐释空间的公共品格，高于物态空间的公共品格。

阐释空间的讨论，是存在论阐释学的讨论。存在论的基本观点是，阐释是此在的呈现与展开方式。此在因阐释而在，阐释因在而阐释，可谓“我释故我在”“我在故我释”。在空间意义上，此在是空间中的此在。此在的空间由阐释而构建。阐释为此在提供空间可能，此在为阐释提供实际承载。阐释空间可为此在空间，意即阐释与此在共构同一空间，失去此在，阐释不在；失去阐释，此在不在。更深一层的意义，此在存于共在之中，但共在未必公共。公共之根在独立此在之间的相互关系。无相互关系的此在堆积，无公共可言。以相互的精神关系为构成基础的阐释空间，才是具有实在意义的共在空间。所谓“此在存于共在之中”，除了生活世界中的社会关系，此在得以共在，是此在的自主阐释，生产了公共关系，此在才得以共在。我们将论述，所谓社会关系，是天然、被动的关系；阐释创造的关系，是自觉、积极、主动的关系；因阐释而生成的共在，是精神意义丰富的真实共在。为清晰、准确地认知阐释空间的公共性及存在论意义，我们做以下辨识。

其一，公共空间与私人空间。公共空间是敞开的空间。在公共空间中，共同关心的话题是公开的。进入空间的独立主体，自愿敞开，自愿倾听，直观感受和认知空间内存在的各方立场与观点，以独立方式表达意愿与见解，争取他人承认。公共空间不关注私人话题。任何私人话题进入公共空间并得到响应，便为公共话语。私人空间是封闭空间。独立意识主体的一切话语止于自我，满足于自我理解，拒绝与他主体交流，由此而独为一体。私人不是一个数量概念。在家庭内部，独立意识主体可以是复数。家庭以至家族内部成员，虽然也是社会成员，其集体组合可为多数，但若利益和话题局限于家庭或家族内部，以至于秘不外传，其话语性质仍然是私人的。只有因为物质和精神需求一致，并形成某种理性共识，共同一致向外表达，为他人看见或听见，并得到反应，封闭的家庭、家族与外部的关系，才能转变或上升为公共关系。小农经济实体、手工业作坊，均为此列。

其二，公共性与社会性。人之存在天然就是社会的，普遍的社会关系决定人之存在。社会关系的限定性个体无法拒绝和摆脱。人一出生就在社会之中，各种社会关系天然就在，任何人都无可选择。人一出生，其社会关系立刻被确定。成人后，在不同场合，其社会身份鲜明呈现于当下，在场的每一个人都可清晰定位。生活在社会中的人有身份和阶层之分；在社会中生活必须服从刚性的秩序安排和社会管理。与天然的社会性相区别，人的公共性非天然生成。在一般状态下，公共是独立意识主体的相互关系，是自由选择的结果。特别是精神公共，独立意识主体可主动选择融入公共，亦可自觉阻隔于公共。与天然的社会关系不同，精神的公共关系，是多方意识主体的自觉构建。

精神的公共性，决定了相互对话的意识主体，自愿组成可以发生理性交流的自由团体，展开包括立场观点不同的对话、激烈的争辩与对抗，其对话主题与方式皆由共同体成员自主决定。自由选择的公共关系，无身份与阶层差别，亦无刚性的秩序安排，超越于无选择的社会关系。

其三，公共与公众。公共空间外的公众，是社会公众。公众强调的是单一主体以外的人群存在，更多侧重的是数量的集合而非意义和价值。公众领域中，不同利益的独立主体，可无任何实际关系，散漫聚合而成社会公众。参与社会活动的意识主体，怀抱各自的确定预期与目的，或凭理性、思想，或凭意志、情感，独立活动。独立主体之间各自的预期与目的，尤其是利益不同，以至于相互对抗与冲突。社会领域中公众意识经常是散乱与碎片化的。如无系统引导和组织，公众领域的相对集中与一致难以实现。公共则不同。具有相对一致的价值追索、共同的精神期望、集中形成共同关注的公共话题，使本无相干的独立主体、自觉结构为具有公共关系的群体。共同价值与意义的认知与追索，生产主体与主体间的一致性。公众因为期望、动机、目的不同，实际生活中可以是散沙般的状态；公共空间中的群体，因为其精神运动过程各要素的同向运动，黏合成共同体紧密的精神关系。独立精神主体的意义和价值诉求，得到其他主体的响应，获得集中一致的可能性，阐释空间中的群体关系上升为公共关系；共同体成员失去意义与价值的共同认知，无成员之间相对一致的自觉追求，空间内的公共形态则降低为空间外的公众形态。

（二）阐释空间的基本特征

阐释空间的首要特征是，具有共同关注的焦点话语。焦点话语的强大吸纳和辐射能力，吸引关注者主动进入空间，申明和阐释本已关注话题，并以此为手段，扩大和生产新的空间。阐释空间之所以公共，根本在于置身其中的成员共同关注某个话题，并就这些话题表达他们的态度和意见，求得其他成员的积极反应，发生有意义的对话。在一个物态空间内，共在其中的成员可以被看见和听见，但若失去共同关注的精神和话语交集，此空间非公共空间。最典型的是，在同一公共场所，进入场所的人各有关注，各取所需，尽管在场的所有人都可以被相互看见和听见，但无共同话语的生产和交集，在场的独立主体所言所行，不被其他成员关注和反应，亦即没有生产公共话语或焦点话语，公共场所中的存在者之间，不构成公共关系。公开非公共。进入空间的成员不仅被听见和看见，而且被反应，并由此而产生精神交集，生成主题一致的焦点话语，此空间才可谓公共空间。以此为基点，我们辨识，阐释空间具有以下鲜明特征。

其一，自由性。其表现在两个方面。一是，进入空间是一种自由选择。阐释空间一旦有人发起，就可能引起话题关注，生产可被听见的声音。他人如有兴趣，或赞成或反对，都可自主决定。参与或拒绝话题介入，均为主体自由选择，他人不可强制，或强制不发生效用。一旦被强制进入，进入者就不是公共主体。二是，进入空间者可自由表达一切意见。无人可以限制其开放表达。表达者可能有强制他人的企图，但他人有拒绝和反抗强制的自由。

其二，平等性。阐释空间中的主体，我们称作公共主体，是平等的主体。平等的含义是指，空间外的独立主体，无论何种身份，一旦进入阐释空间就为公共主体。公共主体之间无高低上下之分，与空间中他者关系为且仅为平等关系。平等对话与交流，无引导或被引导关系。公共主体的影响力，说服他人，争取他人承认的力量来自话语本身。阐释空间中，话语的力量是公共力量。真理性的号召，一致性的认同，有限的重叠共识，仅仅依靠公共主体本己话语的说服力和影响力。以权力征服他人，公共空间即刻坍塌,公共主体瞬间破碎。阐释空间承认传统和权威的影响力。但在阐释空间中，传统和权威与同时在场的所有公共主体平等。传统与权威亦要通过说服，维护和树立自己的权威。公共空间中的权威挑战,可淘汰和摒弃权威和传统,生成新的权威和传统。

其三，宽容性。公共空间的宽容有三。一是，主体宽容。任何有焦点话语渴望的主体，均可进入空间，并被宽容。二是，话语宽容。任何话语均可表达并被倾听。尤其是不同意见和表达，是公共空间的生命本色。三是，结果宽容。无论话语交集和碰撞出现何种结果，阐释空间和阐释主体均可容忍。其例外是，不被接受和承认的话语主体，因无任何响应，自动退出空间。宽容的主旨是，无限制广泛接纳各种意见为公共阐释主体共论、共享。无论正确与错误，各种意见的生成与流变，均记录于空间历史，由后人讨论、评说。宽容性一旦被毁，公共性亦难存在。正因为如此，公共空间得以创造公共知识及知识群体。

其四，公共约束。阐释空间是多主体的集合空间，是主体聚焦的精神空间。所谓公共约束力量，一是，公共规则。公共规则是指明确的条文规定，诸如宪法和法律的规定。二是，传统与习俗。传统和习俗对阐释空间的影响深刻而执着。特别是在具有强烈民族特征的团体中，二者影响广大而深远。一般情况下，这种影响与规约，甚至是阐释空间的基本组织条件。三是，集体默认。默认规则不必有成熟条文，而是心之同然。特别在一个有共同旨趣的学术团体中，其范式与方法的一致性，约束其成员以此为范式，讨论和认知对象，展开阐释。离开共同范式，失去共同话语，共同体之共同必然产生裂痕，其新范式的主张者或说服他者转变，或被抵制而离开团体。

其五，共识性追求。阐释空间的共识性追求由三种力量决定。一是，阐释空间的组合动力是话语聚焦。对话语焦点的渴望与冲动使空间塑造成为可能。话语聚焦吸引空间外的主体进入空间，空间中的主体聚焦于话语，此为共识性追求的初始形态。二是，聚焦话语的阐释主体，期望提出能够说服他人的意见，空间中的其他主体，能够最大可能地赞成和接受自己的话语，产生话语效应。确切地说，阐释主体进入公共空间，聚焦于共同话语，其动机和目的就是实现以本己话语为中心的共识。此为共识性追求的进行形态。三是，经过多轮碰撞与淘汰，多层次多方位的整合与重叠，形成对焦点话语相对一致的判断和认知，结构凝聚力更强的话语共同体，并一致向外创造更广大的阐释空间，此为共识性追求的完成形态。所谓相对一致的判断和认知，是指空间中的公共主体并不追求绝对一致的完备共识，而是容忍差别认知，但为有限时段语境下的公共理性可能接受，其逻辑论证满足充分必要条件的不同阐释。由此，阐释空间的公共性得以完整呈现。

（三）阐释空间的创制

阐释空间，是阐释者及阐释群体自觉主动创制的空间。阐释是意识主体的自觉行为。阐释的目的，从心理学来说，是阐释者主动向外获取自我确证，从自我以外的他者获取自证满足。由此，阐释空间的主动创制就是必然。我们可以理解，汉语言系统中，阐之本义为开，打开闭锁障碍之门，向外创制公共空间，实现各方交流，标明的是人与人之间的直接交流。拉丁语系中，阐之本义为居间说话。希腊神话中的赫尔墨斯，在诸神与人类之间传递消息，同样为创制实现交流的公共空间，标明的是人与神的间接交流。古希腊的广场辩论、文艺复兴时期的文学沙龙、近代新闻业的兴起等，已是被人熟知的公共形式。阐释空间是有限的。历史上的公共阐释，似不寻求创制无限空间。究其原因，一是，身份有限。理想的阐释空间，是有无限自由加入的空间，但自由是有限自由。身份限制是刚性的。阐释空间之阐释，其主要工具是话语和文字。阐释的目的是争取共识。进入此空间的人，一要有基本知识准备，阐释中能够提供他人可以共享的知识；二要有专业表达能力，对话中能清晰表达自我意向，为他人无歧义理解；三要有敏锐的判断能力，在复杂艰深的辩论中，做出可能获得认同的正确判断。二是，规模有限。企图和能够参与空间阐释的主体可以无限，但不是所有人在同一时间，进入同一空间共同参与阐释。无限的人群于不同时间，参与不同空间的阐释活动，在量的规模上决定了每一确定空间有限。阐释空间的规模不是越大越好。充分的理解与讨论不可能在大规模的人群中实现。大规模的参与，大概率状态是非理性煽动与恶性情绪的疯狂宣泄。三是，共识有限。阐释空间为阐释主体寻求共识创造条件，但阐释空间中的理性多元无限，空间成员在无限多元理性中寻求共识。一方面，有能力寻求共识的阐释主体有限；另一方面，无论如何努力，多元理性的刚性存在，形成的共识有限，形成完备的共识尤其有限。阐释空间无企图构建完全同一的僵化空间。

由此，引起我们注意的是，大数据时代网络公共空间的建构与维护。大数据时代的公共空间的崭新形式，为人的存在构建更广大的阐释空间。与以往公共空间完全不同，互联网上的公共空间，一无身份限制，二无话语限制，其空间构建完全由创建者自由掌握。例如微博、微信、抖音等，任何人、任何地点、任何时间，有基本网络操作能力的人，既可自由创建个人的话语空间，亦可自由参与他人空间。微信上的公众号，可以为任何感兴趣的人随时听见和看见。任何微小的话题，都可能引起万千人的关注。一些明星的微博、微信、抖音，甚至有千万计的关注与评论。一些专业性较强的学术类微信群体，也往往有成百上千人浸淫其中，以各种话语表达不同论调。大数据时代的公共性创制，与以往其他时代相比——从形式到规模，从方法到路径，包括其基本特性与实现程序——发生了无可比拟的变化。大数据时代的网络空间形式，为阐释的公共实现提供了无限巨大的舞台，为世间一切有表达意愿的人开通了广阔无比的顺畅通道。无数人在网络空间中呈现了自己，实现了表达愿望。网络的自由、民主、平等，极大地激发了社会公众的创造热情，新网络文化蓬勃兴起。网络空间是无限的自由空间。但是，也正因为如此，它也产生许多必须面对的复杂问题。就阐释空间而言，最核心的问题是，公共性的明显退化，造成诸多方面的严重危机。

其一，理性危机。公共空间以理性为基础，为公共关系提供可能。空间焦点关注以理性为主导。公共理性的规则、标准，既引导阐释主体理性表达意见，也约束其表达在合理轨道上运行。任何讨论与对话，均在理性框架下展开。理解与认知，以理性为准绳；说服与辩论，以理性为根据；可靠的知识是正确判断的基准。理性赋予阐释者以责任，为阐释提供有益话语，为他人信任和理解。网络空间则相反。网络主体常常缺乏理性约束，非理性意志、情绪、冲动成为网络行为的基本动力。讨论与对话，说服与辩论，理解与表达，常以非理性形式呈现，以至于无端的赞赏与愤恨、肮脏的诅咒与漫骂，已是网络表达的常见方式。非理性泛滥的网络空间，其公共性损害程度，已到令人难以承受的状态。

其二，身份危机。公共空间的成员，以确定的合法身份进入。以确定身份明示于他人，既可证明本人主体责任，亦可为他人所信任。坚持自我定位，一切阐释均为自主之言；保持思想独立，不为潮流和舆论裹挟；在各种复杂纷争面前，保持理性立场，不阳奉阴违，不随波逐流，不背叛自我。确定身份，保证公共空间可能具有真正的公开、公正。网络空间有所不同。独立主体身份隐匿，使公开为晦暗；独立主体身份多重，使公正不为信任。千万粉丝聚合的群体，失去身份保证，公共关系趋于支离破碎。

其三，共识危机。阐释空间以争取共识为基本追求。此共识是理性的共识，通过真诚的辩论与说服所得；此共识为可靠共识，以经过检验的知识为基准；共识一旦形成，阐释主体真诚信服，并以共识修正自己。网络空间亦有共识。而此共识已非合理正当的共识。其缺乏理性判断，随心所欲；背离良知本分，难辨是非；少身份尊严，多盲目从众。特别值得警惕的是，某个荒唐说法却为数量极大的拥趸所狂欢，绝非公共理性的作用，而是群体极化的结果。由群体情绪极化而生的所谓网民一致，绝非公共，且给公共及公共性带来极大伤害。

其四，导向危机。阐释空间的基本共识有强大的导向力量。具体过程是，空间中的某个独立主体，提出有凝聚力的公共性话语，讨论交流中的多重博弈、交叉、相溶，最终实现有巨大张力的公共阐释。阐释的进一步膨胀，可能迅速溢出空间，成为公众舆论，影响生活世界。此乃公共阐释的优势和社会价值所在。但是，现实网络空间舆论生产方式，经常扭曲话语生产及传播路线。某个人、某小团体、某大集团性经营公司，为种种利益所驱动，采取多种方式和手段操控话语，博眼球、带节奏，制造舆论假象，破坏现实秩序，消解舆论公信力，阐释空间的公共努力失去意义。

更为严重的是，资本的大量介入，甚至可以使网络的公共性走向反面。理想的阐释空间绝无资本影响，空间中的阐释以精神创造为原生动力。网络空间则不同，各种生长迅速的话语空间源生于资本，资本支配话语，话语膨胀资本。话语生产目的不是精神进步，而是资本快速增殖。在网络空间，资本的力量远大于理性的力量。理性为资本收买，话语为资本出卖。资本可以制造话语一致，可以凝聚强大队伍，可以伪装正义与公共。尤其是资本参与制造和控制舆论，以舆论影响人心与世界，使网络的公共性退化乃至消亡，必须高度警惕。

但是，人类理性必须正视，网络的客观发展不可阻挡，给世界带来的进步不可抗拒。世界不可能回到没有网络的过去。未来世界是网络的世界。网络发展为公共空间建设创造最好机遇。网络技术是公众走向公共的最大力量。公共空间建设的道路没有尽头。网络空间扩展的同时，强化理性引导，是当今阐释空间建设最紧迫的任务。

二　阐释的公共前提

阐释是理解之上的理性表达，因而需要多种可靠的前提准备。人之理解非由白板而起，阐释表达理解，其前提准备当然丰富、精细。阐释之所以公共，是因为阐释的全部前提，来源于公共，立足于公共，在阐释过程中连续发生作用，为阐释提供可能。阐释的前提准备是多方面的，大致可分为两类。一是，隐性的非理性前提，以人的生命本能形式为阐释提供准备。诸如共通感和集体表象，其存在与发生，不为阐释者所察知，也无须阐释者主动、积极地调用，完全以非自觉、下意识的方式发生作用，为理解和阐释提供初始准备。二是，显性的理性前提，以人的理性能力积极参与为阐释提供准备。诸如语言、逻辑，特别是知识的确证，其存在与发生，为阐释者所清醒知觉，并以主体的能动力量，自觉、主动地调用，保证阐释以积极的理性方式生成和展开。语言能力、逻辑能力、知识能力，是无可争议的理性能力。阐释的理性准备，在起点上决定了阐释的理性本质。无论隐性条件还是显性条件，皆为公共性条件。共通感、集体表象为人类普遍共同所有，语言、逻辑与知识均为公共精神积累。阐释的准备条件是公共的。

（一）共通感与集体表象

共通感与集体表象为人类所共有，此为阐释之所以可能的起始条件。人类能于诸多基本感知上有共同体验，实现人与人之间的基础性沟通和理解，共通感是原生性第一渠道。人类共通感有两重要素，一则生而有之，二则感受同一。中国古代，诸如孟子的仁、义、礼、智，人之固有，非由外铄。凭此天性，无须思维和语言，便可超越时空，既可得古代圣人先志，亦可得今人后天之感。普天之下互通互感，理解和表达便有可能。同见幼儿落井，共生怜悯之心，就是此理。至于西方当代，伽达默尔借维柯思想，清晰定义共通感之特征，认证此为人的普遍能力，使人类面对诸多现象，跨越时空而无阻碍地产生共同性感觉，主体及主体之间的理解和阐释得以实现。我们可与不同集团、不同民族、不同国家、不同语言和思维方式的人，产生并理解普遍一致的情感和意志，以及遍及生活世界的相同体验与感受，最基本的条件就是共通感。阐释与共通感紧密联系。共通感是阐释的基础性前提。阐释因共通感而可能生成和理解。需要强调的是，因为共通感绝非某个具体人所偶然独有，而是人类具有的普遍本能，所以是公共的。阐释以共通感为首要条件，为阐释的初始点，逻辑上已然证明阐释的公共性。

集体表象的一般提法是，依靠原始集体而共存的人类祖先，在与客观世界的长期对立中，各种不同自然现象反复出现并发生作用，使集体中的每个成员，对此类现象产生共同的感性体验，生出诸如尊敬、恐惧、崇拜，以至于真、善、美的原始心理体验与情感，经过漫长的历史积淀以至于基因定型，逐步上升为整个民族所共有，且可遗传的集体心理结构与深层认知模式，建构明显区别于其他民族的精神历史。与此相类似的集体无意识理论，更精当地说明原始表象对人的精神成长与基本认知的决定性影响。按照人类学的说法，集体无意识由原型构成，是超越个体的一般性心理基础，普遍存在于人类先天心理结构之中。集体无意识来源于原始人类的心理渴望，企图把所有外界感觉经验同化为内在心理的本能所有。中国古代神话中蕴藏的，我们可以称之为“民族情结”的集体意象，同样沉淀和积累为具有公共象征的集体无意识，影响民族文化与文明的生成与发展。共工集纳的英雄情结，女娲凝聚的母亲情结，神农代表的献身情结，伏羲体现的先知情结，等等，为世界各民族所共有，至今影响人类文化与文明的发展。各民族心灵历史上的不同原型，构建了整个民族的认知基础和构架。面对世界，此世界包括全部的自然和精神世界，当然也包括随时等待阐释的文本，集体无意识及其原型构成，将影响甚至左右阐释者的认知和阐释，而阐释者却毫无自觉的意识把握。只要是阐释，包括在理解和认知基础上的理性阐释，都无法摆脱集体无意识的影响和作用。与共通感一样，集体无意识是普遍的存在，所以为公共。它们是人类认知，因而也是阐释的公共前提。阐释在集体无意识的作用下生成和展开，阐释的公共性不言自明。

（二）语言与逻辑

阐释是语言的阐释。作为理性的阐释活动，语言是阐释的唯一形式。语言为什么是公共的？其一，任何词语的能指和所指是共识的。一个确定的词，可以是多重意指。特别是不同词性，其所指可能完全不同。但是，以下两种情况当然存在。一是，无论有多少不同词义，其数量为有限，而非无限。有限的不同词义，是被语言使用者所一致同意的。一个独立的词，在词典上有 20 个不同义项，但这 20 个不同义项，是使用语言的人约定俗成同意可以如此的意义，才可能进入词典。这里的一致同意，是统一的公共同意。二是，每一个确定的词义，只能在具体语境下实现。语境一旦确定，词之多义受到限定，只能代表确定的意义。语言公共性何以规定？词语意义的共识及共识所要求的同一使用。共识和承认，是语言生成的基准条件。没有共识和承认，就无语言的生成，也无可以通用的语言。此为语言公共性的充分说明。其二，语言的规则是共同遵守的。仅有确定词义的共同认知远远不够。语言表达需要统一的规则。无规则使用语言，使用者之间无法沟通。语言规则是语言可以使用的刚性条件，特别是复杂语义的表达，必须服从规则，语无伦次不可能表达为人理解的复杂意义。规则是在语言生成初期就开始酝酿，经长期的使用，最终约定而成的。这同样是一个经过承认，达及共识的过程。这是语言规则所以公共的道理。公共语言为阐释提供公共前提，语言使用者共同遵守词义与规则共识，发出可理解和沟通的话语，语言的阐释当然是公共的。逻辑同然。有了语言和思维就有逻辑。语言要有字与词的排列组合。字与词的排列组合要有规矩。这种规矩不仅体现为语法规则，更深层的则是逻辑。在亚里士多德和墨子规整逻辑以前，简单的逻辑就被无意识地普遍使用。在此之前的哲学家，譬如苏格拉底与孔子、老子，早已熟练运用逻辑约束言语，以规范思维和表达。逻辑是否为先天能力，这里不做讨论。但逻辑是阐释的必要前提，无逻辑则无阐释，或曰无逻辑的话语不是阐释。我们立论阐释是理性的，其重要根据是，阐释必须以逻辑的运用为保证,简单的话语表达才可能提升为理性的阐释。逻辑前提是公共前提。其要义是，逻辑是普遍的思维能力；逻辑规则为所有理性人一致同意；一切阐释必须遵守共同的逻辑规则。如此，逻辑的公共性已然呈现在我们面前。语言和逻辑的公共性前提，进一步证明阐释的公共性。

（三）知识信念与知识准备

这是要重点讨论的问题。在心理学意义上，阐释的基本目的和动力，是将本己认知公之于众，论说认知合法，求得他人响应，由外而内地实现自我确证。认知由感觉始。共通感、集体表象的心理存在，是感知世界的原始起点。从此起步，有语言与逻辑的正当参与，感性直观上升为理性思维，理性思维的自洽与完备，特别是对具体问题的完备认知，使阐释成为可能。这是人类认知与阐释的基本程序，无法绕过和超越。这里有一个关系问题。有了共通感与集体表象，两者相互补充，无意识地发生作用，因此而有粗陋的心理体验和体验反应。这种体验的外显和表达，不是阐释，尤其不是理性阐释。体验式的表达，因为各人的体验不同，无法达到外界反应的一致性，无法达及阐释的公共效应。特别是学术与理论性阐释，如若有效，即能够说服他人，得到他人承认，进而载入学科史、学术史，实现广大而深远的公共效应，必须依靠知识，依靠经得起历史检验的共同性知识，为阐释提供确证，为阐释立法。以知识证明及证实阐释，是阐释生成和有效的必要条件。由此，必然地涉及有关知识论的话题。从知识论的立场看，以下判断应有共识。

其一，知识的公共性决定阐释的公共性。知识是人类在长期的物质与文化活动中创造的精神产品。在自然科学领域，知识的成立立足于两点。一是，客观性，即主观认知与客观存在的一致性，也就是所谓“符合论”的表述。在自然科学领域，就人类对客观物质世界的认识而言，客观性是第一位的。二是，共识性，即人类对客观性知识跨越时空的共同承认。在这个领域，因为真理而共识，因为共识而真理，真理与共识是一致的，知识的可靠性无丝毫漏洞。精神科学则不同。精神科学知识，也就是对精神现象的真理性认知，以有限共识的状态呈现。所谓真理性认知是指，在精神科学领域，对精神现象，特别是对现象的价值认知，是动态的社会历史过程，虽无法达及认识与本相完全一致的相符，无法达及普遍一致的价值认同，但可以无限趋向和靠近。所谓有限共识，既是指不是百分之百的人承认，而是部分人，甚至是少数人的承认，同时也是指，在时间上，随着实践与时代的进步，新的知识未产生以前，旧的和不完备以至于错误的知识，或曰被认为是正确的知识未被证伪以前，被暂时承认和接受。

在这个领域，真理离不开共识，共识未必是真理。更重要的是，在自然科学中，对立的知识是不存在的，客观的物质实践，无论时间长短，终究要给出可靠的、确定性的结论。在精神科学领域，两相对立，甚至是多元对立的知识，可以长期共存，无限传承。所谓共识，在精神领域，只是有限和相对共识，是知识为知识的根本标准。这是精神科学领域永恒的、无法改变的常态。这里的逻辑是，共识是公共知识的重要标准，公共知识为阐释供给前提，以知识理据为阐释提供辩护和认证，阐释的公共性无法摆脱。

其二，知识的公共性提升阐释的公共性。知识的所与，建构阐释的高级形态，阐释的公共性因此而进入新境界。这里的对比是，仅以共通感和集体表象为根据的阐释，是阐释的准备形态。所以谓准备形态，其理由有二。一是，共通感及集体表象只能隐性发生作用，是自发的心理行为，不能为阐释者所自觉调用，其原始思维的本性作祟，盲目随从与自我流失乃为常态。二是，此类心理性言说，只是对个人原初体验的表达，虽然可能借语言和逻辑而生产，却无任何知识信念与根据，阐释的可靠性无法保证。一个简单和粗陋的阐释，可以蔑视和抗拒知识，直接表达阐释者的情绪和感受，虽然具有心理的直接给予，但无法具备强大的说服能力，达及阐释的公共目的，阐释的公共性自然消解。信仰和依靠知识的高级阐释则完全不同。在共通感和集体表象的初始作用下，以语言和逻辑为手段，积极主动地调集和运用知识，精准证实阐释；阐释对知识的信念与接受，反转为知识所与，丰富和扩大人类知识。阐释的公共本性，进化为对知识的责任与义务，阐释的公共性进入新境界。

其三，知识确证与阐释确证的统一。人类知识体系由阐释而建构，此为不争的事实。东西方轴心时代以降，古希腊哲学及中国先秦子学，是东西方两大知识体系生长繁衍的基点。阐释旧典，生成新典，必须依靠不断积累的庞大知识集合，通过运用和引证，为己辩护。具体说，在西方，从亚里士多德到理查德·罗蒂，引证前人必不可少。哪怕是坚持虚无主义、怀疑主义的经典大师与文本，譬如休谟、德里达，用他人论说证实自己，同样习以为常。在东方，孟子引证孔子，朱子引证孟子，以致无穷引证下去，贯穿世世代代，建构中国本土的庞大学术体系。今天的学术规范，第一要求就是历史沿革清晰，以精准引证前人确定可靠的知识为证据，为新的阐释提供证明。这就是阐释的知识运用。上述现象证明此运用的必然性。按照知识论的观点，此类运用，证明了阐释者对知识的完全承认。其逻辑根据如下：首先，坚持对知识的信念，相信知识是可靠的，可以信任的。其次，认同知识之真理性，其表述与事实完全相符，具有压倒性的说服力量。再次，相信知识可以被检验，阐释者的引证，有效地证明自己、说服他人，就是新的检验，可以反复证明知识的真理性、可靠性，不断巩固对知识的信念。

如此知识论立场，对阐释学的意义重大。要害是“确证性”问题。从阐释学的意义讲，确证性结果，特别是确定性追求，是不是阐释的终极目标和基本动力？两千多年的学术史，对此争议甚大。大致划分，对立两极，是或不是，可能与不可能对抗尖锐。语言观的表现是，“言尽意”和“言不尽意”的抗争。以文本阐释为例，前者相信，言可尽意，以言阐释，阐释者之意可准确无误地表达出来，且能为接受者无歧义地理解和把握，并由此而得道入理。后者相信，言非尽意，以言阐释，因言之多义且无法确定，阐释者之意不可能准确无误地表达出来，只能为接受者各自独立理解，阐释无确定性可言。后现代以来，此论及其辩护已为阐释学的主流。在认识论上，以世界或对象的可知与不可知为主要线索，阐释可以而且应该有可靠的结果，并作为普遍共识进入人类知识体系，合法传承下去。此为可知论的确证性立场。阐释没有也不应该有确定结果，要所有的阐释者对一种现象，有同一的确定性理解与阐释是不可能的。此为不可知论的非确定性立场。在知识论上，知识如何被确证，其可靠性源自哪里？确证性的观点认为，知识是被各种形式和方法确证的，一旦作为知识被认可，就是可靠的。对立的观点是，确证性是相对的。一个时期被认证的知识，另一个时期可能被否定；一个领域里是正确的，另一个领域就可能是谬误。尤其是精神现象的认知结果，更无确证性可言。其不可重复，不可实验，不可预测，精神领域的知识，确证性难以实现，其可靠性当受质疑。我们把知识作为阐释的必要前提，知识的信念为高级阐释形态的根本标志，就是认定阐释的确定性或确证性是可能的，是阐释的最终目标。从大的方向说，每一个阐释者，都是追求确定性的阐释者。只不过是每个阐释者都坚定地确证自己的阐释是确证的。正因为如此，才会有“一千个读者，一千个哈姆雷特”的现象。每一个读者都认定，只有自己的哈姆雷特，才是真正的哈姆雷特。表象为多元认知，本质上却是毫不妥协的确定性认知。我们倾向，在语言观上，在确定语境下，多义的词语其意义是确定的。词典上集合的词语多义，是不同语境下的不同意义，而非确定语境下的不同意义。词典不讲语境，而词语的使用是具体语境下的使用。不应把确定语境下的词语确证性使用与多语境下词语多义性的示例集合相混淆。言必尽意，否则无言。我们可以质疑，所谓“言不尽意”是不是尽意之言？

必须承认，怀疑论和不可知论有其生成的道理。世界无限，人的认知能力有限。面对复杂现象的无限流变，认识的确证性只能是相对的。但同时必须承认，人的认识能力无限增长，认识的目的就是从无知到有知，从完全的不确定到逐步地有所确定。这是人类生存和发展所必然要求的，否则，如何在绝对不确定的环境中延绵存在至今，发展壮大如斯？从辩证的观点看，怀疑论是对确证性的怀疑，即怀疑确证性，主张非确证性，已然是对非确证性的确证。在知识论上，知识必须是确证的。非确证的认知只能是意见，或中国古代所称的“私意”，即某个独立主体甚至是群体，对现象及问题的猜测和假说。知识的确证不能以主观信念为标准。知识必须经过实践检验。自然科学知识一定要为实验和预测结果的反复出现所检验。精神科学方向，理论上的演绎，最终要为其实际应用所证明，从而由假说提升为知识。人们的知识信念，是在知识可以被检验的基础上建立的。这种检验不仅依靠相信知识的人亲自检验，而且依靠人类的整体实践，包括确证性的知识相互检验。人的信念不是知识确证性的标准。阐释以知识为必要准备，是因为知识是经过检验的确证性知识，用以证实阐释可靠，阐释由此而提升，进入更高一级的理性阶段。

值得注意的是，知识信念的确证有其消极的一面。人类近三千年的阐释经验证明，知识前提是双刃剑。阐释学立场的知识论，不是单向度地强调知识前提的积极意义。与共通感及集体表象所生产的先入之见不同，长期的知识积累所必然产生的思维定式，对阐释的消极影响难以剔除。当代心理学大规模的实验证明，人的心理偏好是，只关注和接受对自己已有认知和判断有利的信息，自动忽略和排斥不利信息。知识认证同样如此。阐释过程中专注寻找有利于证实自己正确的知识信息，忽略和掩盖对自己不利的信息，制造已有知识与本己阐释完全一致的虚假相关，证明阐释的正当。此种引证貌似知识引证、权威引证，为知识与阐释的虚假一致罩上了天然正确的光环，他人不敢或很难识别。更重要的是，知识认证所附带的信念力量，当其引证和结论失去恰切辨识，包括给予沉默的反应，阐释者就会盲目确信本己之正确，错误甚至荒谬的阐释结论，自然融入阐释者的自我认知图式，嵌入所谓“前见”的固态结构之中，大概率地持久干扰阐释者的理论思维，使其认知与阐释偏向一隅。但是，我们依然坚持知识论的正确立场，绝不因此而否定知识的存在和作用。知识与知识的认证不同。上述思维定式的产生，是认证者心理与思维的固有缺陷，而非知识本身的错误。因为对知识的错误使用而怀疑和否定知识，产生所谓“知识恐惧”，不是正确的立场。没有知识不可能生成阐释。与共通感和集体表象，以及语言和逻辑前提相比较，知识的准备及认证，不仅是阐释生成的必要条件，而且是阐释提升的核心动力。高水准的理性阐释，必须有知识包括传统知识以及当下最新知识成果的支持与认证。一句经过千百年公度性考验的经典结论，一定具有穿越时空的强大力量。一个经实践检验为正确的理论观点，其说服力与号召力难以估量。这也是伽达默尔强调的所谓视域融合的用心所在。在知识论的意义上，我们坚信，真理性知识是科学阐释的可靠根据。合理恰切的知识认证，是阐释提升的可靠路径。

三　公共理性及其阐释学意义

公共理性是公共阐释的核心概念。其核心意义是指，公共理性是阐释为公共的基本根据，是激发和推动阐释的积极动力，是约束和规范阐释的框架标准，是衡量阐释有效性的基本尺度。公共理性在公共阐释中实现功能，公共阐释在公共理性引导和约束下展开，公共理性为阐释立法。阐释学构架下的公共理性当有以下讨论。

（一）公共理性的要素构成

公共理性意蕴丰富。政治学、社会学、伦理学均有依附本学科基本理念的独立表述。哲学及哲学史上的基础性意义更加广泛且深刻。无论各学科对此认知存在多少差别，在阐释学框架下，公共理性是个体理性中可通约要素的最大组合，而非个体理性的简单叠加。个体理性中蕴含大量个性要素，可通约及可共享者，即为公共理性能够接受并吸纳的共同要素，合理建构为公共理性的完备形态。公共理性是有层次区别的。罗尔斯所期望的可以保证普遍公平正义的公共理性，是最广大范围、最基本要求的公共理性，而其他领域的理性，诸如大学、学术团体等共有或共享的理性，他则视为非公共理性。阐释学认定的公共理性有所不同。在人类长期的阐释实践中所成就的公共理性，除包含作为一般规则和标准的低层次理性外，亦有为阐释的公共空间所承认、不同共同体所共享的公共理性。它包含学术共同体所秉承、具有专业水准的理论理性，诸如各学科及各专业所必须具备的伦理道德、价值判断，以及特殊的学术范式、学科规则等，均为阐释理性所容纳。失去这一点，阐释的公共理性将失去诸多基本准则，失去存在意义，或者说无阐释可依准的公共理性。借鉴各学科研究的主要成果，阐释空间中发生作用的公共理性，当包含以下三个方面的内容。

其一，均衡的理性能力。毫无疑问，公共理性首先是理性能力，是公共空间中所有成员共同持有的理性能力。原始的公共空间本无理性。众多独立的阐释主体，因共同的理性关切，结构阐释空间。经由复杂多元的个体理性的冲撞与磨合，多重个体理性在共存共融中逐步凝合为公共理性，赋予阐释空间以蓬勃的理性生命。公共理性是独立主体理性多重淘洗后的综合。独立阐释主体在空间中公开运用理性，不断消磨融解天然具有的理性分歧，强化空间成员总体相向的理性自律，最终生成整个空间可能承载，全体成员可以接受的理性运用方式，形成公共理性能力。具体的行程路线是，独立理性从对确定现象的共同关注入手，以多种理性方法的综合运用，逐步展开及完成独立认知，并与空间中其他成员共享。与此相随相伴，全体或多数成员所有的独立理性充分展开，多种理性方式相克相生，最终融为通约各方的公共理性。我们强调，公共理性是独立个体理性能力的无限重叠，相克而后相生的集体能力。其理由是，公共理性承载于空间中的独立主体，其理性方式及其运用，具有与公共理性相当不同的个别性、独特性。独立的个别理性不断重叠，相克其对方无法或不能接受的特殊方式，相生双方能够共同接受和共享的一般范式，此为理性叠加之意。公共理性是独立理性的普遍均衡。其理由是，阐释空间中的成员，其独立理性能力是差异的。理性偏好、理性水平、理性能力各有不同，理性分歧由此而生。公共理性均衡是指独立个体的能力均衡，由高能力与低能力的博弈与整合而成的平均能力，此为均衡之意。诸如历史理性，每一个人都有自己的历史期望，但最终结果是期望综合，既是又不是个别历史主体的期望。公共理性是个体理性能力的均衡综合。

其二，理性规范与准则。普遍的规范和准则，界定了阐释空间的独立存在。其主要构成因素有四。一是，理性运用所必须遵守的基本规范。语言规则、逻辑规则，是普遍交往及交往可能有效的前提。用可以互相理解的语言交流，遵守一般的逻辑规则，使理性的公共运用成为可能。比较特殊的是，确定的学术公共空间，参与其中的理性阐释者必须遵守特定的范式约束，以范式为准则，运用理性进行理解和阐释。对阐释共同体而言，范式是理性信念，这个信念建立于普遍承认的知识性成就之上，为阐释空间成员提供理解和把握阐释对象的共同理念、基础性概念框架与方法，一些学派传统中持续流传的成功历史范例，等等。在方法论意义上，唯有科学的理性范式，能够有效组织和规范阐释共同体的建构与传承，引导和推动共同体成员开展正常研究，取得成就。范式是阐释共同体的根本标志。二是，空间成员的情感、意志，以及社会心理与价值观的复杂交织。公共理性绝非简单的思辨与逻辑理性，即康德的纯粹理性。按照中国传统的理性构成，理与性，即情感、意志、本能、直觉等，集合为复杂的智慧理性。公共阐释的生成与展开，不仅是纯粹理性思辨的碰撞和纠缠，而且是空间成员的伦理观念、价值选择混合作用的结果。三是，精神理想，或具体化的阐释期望。阐释空间的成员，具有基本一致的精神理想。可知论就是其中的一种，认为或确信未知对象终究是可知的，且有可行的路径、方法达到可知。知识论亦是一种理想，相信知识可靠，阐释的可靠结果经实践检验可确证为知识而得以传承。解构主义颠覆一切传统，塑造无标准、无目标的虚无主义境界，也可视为理想。共同或相通的精神理想，是公共理性必不可少的结构要素。不同的理性集合，秉持不同的精神理想而维持其公共性，使公共理性呈现多元色彩。四是，公共空间外的多种因素作用。公共理性是公共空间界限内的理性。其构成由公共空间中的独立个体理性结构而成。空间中的个体不仅在空间中生活，而且在空间以外生活。可能不仅参与一个空间的活动，而且要进入其他更多空间参与活动。由此，空间外诸多因素，必然影响公共理性的构成。其中意识形态及社会风俗的影响，应给予足够的重视。意识形态对公共理性的形塑力相当强大。在一些特殊条件下，意识形态可以决定其生成方向和展开方式。社会风俗同样如此。传统深厚的民族风俗及民间习俗，对精神现象，特别是审美认知及接受的影响常常具有决定性作用。

其三，度量标准。公共理性以认知标准存在。其表现形式是，在确定空间中，公共理性以自身为检验标准，引导空间中的活动主体，生产和接受符合其理性要求的认知。一是，以范式为标准理解现象并加以阐释，如此理解与阐释，有最大可能被阐释空间成员所认同。多数空间成员，在多数情境下，理性选择服从范式，符合范式要求的认知和阐释因此而大概率地出现。囿于范式的约束，空间成员中企图背离范式者，需要以强大的阐释力量征服他人。既要承担被空间排斥的风险，又要经受时间风险。如此可确认空间中的认知和阐释如何为公共理性所约束。二是，一种新的认知或阐释是否被接受，主要由公共理性所决定。在多数状态下，面对严重相悖于公共理性普遍标准的阐释出台,空间成员的自动反应是公共理性的接受程度。语言、逻辑的全息扫描，情感意志的价值选择，精神理想的期望一致，共同范式的快速鉴别，都将以标准的姿态自动出现。首先是整体感觉，进而为细节对照，再进一步的是理性辨识与检验。公共理性的规范与准则，自然成为检验认知与阐释的标准。公共理性认可的，空间及空间成员就予以认可并传播；公共理性拒绝的，当被否定并抛弃。三是，公共理性的接受，可以概率论的中心极限定理描述。此定理指出，大量的独立随机变量之和，呈标准正态分布。它可以说明，如果以公共理性期望为中线，其左右两边的认知或阐释，大概率地靠近或趋向中线，即公共理性的一般判断。这就从阐释结果一端，证明了阐释为什么是公共的，赋予公共阐释以合法地位，或曰为公共阐释立法。

（二）公共理性的实现形式

公共理性是一种特殊的精神存在。其存在与功能实现，具有鲜明的独立特征。

其一，隐性而非显性存在。在阐释空间中，公共理性以隐性状态存在。一是，从内容说，作为能力与规则的公共理性，内容广大，复杂玄奥，很难确切定义。特别是与心理及智识有关的直接感受，无法罗列为具体条例，确切完备地加以表述，只能以隐性状态存在，给空间成员以心灵感知。二是，从表达形式说，公共理性所蕴含的能力、规则、标准，包括对阐释行为具有重要引导作用的学科范式，无法明文规定。而在政治、社会、文化领域，公共理性可以将政治制度、法律条文、行为准则、动作规范等，以确切文字书写，物化地呈现，为公民清晰知晓。如此隐性特征，决定了阐释者无法以纯粹理性的方式完全把握公共理性，而是要将感性知觉、心理体验、心灵契合等非理性方式，融入公共理性之场，在长期的氛围浸润中，逐步自觉地掌握和运用公共理性，成为公共理性的负载主体。隐性不是隐秘，更不是神秘主义。隐性存在的公共理性，显性地发生作用。进入阐释空间,公共理性对每一个阐释主体无差别地产生影响与约束。能够适应并服从者，就为空间所容纳，其阐释可能为共同成员所接受。反之，则被训导或排斥。此为完全显性的过程。

其二，自愿而非强制接受。公共理性的引导与约束呈柔性状态，由阐释者自愿接受。一是，阐释空间为参与者因有共同话题而主动加入。空间所有的公共理性，当为参与者预知并默认，可证参与者自愿接受约束，而非被空间或空间中的他者强制。二是，公共理性的作用方式无任何强制力。服从理性约束，可在空间中顺利展开阐释，不服从者，可自觉离开空间而无任何限制。三是，公共理性以宽容为本。公共理性不直接参与阐释活动，而是通过参与者的理性选择发生作用。它如看不见的手，通过阐释结果的接受程度，间接调动空间成员自觉按规则展开阐释。对话、交流、协商，是公共理性发生作用的基本程式。有悖理性引导和约束的阐释，可被宽容而无丝毫局促，在各方合理妥协下，形成符合或近似符合公共理性期望的结果。四是，公共理性亦可协商。富于创造性的阐释群体，一定具有冲破已有理性期望之束缚，发出颠覆性主张的企图。阐释的价值就在于生产新的意义，突破陈见束缚，创造新的知识。所谓范式革命，正是创造者打破旧范式、创立新范式的革命性行为，催生公共理性以整体进化。公共理性的总体效应是正面的、积极的：公共理性是人类世界构成的精神基础；无公共理性和理性作用，人类生存与发展皆无可能；人类进步以公共理性的进步为标志，理性进步，是人类最根本的进步；阐释以公共理性为基础；公共理性为阐释提供可能；等等。正因为如此，公共理性自然带有消极的一面。其突出一点，就是束缚和消解理性主体精神与思想的创造性。特别是在有限的阐释空间中，群体极化、从众心理的压迫，使理性主体随时遭受非议和打击，因此而彻底磨灭创造性力量。这就是古往今来，能改变人类精神历史进程的真正创造者少之又少的根本原因。如此便可体会，公共理性宽容与柔性的一面，具有何等宝贵的意义。

其三，公共理性与个体理性相互依存，个体理性必然产生公共理性。公共理性由个体理性承载。个体理性的公共运用，生成公共理性。公共理性既是阐释空间中的普遍理性，也是空间中成员的个体理性。公共理性是个体理性的抽象，不能脱离个体理性而独立存在。公共理性为理性一般，个体理性为理性个别。公共理性存在于个别理性之中，通过个别理性显现和发生作用。为什么会有公共理性？个别理性的多元存在，决定了阐释多元。在确定的阐释空间中，寻求共识需要以公共理性为尺度。为什么要寻求共识？个体理性是有限理性。个体理性的思维能力与价值判断天然束缚个体，决定其理解与阐释带有极大的局限性，只能是个别的、具体的。其真理性、有效性，说服和穿透能力，需要公共理性的支撑与认准。共识如何取得？在阐释空间中，其成员就共同关注的问题发表意见，任何话语均以“私意”出现，即由独立个体率先提出本己意见，多元的本己意见混杂交织，经过对话、讨论、批判，赢得他者承认，于是有多元理性状态中的重叠共识。共识为什么一定会有？本体论意义上的阐释，是此在的展开和显现，是此在得以共在，或此在为共在承认的唯一手段。每一个阐释者必然和必须以阐释达及共在，这本身就是一种共识图谋。心理学意义上的阐释本质，是阐释者以本己阐释争取他人承认，实现自我确证的心理冲动。这个心理冲动是天然的、本能的、不可遏制的。某个或某几个的阐释者，能够大范围实现期望中的自我确证，当然是共识性追求的结果。这里的共识，是汉语“通达”意义的共识。达为“迭”义，迭为“代”义、“互”义，是既有一方取代另一方，又有双方重叠互有的共识，且以后者为主。此类共识，经过实践检验而为确定性知识，将作为公共认知，最终以多种方式融入公共理性。由此可以证明，只要有个体理性的公共运用，就一定会组织和结构新的公共理性。公共理性不是不切实际、无法实现的所谓“理性理想”，而是正当阐释的必然要求，是人类思维和理性运行的客观必然。在公共理性引导与规范下运用个体理性，是人类理性在，且能在的可靠基点。

其四，流动而非固化。公共理性是变化与流动的。没有永恒固化的公共理性。无论形式还是内容，公共理性之变为绝对。查其动因，一是，理性的知识信念，决定理性依赖于知识发展而进步。旧知识的否定，新知识的产生，促进理性不断更新。婴儿蒙昧，少年幼稚，成年而近完满，个体理性进步轨迹明晰。由此而抽象的公共理性，由薄弱而强大，由混沌而精纯，轨迹相似。此为个体发育与系统发育一致性的典型表征。二是，阐释空间的结构变化，主要是成员结构的变化，老人逐渐退去，新人不断加入，观念由此而流动。突破传统，挑衅权威，新的价值观念，新的阐释理念，皆由新人创造。站在时代前列的新人，成为新理性的集中代表，牵引和带动公共理性不断变革。此为人类理性进步的常态，古往今来，无一例外。三是，科学的发展，重大成果的出现，直接打碎旧范式，生成新范式，改变公共理性的基本面貌。特别是以学科、学派为代表的学术共同体，本领域的学术与学科范式，是公共理性的核心内容。范式发生变化，共同体成员默认的理性规则发生变化，新的公共理性随之而生。四是，时代变局，以及由此而来的语境变化，直接催生公共理性的革命性变革。在此过程中，整个时代的整体意识被彻底改造，阐释公共性的价值基础发生变化，其基本规范、标准必然随之而变，阐释空间中发生效用的公共理性重新构型。

如此，阐释的公共实现需要深入讨论。从阐释的正态分布看，接近公共期望的阐释被普遍承认和接受，远离期望中心的阐释，通常是与在场的公共理性相背离、相反对的阐释，被冷落和弃置，位于接近底线的无限远端。一旦出现公共理性的变化，曾经不符合旧的理性期望的阐释，为新的理性期望所接受，不断靠近理性期望的中线，其地位与影响也发生积极变化。直接的函数表达是，无限远离期望中线的阐释，迅速移至中线附近，成为公共理性所承认和接受的阐释，实现其私人理解向公共接受的根本转化。公共理性的变迁或进步，决定阐释公共性的实现状况。此类现象，为人类精神发展史所反复证明，可视为人类精神与理性进步的一般规律。

（三）若干关系辨析

公共理性的特殊形态，与其他诸多精神和心理现象发生紧密关系，产生诸多难以辨识的混淆，公共理性概念因此而多被质疑。其中以下几个问题值得重视。

其一，公共理性与群体心理。阐释空间成员结合与个人聚集的社会群体不同。前者是多有共同关注的精神需求，且有选择的主动结合，后者是少有共同关注的精神联结，为无选择的被动聚集。理性与心理的差异深刻。理性中有心理成分，但理性的公共运用，以理性为主导，心理因素，诸如情绪、意志、直觉、生理冲动等，当然发生重要作用，但必须服从理性制约。阐释空间中理性的公共运用是克服心理冲动的有效力量。由此出发，公共理性的运用与群体心理的释放有以下明显区别。一是，公共空间中的阐释主体发出见解，其目的是在批判和反思中，不断靠近事实本相和真理，包括价值性真理。这种批判和质疑，本质上是背离众意，而非顺从众意。阐释主体恰恰是在对抗与诘难中实现自我。群体心理的基本取向是，几无任何思考与辨识，在权威或舆论的暗示和煽动下，盲目从众，湮灭自我。二是，公共空间中的阐释主体，以其强烈的主体意识，承担严正的理性责任。主体阐释为自我负责，真诚运用理性，少虚掩与夸饰，不违背自我；为批判对象负责，以理性面对他人，坦诚说理，少强制与责难。阐释主体绝不随意放弃责任，为阐释的真理追求，无丝毫在群体行为中普遍存在的"社会懈怠"。三是，坚定的阐释自信。秉持空间主体对自我及其阐释怀抱自信。对理性的信念、对知识的信念、对共同体的信念，使阐释者勇于坚持独立思考与判断，相信独立思考的意义和价值，相信在不同意见的讨论中，对手也尊重对立，在激烈的对立中推进阐释完满。此与群体无责任心理及普遍的盲目从众行为呈鲜明对照。

其二，公共理性与公众意志。公共与公众不同。公共是自觉的精神化合。公众是自发的个体聚集。前者偏重化学形式的耦合，后者偏重于物理形式的聚集。理性与意志为不同层次的存在。面对理性冲突，公共理性坚持协商并容忍不同理性。面对意志差别，公众意志诉求于强制，禁制不同意志。在此意义上，公共理性高于公众意志。公共理性以理性的力量，消解公众意志的意志强权。体现在阐释上，一是，在阐释空间中，面对持有不同甚至完全对立动机的阐释主体，公共理性保障其阐释自由，允许和鼓励所有阐释者的自由阐释，抵抗公众意志对不同立场阐释者的权力束缚。对不同阐释结果，公共理性容忍差异与对立，允许和鼓励相互冲撞的多元并存，抵制公众意志所谋求的阐释一律。二是，公共理性主张和提倡公开的理性讨论与辩护，并为其提供和谐平等的空间形式。在此空间内，所有阐释者均为平等参与者，无强者的意志暴力和一统。所有阐释同样平等，其意义与价值，由全体参与者以公共理性为根据，自由决定取舍，抵制公众意志的强权支配。三是，公共空间中的每一位阐释者都有说服和战胜他人的渴望与冲动，但其力量生成于理性的确证，而非意志的驱使与压制。反复的阐释对冲，最终产生占据主导或主流地位的阐释及阐释者，即便如此，所谓主导与主流阐释，依然以开放的态度，随时接受他人质询与挑战，随时准备服从更加理性的其他结果。任何真理性阐释，其传播与流传永远以理性为动力，而非权力意志的强制。公共的阐释空间，只有理性信服而无意志崇拜。

其三，公共理性与真理性认知。公共理性是阐释空间成员判断阐释有效性的标准。但此标准是基准性标准。所谓基准性是指，公共理性对新生认知和阐释，在基本语言与逻辑规范，普遍伦理与价值诉求，已有知识的一致性等方面，给予基础性评判，而非更深入的细节检验与专业裁判。公共理性通过的，共同体成员共同接受，并产生一定范围的群体，包括空间外群体的响应，可谓阐释有效。公共理性排斥的，共同体成员不予接受，无任何群体或个人给予响应，可谓阐释无效。对于突破性，以至于颠覆性的阐释创新，则由共同体成员在公共理性基准下给予理性认知，以理论理性和专业水准为标识，展开充分自由与完全平等的对话，在辩护与反辩护中求得共识。公共理性不做真理性判定，公共理性通过和接受的阐释不一定是真理性认知。其理由和根据，一是，共同体内不同成员，对公共理性的基本构成与各方面要求理解不一，偏好不同，对认知及阐释的接受多有冲撞，不可避免的妥协，包括真理性妥协均有发生，公共理性容忍度有所变化，真理性水准降低。二是，公共理性本身不是检验真理的标准，公共理性通过和接受的认知与阐释，其真理性最终由实践检验。经实践检验证明为真理的结果，反过来修正不完备的公共理性，使其逾近真理，增强其规引力量。这已实际指明，公共理性作为人的主观精神形态，其本身也要接受实践检验，并在人的物质与精神实践中不断地改造和完善自身，否则，将失去衡准阐释有效性的资格。

四　阐释自觉

作为结论，给出一个概念：阐释自觉。我们为什么要反复强调阐释的公共性，并定义公共阐释？其理论期望是，阐释者努力构建和强化阐释自觉，不断提升阐释质量和水平。阐释自觉，是指主体性意识在阐释活动中的自觉运用。阐释主体坚持独立主体身份和清醒理性自知，深刻把握阐释的公共规律，满足并超越公共期望，以真理性阐释为目标，实现阐释的实践价值。主动摆脱本能自在的阐释状态，达及理性自为的阐释境界，是阐释自觉的核心诉求。阐释自觉，是阐释公共性的本质要求，是公共阐释维度下的重要概念和范畴。

（一）主体自觉

阐释自觉首先是主体自觉。阐释为独立主体的阐释。阐释自觉要求主体时刻警醒，以自为的主体身份启动和展开阐释。所谓独立主体，既是具有自我决断能力和自由独立品格，坚定保持个性差异的主体，也是充分尊重他者，坚持主体间沟通、对话，并在其过程中完整实现自我的主体。与以往的各种主体学说不同，我们不在主体与主体间性两种理论之间偏执地否定任何一方。主体间性是以主体的存在而建构的。没有独立主体的存在，没有主体间性。独立主体与其他主体共存同一空间，在间性中显现自身。主体本身就是独立的。坚持主体自觉，一是，独立姿态。阐释空间中，每一位主动进入者，都是以独立姿态参与空间合作的。在阐释过程中，面对传统与权威，坚持批判与反思立场，绝不随意屈从附庸。面对批评与诘难，坚持辩护与捍卫，绝不简单委曲求全。任何强制与压力，都不能改变理性主体正当合法的独立姿态。姿态独立，和而不同，此为独立主体生命所在。二是，独立意志。独立的主体意志，表现为主体对其阐释目的、价值判断、合理认知的自觉坚持和维护。阐释空间中多元理性并存，为主体的意志独立提供可能。意志主体可自由选择和确定其阐释目的与方法，或真理性决断，或有效性满足，或维护既定言说，或创造全新话语，以自觉意志展开活动，实现目的。自觉的意志独立，建基于对认知与阐释规律的深刻理解和把握，如此而能不为左右风向、舆论压力、利益诱惑所动，坚持目的选择，坚持自我决断，以独立意志维护阐释尊严。三是，独立个性。独立主体的阐释是自我理性主宰下的阐释，同时也包含全部日常生活经验和情感反应。非理性的多种因素，诸如生命体验、心理幻觉、情绪扩张，以隐蔽形式发生作用，渗透于理解与阐释的全部过程，集中显现阐释的个性特征。阐释者要自觉把握自我独立具有、他人无法知觉的特殊个性，从情感到意志，从直觉到顿悟，从不可重复的独特思想到不可描摹的独特叙述，使独立主体的独立性得以彰显，鲜明区别于他者。

（二）理性自觉

我们曾反复论述，阐释是理性行为，理性自觉贯穿阐释的全部过程。阐释的理性，既包含个体理性的公开运用，实现阐释向外的公共展开；也包含公共理性的私人运用，实现公共理性的向内指导及对个体阐释的正当约束。阐释的自觉，首先表现为阐释者的理性自知。阐释者时刻提醒自己：我在阐释。阐释之目的，是理性地认知和阐释世界。与后现代主义张扬的非理性表达冲动相异，我们接受理性中非理性因素的积极作用，并充分重视直觉、顿悟类理解，以启发或启动阐释。我们也接受阐释过程中的生命投入，并以性情体验赋予阐释以激情力量。但是，我们首先坚持，阐释以理性为中心，理性主导阐释。非理性作用为理性所控制，为理性阐释服务。阐释者务必保持足够的理性自觉，以理性自觉维护阐释自觉。阐释者要以坚定的理性信念，服从理性要求，合理规约阐释。就个体理性的外部运用而言，阐释者要自觉调动一切理性资源，为阐释的知识推断、确切认知、有说服力的辩护、期望产生的响应提供最大支持，使阐释始终为自觉理性所支配。就公共理性的内部运用而言，阐释者要以自觉的理性清醒，明确阐释的公共目的，遵循公共规则，争取阐释的最大效应，约束阐释在理性轨道上运行，达及阐释的完满。阐释本是自在的，但不能停于自在状态。就存在论的阐释而言，阐释自行呈现本体，少理性引导与规范，只能以自在形态被动展开，自然发生或无谓之“烦”“畏”，无奈之“沉沦”。阐释应该是自为的。自为的阐释是理性自觉的阐释。自觉的阐释以自己的明确目的、路径、方法，积极地展开自己，争取对此在及此在世界以清醒认知。自觉的理性阐释，可期望创造广阔深远的知识前景。倘若此为认识论或方法论的阐释学，我们以为，在认知与担当品格上，本体论阐释学并不高于方法论阐释学，更不可能取代方法论阐释学。阐释的自觉意识，就是克服自在的盲目与消极，自为地建构和张扬阐释。

（三）公共自觉

阐释是公共的。阐释者面对世界阐释，是公共阐释者。自觉的公共追求，是实现和提升阐释的动力。在公共空间中，阐释以诸多公共要素为前提，服从公共规则和标准，追求公共价值，阐释方可实现。公共自觉集中在两点。其一，自觉接受约束。多元理性的普遍存在，同样适用于阐释的公共空间。持不同理性的主体能够进入空间，或曰空间能够容纳多元理性主体，正是因为它有可以为理性多元接受和遵守的规则。在此意义上说，空间之所以能结构，是因为规则之存在。由此可以判定，阐释空间是规则空间。这就提出问题，企求阐释自由的进入者，进入自由阐释的空间却被规则所限制，在某种意义上是侵害自由，进入者为何企求进入并自觉遵守规则？如此便回到简单的理性契约说。多元理性如何共存于同一空间，同一空间中共存理性如何相融，根本在于多元理性主体自知，理性规则的制定与共享，是多元理性同在，且能够进行有效沟通与对话，推进理性进步的根本条件。因此，承认和遵守规则当然成为自觉意识。特别应该注意的是，阐释空间的理性规则没有物化形式的表达，譬如法律形式；没有机构和力量保证规则的贯彻实行，诸如司法机关。公共约束是非强制性的。无形规则的功能实现，唯有依靠空间中的理性主体自觉遵守。承认本己为空间中成员，自愿进入空间谋求公共身份，自愿服从规则约束，自觉便成为公共空间的普遍风尚。其二，自觉的共享意识。就阐释主体而言，空间共享有两个方向。一是，理念、方法的普遍共享。多元理性主体间的相互尊重与充分合作,使阐释的整体创造远大于独立创造之总和。以共享为法则，主体间的阐释理念与方法不必相同，对事物的理解与认知可相互抵牾，但理论旨趣、价值追求、批判方法，相互映照，深度共享，达至以学派、思潮、特殊共同体等面目著称于世，其话语力量与影响难以估量。自觉追求与实现共享，是多元理性主体应该具备的基本素质。二是，自觉争取共识。理性多元的存在，证实各个独立主体谋求理性共识的企图存在。独立理性主体谋求自我的理性认知为他人共识，理性多元状态实际产生。但是，追求共识，说服他人与自我一致的动机与动力，源始于独立主体潜意识深处。把握此点，将隐性的共识动机提升为自觉意识，明确阐释目标是争取共识，自觉追求可能共识的阐释，是公共自觉的核心所在。更进一步讨论，共识并非真理，共识不能检验真理。阐释的最大公约，阐释的普遍响应，即阐释的有效性，是阐释共识的基础水准。在此基准上，更高品格的共识自觉，是对真理性阐释的不懈追求。如此自觉，为最高层次的公共自觉。

（四）真理自觉

公共理性对个体阐释的期待，既是引导，也是束缚。所谓引导是指，它引导阐释者以公共期待为目标，争取阐释为公共理性所接受，实现阐释的公共性。所谓束缚是指，公共期待成为既定目标，阐释仅仅为满足期待，其创造性、创新性就难以成长，落于俗见与传统的可能性增加。我们曾强调，公共理性不是真理标准。阐释的有效性以公共理性接受为界。真理是有效的，有效未必是真理。公共理性当然具有知识论意义的真理性期待，但这种期待以对事物认知的长期有效性为前提，并由人类物质和精神实践检验为真，才可能变为现实。因此，公共阐释的有效期待就是当下理性阐释的经常性期待，满足这个期待，是公共阐释的首要的、基础性的目标。此为公共理性对个体阐释的最大束缚。优秀的、更高一级的阐释，不仅要满足有效性水准，而且要突破公共理性的一般期待，在简单的有效实现的基础上，敢于超越有效而达及真理。阐释是分阶段的。阐释的低级阶段，满足公共理性的有效性标准。阐释的高级阶段，满足公共理性的真理性标准。两个阶段是连续的。为公共理性接受的有效性阐释，将自身保留于公共空间，随时准备接受检验。不为公共理性接受的无效阐释，很难长期留存于公共视野，因此而无或很少有接受实践检验的机会，被历史湮没或自行消解就是必然。所谓真理自觉，就是主张有作为的阐释者，怀抱超越公共期待的自觉意识，既重视期待，更敢于挑战期待，冲破期待，修正期待，以超越性阐释建构新的、更高水准的公共期待，引领公共理性进步。阐释由低级阶段进入高级阶段，阐释由有效性满足而进入真理性满足，人之存在因此而不断提升，人类精神历史因此而不断进步。阐释之为阐释，其意义和价值正在于此。

（作者单位　中国社会科学院大学　中国社会科学院文学与阐释学研究中心）

本文原载《中国社会科学》2022 年第 11 期

从话语到概念：作为哲学的诠释学的使命

〔德〕汉斯－格奥尔格·伽达默尔／文　陈　莹／译，王宏健／校*

摘　要　人类需要一种独特的能力才能正确利用人类知识，它并不是对概念的把握，而是一种感知如何创造和管理情况的多种可能性从而保持平衡的本能。社会科学和精神科学并不是严格的数学和自然科学意义上的科学，作为哲学的诠释学也不是精神科学的方法论，而是一种对使用了科学方法但仍然处于实践生活中的人而言，思想和认识意味着什么的基本洞见。在涉及人类共同生活和共同生存方面，首要的一点就是去理解他人。“理解”一词无论可能意味着什么，都不意味着一个人与他所“理解”的任何东西或任何人是完全一致的。理解意味着我能够公正地权衡和考虑他人思考的东西！因此，我们常常是“从话语走向概念”，但如果想要与他人沟通，我们也必须能够做到“从概念回到话语”。

英文版导言

1994 年 4 月，伽达默尔受邀为班贝格大学的“黑格尔周”做了一个重要演讲，同时他也获得了这所大学的荣誉博士学位。在演讲中，他充满说服力和预见性地对所处时代和诠释学任务侃侃而谈。这就像是一首绝唱。当地报纸认为，“伽达默尔在这里对他自己的思想进行了总结”①。该演讲很快就被班贝格大学以一本精美的卷集出

* Hans-Georg Gadamer，“From Word to Concept：The Task of Hermeneutics as Philosophy”，in *The Gadamer Reader：A Bouquet of the Later Writings*，Northwestern University Press，2007，pp.108–120.
本文为作者 1994 年发表的一篇演讲，1997 年被 J. 格朗丹（Jean Grondin）收入《伽达默尔读本》（*Gadamer Lesebuch*）一书中，并于 2007 年被 R. E. 帕尔默（Richard E.Palmer）译为英文，即《伽达默尔读本：后期著作集》（*The Gadamer Reader：A Bouquet of the Later Writings*）。本译文根据英文版翻译而成，并由王宏健教授根据德文版校对。为方便读者把握和理解，特将原文划分为 3 小节，并且在保留了英文版中德文标注的基础上又增加了部分德文标注。为了尊重原文，中译文保留了原文的注释格式，尤其是英文版导言里的引用方式，不做改动。——中译者注

① Hans-Georg Gadamer，*Die Moderne und die Grenze der Vergegenständlichung*，Bernd Klüser，1996，p. 12.

版了。在他94岁时，伽达默尔作为一位重要的哲学家大胆地估量了自己的时代，并发现它是有缺欠的。他认为，这个时代被肤浅的科学思维主宰，需要在人文智慧和技术力量之间寻找平衡。为此，他把听众引回到古希腊智慧。古希腊人已经认识到，政治家、哲学家甚至医生不仅需要科学，更需要一种"正确的估量"以及对于具体情境而言什么是适当的感觉。对于这一点，在今天，仅仅依靠计算是不够的。他注意到逐渐向我们逼近的环境问题，断言道："自然同样是一种仅靠测量和计算方法无法被保护的现实。"

在演讲结束时，他展望了未来，预见了不同宗教成员之间的跨文化对话。他说道，"我不知道人类终有一天对人们将如何共同生活这个问题会找到何种答案"，但很明显，诠释学必须在这场即将到来的对话中发挥作用。诠释学呼吁关注"家庭、友谊和人类团结中的共通力量（powers of commonality）"。它总是为对谈（conversation）、对话（dialogue）和协商（negotiation）寻找共通点。

站在黑格尔在这里演讲时站过的地方，伽达默尔援引了这位伟大辩证家的思想遗产。黑格尔不仅承认科学的主张，也承认法律、宗教和文学知识的正当性，并试图构建一个囊括双方的包容性概念。伽达默尔说，今天我们需要的正是这种思维。相反，今天我们拥有的却是一种由实用主义、贪婪和权力意志驱动的单向度思维，我们需要一条超越这种思维的道路，以维护关于在世存在的另一种方式，一种关涉人类团结和人与人之间理解方式的主张。诠释学向我们展示了这条道路。事实上，正是作为哲学的诠释学那种宿命性的任务，让我们回想起了这种更出色的方式。

伽达默尔的演讲"从话语到概念：作为哲学的诠释学的使命"，首次发表在由O. 马夸德（Odo Marquard）编著的《人类的有限性和代偿：班贝格黑格尔周刊1994》（*Menschliche Endlichkeit und Kompensation*：*Bamberger Hegelwoche 1994*）（班贝格：法兰克出版社，1995，第111~124页），并经由班贝格大学出版社允许重印。一年后，它与其他几篇短文一起被汇编成一本精美的限量版卷集：《现代与对象化的界限》（*Die Moderne und die Grenze der Vergegenständlichung*）（慕尼黑：伯恩德·克莱瑟，1996，第19~40页），这本书由B. 克莱瑟（Bernd Klüser）编辑，H. 贝尔丁（Hans Belting）、G. 博姆（Gottfried Boehm）、W. 齐默利（Walther Zimmerli）也提供了帮助。最后，1997年，这篇演讲被收录到《伽达默尔读本》中。译者[①]非常感谢L. K. 施密特（Lawrence K. Schmidt）对译稿的仔细审阅，并感谢M. 嘉吉（Meredith Cargill）提出了许多有益的建议。

① 这里指英译本的译者R. E. 帕尔默。——译者注

一

首先，我想简单解释一下我选择的主题，即“从话语到概念”。这是一个既属于哲学又属于诠释学的课题。概念的确是哲学的显著标志之一，因为哲学最初就是以这种形式进入西方文化的。因此,“概念”是我今天要讨论的第一个问题。可以肯定的一点是：概念常常表现为一种奇怪的、苛求性的东西，如果它想真正去把握，就必须开始说话。因此，我想先把我的话题稍做修改，即“不仅是从话语到概念，也是从概念回到话语”。

让我们暂且回到开头。我们的出发点必须基于这样一个事实，即概念思维是西方的一个基本特征。但就连“西方”（Abendland）这个词也不再像我年轻时，亦即 O. 斯宾格勒（Oswald Spengler）宣布了它的没落时那么流行。① 今天,我们更愿意说“欧洲”，但同样，没有人真正知道欧洲将会是什么样子，我们最多知道我们希望有一天它是个什么样子。因此，我相信我的话题没有远离当下最紧迫的问题。我并不是简单地选择再次谈论我最喜欢的话题之一，以表达我对这个盛大庆典的感谢。确切地说，我之所以再次谈论它们，是因为这些问题一直在困扰我，我希望在这里尽我所能地与之争辩（auseinandersetzen）。

在人类历史上，古希腊城邦文化在岌岌可危的历史形势中，即先后处于波斯、亚洲和迦太基－非洲的精神压迫之下，构建了自身，也正是在这个时期，希腊文化中出现了概念性思维，这是一种经久不衰的理智创造，它的光芒一直照射到今天的全世界，这究竟是如何发生的？当然，你们都知道我指的是什么。我说的是科学——首先就是我们都在学校里学习过的那种科学，即欧几里得几何学。它在以逻辑证明无人质疑的事物中显示了极其惊人的精确性，这种证明是需要极高的理智努力的。在证明事物方面的成功代表了一种精神上的英雄行为，这一行为首次使西方思想超越了所有基于经验的知识（Erfahrungewissen），并建立了现在所谓的“科学”（Wissenschaft）。

我只能怀着极大的钦佩之情来谈论这种强大的理性能力。奠定巨大数学大厦基础的数字和几何学确实是一个奇迹。我从一个基本的假设开始，即假设科学起源于希腊，而且我们也是从希腊人那里继承了我们对知识本身可能性的思考和反思。如果这两点是确定的，我就将继续下一个问题：知识（Wissen）对我们来说到底意味着什么？

我想你知道答案。它就存在于苏格拉底从德尔菲神谕那里得到的答复之中：当时

---

① O. 斯宾格勒,《西方的没落：解开世界历史的形态》，卷一:《形式与现实》（Vienna：Wilhelm Braumüller，1918）；卷二:“世界历史的透视”（Munich：Oscar Beck，1922）。贝克（Beck）出版社的版本有很多，该作品已被翻译成英语和其他六种语言。英译本是《西方的没落》，卷一:《形式与现实》；卷二:《世界历史的透视》（New York：Alfred Knopf，1926，1928，1932 年合成一卷）。

没有人比他更有智慧。他伟大的崇拜者和学生——柏拉图，向我们展示了这种智慧的构成，即自知无知（Wissen um das Nichtwissen/knowing about our not knowing）。在以死亡为终点的短暂生命跨度中，我们人类采用的是一种不妥协的方式，设法去理解他人、未知者、无知者和不可知者（the ignoramus and ignorabimus）——换句话说，就是设法去理解我们对自己在世界上真正位置的一无所知。

如果我开始以这种方式思考，那么下面的问题就接踵而至了。古希腊人的这种数学化能力，这种逻辑力量，这种所有语言中最有表达力的形式——尼采就是这样称古希腊语的（但事实上，对于那些懂得如何思考的人来说，所有语言都是有表达力的）——是如何在已知的世界中获得卓越地位的？如果我们这样提问，就离我们的主题“话语和概念”又近了几步，从而也更接近于我关注当今世界形势和世界图景（这一图景绝不再是纯粹欧洲中心论的）时的想法。

我们以科学为基础构建起来的文明，以其难以置信的能力改变了自然，以适合人类使用、生活和生存，并造成了巨大的世界性问题，这一点已经不再是不确定的了。事实上，这已经成了一个非常重要的问题，一个正式向我们提出的问题，不仅仅是因为科学自身已经告诉我们，人类历史在宇宙的进化过程中代表的是多么短暂的一段时间。

我们在拥有改变世界的力量这一特权的同时，不也始终面临着一个巨大的挑战吗？在获得这种巨大力量的同时，我们不也面临一项完全超出我们理解能力的任务吗？当我们望向被我们称为欧洲和盎格鲁－撒克逊文化传统的“文明故乡”之外，放眼当今世界——中国、日本、印度、南非或南美，就会发现，在这些文化中，同样的数学化和形式化的思维正在占据上风。这是如何发生的？这与过去发生的事情是如何联系起来的？一种文化会主宰另一种文化吗？一场全球变革正在不明就里地兴起。当然，在此我并不是想说英式浴室风格被全球采用预示着一场革命，或者从日本到中国再到印度，都把欧洲商务套装作为办公室着装标准具有深远意义；相反，我要说的是，至少在生活中的某些领域，某种文化标准正在显现，这就像一场革命，把一切都颠倒了。

在所有这一切中，有一个事实值得考虑：整个人类群体在宗教崇拜、宗教信仰和缅怀先祖方面都彼此不同——简而言之，他们拥有不同的、符合自己社会规则的集体生活方式——这些不同的文化目前正面临着科学所表现出来的非凡的方法论意义上的掌控。事实上，我们可以通过文化发生融合的方式，即或是协调，或是冲突，甚至可能是塑造我们自己未来的方式，来衡量我们的命运。或者更确切地说，我们的命运将由未来如何被我们决定来衡量。我们的命运将取决于这个带有科学印记的世界、这个曾通过概念被哲学地表达了的世界如何能够使自己与对人类命运同样深刻的洞察和谐相处。这些洞察已经有所显现，例如，在某位中国大师与他的弟子的对话中，或者在其他迥异于我们的宗教文化的见证中。

二

我们是如何陷入这种境地的？古希腊世界并非完全没有诗。关于希腊概念性思维最古老的书面证据就是以“荷马史诗”的形式写下的，即用“荷马史诗”中的格律唱出的。因此，我们有记载的传承物的开端是史诗，而不是哲学。当我们看到，概念是如何突然开始在诗中发声，突然从古希腊城邦传播到整个地中海世界；当我们看到，诗歌在字里行间中提出这样的问题——什么是存在？而虚无又是什么？——这时我们就体验到了诗的力量。

我可以继续说明整个过程：这个问题实际上变成了柏拉图的问题，它促使形而上学的建立，通过亚里士多德，形而上学最终被全世界接受并在两千多年的西方思想中留下了印记，直到 17 世纪出现了源自这种希腊思想的近代科学，它既包括数学，也包括基于数学的经验科学。但此时此刻，或许我们应该记得，我们身处一间向黑格尔致敬的大厅。我们有充分理由回想起来，正是黑格尔看到自己面临的哲学任务是把“科学”和其他并没有消融于科学的东西，如将——形而上学和宗教——整合起来，并把它们提升为一个包容性概念的统一体。

一方面是现代经验科学及其数学式的工具化，另一方面是以对善的无知的态度去持续追问的苏格拉底式思考——这两种经验现实的方式似乎并不一致。也许有那么一刻，我们应该大胆地分析一下，当黑格尔试图在科学的真理和科学中没有出现的真理（如形而上学的真理以及基督教的真理）之间达成有说服力的和解时，欧洲文化的这一伟大时代是如何在某种意义上实现的。

在实现这一点时，黑格尔并没有妄想科学是对那种通过方法培养出来的确定性的无条件主宰。确实，人们不应该忘记，当黑格尔在形而上学的“绝对知识”和方法科学的确切知识之间寻求伟大综合时，他总是在这种综合中展望艺术和宗教的气息。对黑格尔来说，这种综合不仅仅是在抽象和度量的帮助下掌握特定领域的知识，它也涉及那些当我们站在艺术作品面前或当我们被诗意的创作触动时所无法放手的认知形式或追问形式。此外，引起神学反思的伟大作品，或者满足人类考虑其有限性的需要的虔诚要求，都可以达到极为感人的程度。

曾经有一段时间，人们清楚地意识到，这种认识与数学和逻辑的认识大不相同。例如，当时有人把对法律的研究称为“法律审慎”（Jurisprudenz）——一种判断的才智或智慧。当时法学院的学生都要使自己具有区分的能力，以便他们能够以平衡的、差异化的和“客观”的方式去判断什么是正确的。

然而，在此期间，“科学”的理想已经能够使自己完全绝对化，以至于在现在的德语中，人们将法律研究称为法律科学（Rechtswissenschaft），而将对艺术的学术研究称为艺术科学（Kunstwissenschaft），这是如何发生的？早些时候，对艺术的研究被称为艺术史（Kunstgeschichte）。即使在今天的德国，研究文学的学科也被称为文学科学（Literaturwissenschaft），尽管较早的时候它被称为文学史。这意味着人们首先就假定了：人不能在下述意义上“认识”文学，亦即采用自然科学的模式并通过测量和运算获得“知识”。获得这种知识需要完全不同的能力（Gabe）。

当我有幸像现在这样在一个致力于社会科学和精神科学的机构演讲时，我很清楚这些“科学”（Wissenschaften）不是严格的数学和自然科学意义上的科学。尽管社会科学在历史上发展起来的方法论—批判研究模式中的确应用了数学方法，但我相信它们仍然受到其他事物的指导和决定，如历史模式（Vorbilder）、经验、命运的安排，总的来说，就是一种与数学物理学的精确性不同的确切性。

在自然科学中，人们谈到数学化的“精确性”。但是，将数学应用于生活实践所获得的精确度是否与音乐家在调试乐器以最终达到满意的音位时，他/她们的耳朵所获得的精确度一样高？各种精确的形式之间难道没有差别吗？精确的形式难道只能存在于规则的应用或仪器的使用中吗？就不能存在于与之完全不同的对何为正确的全盘把握和切中（Treffen）之中吗？我可以用不胜枚举的例子表明，当我说诠释学不是精神科学（Geisteswissenschaften）的方法论而是一种基本洞见——它洞见的是对处于实践生活（praktischen Leben）中的人而言思想和认识意味着什么，即便他使用了科学方法——时，我要表达的是什么意思。

人类需要一种独特的能力才能正确利用人类知识。柏拉图曾经提出一个在某种程度上与我的观点相差不远的问题：真正的政治家究竟什么样？我敢说，对于柏拉图而言，这样的政治家肯定不是只考虑如何赢得下届选举。相反，柏拉图想的是完全不同的东西，是一种极为特殊的才能：一种对平衡的本能感觉，一种创造平衡状况的本能，一种感知如何创造和管理情况的多种可能性从而保持平衡的本能。在他关于真正的政治家的对话中（《政治家篇》），柏拉图曾详细地谈到这种能力。他首先假设两种不同的估量方法都是可能的，并且看起来都是不可或缺的。在第一种方式中，人们用尺子测量事物，以使它们可用、可控，就像所有其他公制测量都必须遵循的巴黎米尺一样。在这种情况下，人们显然关心的是希腊人所说的“poson”，即“数量”。

第二种方式是进行“正确的估量”，即找到适当的东西。例如，那种我们在共鸣音调的和谐美感中，或者在我们称之为“健康”的和谐幸福感中感受到的东西。它涉及的是希腊人所说的“poion”，即“质量”。

不久前，我在《健康之谜》一书中阐述了这一区别，该书主要针对作为医疗科学对象的疾病。疾病本身当然是一种必须提防的威胁。当人生病时，一位有知识和技能的医生就是人们所需要的，人们希望这样的医生能够“控制病情”（beherrschen）。然而，健康显然是一种完全不同的东西，我们不会以同样的方式观察或控制它。相反，它是我们遵循的东西——就像一条路。走在这条路上，我们会有一种“现在我们正朝着正确的方向前进”的感觉。我们脚下的路变成了诸种途径。当然，除了变得身体健康之外，还有很多其他的例子与科学管理和控制的理想形成了鲜明的对比。

人们把“科学性”（Wissenschaftlichkeit）一词理解为客观性，对他们来说，在观察任何事物时，将始终发挥作用的主观假设置于批判的控制之下，这当然是一件好事。科学结果原则上必须对任何人都是清晰、易懂、可重复的。这就是使客观知识的理想得以可能的原因。所有的一切都是有序的。然而，人们也不应该忘记“客观”（Objekt）一词在德语中的含义。它意味着“对象”（Gegenstand），也就是说，以某种方式反抗（Widerstand）。不管怎样，在疾病和健康领域，我们面对的不是一种简单的管理和控制对象的知识。因为对于健康，我们不能简单地重建它的本性（Natur）。相反，我们必须安于打破疾病的顽抗，并帮助健康的本性回到以其本己的、秘密的方式所进行的支配之中。要实现这一点，需要做医生的艺术，即找到“正确的估量”。有人可能会说，这就不是科学（Wissenschaft），而是一种完全不同的知识，它在自己完全实现之后就会隐退。当然，这种根本上只是帮助健康的本性（Natur）获胜的艺术概念，与创造性艺术、造型艺术以及文学艺术中的“艺术”是不同的。但即使是这样，人们也发现了一些类似于这些艺术是如何实行的东西，这标志着这种艺术与那种与科学的客观性相关联的事物之间有某种界限。与在其他艺术中一样，人们在医学中关注的也不仅仅是规则的应用。

在我的《真理与方法》一书中，我首先考虑的是艺术，而不是科学，甚至不是“精神科学”。即使在精神科学中，也正是艺术以一种独特的方式将人类的基本问题带入我们的经验中，这种方式的确不会产生任何对它的反驳或反对。在这一点上，艺术作品就像我们的一个楷模（Vorbild）。

我这么说的意思是，艺术作品可以说是无法反驳的（unwiderleglich）。例如，有人认为诗歌是无法反驳的。想想德语单词 Gedicht（诗）的意思。这里又一次说明懂点拉丁语还是有帮助的。Gedicht 来自拉丁语 dicere（说）和 dictare（口述）。这意味着一首诗就是一种听写（Diktat）（被口述的东西，比如进行听写，或者更强烈点，执行命令）。诗歌以它说自己表达了什么这种方式进行说服。事实上，这适用于言谈的所有修辞性用途。诗歌一遍又一遍地说服，人们对它越了解，它就越有说服力。没有人会因为他或她已经知道这首诗而反对聆听朗诵。

在诸如艺术史、文学和音乐学（Musikwissenschaft）中，同样，在文献学和考古学的经典研究中，那些从未使自己真正对艺术作品敞开心扉但仍自诩为该领域专家的人，对这个领域非常了解，但他们只是“庸人”（Banausen）。在所有我略知一二的科学中，总有那么一刻，有些东西就在那里了，人们不应该也不能忘记它。这与掌控研究领域无关。以艺术史这个学科为例。在艺术史中，科学的要求似乎在所有我们可以成功地应用历史方法的领域中得到满足。在我看来，这就是图像学在现代艺术科学（Kunstwissenschaft）中如此流行的原因。但科学知识就是艺术所需要的东西吗？在图像学中，关注的对象是不是艺术作品并不重要。因此，对于图像学而言，庸俗真的比艺术有趣得多。

我并不是说真正的艺术史学家就是这样，但出于可以理解的原因，理解图像艺术作品的科学化历史方法在学术圈中逐渐被抬高。然而，这不应该是唯一被容许的方法。我完全相信并希望，无论在这里还是在任何地方，都可以实现两种知识形式之间的平衡，实现一种兼顾科学和艺术两方面的平衡。在我们前面提到的柏拉图的《政治家篇》中，您会记得柏拉图也明确指出，有两种估量方式——测量意义上的估量，以及“正确的估量”，即人们试图寻找的适当者（das Angemessene）。还有很多其他类似的例子，我认为它们有同等的权利去与科学的理想比肩。就像我说过的，在科学中，人们通常关心的是一种突破限制的认知，只有到了最后，它才需要艺术（而不是科学），需要那种我以医生为例说明的技艺（Kunstfertigkeit）才能。后一种认知支持自身，在其内部承载着一种属于自己的，并且自身投入的能力（sicheinsetzt）。这就是我关注这些知识形式的原因，而不仅仅是因为我对艺术有特殊的喜好。我认为，不应该允许一种形式成为答案的全部：一种估量的方式并不比另一种更重要。相反，两种形式都很重要。

我们还可以通过德语来了解估量（measure）一词。例如，我们用德语说，“他有一种得体（measured）或适中的本性（ein gemessenes Wesen），一种始终处于适当之中的本性”。这些词语所表达的是要保证思想敏锐（Aufgeschlossenheit）与内心沉稳之间的平衡。现在，出于这些所见，我并不会自以为是地将自己置身于社会科学之中。事实上，我并没有能力以那种政治科学家的方式去谈论社会科学。但是，我可以思考与平衡的奇迹有关的“政治学”是什么。说真的，这到底是什么？让我给你们举一个这种奇迹的例子，是我年轻时候的经历，那时我在学习骑自行车。我的青年时期有点孤单，一辆自行车就能让我有事可做。我必须完全靠自己学会骑车。我们家后院有一座小山，我在那里自学。我爬到山上，经过几次失败的尝试后，得到了一个重大发现：只要我紧紧地握住车把手，我就会一直摔倒！突然，我不再紧握把手，然后车就走了起来，就好像它是自己动起来似的。今天，在这个例子中，我明白了政治家已经知道了的东西，以及他们的任务是什么：如果他们想朝着目标前进并实现目标，就必须首先创造一种平衡。

如果一个政治家想要把未来的可能性变成现实，他或她必须有说服力，但这并不容易。其中的关键点与我们的例子相同。几乎让人难以置信的是，在车把上少放点力，甚至就少那么一丁点，就可以使人保持平衡并操控自行车。但如果你施加的力太大了一点，一切就都突然变得不对了。我不仅将这一经验应用于政治，还应用于我们所有以现代生活形式为条件的行为，在这种现代生活形式中，我们是被规则、规定和秩序所支配的。然而，对这种秩序的适当遵从并不意味着盲目和愤怒地应用规则。我在这里谈论的首先只是一个结果，它来自一种对适当行为规范的有序遵守。同样，现代技术对现实的重塑对我们所有人提出了新任务。我们必须将公正作为出发点和中心，特别是要正确运用我们的知识和能力去行事。

三

现在，环境问题迫在眉睫。自然也是一种人无法仅通过测量和计算的方式来保护的现实。相反，它是那种人们必须学会与之共生、蛰居其中的东西，这样人们才能更自由地呼吸。为此，我们的行为要更适当，这一点至关重要。我认为，当我们以动物自身的生活方式去观察它们时，我们就会在自己身上感受到这一点。我们应该像尊重其他有不同信仰和生活方式的人一样尊重它们。

这些相关的问题是我们今天一直在与之斗争的，现在我们知道了要靠什么来解决：均衡运动、创造平衡和相互交流。因此，认识到人类生活的所有不同形式及其所表达的特殊的世界观是至关重要的。这就使我们进入诠释学领域。一个我称为理解的艺术的领域。但理解到底是什么？**理解，无论它可能意味着什么，都不意味着一个人与他所“理解”的任何东西或任何人是完全一致的。**不同思想在理解中变成一致就是空想。**理解意味着我能够公正地权衡和考虑他人思考的东西！**它意味着人们认识到他人所说的或实际上想说的东西可能是正确的。因此，理解并不是简单地掌控与你相对（das Gegenüber）的东西，无论它是他人或是一般意义上的整个对象性的（gegenständliche）世界。当然，理解也可以是掌控，即人为了主宰和统治而理解。诚然，人统治自然的意志是天生的，这使我们的生存得以可能。甚至《旧约》中关于创世的故事也谈到了这种世界秩序以及人对整个自然的主宰。然而，统治和权力意志并不就是一切，这一点仍是真理。

事实上，重要的是，掌控自然的程度应该被其他力量限制在一定范围内，特别是那些在家庭、同事关系、人类团结中的共通性力量，以便使人能够理解，也能够相互理解。理解总是首先意味着：哦，现在我明白你是怎么想的了！这么说的时候，我并没有说你是对的，或者你会被判断为是正确的。但是，只有当我们达到了理解他人的程度，无论是在政治局势还是在文本中，我们才能全然地相互交流。只有当我们认真地考虑人类未来要面对的巨大任务时，我认为，只有到了那个时候，我们才会认识到理解在世界政治方面的意义。各位可以回想一下我在这个演讲刚开始的时候是如何描绘世界的。一批受过高等教育的东亚骨干正在进入德国和欧洲的大学。他们严明的工作纪律、能够写出完美文本的速度都常常让我们感到惊讶，尽管他们有时几乎没有口头表达。令人难以置信的是，他们当中的许多人说着几乎听不懂的话，却能写出毫无错误的文本！如果我们要接触其他文化，就必须在广泛的意义上意识到这些交流行为之间的差异。当然，所有这些都是双向的。来这里的日本学生一开始可能也认为我们说的话不知所云，只是呱呱乱叫。

我确信，这将是未来世界的一项任务。就像我们必须意识到，说其他语言的人不是在嘟嘟囔囔，而是在真正地说话，因此对他们来说，如果想要说和理解德语，而不仅是将其听成某种乱叫，那至少也要熟悉我们的世界。

富有冒险精神的东亚学术精英在这方面付出了巨大的努力，对我们而言，显而易见的是，他们的努力并不意味着放弃他们自己承袭已久的生活方式以及基本的宗教观念。

当然，我们对不同宗教成员之间关于未来的伟大对话可能会蕴含什么一无所知。今天，尽管我们的年轻人在自己充满压力的成长岁月中会被某位来自印度的大师深深吸引，但重要的是，他们仍然要学会从整体的角度去理解其他的生活方式，他们要理解构成这些文化的所有基本的东西：对家庭的看法，对祖先的看法，对死亡的看法，对与我们生活在一起的祖辈们的看法，以及这些文化中那种评价人类生活的决定性概念。在某种程度上，所有那些被合法形式控制的东西，与那些经历了基督教教育和文化的悠久历史而对我们显得自然的东西截然不同。当我们把哲学界定为诠释学时，我们不能仅仅满足于重复此前已有的同样的东西，就好像诠释学的根本目的只是提出一种仅能扩展基督教价值的保守世界观。也许，但只是也许，对什么是理解所达成的一致可能足以成为一种欧洲标准。但这样的标准太狭隘了。

我不知道人们终有一天对人类将如何共同生活这个问题会得出什么答案，无论这一问题涉及与集体权力相对的个体权力，还是涉及暴力究竟来自家庭还是国家。因此，无论在世界的任何地方，显然都存在着具有不可调和的差异性的个体和习俗。不过，我敢说，如果我们不具有诠释学的美德，也就是说，如果我们没有意识到，当我们想知道人类团结一体的情形最终能否实现的时候，特别是涉及共同生活和共同生存方面，首要的一点就是去理解他人——如果我们没有做到这一点，我们就永远不能完成人类的基本使命，无论使命的规模是大是小。

显然,人类当今正处于绝望的境地。因为我们终于达到了人类几近毁灭自己的地步，每个人都应该意识到这一点。对今天的每个人来说，这不就是一个真正的思考任务吗？需要明确的是：人类团结必须是基本前提，在这一前提下，我们才能共同努力发展出一套共同信念，即便这一过程较为缓慢。在我看来，虽然欧洲文明出色地将科学文化及其技术应用和组织应用带到了一个发展高度，但同时，在过去的三个世纪中，它始终忽略了平衡法则。

它已经拥有了致命的大规模杀伤性武器，但它是否发展得极为成熟，足以意识到对于全人类而言，我们的文化现在承担的是何种责任？情况难道不是这样吗？即在所有这些问题上，如果我们想要完成塑造未来的任务，完成对于和平与和解十分必要的任务，我们所要做的就是具有远见和谨慎（Weitsicht und Vorsicht）的意识，以及彼此开放的态度。

我认为，尽管我们在技术和科学方面取得了进步，但我们（欧洲人）仍然没有很好地学会如何彼此相处以及如何与我们自己的进步共处。我想用以下的观点作为结束语。今天，我试图向各位阐明的是：作为哲学的诠释学不是某种与其他科学、认识论等诸如此类的东西进行的方法论争辩。毋庸置疑的是，诠释学断言了今天没有人可以否认的东西：我们处于历史中的某个时刻，在这里，我们必须竭力使用我们理性的全部力量，而不仅仅是进行科学研究。

如果不说概念，不使用共同语言，我相信我们就找不到通达他人的话语。的确，我们常常是“从话语走向概念”，但如果我们想要与他人沟通，也必须能够做到“从概念回到话语”。只有做到这两个方面，我们才能对彼此获得理性的了解。也只有通过这种方式，我们才能克制自己，让别人的观点也得到认可。我们有能力沉浸于某事之中以至于完全忘记自己，这是艺术体验的一大幸事，也是宗教的一大承诺。实际上，这终究是使我们人类能够以人的方式共同生活的基本条件之一。

（译者单位　黑龙江大学哲学学院　黑龙江大学哲学博士后科研流动站

校者单位　湖南大学岳麓书院）

本文原载《世界哲学》2022 年第 5 期

理解、阐释与阐释的本质

——兼论强制阐释

傅永军

摘　要　强制阐释是张江教授提出的一个阐释学概念，用以批评那种以阐释者主观意志强力侵入文本，对文本进行符合己意之解释的阐释方式。然而，阐释活动是否存在强制现象？这种现象又如何发生？这并不是一个明见无疑的命题，持有不同阐释观的学者对此有不同的解释。这意味着强制阐释也需要阐释。通过再释精神科学与自然科学的差异，重申"理解"与"说明"旨趣的不同，将会发现，理解总是历史性理解，阐释关注新经验的获取。阐释超越过往，开显新维度，指向不同的理解，而非更好的理解或客观理解。就此而言，诠释学中不存在强制阐释现象。所谓强制阐释是一种因诠释学与认识论边界发生混乱而衍生出的意识强力行动。当阐释由理解异变成认知，阐释者转变为认知者，诠释学立场转变为认识论立场，文本的意义阐释转变为文本自在意义的客观把握，强制阐释势必奋袂而起。可见，强制阐释本质上是一种被误认为阐释的认知行为。分清阐释文本的诠释学立场和认知文本的认识论立场，以理解应对文本阐释，以说明应对文本认知，保持清醒的界限意识，强制阐释便无存身之处。

强制阐释是张江教授提出的一个阐释学概念，他使用这个概念批评那种对文本进行主观任意阐释的现象。这种现象主要存在于文学阐释之中，也是在各学科文本研究与理论建构中普遍存在的一种阐释现象。张江教授将强制阐释解释为一种阐释方式，其基本特征表现为："偷换对象，变幻话语，借文本之名，阐本已之意，且将此意强加于文本，宣称文本即为此意。"[①] 可见，强制阐释无视已经先行于阐释者存在的文本的实在意义，亦无视阐释活动本质上是一种反映论活动，任由阐释者的主观意愿强行"使

① 张江:《再论强制阐释》,《中国社会科学》2021 年第 2 期。

用文本”，[①] 依照阐释者的意志筹画出文本的意义。强制阐释是阐释主观主义最为典型的表现，也是阐释相对主义的渊薮，必须对其保持警惕，同时也需要在理论上揭露其本质，揭明其危害，对其加以有效的理性约束。然而，阐释活动是否存在强制现象？这种现象又如何发生？这并不是一个明见无疑的命题，持有不同阐释观的学者对此有着自己的不同理解。这意味着，强制阐释也是一个需要加以阐释的现象。本文由此获得了自己的问题意识，即通过再释精神科学与自然科学的差异，更明确地定位精神科学中的理解问题，剖解阐释的本质，进而对强制阐释现象给出一种基于现象学诠释学的解析，为汉语学界的现代诠释学研究别创新局。

一　从达沃斯争辩谈起

张江教授在《再论强制阐释》一文中，特意以海德格尔在其著作《艺术作品的本源》中对梵高名作《农鞋》的阐释为例，给强制阐释以“具身性”阐明。他这样说：“海德格尔的阐释极具感染力，深刻而煽情。但是，他的阐释脱离了对象，其阐释的不是鞋子，而是自我，是自我的意念与思想。如此阐释，完全无需梵高的鞋子，其他任意器具，皆可铺陈渲染类似话语。……所以我们同意，他对自我思想的阐释是合法的。但是，他将对本己思想的阐释强加于梵高的鞋子，并不是对鞋子本身的阐释，对梵高和梵高的作品而言，海德格尔的阐释非法。” [②]

为了“坐实”海德格尔对梵高画作的阐释是一种强制阐释，张江教授还援引海德格尔本人的“自供”以证明自己对其批评并非空穴来风。海德格尔的“自供”来自那场著名的辩论，即1929年发生的、他与新康德主义代表人物恩斯特·卡西尔有关康德哲学的“达沃斯辩论”。在这场辩论中，持守“康德原则”的卡西尔指责更关心“康德问题”的海德格尔误读康德，将知识论的康德按照自己的哲学意愿解释为存在论的康德。而海德格尔本人似乎完全不在意卡西尔的指控。“在海德格尔看来，阐释不同于解释或说明。所谓不同于解释，是因为解释固守于文本，只能给出文本明确说出的东西，

① 意大利作家、哲学家艾柯在《读者意图：艺术现状》中区分了阐释者对待文本的两种态度：“诠释文本”和“使用文本”。前者指的是阐释者对文本所做的解释工作，基于文本连贯性原则去阐释文本的客观意义；后者指的是阐释者按照自己的意图去使用文本，不仅不承认文本有内在的连贯性，而且认为阐释者可以依照展开阐释活动时的意图、目的和需求，将“文本捶打成符合自己目的的形状”。美国哲学家罗蒂则对“诠释文本”与“使用文本”的区别不以为意，“使用文本”就是对文本做出解释，“任何人对任何物所做的任何事都是一种‘使用’。诠释某个事物、认识某个事物、深入某个事物的本质等，描述的都只不过是使用事物的不同方式”。（参见艾柯等《诠释与过度诠释》，王宇根译，生活·读书·新知三联书店，1997，第102页）所以，在文本诠释问题上，重要的是坚持“不同的人为了不同的目的”使用文本的合法性，只要一个文本的使用对阐释者有用，它就是一个好的诠释。

② 张江:《再论强制阐释》,《中国社会科学》2021年第2期。

而阐释则要超越文本，透过已经言明的东西，给出尚未言明的东西，给出文本生产者想说而不能再说的东西。”① 而为了让阐释说出文本生产者没有说出的东西，就必须使用强制阐释，在阐释者的前理解结构中使得被理解的文本的意义开显出来，用海德格尔的话来说就是：“强制不能是浮游无羁的任意，一定有某种在先照耀着的理念的力量，推动和导引着阐释活动。唯有在这种理念的力量之下，一种解释才可能敢于冒险放肆，将自己委身于一部作品中隐藏着的内在激情，从而可以由此被置入未曾说出的东西，被挤迫进入未曾说出的东西的言说之中。”②

显然，张江教授不能接受海德格尔有关阐释的观点，他同意卡西尔的观点，认为海德格尔有关康德的阐释是一种充盈着阐释者主观意图的暴力阐释。海德格尔似乎是一位野蛮的思想入侵者，他并不关心康德在文本中说了什么，其客观意图是什么，而是给予自己对康德文本（思想）任意进行解释的自由。“在这里，海德格尔已不再作为评注者在说话，而是作为入侵者在说话，他仿佛是在运用武力入侵康德的思想体系，以便使之屈服，使之效忠于他自己的问题。”③ 这当然符合张江教授对强制阐释的定义。海德格尔借助区分阐释与解释或者说明，将阐释规定为对文本中尚未言明的东西及作者想说而不能再说的东西的揭示。显然默许阐释可以超越文本，说阐释者想说之事，这不仅是“背离文本话语”的阐释，也是“背弃确定对象”的阐释。再者，海德格尔对康德文本“尚未言说和不能再说的东西”的阐释，也是一种“强力索取”，即海德格尔是将自己的本己之意强加于文本和文本作者康德，这自然是将“本为对此物的阐释，迁移为对他物的阐释”。最后，海德格尔是通过将自己的前置立场和模式，“放肆地挤入文本，去说文本没有的东西”。他阐释的“既不是康德的知识论，亦非康德的形而上学”，而是他自己的存在论，是将“对他物的阐释强加于此物”。④ 职是之故，张江教授有理由将海德格尔的康德阐释认定为强制阐释的典范，并通过对海德格尔的康德阐释的分析，揭示强制阐释的本质、生成缘由及其表现。

但是，这里出现了一个问题，这个问题在分析海德格尔的康德阐释时屡屡被提及，即在康德解释上有着遵守“康德原则”和推进“康德问题”之区别。前者是一个康德哲学研究者所做的工作，其旨趣仅仅在于对康德哲学形成一种正确的认知，澄清康德著作中的难点，明了康德哲学的内部逻辑，最终准确地呈现一个“原汁原味”的康德；后者则是一个哲学家与另一个哲学家的对话，对话的目的是向前推进康德哲学有可能引发的哲学问题，揭示出康德未明说的应说之意，以便超越康德，宣示一种新的哲学

① 张江：《再论强制阐释》，《中国社会科学》2021 年第 2 期。

② 海德格尔：《康德与形而上学疑难》，王庆节译，商务印书馆，2018，第 219 页。

③ E. 卡西尔：《康德与形而上学问题——评海德格尔对康德的解释》，张继选译，《世界哲学》2007 年第 3 期。

④ 参见张江《再论强制阐释》，《中国社会科学》2021 年第 2 期。

立场，推动哲学进步。显然，卡西尔的康德阐释持守的是前一种立场即捍卫“康德原则”的立场，本质上是一种认识论立场；而海德格尔的康德阐释持守的则是后一种立场即推进“康德问题”的立场，本质上属于一种诠释学立场。

由是观之，认识论立场的康德阐释才有准确不准确、客观不客观之分，才有阐释者以自己的主观意志强力侵入康德文本，对康德文本进行符合己意解释这种现象的发生。也就是说，强制阐释是一种认知行为。是故，从强制阐释现象是一种认识论现象，阐释被等同于一种认知行动角度立场出发，海德格尔的康德阐释无疑就是一种强制阐释。而从非认知立场的诠释学出发，阐释被解释为一种意义理解而非对象认知，它绝不能简单地被归结为一种意识的反映行为。如此，海德格尔的康德阐释就会有另一种解释的可能性，其对康德的阐释是不是一种强制阐释就需要认真地加以辨析，断定海德格尔的康德阐释就是一种“强力索取”并非那么理据充足。这里存在着认识论和诠释学的差异，从认识论角度看证据充分的事实，从诠释学角度看则会有另外一种理解。我们从现代诠释学产生的那个时刻，从狄尔泰有关精神科学自主性问题的论述中，就已经知道了作为认知的说明与作为阐释的理解之间的差别，这种差别被狄尔泰经典性地表述为：我们说明（Erklärung/explanation）自然，我们理解（Verstehen/understanding）精神。理解作为一种阐释活动，隶属精神科学，[①] 也就是现代意义上的人文科学。显然，理解的目标与认知的目标有着根本性差异，认知的对象也不同于理解或者阐释的对象。职是之故，我们只有清楚地区分开精神科学与自然科学，了解它们在学科目标上的差异，才能清楚明白地将阐释与认知区分开来，也才能了解阐释的本质，进而能够对强制阐释做出一种有理有据的解释。

二　精神科学的任务

现代诠释学是作为精神科学的奠基理论和方法论走向哲学前台的，它因之承担

---

① “精神科学”一词由 Geisteswissenschaften 直译而来，英文为 human sciences。该词第一次出现在德国冯·谢尔（Von Schiel）翻译的 J.S. 穆勒《逻辑学》一书中，用以翻译“道德科学”（moral science）一词。根据狄尔泰的说法，自 18 世纪起，西方学界强调哲学、历史学、政治经济学、法学、政治学、宗教、文学、诗歌、造型艺术、音乐、心理学等在内的这类科学的自主性和独立性，这类科学与人、人性以及人类的精神、历史相关，与自然科学或物质科学有着鲜明区别，曾被称为“道德科学”、“文化科学”（cultural science）或“精神科学”。“这些名称的变换本身说明，它们中间的任何一个都不能充分地反映出其称谓对象。”（狄尔泰：《精神科学中历史世界的建构》，安延明译，中国人民大学出版社，2010，第 78 页）狄尔泰选择了“精神科学”一词，用以表明对笛卡尔、黑格尔等人的“精神”概念的延续。精神科学研究一个伟大的实在物：人类，建构与其相关的概念和理论。当然，需要注意的是，狄尔泰的“精神科学”概念与现今通用的“人文科学”（human science）概念略有不同，其在范围上还包括了社会科学。但是，自从诠释学走上现代哲学舞台，在通常意义上，精神科学可以与人文科学互换使用，一般不再把社会科学包含在内。

着双重任务：一方面，将精神科学从自然科学范式的宰制中拯救出来，恢复其自身的自主性地位；另一方面，为精神科学提供切合自身任务需要的方法论，将科学化的认知与人文化的意义理解区隔开来。这个背景在狄尔泰和伽达默尔那里都有过清楚的表述。

在狄尔泰那里，现代性背景下的知识图谱，其最大的变化是，古代由哲学承担的认知世界的任务被能够精确揭示事物之间因果联系的自然科学所取代。哲学由于受到在知识获取上成就卓著之自然科学的影响，其主流意识是拒绝以黑格尔为代表的思辨哲学，而倾心于实证性，仿佛只有按照自然科学的方法论要求探索人类的精神现象，精神科学才值得信赖。至于这种实证主义风潮下的精神科学范式变迁是否影响到其自身的自主独立性地位，似乎无关紧要。然而，对狄尔泰来说，精神科学是否具有自主独立的地位才是最为关键的问题，因为，这个问题直接决定了是否有必要在人类知识谱系中为精神科学保留位置。狄尔泰明确反对将精神科学实证化的做法，他敏锐地觉察到关于人性、人的存在、人的精神及其精神性存在物的精神科学与关于自然研究的自然科学之间存在着根本性的差别。一方面，精神科学拥有不同于自然科学的研究方法、研究对象和研究态度；另一方面，精神科学关涉人类与历史—社会的关系，而自然科学则关涉人类与自然的关系，这显然是两类有着明显差异的关系。由此也决定了精神科学的研究对象与自然科学的研究对象有着根本性的区别，“只是在与人类的一种特殊的关系中，精神科学的对象才成为其对象。这种关系不是由外部加之于人类的，相反，它就存在于人类的本质之中”。①

精神科学与自然科学在研究对象上的差别同时也决定了它们有着完全不同的目标追求。“精神科学从对于人们自身状态的体验和对于外部世界中的客观精神的理解这样两个方面，日益深入地研究这种实在物。这一点刻画出了两类科学的差别：外部自然中的诸现象之间的连接得自于诸抽象概念之间的联系，但是精神世界中的连接却为人们所体验和理解。自然的系统是抽象的，而心灵、历史实在的系统却是活生生的、有血有肉的。自然科学用思想补充现象。……与自然科学不同，精神科学将人类—历史—社会中的无限广大的外在对象归因于造成这一切的精神生活；它首先，并且主要以这样的方式对上述现象加以分类。自然科学为个体性找寻假设的因果原则；但在精神生活中，人们却在生动地体验着它的各种原因。”② 这就是说，对于自然现象，我们寻求对它的因果说明；对于精神，我们只能寻求对生命存在体的意义理解。精神科学总是关注个体的存在，而自然科学只是把个别的东西当作达到普遍性的手段。精神客体只能出现在理解活动中，向着理解者敞开生活的意义、价值和目的；而物理客体则只能出

① 狄尔泰：《精神科学中历史世界的建构》，第 77 页。

② 狄尔泰：《精神科学中历史世界的建构》，第 77 页。

现在认知活动中，向着说明者展示自然现象之间的客观性因果联系。所以，精神客观化于理解者的理解活动中，目的体现于理解者的理解活动中，价值实现于理解者的理解活动中。理解者与精神客体之间形成的是一种生活关系，这种生活关系的意义实现于理解者的理解目标设定之中，其意义显示的可能性绝对不会自在地存在于精神客体之中，它只能奠基在理解者的理解力之上，依仗于理解者解释价值的能力而被阐发出来。如狄尔泰所说："各种概念、普遍性的判断、一般性的理论等都不是关于某种与外部印象相关的事物的假设，而是衍生于我们的体验和理解。"① 总而言之，精神科学致力于意义解释，它所追求的不是客观描述或如实再现被理解物，它表达的是一种生活关怀，要求理解者在自身的生命经验基础上体认被理解物向其显示出来的意义。狄尔泰富有诗意地写道："黄昏中的森林静穆地甚至令人生畏地展现在我们面前，溪谷中那些闪烁着静谧的灯光的房子给我们带来一种温馨的感觉。"②

伽达默尔同样关注精神科学的自主性和独立性问题，他比狄尔泰更强调精神科学研究与自然科学研究在旨趣和任务上的不同。在《真理与方法》"导言"中，伽达默尔明确反对将精神科学等同于自然科学，视之为同类型的经验知识学。精神科学需要获取经验，但其获取的绝不是那种可以被重复和不断验证的经验，而是一种不断发现的新经验。精神科学所欲发现的新经验不是要确立事物或者现象之间的普遍联系，而是要发现在特定历史语境下对人类呈现出的意义，人们通过对意义的把握而获得更高的趣味、更机敏的判断力，以培固自己的共同感，达到教化的目的，即将自身从特殊的精神状态提升到一种普遍的状态。精神科学的科学性源于自古以来的这种教化传统，这个传统在康德之前还鲜活着，恰恰是近代以来精神科学仿效自然科学向自己提出方法论要求之后，这个传统被压制而逐渐失去支配精神科学的地位。伽达默尔认为，自己创建哲学诠释学的一个主要动机，就是对精神科学中存在的方法论迷思进行根本性批判，以恢复精神科学的人文传统，重新定义精神科学的科学性。③

在伽达默尔看来，自然科学诉求获得一种关于自然事物的绝对客观而普遍的认知，追求知识的确定性和可控性，它让可观察的东西屈从于数学的量化方法，致力发现外在于认知者而客观存在的自然规律，并依靠实验和假设去逼近那些可以被证实的真理。与自然科学不同，精神科学并不提供关于外在事物的具体知识，也不提供关于世界的确定不变且不容置疑的理论性描述。精神科学"研究的对象不是客观的世界而是人对自己、对他的创造物世界的认识"。④ 精神科学因此也被称为人文科学，它继承了古代哲学之形而上学的遗产，与诗歌接近，至少包括了哲学和文学两个方面，因而与人对

① 狄尔泰：《精神科学中历史世界的建构》，第 106 页。
② 狄尔泰：《精神科学中历史世界的建构》，第 64~65 页。
③ 参见让・格朗丹《哲学诠释学导论》，洪汉鼎译，商务印书馆，2015，第 171~177 页。
④ 参见伽达默尔《科学时代的理性》，薛华等译，国际文化出版公司，1988，第 129 页。

自身存在和生活意义的自我理解紧密相关。其学科旨趣与获取纯然客观的知识无关，而是相关于“人的自我认识能动的和不断进行的改进”。① 精神科学本质上是一种通过人的自我理解而拓展人的整体生存经验的诠释性科学，它从内在于理解者的意义结构、价值和目的出发，对生活的价值、人的存在或共在，以及人类整体的世界经验展开理解，做出意义阐释。就此而言，精神科学中最关键的不是客观获取经验性知识，提升人类掌握纯然外部世界的能力，“在精神科学中问题在于理解，更确切地说，在于理解社会的整个现实；如果人应当互相共同生活，那他们在社会中确实必须相互理解”②。

由此可见，无论是方法论诠释学的创始者狄尔泰，还是哲学诠释学的建构者伽达默尔，都旗帜鲜明地将诠释学与认识论相分离。诠释学相关于精神科学的理解，而理解不是对外在事物表现的把握，不能被纳入表象思维中定义。“理解总意味着内在认知（inner awareness）的一次增长，而这种认知又作为一种新经验加入我们自己的知识经验结构之中。理解也是一种探险，并且像所有的探险一样，可能会遇到危险。它不满足于简单、呆板地记下哪里有什么，或某人在哪里说过什么，而是力求追溯我们的指导性兴趣和问题。”③ 这意味着，精神科学的理解或阐释，关注的是理解者通过理解活动获取到的新的生命体验，意在拓宽理解者的在世经验和关于自我的知识，把握与人类整体的历史存在相关联的总体性关系。就此而言，理解活动所带来的阐释经验总是超越过往，开显新意义。它永不停滞，绝不可能往后而重复过去。如此一来，对于精神科学的阐释，我们就必然会有一个不同于自然科学认知论的解说。

三　精神科学中的理解：历史性发生的阐释

近代自然科学在对自然的经验认知上取得了巨大成就，这些成就凸显了方法在认识论中的重要地位。受其影响，近代哲学特别强调方法的意义。要在事实与命题之间形成一种满足知识真理性要求的符合关系，必须依赖合乎理性的方法程序以排除各种外在因素的干扰，也只有恰当地应用合乎知识活动要求的方法才能让事物如其所是地表现自身。不仅如此，方法还提供理性的建构程序，将事物的表象按照知识性要求形成客观有效的判断，揭示出事物的真理。自笛卡尔以来，这种重视方法的信念不仅在有关于自然事物的知识系统中盛极一时，同时也严重渗透侵入精神科学。尽管大部分人文学者对精神科学拥有不同于自然科学的学科性质有着清醒认知，但是，在如何将精神科学建构成一门精确科学问题上，许多人文学者也常常会身不由己地沉入方法论

① 参见伽达默尔《科学时代的理性》，第 129 页。
② 伽达默尔：《科学时代的理性》，“作者自序”第 2 页。
③ 伽达默尔：《科学时代的理性》，第 97 页。

的迷思之中。狄尔泰就是如此。虽然狄尔泰以“理解”标定精神科学的任务而与致力于“说明”自然的自然科学区分开来，但是，就像约瑟夫·布莱切（Josef Bleicher）所指出的那样：“由于狄尔泰将历史客观物认作‘被给与者’，诠释学技艺可运用其上对其加以解释，这使得他不能正确描述诠释者与文本之间的主体/主体关系，而将其归为那种为人所熟知的主体/客体关系。其代价是他在研究他人心灵经验时，为了保证某种程度的客观性而无法从‘历史意识’走向‘历史经验’或‘诠释学意识’。”①

狄尔泰的失误源自他将诠释学方法论化。在狄尔泰的认知中，精神科学对人的生命、存在和历史的理解若想达到如同自然科学知识般的精确性，关键是寻找到一种能够“摹写”精神客观物的方法，这使得狄尔泰不由自主地又回到认同自然科学认识论论证方式的老路上去，从而将精神科学的诠释学异变为精神科学的认识论。依照这种认识论方式重建精神科学的方法论，在处理生命经验的客观性问题时，“狄尔泰似乎远远落在自己意向——将精神科学建构成为对人的一种非科学研究——以及他的高标准反思之后”。②所以，伽达默尔批判狄尔泰的思想摇摆在生命哲学与自然科学式的知识构想之间，在它们的冲突中，狄尔泰始终偏袒的是自然科学的知识构想，而哈贝马斯则指出，狄尔泰的生命哲学保留着被给予的精神客观物，实际上就是纵容将自然科学的客观性理想转嫁到精神科学身上。凡此种种，使得狄尔泰根本不可能摆脱笛卡尔式的二元论预设，他的诠释学必然要认识论化，由此导致他根本不可能正确地处理借助诠释学实现出来的精神科学的理解问题。

要走出狄尔泰式困境，就必须突破精神科学理解问题上的“笛卡尔范式”，走向一种新范式。海德格尔首先完成了这种范式转换。海德格尔将诠释学与现象学联结在一起，在他那里，哲学就是一种普遍的现象学的存在论，而诠释学也就是一种现象学。在现象学视域中，真理不再是基于笛卡尔二元论假设基础上的主客体相互符合的产物，而是 aletheia（无蔽），即“真理就是去蔽（Unverborgenheit）。让去蔽呈现出来，也就是显现（Offenbarmachen）”。③这样，“海德格尔因之开辟出一个比从方法上获取有关存在知识更为基础的经验维度”④。如果说自然科学的认识模式关心的是事物如何能够在认知者意识中显现，且显现出来的表象可以被认知者所把握，以便达到控制和支配事物之目的的话，那么，现象学的诠释学则致力于探寻远较认识论更为根本的哲学存在论层面的超越基础，这些超越性的基础使某物成为可理解的。因此，海德格尔实际性诠释学的旨趣是对存在者的存在进行一种现象学分析，这决定了他的诠释学的核心关怀

① Josef Bleicher，*Hermeneutics*：*Hermeneutics as Method*，*Philosophy and Critique*，London/New York：Routledge，1980，p. 24.

② Josef Bleicher，*Hermeneutics*：*Hermeneutics as Method*，*Philosophy and Critique*，p.24.

③ 汉斯－格奥尔格·伽达默尔：《诠释学Ⅱ：真理与方法》，洪汉鼎译，商务印书馆，2010，第58页。

④ Josef Bleicher，*Hermeneutics*：*Hermeneutics as Method*，*Philosophy and Critique*，p.117.

是“按存在者的基本存在建构来解释存在者”，[①] 诠释学由此与认识论脱钩，转而成为说明理解问题之形而上基础的存在哲学。理解成为理解者的存在方式，理解的作用就是理解者在自身所处的历史境遇中为自身确定方向，领悟自身的可能性。可见，“与我们在这个世界中存在的直接事实性相比，诠释学首要的主题更侧重于揭示存在理解的预设依然隐藏在需要被重新开启（或像海德格尔所说的‘解构’）之传统中这一事实”[②]。就像海德格尔所说的那样：“领会[③]，作为此在的展开状态，一向涉及在世的整体。在对世界的每一领会中，生存都一道得到领会，反过来说也是一样。其次，一切解释都活动在前已指出的‘先’结构中，对领会有所助益的任何解释无不已经对有待解释的东西有所领会。”[④] 理解活动所阐释出来的意义植根在理解者的存在论结构之中，被理解之物是在理解者的理解活动中开显出可能的意义。对存在的揭示和意义阐释，不能借助科学认识论的各种规则和方法予以发现，也不能借助科学认识论的各种规则和方法予以证实。意义是一种在理解者身上发生的事件，理解所隶属的先在结构不仅不是意义开显的限制，反倒是意义能够得以开显的前提条件，这意味着，“所有的知识都是从某个历史的境遇中开显出来的”。[⑤]

海德格尔有关理解的存在论处境思想，被他的学生伽达默尔发展成哲学诠释学的历史性原则，这也是哲学诠释学有关存在论意义上的阐释如何可能的首要原则。按照这个原则，理解必须被放入存在论语境中来考察。在存在论语境下，理解者是在先行承受的历史性中展开理解行动的，也就是说，理解者首先必须先行以“隶属性”的方式归于自身的传统，传统构成理解者的前理解结构，理解者的理解行动只有在自身所隶属的传统中才能与被理解对象建立起对象性关系。在理解的存在论视域中，理解者的“隶属性”总是优先于“对象性”。“隶属性”揭示出理解者的源初境遇，而“对象性”则只不过是“隶属性”的衍生物。理解者隶属于什么样的传统，他就有什么样的被理解对象。“所以，根本不存在那种使得这种生存结构整体不起作用的理解和解释——即使认识者的意图只是想读出‘那里存在着什么’，并且想从其根源推知‘它本来就是怎样的’。”[⑥]

这就是理解的历史性原则在理解问题上必然会造成的思想效果。这种思想效果可以从理解者和被理解之物两方面看。一方面，从理解者角度看，“隶属性”在理解行动上的优先性，决定了理解者是在自己的前理解结构中让被理解物的真理历史地显示出

① 海德格尔：《存在与时间》（修订译本），陈嘉映、王庆节译，生活·读书·新知三联书店，2014，第 12 页。

② Maryanne Cline Horowitz（Editor in Chief），*New Dctionary of the History of Ideas*，Volume 3，Detroit/New York：Charles Scribner's Sons，2005，p. 984.

③ 即 Verstand，一般译为“理解”，《存在与时间》中译本的译者在修订版中将其译为“领会”。

④ 海德格尔：《存在与时间》（修订译本），第 178 页。

⑤ Josef Bleicher，*Hermeneutics*：*Hermeneutics as Method*，*Philosophy and Critique*，p.119.

⑥ 汉斯－格奥尔格·伽达默尔：《诠释学 Ⅰ：真理与方法》，洪汉鼎译，商务印书馆，2010，第 373~374 页。

来的，或者说，是理解者的历史性理解行动让被理解物有了对象性要求。在理解者没有展开理解行动之前，既没有被理解物作为对象与理解者外在对立，也没有先于理解行动而存在的所谓意义或真理等待着理解者去揭示、把握。存在论意义上的阐释并不关注被理解之物已经先行给予的那些外在于理解者的东西，它仅仅关注被理解物是否具有在理解者提供的诠释学处境中作为"对象"敞开自身、生成新的意义的可能性。另一方面，从被理解物角度看，"对象性"作为"隶属性"的衍生物，解构了被理解物先行存在的实体性。被理解物的真理或者意义只是一种可能性，并且是一种在理解者与被理解物之视域融合中存在的可能性。它不是先于理解者而等待理解者去把握的实体存在物，而是在理解行动中将自己的本真性"如其所是"地展露出来的那个被理解物的"事情本身"。可见，被理解物的真理或意义作为阐释的对象并没有存在论上的优先性，被理解物的真理或意义是由理解者历史性地建构出来的。阐释直接面对的是被理解物的"事情本身"——在理解的诠释学处境中表现出来的被理解物的可接受的合理内容，由此决定了被理解物的"对象性"必然会在不同历史语境中得到不同的理解。阐释不是复原或机械克隆作为现成物的被理解物，被理解物的真理和意义也不是实体化的意识构成物。理解恰如伽达默尔所指出的那样：没有更好的理解，只有不同的理解。理解就是要发现不同的理解。

这就是经由本体论转向之后的现代诠释学对阐释的理解，一种奠基在存在论基础上对精神科学阐释行为的理解，它坚定地主张阐释总是历史性地发生，理解总是追求不同的理解，意义总是在其遭遇到的诠释学处境中自行彰显出来的意义。伽达默尔自己的阐释是这样的："我们现在的出发点是这样一种认识，即精神科学里所进行的理解本质上是一种历史性的理解，也就是说，在这里仅当文本每次都以不同方式被理解时，文本才可以说得到理解。这正表明了历史诠释学的任务，即它必须深入思考存在于共同事情的统一性和理解这种事情所必须要有的变迁境况之间的对立关系。"[①] 故我们可以说："理解与其说是认知意识借以研讨某个它所选择的对象并对之获得客观认识的方法，毋宁说是这样一种以逗留于某个传统进程中为前提的活动。理解本身表明自身是一个事件。"[②]

四　阐释何以成为强制的

按照上面的分析，精神科学的意义阐释奠基在现象学存在论基础之上，这意味着精神科学在理解问题上拒绝意识哲学范式。理解的意识哲学范式奠基在传统的亚里士

① 汉斯－格奥尔格·伽达默尔：《诠释学Ⅰ：真理与方法》，第437页。
② 汉斯－格奥尔格·伽达默尔：《诠释学Ⅰ：真理与方法》，第437~438页。

多德实体论形而上学之上，它在存在论中承认存在一个实体（事物的“是其所是”）。实体为核心存在者，独立而不依赖其他东西存在，是使一个存在者成为存在之物的最高范畴，其他一切都在它那里找到根基。因此，实体是事物的本质或本原、基础，是存在的真正原初意义和现象所要表现的东西，因而也是认识所欲把握的最高对象。理解的意识哲学范式在认识论尊奉主客二元模式，在实体与属性、本体与现象、本质与现象等一系列对立的关系范畴形成的理解图式之下，阐释活动表现为意识反映对象的符合论行动。

我们知道，在现代哲学视域中，阐释的意识哲学范式的形而上学基础备受质疑，其逻辑上的困境难以克服。阐释的意识哲学范式认定在事物的表象之后存在着作为其根基的实体，问题在于，意识哲学所依赖的形而上学在没有给出有关实体是否存在之经得起理性拷问理由的情况下，就将自己的问题意识确定为追问实体是什么。然而，真正需要追问的问题应当是：实体是否能够给出，且具有明见性？显然，“追问实体是否存在”与“追问实体是否能够明见无疑地给出”是两种不同的追问，前者未经批判就独断地认定作为事物本质（本原、基础）的实体存在，因此这种追问方式被胡塞尔称为“朴素的—客观主义的追问方式”，这种追问方式根本无法确认实体存在具有无可置疑的明见性，却依然以理性的独断和信念的专横认定其存在；后者则要求实体能够被给出，且具有明见性，这是一种为法国现象学家马里翁所赞赏的现象学追问方式。这种追问方式不再假定作为事物本质（本原、基础）的实体的存在，不再像亚里士多德那样朴素地直接到事物的表象背后寻找事物的“是其所是”——事物的开端、本原、基础和本质（当然也不能像笛卡尔那样以纯粹的我思为最初的开端和确定无疑的基础），而是要另辟他途。[①] 胡塞尔开启了这条有希望的道路，这条道路被马里翁清楚地表述出来：“第一哲学事业的决定性的本原性就在于使一种不可置疑的优先性成为现象：让其不再像它必须的那样（根据经验及其对象之被预设的先天条件）显现，而是如其被给出的那样（从其自身而来并作为自身）显现”，那么，以被给予性为最终原则、以“如其被给出那样显现出来”的现象为本原的现象学，就“能够抵达……如此理解的‘第一哲学’的地位”。[②]

由此可见，胡塞尔开辟的现象学存在论道路取消了“是其所是”（本体 / 本质）与“是其所是”（现象 / 表象）划分的合法性，同时也解构了主体和客体二元结构，事物就如其所现地给出了自身。把握了现象就把握了事物，而事物总是关联着理解者在世

① 更为详尽的论述请参见朱刚《通往第一哲学的三条道路——兼论现象学如何作为第一哲学》，《世界哲学》2017 年第 1 期。笔者对现象学诠释学之形而上学基础的看法受益于这篇论文，特此向作者表示感谢。

② J-Luc Marion，*De Surcroît*，*études sur les Phénomènes Saturés*，PUF，2010. 转引自朱刚《通往第一哲学的三条道路——兼论现象学如何作为第一哲学》，《世界哲学》2017 年第 1 期。

的基本情态，在理解者的生存结构中敞开自身。存在不是在理性抽象中存在的实体物，而是一个直接被给予之物，是一个事实，并且是日常生活运作中的一个明见无疑的事实。这样，现象学存在论就直接解构了事物先行存在的实体性。被理解物的意义只是一种可能性，对它的理解要奠基在"先行具有"之上，对它的解释要奠基在"先行视见"之上。也就是说，被理解物的意义不是先行上手的实体存在物，而是理解者向着当下在世的可能性筹划自己而敞开的事物。如此一来，建立在现象学存在论基础之上的诠释学就必然将阐释的重心从被理解物的客观意义转向理解活动历史建构的意义，对被理解物的客观解释就必然要被合理的处境化解释所取代。被理解物只能被看作可能的阐释对象，而不必然是现实的阐释对象。理解者是否将对被理解物意义的可能阐释建构成现实的意义阐释，取决于被理解物的何种可能性被理解者带入当下而与理解者形成一种共时性（Gleichzeitlichkeit/contemporaneity）关系，构成一种共在（Dabeisein/being present），在保存自身历史性存在的同时，又能将自身带入当下开显意义。职是之故，现代诠释学的任务就不是去理解被理解物的实体意义，而是去理解被理解物的合理的可接受性内容。在现代诠释学视域中，被理解物的这种合理的可接受性内容就是它的"事情本身"，也就是被理解物的真理性内容。作为理解者，我们相信一切能够被不断带入不同理解语境的被理解物本身必然包含值得理解的真理，这种真理作为被理解物的"事情本身"才是理解与阐释的对象，被理解物本身不过是它的载体，绝不可能自动地成为理解与阐释的对象。

将建立在现象学存在论基础上的阐释观应用于文本解释，其根本的要义是要求文本解释行动必须奠基在理解的生存论处境之上，即必须承认阐释的历史性——理解者的诠释学处境（前见）作为使理解成为可能的条件合法地开放了文本理解的无限开放性。伽达默尔说："解释开始于前把握（Vorbegriffen），而前把握可以被很合适的前把握所代替：正是这种不断进行的新筹划过程构成了理解和解释的意义运动。谁试图去理解，谁就面临了那种并不是由事情本身而来的前见解（Vor–Meinungen）的干扰。理解的经常任务就是作出正确的符合于事物的筹划，这种筹划作为筹划就是预期（Vorwegnahmen），而预期应当是'由事情本身'才能得到证明。这里除了肯定某种前见解被作了出来之外，不存在任何其他的'客观性'。"① 所以，"按照伽达默尔的观点，对于我们来说，并不存在一种我们从希腊文本或任何一种文本取得的意义本身。'意义'只存在于解释可能性的创造多样性之中，而对这种多样性，原本的作者是绝对意识不到的。"②

哲学诠释学的文本阐释由此给理解者一个合法理由，让理解者利用作者不在场的机会进入文本，在恰当的诠释学历史语境中说出文本未言或欲言的东西。我们至少有

① 汉斯－格奥尔格·伽达默尔：《诠释学Ⅰ：真理与方法》，第379页。
② 让·格朗丹：《诠释学真理？——论伽达默尔的真理概念》，商务印书馆，2015，第58页。

两个方面的论据支持这种观点。第一，任何理解活动所欲阐释的对象并不是文本本身，也不是文本所包含的作者意图或文本意图，而是隐藏在文本的“事情本身”——那些可以在不同历史语境中被合理解释的内容，那些保持自身历史性存在方式而又能够与当代理解者处于共时性关系中的共在内容。真正的文本阐释必须服从对文本意义的真理性解释之要求，是故，文本阐释既不是为了证明文本意义的多义性和歧义性，也不是为了确认文本意义的客观性、唯一性和不变性，而是为了发现文本意义的真理性，而文本的真理性总是在阐释者的阐释中历史性地发生。第二，理解活动绝不是一种复制和机械克隆行动，在理解中所涉及的完全不是一种试图重构文本原义的“历史的理解”，理解者总是在进入文本过程中让自己的思想参与文本意义的创造性建构，也就是说，阐释不再是一种对文本意义进行解说的单纯活动，它本质上是一种参与文本意义生成的创造行动。就像海德格尔所说的那样：“为了能够经验并且在将来能够知道一位思想家的未被道说出来的东西——不论它具有何种特征——，我们必须思考他所道说出来的东西。”①

综上所述，我们不得不承认这样一个事实，在以现象学存在论为基础的现代诠释学视域中，不存在“强制阐释”这种现象。任何阐释都服从于对被阐释物之真理的揭示，而被阐释物的真理并不是现成存在于文本之中，类似亚里士多德所说的实体，独立而不变地存在。文本不过是被阐释之真理的载体，而被阐释的真理总是在阐释活动的历史语境中发生。当被阐释物被阐释者带入能够让其自行敞开自身之真理的诠释学处境时，阐释就已经不能被简单理解为一种对文本的解释，它实际上已经成为一种介入文本的真理性内容向着当下发生的创造性活动。阐释使得原本作为载体的文本成为阐释的对象，成为阐释对象的文本在阐释活动所以可能的诠释学处境中向着阐释者展露自己的“事情本身”。在这里自然就不存在正确的阐释、恰当的阐释或好的阐释，存在的只是不同的阐释，即文本的“事情本身”在被带入的不同诠释学处境中所展示出的不同真理性意涵的历史性表现。阐释总是意味着不断地在不同历史语境中与文本照面而使得同一文本衍生出不同的意义，这也就是为什么人类历史上伟大而杰出的经典总是常读常新的诠释学根据。理解总是意味着不同的理解。当然，意义在阐释中不断生成，理解指向不同理解，并不是任意妄为。阐释者既不能把矿泉水通过阐释创造成为美酒，也不能通过阐释将观念中的财富变现，变为现实中实际据有的财富。阐释是有边界约束的，这个边界约束就是被阐释物的“事情本身”。阐释必须承认这种在“去存在”过程中将自身现实化的“事情本身”的先行具有。无论文本的“事情本身”在不同历史语境中有着怎样的不同显现，它们都是被阐释物之“事情本身”的显现，而不是别的

① 海德格尔：《路标》，孙周兴译，商务印书馆，2000，第 234 页。

什么东西的显现，就像先秦儒家、宋明理学、港台新儒家以及现代大陆儒学学者，对儒家精神的理解存在着差异，但并不妨碍他们解释、阐扬孔子开创的儒家学派思想一样。对同一文本的“事情本身”有着不同的历史性理解是自然而然的事情，它恰恰是思想各美其美、美美与共这样一种百花齐放繁荣景象的真实写照。

如此一来，我们就必须对强制阐释现象做另外的解释。根据上面的分析，依据张江教授对“强制阐释”的定义，强制阐释以亚里士多德实体论形而上学为其诠释学的基础，它坚持的是一种阐释的实在论立场，承认文本有客观的自在意义，将阐释主要解释为一种围绕文本的客观自在意义展开的符合论行动，阐释必定是“对一确定文本的阐释，确定于该文本之所能蕴含的意义，而非游离于该文本之外的其他意义，亦即阐释主体的对象是此文本而非他文本”。[①] 文本的自在意义因此成为阐释集中的“有效点位”，它将阐释约束于文本自在意义之上，“此约束说明，无论何种文本，只能生产有限意义，对文本的无限阐释约束于文本的有限之中”。[②] 据此可知，张江教授对“强制阐释”的阐论就明显表现出对理解问题做认识论解释之倾向，阐释对文本意义的理解实际上演化为认知式对文本自在的客观意义的把握，而文本的自在意义作为一种先行于阐释行动而独立自存的客观物，并不受阐释的语境因素影响。因为，在张江教授那里，阐释开放不同于文本开放，阐释开放是阐释者的阐释行动不受约束的一种自由的主观行动，而文本本身则收敛于文本的自在意义，不允许任意阐释。“先行于阐释而存在的文本的意涵（由作者意图形成的文本的自在意义）具有存在论上的优先性，它构成阐释有效性的客观判据。”[③]

然而，需要注意的是，当阐释活动将对文本的意义理解转变为对文本客观自在意义的把握，诠释活动就在不知不觉中异变成认知活动，理解文本向阐释者开放出的意义，就变成把握文本客观内容的认知行动。理解意在解释文本对阐释者意味着什么，而认知则是要揭示与自己的主观的理解视域投入无关的客观内容。理解总是历史性的，文本进入不同的历史语境会呼唤不同的理解，而认知则有着客观的目标，它要求排除一切语境性因素而客观地还原事物的本相。因此缘故，我们说，阐释无所谓强制不强制，而认知则会出现“借文本之名，阐本己之意，且将此意强加于文本，宣称文本即为此意”之问题，即出现强制现象。如此看来，强制不会发生在阐释活动之中，它只能发生在认知活动中。如果说诠释学中存在着强制阐释现象，那么，这种现象就是一种因诠释学与认识论边界发生混乱而衍生出的意识强力行动。当阐释由理解异变成认知，阐释者转变为认知者，诠释学立场转变为认识论立场，文本的意义阐释转变为文本自在意

---

① 张江：《论阐释的有限与无限——从 π 到正态分布的说明》，《探索与争鸣》2019 年第 10 期。

② 张江：《论阐释的有限与无限——从 π 到正态分布的说明》，《探索与争鸣》2019 年第 10 期。

③ 傅永军：《阐释有限与无限关系的形而上追问》，《社会科学辑刊》2020 年第 6 期。

义的客观把握，强制阐释势必奋袂而起。质言之，强制阐释是伴随诠释学与认识论界限意识混淆而生成的一种理解者的主体性行动，它本质上是一种认知行为，却被误认为是一种阐释行为。职是之故，只要人们能够分清阐释文本的诠释学立场和认知文本的认识论立场，以理解应对文本诠释，以说明应对文本认识，保持清醒的界限意识，强制阐释便无存身之处。

（作者单位　山东大学中国诠释学研究中心暨哲学与社会发展学院）

本文原载《学术研究》2022 年第 1 期

“应用解释学”之“应用”

——以伽达默尔的“大学理念”为例

何卫平

摘　要　伽达默尔的解释学既可称为“实践解释学”，也可称为“应用解释学”。对应于“实践”，这里的“应用”有两层含义：一是作为解释学一个普遍原则的“应用”，它与“理解”和“解释”一起构成解释学的三要素；二是相对于解释学“理论”的“应用”。区分这两点有利于避免一些无谓的争论，伽达默尔的“大学理念”就是一个例证。伽达默尔主要继承了洪堡的“大学理念”，并从哲学解释学的立场来加以发挥，因此，伽达默尔的“大学理念”从属于伽达默尔的实践解释学，也是这种解释学的具体应用。伽达默尔的“大学理念”所蕴含的观点对当今我国高等教育的改革有着重要的启发意义。

伽达默尔是当代西方解释学大师，他一生的学术活动与其丰富的教育实践活动密不可分。其代表作《真理与方法》实际上是他花费十多年时间对自己课堂教学内容的一个总结。①从其自述和他人的口中，我们可以知道，伽达默尔不仅是一位卓越的哲学家，同时也是一位优秀的教师。1945 年，二战结束不久，海德格尔在一封致弗莱堡大学校长的推荐信中针对伽达默尔这样评论道：“他具有标准的精神品格，完全是一个最具价值的教师和同事，如果可能的话，我愿意让他做我的接班人。”②在海德格尔同时推荐的三个人中，他对伽达默尔的评价是最高的，且把他放在了第一位（海德格尔推荐的另外两位分别是勒维特和克吕格，他们后来也都成了德国哲学领域的著名人物）。海德格尔最希望伽达默尔来接替自己在弗莱堡大学的讲席位置，虽然由于海德格尔本人的纳粹问题没能实现，伽达默尔后来去了海德堡大学，接替已到瑞士巴塞尔大学任教的雅斯贝尔斯的讲席位置。现在看来，这对弗莱堡大学是一个重大损失。1928 年胡

① 参见 Jürgen Habermas，“After Historicism，Is Metaphysics Still Possible？” In *Gadamer's Repercussions*，*Reconsidering Philosophical Hermeneutics*，ed. by Bruce Krajewski，University of California Press，Berkeley Los Angeles London，2004，p.18。

② 海德格尔：《讲话与生平证词（1910~1976）》，孙周兴等译，商务印书馆，2018，第 461 页。

塞尔退休时指定海德格尔为自己的接班人，而海德格尔退休时推荐伽达默尔为自己的接班人，可惜未果。事实证明他后来的继任者没有一个能达到伽达默尔的学术高度和世界性的影响，可见，海德格尔是很有眼光的。可以想象，如果伽达默尔真的去了弗莱堡大学，那么他将续写弗莱堡大学的辉煌，现象学—存在哲学—解释学在这里就可以彻底连成一线了，可惜“历史”没有“如果”。

二战后，伽达默尔先后担任过哲学系主任、大学校长。他不仅有丰富的教学经验，还有教育行政管理的经验，退休后，他又在北美（主要是美国）高校继续从教多年，对不同于欧陆（尤其是德国）传统的英语世界的大学进行过观察和比较，对各自的优劣有切身体会，因此，他从解释学的角度提出的“大学理念”值得我们珍视。尽管伽达默尔一生都拒绝对自己不熟悉的领域发表意见，[①]但教育对他来说，绝不是不熟悉的领域。在德国，他执教过多所高校，可是他更看重自己在莱比锡大学和海德堡大学的经历。因为前者虽然时间最短，但他是在一个特殊时期担任校长；后者时间最长（40 多年），并且海德堡大学是他的福地，令他达到了学术上的巅峰，成就了他作为世界级哲学家的地位。

尽管伽达默尔没有关于教育方面的系统论著，但他的思想无疑涵盖这方面的内容。其一，他强调解释学的普遍性，而且他的哲学解释学，不仅包括理解和解释，还包括应用、对话和教化（Bildung），它们都通向教育；[②]其二，他还专门就德国高等教育发表过看法，这集中反映在美国学者 D.Misgeld 和 G.Nicholson 编译的《伽达默尔论教育、诗歌和历史——应用的解释学》文集中的第一部分，这部分共收录了伽达默尔五篇谈话、演讲和文章，它们分别是：《访谈：德国大学与德国政治学，以海德格尔为例》（1986 年）、《科学的本源：一篇校长的讲话》（1947）、《莱比锡大学，1409~1950：一个前校长对它建校 550 周年的庆祝》（1959）、《海德堡大学与现代科学》（1987）和《大学的理念——昨天、今天与明天》（1986）。其中最重要的，我认为是最后一篇，它是伽达默尔 1986 年在海德堡大学发表的一篇演讲，也是本文主要涉及的内容。值得注意是，这部文集的编者所给予的副标题——“应用的解释学”（Applied Hermeneutics）——有其特定的内涵，对它的阐发构成了本文的主题，本文将结合伽达默尔的“大学理念”来加以说明。

一 “应用解释学”的两个含义

众所周知，伽达默尔的解释学继承的是海德格尔的思想，后者所理解的“实践”

① 参见 Gadamer，*On Education*，*Poetry*，*and History*，State University of New York Press，1992，p. 3。

② 参见 *The Routledege Companion to Hermeneutics*，ed. by Jeff Malpas and Hans-Helmuth Gander，London and New York，2015，p. 541。

与此在的“实际生活”或“人生在世”是一致的，其生存论解释学就属于广义的实践解释学，生存的理解就是实践的理解，它包括并基于善的选择和追求，这也是海德格尔前期尤其看重亚里士多德的实践哲学的原因之一（甚至有西方学者称海德格尔的《存在与时间》就是亚里士多德《尼各马可伦理学》的“改写”①）。而伽达默尔无非将其应用于精神科学领域、文本领域，其落脚点仍是“人的世界经验和生活实践的问题”。②

伽达默尔既重视实践的解释学，也重视解释学的实践。前者偏向作为一种实践哲学的解释学，后者偏向这种作为实践哲学的解释学的具体应用。伽达默尔晚年也接受传统的说法，将解释学表述为理解和解释的艺术——此乃施莱尔马赫早已明确表达过的定义，不过到了伽达默尔这里，理解和解释的“艺术”不是从“方法”或“技艺”的角度去理解的，而是从“实践”或“实践智慧”的角度去理解的。③对于伽达默尔来说，理解和解释不仅是一个理论问题，也是一个实践问题，同时还是一个应用问题。这里的“应用”和“实践”相关联，因此，伽达默尔所开创的哲学解释学既可以表述为一种“实践解释学”，也可以表述为一种“应用解释学”。

需要指出的是，这里的“应用”有两层含义：第一层是作为与“理解”和“解释”不可分的“应用”，“理解”和“解释”就包括“应用”，而且就是“应用”。此乃《真理与方法》着重谈到的，也是对海德格尔《存在与时间》的发展，④这里讲的“应用”不同于我们一般所说的“应用”，如西方近代以来作为与“理论”相对的“实践”或“应用”。受近代以来自然科学的影响，理论与应用被割裂开了，人们往往是先建构一般的“理论”，然后将其“应用”到具体的实践，科学理论的应用为的是对人类的生活产生某种有用的结果。⑤而伽达默尔所理解的解释学的“实践”和“应用”显然不是这个意义上的，在《真理与方法》中，“应用”与“理解”和“解释”一起构成解释学的“三要素”，但这三个要素不是并列的或各自独立的，而是“三位一体”的：“理解”与“解释”同时就是“应用”，只是角度不同、侧重不同罢了。

可以毫不夸张地说，“应用”属于哲学解释学的核心问题，⑥因为解释学的“应用”，也就是解释学的“实践”，对伽达默尔来讲，具体指理解和解释是通过将普遍的文本“应

① 参见弗朗柯·伏尔皮《〈存在与时间〉——〈尼各马可伦理学〉的改写?》，王宏健译，《清华西方哲学研究》2017年第2期。

② 参见伽达默尔《诠释学Ⅰ：真理与方法》，洪汉鼎译，商务印书馆，2007，第420页；《诠释学Ⅱ：真理与方法》，洪汉鼎译，商务印书馆，2007，第533页。

③ 参见伽达默尔：《诠释学Ⅱ：真理与方法》，第602、301页。

④《存在与时间》着重谈到了“理解”（领会）和“解释”，但没有谈到“应用”。不过，在此之前的海德格尔弗莱堡早期思想的集大成《存在论（实际性的解释学）》在追溯解释学的历史时，提到了17世纪的兰巴赫的圣经解释学所涉及的“实践应用的学说”［参见海德格尔《存在论（实际性的解释学）》，何卫平译，商务印书馆，2016，第17~18页］，后来的伽达默尔抓住这一点做了创造性的拓展和引申。

⑤ 参见Gadamer，*On Education*，*Poetry*，*and History*，p. vii。

⑥ 参见*Hermeneutics and Praxis*，ed. by Robert Hollinger，University of Notre Dame，1985，p. 276。

用”到理解者具体的“解释学处境”来实现自身的——此乃理解的“偶缘性”[①]所要求的，而这种“解释学处境”体现了理解者自身的“历史性”，它包含我们的“前见”或“视域”。“应用”作为理解—解释的一个要素，涉及“普遍”与“具体”的关系，它表现为一种“时间距离”所要求的“视域融合”，而这种“视域融合”是“效果历史”的，而且它还表现为一种对“实践智慧”（phronesis）和“善”（good）的追求——包括具体的善和最高的善（至善），前者靠近伦理学，后者靠近第一哲学，这里“具体的善”更多偏向亚里士多德同苏格拉底一致的与人相关的善；这里“最高的善”（至善）偏向柏拉图的作为“理念之理念”的“善的理念”。[②]可见，“应用”在哲学解释学中是一个关键词，它和其他关键词相关联，具有“牵一发而动全身”的意义。对于伽达默尔来说，这种意义上的“应用”完全可以称作解释学的一个普遍“原则”。他明确地表示：

> 所有的读都包含一个应用，以至谁读某个文本，谁就自身处于他所理解的意义之中，他属于他所理解的文本。情况永远是这样，即在读某个文本过程中他所得知的意义线索（Sinnlinie），必须被中断于一个开放的不确定性之中。他可能承认，而且必须承认，未来的世代将以不同的方式理解他在文本中所曾读到的东西。[③]

当然，伽达默尔的上述思想并非没有理论渊源。在古希腊，理论和实践是分不开的，即不是先有“理论”，然后“应用”于“实践”，而是理论本身就是实践的，甚至是最高的实践，这在亚里士多德那里表述得最明确。到了17世纪，新教解经学（如兰巴赫）对《圣经》的理解和解释就不再停留于字面，还要求应用于人的生活实践。海德格尔在弗莱堡早期的最后一次讲座中曾提到这一点。[④]正是受这些思想的启发，伽达默尔看到了，理解不单纯是自发的接受，而是包含着应用，并对其具体内涵表述如下：

> 应用不是理解现象的一个随后的和偶然的成分，而是从一开始就整个地规定了理解活动……研讨某个传承物的解释者就是试图把这种传承物应用于自身。但是这也不意味着传承下来的文本对于他是作为某种普遍东西被给出和被理解的，并且以后只有为特殊的应用才利用它。其实解释者……只想理解传承物所说的东西，即构成文本意义和意思的东西。但是为了理解这种东西，他一定不能无视他自己和他自己所处的具体的解释学处境，如果他想根本理解的话，他就必须把文

① 参见伽达默尔《诠释学Ⅰ：真理与方法》，第202页。
② 参见何卫平《哲学解释学的伦理学之维——伽达默尔对柏拉图和亚里士多德“善”观念的解读》，《道德与文明》2019年第6期。
③ 伽达默尔：《诠释学Ⅰ：真理与方法》，第461~462页。
④ 参见海德格尔《存在论（实际性的解释学）》，第17~18页。

本与这种处境联系起来。[①]

这段话非常全面。由于“理解”和“解释”必将文本“应用”到读者自身的解释学处境、应用到他自己的时代，所以伽达默尔强调，一切理解都是自我理解，它同近代的自我认识相区别。[②] 文本要面对每一个时代的“偶缘性”，以丰富它自身的存在意义，这是其与时俱进的根本原因，也是伽达默尔所说的“理解总是不同的理解”的根本含义。基于此，伽达默尔在传统解释学中的“理解”和“解释”的因素之外，明确地补充了“应用”的因素，并将这三者自觉地统一起来，这是伽达默尔在西方解释学史上的一个重要贡献。

除了上面讲的这层意思外，“应用”在伽达默尔那里还可以有第二层含义，也就是通常的意义，即相对“理论”的“实践”或“应用”——这当然可看成伽达默尔解释学的实践哲学走向的延续或延伸，这一点无可非议——谁也不能否认在《真理与方法》之后，伽达默尔更关心现实的问题，如教育、文学批评[③]、心理分析、医疗实践、国际政治等领域的问题，[④] 并将哲学解释学的基本精神应用到这些具体领域之中。他的一系列论著都表明了这一点，只要我们读一读他本人或后人编辑的伽达默尔文集《科学时代的理性》《伽达默尔论教育、诗歌与历史》《健康之谜》以及晚年的一系列访谈，便不难看出。伽达默尔明确地说，实践哲学以实践为研究对象，它是理论，具有理论的特征，不等于实践智慧，[⑤] 也就是说，它所教导的是处于变动不居的人类实践活动中的“一般”的知识，而非其具体的应用。[⑥] 此处需要插一句，不能将这里的第二层含义与上面讲的第一层含义混为一谈，否则会引起不必要的误会。国内以往有关这方面的争论有些主要是语义用法的混淆造成的，[⑦] 这也是推动笔者撰写此文的一个重要原因。

---

① 参见伽达默尔《诠释学Ⅰ：真理与方法》，第 441 页。

② 参见伽达默尔《诠释学Ⅱ：真理与方法》，第 492~493 页。

③ 集中体现于《伽达默尔全集》第 8、9 卷“美学与诗学”，其副标题是“解释学的实施”，这里的“解释学的实施”，实际上就是“解释学的应用”。

④ 参见 Chris Lawn，*Gadamer*：*A Guide for the Perplexed*，Continuum，New York，2006，pp. 111–112。

⑤ 参见伽达默尔《柏拉图与亚里士多德之间善的理念》，伽达默尔 GW7，S. 218。

⑥ 参见伽达默尔《诠释学Ⅱ：真理与方法》，第 302~303 页。

⑦ 例如，彭启福教授对我的批评［参见彭启福《诠释学在何种意义上是实践哲学？——从“转向说”和“走向说”的论争谈起》，《华东师范大学学报》（哲学社会科学版）2022 年第 1 期］，实际上就是混淆了这两层含义。我早已在《伽达默尔〈真理与方法〉中的实践哲学》（《求是学刊》2010 年第 6 期）一文做了回应。我这里要强调的是，虽然实践哲学以“实践”为研究对象，但实践哲学本身是理论而不是实践，伽达默尔也表达过类似的观点（参见 Gadamer，*Idea of the Good in Platonic-Aristotelian Philosophy*，Yale University Press，1986，pp. 160–161）。说《真理与方法》出版之后伽达默尔转向了实践（应用），这是不争的事实，哈贝马斯与他的争论是这一转向的重要契机，因为哈贝马斯批评哲学解释学存在保守主义的倾向，缺乏批判精神，而这促使后来的伽达默尔比较注意从哲学解释学立场出发对现实进行批判，这导致他后来相对《真理与方法》更关注具体问题的讨论，如上面提到的教育、文学批评、心理分析、医疗实践、国际政治等。你当然可以说它是实践哲学的进一步发展或延伸，但相对于前期的“理论”而言，说它是一种实践“转向”也没有错。对它仍有一个“应用”的问题（即上面讲到的第二层含义）。本文的写作也有意作为一个具体例子来进一步澄清这一点，本文的正标题和副标题之间的关系旨在表明这一点。

总之，西方当代解释学主流本身包含了一种实践哲学的转向，这种转向起始于海德格尔前期的生存论—存在论解释学，伽达默尔只不过是将其应用到人类高级的精神活动领域——人文—社会科学领域、文本领域，从而形成了他自己的“哲学解释学”——以《真理与方法》为代表，之后，他又将其基本原则应用到广阔的人类交往实践活动之中，进一步显示出他对解释学普遍性的追求，只是这种普遍性不是抽象的普遍性，而是具体的普遍性。显然，这也得益于亚里士多德和黑格尔对他的深远影响。

下面让我们看一看，它是如何体现于伽达默尔的“大学理念”中的。

二 伽达默尔的大学理念（一）：教育的宗旨

在谈伽达默尔的“大学理念”之前，我们需要有一个过渡：从解释学到教育。不难看出，解释学与教育有天然的联系，教与学离不开“理解”和“解释”，当然也就包含上面所说的“应用”。另外，伽达默尔所开创的哲学解释学的一个重要概念 Bildung 就涵盖“教育”。[①] 不过，Bildung 这个词在德国文化传统中有丰富的内涵，赫尔德、洪堡、黑格尔等人对它的用法都有重要的贡献，英语世界找不到一个能与之对应的词。Bildung 虽然有“教育”的意思，但不限于此，伽达默尔通常讲的 Bildung 也不是仅指教育方面，[②] 而是重在它比我们一般所理解的“教育”更基本、更宽泛的意义，他主要通过概念史的分析来揭示这一点。Bildung 是一个动词性的名词，有“构造”的意思，并和“成型”“成长”相联系。[③] 这个词重在凸显“成人”的实践，这里的“成人”不是成为自然的人，而是成为精神的人、文化的人，并且要在这个方向上追求“完善”，而要做到这一点离不开学习、探索与艰苦的劳作，这样，“成人”实际上也就是“学以成人”。[④] 被誉为“德国大学之父”的威廉·冯·洪堡就表达过，人不仅在世界上学习，同时也为这个世界打上精神的烙印。[⑤]Bildung 到了伽达默尔手里被发扬光大，它更靠近海德格尔的生存论—存在论，英译者勉强将其译成 culture，虽然较 education 更贴切，但还不够。谈教育的时候，伽达默尔一般用的是 Erziehung 或 Education。[⑥] 不过，话又说回来，在广义上，Bildung 是可以将“教育”包括进来的，因此它也可作为解释学与教育、哲学解释学与教育解释学的一个重要联结点，并实现由前者向后者的过渡。

---

① 参见何卫平《理解之理解的向度——西方哲学解释学研究》，人民出版社，2016，第 182~186 页。

② 参见 Gadamer，*On Education*，*Poetry*，*and History*，p. 48。

③ 洪汉鼎先生继承贺麟、王玖兴先生的黑格尔《精神现象学》中译本的做法，将伽达默尔《真理与方法》中出现的 Bildung 译成“教化”，很好地体现了二者之间的联系。

④ “学以成人”（Learning to Be Human）作为 2018 年在北京举办的第 24 届世界哲学大会的主题，寓意深刻。

⑤ 参见佛兰茨－米夏埃尔·康拉德《洪堡传》，赵劲等译，同济大学出版社，2016，第 50 页。

⑥ 参见 Gadamer，“Education is Self-Education”，in *Journal of Philosophy of Education*，Vol. 35，No. 4，2001，pp. 529，538。

此外，伽达默尔解释学的其他一些关键词，如“解释学经验”“应用”“实践智慧”“视域融合”“效果历史”等，都可以从教育的角度来加以透视，并且它们具有内在的相关性。如上所述，在伽达默尔那里，“教化”（Bildung）即一种“自我塑造”或“自我成型”（self-formation），它指向“自我成长”，进而指向一种经历或经验，这种“经验”是一种 Erfahrung，既不同于浪漫主义解释学所使用的主观意味比较浓、突出内在感受的 Erlebnis（体验），也不同于英国经验主义偏向科学的 experience（经验），Erfahrung（经验）是一种冒险，可以不断扩大、不断丰富，它体现于“应用”（application）之中。拉丁语 applicare（应用）有驾驶船只的意思，隐含一种“冒险”，受海德格尔的影响，伽达默尔突出它在黑格尔《精神现象学》的 Erfahrung（经验）概念中的含义有其根据，这种“经验”不是一般科学意义上的、可重复的经验，而是一种生活经验，它表现为一种奥德赛式的历险，[①] 这正是伽达默尔在《真理与方法》中所明确概括的解释学经验的否定性、有限性和开放性。由于解释学经验就是一种冒险或历险，因此，虽有筹划，但不能由主体决定，其中存在变数，谁也无法预料，只能经受和承担，它体现为人的自由意志的选择，由于要承担选择的后果，所以这种选择也不是任性的或任意的，它最终体现为“实践智慧”（phronesis），而不只是“理论智慧”（sophia）。受亚里士多德和康德的影响，伽达默尔也将其表述为“实践理性”的德性。[②] 不仅如此，教化或教育还包含“视域融合”：个别性向普遍性的提升离不开视域融合，它促使我们的视域不断在广度和深度上扩展。在这点上，它和广义的“成人”“学以成人”保持一致。对伽达默尔来说，正如一切理解都是自我理解，一切教育都是自我教育，[③] 任何外在的力量都会影响内在的成长，但不能代替内在的成长。由此可见，在伽达默尔那里，教育与教化相联系，教化与成长相联系。这种联系通过解释学的“经验”表现出来。

不过，在伽达默尔眼里，解释学的经验是一种普遍的经验，是从任何一点出发都可以达到的，解释学思考的本质就在于必须产生解释学的实践。[④] 而伽达默尔对教育的论述也属于他的解释学应用范围。伽达默尔将解释学的理论应用于教育领域，这一行为本身包含着一种批判，对于他来讲，解释学就是一种批判，这显然受到他与哈贝马斯之争的积极影响，并在他的“大学理念”中突出地表现出来了。

众所周知，西方的大学早在中世纪就出现了。然而，现代大学理念的确立与近代西方两位重要人物的名字分不开：一个是德国的威廉·冯·洪堡，另一个是英国的约翰·亨利·纽曼。洪堡的大学理念与纽曼的大学理念，既有相同之处也有不同之处。相同之处在于两人都主张大学不是通向职业教育的道路。不同之处是在于前者重创造，

① 参见 Gadamer，*On Education*，*Poetry*，*and History*，pp. vii，ix。
② 参见伽达默尔《诠释学Ⅱ：真理与方法》，第 590 页。
③ 参见 Gadamer，“Education is Self-Education”，pp. 529–538。
④ 参见伽达默尔:《诠释学Ⅱ：真理与方法》，第 2~3 页。

后者重博雅；前者要培养的是创新者，后者要培养的是绅士，[①] 即全面的人格。后来兴起于美国、风靡于世界的通识教育就与之有关。而如今的美国高等教育实际上是将这两种理念结合起来了。不过伽达默尔主要继承的是洪堡的大学理念，这突出表现在以下三个方面:（1）强调塑造整体的人格;（2）注重学术自由;（3）重视教学与科研相结合。只不过伽达默尔更多是基于解释学的背景来加以发挥。

《大学的理念——昨天、今天与明天》一文比较集中地反映了伽达默尔这方面的思想。他强调“今天”的观点介于“昨天”与“明天”之间，“大学理念”也不例外，它是对过去的回忆和对未来的预期，二者构成对当下批判的两个维度。在这篇文章中，伽达默尔首先回顾了 19 世纪洪堡创立的柏林大学，柏林大学一改之前的旧大学理念，是现代大学的标志和典范，以至于欧美各国纷纷效仿，产生了广泛的影响。洪堡的高校改革通过提倡学术自由实现了政治和文化上的更新。另外，他倡导大学要面向未知，转向研究，这种研究不是为职业做准备，而是为人的全面发展做准备。

如果说洪堡提出大学改革方案时正值德国的至暗时刻，危机四伏，那么洪堡之后德国得到了全面的振兴，迅速跃入世界列强之林。然而，20 世纪以来，现代工业化、技术化的极致发展与洪堡倡导的大学理念发生了冲突，伽达默尔已经觉察到了教育目标和追求效用之间的对立。工业化的突飞猛进不仅影响到整个社会，还影响到大学，并最终导致大学的异化，表现为大学过于专业化、职业化乃至碎片化，成了着重培养工具理性、技术理性的地方，这引发了大学的危机，伽达默尔不无忧虑地感叹道：令德国人骄傲的大学传统，现在变得有问题了！[②] 大学向何处去？这关系到大学未来改革的方向，需要人们深入反思。

同纽曼一样，洪堡崇尚的是精英教育，尽管根据他的大学理念所创建的洪堡大学在世界范围内得到高度认可，是作为典范来加以推崇的，但现代文明的专业化越来越细，它以牺牲人格的全面发展为代价。今天是一个技术的时代、专家的时代，所谓专家就是在越来越小的领域知道得越来越多的人，这虽然是建立在科技基础上的工业化带来的必然结果，有其合理的一面，但其通病是见树不见林，容易因眼光狭隘而迷失大方向。伽达默尔感叹道：谢林、黑格尔、狄尔泰都是他们时代的百科全书式的人物，而我们今天再也不可能出现这样的人物了，只能产生专家，至多是伟大的专家而已。[③] 可是依赖专家治国有它的问题和限度。

不仅如此，伽达默尔还看到，大学的管理日趋官僚化、行政化。这种现象在德国严重，在美国更严重——甚至可以说有过之而无不及。[④] 这对高校的科研和人才培养极为不利，

① 参见约翰·亨利·纽曼《大学的理念》，高师宁等译，北京大学出版社，2016。
② 参见 Gadamer，*On Education*，*Poetry*，*and History*，pp. 49–50，15。
③ 参见 Gadamer，*On Education*，*Poetry*，*and History*，p. 8。
④ 参见 Gadamer，*On Education*，*Poetry*，*and History*，p. 5。

甚至会影响国家乃至世界的前途。

我们今天的文化是奠定在几个世纪以来的科技发展的基础上的，而科技离不开资本力量的控制与主导。科技对自然的支配越来越导致对人性的摧残，这在今天是再明显不过了。工业的基础是科技，科技本来是为了满足人类的需要而发展起来的，可是它的盲目性有可能导致失控，甚至走向反面，危及人类自身的和平与安全。然而，在伽达默尔看来，所有这些过错不在于科技，而在于掌握科技的人，因此，培养人很重要，其方向是要保证科技今后的发展一定不能偏离这样的航道：人类的进步、福祉与和平。[①]工具理性或技术理性必须从属于实践理性。

在工业社会和技术官僚的体制下保障学术的独立和自由，这是伽达默尔十分关注和强调的，当然这也会遭到指责：大学与社会生活脱节。虽然脱节是需要注意的，但伽达默尔并不因此认为，学术的独立和自由应当被抹去，恰恰相反，他强调，在大学里，尽管我们现在很难摆脱工业文明的弊端，但必须寻求学生自身发展的“自由空间”，独立和自由是大学永远不能背离和放弃的。当然，伽达默尔强调大学对于政治的独立，并不是主张与之完全脱节和分离，事实上，这也是不可能的。在他看来，大学必须兼顾它的自治性和社会责任感，在二者之间找到一个平衡点，这似乎又有施莱尔马赫思想的影子。[②]

另外，伽达默尔本人十分强调教学和科研相结合，这当然践行的是自洪堡以来德国大学的重要传统和理念之一。伽达默尔比较了他的老师尼古拉·哈特曼与海德格尔、胡塞尔在这方面的差别：哈特曼重著述，轻教学，将后者看成次要的、附带的；而海德格尔除了《存在与时间》之外，没有再专门写著作，后来出版的书几乎都是讲课稿或演讲稿；胡塞尔与海德格尔一样。可见，海德格尔与胡塞尔的教学是学术性的、研究性的，这虽然在德国有传统，但在这两位老师身上被发挥得淋漓尽致，并显示出一种现象学风格，这也深深影响了伽达默尔。[③]他将教学视为学者“自己的思考和研究工作的直接体现”，凭借教学，他“总是转向新的研究对象和新的题目，就像一个人总是尝试新的东西那样在教学中也不断尝试新的视角”，并将这看成一种“富有冒险的刺激”，[④]既紧张又兴奋（这就属于伽达默尔所描述的“解释学经验”）。正是这种状态才有可能最大限度地激发教师的教学热情，同时也能带动学生迅速进入学术前沿和创造阶段。

---

① 参见 Gadamer，*On Education*，*Poetry*，*and History*，p. 17。

② 参见陈洪捷《施莱尔马赫论国家与大学》，《清华大学教育研究》2020年第2期。

③ 参见 Gadamer，*On Education*，*Poetry*，*and History*，pp.4–5。

④ 汉斯－格奥尔格·伽达默尔：《哲学生涯》，陈春文译，商务印书馆，2003，第39、41页。

三 伽达默尔的大学理念（二）：教学方法和品格培养

大学是讲授和研究科学的地方，那里的学习应是研究型的、探索式的，以追求真理为目标。在教学方法上，伽达默尔极力主张解释学的"对话"，而不是"独白"。关于这方面，一次亲身经历对他后来的教学产生了不小的影响。在一次胡塞尔的研讨课上，胡塞尔问了一个问题，刚刚在马堡大学取得博士学位的伽达默尔信心满满地立刻做了回答，胡塞尔针对这个回答独自一人滔滔不绝地讲了近两个小时，直至下课。走出教室后，胡塞尔对身边的海德格尔满意地说："我们今天在这里进行了一场生动的讨论。"[①] 这让伽达默尔哭笑不得，他不禁联想到柏拉图的后期著作：形式上的"对话"而实质上的"独白"（《蒂迈欧篇》的表达方式典型地体现了这一点）。后来的伽达默尔自认为在对话的天赋上要超过自己的老师胡塞尔，甚至海德格尔，[②] 他说："海德格尔从事独白，我从事对话。"[③]

前面提到，伽达默尔主张，"教育就是自我教育"。教育所面对的是活生生的人，外在的强迫性支配和控制往往适得其反。伽达默尔还将这种自我教育与医疗实践联系起来进行类比，这也与他对实践哲学的理解有关。伽达默尔认为，实践哲学非常接近医疗术，他注意到，作为医生的儿子，亚里士多德经常以医疗术作为例子来说明二者的关系，[④] 这里伽达默尔也将其用于教育实践的类比，他指出：

> 医学这门科学，当它依赖于医生的"艺术"时，就会受到限制。即使是受过科学训练的医生也不能制造健康，不然就像一个熟练的工匠能制造某物了。他总得有所借助，以便自然能够自助，所以我们说病人可以参加治疗，也可以不参加。这是一个表达医生可能性之限度的说法。[⑤]

这一观点在伽达默尔的《健康之谜》中得到了系统的阐发。在那里，他认为，古代的医疗术（healing art）就是一种"解释术"（hermeneutical art），这种"艺术"体现为一种"实践智慧"（phronesis）。在治疗的过程中，医生和病人的关系不是基于科技的

---

① 参见 Gadamer，*On Education*，*Poetry*，*and History*，p. 6。另参见伽达默尔《回忆胡塞尔》，单斌译，倪梁康编《回忆埃德蒙德·胡塞尔》，商务印书馆，2018，第 271 页。

② 参见 Gadamer，*On Education*，*Poetry*，*and History*，p. 6。

③ 转引自薛华《大象无形——忆伽达默尔》，《哲学研究》2013 年第 12 期。

④ 参见 Gadamer，*Idea of the Good in Platonic-Aristotelian Philosophy*，p. 161. 另参见伽达默尔《赞美理论——伽达默尔选集》，夏镇平译，上海三联书店，1988，第 25 页。

⑤ 参见 Gadamer，*On Education*，*Poetry*，*and History*，p. 42。

专业主义的独白关系，而是解释学的对话关系，也就是说，医生面对的患者不是被动的物质性的“躯体”（Körper），而是活生生的、具有灵魂的“身体”（Leib），[①] 病人也可以主动参与治疗，医生当然参与，但并不控制整个医疗活动，正确的做法是保持这种活动的对话性、试探性和解释性。[②] 显然，这里包含了伽达默尔对胡塞尔、海德格尔的身体现象学或具身性现象学的吸收和发挥。[③] 同时这也表明，教育活动类似于医疗活动，在本质上也是解释学的。

依据以上认识，伽达默尔竭力捍卫德国传统的学术化教学，认为这种教学更需要小班上课，采取 Seminar 的方式进行，[④] 而不是通常的大课形式。但随着大学不断扩招，学生人数激增，师生比例严重失调，大课越来越多，有针对性的老师与学生之间的个别交流越来越少，这对学生批判性思维和创新性思维的培养极为不利，他洞察到这一点，并严肃地指了出来。二战后的德国，大学扩招非常迅速，虽说这是社会发展的需要，表明大学不再只是培养精神贵族的地方，但也带来严重的问题，例如，高级教师（主要是教授[⑤]）为学生人数所累，从而导致师生之间的距离加大，妨碍了他们之间直接接触和交流，这不利于学生（尤其是有天赋的学生）的成长。

伽达默尔回忆起自己的大学时代并不是这样。那时老师与学生的关系比较密切，不仅表现在课上，也表现在课下，如他是学生时同尼古拉·哈特曼、海德格尔、布尔特曼等许多名师的密切交往就说明了这一点：他常常下课后与哈特曼一起到附近咖啡馆喝咖啡聊天，曾受邀到海德格尔的托特瑙堡小木屋与之一起研读亚里士多德，他更是布尔特曼家里的常客，等等。这些无疑是课堂教学的重要补充，甚至会学到许多课堂上学不到的东西。伽达默尔呼吁，今天大学生应与教师有更多个人、直接的接触，形成良好、健康的关系，他认为这将会获得教学相长的双赢效果。他以青年海德格尔为例指出，海德格尔在弗莱堡早期就已确立了自己的问题意识，奠定了其今后学术发展的方向，这与他同学生密切接触，直面学生的提问，并在不断的回应中所产生的思想激荡、头脑风暴分不开，这其中有许多“偶缘性”因素在起作用，不仅对打开学生的眼界有帮助，也促进了海德格尔本人思想的发展，尤其是海德格尔对学生问题的敏锐把握和反应，令伽达默尔惊叹不已。[⑥] 他在友人列奥·施特劳斯身上也看到了这一点。[⑦] 另外，这里也涉及波兰尼所讲的“默会知识”，后者强调理解和认知过程中的个人参与、

---

① 参见 Gadamer，*The Enigma of Health*，Cambridge：Polity Press，1996，pp. 134，143。

② 参见 Chris Lawn，*Gadamer：A Guide for the Perplexed*，p. 113。

③ 参见王珏《海德格尔与伽达默尔论现代医学的边界——从身体现象学到诠释学》，《中国诠释学》第16辑，山东大学出版社，2018，第166~176页。

④ 参见何卫平《理解之理解的向度——西方哲学解释学研究》，人民出版社，第442~464页。

⑤ 德国晋升教授很难，名额有限，竞争激烈，而一旦处于这个位置，通常都是某个领域的知名学者或大家。

⑥ 参见 Gadamer，*On Education*，*Poetry*，*and History*，p. 6。

⑦ 参见施特劳斯等《回归古典政治哲学：施特劳斯通信集》，朱雁冰、何鸿藻译，华夏出版社，2006，第491页。

个人经验，也是伽达默尔十分认同的。[①]

不过，与胡塞尔和海德格尔有所不同，伽达默尔在研讨课与导论课之间更推崇前者，尽管随着名气不断增大，他自己也不得不越来越多地上导论课。这种课属于大课，通常是由名教授来上，其方式为宣读讲稿（它的缺点是“一言堂”，不便于讨论）。伽达默尔后来经常选在海德堡的大礼堂上这类课，听者在八百人以上，包括各个专业的学生，[②] 这样的讲课无异于在大会上做报告，它妨碍师生之间的互动，这显然不是伽达默尔本人所想要的。

教育离不开人的实践活动，广义上它可以纳入实践哲学，涉及伦理学与政治学，这在西方是有传统的。例如，柏拉图的《理想国》追问“什么是正义”——由个人的正义到国家的正义，最后归结到追问“什么是善”，而国家的治理离不开教育，这样所谓“政治城邦”就变成了“教育城邦”。[③] 伽达默尔贯彻了这一思路，他谈到当代大学要解决三个问题：第一个是如何保持大学的自由与自主不动摇；第二个是如何消除知识的专业化所带来的弊端；第三个是如何找到真正的团结。[④] 前面讲到，大学的学习是探究性的，它重在研究，而且必须通过研究来培养学生相应的品格，并在这个过程中实现教学相长。它要求从事科学研究和教学的人拥有一种独立自由的人格，这是创造的前提，大学应当提供这样一种自由空间，教师与学生可以如洪堡所说“与观念生活在一起”（living with ideas），[⑤] 如鱼得水。教师在这里培养学生的怀疑和批判的精神、团结与友爱的精神，这些是增进人类整体发展、进步的最重要的品格。

这里需要特别提一下“团结”（Solidarität/solidarity）这个概念，德文 Solidarität 除了有团结的意思外，还有一致的意思［例如，伽达默尔认为，“凡在相互理解的地方都是以某种一致（Solidarität）作为前提的”[⑥]］。这两个意思关联在一起，伽达默尔往往将它们打通来使用。可以说，Solidarität 是《真理与方法》之后，伽达默尔越来越突出的一个概念，其团结的意思显然与哲学解释学强调理解旨在达到“共识”或“意见一致”（agreement）相近，[⑦] 这种“共识”或“意见一致”是建立在“视域融合”基础上的，但不是强求一律，不是对他者的同化或主宰。对于伽达默尔来说，如果人们秉持理性，通过对话，正确的理解最终是能够达成共识或一致的，暂时不能达到也应宽容，因为真理是经得起反驳和时间考验的，终会有得到公认的那一天。

回到人类的交往实践上来，伽达默尔眼里的团结被理解为共同生活的纽带，而

---

① 伽达默尔：《诠释学Ⅱ：真理与方法》，第 617 页。
② 参见 Gadamer，*On Education*，*Poetry*，*and History*，pp. 5–6。
③ 参见伽达默尔《伽达默尔论柏拉图》，余纪元译，光明日报出版社，1992，第 81 页以下。
④ 参见 Gadamer，*On Education*，*Poetry*，*and History*，pp. 57–59。
⑤ 参见 Gadamer，*On Education*，*Poetry*，*and History*，p. 48。
⑥ 伽达默尔：《诠释学Ⅱ：真理与方法》，第 322 页。
⑦ Chris Lawn，*Gadamer*：*A Guide for the Perplexed*，pp. 105–106.

团结与友谊是分不开的，[①] 团结本身就包含友谊，并以友谊为前提。在这方面他充分吸收了古代的智慧，柏拉图早期对话《吕雪斯篇》就是以友谊为主题的，并揭示了它的复杂性；亚里士多德《尼各马可伦理学》将团结看成近似于友谊的美德。友谊（Freundschaft）在古希腊并不限于朋友之间，而是与一个人所爱的一切东西有关，它包括人类共同生活的所有形式，可以泛指人间所有的爱，不仅包括友情，而且亲情、爱情也算在内，所以它更贴切的意思或译法是友爱，是亚里士多德十分看重的一种美德。而康德认为真正的友谊是十分稀缺的，如同黑天鹅一样。[②] 这种团结和友谊恰恰是我们今天应当重视，并应在大学教育中大力倡导和培育的。

这样理解的团结和友谊，作为两种美德，既具有伦理学的意义，又具有政治学的意义，在现代国家和国际关系中越来越重要，而绝不只是一种外交辞令。这也让我们联想到 2020 年东京奥运会在原有奥运格言“更快、更高、更强”的基础上，又添加了“更团结”，即 Faster，Higher，Stronger，Together（这里的 Together 相当于 Solidarität 或 solidarity），它进一步完整地反映了奥林匹克精神——“相互理解、友谊长久、团结一致和公平竞争”，进一步体现了人类命运共同体的追求，超越了狭隘的民族主义和国家主义，而拥有了一种世界主义的眼光。伽达默尔早在 30 多年前就讲过“人类必须学会互相创造新的团结”。[③]

这是可以从教育做起的。在 1947 年担任莱比锡大学校长的就职演说 [④] 中，伽达默尔就强调德国大学的“复兴”需要重新回归理性，要“唤起客观性、对自己诚实和对他人宽容 [⑤] 的解释学美德（hermeneutic virtues）”。[⑥] 这让我们联想到 1933 年海德格尔任弗莱堡大学校长时的致辞《德国大学的自身主张》，致辞中充满了德意志“民族”“国家”的历史“命运”和“使命”之类的字眼，将大学的自治和自由纳入为纳粹提供“劳动服务、军事服务和知识服务”的义务中。[⑦] 当时，海德格尔曾将这个致辞的副本（上面附有类似 Heil Hitler 的表达）寄给伽达默尔，伽达默尔看后惊呆了，认为他简直是疯

---

① 参见伽达默尔《赞美理论——伽达默尔选集》，第 134 页。

② 参见伽达默尔《友谊与团结》，林维杰译，《安徽师范大学学报》（人文社会科学版）2002 年第 5 期。

③ 参见 Gadamer，*On Education*，*Poetry*，*and History*，p. 59。

④ 伽达默尔于 1946 年 1 月至 1947 年 10 月担任苏联占领区的莱比锡大学校长。1946 年 2 月 5 日，伽达默尔以莱比锡大学校长的身份发表演说《关于科学的源初特征》。参见 Gadamer，*On Education*，*Poetry*，*and History*，pp. 15–22。

⑤ 参见 Gadamer，*On Education*，*Poetry*，*and History*，pp. 20–21。

⑥ *Gadamer's Repercussions*，*Reconsidering Philosophical Hermeneutics*，p.17.

⑦ 参见海德格尔《德国大学的自身主张》，海德格尔《讲话与生平证词（1910~1976）》，第 144~146 页。海德格尔 1933 年 4 月 21 日当选为弗莱堡大学校长，同年 5 月 1 日正式加入纳粹党，同年 5 月 27 日发表“校长致辞”——《德国大学的自身主张》（又译《德国大学的宣言》），在这里，他基于自己的哲学立场呼吁大学的改革，与纳粹党的要求一致，海德格尔向大学生提出了三项职责或三项服务：“劳动服务”、“军事服务”和“知识服务”。这篇“讲话”被当时德国媒体吹嘘为纳粹大学改革的“经典作品”之一（参见维克托·法里亚斯《海德格尔与纳粹主义》，郑永慧、张寿铭、吴绍宜译，时事出版社，2000，第 90~102 页）。

了，并从此疏远了海德格尔，直至战后。可见，当时伽达默尔的头脑还是比较清醒的。这件事让他念念不忘，后来在谈大学的社会责任感时，他多次提到二战期间，深感德国教育体制在政治上的无能，如此多的知识分子，包括大学教授和学生与纳粹同流合污，沦为资本和利益集团控制的工具或附庸，这里面包括恩斯特·容格尔、卡尔·施米特、海德格尔[①]等名人，虽然他们各自的情况有所不同，比较复杂，甚至过于书生气，但客观上都成了恶魔思想的共谋，被狭隘的民族主义和国家主义蒙蔽了双眼。康德早就谈到过人类的“永久和平”，而这种和平的保证来自以“博爱”和“理性”为前提的“世界公民”的素质，仅仅囿于狭隘的民族主义、国家主义的立场是达不到的，除非在“同归于尽”那种反讽的意义上。它从反面凸显了团结和友谊的伦理和政治的意义，在伽达默尔眼里，团结与友谊应当纳入今天大学的培养目标，就人类未来发展来看，这确实具有深远的意义。战后的德国成了全世界最警惕极端化和种族主义的国家之一，就同德国人认真吸取历史教训、重视这方面的教育有关。

余　论

以上，本文在实践哲学的层面上分析了伽达默尔的“应用解释学”之“应用”的两层含义。这两层含义之间既有联系又有区别，这种联系和区别实际上是理论与应用（实践）的联系和区别，所反映的是“一般”与“个别”的关系，它表明伽达默尔的哲学解释学追求的不是抽象的普遍性，而是具体的普遍性，[②]它可以伽达默尔论教育为例。教育从来都是政治实践的一部分，自古而然，在西方可以直接追溯到柏拉图。柏拉图的《理想国》既是一部政治哲学著作，又是一部教育哲学著作，无论洪堡，[③]还是伽达默尔都这样看。[④]揭示“应用”的两层含义之间的联系和区别不仅可以帮助我们正确理解伽达默尔晚年明确提出来的著名论断——“解释学就是实践哲学”——的深刻内涵，而且可以避免由于误解而引起不必要的争论。

另外，伽达默尔站在哲学解释学的高度所发挥的洪堡的大学理念对我们今天仍具有重要启示，这也可以说是本文的一个副产品。伽达默尔已去世 20 多年了，他当年在德国遇到的不少问题，也是我国曾经遇到或正在遇到的问题。在伽达默尔所处的时

① 参见 Gadamer，*On Education*，*Poetry*，*and History*，pp.10，47–48。

② 例如，伽达默尔说：“如果不是在实在中，理念还能在哪里呢？……我们需要考虑柏拉图的一个思想，它表明：在一个城市的理念完全消失的情况下，人们甚至无法想象一个城市，而且根本无法认出它。那肯定也是我们的任务，不是把一个理念想象成一个遥远的指导形象，而是要学会在具体的实在中去认出它。”（Gadamer，*On Education*，*Poetry*，*and History*，p.54.）这也是亚里士多德批判柏拉图“善”的理念对伽达默尔的有益启示。

③ 参见威廉·洪堡《论国家的作用》，窦凯滨译，华中科技大学出版社，2016，第 8 页。

④ 参见伽达默尔《伽达默尔论柏拉图》，第 81 页以下。

代，互联网经济刚刚起步，人工智能还没有普及，因此，他的眼光主要局限于工业时代，这和我们今天以信息和人工智能为代表的后工业时代的距离较大①。尽管如此，他所提出的问题却并没有过时，例如，中国高校在20世纪90年代以来也经历急剧的扩招和膨胀，高等教育也逐步从精英化走向大众化，也存在师生比例失调、直接交流受阻，以及大学官僚化、行政化、形式主义日趋严重等问题，高校的创新精神和工匠精神严重不足，在国际竞争中屡遭瓶颈，不断受到来自行业内部和外部的诟病，著名的“钱学森之问”一直困扰着中国的知识界和教育界。

伽达默尔承认洪堡“大学理念”的基本原则——学术的独立自由，教学同科研相结合，反对功利化、官僚化，反对片面发展工具理性、技术理性。而强调培养学生独立之人格、自由之精神，为从事创造性的工作做准备，这些在伽达默尔看来，仍然是当今大学改革应当坚持的方向。②另外，在教学方法上，他力主对话式，反对独白式。伽达默尔的这些观点对于我国高等教育改革的深化无疑具有借鉴意义，不仅有助于我国大学高水平、高质量发展，而且有助于人格健全、富于创造性的人才不断涌现，以适应新的世界挑战和历史赋予我们的重任。

（作者单位　华中科技大学哲学学院）

本文原载《社会科学》2022年第7期

① 伽达默尔仍把他所处的时代称作“工业时代”，参见Gadamer，*On Education*，*Poetry*，*and History*，p.49。

② 参见Gadamer，*On Education*，*Poetry*，*and History*，pp. 47–48。

摘要收录

训诂与阐释

——阐释学体系建构讨论

训诂诠释与义理阐释是中国传统阐释学两条脉络清晰的路线。训诂或诠释，以历史文献为对象，寻找和证明文献所生所含之“本义”，以求经典原始认知，意在开显和证明对象本来面目和方法，为传承所用；义理或阐释以历史文献为中介，衍生和发挥文献少有甚至所无之“意义”，以言经典当世认知，意在创制和传播新的思想和价值。此二者在阐释的目的观、语言观和认知方式上存在巨大差异，并因其不同而对立共存，辩证统一。中国当代阐释学之建构，二者缺一不可，且要以厘清二者之间的关系为理论基础和要害。从为建构中国阐释学完备性体系的目标出发，结合当下以西方本体论阐释学为主流的阐释学实际，文章主张，建构当代形态的中国阐释学必须以汉语语言学为基本出发点，从当代训诂学汲取契合汉语阐释的方法，坚持两点论的重点论，在强调阐释的认知与真理性意义的同时，将训诂语义学摆到前沿位置，推动语义训诂与义理阐释、本土阐释学与西方阐释学的优长互补与共存共进。

作者：张江

单位：中国社会科学院大学阐释学高等研究院

文献出处:《社会科学战线》2022 年第 5 期

从本体论向修辞学的突破

——论伽达默尔诠释学的语言学转向

伽达默尔的诠释学将当代哲学中的“语言学转向”作为自己的重要主题，但他的思路是首先确定语言本身的本体论意义，在此基础上再去规定语言本身的功能和作用，这就仍然局限于传统形而上学“真理与方法”的套路。语言本身尽管被他置于“对话”的历史语境中，最终却免不了成为依赖于存在论（本体论或“是论”）的一种普遍“陈述”的方法，语言被压缩在某种（哪怕是扩展了的）认识论视域中，而将其中的非逻辑功能（命令和感叹、诗化功能）都化解为对“真理”的各种陈述，这就堵塞了语言学转向通往某种“语言学之后”的形而上学之路。但伽达默尔毕竟意识到语言的逻辑功能与非逻辑功能有必要统一起来，为此他诉之于修辞学和隐喻在诠释学中的枢纽作用，这就打开了一扇窥视语言学之后的窗户。但可惜这种作用在他看来只能是辩护性和普及性的，而未看到隐喻和修辞是语言最内在的本质结构，即“自否定”结构。他由此而错失了突破传统形而上学存在论的良机。真正的突破恐怕只有同时考虑到中国传统形而上学的非存在论的隐喻模式才有希望完成。

作者：邓晓芒

单位：华中科技大学哲学学院

文献来源：《探索与争鸣》2022年第10期

理解的历史性何以可能？

——哲学诠释学历史意识对近代历史哲学的超越

19世纪以来的欧陆哲学，特别是以德国观念论为代表的思辨的历史哲学，强调内在地把握历史，以目的论方式思辨地构造一种普遍的世界历史，致力揭示历史与理性之间的辩证结构，但因之否定了历史的时间特征和经验实证性要求，弊端显而易见。德国历史科学对以黑格尔历史哲学为代表的思辨历史观进行了猛烈批判，认为历史不能被理解为哲学观念的纯粹表现，历史应当独立于任何先行预设的理性目的论，历史只表现自身，历史的价值也只属于历史自身。然而，德国的历史科学并没有为自己有效地证成历史的普遍基础，这迫使其不得不隐性回归黑格尔的唯心论，其对思辨历史哲学的反抗宣告失败。伽达默尔通过批判以兰克为代表的经验历史科学，将对历史理性的理解奠基在生存论现象学基础之上，超越黑格尔对历史理性的思辨构造，使理性与历史在哲学诠释学的历史性原则中最终消除彼此之间的紧张关系而达成动态协调。诠释学历史意识强调在人类有限理性前提下的审慎态度，因此实现了对历史理性真正的历史性理解。

作者：宋凯丞　傅永军
单位：山东大学哲学与社会发展学院　山东大学中国诠释学研究中心暨哲学与社会发展学院
文献出处:《求是学刊》2022 年第 1 期

国际战略的唯物史观阐释与“世界之问”的中国答案

马克思从核心主轴、基本要素、辩证关系和价值指向等方面实现了对西方传统话语的变革，开创了国际战略研究的唯物史观范式。站在唯物史观的高度，可以发现中西国际战略的本质差别：西方国际战略的核心主轴是资本逻辑，主要目的是维持霸权，思维方式是零和博弈，价值取向是唯我独尊。而中国的国际战略则是坚持人民至上的发展理念，坚持领导型而非霸权型的权力逻辑，坚持普惠性的辩证思维，坚持以文明新秩序为核心的价值取向。总览今日世界，西方国家的国际战略正日益丧失主宰世界历史的能力，而中华民族伟大复兴则构成了人类文明历史性变革的“关键变量”。

作者：兰洋
单位：中国人民大学马克思主义学院
文献出处:《中南大学学报》(社会科学版)2022 年第 6 期

胡塞尔、海德格尔和马里翁对“我思”问题的反思和阐释

笛卡尔为把握知识确然性而提出了“我思故我在”这一命题，该命题也成为整个西方近现代哲学命运的浓缩。本文试图探究胡塞尔、海德格尔、马里翁这三位具有代表性的现象学家如何分别以超越论还原、存在论还原、爱洛斯还原的方式反思和阐释“我思”问题。在以这一问题简史为核心的现象学进程中，现象学在对“我思”的回应中呈现出不同的形态，超越论还原以纯粹意识为奠基，存在论还原以“我在”为最终溯源，爱洛斯还原则以“去爱的自我”为最终目的。在这一进程中，先前的后续的现象学家同时对先前的现象学家就此问题的思考予以评价，因此，本文还简短讨论了马里翁在讨论胡塞尔和海德格尔所理解的“我思”问题时，在何种程度上达到了内在批评所需要的明见性和合理性。

作者：任军　丁笑飞
单位：宁夏大学　西安交通大学
文献出处：《云南大学学报》（社会科学版）2022 年第 6 期

“生存论诠释”：布尔特曼的文本诠释方法

“生存论诠释”是布尔特曼诠释学思考的重要组成部分，它是一种在生存—哲学基础上建立起来的文本诠释方法。“生存论诠释”首先是在针对《新约》的“去神话化”纲领下被提出，是作为“去神话化”具体方案的诠释方法，致力于将《新约》所谈之此在的生存论可能性通过诠释《新约》文本而清晰化出来。这种对方法突出，以及对方法之前提的强调，均来自布尔特曼对“生存论的”与“生存状态上的”二者关系之辨析。广义的“生存论诠释”可以面向一切文本，就此而言，布尔特曼的理论补充了海德格尔与伽达默尔之间的思想环节。

作者：陈绿洲
单位：厦门大学嘉庚学院
文献出处：《安徽师范大学学报》（人文社会科学版）2022 年第 6 期

境界与诠释：中国经典诠释中的境界的诠释循环

在中国经典诠释中，境界贯穿经典诠释的始终，存在着境界的诠释循环。境界是读者与作者的共有之物，是建立读者与作者之间生命关联的纽带；境界的高低层次又是造成读者与作者之间距离的重要因素。境界具有“能”“所”两个方面，在经典诠释中表现为读者与作者、读者与经典之间的相照关系，读者依据自身境界之“此镜”去理解作者、经典之“彼镜”，而“彼镜”也伴随读者的理解过程融入“此镜”，成为“此镜”的一部分，两者相互成就，构成循环关系。境界既是理解之因，又是理解之果。作为理解之因，读者境界在经典诠释中处于“先有”地位；作为理解之果，经典诠释又为读者境界的提升提供了启发，展现出经典诠释的实践目标与价值追求。经典诠释服务于中国古代哲学成己乃至成圣的目标，在中国经典诠释传统中，诠释学就是人生境界之学。

作者：余亚斐

单位：安徽师范大学马克思主义学院
文献出处:《安徽师范大学学报》(人文社会科学版)2022年第6期

“知道”与“知人”的统一

——焦循《述难》中的经典诠释思想

在中国经典诠释传统研究领域,学界对“述”本身的重视还略显不足。焦循关于“述”的思想集中体现在五篇《述难》之中。梳理相关文献，可以提炼出焦循根植于中国经典诠释传统，又极具自身特色的“述”之思想。首先，焦循提出了“述作无等差”的基本观念；其次，焦循之“述”是一种“知道”与“知人”的统一；最后，焦循还提出了相关的诠释原则与方法。焦循的“述”之思想既有鲜明的自身特点，又体现了中国经典诠释传统整体层面的某些共同特质，可以为中国诠释学研究提供参考。

作者：闫磊
单位：南京大学哲学系
文献来源:《齐鲁学刊》2022年第6期

操心的时间性：晋卦的存在论诠释

在存在论中，对存在的分析就是为了把此在的存在作为操心所具有的潜在的存在论意义揭示出来。在揭示此在是其所是的可能性方面,作为“弥纶天地之道”的大易，更能展现存在的本性。晋卦的“明出地上，顺而丽乎大明”，恰当地揭示了此在的时间性特征，此在绽出的时间既是客观的世界时间，更是此在主观的内在时间。《象传》的“君子以自昭明德”，显示了此在对存在者开放的基础就是它对过去、现在和未来的开放性。晋卦六爻作为此在以“柔顺”与世内存在者照面的同时，也再现了此在的澄明,此在的时间性绽出是以“明”为前提和旨归的。晋卦六爻无论是“昼日三接”“受兹介福于其王母”,还是“道未光”,都表明此在筹划的操心结构奠定了作为在—世界—之中—存在的此在生存的基础。

作者：梅珍生
单位：湖北省社会科学院哲学所
文献出处:《江汉论坛》2022年第11期

霍耐特对马克思《巴黎手稿》的诠释与重构

霍耐特认为，早期社会批判理论受制于规范性的生产劳动范式，从根本上缺失了社会性。因此，霍耐特试图从主体间性理论出发，重拾马克思的社会批判传统和人的解放的哲学遗产。《巴黎手稿》中的劳动异化和交往异化学说，成为霍耐特诠释与重构《巴黎手稿》的起点。霍耐特在《为承认而斗争》中，认定马克思主要通过“整体性劳动”概念的规范性含义来拓展主体间的承认关系；而在《自由的权利》中，霍耐特通过从反思自由到社会自由的转变来重塑马克思的社会批判逻辑，并提出在“合作生产”机制中确保自由的实现。仅就社会整合或社会进化这一主题而言，耶拿后期的黑格尔、《巴黎手稿》时期的马克思主要从近代社会的“绝对的个别性”出发，批判地考察了个体经由市民社会所达致的普遍性；霍耐特则偏重从主体间的社会关系出发，强调了社会冲突的道德语法。霍耐特对《巴黎手稿》的诠释与重构，虽然一定程度上拓展了社会批判理论的内涵，但也偏离了历史唯物主义的基本精神。

作者：李猛

单位：北京师范大学价值与文化研究中心　北京师范大学哲学学院

文献出处：《哲学动态》2022 年第 10 期

论海德格尔对笛卡尔的意向性解释及马里翁的双重驳斥

海德格尔和笛卡尔之间的关联并未得到足够的重视和讨论，事实上，后者所开启的主体性哲学正是前者批评的核心。海德格尔认为，笛卡尔确立的主体性恰恰意味着存在者被表象为认识对象，同时，“我思”主体对自身的表象则更为严格地遵循着表象规则。但是，依据意向性或表象来解释主体势必会造成其自身的分裂和闭合。在以马里翁为代表的当代解释者看来，这样的结果大大降低了笛卡尔哲学应有的价值。因此，马里翁借鉴了列维纳斯和亨利的非意向性思路，依照内在和外在两种路径对笛卡尔哲学进行重释。

作者：王天

单位：南开大学哲学院

文献出处：《同济大学学报》（社会科学版）2022 年第 5 期

知识论语境中的理解

理解是西方哲学史上的重要概念，围绕这一概念形成不同的理解论。近年来，理解作为一种与认识相区别的认知方式，成为英美知识论研究关注的新热点。以意义与意向性（心理因）的关联为核心的理解论，选择从意义概念切入，在实践知识论的视域中研究理解问题，并将对语言及行动的意义的理解诉诸言说者或行动者的心理因，尤其是对意向性的把握。意义领域中的理解的特质表现为理解者与被理解者的心灵的交流与汇通（尽管它未必显露出来），这也正是理解与认识的基本区别。理解的基础是理由，而非事实。理由可以包括事实，但远不止事实。正是这一点决定了理解的方法的特殊性，即它运用的是“最佳解释的推论”方法。

作者：陈嘉明

单位：上海交通大学人文学院哲学系

文献来源：《中国社会科学》2022 年第 10 期

自然文本的计算机科学阐释

——基于三角测量理论的多视角透视

从分析哲学家戴维森的“三角测量”理论出发，多视角地透视阐释学中文本、原作者、解读者三方关系，就能克服主观片面性，在主体间达成共识，从而实现“视域融合”。对自然文本（世界）进行多视角的透视，则每一种视角都通过各自独特的语言来表述，不同语言之间，可以互为文本和解读者，相互翻译，相互转换。毕达哥拉斯主义的基本精神，是追求宇宙的数学和谐性的思想，它能成功地引导科学家使用数学语言来刻画物理世界的内在奥秘。当今流行的“计算主义”可以同它互为文本与解读者。按照系统科学模式重新理解的目的论自然观，能提供生命世界、人工生命乃至自组织的宇宙的合理解释。毕达哥拉斯主义、计算主义与包含“程序自动化”的新目的论自然观的视域融合，将实现自然科学与人文科学的“阐释学统一性”。

作者：桂起权　黄海

单位：武汉大学哲学学院　许昌学院马克思主义学院

文献来源：《探索与争鸣》2022 年第 10 期

马克思的实践诠释学何以可能

马克思的实践诠释学是以实践为基点的诠释场域，它以实践的历史辩证性进入“抽象理论与具体现实”的诠释循环，以公共诠释和诠释的有效性探寻诠释的真理性问题。马克思的实践诠释学是对马克思哲学的一种重新解读，也是对诠释学发展的又一里程碑式的推进。通过马克思“实践”的历史超越性内涵和与西方诠释学富有成效的对话，可以建构马克思的实践诠释学，即通过诠释基点、诠释循环和诠释真理三个方面，来论证“马克思实践诠释学何以可能”的问题。

作者：李昕桐

单位：黑龙江大学哲学学院

文献出处:《探索与争鸣》2022 年第 10 期

论朱子《中庸》诠释对游酢《中庸义》的去取

朱子对《中庸》的诠释，是建立在对程门后学说《中庸》成果的吸收与批判的基础之上，他对游酢《中庸义》的去取，就是一个显著的例证。朱子说《中庸》大量吸取了游氏之义，远远比我们在《中庸章句》看到所引用的多，可惜学者对此注意不够。但同时，朱子又对游氏《中庸义》有所不满。朱子认为，游氏说《中庸》多有“非儒者之言”。朱子又批评游氏说经在义理上有所缺失，且多有不合本文本意处。然而，不管朱子是吸收还是批评，都体现了游酢《中庸义》对朱子的巨大影响。

作者：郭晓东

单位：复旦大学哲学学院

文献出处:《学术界》2022 年第 10 期

萨特与拉康对弗洛伊德无意识学说诠释之差异及理论意蕴

无意识学说可谓弗洛伊德精神分析的理论基石，对它的态度与诠释构成了不同思想立场的判断基准。从《存在与虚无》到《弗洛伊德剧本》及之后，倡导“存在精神分析”的萨特对弗洛伊德的整体批判尽管有所缓和，但其对无意识概念的拒斥不仅贯彻始终，而且一直在寻找合适的理论来替代它。此外，尽管拉康对弗洛伊德无意识概念的结构主义构想曾得到萨特的赞赏，但两人对无意识问题的诠释与阐发仍存在重要差异，这些差异体现了精神分析的思想深度与发展前景，具有值得发掘的理论意蕴。

作者：卢毅

单位：中山大学哲学系（珠海）

文献出处:《社会科学》2022 年第 10 期

一种拉康意义上的缝合

——论齐泽克对“西马”的再阐释

本文围绕齐泽克对西马的重新阐释在思想定位、理论主张和所受到的批评及局限三个层间进行观察和梳理。首先指出齐泽克的重新阐释是一种马克思主义激进化的主张，进而展现其在后工业社会的语境下对真理主体的重新建构，最后指出齐泽克实际上完成的是一种传统马克思主义和后马克思主义的缝合。

作者：刘骏

单位：南京林业大学人文社会科学学院

文献出处:《中国图书评论》2022 年第 10 期

论科学解释中的模型与抽象

包含抽象等理想化元素的科学模型发挥着两个重要作用，一是考察和预测现象，二是进行科学解释。科学解释离不开科学模型，因为科学本身即是一个不断反思旧模型并创造新模型的过程。最近几十年，科学哲学家一直在讨论模型、表征、解释、抽象和理想化等概念，但这些概念之间，尤其是抽象与模型之间的关系仍然复杂，可以从语义视角、机制解释视角和认识论视角来论述模型与抽象的关系。此外，在模型本体论和认识论框架下论述模型与抽象的关系、揭示抽象在科学解释中的作用，不难得出结论，抽象不仅是解释性模型的基本特征，更是模型具有解释力的根源之一。

作者：李德新　刘逸群
单位：山西大学科学技术哲学研究中心
文献出处:《科学技术哲学研究》2022年第5期

科学解释的计算化

科学解释的本质功能在于阐明科学理论意义的建构，并且反思该意义建构的合理性。为此,如何保证科学解释的准确性与客观性成为科学解释所面临的难题。在这其中，计算作为形式工具，在特征与功能上都是科学解释研究中具有潜力的研究方法。同时，计算的语境相关性特征也对科学理论的意义探索起到了规范作用。因而，语境基底上的计算模型将有效地统一科学解释的形式表征与意义所在。

作者：崔帅　郭贵春
单位：山西大学科学技术哲学研究中心
文献出处:《科学技术哲学研究》2022年第5期

福柯的身体哲学与修身技艺

——基于《知识意志》的“主体性真理”阐释

如果修身哲学在于求得真实的自我，那么人们要解决“如何成为自己”的问题，就要追问“本真自我”是何样态。在《知识意志》中，福柯以“欲望身体”为中心来思考与理解自我，只是他的这种理解自我的方式是一条“隐线”。福柯的阐述暗含两种追问“我们是什么”的方式：一种是通过“科学话语”的规范来确证我们的身份；另一种是叩问生命本身,亦即对个体“修身技艺”的内在体证。然而,通过考察可知,“修身技艺”才是最重要的，它是一种对“主体性真理”的觉悟，是一种生命的觉悟，完全不同于“智解性真理”的“科学话语”路向。

作者：陈群志
单位：江苏师范大学哲学系
文献出处:《中南大学学报》（社会科学版）2022年第5期

诠释学的现代源起：在施莱格尔和施莱尔马赫之间

诠释学史上的流行看法认为,施莱尔马赫是现代诠释学之父、浪漫主义诠释学的“代言人”，施莱格尔则长期处于边缘位置。但相关文献的面世和研究逐渐表明，施莱格尔先于施莱尔马赫提出了现代诠释学的核心理念，开启了诠释学的浪漫主义转向。施莱尔马赫受到施莱格尔影响，突破语文学和圣经注释学的框架，建立了更加系统化的关于理解与解释的技艺学。两人的诠释学思想既呈现出连续性，也有内容细节和思想特色上的差异性，它们共同构成现代诠释学源起不可或缺的环节。

作者：牛文君　王骏

单位：华东师范大学哲学系暨诠释学研究所　“中国诠释学”上海市社科创新研究基地　德国耶拿大学哲学系

文献出处:《哲学动态》2022 年第 9 期

古希腊实践智慧的意义转换和解释学重建

实践哲学在古希腊属于与理论哲学完全不同的领域，前者关注变动的人类事务，后者关注永恒不变的事物。实践智慧是一种与道德德性密切相关的理智德性，它发挥作用的方式是在总体善的引领下把握具体情境中的“适度”，并为其考虑适当的实现方式，而且实现方式本身也要与善和高尚有关。近代科学采用“假说—演绎—证明”的方式取代了古希腊“自上而下”地理解和阐释世界的方式,使得理论哲学统摄实践领域，实践成为理论的应用，实践智慧成为仅为实现目的的手段，并且与道德无关。古希腊实践智慧在哲学解释学中得到了重建。伽达默尔重新审视了理解的本质，认为理解是一种德行意义上的实践活动，理解的实现是实践智慧发挥作用的结果，哲学解释学更是扩展了实践智慧的历史维度。

作者：陈莹

单位：黑龙江大学哲学学院　黑龙江大学哲学博士后流动站

文献出处:《哲学动态》2022 年第 9 期

自别于程朱：李塨对《大学》的诠释及其学术史意义

缘于《大学》在朱子、阳明学术分歧中的肯綮地位，其遂成为学者表达学术立场、回应时代关切的凭借和要典。处于清初经学复兴背景下的李塨，借助于对《大学》的新诠，摈弃朱子改本，力采古本《大学》，以“格物”“诚意”作为《大学》的义理间架，主张“格物”为“格《周礼》三物”，标揭“格物”的实学面向，同时以“意”为“心所主之事”来反驳朱子、阳明的“意为心之所发”，旨在矫正从已发维度理解“意”所导致的任心而行的思想流弊，呈现出“汉宋兼采”“自别于程朱”“倡导实学”的学术特质，并涵具丰富的学术史意义：一是迎合和助推清初的“回归原典”的学术思潮；二是弥合乃师颜元《大学》诠释废弃训诂的不足；三是从实学的角度丰富和拓展《大学》的诠释维度和意义世界。

作者：李敬峰

单位：陕西师范大学哲学系

文献出处：《复旦学报》（社会科学版）2022 年第 5 期

王吉相《四书心解》的学术旨趣、诠释特质及其思想意义

王吉相的《四书心解》是清初“尊朱黜王”学术态势下为数不多的宗本阳明心学的《四书》注解之一。他借由对《四书》的创造性诠释，积极介入和回应清初的全国性学术乃至政治议题“朱、王之争”，呈现出宗本阳明、驳斥程朱的学术取向，显豁出“重义理轻训诂”、“以四书证四书”、“推阐心解之法”和“排斥异端之学”的诠释特质。他的诠释在清初涵具典范而丰富的学术史意义：一是卫道和挺立阳明心学，为阳明心学在晚清的崛起赓续学脉；二是更新和补正阳明心学，开显出阳明心学的经世面向，呼应和融入了清初日益高涨的经世致用的学术思潮，成为把握清初阳明心学演进面貌乃至清初学术格局的一个鲜活而具体的个案。

作者：李敬峰

单位：陕西师范大学哲学学院

文献出处：《中国哲学史》2022 年第 5 期

儒家境界体验中的抽象置定与具体表现

——以牟宗三对阳明与二溪的诠释为中心

儒家的实践不仅关涉工夫实践中的身心状态转换，亦关涉本体呈现后的境界体验。目前学界对两者的研究，往往借助“逆觉体证”与“冥契体验”的解释框架，但两者都未触及理学家境界体验表达中的本体状态转换问题，牟宗三透过“超越的分解”与“辩证的综合”方法对阳明与二溪境界体验表达所蕴含的深层义理结构——“抽象置定”与“具体表现”——的揭示，既囊括了“逆觉体证”的框架，又包含了对境界体验中本体状态转换的描述，或许可以为推进相关研究提供可资利用的理解模式。

作者：马士彪

单位：山东大学易学与中国古代哲学研究中心　哲学与社会发展学院

文献出处:《中国哲学史》2022 年第 5 期

关于“创造的解释学”

——从“哲学的经验”角度重新思考傅伟勋提出的问题

几十年前，著名学者傅伟勋率先提出了“创造的解释学”的概念，这个概念主要以西方黑格尔、海德格尔等人的观点和中国传统的儒道释的解经经验的总结为根据，具有许多深刻与独到之处，至今不失为一种卓见或一家之言。然而，毋庸讳言，他的“创造的解释学”用现在的眼光看是有明显局限性的，受英美哲学的影响，他主要立足于方法论的角度来论述这个概念。傅伟勋对海德格尔和伽达默尔的现象学解释学缺乏全面、深入的了解，这导致他的“创造的解释学”不够周全，很难在创造和任意或随心所欲之间划清界限。作为改进，我们应保留傅伟勋的“创造的解释学”这个提法，但需要补充本体论—目的论的内容，因为如果缺乏这些内容，“创造的解释学”就得不到根本的奠基和最终的保证。本文从“哲学的经验”出发，突出分析了傅伟勋提到，但未展开的胡塞尔的例子，并将其与他所提到的黑格尔的例子相关联，力图站在哲学解释学的高度来反思“创造的解释学”应有的内涵，并将它与海德格尔、伽达默尔的思想相贯通。

作者：何卫平

单位：华中科技大学人文学院哲学系

文献出处:《天津社会科学》2022 年第 5 期

古典学术何以成为阐释学的资源

——以儒学阐释意识和阐释行为为中心

儒学本质上是一场话语实践，通经致用指引着儒家的阐释意识，也凸显了儒学阐释行为本身。在先秦子学语境下，阐释诞生于"说难"困境，主要以"谈说之术"的形式存在，是一种不得已的自我辩护行为。在汉唐经学语境下，阐释即还原、证实和解密，是一种"述而不作"的再现认知活动，它意味着经典有一个客观自足的原意，而阐释者充当了经典的翻译者角色。在宋明理学语境下，读书即阐释、工夫和本体。经学阐释并不决定意义的存在与否，理学阐释则面向经典去开辟新的意义世界。在这个过程中，理学的"自得"话语通向此在的形而上学阐释学意蕴，而"公理"话语则试图将一己自得之见带到公共理解的层面，从而表明了阐释的公共行为性质。对于今天建构中国阐释学而言，我们不能仅仅停留在古代解经体式和文学批评方法论的层面上，而应当深入了解古代阐释意识和阐释行为特征，这是中国当代阐释学面向传统求得新生的根基所在。

作者：郑伟

单位：山西大学文学院

文献出处：《学术研究》2022 年第 9 期

罗尔斯政治哲学的诠释学意蕴

——一种基于反思平衡的解读

罗尔斯政治哲学蕴含一种诠释学的解读空间，这种解读能将效果历史意识引入其建构主义立场，该空间的大小则取决于反思平衡的彻底程度。如果反思平衡足够彻底，就足以在效果历史构成的视域循环中公平对待各种传统正义观构成的前见。围绕这一基点，罗尔斯在其前后期思想中分别发展出两种反思平衡形态，但这两种形态分别陷入不同困境而暗中引入基础主义和实用主义作为奥援，从而在一定程度上削弱了其政治哲学本应蕴含的诠释学意蕴。一方面，这表明罗尔斯政治哲学的证成理据并非全然基于反思平衡，另一方面则表明罗尔斯政治哲学在证成问题上仍缺乏足够的历史哲学维度。

作者：张祖辽　王美乐

单位：山东大学　江南大学

文献出处：《云南大学学报》（社会科学版）2022 年第 5 期

哲学诠释与公共阐释的理论异同

哲学诠释学的出现为诠释学注入了历史性、实践性和辩证法内容，使理解成为原典和现代理解者之间相互不断交流的过程，也暴露了其突出的矛盾，有明显的相对主义局限性。公共阐释理论的突出特征是具有突出的辩证理性、社会普遍性和社会实践性，它的出现为克服哲学诠释学的理解局限性提供了一个重要的借鉴视角。将哲学诠释学和具有浓厚中国文化特色的公共阐释理论进行比较，不仅有利于对双方理论方法异同点的理解，而且对于我们在中西文化交融观念下丰富中国的公共阐释理论体系、更好地推动中国的文化继承和创新进程也具有重要的积极意义。

作者：王成军　王瑞媛

单位：陕西师范大学历史文化学院　陕西师范大学外国语学院

文献出处:《中国社会科学评价》2022 年第 3 期

比较文化阐释学方法论

本文从杜威关于直接经验的预设出发，阐述我的比较文化阐释学方法论。在比较文化阐释学领域，随着对一个尚未理解的传统中所包含的不同寻常的文化预设探究的深入，我们对自身哲学预设理解的自觉性也日益增强。这种通过其自身术语来理解某一传统之类比的方法，要求我们对于客观性必须抛弃自己所熟悉的实有论之理解，而以一种共同的阐释性目标代之。为了这个我们可以信任的共同目标，我们放弃了存在绝对真理的客观性预设。

作者：安乐哲 著　赵延风 译　温海明 译审

单位：北京大学对外汉语教育学院　中国人民大学哲学院

文献出处:《孔学堂》2022 年第 3 期

马克思实践理解论的解释学指导意义

——兼评现代西方解释学家的相关观点

马克思的“实践理解论”，即当作实践去理解的观点，对科学回答解释学的一些基本理论问题是有指导意义的。按其方向所指，“理解”始源于作为实践总体之基础的物质生产与物质交往。理解是在实践基础上，直接起始于对感性信息加以表征和意指的符号，是透过其在场性和显性而对不在场和隐性，即对被解释项之真善美的观念把握。实践中所形成的主客体同构性，和主体在理解活动中对自身理解结构的调适性，以及语言性文本理解中读者与作者基于生活实践所形成的生存处境和利益的一致性，为有效理解的实现分别提供了内在根据、条件和社会基础。语言性文本理解中“新义”之创生，从根本上说，既是面向时代实践的产物，同时也是通过时代实践检验的确立。

作者：陶富源

单位：安徽师范大学马克思主义学院

文献出处：《南通大学学报》（社会科学版）2022年第5期

早期马克思“感性”概念的现象学阐释及其哲学变革意蕴

“感性”在早期马克思那里不只是一个知识论向度的日常经验性概念，也是一个生存论向度的、具有“现象学视野高度”的哲学概念。从“何以可能”“何以界定”“何以展开”三个维度对该“感性”概念进行现象学阐释，认为“现象学视野高度的感性”的本质是对人的生存实践活动的一种“体验”，而不是人的感性直观的一种“认识”。以此“感性”概念的现象学阐释为线索，认为马克思哲学开启了“双元”变革：在本体论上，由物质本体论转变为“实践本体论”，“实践”就是作为人的一种最始源的生存情态——主客体之间本源性的一体性、对象性关联；在认识论上，由符合论的真理观转变为实践自明性的真理观。

作者：刘秀萍　何晓亮

单位：北京交通大学马克思主义学院

文献出处：《北京行政学院学报》2022年第5期

爱欲、辩证法与书写

——通向《斐德罗篇》的三种现象学解释

作为中晚期柏拉图对话中最复杂的作品之一，《斐德罗篇》不仅向来是古典学界的研究重点与难点，而且极大地触动了20世纪现象学家的强烈兴趣，其中，尤以海德格尔、伽达默尔和德里达等为著。这三位现象学家分别着重围绕爱欲、辩证法以及书写等议题对《斐德罗篇》展开的种种哲学解释表明，他们在不同程度上都将柏拉图哲学——鉴于它或者遗忘了存在和美，或者遗忘了语言，或者遗忘了书写——看作支配整个传统西方哲学发展历程和模式的形而上学的柏拉图主义之源头，但柏拉图哲学本身的丰富内蕴不仅使其仍以十分积极且重要的方式参与着现象学道路的开辟与扩展，而且是现时代条件下反思、批评乃至转化柏拉图主义传统不可或缺的资源。这些各富特色的哲学解释，作为三位现象学家就自身关切的主题与柏拉图文本进行“思想碰撞”的产物，先后带出不同的柏拉图形象，即“没有苏格拉底的柏拉图”（海德格尔）、“重新苏格拉底化的柏拉图”（伽达默尔）以及“在书写中悼念着苏格拉底的柏拉图”（德里达）。这些不同的柏拉图形象也映射了三位现象学家各自的思想重心与运思方式上的差异和关联，以及他们在存在与伦理关系这一重要问题上的基本姿态。

作者：陈治国

单位：山东大学哲学与社会发展学院暨现象学与中国文化研究中心

文献出处：《社会科学》2022年第9期

黄榦、饶鲁师传及其意义

——以二者对朱子《四书章句集注》的诠释为中心

尽管饶双峰被认为“亦勉斋之一支”，但黄榦、饶鲁学术关系究竟如何，仍是一个值得反思且事关宋元朱子学传承的重要问题。黄榦、饶鲁对朱子《四书章句集注》的诠释体现了以下共性：在治学态度上，发扬朱子求真是之精神，对朱子说采取继述、批判及推进兼具的态度，同时又具兼容并包之胸襟而超越朱陆门户之见；在思想内容上，主张理气一体，更为注重心性之论，强调检点身心和“尊德性为本”工夫；在诠释方法上，秉承朱子看文字仔细、切于工夫指点的风格。此三大共性呈现了双峰从态度、思想、方法上对勉斋的师承，实可谓勉斋之正传。黄、饶之传弘扬了朱子勇于反思、会看文字、切己用功的治学真精神，提供了观察“后勉斋时代”朱子学发展的一个重要坐标，其学术意义不可忽视。

作者：许家星

单位：北京师范大学价值与文化研究中心哲学学院

文献出处：《福建论坛》（人文社会科学版）2022 年第 9 期

思维与存在的关系

——哲学基本问题的当代阐释

思维与存在的关系是黑格尔书写哲学史的基本线索。恩格斯在不同于黑格尔的意义上将思维与存在的关系作为哲学的基本问题，并且建构了哲学派性的判析框架。恩格斯提出的哲学基本问题框架对哲学尤其是马克思主义哲学发展产生了广泛影响。围绕着思维与存在作为哲学的基本问题和思维与存在的关系本身，中国哲学界四种代表性观点颇具特色，在哲学和马克思主义哲学的当代阐释方面做出了创造性的尝试。在与四种代表性观点相互关联和相互区别的意义上，能在论以“能在”概念为核心阐释思维与存在的关系，并在后形而上学的思想视域中重构了哲学基本问题的两个方面。在能在论看来，思维与存在的关系仍然是哲学的基本问题。这一基本问题的两个方面，即第一性问题和同一性问题需要在以实践为基础的统一性和否定性过程中才能得到正确理解。以生存实践为基础的“能在”概念就是把握思维与存在统一性和否定性过程的存在论范畴。

作者：罗骞

单位：中国人民大学哲学院

文献出处：《武汉大学学报》（哲学社会科学版）2022 年第 5 期

历史意识阐释的四重向度

人类历史的发展有着隐秘的文化动因，无论是历史发展中取得的辉煌成就抑或遭遇的深重苦难，在历史意识中都可以找到或隐或显的伏线。历史发展到今天，理性和由理性构建出的意识形态成为新的神话，同时也成为仇视和偏见的最大阻力，这也使得历史现实变得更为沉重和充满苦难。种种纷争背后反映出的本质源于对历史意识的漠视和误读。时至当下，西方国家依然凭借历史文化优越性的独断姿态，通过意识形态话语来拒斥历史文化价值的多元性和发展道路的多样性，这反映了西方典型的一元线性史观、扩张型的历史文化霸权和独断性的历史意识。基于此，重新理解历史意识，真正回到总体性和历史性视角，使得本真的历史意识成为引导人类发展进步的价值动力变得十分迫切和紧要，这对于破除偏见与敌视、化解隔阂与分歧以及启迪当下历史现实无疑具有重要意义。只有从本体论、生成论、认识论和价值论四重维度来把握历史意识，才能全面理解历史意识的深刻内涵。

作者：李辉

单位：华东师范大学马克思主义学院

文献出处:《东南学术》2022 年第 5 期

儒家死生之道的形而上学构建

——基于“朝闻道，夕死可矣”的三重解释进路

《论语·里仁》中的“朝闻道，夕死可矣”，谈及道与生死的关系，由此引申出人身与价值的讨论。历代注家对此“道”的解释，大体上可以分为礼乐文明的政治理想、顺随宇宙的大化流行以及道德主体自我实现三种。这三种阐释体现了儒家死生价值标准的变化更迭，而其产生的缘由，不仅是注家对死生理解的变化，更根本的是他们对时代思潮和社会需要的回应，形成了对个人及世界存在价值的形而上学建构。正是伴随这种建构，主体的道德理性不断觉醒。

作者：陈德明

单位：江西省社会科学院哲学研究所

文献出处:《江西社会科学》2022 年第 8 期

易简与体用

——以“易简”诠释的思想变迁为中心

在易学哲学史上，学者们对《系辞》中“易”“简”的思想诠释几经变迁。首先，

汉唐注家往往将“易”“简”解为“无为之道”，并将其视作对乾坤体性的摹状；而朱子认为“易”“简”更偏向“动用”一端。从《系辞》本义来看，“易”“简”分说不能简单地从“静体”和“动用”的角度来理解，“易”指乾以动为本，但同时又兼虚静；“简”指坤以虚静为本，并兼动实。而“易简”合说又是对生生道体的摹状。其次，《易纬·乾凿度》提出了“虚无感动”说，易简的“道体”义被进一步强化。但此道体也不应以“体用”论之，所谓虚静、昭著只是易简之德的不同面向。最后，现当代新儒家对“易简”的讨论可视为易简诠释的新发展，其中蕴含着超越体用论并进一步推进“易简”讨论的可能。

作者：苏杭
单位：复旦大学哲学学院
文献出处：《周易研究》2022 年第 4 期

历代对《论语》“唯上知与下愚不移”的解读

——以朱熹的诠释为中心

中国古代对于《论语》“唯上知与下愚不移”之“不移”主要有两种解读：一是汉唐时期儒家解为“不可移”；二是宋代程颐、朱熹不赞同解为“不可移”，尤其是朱熹明确讲“曰不移而已，不曰不可移也”“以其不肯移，而后不可移”，对后世影响很大。明代阳明学派对朱熹的解读有所发展，进一步讲“不是不可移，只是不肯移”。清代戴震也讲“曰不移，不曰不可移”，并为焦循以及刘宝楠《论语正义》所接受。可见，程颐、朱熹将“唯上知与下愚不移”之“不移”并非解为“不可移”的解读，实际上为自宋代至清代的大多数儒家学者所接受，应当作为当今《论语》解读的重要参考。

作者：乐爱国
单位：福建省社科研究基地武夷学院朱子学研究中心　厦门大学哲学系
文献出处：《南京社会科学》2022 年第 8 期

马克思恩格斯“历史科学”实质的三重蕴涵及其现实意义

历史科学是马克思、恩格斯在经典文本中多次使用的重要概念。对这一概念，学界有着不同的理解。从两位经典作家文本的总体考察来看，历史科学在实质上应是“现实的人及其发展的科学”。它内在包括历史唯物主义的原则和方法、以历史唯物主义的原则和方法进行理论研究所取得的“真正的知识”与人类解放的价值旨归等三重蕴涵。三者及其相关命题或理论阐发相互制约、相互作用，依次展开，形成了理论与逻辑上的完备性与严整性。中国特色哲学社会科学与中国自主的知识体系的建构是马克思、恩格斯关于“历史科学”建构原理在新时代中国的逻辑发展。马克思、恩格斯关于“历史科学”实质及其蕴涵的阐释，不仅可以为中国自主的知识体系的建构提供重要的原理支撑，也对其构建有着重要的启发意义。

作者：胡海波

单位：东北师范大学马克思主义学部

文献出处:《马克思主义理论学科研究》2022 年第 8 期

马克思价值形式理论阐释范式转换及其在 21 世纪的意义

作为马克思政治经济学批判的核心内容，价值形式理论在马克思之后并未终结，在不同的历史时期都有着独特的发展演进，在不同的思想家那里也有着不同的理论形态。在这一演进过程中，价值形式理论得以重建，出现了不断激进化的趋势，在某种意义上甚至超越了马克思本人的原初构想，呈现出从政治经济学批判理论到社会批判理论、再到左翼激进批判理论的阐释范式发展趋向。这些不同阐释范式转换之间的内在关联性及其理论意蕴，彰显了 21 世纪语境中马克思主义理论越发蓬勃的生命力与丰富的创造性。

作者：谢静

单位：华东师范大学马克思主义学院

文献出处:《学习与探索》2022 年第 8 期

康德还是黑格尔?

——柄谷行人与齐泽克阐释马克思哲学的路径之争

柄谷行人与齐泽克分别借鉴康德与黑格尔的思想资源对马克思哲学进行了系统的阐释。但思想支援背景的差异导致二者对马克思哲学的阐释也产生了一系列分歧。而在这些分歧的背后，柄谷和齐泽克的两种阐释路径实际上有着共同的阐释倾向，即他们都过分强调将矛盾的非同一性引入马克思哲学，却抛弃了马克思辩证法中所蕴含的内在矛盾运动的历史性原则。对于柄谷与齐泽克共同的阐释误区，必须回到马克思历史唯物主义的立场予以严肃的回应。

作者：甄龙

单位：南京大学哲学系　华侨大学马克思主义学院

文献出处:《福建论坛》(人文社会科学版)2022年第8期

“行权”与“尊君”的牵合

——论董仲舒“丑父欺晋”的诠释困境

围绕《公羊传》逢丑父欺晋而存君一事，董仲舒讥丑父“欺而不中权”，何休却认为本于“王法”丑父不得称贤，但自齐观之犹可谓善，徐彦更将董仲舒讥丑父的观点归于“背经”之属。考察董、何对于“丑父欺晋”的不同诠释，可以发现：董仲舒将《公羊传》中于晋而言的“法斫”理解为抽去国家立场的“当斫”，从总体上贬抑丑父。同时,经由“权变”范畴的引入,并通过比较“丑父欺晋”与“祭仲许宋”二事，董仲舒试图将国君之尊荣设定为臣子“行权”的边界，引起了“行权”与“尊君”的冲突。不过，立足于董仲舒“执权存国”的主张以及其与黄老、法家思想的亲缘，则其以“尊君”来限定臣子“行权”的立论虽然未必合于经义，但并非不可理解。

作者：张靖杰

单位：复旦大学哲学学院

文献出处:《中南大学学报》(社会科学版)2022年第4期

马克思价值形式理论近黑格尔阐释的空间与界限

——以鲁宾、巴克豪斯和阿瑟为例

马克思的价值形式理论是运用抽象力和辩证法对经济的细胞形式所做的分析，其中包含着与黑格尔哲学的复杂关系，但是这些关系在传统解读路径中并未引起充分重视，从而使得价值形式的功能和作用未能真正显现。正是基于对传统路径的批判，从鲁宾、巴克豪斯到阿瑟等新兴的马克思解读流派的代表人物都特别注重从黑格尔哲学的视角进行切入，展现价值形式的不同内涵。鲁宾从黑格尔的形式与内容相同一的视角重新发现了马克思的价值形式理论；巴克豪斯从黑格尔的二重化的视角解析了拜物教批判与价值形式的内在关联；新辩证法学派的阿瑟则将《资本论》与黑格尔的《逻辑学》进行了本体论的对照，对价值形式理论进行了完全黑格尔化的解读。这条更加哲学化的近黑格尔解读路径在打开理论阐释空间的同时，也逐渐模糊了马克思理论与黑格尔思辨哲学的原则界限，忽略了价值形式理论真正的历史唯物主义基础，并将价值形式逐步理念化和实体化，从而失去了其中介性的理论定位，未能导向形式前提和社会历史条件的解析。

作者：徐文越

单位：上海城建职业学院马克思主义学院　上海交通大学马克思主义经济哲学研究院

文献出处:《马克思主义与现实》2022 年第 4 期

理解·情感·审美：一种儒家经典诠释的“韵语化”路径

韵语化经典诠释路径是以歌诀或诗赋等有韵律的文体对儒家经典进行解读的一种非正统的范式。由于它具有随意性与复杂性，从便于记诵与理解经文的韵括歌、抒发天命性道的理学诗与诉诸生命情感的游戏诗三条蹊径更易切入。它化身为朗朗上口的经典歌诀、丰富快捷的科试语料库、富有微言大义的理学诗、饶有禅趣的偈颂、私人互动的唱和诗和自阐性灵的游戏笔墨。这种范式突破了传统经典诠释的正统、典雅的学术空间与氛围，跳出儒家经典指向的政治秩序和伦理道德的场域，而逐渐向通俗浅近、活泼生动的语言表现形态，向解经者的实际生活日常所需，向传统诗歌涵摄的美学意境与生命情感体验靠近。

作者：许至

单位：南京大学马克思主义学院

文献来源:《哲学动态》2022 年第 7 期

恩格斯对“自由人联合体”思想形成的独特贡献

“自由人联合体”思想是《共产党宣言》中的重要思想。恩格斯对这一思想的形成有着独特性的贡献。依据经典文本，恩格斯的独特性贡献主要体现在如下四方面：从社会秩序出发揭示资产阶级社会的无序性事实，阐明构建“自由人联合体”之必要性；

从利益出发论证共产主义社会所应遵循的共同利益原则，阐明“自由人联合体”之优越性；从人性与自由关系出发阐述资产阶级社会中人性丧失的状况，阐明“自由人联合体”之价值性；从社会实践出发提出消灭资本主义私有制、推翻资产阶级统治、实现共产主义的革命道路，阐明“自由人联合体”之革命性。

作者：王洪波　王亚杰

单位：首都师范大学马克思主义学院

文献出处：《河北大学学报》（哲学社会科学版）2022年第4期

政教抑或天理

——《论语》“礼之用，和为贵”章的汉、宋阐释研究

汉魏六朝儒者与宋代儒者对《论语》“礼之用，和为贵”章的解释有极大差别，核心差异在于对“礼”“乐”内涵的不同理解，是为汉、宋儒学转型的重要表现之一。汉学将礼乐理解为政教之法，礼教与乐教各有所主，亦各有所偏，因此应该礼乐相辅；时移世易，随着经典难以敷治之问题的产生以及治经方式的转变，宋学将礼乐定义为“天理之节文”，并为礼的正当性提供了新的论证。汉、宋之学对礼乐的不同理解，树立了两种不同的礼学模型，对于认识整个中国传统具有重要的意义。

作者：皮迷迷

单位：首都师范大学政法学院哲学系

文献出处：《现代哲学》2022年第4期

经学诠释的意义生发结构

——以《周易》坎卦的诠释为例

本文尝试从意义生发的视角探究经学的诠释。就某个意义群而言，原初意义、引申意义和他者意义构成了最基本的意义单元，众多意义单元相连接构成横向或纵向的交叉意义链。与此相应，诠释行为最基本的内容可分为开显、植入和勾连。以《周易》坎卦诠释为例，作为语词的卦名坎为实际的原初意义，《易传》开显出陷、险和水三种引申意义，植入了“劳”这一他者意义。四者又互相勾连，成为后世诠释的基源性意义链片段。意义生发结构的探究试图超越单纯的文献实证研究，为经学诠释注入自觉性，

为思想、理论创新创造前提。

作者：辛亚民

单位：中国人民大学国学院

文献出处:《中国哲学史》2022 年第 4 期

教化与经世：九江学派的经学诠释

——以简朝亮相关著述为中心

朱次琦的经学观建立在对汉宋学术的反思之上，其“四行五学”教学法以躬行实践为先，尤其强调经学的教化与经世意义。简朝亮则接续其师，认为过往的清代经学研究忽略了朱子经学的既有成绩，提出对马郑之学亦应予以批判性吸纳，进以完成融粹汉宋的注疏实践。康有为、梁启超、邓实、黄节等九江学人在打通汉宋今古的基础上更进一步，尝试借助哲学、政学、国学、美术学等新学科范式呈现经学精粹，为后经学时代的经学诠释提供了参照。

作者：李辰

单位：深圳大学人文学院哲学系

文献出处:《中国哲学史》2022 年第 4 期

精神科学与诠释学的交汇

——以狄尔泰和新康德主义价值学派之争为中心

以文德尔班、李凯尔特为代表的新康德主义价值学派和狄尔泰在人文历史领域的学科划界、认识论和方法论等问题上存在诸多分歧，这些分歧映射了他们所面临的哲学的时代课题，特别是文化科学 / 精神科学的逻辑奠基与客观性辩护。狄尔泰和新康德主义价值学派具有共同的问题意识，其探讨促成了一个重要的理论成果——精神科学与诠释学的交汇：新康德主义价值学派基于对历史理解之意义关联和价值关联的揭示，以隐性的方式走上了文化科学的诠释学之路；狄尔泰经由心理学进路的反思批判最终将诠释学提升为精神科学的认识论基础和本质要素。厘清狄尔泰和新康德主义价值学派之争的具体语境和来龙去脉，对于深入理解 19~20 世纪的精神科学运动以及诠释学的重新出场具有关键意义。

作者：牛文君

单位：华东师范大学哲学系暨华东师大诠释学研究所　华东师大—耶拿大学人文社科研究中心

文献出处:《天津社会科学》2022 年第 4 期

试论强制阐释论的哲学与心理学基础

张江教授的阐释学说以及强制阐释论，在形而上学和本体论上的要义是坚持对象自身的存在及存在的确定性，以及对象相对于理解、阐释和理论的独立性。其阐释认识论自然是符合论的，也即认为真切的阐释是符合实在的阐释对象及其中作者意图的阐释。张江教授的阐释伦理学说是义务论的，强调对文本及其意义的尊重，对阐释道德律令的遵从。笔者尝试对强制阐释学说的这些哲学预设进行分析和做可能的修订。张江教授在新近集中呈现阐释心理学的作品《阐释与自证》和《再论强制阐释》中认为，自证是阐释的本质，然而自证可能只是阐释的典型特征之一，而非全部本质。此外，除了阐释偏见，心理和环境中各种信息有时候会对阐释活动形成阐释噪音，干扰阐释活动，导致阐释偏差。

作者：李忠伟

单位：浙江大学哲学学院

文献出处:《学术研究》2022 年第 7 期

亚里士多德人工物思想的现象学阐释

亚里士多德关于其形而上学本体论主要模型“四因说”的说明与论证有两种主要方式，一是《物理学》中从人工物制作经验归纳抽象的方式，二是《形而上学》中思辨地建构本体论的方式。两者在内容上似乎一致，但在思想倾向上却存在着差异。因此,解读亚里士多德“四因说”也存在两种主要路径。按照形而上学的路径解读人工物，人工物的本体论根本不能成立。这正是哲学史上人工物本体论始终建立不起来，并遭到长期忽视和遗忘的重要原因之一。沿着亚里士多德《物理学》的人工物路径，以海德格尔生存论现象学为视域，并借助李章印对亚里士多德《物理学》中“四因说”的新解读，可以重新诠释亚里士多德的人工物思想。

作者：邓波　高强　韩茜
单位：西安建筑科技大学工程技术与社会研究所
文献出处：《自然辩证法研究》2022 年第 7 期

从解经学走向诠释学
——儒家经学现代转化的哲学诠释

经学在本质上是一种古典的解经学，以追求经典的“原意”和证合“圣人之志”为目标。晚清以还，经学解体，走向“后经学时代”的文献整理和经学史研究等，基本上瞩目于材料的历史性和叙事的实证性，而对于经学的哲学意义和诠释学特征则甚少顾及。经学系统的现代转化，除了历史文献的清理、古典意义的说明和研究方法的更新之外，更为重要的是，需要从哲学的角度对其根本特征、思想价值和未来发展做出新的理解与阐证。只有将传统的注经学改造成现代的诠释学、将文献学的视域和定位转变为新的哲学体系的创造，从本体论的建构来重新思考经学的现代转化问题，人们所期待的“新经学”的产生才是有可能的。

作者：景海峰
单位：深圳大学国学院　深圳大学哲学系
文献出处：《清华大学学报》（哲学社会科学版）2022 年第 4 期

理气为一与心性格物：罗钦顺诠释经典的两个向度

自黄宗羲在《明儒学案》中评价罗钦顺哲学思想存在理气论与心性论之间的矛盾后，该说法似成定论，在学术界广泛流行开来。但从经典诠释视角分析罗氏思想，可见其关于理气与心性问题的讨论实则并无逻辑冲突之处。罗钦顺以诠释经典的方式，修正理学、驳斥禅学与心学，开明代理学发展新气象。他以“理气为一”命题解《易》，以心性思辨解《大学》之“格物”，建构出一套独具特色的解经思路。更重要的是，罗钦顺对理气、心性等问题的思考关键点乃是“统一性”，而非纠缠于谁为“第一性”。

作者：康宇
单位：黑龙江大学马克思主义学院
文献出处：《齐鲁学刊》2022 年第 4 期

查尔斯·泰勒“社会想象”概念的阐释力及其局限

查尔斯·泰勒沿用安德森《想象的共同体》中的“想象”概念，创造性地提出了“社会想象”概念，并用其阐述现代社会的出现、生长、成熟过程，现代社会想象以现代道德秩序为基准，在世俗时间的背景下通过经济、公共领域、人民自治三个领域展开，以形象的方式预想现代社会的特质。他以道德秩序这种观念性的东西为基准进行社会想象，误解了历史唯物主义的基本原理。

作者：姜丽

单位：上饶师范学院政治与法律学院

文献出处:《湘潭大学学报》(哲学社会科学版）2022 年第 4 期

朱熹“祝告先圣”及其诠释学意蕴

朱熹“祝告先圣”的礼仪实践，为理解儒者的精神生命提供了一个很好的“文本”。要诠释这一“文本”的深层意涵，应呈现其结构要素，聚焦于揭示礼仪实践中的意义经验。“祝告先圣”这一礼仪行为，涉及朱熹的三个基本信念：祭祀、祈祷与先圣。朱熹相信，祭祀是与祭祀对象的真实“感通”，祈祷是安顿自身情感并“悔过迁善”的精神活动，先圣则是道学事业的神圣“原型”。“祝告先圣”是朱熹遭遇“先圣之灵”的当下时刻，会在对自身的反省和观照中实现生命的超越和转化，具有深刻的精神性意涵。朱熹“先圣祝文”中充满敬畏、谦卑和懊悔的语词，正是这种精神活动的外化表达。因而，对朱熹来说，先圣作为“道”的象征，成为“神圣”介入其生活的基本方式。从思想与生活交织互动的角度对这一“文本”的分析，可以为如何更深入探究儒家传统的精神特质及其落实，提供视角上的有益启发。

作者：张清江

单位：中山大学哲学系暨东西哲学与文明互鉴研究中心

文献出处:《中山大学学报》(社会科学版）2022 年第 4 期

论空间辩证法的阐释路径

——基于马克思的视角

马克思开辟了独特的空间辩证法：历史唯物主义不仅不欠缺空间维度，而且空间的生产本身就是马克思历史的辩证法的应有之义；空间不只是科学意义上的客观空间，更是特定的社会历史过程的构造物。马克思的空间辩证法主要有四条阐释路径：一是“自然的空间”与自然的辩证法，二是“历史的空间”与历史的辩证法，三是“社会的空间”与社会的辩证法，四是“乌托邦的空间”与乌托邦的辩证法。

作者：李春敏

单位：同济大学马克思主义学院

文献出处:《教学与研究》2022 年第 7 期

马克思“自主活动”的阐释逻辑与话语内涵

在马克思不同时期的文本中，自主活动具有不同的阐释逻辑和话语内涵。马克思在其思想早期受到赫斯的影响，他基于人的存在与本质的分离角度，从自由行动与异化劳动的对比出发，在“类本质”视野下阐释了自主活动。在探索人类历史发展规律的过程中，马克思受到斯密的影响，他挖掘了分工与自主活动的二律背反，在“分工”的框架下阐释了自主活动。基于对未来社会的描绘，马克思把人在自由个性阶段的自主活动同时置于“类本质”和“分工”双重逻辑之下，综合两种阐释方式确立起自主活动的可能性，基于“自由个性”的角度阐释了自主活动。

作者：李楠　李双套

单位：中国社会科学院大学马克思主义学院　中央党校（国家行政学院）马克思主义学院

文献出处:《理论视野》2022 年第 7 期

真理的转变与形而上学的开端

——对海德格尔《柏拉图的真理学说》的阐释

《柏拉图的真理学说》，这篇海德格尔后期首次公开发表的纯粹哲学作品蕴含着不容忽视的重要意义。其中，以无蔽或真理为视角对柏拉图洞喻的重新阐释，不仅使得柏拉图那里真理之本质从无蔽向正确的转变昭然若揭，而且使得柏拉图作为形而上学的开端者的真正意谓得到澄清。这一转变和开端的根基在于柏拉图把“存在者之存在”思为“理念”这一标志性的事件。此事件在根本上阻断了西方形而上学对无蔽之本质的真正追问。更为深远的是，海德格尔在这篇作品中对“柏拉图”的阐释将有助于蠡测海德格尔向另一次开端的跃入这一本已思想的根本任务。

作者：刘平

单位：中山大学哲学系

文献出处:《广西大学学报》(哲学社会科学版)2022 年第 4 期

宋代政治语境中“和而不同”诠释嬗变考论

——以陈祥道和朱熹为中心

魏晋至宋初对《论语》“和而不同”章的解释主要基于人际关系和道德教化层面。北宋中期，政治语境成为构筑“和而不同”诠释体系的根底。吕大临、杨时、侯仲良祖述晏子故事，借“和而不同”暗喻君臣“共治天下”。熙宁变法时期，陈祥道针对反变法者的质疑与阻挠，释“和而不同”为不同流俗、守道不屈，为其师王安石不顾异论、坚持变法提供理论支撑，并以“君子有所同”对宋神宗和王安石的同心合德做出正面宣扬。朱熹在反道学运动愈演愈烈之际，通过重释“和而不同”章以区分道学人士和近幸党人，此后又将和同之辨化约为公私之辨，隐晦地传达了其对党争性质的认识及以“党”自勉的诉求。今天，将相关诠释纳入政治语境，有助于理解“和而不同”在政治实践中的运作方式，更清晰地昭示不同诠释者如何利用经解来强化个人立场、达成各自目的的嬗变过程。

作者：黄睿

单位：扬州大学文学院

文献出处:《江海学刊》2022 年第 4 期

谁之教诲，何种方式?

——对孔子及《论语》的一种哲学解释

施特劳斯通过揭示隐藏在西方古典政治哲学传统中显白教诲与隐微教诲的写作方式问题，展开了对古典哲人及其哲学的双重理解和深入阐释，并将此视为理解古典哲人和阅读古典哲学的重要原则。参考并借鉴其隐显二重说的解经原则来理解孔子与《论语》，在于提供一种比较视域下的观照与反思，重新审视在中国的学术传统下，何以只有一种显白教诲的孔子及其学说，在后世被不断而又不可避免地以隐微教诲的方式予以解读和阐释。同时指出，只有回归到作为古代哲人安身立命与济世化民的生活方式那里，并将孔子弟子纳入与孔子一致的文化传统的视野，才能获知孔子本人做出的真实教诲及其意图，并以此真正理解作为哲人的孔子及有双重教诲性质的《论语》。

作者：谷文国　汤月娥

单位：中国人民大学哲学院　中国孔子研究院

文献出处:《北京行政学院学报》2022 年第 4 期

科学地认识历史何以可能

——《费尔巴哈论》对唯物史观科学性的阐释及其当代意义

在《费尔巴哈论》中，恩格斯从两个层面阐释了唯物史观的科学性。一是在具体哲学层面，恩格斯剖析了费尔巴哈哲学所具有的思想解放作用及其局限性，阐释了马克思对费尔巴哈哲学的继承性、批判性和超越性；二是在一般哲学层面，恩格斯强调真正推动哲学前进的主要是自然科学和工业的日益迅猛的进步，自然科学和大工业的发展不仅终结了以黑格尔为代表的德国古典哲学的历史进程，同时也造就了历史领域由思辨哲学转向唯物史观的历史必然性。恩格斯对唯物史观何以能科学地认识社会历史的论证，捍卫了科学社会主义的哲学基础，对于强调马克思主义哲学的实践性特征、理解中国马克思主义哲学实事求是的思想路线、反驳“马恩差异论”、批判历史虚无主义提供了重要理论支撑。

作者：员俊雅

单位：中国社会科学院大学哲学院　中国社会科学院哲学研究所

文献出处:《哲学动态》2022 年第 6 期

恩格斯对马克思主义辩证法的建构与阐释

——兼论卢卡奇辩证法思想的偏差

辩证法是马克思主义的核心内容之一。作为马克思主义的开创者、继承者与发展者，恩格斯对马克思主义辩证法的形成与发展做出了卓越的贡献。一方面，恩格斯从传统辩证法中积极汲取思想养分；另一方面，他继承马克思的实践辩证法思想并拓展了马克思主义辩证法的话语边界。然而，围绕恩格斯对马克思主义辩证法的理论贡献，西方学界形成了诸多误读与曲解，其中，最具代表性的就是以卢卡奇为首的西方马克思主义者们试图将马克思主义传统从自然辩证法中“拯救”出来,还原辩证法的“革命”本性。事实上，恩格斯以实践为逻辑起点，以人与自然的关系为媒介，同马克思一起构建出包含实践辩证法与自然辩证法在内的整体性的马克思主义辩证法体系，呈现出在辩证法场域中恩格斯与马克思的理论连续性、一贯性与一致性，前瞻性地宣告了卢卡奇等学者对马克思主义辩证法不完备认知的破产。

作者：邹恒　孙玉忠

单位：哈尔滨师范大学马克思主义学院

文献出处:《广西社会科学》2022 年第 6 期

《四库全书总目》所建构的易学诠释边界

四库馆臣以儒学为指导思想，以经学为解释方式，将历代易学派别划分为“《易》之根本”与“《易》之一端”。费直、郑玄一脉的易学和儒理易及“参证史事”派，合于儒家经学的治《易》理路，被馆臣视为“《易》之根本”；孟、京之学入于禨祥，王弼易学“说以老庄”，易图学源于道教，心学易入于禅学，不合于儒家经学的解《易》方式，被馆臣视为“《易》之一端”。馆臣的这种区分及取向，目的在于使学者分清儒家经学视域中的易学诠释边界和解释方式，同时又能为各家各派的易学思想预留一定的诠释空间。但这种本末、主次的区分，不仅加深了儒、释、道三家之间的对立和冲突，而且使儒学内部的汉易与宋易之争走向了更为深入的分裂。

作者：胡飞林

单位：北京师范大学历史学院

文献出处:《周易研究》2022 年第 3 期

情本易学：《周易》的“情感儒学”诠释

“情感儒学”思想在易学上的体现可称为“情本易学”，即将“情感”观念一以贯之地落实在对《周易》的诠释之中。由此，情感儒学展开了情本易学的心灵主体论、境界超越论和自然生态论。情本易学的心灵主体论建基于“人是情感的存在”命题，旨在揭示作为心灵主体的人的情感主体性在《周易》中的体现。情本易学的境界超越论揭示《周易》所蕴含的境界超越观念，即人的存在的心灵境界特征，以及这种境界是如何通过情感主体的自我超越而实现的。情本易学的自然生态论揭示《周易》自然观念的“大生命”本质，穷究“天人之际”的生态关系，最终达到“天人合一”的情感境界。

作者：黄玉顺

单位：山东大学易学与中国古代哲学研究中心　山东大学儒家文明省部共建协同创新中心

文献出处：《周易研究》2022 年第 3 期

船山易学中的解释学循环

——两端而一致的“几微”与“成象”

船山易学本就有“象爻一致”的易学理路。爻之动即是“几微”，即是指“阴阳始交”的趋向性，即是人在生存境域中非课题化的先理解。象，是对一卦之成象的总体理解。忧患促逼人之“几微”进入大化流行的因缘整体，存在得以显现出来。人心的几微之动，动而生象，此即“著几以成象”。船山易学之“象”主要的作用就是显现气的运化之迹，气的呈现乃是人之所感。“象”是对所感通的理解，同时也是人之存在的呈现。“成象”乃是有所成形的“象”，即是对某一境域之中的显隐十二位的各种姿态关联的总体描述，是对某一卦象创生的境域化的理解。即时即境的气化生动、大化流行，即存在者所直接领会的和存在的源初关联、源初牵引，都被这易象的解卦活动阐明出来。这就是“成象以显几”。故而，船山研《易》的体认经验必有“立卦”即“著几以成象”和“解卦”即“成象以显几”两端。此两端而一致之处，正是“几微”与“成象”之间的解释学循环，如环无端，意义方才“日生日成”。

作者：洪兆旭

单位：山东大学儒学高等研究院
文献出处:《周易研究》2022年第3期

资本逻辑何以成为历史唯物主义的核心主题

——基于《1857—1858年经济学手稿》所阐释观点的考察

资本逻辑是资本主义经济过程的现实展开，在历史唯物主义视域下，它的存在与消亡都具有历史必然性。资本逻辑批判既是马克思主义政治经济学的理论主旨，也是历史唯物主义的核心主题。马克思历史唯物主义思想的获得，正是通过对资本逻辑的批判得以完成的。《1857—1858年经济学手稿》展示了资本逻辑的具体结构与运行过程，以及在此基础上对资本逻辑的建构与解构，科学地凸显了资本逻辑批判究竟如何与历史唯物主义存在着必然的内在关系，并深入阐释了历史唯物主义的核心主题，完整再现了马克思哲学思想的变革进程是内在地联结哲学思考、政治经济学批判与科学社会主义研究的必然结果。研究历史唯物主义与资本逻辑之间的内在关系，对准确把握马克思主义哲学的精神实质，深刻认识社会主义市场经济运行过程中出现的种种矛盾和问题，具有重要的理论意义和实践价值。

作者：黄鑫权　程广丽
单位：贵州医科大学
文献出处:《贵州社会科学》2022年第6期

岛田虔次中国近世思想史诠释考

日本学士院院士岛田虔次是日本中国思想史研究领域最早提出“中国的近代”问题的学者，他在战后日本学术界最早对战前历史观进行反省，且最早对克服所谓“亚洲停滞论”这一重要历史课题展开研究，他在儒学史的叙述脉络中成功发现了中国近代思维的萌芽，构建了中国近代思维发展论。本文以泰州学派为线索，爬梳岛田中国近世思想史叙事形成的历史脉络，分析隐藏在文本背后特定时代的历史境况，揭示岛田中国近世思想史叙事建构的精神动力。

作者：朱捷

单位：南京大学外国语学院　南京邮电大学外国语学院

文献出处：《国际汉学》2022 年第 2 期

基于文献计量的国内阐释学研究现状分析

基于中国社会科学院中国社会科学评价研究院研发的中国人文社会科学 A 刊引文数据库（简称 CHSSACD），通过构建阐释学领域的重要关键词，我们采用文献计量方法对 1981~2021 年阐释学领域的文献进行研究，主要对该领域论文发文量、学科分布、发文作者与机构及合作情况以及关键词共现等进行计量分析，并根据分析结果总结出该领域的发展进程和研究热点，同时指出了学者们较为关注的研究方向。研究表明：经过 40 余年的发展，国内阐释学研究已进入稳步发展阶段，正逐渐形成西方阐释学理论研究、阐释学理论运用、构建中国阐释学等几大重点研究领域，随着这些研究领域的不断发展，当代中国阐释学理论正在逐步完善。

作者：郝若扬　栾澜

单位：中国社会科学院中国社会科学评价研究院

文献出处：《中国社会科学评价》2022 年第 2 期

实际生命的阐释学处境

——关于海德格尔的“那托普报告”

马丁·海德格尔作于 1922 年、迟至 1989 年才面世的“那托普报告”对于理解这位思想家的前期哲学有着决定性的意义，因为他在其中端出了一种“生命哲学”或所谓“实际生命的现象学阐释学”的初步方案，该方案与他的前期代表作《存在与时间》的“基本存在学”无疑有着渊源关系；海德格尔此间正处于思想道路的“开端”阶段，其哲思具有开端性的“寻求”和“试验”特性，显示出某种鲜活生动的探索特质，而这是在后来更为成熟，也更为严格的“主要著作”中隐失了的。海德格尔在“那托普报告”中对“实际生命”的“阐释学处境”的揭示，可视为哲学阐释学的开端性奠基，而围绕亚里士多德哲学进行的阐释学实践，一方面把阐释学工作深化为具有海德格尔特色的词源学探讨，另一方面也隐晦地初步开启了后来在《存在与时间》中才得以充分展开的新时间观。

作者：孙周兴
单位：浙江大学哲学学院
文献出处:《浙江社会科学》2022 年第 6 期

思想与思想之路

——海德格尔论思想之整体阐释的可能性

我们对海德格尔思想能否进行一种整体阐释？这种阐释是体系性阐释吗？一种适宜的整体阐释需满足什么条件？珀格勒与海德格尔在 1960 年的通信中就上述问题进行了交流。针对这些问题，海德格尔的回应是：无论多么深刻的思想洞见，若不是运作在一条在可疑可问性中保持生机的道路上，就会沦为单纯口号和程序执行的对象，而没有使人竭尽全力去沉思有待思的东西，因此也就背离了思想阐释的使命。只有把基础问题与一条生发性的道路结合起来，对思想整体做出一种适宜阐释才是可能的。这一答复和其中的关键提示，对于任何一种试图在整体上把握海德格尔思想的研究工作都具有重要意义。

作者：张柯
单位：贵州大学哲学与社会发展学院暨现象学与德国古典哲学研究中心
文献出处:《社会科学》2022 年第 6 期

诠释学与社会科学的逻辑

——重思哈贝马斯和伽达默尔之争

哈贝马斯将诠释学引入社会科学，特别吸收了伽达默尔哲学诠释学的成果以矫正社会科学研究中的客观主义，但他不满于哲学诠释学的保守倾向、方法维度欠缺和语言本体论，提出深层诠释学取而代之，通过意识形态批判实现社会科学的解放旨趣。针对哈贝马斯的批评，伽达默尔亦给出了有力的辩护和反批评，以实践哲学为归宿，重申哲学诠释学的本体论地位和普遍性要求。二者的论辩各有千秋，须深入剖析论争的学理及其来龙去脉，才能从总体上给出恰当的研判。这场争论在当前的学术语境中依然具有重要的启发意义，能够为我们重新思考社会科学的逻辑定位、诠释学的合理走向以及如何处理技术理性和实践理性的关系提供新的思想生长点。

作者：牛文君
单位：华东师范大学哲学系暨诠释学研究所 “中国诠释学”上海社科创新研究基地
文献出处：《社会科学》2022 年第 6 期

认识与社会形式：一种对历史唯物主义的社会认识论阐释

哈贝马斯认为，马克思在对近代哲学的变革中，以唯物主义的劳动综合取代了唯心主义的意识综合，但由于劳动的工具活动性质，历史唯物主义走向了生产力技术决定论。这种观点在马克思认识论研究中具有一定的代表性。本文认为，推进马克思认识论研究应该回到历史唯物主义的语境，从认识论总问题变革的视角反思劳动认识论的观点。从这一视角来看，马克思变革近代认识论传统的关键，在于形成了对先验意识自身如何可能的历史唯物主义阐释，使意识与对象的认识论关系还原为意识与其发生结构的本体论关系，而对这一关系的分析就从先验认识论上升到了社会认识论。在社会认识论视野中，被哈贝马斯视为对世界发挥综合统一作用的抽象劳动，不过是由特定的社会形式所建构的历史特殊性的资本主义劳动。社会认识论必须超越这种拜物教意识，通过对形塑社会劳动、主体、阶级的社会形式分析，彰显认识批判作为“革命的科学”的实践之维，进而以认识批判重建人类完整的意义世界。

作者：袁立国
单位：吉林大学哲学社会学院
文献出处：《马克思主义与现实》2022 年第 3 期

马克思自然概念实践性、历史性、具象性的三重阐释

马克思基于辩证唯物主义和历史唯物主义的自然概念是实践性、历史性、具象性的有机统一。实践性揭示了马克思语境中自然概念的存在论特征，是理解马克思自然观的逻辑起点。在实践意义上，自然不是先于人类的抽象存在，而是经由人类活动转换了的人化自然、实践自然。历史性强调了马克思语境中自然概念的演化、流变、辩证特征，驳斥了旧哲学对自然的形而上学阐释，凸显了马克思自然观的历史唯物主义意蕴。具象性体现了马克思语境中自然概念的实在性和政治经济学特征。马克思通常借助土地、商品、机器等具象化意象表征自然，从而将作为哲学术语的自然概念引入

政治经济学领域，在人类的经济活动中索解自然。

作者：王维平　张宁

单位：兰州大学马克思主义学院

文献出处:《思想教育研究》2022 年第 5 期

“s 梦到 p”蕴含“s 想象 p”

——一种综合梦境想象模型的解释

梦和做梦不仅是传统本体论、知识论、伦理学的研究对象，也是新近心灵哲学和认知神经科学的研究议题。那么，当我们说“s 梦到 p”时，到底是在说什么？无论是正统的梦境幻觉模型，还是新近的三种想象模型，都没有揭示出梦或做梦的本质。梦境幻觉模型主张，某人梦到 p 意味着某人相信 p，但这是对“s 梦到 p”的错误刻画；已有的三种想象模型虽然坚持“s 梦到 p”蕴含“s 想象 p”，却无法合理地得出这一结论。本文认为，在理论上，通过合取“想象”的梦经验观与“假装相信”的梦信念观,可以得到一种“综合梦境想象模型”,由此合理解释“s 梦到 p”蕴含“s 想象 p”。

作者：李香莲

单位：北京师范大学哲学学院

文献出处:《现代哲学》2022 年第 3 期

从文本理解看释义学的实践意义

在经过现代释义学转向的当代世界，人们已经普遍不像古典释义学那样仅仅将释义学理解为狭义的正确解释文本的理论，而是将它理解为一切人文学术研究活动的核心，它的问题早已不是狭隘的如何解读一个文本，而是如何通过理解文本理解世界和人类自己。虽然哲学释义学进入我国已有 30 余年，但我们的研究者往往还是从习惯思维模式出发，将它理解为一个主观认知意义上正确理解与解释文本对象的活动，而未能真正理解哲学释义学对于哲学和人文科学研究的革命性意义。理解与解释是人类存在的基本样式，是人与他人、历史、世界内在关系的实践展开，释义学是本原意义上的实践哲学。本文以利科的文本理论和伽达默尔的相关思想为线索，深入分析和展开释义学的文本解读理论的实践意义与目的，表明只有当我们突破古典释义学那种习惯性思维模式，不再狭义地把释义学理解为正确解读文本的方法，而真正认识到释义学揭示了我们存在的一种基本样式，释义学才能切实在我国人文科学和社会科学的研究中产生革命性的影响，得到广泛的应用，成为统一哲学和其他人文学科的基础。

作者：张汝伦

单位：复旦大学哲学学院

文献出处:《复旦学报》(社会科学版)2022年第3期

海德格尔对亚里士多德的阐释、转化与背离

本文试图从三个方面来讨论海德格尔对亚里士多德的阐释引起的问题。第一,阐释。亚里士多德认为存在五种真，即技艺、科学、明智、理智与智慧，海德格尔将之归纳为明智与智慧两种美德。第二，转化。海德格尔一方面将沉思、制作、实践三种思虑活动转化为现成在手、上手、此在三种存在方式；另一方面将实践的明智中的知识和抉择转化为本真存在中的良知和决断。第三，背离。海德格尔在三种存在方式的高低排序和将目的论转化为向死存在上，明显与其阐释对象背离；这是因为海德格尔认定的存在先于本质和向来我属性，以及可能性高于现实性。

作者：李涛

单位：中国社会科学院大学哲学院　中国社会科学院大学实践哲学研究中心

文献出处:《中国社会科学院大学学报》2022年第5期

从“口耳相传”到“著之竹帛”

——儒家经典形式转换的诠释学意义

儒家经典以“六经”为根本，这些典籍的产生与成型经历了一个漫长的历史过程。早期的经典基本上是以口头的方式集结与流行的，到了西汉，始有整体性的书写转换，从“口耳相传”到“著之竹帛”，在儒家经典传衍史上是一次巨大的变革。文字书写的出现将口语表达做了抽离化的处理，产生了提升与变形，在理解的复杂性上便远远超出了原有的表意。因为去情景化的缘故，文字书写为后续的理解带来了更多的可能性

和歧义性，也打开了无限的释义空间。书写对于口语而言，不只是具体的内容得以记录，还扩展了记忆的历史，使得片段的、不连贯的记忆变成可以叙事的统一体，一种有限的具体性便融入普遍的世界关系之中。从口传到记录成文，再演变成为有系统体式的各类文章，这就为书写和阅读的诠释学间架奠定了基础。在此形式转换中，汇聚成篇的经典文本成为观念交互性展开的集散地，也是人们从历史经验来观照自我、汲取思想养分的重要源泉。

作者：景海峰

单位：深圳大学人文学院

文献出处：《学术月刊》2022 年第 5 期

“创造的诠释学”之判辨

傅伟勋融汇西方诠释学与中国经典诠释的考证训诂传统以及义理之学，架构出“创造的诠释学”。“创造的诠释学”从忠实原意出发，走向原意的超越，落脚在新意义的建构上，将自身展示为顺序进行而不得跳跃的五个辩证的层次：实谓、意谓、蕴谓、当谓、必谓。创造的诠释学是中国诠释学建构取得的重要成果，它开风气之先，其所取得的学术成就、获得的思想经验，弥足珍贵。但是，作为一种系统性的方法论诠释学，“创造的诠释学”建构缺乏必要的哲学基础考察、系统内部逻辑关系的检视和方法有效性的证立，这导致其内部不时会出现紧张、冲突和相互反对现象，典型地表现在“创造的诠释学”建构的初衷是方法论的，其理论旨趣却明显偏向诠释哲学，而其对诠释合理性或有效性的说明又不得不依凭于哲学诠释学。与傅伟勋对话，取“创造的诠释学”之长，纠补其短，是后来者必须承担的思想任务。

作者：傅永军

单位：山东大学

文献出处：《云南大学学报》（社会科学版）2022 年第 3 期

“即故言性”：《孟子》“天下之言性也”章的阐释

《孟子》“天下之言性也”章素称难解，这是因为注释者对孟子性善论的理解存在偏差。“性”是先天的、天生的，而“故”是后天的、人为的，孟子并没有把两者截然对立、分离开来，而是凸显两者之间的交织互渗的一体性关系。“性”不能离开经验性的“故”的中介作用而直接对人显现，人因此必须通过“故”而探寻“性”的奥秘。通过“故”与“性”之间的结构性张力，孟子拒绝的是实体化、现成性的人性理解，而将性本身展开为一种动态的生成过程。一言以蔽之，从传统的“即生言性”向“即故言性”的转变，构成孟子人性论的视域转换。

作者：高巧琳

单位：贵州医科大学

文献出处：《云南大学学报》（社会科学版）2022 年第 3 期

历史发展合目的性的唯物史观解释

在唯物史观的视野里，历史是人的历史，历史本质上不过是人追求自己的目的的活动而已。既如此，人类的历史进程不仅要遵循客观规律，而且要合乎人的目的。或者说，合目的性与合规律性一起共同构成人类历史发展得以可能的双重要求。人类历史中存在的不合目的的“非预期”现象，既非主观自生，亦非可有可无，而是历史总体进程中的特殊情形以及实现历史“预期”不可或缺的重要环节。无视人类历史实际，断然否认历史发展的合目的性，必然导致一系列难以自圆其说的理论与实践困境。

作者：叶泽雄　王杰

单位：华中师范大学马克思主义学院

文献出处：《江汉论坛》2022 年第 5 期

语言何以存在?

——论伽达默尔语言观中的三层统一及其诠释学意义

在诠释学对理解问题的探讨中，相应于理解的语言性之判定，语言自然成为诠释学的核心。与工具论的语言观将语言视为指示事物的抽象化符号不同，伽达默尔的存在论语言观拒斥因工具化理解而导致的语言与事物、思维、世界的三重异化，转而将语言视为此在澄明存在的媒介。由此，“语言何以存在?”问题就具有了深刻的哲学意味，不复是一个认识论和经验科学的问题，语言和事物根本上是统一的，语言与思维乃是理解活动的一体两面，而以语言方式进行的解释则开显出新的世界经验，从而使真理在语言的世界经验中呈显自身。

作者：陈太明

单位：山东财经大学马克思主义学院

文献出处：《东岳论丛》2022 年第 4 期

良知精微之体的喻指与表达

——王阳明与王龙溪对《中庸》要义的诠释

依据《孟子》的“良知”与《大学》的“致知”，阳明学向“致广大”推致；在此之外，《中庸》的“未发之中”“独”亦是重要依据，向“尽精微”深入。如同《中庸》的“致广大而尽精微”，两者共同撑开阳明学。通过病根喻与钟声喻，王阳明从反与正两方面揭示“未发之中”隐藏的风险与潜在的动能，并在天泉证道中综合之。三十年后，王龙溪发展出北辰喻，此喻保证“未发之中”指向正确（无病根），且无一息之停（动能充足）。由“未发之中”可拓展出良知三面：第一面是作为隐微之体的缄默维度（“未发之中”“隐”），第二面是作为显见之用的显性维度（“已发之和”“费”），第三面是前两面的统合（“独”）。前两面“通一无二”，呼应中国哲学的体用一原、显微无间。结合《中庸》的“费而隐”，良知三面之间多重互动，相互表达，一即是三，三即是一。良知三面可对应无、有、有无之间，但亦有超出。与知识论对接，良知体用两面可分别对应德性之知（知）与知识（识），通过“转识成知”，可实现两者的统合，以知识锻炼德性。能力与动力之知均可归入缄默维度，是良知的深层动力之源。

作者：张昭炜

单位：武汉大学中国传统文化研究中心

文献出处：《武汉大学学报》（哲学社会科学版）2022 年第 3 期

“《大学》非圣说”析论

——关于“圣人之道”的不同诠释及其演变历程

二程开启了《大学》诠释的先河，朱熹继承并发展了二程的思想，把《大学》与《中庸》、《论语》、《孟子》编在一起做章句集注。自此以后，其被合称为“四书”，并逐渐取代“五经”的地位。在此基础上，朱熹又提出了《大学》为“四书之首”的观点，将其地位提升到了前所未有的高度。他还认为，“格物”是《大学》的核心观念，通过“格物”可以达到“致知”和“穷理”，最终实现理想的道德境界。程、朱均推崇《大学》，认为《大学》为孔子所作，也有一些学者对此并不认同，如杨简、陈确、汪中从不同的立场和角度出发提出了“《大学》非圣说”。而他们之所以提出这一观点，是因为他们与程、朱在对“圣人之道”的认识上存在根本性分歧。“《大学》非圣说”是对程朱理学进行反思的产物，体现了从宋明理学到清代朴学的学术发展历程，并从一个侧面反映了宋代以降中国学术思潮的更替及各学派的兴衰。

作者：朱琳

单位：山东大学儒学高等研究院

文献出处:《河北学刊》2022 年第 3 期

王龙溪对《周易》乾卦义理的心学化诠释

以往研究未能呈现王龙溪诠释乾卦义理的整体面貌。事实上，其“以心摄易”的解《易》进路，彰显了良知心体为宇宙造化枢机、《周易》可收摄于良知心体中、道德本心为万物存有根源的意涵。他把“乾知”解释为“良知”，开辟了道德主体即宇宙本体、天道性命相贯通的道德创生的存有论。“无欲者，心之本体，即所谓乾”将良知心体的自发性与乾卦的刚健无欲之德绾合在一起，内在地蕴含着心学的工夫论与境界论。尽管王龙溪的解说有过度诠释的嫌疑，且缺少体系建构与理论内容上的完备性，但他对《周易》乾卦义理的心学化诠释丰富了心学和易学的义理内涵并促进了二者的会通，具有重要的经典诠释学和思想史意义。

作者：李富强

单位：山东大学儒学高等研究院

文献出处:《周易研究》2022 年第 2 期

论洛书图式对《洪范》诠释的影响

如何理解九畴的次序以及整体性地把握九畴，一直都是《洪范》研究的重点问题。

源自宋易图书学传统的洛书图式介入《洪范》诠释中，对探讨这一问题有积极的贡献。朱子、蔡元定确认九宫数图为洛书，蔡沈将之采入《书集传》。洛书图式的介入，确立了以皇极畴为核心畴的九畴整体性图景，并使畴与畴之间逻辑关系的建立成为可能。就朱子后学而言，陈埴从气化的角度说明九畴在洛书图式中的位置及关系，王柏则致力于在畴与畴之间建立普遍的关联。王船山打破了朱子学皇极畴处洛书中五的匹配模式，重新确立五行畴的核心畴地位，重建洛书与《洪范》的匹配关系，推出了一种崭新的《洪范》学。

作者：白发红

单位：清华大学哲学系

文献出处:《周易研究》2022 年第 2 期

论米歇尔·亨利对马克思历史唯物主义的生命现象学阐释

米歇尔·亨利对马克思的历史唯物主义理论进行了现象学阐释，对历史唯物主义的生产力、生产关系、社会历史三个核心范畴都进行了生命现象学还原：生产力的本质是生命自身的能力；生产关系奠基于生命，资本主义的生产关系是对生命的异化；横向社会结构和纵向社会历史必须在个体生命中显现出来，个体生命才是真正的历史。亨利的生命现象学马克思主义是对历史唯物主义进行现象学阐释的新道路，并论证了马克思前后期思想的统一。但是，由于他对生产力的还原缺少时间基础且是抽象的，对社会历史的还原没有理解历史的先验地位和历史规律的不可还原性，生命现象学也不能解释改造世界的问题，因此亨利对历史唯物主义的生命现象学阐释存在着巨大的缺陷。

作者：刘少明

单位：复旦大学马克思主义学院

文献出处:《理论视野》2022 年第 4 期

从杨慎的经典诠释思想看明代中后期经学发展的革新

作为对于“宋学”的“反动”力量，杨慎在明代中期高举考证学旗帜，倡导以古代音韵学和文字学为解经的基石，以“博约而一”为经典诠释的基本原则，以怀疑的态度做学问，引入历史的方法，以“道”“事”互证的方法来求证经书之真。他构建出明代经典诠释的新范式，对后世影响巨大，直接促成了明代中后期经学发展的革新。但这场以彰显汉学为核心的运动和革新存在明显的时代特征，与 18 世纪清代汉学之大兴有着本质的不同，并未包含“净化主义”和“礼教主义”等“危险因子”。

作者：康宇

单位：黑龙江大学马克思主义学院

文献出处：《学术交流》2022 年第 4 期

儒家自省范畴的多维阐释

“自省”是儒家道德哲学的基本范畴之一。“自省”与“内省”“自讼”等含义相通，作为儒家最重要的修身“工夫”，其实质是内在性的自我道德审查与道德批判。“自省”的逻辑基础是“主体的客体化”，即道德主体对象化为道德客体从而成为自我审判的靶子。儒家自省范畴具有认知、方法、心理、超越等多个维度。在认知维度上，儒家自省是对道德生活和内心状态的自识、自评、自控；在方法论维度上，儒家自省通过静坐、制定“省克录”、“功过格”、立日谱、箴诫等多种方式展开，并以一定的身心惩罚措施为保障；在心理维度上，儒家自省过程伴随强烈的耻感、畏惧、悔愧等情感体验；在超越维度上，儒家自省指向的是道德的神圣性与本体性，并以“成圣”为终极目标。儒家自省的认知、方法、心理、超越几个理论维度交融互摄，构成了一个内涵丰富、层次分明的道德修养学说。

作者：董兴杰

单位：燕山大学期刊社

文献出处：《孔子研究》2022 年第 2 期

实践辩证法的初步阐释

——《历史与阶级意识》中辩证法的理论成就及局限性

以理论与实践的关系为切入点，卢卡奇将马克思主义的辩证法阐释为历史辩证法，强调历史过程中主客体相互作用在马克思主义辩证法思想体系中的核心地位，开启了马克思主义阐释的新方向。卢卡奇对主体性的强调，目的在于批判抽象客观主义和机械决定论路线，但被他限制在社会历史领域的辩证法概念重新导致自然和历史的对立。马克思主义辩证法不是适用于不同领域的自然辩证法或历史辩证法，而是以实践连接并贯穿整个存在领域的实践辩证法。存在论、辩证法和方法论在实践思维的基础上实现了内在的统一。就此而言，《历史与阶级意识》只是初步阐明了实践视域中的辩证法思想，却没有全面彻底地贯彻实践原则，从而未能真正澄清马克思主义辩证法与传统辩证法的实质差异。

作者：罗骞　李秋月

单位：中国人民大学哲学院

文献出处:《天津社会科学》2022 年第 2 期

朱熹对董仲舒“正其谊不谋其利”内涵的阐释

朱熹推崇董仲舒“正其谊不谋其利，明其道不计其功”，既讲“正其谊，则利自在；明其道，则功自在”，又讲“无欲利之私心”，既就心性而言“仁义未尝不利”，又就现实而言“仁义未必皆利”，既反对把义与利对立起来，又反对把利与义混为一谈，对后世影响很大。但是，董仲舒所言以及朱熹的推崇多被误解为把义与利对立起来而否定功利。康有为赞同董仲舒“正其谊不谋其利，明其道不计其功”，并进一步提出“取利而和，则谓之义”，超越了朱熹，但仍需做更为深入的理论贯通和阐释。

作者：乐爱国

单位：厦门大学哲学系

文献来源:《安徽师范大学学报》（人文社会科学版）2022 年第 2 期

紫柏真可易学诠释特色探究

紫柏真可在晚明的儒释会通发展中起到了重要作用。他的学说以“心”作为立论纲宗、融摄三教。就易学诠释而言，真可在承认“文字见道，心通三教”的基础上，以名异实同为解经原则，用一心统摄三家，以《易》之经传为诠释对象，用佛教独特的语言和思维，通过心的变现和转化把《易》的思想内容化用到佛家教义中，以《易》为方法，通过破《易》立佛的方式，建构其以心为核心的佛学体系，彰显佛教精神。

作者：姜含琪

单位：大连理工大学

文献来源:《五台山研究》2022 年第 1 期

蔡元定对邵雍先天易学的继承与阐释

蔡元定基于邵雍先天易学既有象数模式与图式展开的诠释，重在正面理解与阐释。他作《皇极经世指要》，指出邵雍先天易学源于“伏羲六十四卦方圆图”，并以“六十四卦方数图”阐释该图中的先天学，以“经世衍易图”“经世天地四象图”阐释先天学之太极观念，又以“经世一元消长之数图”与“经世四象体用之数图”概括先天学。他的阐释与朱熹对邵雍先天易学的疏解、发挥有明显的不同。他的见解推动了先天易学在学术史上的流传，同时也驳正了后人对先天易学的诸种曲解与误读。

作者：宋锡同

单位：华东师范大学哲学系

文献出处:《四川大学学报》(哲学社会科学版）2022 年第 2 期

“仁术”义辨

——以孟子和朱熹的诠释为据

齐宣王不忍牛觳觫而以羊易牛，孟子将此概括为“仁术”，以消解维护衅钟旧礼与倡导“爱物”的仁的新观念之间的张力。“仁术”是行仁的巧法，突出了仁心的实现问题。朱熹要求从恻隐之心出发反求其本心，出于内在仁心的一切为善且可行的举措，都可归属于“仁术”的范畴。君子“远庖厨”体现了“不见”的艺术，但关键还在仁术的扩充推广。在强调仁的普遍价值的同时,又须注意爱之实践的先后差序。注重保民爱民的本然初心，恰当把握“仁术”“合权度”的双重蕴含。反求本然初心离不开社会实践的推动。“仁术”为“讲仁爱”的社会主流价值的推广提供了方法上的参考。

作者：向世陵

单位：中国人民大学国学院

文献出处:《北京大学学报》(哲学社会科学版）2022 年第 2 期

“新格义”阐释：西方哲学阐释学的本土化问题

西方哲学阐释学的本土化不是哲学普遍的具体化，而是具体哲学的有差别的展开。由于西方哲学阐释学本土化的理想性本质设定至今尚处于发展过程之中，故而需要运用“新格义”阐释法加以推进。西方哲学阐释学的本土化，是将西方哲学阐释学与中国传统哲学阐释学各自具有的“创造的诠释学”内涵作“共现”“分梳”“比堪”“融通”的“对位阐释”，从而形成一种以文本与阐释者意义建构为双焦点，以文本的言内之义与言外之意为双向阐释路径，以文本的真理性意义生发与阐释者生存意义的获得为双向阐释目标，通过文本诸要素与阐释者诸要素的相互感发，最终实现文本阐释共同体建构的过程。在此文本阐释共同体建构过程中，“新格义”阐释将使每一个文本都可以滋生无限意涵，每一次阐释都是文本意义的新发现，每一次阐释活动都是阐释者创新自我并理解自我的新方式。这样的阐释将最终成为一种行动事件，文本的意义也最终呈现为一种开放形态。

作者：谷鹏飞

单位：西北大学文学院

文献出处:《学术研究》2022 年第 3 期

如何理解“像作者一样理解作者”？

“像作者一样理解作者”是施特劳斯在阐释问题上提出的核心主张，在可行性和必要性方面受到以伽达默尔为代表的本体论阐释学的质疑。实质上，该主张突破了主客二分的框架，内在地蕴含了多重张力。它以方法论的形式强化客观性标准的同时，只要求有限度地复原作者的言说和思想，其正当合理性需要建立在一系列本体论承诺的基础上。超越传统的分析框架，在融合方法论和本体论阐释学的视域中，我们能更全面地理解与评价“像作者一样理解作者”论断，把握施特劳斯思想的原创性，进而把握当代阐释学的发展走向。

作者：谢惠媛

单位：北京航空航天大学马克思主义学院

文献出处:《江苏行政学院学报》2022 年第 2 期

历史唯物主义视域中的空间正义问题：一种复合正义论解释

生发于20世纪60年代“空间转向”中的空间正义理论，给马克思主义者提出一个必须回应的问题是，空间正义与社会正义的关系及其在马克思主义理论体系中的地位。从复合正义论视角出发，空间正义是空间生产时代社会财富、资源、责任、义务分配的公平和正当，是空间经济正义、政治正义与文化正义的有机统一，是空间生产正义、分配正义、交换正义与消费正义的有机统一，是宏观正义与微观正义的有机统一，是社会正义与自然正义的有机统一，是资本主义抽象空间批判与“每一个人自由而全面的发展”的共产主义社会空间构建的有机统一。马克思主义空间正义理论的构筑需要在思想史的回溯中厘清历史唯物主义空间正义的逻辑谱系，阐明其基本立场和价值旨趣，建构整体性的空间理论体系框架。

作者：王志刚

单位：江苏大学马克思主义学院

文献出处:《东岳论丛》2022年第2期

试论康德《法权论》之阐释路向

——兼评契约论与自然法阐释

学界对康德法哲学的研究主要以《法权论》为核心文本，但对《法权论》阐释路向的判定存在较大争议。康德的法权是一种先验的法权，法权之所以为法权的先天条件是人的实践的自由，对《法权论》的阐释理应以实践的自由为前提。康德将实践的自由，也就是人的欲求能力，划分为意志与任意：意志自在的就是目的，承担着立法的机能；任意仅与行动相关，承担着执行的机能。当后者完全以前者为规定根据时，人的行为就是道德行为，真正严格意义上的自由是能够自我立法的意志的自由。契约论阐释路向以任意作为道德之本质，将公民状态的形成建立在基于理性选择的社会契约上，是一种经验主义的视角。先验阐释路向抓住了康德法哲学的先验本质，将法权的演绎建立在人的先天自由，即意志的基础上，实现了对意志论与理性主义的超越，并且打通了国家法权、国际法权以及世界公民法权的论证逻辑，回答了“永久和平”何以必然的问题。

作者：贺梓恒

单位：西南政法大学行政法学院

文献出处:《重庆社会科学》2022 年第 3 期

中国哲学史研究的三种诠释理性

中国哲学史的诠释理性经历了工具理性、价值理性、工具与价值结合的三种类型。肖萐父、李锦全主编的《中国哲学史》以工具理性全面地诠释中国哲学史。冯友兰所著《中国哲学史》则以价值理性解读中国哲学，将中国哲学史理解为形上智慧。有鉴于仅以工具理性或价值理性诠释中国哲学史的相对不足，为消解知识与智慧的对立，冯契开创了以工具和价值相结合的理性诠释类型。冯契的创新性探索为中国哲学史的诠释方式提供了有益借鉴。

作者：王向清

单位：湘潭大学

文献出处:《求索》2022 年第 2 期

从朱熹对《孟子》的诠释看理学对传统儒学的改造

《孟子》一书在宋代得到了“尊经”地位，但理学家对其的解读却由传统“政治实践”路向转为“心性体证”理路。究其原因,与理学对儒学进行的“内向化”改造有关。作为理学集大成人物,朱熹在对宋代“尊孟”与“疑孟”问题的思考中,展开对《孟子》的诠释。他创造性地发挥《孟子》文本中关于心志实践方面的论述，深刻挖掘其中人本主义伦理学之内涵，开辟出一条心性诠释经典的路线。从他运用“理气”架构，突出“理”对“天道”与“人性”的统一化作用，以及弱化经学功利主义，倡导主体进行工夫修炼的“释孟”特点中不难看出，理学家对于提升孔孟伦理实践学之必然性论证逻辑，以之改造传统儒学的努力，使儒学的发展部分地脱离了外在政治势力对主体行为能动性的制约，从而拥有了与佛道之学对抗的根基。

作者：康宇

单位：黑龙江大学马克思主义学院

文献出处:《学术界》2022 年第 3 期

培根的解释学思想论纲

现代科学方法论的诞生要归功于培根，他对西方现代解释学的产生与发展有深远的影响。培根有系统的解释学思想，其意义不容忽视。不是玷污、虐待、中伤自然，而是重新发现、完美、提升自然，是培根解释学的重大贡献。自然解释学需要一整套客观公正、可靠准确和循序渐进的方法论来深入自然。培根在自然解释中奉行的是客观主义或冷漠主义，可是在人文主义的解释学领域中则充满了人道主义、幸福主义的温暖色调。培根的神学解释学策略是：让神学与哲学互相分离开，互不干涉；表明理性的地位始终低于信仰；使科学探究与上帝的话语《圣经》相协调。

作者：黄小洲

单位：广西大学马克思主义学院哲学系

文献出处：《四川师范大学学报》（社会科学版）2022 年第 2 期

改变世界：解释世界的终结与“解释化”批判

“哲学家们只是用不同的方式解释世界，问题在于改变世界”，这是马克思哲学的重要命题。围绕这一命题，学界已形成不同理解范式，既有兼容论，也有对立论。从马克思哲学思想演变的过程看，自博士论文开始，马克思就进行了哲学改变世界的思考，这一命题是马克思对自身哲学思想进行清理的总结，标志着解释世界的哲学的终结。从该命题提出的直接动因来说，此命题是马克思针对青年黑格尔派将哲学“意识形态化”或者说“解释化”而提出的。就解释世界与改变世界的关系而言，马克思认为，不诉诸改变世界的解释世界是徒劳的，解释世界离不开改变世界，世界的可解释性在于其可改变性。

作者：李双套

单位：中共中央党校（国家行政学院）马克思主义学院

文献出处：《社会科学》2022 年第 3 期

阐释行为的生成：上古人类的感知路径与思想形态

《周易·系辞》蕴含阐释行为的生成暗码。阐释行为植根于感性直观活动，想象以神话形式表达上古人类对世界的理解与阐释。以观看行为为起点，形成选取、合并、分类、确证等思想，进入符号化、抽象化、范畴化、理论化阶段，反映圆形思维模式。由言语、语言到文字，最后出现专门的阐释行为主体，标志着阐释学的正式诞生。历史研究与观念结构分析相结合，是揭示上古文明奥秘的一把钥匙。

作者：李红岩

单位：中国社会科学院大学阐释学高等研究院

文献出处：《江海学刊》2022 年第 2 期

“精神科学”与“生命有机体”

——狄尔泰诠释学思想的建构进程

在传统形而上学式微、自然科学与日常生活逐渐疏远的语境中，狄尔泰试图找寻一个基点以解决两重问题：一是能为“精神科学”提供哲学基础，形成一套不依附自然科学而专属精神科学的方法论；二是通过“体验”返回生命以从本体层面回溯生命意义的形成之源。在探索中，狄尔泰最终在以“解释”为规则的“理解”中解决这两方面难题。通过“体验”方式进行诠释学的理解活动，他将整体与部分循环理论应用于“生命有机体”以及由生命的各种表达方式与表现形式所组成的各个部分中，由此形成其体验的整体性和生命的总体关联。在黑格尔“客观精神论”启发下，狄尔泰围绕“生命有机体”的思考与建构，不仅建构起独树一帜的体验论诠释学思想体系，还将诠释学升华为独立的思想学说，开创了西方诠释学新风，影响十分深远。

作者：李柳莹

单位：中国社会科学院大学文学院

文献出处：《学习与探索》2022 年第 3 期

马克思社会概念的理论阐释及其当代意义

社会概念是马克思进行理论建构的核心议题。依托于唯物史观，马克思完成了社会研究的方法论奠基。他不仅制定了科学考察社会的出发点，还确证了正确理解社会概念的基本方法和全面剖析社会的切入点，继而有力地驳斥了非历史地阐释社会的方式。在此基础上，马克思在政治经济学批判中展开了对社会概念的“微观解剖”。通过对物质资料生产方式的批判性考察，马克思展示了社会概念的四重意蕴，即作为历史性规定的社会、作为关系性存在的社会、作为有机性构成的社会和作为建构性实体的社会。只有坚持唯物、辩证且历史地看待、分析与我们紧密相连的一切社会现象和社会关系，我们才能正确处理新时代诸多复杂社会问题。

作者：付文军

单位：浙江大学马克思主义学院　浙江大学中国特色社会主义研究中心

文献出处:《浙江学刊》2022 年第 2 期

马克思恩格斯对中国历史向世界历史转变的阐释

马克思恩格斯关注与研究中国问题的时期，正是中国历史向世界历史转变的时代。在马克思、恩格斯眼中，正是侵华战争、太平天国运动、甲午战争不断打破中国闭关自守的排外状况，促使中国顺应时代发展与历史潮流，从而使中国历史具有世界历史性。马克思、恩格斯在历史唯物主义阐释过程中，把中国作为“历史向世界历史”转变的典型案例。中国历史向世界历史转变的过程，就是摆脱民族和地域局限、纳入国际分工与世界市场、实现大工业化生产，从而密切中国人民同世界人民相互联系的过程。中国历史向世界历史转变是完全物质的并且能够通过经验证明的过程。

作者：董树彬　娄延强

单位：吉林大学马克思主义学院

文献出处:《社会科学战线》2022 年第 3 期

从庄子的“混沌与知”出发

——冯友兰先生对道家思想诠释的一个视角

冯友兰在建构其“新理学”的哲学体系时，发挥了《庄子》中“浑（混）沌”与知识之间的关系，将之与其自身哲学的阐释联系起来，并以此说明道家哲学的特点，并在随后的《中国哲学简史》以及《中国哲学史新编》中强调了新理学体系的相关观点。冯先生认为，要想达到“混沌”的境界，是不能通过“去知”实现的，“知”是通向“大全”的必由之路。冯先生晚年讲的“后得的混沌”正是从“哲学史”的视角对其早期观点的发挥。

作者：赵金刚

单位：清华大学人文学院哲学系

文献出处：《中国文化研究》2022 年第 1 期

从“水冰”之喻的诠释看气学演进逻辑

自《淮南子》将“水冰”之喻引入生死之辨后，王充、张载与船山都对其进行了义理阐释，形成了严密而系统的气学脉络。王充以“水冰”有别喻生死不同：生如水凝为冰，死如冰释为水，生不能不死，如冰不能不释，死后不再有知，如冰释不再为冰。这一说法批判了谶纬迷信的流行泛滥，同时也遗留了宿命论和价值根源缺失问题。张载借“水性”喻人性：水凝冰释而水性不变，人有存亡而人性不灭。人性源于太虚之气的良能妙用，所以是“天人一源”。通过体用论的建构，张载弥补了王充学说的缺陷，但也留下了身心问题有待解决。船山借水之“常体”与“常体”之变喻太虚之气与人：“常体”之变是太虚之气的自我运动，其背后不存在超越的主宰者，其“变”即冰形成后，寒之性在其形质之中。同样，气凝聚为人，人性在形质之中，由形质而成。船山是系统阐释“水冰”之喻并解决前人遗留问题的集大成者。从“水冰”之喻的阐释过程看，气学发展逐渐走向严密化、系统化和体系化。

作者：叶达

单位：浙江大学哲学学院

文献出处：《同济大学学报》（社会科学版）2022 年第 1 期

瞬间与无性

——海德格尔关于《巴门尼德篇》第三条进路的存在论阐释

在法兰克福的马尔库塞档案馆中保存着《海德格尔，柏拉图:〈巴门尼德篇〉》研讨班记录，它记录了海德格尔在1930~1931年冬季学期和1931年夏季学期关于柏拉图《巴门尼德篇》的研讨班内容。然而，这份记录却并未被《海德格尔全集》第83卷的编者马克·米查尔斯基收录其中，就连海德格尔本人后来也几乎从未提及上述两次研讨班，这已是学界一段公案。在《海德格尔，柏拉图:〈巴门尼德篇〉》中，海德格尔全面阐释了《巴门尼德篇》的主要内容，尤其是“第三条进路”(155e4–157b5)，最后得出结论:“瞬间作为动静转变的发生通道和时间视域的绽出开端，同时具有无性。”与海德格尔后期对柏拉图的存在之历史定位相照。上述结论展现了他20世纪20~40年代对柏拉图理念学说的复杂态度，并迫使我们重新审视海德格尔前后期关于柏拉图思想阐释的整体进路。

作者：邓定

单位：中国社会科学院哲学研究所

文献出处:《哲学研究》2022年第2期

斯特雷文斯解释还原的困境

多重实现性和解释的自主性对传统解释还原思想构成挑战。斯特雷文斯认为，虽然他的因果解释理论带有一种解释还原的思想，但他的理论能克服多重实现性和解释的自主性对解释还原思想构成的挑战。但是，根据本文研究，斯特雷文斯的解释还原思想也不成功。根据他的观点，科学解释模型一定是聚合性的；但是，不仅聚合性的定义并非清楚明白，而且在科学实践中，我们也没有发现这种聚合性。另外，在斯特雷文斯看来，不可还原的性质不能进入解释的关键环节表述有两个理由：第一，只有个体的物理对象才能够进入解释的关键环节表述；第二，这是被科学实践所证实的。但是，根据本文研究，并非只有个体的微观物理对象才能够进入科学解释之中，斯特雷文斯的观点也并非符合科学实践，解释的多元主义要优于解释的一元主义。

作者：初维峰

单位：北京化工大学马克思主义学院
文献出处：《自然辩证法研究》2022年第2期

由“太和”“心和”到“天人合一”

——张载思想构建过程中对“和”的解读与诠释

古往今来，众多学者和思想家对“和合”思想进行过解读与诠释，北宋理学家张载对“和”有着独特的解读与诠释。张载通过对“太和”的解读与诠释，合“太虚”与“气”，在动态的“太和”之道中构建起天道本体“太虚”；又通过对“心和”的解读与诠释，合“性”与“知觉”，在“天—道—性—心”逻辑中构建起道德本体“太虚”；最后在“民胞物与”中合“乾坤”与“父母”，为伦理赋予本体支撑，实现“天人合一”的理论构建，在其天道性命相贯通思想立体构建的同时，以“民胞物与”的理想境界为当时的儒家学者提供了价值关怀与践履信心。张载对“和”的解读与诠释不仅有助于其本身思想体系的构建，上承接先秦儒学之旨，下启宋明理学的心性之学，而且成为传统“和合”思想发展脉络中不可或缺的一环。

作者：李睿
单位：西安财经大学马克思主义学院
文献：《学术探索》2022年第2期

胡塞尔对近代哲学传统的现象学阐释

作为严格的科学，现象学贯彻“最终奠基”的彻底主义，致力于探索先验主体主义和本质直观主义的路向。胡塞尔对近代哲学传统的目的论－历史的阐释正是基于这种哲学观念和立场。根据这种现象学阐释，近代哲学源于笛卡尔的“原创立”，他既是哲学的“先验的动机”的创立者，同时又是客观主义的理性主义的创立者。整个近代哲学的发展始终贯穿着素朴的客观主义与先验主体主义之间的尖锐对立，这一进程本质上是先验主体主义逐步克服素朴的客观主义的历史。从洛克到休谟的经验主义路线推进了先验主体主义的发展，动摇了客观主义；康德开创的新型先验主体主义试图将一切客观性及其认识奠基于先验主体性的先天结构上；莱布尼茨—洛采在真理观上的新型柏拉图主义则凸显出“最终奠基”的先天维度。所有这一切都为胡塞尔现象学的创立提供了问题背景和理论资源。正是在这个意义上，胡塞尔说，现象学是整个近代哲学的隐秘憧憬。

作者：李云飞

单位：广东外语外贸大学马克思主义学院

文献出处:《哲学动态》2022 年第 1 期

从《黑格尔的经验概念》看海德格尔的黑格尔阐释

《黑格尔的经验概念》是海德格尔阐释黑格尔思想的关键作品，它洞察到精神而非意识才是黑格尔哲学的基点，但将阐释的方向有意扭转到尼采式的权力意志话语上。就对《精神现象学》文本的考释而言，这种阐释虽然比一般的学院研究更为深刻，但终究抹杀了黑格尔精神学说打破理性陷入的分裂困境的原意，将一种过强的主体性含义强加给它。就对形而上学史的梳理而言,这种阐释虽然有助于我们看到黑格尔“终结”了形而上学的某个面向这一事实，却同时有反向投射、“以今度古”的危险。尽管如此，对于这样的阐释，更有益的对待方式是让阐释者与被阐释者保持争执状态，而不是简单地以一方否定另一方。

作者：庄振华

单位：陕西师范大学哲学系

文献出处:《哲学动态》2022 年第 1 期

文明交流互鉴：基于存在论诠释学的致思路向

推进世界文明交流互鉴以应对百年未有之大变局下全球化发展的复杂未知局面，符合当今时代人类世界历史发展的基本趋势。从存在论诠释学的角度对文明交流互鉴进行阐释，对于理解世界不同文明形态间的相互构成关系以构建和完善人类文明新形态具有重要意义。推动文明交流互鉴，需要澄清不同文明形态生成发展的前提性条件，在超越西方技术理性主导的现代性文明中促成具体文明形态的主体自觉。文明交流互鉴意味着接纳他者文明的差异，在超越文明终结论和文明冲突论中明确文明交往的他者意识。文明交流互鉴需要协调多样性文明形态之间的关系，在超越非此即彼的对立理性中不断推动不同文明形态在视域融合中实现共生共在的关系。

在文明交流互鉴中生成和发展的人类文明新形态，将成为引领世界历史迈向全新阶段的重要精神动力。

作者：韩升

单位：山东大学马克思主义学院

文献出处:《甘肃社会科学》2022 年第 1 期

“道家自由主义”何以可能

——以“无为”为中心的新阐释

“道家自由主义”概念可以通过对道家与自由主义的核心论旨——“无为”与“中立性”——的互证去确立。中立性与至善主义之争是当代政治哲学的一个重要论辩，在此理论背景下，可以对无为予以新阐释。以孔子为代表的早期儒家支持至善主义,《老子》则反对儒家至善主义。从概念内涵来看，无为蕴含着中立性原则的几个关键要素。与此同时，我们还反驳了一种观点：无为不过也是至善主义。文末得出一个合乎逻辑的结论，老子是人类历史上的第一个反至善主义者。

作者：谢晓东

单位：厦门大学哲学系

文献出处:《现代哲学》2022 年第 1 期

乐喻的变迁

——“金声玉振”说的诠释与比较

在中国古代文化对抽象思想的建构与呈现中，音乐譬喻占有重要地位，其中最知名者即“金声玉振”。孟子用该乐喻表彰孔子的圣德，朱熹则以之阐发“致知在力行之先”的观点。俞樾重新掘发赵岐疏解，对朱注提出挑战，其说表明“金声而玉振之”是一句完整的引文,且具有另一种诠释的可能。竹帛本《五行》为俞说提供了支持，并从德性与德行、心灵与身体、工夫与境界、礼乐与社群等层面丰富了乐喻的思想意蕴。对“金声玉振”的诠释史进行考察，为管窥思孟学派的发展提供了独特视角，同时也有助于重审出土文献的学术意义。

作者：王硕

单位：北京航空航天大学人文与社会科学高等研究院
文献出处:《中国哲学史》2022 年第 1 期

《孟子·天下之言性章》再诠释：兼论孟子人性论的思想史意义

本文通过梳理早期人性论的思想脉络,说明早期以“习”描述“性”的普遍特征，由此引出孟子在《天下之言性章》中讨论“性”的特殊意义，文中首先讨论了学者目前关于此章争议情况，并进而对此章按分层结构的方式进行解释，以“故”、“利”与“智”作为各层的核心内容，说明孟子对“性”与“故”关系的认识，并确定孟子在此章中所表达的态度。

作者：卢涵
单位：浙江大学哲学系
文献来源:《中国哲学史》2022 年第 1 期

从刘宗周对经典的诠释看明末新王学的发展

刘宗周依傍经典诠释提出“慎独说”，建构出一套颇有新意的心体学理论。他劝导儒士读书治学，将求吾心与读经典有机联结成一体，并因“得心”之故，将朱子设计的读“四书”次第进行了改变,且重释了“虞廷十六字”。通过深入解读《大学》《中庸》等文本，刘宗周又将“慎独”发挥为“诚意”，提出二者互为本体工夫，在“心性归一”的理路中，大力倡导儒学的“心志”实践。他借经典文字读修正阳明良知说，批判程朱理气说，重新界定“四句教”，着力发挥心学中“情”的作用。其目的明显，要收拾人心，解世道之弊。

作者：康宇
单位：黑龙江大学马克思主义学院
文献出处:《中国哲学史》2022 年第 1 期

如何理解客观性：对象、意义和世界

阐释学的任务在于一方面需要拒斥海德格尔的强制阐释，但不拒斥精神的主动性；另一方面需要拒斥还原的强制阐释，但不拒斥精神的客观性。我们时代哲学阐释的核心任务，乃是在这两种强制阐释之外找到第三条道路，既保留阐释学之为精神科学的精神性而非物质性，又保留阐释学之为精神科学的客观性而非任意性，从而建立真正的阐释学。本文将从对象的客观性、意义的客观性，以及人与世界基本关系的客观性三个层次来捍卫阐释的客观性，就《再论强制阐释》中关于阐释对象的区分、整体主义的解释原则进行系统分析和讨论。

作者：梅剑华

单位：北京大学外国哲学研究所　山西大学哲学社会学学院

文献出处:《学术研究》2022 年第 1 期

历史特殊性与唯物史观的具体化路径

——从普殊同对马克思批判理论的再阐释谈起

普殊同把历史特殊性既看成社会历史发展过程中的某种背叛式偶然现象，又当作对当下经验要素之本质结构的探寻。在他看来，马克思在《资本论》及其手稿中所说的劳动、商品和内在矛盾，是专指这些范畴在资本主义条件下的表现形式的。虽然普殊同对历史特殊性的这种理解在当代西方左派学界中已经是很深刻的了，但由于他忽略了马克思所说的科学抽象在资本逻辑分析中的重要作用，因而，不管是在对马克思批判理论的解读还是在对当代资本主义的剖析上，他的观点都仍然具有明显的局限性。对唯物史观具体化路径的真正思考必须正确处理好抽象与具体的辩证关系，并把对“具体”的研究从对具体本身的研究提升到对具体发展规律的研究层面上。

作者：唐正东

单位：南京大学马克思主义社会理论研究中心暨哲学系

文献出处:《学术研究》2022 年第 1 期

西方马克思主义对马克思“艺术生产”的多维阐释

马克思的“艺术生产”论肇始于他对经济学和科学社会主义的研究，是马克思关于精神生产、艺术生产理论的总结。其后，布莱希特、本雅明、阿尔都塞、伊格尔顿等西方马克思主义文论家把“艺术生产”引入文艺活动内部诸环节，从作者、读者和社会再生产等多重维度进行了创新性阐释，丰富了马克思主义的艺术生产论。但是，他们缺失了经济学维度以及人的自由解放维度，这一缺憾在 21 世纪意大利马克思主义文艺理论中得到了弥补。奈格里、哈特和阿甘本等回归了马克思的物质生产视角，深入探讨了非物质劳动、实践与艺术生产的关系，也对当代艺术危机等进行了系统批判。西方马克思主义对艺术生产的多维阐发，一方面发展和丰富了艺术生产理论，另一方面对马克思也存在不少的偏离和误读。

作者：张玉玲

单位：大连理工大学哲学系

文献出处:《中国文学批评》2022 年第 1 期

诠释学在何种意义上是实践哲学?

——从“转向说”和“走向说”的论争谈起

德国诠释学家伽达默尔曾经有“作为实践哲学的诠释学”的说法。围绕这一说法，国内诠释学界就伽达默尔哲学诠释学的“实践哲学转向”问题以及“诠释学在何种意义上是实践哲学”诸问题展开了长达十余年的论争。深入思考可以发现，伽达默尔的哲学诠释学实现了整个西方诠释学的“实践哲学转向”，这一转向以《真理与方法》的初稿写作（1955~1956）、公开讲演（1957）和正式出版（1960）为不同的时间节点，而其晚期思想不过是这一转向的进一步延续。伽达默尔的哲学诠释学之所以成为实践哲学，不是因为它着力探究“伦理学”或“政治学”领域中的实践问题，而是因为它将“理解”本身作为一种特殊的“实践”予以哲学思考。伽达默尔是要在诠释学中恢复实践哲学传统，而不是要把诠释学改造为伦理学。在当代中国经典诠释学的理论建构中，必须注重“实践哲学导向”，尤其是亟待展开“对普遍东西的具体化”这一伟大主题的方法论思考。

作者：彭启福

单位：安徽师范大学马克思主义学院
文献出处：《华东师范大学学报》（哲学社会科学版）2022年第1期

“变风易俗”：王符对风俗与政治关系的新阐释

面对东汉中后期的各种鄙风陋俗，王符吸收两汉“诸子”的“移风易俗”思想，通过分析民间的风俗事象，剖析政治与风俗之间的关系，打破传统的“以德化俗”思想，将法家思想引入“移风易俗”领域，形成了以“德法兼综”为原则的“变风易俗”思想。该思想包括“以德化俗”“以法治俗”“选贤易俗”“重本抑末以易俗”四个方面，使得风俗秩序与政治秩序达到和谐与补益，对后世产生了深远的影响。但贪婪腐朽的统治者恰恰是这些鄙风陋俗的始作俑者，注定了他们难以践行“变风易俗”思想，要真正改善风俗就只能依靠改朝换代了。

作者：秦铁柱
单位：山东师范大学齐鲁文化研究院历史文化学院
文献出处：《民俗研究》2022年第1期

时间异化：异化诠释的新模式

——罗萨异化理论评析

时间异化是罗萨在新的时代背景下对异化理论做出的新发展。罗萨认为，时间异化是当代资本主义社会中人所面临的生存结构异化的主要形式。在资本主义的加速逻辑下，人们对美好生活的愿望被占有资源的意愿所遮蔽。人的日常生活受到资源导向的资本价值体系的全面掌控，这导致人自身和社会的全面异化。为了对抗这种使人沦为生产机器的异化现象，罗萨提出了建立共鸣的世界关系的构想。

作者：姜华　崔嘉晟
单位：黑龙江大学哲学院
文献出处：《理论月刊》2022年第1期

从实践本体论到社会关系本体论

——马克思哲学的本体论基础

“马克思哲学的本体论基础”作为马克思主义基础理论研究的一个“真命题”，对于我们深刻领会马克思哲学的精神原貌和理论旨趣具有不可替代的意义。马克思哲学，包括现代西方哲学所提出的“终结本体论”实质上都是对传统哲学“实体本体论”的“终结”。而要想使本体论的研究彻底摆脱“实体本体论”，就必须从哲学思维方式这个前提出发，实现对本体论化的哲学思维方式变革。马克思哲学的“实践观点的思维方式”一反传统哲学的“知性思维方式”，在综合传统哲学“两极”本体的基础上，对真正的“本体”做出了合理解释，即人的活动背后的社会关系。从马克思哲学思想发展的逻辑进程来看，马克思哲学不同时期的本体论可以用实践本体论、生产劳动本体论、社会存在本体论等“特殊本体论”进行概括。但是，从思想连贯性和总体性的角度来看，马克思哲学的本体论应该概括为以“社会关系”为表征的“基础本体论”。

作者：胡建东　穆艳杰

单位：吉林大学马克思主义学院

文献出处:《学习与探索》2022 年第 1 期

论贺麟对朱子太极思想的创造性阐释

贺麟是现代少有的能会通中西哲学精神的思想大家，他于 1930 年所作的《朱熹与黑格尔太极说之比较观》在中西比较哲学史上有着重要意义。在朱子那里，太极作为一种理本体，逻辑上先于气，事实上又不离气，理既在心外又在心内，而黑格尔的绝对理念是绝对的唯心一元论。朱子也存在一种作为内心境界、主体性的太极，此心是生物之仁心、有存养的心，此为一种道德的唯心论，也可视为绝对理念的自觉和自我实现。黑格尔的太极是向外征服恶魔的“战士”，而朱子的仁心是向内克治情欲的“警察”。黑格尔的精神本体重在表现社会理想，而朱子的太极之心注重的是内心修养。通过与黑格尔思想的比较，特别是受新黑格尔主义的影响，贺麟对朱子理学做了一种创造性阐释，揭示了朱子思想中“理”和“心”积极能动性的一面。贺麟借助西学激活、整合了理学的能动性和鲜活性一面，欲以此唤醒、振奋民族精神，达成其学术救国的理想，这其中也洋溢着一种浓郁的爱国主义精神。

作者：翟奎凤

单位：山东大学儒家文明省部共建协同创新中心　山东大学儒学高等研究院

文献出处:《吉林大学社会科学学报》2022 年第 1 期

一种新马克思主义解释学的建构：哈贝马斯的批判解释学论纲

哈贝马斯的批判解释学把传统注重文本理解的解释学改造为注重现实实践与理性批判的解释学，即一种意识形态批判，它本质上是一种新马克思主义的解释学。在哈贝马斯看来，伽达默尔强调前见、权威、传统、教化的合理性，导致其缺乏彻底的意识形态反省与批判精神。批判解释学也是深度解释学，即心理反思分析的解释学，它以弗洛伊德精神分析为榜样，注重挖掘潜藏在各种扭曲交往、虚假交往、神经病症等的意识形态压抑与控制。最后批判解释学也是一种政治解释学或社会解释学，它珍视平等交往、自由解放等价值理念。哈贝马斯的批判解释学产生了双重历史效应，它实现了解释学的实践哲学转向和社会批判理论的解释学转向。

作者：黄小洲

单位：广西大学马克思主义学院哲学系

文献出处:《世界哲学》2022 年第 1 期

重思施密特对马克思自然观的阐释

——兼评生态马克思主义者对施密特的批评

施密特在《马克思的自然概念》中基于马克思政治经济学系统阐发了新唯物主义观点，力图通过对哲学元理论逻辑的辨析来表达对社会现实境况的批判，蕴含着潜在的生态分析与批判价值。施密特不仅阐述了社会与自然之间的双向中介关系，论述了人与自然之间的物质变换及其历史辩证法，批判了资本主义商品经济的似自然性和非理性特征，并分析了马克思关于技术现代化和未来社会人与自然关系的基本观点，将社会主义社会描述为人与自然的现实中介的理性形式。施密特在《马克思的自然概念》1993 年德文版序言中，基于对马克思、恩格斯自然观的反思所提出的生态唯物主义思想开创了从自然唯物性或物质统一性角度建构马克思主义生态观的可能性。福斯特和柏克特等人对施密特思想的批评在某些方面是有效的，但也存在诸多不公正之处，他们忽视了施密特唯物主义思想的合理性，并将批判理论误解为主张工具理性和支配自然的历史决定论。

作者：陈艺文

单位：北京大学马克思主义学院

文献出处：《世界哲学》2022 年第 1 期

对康德判断理论的阐释与辩护

——兼论康德先天综合判断的理论系统

康德通过主谓词之间的包含关系来区分分析判断和综合判断，并将先天与必然、后天与偶然严格地一一对应起来。康德在对先天与后天、分析与综合进行排列组合之后，提出了先天综合判断，并且认为存在着三种知识门类的先天综合判断（命题），即数学的、自然科学的以及形而上学的先天综合判断，以此构建了其整个理论系统。一些分析哲学家直接反驳康德的判断理论。蒯因认为在分析判断与综合判断之间根本不存在严格的区分，克里普克则认为先天的不一定是必然的，后天的也不一定是偶然的。通过相关的阐释，笔者回应这些质疑与反驳，对康德的判断理论进行辩护。区分分析判断与综合判断的标准正是在于判断中主词与谓词的关系，亦即主词是否包含了谓词。并且，一切分析判断必定都是必然的、先天的，没有后天分析判断；而来自经验的综合判断则是后天的，也必定是偶然的。

作者：夏志伟

单位：武汉大学哲学学院

文献出处：《系统科学学报》2022 年第 4 期

超越“外在实在论”和“内在主体论”的马克思自然观阐释

习近平提出“人与自然是生命共同体”。这一理念可以从马克思自然观找到理论基础。回到马克思自然观，深入挖掘马克思自然观的真实内涵，焕发其当代价值，这具有重要的理论和现实价值。超越马克思自然观的外在实在论和内在主体论理解，立足马克思生活世界视野，从存在论出发诠释马克思自然观，是破解马克思自然观前提性误读的关键。超越自然中心主义或人类中心主义的二元分立观念，马克思主张人与自然是过程性的有机体关系，是交互能动的生命体关系，在人类社会状态中人和自然达到真正和解。

作者：刘宇兰
单位：东北师范大学马克思主义学部
文献出处:《兰州学刊》2022年第2期

艺术走进哲学与哲学走向艺术

——伽达默尔艺术思想中的解释学论证与意义理解

艺术经验作为通向事物本身意义和事实性真理的一种特殊经验方式，是伽达默尔创建哲学解释学的思想切入点，并由此引向精神科学真理问题，真理成为一种意义理解的经验事件，这从根本上改变了传统哲学真理观，也使长期被哲学所贬低和歧视的艺术真正走进了哲学，艺术不再游离于哲学之外，而成为哲学的核心性论题。而反过来哲学走向艺术经验又使得哲学以改变了自身的方式重新焕发出生命力，哲学返回到了人的存在的具体的生命经验之中。伽达默尔此双维度思考使得艺术经验作为一种内含着事实性的直接呈现方式，展现出了对科学意识的最严重的挑战，也使哲学的存在论和真理论问题最终变成了一种解释学问题。艺术经验的亲近性、直接性和不受时间限制的当下性，保证了人与存在、真理之间不再具有遥不可及的距离，真理就在人们的艺术经验、历史经验中向人们发生和显露，世界本身就是在相互交往中被经验并且作为一种无限开放的任务不断地交付给我们。艺术不再是哲学骄傲自负的敌手,哲学—艺术一体化，既改变了艺术，也改变了哲学，并构成人类未来哲学重要思想方向和呈现方式。

作者：张能为
单位：安徽大学哲学学院
文献出处:《世界哲学》2022年第3期

格义是经典诠释的普遍方法

在过去的研究中，学者把格义看作魏晋时期佛教经典诠释的方法，而且是佛教初传中国时出现的一种过渡性的不成熟的诠释方法。然而，从诠释学的角度来看，格义构成了古今中外视域的融合，推动了中国文化的创造性发展，对佛教中国化以及三教圆融都起到了重要作用。格义植根于中国经典诠释传统之中，是中国经典诠释传统的延续与发展；格义不是一个特殊的历史事件，而是一种普遍的经典诠释方法，不仅是佛教中国化和中国佛教创立的基本经验，而且为外来文化中国化提供了一种范式。

作者：余亚斐

单位：安徽师范大学马克思主义学院

文献出处：《五台山研究》2022 年第 3 期

诠释与量子诠释

中文的“诠释”与“阐释”有非常丰富的含义。“诠释”是对已有概念、规律、原理等的（因果）推理应用；“诠释”要用语言来解释，包括采用技术手段来解释，它所采用的技术是符合规律的。“阐释”是对隐藏、潜在的事物进行逐渐开显，让事物的真相显现出来。“诠”体现了认识论与本体论的统一。中文“诠释”的基本含义可从说明、解释拓展为说明、阐释，它们契合了哲学诠释学德文 Interpretation（诠释）具有 Erklärung（说明）与 Auslegung（阐释）的含义。阐释—说明—阐释……的循环结构构成了量子诠释。说明与阐释反映了量子力学是客观性与主体创造性的统一。量子诠释是说明、阐释与意义筹画的统一。延迟选择实验揭示了量子诠释具有视域融合与效果历史的特点，这是量子科学区别于经典科学的特点。

作者：吴国林

单位：华南理工大学哲学与科技高等研究所

文献出处：《人民论坛·学术前沿》2022 年第 20 期

从政治到社会：卢梭、黑格尔与马克思对普遍性的政治哲学阐释转向

近代以来，市民社会的崛起使传统的政治共同体转变为社会—国家二元结构，对普遍性的哲学探索也从原有的本体论维度转向了政治哲学维度。卢梭基于契约论逻辑，将个人意志提升为普遍性的公意，即“个体经由契约实现政治普遍性”。黑格尔在法国大革命的恐怖中看到了卢梭理论的弊端，认为恐怖的产生是由于个体的绝对自由并不能生成

普遍性，必须要在等级要素的中介作用下沟通社会与国家，使“绝对精神经由国家实现政治普遍性”。马克思则将普遍性的出生地从政治领域转向市民社会，他通过历史路径和哲学路径发现了无产阶级的普遍性，即“无产阶级经由社会革命实现普遍性的人的解放”，在从政治到社会的阐释转向中对普遍性问题做出了最具革命性和现实性的哲学回应。

作者：丁欣烨
单位：清华大学马克思主义学院
文献出处:《湖北社会科学》2022 年第 11 期

商品概念的哲学阐释及其社会认识论意蕴

前资本主义社会的劳动产品没有普遍性地采取商品形式，商品并未成为社会结构的核心。在资本主义社会中，商品得到充分发展，商品生产与交换成为占支配地位的经济关系和社会关系，对商品进行哲学思考才可能获得普遍性意义。二重性是商品的本质特征，交换价值取代使用价值，抽象劳动取代具体劳动创造了一个颠倒的社会现实，塑造了新的社会结构和社会关系。《资本论》对商品及其二重性的分析具有深刻的社会认识论意蕴，这种社会认识论不是对资本主义社会结构和社会关系的一种客观描述，而是一种科学的历史批判。在对商品进行批判性反思的基础上，马克思发现资本主义的社会关系和社会结构的历史特殊性，以及由此造成的人的存在方式的悖论性。

作者：陈飞
单位：重庆大学马克思主义学院
文献出处:《社会科学辑刊》2022 年第 5 期

数字化时代的政治哲学功能阐释

人类正在加速进入一个高度数字化和智能化的时代，哲学认识世界和改造世界的功能需要将认知数字化时代下的人与社会和数字化时代如何重塑人与社会纳入其中。数字化时代是人工智能技术不断发展的时代，也是以数据为中心的时代，其基本特征表现为社会智能化、经济数字化、世界屏幕化、万物互联化、数据多样化，其政治哲学问题主要有虚拟与现实、进化与异化、技术与伦理。数字化时代的政治哲学问题在政治哲学的主体思维、辩证思维、批判思维、实践思维、伦理思维等功能下能够有针对性地得以化解。数字化时代下的政治哲学功能有助于人类提升自我主体意识，增强人文关怀精神，实现社会公平正义。

作者：刘超群

单位：南开大学哲学院

文献出处:《理论与现代化》2022 年第 4 期

习近平法治思想的哲学阐释

在哲学上，习近平法治思想是一个完整的理论体系。在这个理论体系中，本质论、主体论、实践论、方法论和价值论交相呈现、彼此支持。本质论通过阐述“社会主义法治必须坚持党的领导，党的领导必须依靠社会主义法治”等核心命题，深刻揭示了党的领导是社会主义法治区别于其他类型法治的本质所在；主体论通过论述“依法治国必须坚持人民主体地位，必须坚持法治为了人民、依靠人民、造福人民、保护人民”等核心命题，充分证成了只有人民才是社会主义法治建设的主体；实践论通过阐释“鞋子合不合脚，自己穿了才知道”“物之不齐，物之情也”“听言不如观事，观事不如观行”等基本命题，客观呈现出一个真理，即中国特色社会主义法治道路不是从天上掉下来的，而是在中国社会土壤中生长起来的，是经过长期革命、建设、改革实践形成的，是中国法治建设成就和经验的集中体现；方法论通过论证“依宪治国和依宪执政有机统一”“法治国家、法治政府、法治社会一体建设”“国内法治与国际法治统筹推进”等基本路径，系统阐明了依法治国的方法论体系；价值论通过论述“治理体系和治理能力现代化”“社会主义法治国家”“人民美好生活”等关键命题，深入阐释了社会主义法治“中国之治”的总体价值取向。

作者：江国华

单位：武汉大学法学院

文献出处:《中州学刊》2022 年第 4 期

何谓劳动幸福：马克思的本质阐释

马克思劳动幸福思想是成就美好生活的有机构成，马克思站在历史唯物主义的立场上，对劳动幸福进行了本质阐释和核心命名，并由此产生了诸如劳动幸福的哲学话语、劳动幸福的社会学话语等不同的叙事方法，在价值取向上揭示了劳动幸福的深层根源和发展路向，推动幸福由“此岸”向“彼岸”的转化。马克思对劳动幸福的阐释和批判，开创了劳动幸福的全新辩证视野，成为美好生活不可或缺的价值支撑。

作者：王璐

单位：上海师范大学哲学与法政学院

文献出处：《湖北社会科学》2022 年第 10 期

马克思自然概念实践性、历史性、具象性的三重阐释

马克思基于辩证唯物主义和历史唯物主义的自然概念是实践性、历史性、具象性的有机统一。实践性揭示了马克思语境中自然概念的存在论特征，是理解马克思自然观的逻辑起点。在实践意义上，自然不是先于人类的抽象存在，而是经由人类活动转换了的人化自然、实践自然。历史性强调了马克思语境中自然概念的演化、流变、辩证特征，驳斥了旧哲学对自然的形而上学阐释，凸显了马克思自然观的历史唯物主义意蕴。具象性体现了马克思语境中自然概念的实在性和政治经济学特征。马克思通常借助土地、商品、机器等具象化意象表征自然，从而将作为哲学术语的自然概念引入政治经济学领域，在人类的经济活动中索解自然。

作者：王维平　张宁

单位：兰州大学马克思主义学院

文献出处：《思想教育研究》2022 年第 5 期

铸牢中华民族共同体意识的马克思主义阐释：基础性问题与当代价值

从马克思主义的角度阐释铸牢中华民族共同体意识，是推进中华民族共同体基础性问题研究的必要课题。铸牢中华民族共同体意识的马克思主义阐释主要是讲清楚三个问题：第一，以历史唯物主义为理论依据，运用物质现实与精神力量的内在机理及其相互转化规律，讲清楚为何铸牢中华民族共同体意识。第二，以社会主义共同富裕为实践资源，提出高质量发展、增进认同、改善民生的实践进路，讲清楚如何铸牢中华民族共同体意识。第三，以人类命运共同体为发展方向，拓展铸牢中华民族共同体意识与人类命运共同体意识内在联系的空间，讲清楚铸牢中华民族共同体意识的意义。

新时代铸牢中华民族共同体意识的当代价值表现为：有助于在处理物质与精神的关系中把握历史规律、有助于在处理发展与认同的关系中掌握历史主动、有助于在处理民族与世界的关系中顺应历史大势。立足“两个大局”，中国共产党在新时代以铸牢中华民族共同体意识为主线，在中国特色解决民族问题的正确道路上走出了关键一步。

作者：李健

单位：复旦大学马克思主义学院

文献出处：《西北民族大学学报》（哲学社会科学版）2022 年第 6 期

共产党人的“心学”：哲学阐释与当代价值

共产党人的“心学”是把马克思主义基本原理同中国具体实际相结合、同中华优秀传统文化相结合的典范性成果，具有丰富的哲学内涵和深远的时代价值。“初心”作为其哲学原点，“正心”作为其伦理价值，“忠心”作为其实践理性，“民心”作为其历史归宿，从无产阶级革命和科学世界观的一个新视角，构成了内涵丰富、思想深邃、结构完整、逻辑严密的崭新哲理体系，体现了马克思主义世界观与方法论的统一、真理原则与价值原则的统一，以求达到“小我”的个体性、“大我”的人民性和“无我”的党性及其阶级性的统一，“我将无我，不负人民”是其至高境界。共产党人的“心学”作为习近平所倡导的新的哲理学说，是中华文化和中国精神的时代精华的标识性哲理和标志性思想，是中国化时代化马克思主义的重大创新成果。共产党人的“心学”凝练了马克思主义哲学和中国传统哲学的大智慧，必将为我国建成社会主义现代化强国、实现中华民族伟大复兴提供“凝心聚力”的巨大精神力量。

作者：钟君

单位：湖南省社会科学院（省人民政府发展研究中心）

文献出处：《马克思主义研究》2022 年第 12 期

国际战略的唯物史观阐释与“世界之问”的中国答案

马克思从核心主轴、基本要素、辩证关系和价值指向等方面实现了对西方传统话语的变革，开创了国际战略研究的唯物史观范式。站在唯物史观的高度，可以发现中西国际战略的本质差别：西方国际战略的核心主轴是资本逻辑，主要目的是维持霸权，思维方式是零和博弈，价值取向是唯我独尊。而中国的国际战略则是坚持人民至上的发展理念，坚持领导型而非霸权型的权力逻辑，坚持普惠性的辩证思维，坚持以文明新秩序为核心的价值取向。总览今日世界，西方国家的国际战略正日益丧失主宰世界历史的能力,而中华民族伟大复兴则构成了人类文明历史性变革的“关键变量”。

作者：兰洋

单位：中国人民大学马克思主义学院

文献出处:《中南大学学报》（社会科学版）2022 年第 6 期

统筹发展和安全的时代阐释

——基于马克思主义社会时空观视角

社会时空从根本上说源于人的实践活动并通过人的活动和社会运动而取得其现实性，是马克思研究人类历史发展的一个重要视角。通览中国共产党百余年的奋斗历程和生动实践，运用辩证唯物主义、历史唯物主义的方法，从马克思主义社会时空观的视角出发，对社会时空中统筹发展和安全这一主题进行深刻的探讨和分析，阐释统筹发展和安全的时代内涵。在基本矛盾分析的前提基础上对发展和安全进行科学统筹和精准匹配资源，深入理解统筹发展和安全的重大意义，全面、完整、准确、彻底地把握好发展和安全的动态平衡，为推动“十四五”时期高质量发展和高水平安全，确保全面建设社会主义现代化国家开好局、起好步。

作者：徐明

单位：中国社会科学院大学商学院

文献出处:《人民论坛·学术前沿》2022 年第 18 期

世界百年未有之大变局的理论阐释

世界百年未有之大变局，意味着世界历史出现了全局性和根本性的转变。其中，中华民族伟大复兴构成了世界百年未有之大变局的主体性内容和关键性变量。我们要对世界百年未有之大变局的基本结构、动力机制、制度构成和本质特征等内在机理进行研究，进而在文明论的视野中，揭示西方现代文明面临的困境，阐述中国特色社会主义的独特优势及其人类性价值。我们走出了一条区别于、超越于西方现代化的中国式现代化道路，创造了一种区别于、超越于西方现代文明的人类文明新形态，为中国和世界的未来发展提供了新的可能性和光明前景。

作者：周丹　兰洋

单位：中国社会科学院哲学研究所　中国人民大学马克思主义学院　中国人民大学当代政党研究平台

文献出处：《中国社会科学院大学学报》2022 年第 9 期

实现中华民族伟大复兴的新时代阐释

实现中华民族伟大复兴，是贯穿中国共产党两个百年奋斗的历史主题。阐释中华民族伟大复兴的新时代意蕴，除了要继续从中华民族文明进程中去解读，还必须把这一历史主题放在 21 世纪“两个大局”中思考，从全面建设中国特色社会主义现代化国家和为世界贡献人类文明新形态的高度去把握。新时代实现中华民族伟大复兴，是中华民族全领域、全地域、全方位的振兴，是中国式现代化道路对现代资本主义文明和传统社会主义文明的超越，是建构更高层次的人类文明新形态的新进程。

作者：刘卓红　王玲

单位：广西师范大学马克思主义学院　华南师范大学马克思主义学院

文献出处：《江海学刊》2022 年第 5 期

中国共产党历史书写中理论阐释的鲜明特点

——以《中共中央关于党的百年奋斗重大成就和历史经验的决议》为例

中国共产党的历史书写离不开理论阐释。中国共产党百年历史叙事的革命性意义，只有借助理论阐释才能被科学地建构与呈现。党的第三个历史决议的书写就是运用科学理论对党史经验展开充分阐释的经典蓝本。准确把握中国共产党理论阐释的知识图景，重温党史书写的崇高历程，既要结合其文化境遇与政治动机，也要从其历史书写中所坚持的马克思主义唯物史观的根本阐释立场、引导树立正确党史价值观的主要阐释目的、内蕴党史姓党政治原则的鲜明阐释属性、从大历史观达至主题聚合的基本阐释方法，以及遵循实事求是与守正创新相结合的重要阐释原则入手，多维把握其理论阐释意义开显的深邃脉络。

作者：麻磊　张士海

单位：山东大学马克思主义学院

文献出处：《思想教育研究》2022 年第 8 期

人类文明新形态话语体系建构的多维阐释

人类文明新形态是社会主义文明发展的最新成果。建构人类文明新形态话语体系是一个重要的现实课题，需要从价值定位、契机基础、话语内容、实践战略等多重维度去把握。从价值定位之维看，人类文明新形态话语体系建构能为反驳质疑中国特色社会主义的论调提供话语支撑，为塑造国家良好形象提供话语辩护，为社会主义现代化强国目标的实现提供话语助力。从契机基础之维看，现实的强烈呼唤为人类文明新形态话语体系建构提供了重要契机，良好的话语信用为人类文明新形态话语体系建构奠定了重要基础，突出的理论优势为人类文明新形态话语体系建构提供了理论支撑。从话语内容之维看，人类文明新形态话语体系建构的内容主要包括理论主题、基本范畴、逻辑主线、价值内核等“核心构件”。从实践战略之维看，人类文明新形态话语体系建构要“言之有料”，注重话语创新性；要“言之有理”，彰显话语说服力；要“言之有方”，增强话语感染力；要“言之有器”，提升话语传播力。

作者：刘勇　邱雨

单位：安徽大学马克思主义学院暨科学发展观研究中心　合肥工业大学马克思主义学院

文献出处：《思想教育研究》2022 年第 8 期

中国共产党百年奋斗历史经验的内生逻辑及其理论阐释

党的十九届六中全会通过的《中共中央关于党的百年奋斗重大成就和历史经验的决议》中概括的“十个坚持”是中国共产党百年奋斗的历史经验总结，贯穿党的历史、现实和未来。“十个坚持”既相互独立，又紧密相连、相互支撑，形成一个逻辑严密、内在统一的有机整体。其中，坚持党的领导和人民至上是党百年奋斗的核心坚守；坚持中国道路和胸怀天下是党百年奋斗的使命担当；坚持理论创新和自我革命是党百年奋斗的内生活力；坚持开拓创新和敢于斗争是党百年奋斗的精神动力；坚持独立自主和统一战线是党百年奋斗的制胜法宝。梳理党百年奋斗的历史进程，厘清“十个坚持”的内在逻辑，掌握其核心要义、精神实质及实践要求，对中国共产党在第二个百年接续奋斗、实现现代化强国目标具有重要的现实指导意义。

作者：陈跃　杜艳

单位：西南大学马克思主义学院

文献出处:《理论导刊》2022 年第 8 期

全过程人民民主“何以必然”：基于“历史—理论—现实”的解释

民主是包括价值、制度、行为于一体的国家建设方案，全过程人民民主则是一种可称为实现了范式跃迁的国家建设方案。理解全过程人民民主“何以必然”，需要系统阐释民主范式跃迁何以必然的基本结构。在民主政治的历史发展中，全过程人民民主体现了民主本质、塑造了真实民主、重构了民主建设，是民主之“整全性”的历史必然；在民主理论的结构变革中，全过程人民民主展现了民主理论的科学系统性、充分包容性和批判完备性，是科学民主思想实现时代自觉的理论必然；在民主建设的实践演进中，全过程人民民主以面向善治的民主建设实现政治文明创新变革，是民主全过程性建设的现实必然。由此，全过程人民民主达成了由应然性到必然性的确证，为世界范围内民主的“东升西降”现象提供了变革性解释的基础理论架构。

作者：亓光　刘娇

单位：中国矿业大学马克思主义学院

文献出处:《探索》2022 年第 4 期

中国共产党百年奋斗历史经验的整体性阐释

我们应该从整体性视域来深刻阐释中国共产党百年奋斗历史经验的精神实质。可以说，整体性阐释不仅有利于全面把握和系统理解党百年奋斗历史经验所包含的丰富内涵和多维意蕴，而且有助于在第二个百年历程中不断坚持和发展。以马克思主义基本原理为理论依据，以百年党史为历史依据，构建中国共产党百年奋斗历史经验整体性内容：“一个根本前提＋两个价值指向＋三个行动策略＋四个鲜明品格”，这种“四位一体”的内容框架可为我们全面而深入理解中国共产党百年奋斗历史经验，坚持党的领导，坚定党的理想信念，坚定历史自信，走中国特色社会主义道路，探索中国式现代化道路，开创人类文明新形态，提供理论支撑。

作者：马俊峰　马小飞

单位：西北师范大学马克思主义学院

文献出处：《思想政治教育研究》2022 年第 3 期

对马克思主义中国化百年历程和伟大成就的深刻阐释

党的十九届六中全会通过的《中共中央关于党的百年奋斗重大成就和历史经验的决议》是党的百年光辉历史上又一篇纲领性文献，它首次全面概括和系统阐述了马克思主义中国化的三次伟大飞跃，并表现出以下五个鲜明特点。一是深刻阐释了“中国共产党为什么能，中国特色社会主义为什么好，归根到底是因为马克思主义行”的道理；二是彰显了马克思主义中国化在中华民族伟大复兴历史进程中无可替代的引领作用；三是生动诠释了中国共产党对马克思主义特别是对马克思主义哲学基本原理的创造性运用；四是深化了关于中国共产党推进马克思主义中国化历史进程和伟大成就的理解和认识，提出了一系列新的论断；五是首次全景式地展现了习近平新时代中国特色社会主义思想的丰富内容。

作者：汪信砚

单位：武汉大学　武汉大学哲学学院　武汉大学马克思主义理论与中国实践湖北省协同创新中心

文献来源：《学校党建与思想教育》2022 年第 11 期

共同富裕的政治哲学阐释

共同富裕是社会主义的本质要求和中国式现代化的重要特征。作为一个“总体概念”的共同富裕，它处理经济事务的过程中内蕴着强烈的哲学追求。共同富裕的政治哲学审思必须以妥善处理公平和效率的关系为核心，在初次分配、再次分配和三次分配中寻求效率原则、公平原则和正义原则的落实方略，在有力政党、有效市场、有为政府和有爱社会的互动中寻求公平与效率的辩证平衡。同时，还要在规范和价值之间完成对共同富裕的理论阐释，既要从学理上解构共同富裕的规范性问题，又要在现实中诠释共同富裕的价值性追求。应在历史、现实和未来交互作用的张力中积极锻造并提炼共同富裕的实践智慧，为早日实现全体人民共同富裕提供学理支援，在动态向前的过程中持续开辟共同富裕的新境界。

作者：付文军

单位：浙江大学马克思主义学院

文献出处:《思想理论教育》2022 年第 6 期

中国式现代化道路的四重阐释及其整合

中国式现代化道路是一个重要的学术研究议题，目前学界主要从四个维度进行阐释。在其特点阐释方面，对中国式现代化道路予以马克思主义哲学表达和政治经济学考察，在此基础上阐释中国式现代化道路的学理基础。在其内涵阐释方面，认为中国式现代化道路既是科学社会主义基本原则和马克思主义方法论的坚持与贯彻，又是立足中国现实并探索形成符合中国实际的正确道路，因而它是科学社会主义和中国特色的有机结合。在其逻辑阐释方面,认为中国式现代化道路是在长期实践中形成的,既是积极回应“时代之问”的科学选择，又是基于世界历史和中国实践的伟大创造。在其价值阐释方面，认为中国式现代化道路既是科学社会主义原则的学理赓续与民族化的结合，又是中国人民对人类文明新形态的积极求索之路，它开辟了马克思主义中国化和人类社会历史发展的新境界。作为中国共产党领导中国人民在建设中国特色社会主义现代化国家中走出的一条现代化道路，是政治、经济、社会、文化、生态文明现代化的统一体，因而对中国式现代化道路的阐释应是整体性的，既需要在“沿着马克思的理论的道路前进”与“走自己的路”的辩证统一中理解它的特点、内涵、逻辑与价值等，也需要整体性地稳步推进中国式现代化道路，以此凸显它的世界历史意义。

作者：付文军

单位：浙江大学马克思主义学院

文献出处:《探索》2022 年第 3 期

历史·理论·现实："两个确立"的三维阐释

"两个确立"是深刻总结党百年奋斗历程得出的重大历史结论，是新时代中国共产党人形成的重大政治成果。"两个确立"作为理论和实践的产物，不是凭空出现的"飞来峰"，也不是别国经验的简单复刻和剪裁嫁接，而是在艰苦的革命斗争、激荡的历史搏击中凝结而成的智慧结晶，它是历史选择、时代呼唤、民心所向、众望所归，具有深刻的历史、理论和现实逻辑。从历史逻辑来看，"两个确立"是国际共产主义运动和中国共产党百年奋斗的智慧结晶；从理论依据来看，"两个确立"是马克思主义政党的内在品格与鲜明本色；从现实需要来看，"两个确立"是应对当前国内外复杂形势，实现中华民族伟大复兴的应然之举。

作者：沈泉鑫

单位：中央财经大学马克思主义学院

文献出处：《北京理工大学学报》（社会科学版）2022 年第 6 期

人类命运共同体：社会性别视角的阐释

作为全球治理的中国方案，人类命运共同体是建基于实践进程的治理范式，导向一个符合人类共同善的美好未来，而社会性别视角也可以为人类理解并破解全球治理难题提供洞见。建立社会性别与人类命运共同体的合理链接，可以发现，在批判主流治理范式、倡导全球治理变革、构建新型国际关系以及达致理想社会等方面，二者存在共同立场。人类命运共同体涵养着最朴素的基于性别平等的平等观念，还原了共同体逻辑的性别维度，进而指向内蕴性别因子的全球正义伦理，成为平等、正义、关怀的共同体。人类命运共同体呈现出治理的真实图景，在无政府状态、全球治理和共同体当中，为女性从缺席到在场的转变提供了必要和可能。以联结逻辑审思对立逻辑，人类命运共同体编织出安全的关系网格，关注个人生活和人之命运。人类命运共同体寻求普遍的伦理共识，这一全球正义伦理建基于朴素的性别伦理，生发出具有包容性的整体主义伦理情怀，切近通向理想治理图景的有效路径，使两性关系、人的生命、国家命运趋向光明前景。

作者：苏云婷

单位：大连交通大学马克思主义学院

文献出处：《深圳大学学报》（人文社会科学版）2022 年第 2 期

中国共产党百年历史经验的系统阐释

善于总结历史经验是中国共产党的优良传统。第三个“历史决议”把中国共产党百年奋斗的历史经验系统表述为“十个坚持”，具有突出特点和显著优势。“十个坚持”是一个内涵丰富的有机经验系统，揭示了中国共产党过去成功的秘诀，昭示了未来前进的方向。中国共产党在新时代要团结带领人民主动走向未来，必须坚持守正创新，坚持党的领导和人民至上相统一，坚持理论创新和开拓创新相统一，坚持独立自主、中国道路和胸怀天下相统一，坚持敢于斗争和统一战线相统一，坚持党的领导和自我革命相统一。

作者：唐爱军

单位：中共中央党校（国家行政学院）马克思主义学院

文献出处:《人民论坛》2022 年第 1 期

中国民主的阐释维度、发展向度和比较尺度

“全过程人民民主”重要理念，揭示了中国民主内蕴的“全过程性”和“人民性”特征及其内在逻辑，提供了中国民主高阶的阐释维度；从以全过程把握“三者”统一、完善五个“民主”、加强人大建设和基层组织建设等四个面向提供了中国民主明确的发展向度；以两大特征为基本标准，提供了中国民主胜过西方民主的比较尺度。从而，开辟了当代中国乃至人类文明的民主新形态。

作者：张亮亮

单位：中央民族大学马克思主义学院

文献出处:《理论视野》2022 年第 1 期

中国式现代化新道路的“总体性”阐释

中国现代化极具特殊性与复杂性，不宜仅用单一视角进行学理与特征阐释，在方法论上应该诉诸马克思主义的“总体性”。中国式现代化新道路是不同于资本主义经典

现代化和传统社会主义现代化理论范式与实践模式的新型现代化道路。在总体性方法论的视域下，这种新型现代化道路与现代文明的特殊性应该予以整体性、系统性观照。在论述、补齐马克思、恩格斯关于“现代化”释义的基础上，鲜明提出“总体性”方法论阐述了“中国式现代化新道路”的内容与特征。

作者：王维平　薛俊文

单位：兰州大学马克思主义学院

文献出处:《北京行政学院学报》2022 年第 1 期

中国式现代化新道路的阐释理路

中国式现代化新道路是对中国特色社会主义道路的形成发展逻辑、本质特征、重要地位、世界意义及其实践成果与发展模式的总结凝练和全面阐述，是新时代中国话语阐释的现实依据。新时代中国话语阐释要坚持马克思主义在意识形态领域的指导地位，处理好原则性与自由性的问题，明确“何为价值”与“价值何为”两个问题，在中国式现代化新道路的形成和阐释上，遵循“微观积累—中观汇聚—宏观凝练”和“宏观主导—中观布局—微观细化”的基本逻辑。

作者：李楠

单位：中国社会科学院大学 21 世纪马克思主义研究院　中国社会科学院大学马克思主义学院

文献出处:《人民论坛》2022 年第 1 期

文学阐释学

论文学阐释学之学理特征及功能

李春青

摘　要　“文学阐释学”并不是一种成熟的理论或方法，迄今为止它一直处于探索和建构过程之中。无论是从性质的角度还是从功能的角度看，文学阐释学都既不属于以“审美”为核心的文学研究范式，也不同于传统意义上的文学社会学。文学阐释学充分尊重研究对象的文学性和审美性，以文本分析为出发点，但并不停留于此，而是进一步追问文学性、审美性背后发挥决定作用的意义生成模式。文学阐释学把文学的“虚拟空间”“意义世界”“关系网络”均视为自己的研究对象，通过不同层次的意义建构将方法论和本体论融为一体，从而成为一种有效的文学研究路向。

何为“文学阐释学”？如果我们把关于文学现象的学理性言说，包括文学史、文学理论、文学批评等都称为“文学研究”，那么“文学阐释学”在这个庞大的文学研究“家族”中居于何种位置呢？它与通常说的“文学理论”、“文学批评”、“文学史”以及“文学社会学”、“文学人类学”等相比有怎样的独特性？另外，“文学阐释学”和其他类型的阐释学，例如哲学阐释学、历史阐释学有何异同呢？总之，就当前学界来说，文学阐释学的学理特征和功能都还是有待进一步探讨的问题。这表明，尽管“文学阐释学”近年来成为文学研究领域的一个关键词，但就目前的研究状况看，它依然是一种处于探索和建构过程中的学问。本文即就“文学阐释学”究竟应该是怎样一门学问发表一点粗浅之见，以求教于方家。

一　在文学性与非文学性之间：文学阐释学的对象与目标

“审美回归”“回到文学本身”“以文学为本位”是近年来文学理论界颇为响亮的口号。常常听到人们对那种从社会历史、文化政治以及意识形态角度谈论文学现象的做法的贬斥与不屑：做文学研究的不研究文学性、审美性，不研究文学本身，却要去涉足社会、历史和政治领域，这不是越界吗？你能够比得过人家以社会、历史和政治为专业的人吗？如此种种，不一而足。作为对 20 多年来各种文化理论狂轰滥炸般的“强制阐释”之反拨，这些口号和观点是可以理解的，也是有道理的。但是因此而要求文学理论研究只能够恪守“文学性”“审美性”之樊篱，不能越雷池一步，那恐怕就不那么恰当了。至于比不上别人的专业研究云云，那更是近乎杞人忧天的说法：一般而言，社会学、历史学或者政治、文化史的专家，就从文学的视角探讨社会文化、历史政治问题而言，是根本无法和文学研究的专家相比的。这是因为，在文学研究领域，无论研究目标是什么，文学性和审美性都是基本视角和出发点。文化诗学或者社会学诗学、历史诗学之所以称为“诗学”就在于它们都是从“诗”的角度来发现问题的。

以“文学性”或“审美性”为中心还是以“文化”，即文学之外的种种关联性因素为中心一直是一个大的分野，由此而形成了文学研究的两大路向。从俄国形式主义批评开始，这两大研究路向或此消彼长，或并行不悖，构成了文学研究领域的基本格局。对此当代批评家也早有论及，择其要者言之，20 世纪 40 年代有“内部研究”和“外部研究”的区分[①]、60 年代有“显示它如何是这样”的批评和“显示它意味着什么”的批评的区分[②]、80 年代有“修辞学式的‘内部’研究”和“注意语言同上帝、自然、社会、历史等被看作语言之外的事物的关系”的“阐释学解释”[③]以及“语言学模式”与“阐释学模式”[④]的区分等。在中国这种区分更是早有萌芽：在“诗文评”产生之初就已经存在这两种言说路向了。例如刘勰的《文心雕龙》中“物色”“神思”“风骨”等关于风格和文体的篇目都可以说近于今天所说的以“审美”为核心的“内部研究”，而“时序”讨论时代风尚、帝王趣味对诗文的影响则近于“外部研究”。现代以来，在西方的影响下，中国的文学研究也同样是以这两大路向为基本形态。这说明这两种研究路向的形成并不是出于个别人的意愿和兴趣，而是文学自身存在状态使然，二者都有其存在的必然性与合理性。

总体上看，“内部研究”或“修辞性批评”的研究路向聚焦于文本本身，目标是探讨此文学文本的“美”与“好”之所从来：它通过怎样的语言修辞、情节结构、场景安排、人物描写以达成如此这般的审美效果的。总之，是在文本内部、在文本自身之上寻找文学之美的原因。“外部研究”或“阐释学模式”的研究路向则刚好相反，它关

---

① 这是勒内·韦勒克、奥斯汀·沃伦《文学理论（修订版）》“第三部”“第四部”之标题（刘象愚等译，江苏教育出版社，2005）。

② 〔美〕苏珊·桑塔格：《反对阐释》，程巍译，上海译文出版社，2003，第 17 页。

③ 〔美〕J. 希利斯·米勒：《文学理论在今天的功能》，〔美〕拉尔夫·科恩：《文学理论的未来》，程锡麟等译，中国社会科学出版社，1993，第 121 页。

④ 〔美〕乔纳森·卡勒：《当代学术入门：文学理论》，李平译，辽宁教育出版社，1998，第 64~65 页。

注的是文学文本在形成过程中其整体或各构成因素与各种文本之外的社会文化因素之间的复杂关联，试图通过分析这些关联而呈现更为丰富的文学意义以及社会文化意义，常常还会涉及社会政治、意识形态诸因素。如果对二者稍微做一点反思社会学式的透视，则前者强调文学和审美的独特性，彰显的是一种高雅品位或修养，从而凸显知识分子的精神独立性，可以说是传统知识分子或精英知识分子趣味之表征；后者介入现实生活，将审美和文学与社会文化系统视为一个相互关联的整体，把文学和审美看作了解社会文化的一个特殊的角度，显示出某种“介入”意识（萨特）或社会批判精神（法兰克福学派），这是现代大众知识分子的特点。

那么，我们所说的文学阐释学是不是就属于“外部研究”呢？并不能做如此简单的归类。在当代文学研究的语境中，“文学阐释学”有两种不同的用法，一是狭义的，仅指姚斯和伊瑟尔代表的康斯坦茨学派的“接受美学”。二是广义的，是指一种旨在探讨文学与各种相关的社会文化因素之关系的文学研究路向，又可以称之为“文化诗学”或“文学文化学”。无论是哪种意义上，文学阐释学都是在形式主义批评、新批评、结构主义批评基础上发展起来的，因而均不同于传统意义上的批评，例如 19 世纪法国的社会学批评（史达尔夫人、泰纳）或俄国的社会历史批评（别林斯基、车尔尼雪夫斯基、杜勃罗留波夫）以及苏联 20 世纪 30 年代的文化历史学派的文学批评。如果说“新批评”关注的是文学文本本身，既不关注作者，也不关注读者，那么作为“接受美学”的文学阐释学，关注的则是读者眼中的文本，或者说是一个文学文本是如何在读者的阅读过程中成为一个活生生的文学世界的。伊泽尔说：“阅读任何文学作品，关键在于作品结构与其接受者之间的相互作用。艺术的现象学理论往往特别要求人们注意研究一部文学作品不仅要考虑实际的文本（text），而且对文本的反应当中所具有的行为要给予同样的关注，其原因也在这里。文本只提供‘程式化了的各方面’，后者促使作品的审美对象得以形成。”[①] 又说：“文学作品有艺术和审美两极：艺术一极是作者的文本，审美一极则通过读者的阅读而实现。”[②] 这就是说，“接受美学”所感兴趣的主要是“文本的反应当中所具有的行为”或“审美一极”，即：文本是如何在读者的接受过程中成为审美的文学作品的。总之，“接受美学”的出发点虽然从作者和文本转向读者，但其研究目标却依然不出“文学性”和“审美性”范围。

与接受美学不同，广义的文学阐释学关心的是文学文本的构成因素和审美特征以及它们对读者的种种影响作用究竟意味着什么？是怎样的社会文化因素，包括政治、历史以及意识形态因素，决定了这一切。如果说尽管把视角从文本移向了读者，但“文

① 〔德〕沃尔夫冈·伊泽尔：《文本与读者的相互作用》，张廷琛：《接受理论》，四川文艺出版社，1989，第 44~45 页。

② 〔德〕沃尔夫冈·伊泽尔：《文本与读者的相互作用》，张廷琛：《接受理论》，四川文艺出版社，1989，第 44~45 页。

学性”和“审美性”依然是接受美学所坚守的批评原则，那么超越这一原则并且把“文学性”和“审美性”本身也视为某种因素的表征，则是我们所说的文学阐释学或者文化诗学的基本特点。这也正是我们在这里所要讨论的“文学阐释学”。

那么文学阐释学或文化诗学的研究目标是什么呢？这就涉及其与“修辞性批评”或“审美诗学”的根本性差异。文学阐释学从文学文本出发，在“文学性”和“审美性”的基础上展开研究，这意味着该研究是遵循文学特殊规律的，是从文学的形式因素和审美特性的分析入手的。但与“修辞性批评”或“审美诗学”不同的是，文学阐释学并不停留在关于文学形式因素和审美特性本身的分析和探讨上，而是把这些因素连同它们所表现的内容与特定文化语境中的、外在的关联性因素勾连起来，使之显现为一个关系网络，进而通过对这个关系网络的剖析，呈现文学文本背后蕴含的各种意义维度。因此，文学阐释学的研究对象是文学现象，但其研究目标是文学现象背后隐含的整个意义世界。例如面对陶渊明的诗歌，文学阐释学首先要做的就是通过细读来把握诗歌文本的语言特点、修辞技巧以及风格、意象、韵味等文学性因素。在此基础上把这些因素置于由东晋时期门阀政治、玄学语境以及陶渊明个人身世、遭际等因素构成的关系网络之中，呈现陶渊明诗歌包含的复杂的精神诉求、人生志趣以及审美趣味。如此便从一个角度进入东晋时期的精神空间之中，建构起一个与彼时居于主导地位的士族文人群体有所区别的另一种意义世界，从而呈现出一种古人精神世界的丰富性。显然，这样的研究是一般的历史、文化史、政治史所不能完成的。

二　在方法论和本体论之间

——文学阐释学的理论归属

在弄清楚何为文学阐释学的研究对象和目标之后，又有一个问题随之而来：文学阐释学属于方法论范畴还是本体论范畴？我们知道，在西方学术史上，阐释学，包括圣经阐释学、法律阐释学以及文献阐释学等都是作为一种方法论而存在的，是对各种具体文化门类的文本进行解读的方法之总结。19世纪初期，施莱尔马赫在总结各种专门阐释学或特殊阐释学的基础上提出“一般阐释学”的观点[①]，目的是建立一种适合于各个学科门类的具有普遍意义的方法论。这是阐释学史上划时代的事件。到了19世纪后期，面对科学主义的泛滥，狄尔泰试图建构一种人文科学研究的方法论，这就是他

① 〔德〕施莱尔马赫:《诠释学箴言》，洪汉鼎译，洪汉鼎主编《理解与解释——诠释学经典文选》，东方出版社，2001，第26页。

的体验阐释学。其云：“理解和解释是各门精神科学所普遍使用的方法。”[①]但是由于狄尔泰把人文科学主要看作各种形式的“生命表现”，阐释主要是对他人“生命表现”的理解，而最为真诚无伪的“生命表现”乃是在伟大的文学艺术中的“体验表达”，所以人们也主要是通过体验才能理解和解释这种生命表现。这就意味着，阐释的根本意义在于不同存在个体之间生命体验的相互沟通，也就是通过自我体验来理解他人的体验。于是狄尔泰的阐释学实际上已经具有了本体论色彩。他是从作为方法论的阐释学向作为本体论的阐释学的一个过渡。到了海德格尔和伽达默尔这里，阐释学已经完成了从方法论向本体论的转换。对于海德格尔来说，阐释是存在者的存在方式，而对于伽达默尔来说，阐释参与了阐释对象意义之建构，显然已经属于本体论范畴了。伽达默尔谈到《真理与方法》的写作时，明确指出：“本书所阐述的诠释学不是精神科学的某种方法论学说，而是这样一种尝试，即试图理解什么是超出了方法论自我意识之外的真正的精神科学，以及什么使精神科学与我们的整个世界经验相联系。如果我们以理解作为我们思考的对象，那么其目的并不是想建立一门关于理解的技艺学，有如传统的语文学诠释学和神学诠释学所想做的那样。”[②]这就是说，他的阐释学是关于人文精神领域基本存在方式的学说，是一种具有存在本体论意义的哲学而不是关于认识方法的学说。

那么，我们讨论的文学阐释学究竟属于方法论还是本体论呢？同样不能做如此简单的归类。文学阐释学首先应该是一种方法论，是关于文学阐释方法的理论概括。诸如什么是文学阐释，文学阐释如何展开，什么是文学阐释的对象以及文学阐释的目标是什么，等等，都是文学阐释学需要讨论的问题，而这些都属于方法论范围。但是文学阐释学并不仅仅是对这些问题的总结式言说，它还关注文学文本意义的生成问题。就文学阐释学而言，关于文学意义的言说并不是对作者“原意”或者文本“本义”的复现，文学阐释不是“追问真相”，不寻求所谓“确解”。诸如《红楼梦》究竟是写什么的，李商隐的诗《锦瑟》到底是一首情诗还是讽喻之作？等等，这都不是文学阐释学的提问方式。文学阐释学感兴趣的是《红楼梦》呈现出来的人物关系、场面、情节以及修辞方式、风格、趣味等文学要素是怎样的，当把这些文学要素置于清朝康乾时期的文化语境之中，并与各种社会文化、政治经济因素相关联时，我们可以看到怎样的意义。例如贾宝玉这样纯真无伪、心地善良，加之光风霁月般的人品，在那样的历史条件之下究竟意味着什么？他与彼时在儒释道影响下可能具有的人格理想、价值追求、审美趣味是怎样的关系，等等。当一种文本与具体语境中的某种因素关联起来的

① 〔德〕狄尔泰：《对他人及其生命表现的理解》，李超杰译，洪汉鼎主编《理解与解释——诠释学经典文选》，第93页。

② 〔德〕汉斯-格奥尔格·伽达默尔：《真理与方法——哲学诠释学的基本特征》，洪汉鼎译，商务印书馆，2010，第6页。

时候，一种前所未见的意义便自然而然地呈现出来。文学阐释学的主要任务就是要通过建立这些联系，使文学文本显现出意义的丰富性。毫无疑问，这些联系并不是随意建立起来的，它有着客观自在性，必须以可以验证的材料为依据。如果说文学阐释学有什么客观规定的话，那主要是指支撑这种文本因素与特定文化语境中各种文化、政治以及意识形态因素之关联的文献材料的真实可靠。如此说来，文学阐释学就兼具了方法论和本体论双重特性。作为一种方法论，文学阐释学和文学心理学、文学社会学一样具有可操作性，能够指导人们对一个具体的文学文本进行有效解读；作为本体论，文学阐释学可以让人们更好地理解文学文本、文学作品、文学意义之间的关系以及它们各自的基本特性，从而改变我们关于文学存在方式的传统认识。

行文至此，我们不可避免地涉及文学意义的客观性和生成性的关系问题。在阐释学，包括文学阐释学的讨论中，有两种观点常常发生争论。一种观点认为一部文学作品的意义，即它表达了什么，是作者赋予的，当作者完成作品的创作之后，作品的意义就被固定在文本之中了，无论人们是否发现它，它都在那里。因此，文学阐释的任务就是去发现、揭示这种客观地存在于文本中的意义。另一种观点则相反，认为文学文本并不蕴含客观意义，而只是一些文字符号而已。文学的意义只有在阅读过程中才会产生。换句话说，文学意义是读者参与创造出来的。康斯坦茨学派的核心观点正在于此。这两种观点各有各的道理，各有各的学理依据和经验基础，也各有各的偏颇。如果文学文本不具有意义的确定性，人们为什么不会把《红楼梦》和《水浒传》相混淆呢？为什么不同性别、不同年龄甚至不同时代、不同民族的人对同一部文学经典会产生相近的解读和评价呢？这是一个方面。从另一个方面看，如果说一个文学文本的意义是固定的，在创作结束之后就完成了，那么为什么对同样一部作品，不同的人总会读出新意来呢？即使像"池塘生春草，园柳变鸣禽"这样再简单明了不过的诗句，不同时代的读者也能读出不同的意义来。而且，人们在不同文化语境中甚至可以对同一部文学作品做出完全相反的解读与评价。一部文学作品，特别是那些被公认为经典的作品似乎是一口取之不竭、用之不尽的水井，可以常读常新。

为了克服上述两种偏颇，文学阐释学将展开三个递进层次的意义追问，或者更准确地说，是意义建构。这三个层面都是文本客观性与阐释生产性之间相互作用的结果。但是在不同层面，二者所占比重是不一样的。总体上看，是呈现客观性由多到少，生产性由少到多的趋势。第一个层面是建构文学的"虚拟空间"。文学阐释学承认文学文本一定程度上具有意义的确定性，对此可以称之为文本语言符号负载的信息系统所构成的文学世界，包括时间、地点、人物、场景、事件、意象、情调、风格等因素构成的"虚拟空间"。这个虚拟空间固然需要在读者阅读过程中形成，但它与文本符号信息系统有着直接的关联，因此有着清晰的边界，在不同的读者那里或许有所不同，但不会出现大的差异。如前面所说，无论什么人阅读《红楼梦》，呈现在其面前的都是由贾府及与之相关的各色人等构成的一个个生活场景和事件，甚至包括小说整体上表现出来的哀婉情调。其中自然会有差异，但绝不会相差太远。对这个问题，张江教授的“圆周率”和“正态分布”说是很有说服力的[①]。文学作为一种公共性的精神产品，无论是旨在传达某种感情体验或思想观念，还是旨在赚钱谋生，它都是以特定的“文学共同体”为前提的，是在这个共同体中才能够实现其价值的。共同体成员在知识结构、价值取向、审美趣味等因素构成的基本文化修养上的相近性乃是文学“公共性”的基础，而文字符号则是文学“公共性”之载体。因此，当他们面对同一部文学作品时才会做出相近的反应。文学阐释同样也是基于存在于共同体中的“公共性”才获得有效性的。如此看来，那种只看到差异性而忽视公共性的观点是片面的。当然，同样不能忽视的还有意义生成的复杂性。同样的符号信息系统在不同个体那里确实会产生不尽相同的反应。差异永远是绝对的，即使是同一个人在不同条件下对同一部文学作品的理解也会有所不同，有时还会有很大差异。因此，“共同体”也罢，“公共性”也罢，都只有在相对的意义上才有其现实性。在“虚拟空间”的层面上文本客观性是相当明显的：整个虚拟空间中的任何一个构成因素，哪怕是微小的细节，都直接联系着具体的文本符号信息，这里不允许“无中生有”。阐释的“生产性”仅仅表现在将物质形态的文字符号在大脑中转换为活的形象。在这里，贾宝玉俊美、薛蟠粗俗是不能改变的，能够改变的仅仅是贾宝玉“如何”俊美和薛蟠“如何”粗俗这一点上。

建构“虚拟空间”只是文学阐释行为的前提和基础。在这个层面上当然也涉及意义建构，但是还远没有完成预定目标。换言之，在包括时间、地点、人物、场景、事件、意象、情调、风格等因素构成的虚拟空间这个层面上，文学文本的意义是比较稳定的，这种意义的稳定性也就构成了一个文学文本在特定共同体中“可以被谈论”的基础。紧接着阐释行为便进入一个更深的层面上——追问这个文学的“虚拟空间”应该如何被理解。如果说上一个层面的阐释行为主要是根据作家提供的图纸建立一个活生生的世界，那么这里则主要涉及对这个世界整体以及各个组成部分的认识和评价问题。一部《红楼梦》有几百个人物形象，他们分别代表什么样的人生旨趣？一个场面或一个事件具有怎样的意义？整部作品向人们展示了怎样的道理？这些问题都需要通过阐释来回答。由于阐释者的立场不同，出发点有别，在这个层面上就必然会出现诸多迥然不同的观点。有人说这部小说是表现阶级斗争的，有人说是警世之作，有人说旨在暴露人性之美丑、世态之炎凉。对“虚拟空间”中具体构成因素的理解和评价也是这个层面阐释行为的重要任务。贾宝玉是大家族的败家子，还是封建家族的叛逆者；是“情种”

① 张江:《论阐释的有限与无限——从 π 到正态分布的说明》,《探索与争鸣》2019 年第 10 期。

的化身，还是浮浪子弟的代表？薛宝钗是知书达理有教养的大家闺秀，还是狡诈多谋、表里不一的贵族女子？观点虽然相反，但都属于意义建构，而且都有来自“虚拟世界”的因素为依据。总体上看,这个层面的阐释是要在“虚拟空间”的基础上建构起一个“意义世界”——一个包含着是非善恶的各种价值冲突的意义网络。毫无疑问，“意义世界”的建构过程，文本客观性的成分减弱了，阐释生产性的比重增加了，二者可以说处于某种“势均力敌”的平衡状态。

在“虚拟空间”和“意义世界”的基础上，文学阐释学接下来的工作是进一步探寻这个“虚拟空间”和“意义世界”与其生成和存在的语境之间的关联，目的在于勾勒出一个“关系网络”。在阐释者对文学文本进行解读的过程中产生了“虚拟空间”和“意义世界”，但无论作者还是阐释者都不能被视为二者产生的决定性因素，只有这个“关系网络”才有这样的功能，故而也可以称之为“意义生成模式”。所谓“意义生成模式”也就是有各种关系维度构成的某种结构，文学文本的全部意义只有在这样的结构中才会产生出来。文学阐释学不仅仅要通过语境化、历史化的文本分析建构起一个“意义世界”，还要进一步呈现造成这个意义世界的原因。追寻原因是人类思维的基本指向。人们生活的大千世界纷纭繁复，生灭无常，一切都无时无刻不在变化之中。面对这样的世界，人类是渺小的，其应对之术是依靠无比强大的思维能力和想象力把无限变为有限，无序变为有序，从而在精神上把握世界。因果思维便是人们把握世界的最有力的武器之一。有因便有果，有果必有因——这既是人们无数经验之总结，又是人们理解新事物的基本方法。最初这种“因果思维”是比较简单的，借用阿尔都塞的说法,叫作“直线性因果关系”或“传递因果关系”①。这种思维方式长期主导着人们对世界的认知。到了黑格尔那里,开始从内容与形式、本质与现象的辩证法角度认识世界。他不满于传统的“因果思维”,提出被阿尔都塞称为“表现性因果关系”②的新的因果思维。这种思维方式认为人们看得见的事物只是事物的表面现象，决定其存在状态和变化的原因植根于其内部。显然，如果说“直线性因果关系”思维方式是按照时间线索从发生在前面的事物上寻找原因，那么“表现性因果关系”则是透过现象表层而在其内部寻找原因，认为“本质”决定“现象”。在阿尔都塞看来，这两种“因果思维”都是人的思维本身的产物，不是对事物自身规律的揭示，所以均不足以真正揭示事物发生发展的原因。只有马克思的“结构性因果关系”才可以揭示真相。他说：

① 〔法〕路易·阿尔都塞、艾蒂安·巴里巴尔:《读资本论》，李其庆、冯文光译，中央编译出版社，2001，第 214 页。

② 阿尔都塞在论及马克思之前的“因果思维”时“曾经指出，马克思以前的理论思考大体上提供了两种对作用问题进行思考的模式：一种模式是伽利略和笛卡儿的传递因果关系，另一种模式是黑格尔从莱布尼茨那里因袭的表现因果关系。由于所使用的概念含混不清，这两种模式很容易在本质—现象这一对概念的古典对立中发现共同的基础。”〔法〕路易·阿尔都塞、艾蒂安·巴里巴尔:《读资本论》，李其庆、冯文光译，第 221~222 页。

马克思由于彻底改变了政治经济学的对象而提出的认识论问题可以表述如下：通过何种概念人们可以思考新的决定类型，也就是刚才论证的由区域结构决定这一区域的现象？更一般地说，用何种概念和何种概念体系人们可以思考结构的各个要素、这些要素之间的结构关系以及这些关系的一切后果由这一结构的作用决定？进一步说，用何种概念和通过何种概念体系人们可以思考从属的结构由支配的结构决定？或者说，如何说明结构的因果性概念？

又说：

作用不是外在于结构的，作用不是结构会打上自己的印记的那些预先存在的对象、要素、空间。相反，结构内在于它的作用，是内在于它的作用的原因。用斯宾诺莎的话来说，全部结构的存在在于它的作用，总之，结构只是它自己的要素的特殊的结合，除了结构的作用，它什么也不是。①

这两段话是什么意思？概括说来有两个要点，其一，“结构的因果性”是事物发展变化的决定因素。构成结构的各个要素本身都不能发挥作用，只有它们构成的关系才能发挥作用，因此所谓“结构”实际上就是指各个要素之间的关系，这种关系对构成它的要素发生作用乃是结构存在的唯一表征。换句话说，结构不是先在的、固定不变的，因为构成结构的各个要素以及它们之间的关系都无时不处于变化之中。其二，“结构的因果性”是多重性存在，一个单一的因素的存在状态要受到结构的作用，而这一结构又要受到更上一层结构的作用，也就是说，要素与结构之间构成从属关系，不同层级的结构之间也构成从属关系。一个事物、一种现象就是在这样极为复杂的关系网络中生成并变化的。阿尔都塞运用他著名的“症候阅读法”发现了马克思在研究资本主义商品生产时所运用的这种“结构性因果关系”的崭新视角，认为这是马克思对黑格尔的超越。

马克思这种“结构性因果关系”研究视角在恩格斯那里得到继承和发展。在马克思的基础上，恩格斯提出著名的“力的平行四边形”或“合力说”：

历史是这样创造的：最终的结果总是从许多单个的意志的相互冲突中产生出来的，而其中每一个意志，又是由于许多特殊的生活条件，才成为它所成为的那样。这样就有无数互相交错的力量，有无数个力的平行四边形，由此就产生出一个合力，

① 〔法〕路易·阿尔都塞、艾蒂安·巴里巴尔：《读资本论》，李其庆、冯文光译，中央编译出版社，2001，第216页。

即历史结果，而这个结果又可以看做一个作为整体的、不自觉地和不自主地起着作用的力量的产物。因为任何一个人的愿望都会受到任何另一个人的妨碍，而最后出现的结果就是谁都没有希望过的事物。①

这段话可以说是对马克思“结构性因果关系”思想的最精确的解释。这里的“力的平行四边形”和“作为整体的、不自觉地和不自主地起着作用的力量”也就是“结构”。“无数相互交错的力量”就是结构的作用，它的方向不是事先确定的，而是“合力”的结果。如此一来，恩格斯不仅彻底否定了黑格尔式的目的论历史观，而且否定了庸俗社会学的经济决定论。

“结构”“力的平行四边形”“合力”等说法都是指向那种最根本的决定性因素的。对于我们讨论的文学阐释学来说，也就是所谓“关系网络”或“意义生成模式”。文学文本的意义是由这个隐含于文本意义世界背后的“关系网络”决定的。严格说来，任何一个文学文本的“意义世界”都是特殊的，不同于其他文学文本，这说明，造成这个“意义世界”的“关系网络”也是特殊的，独一无二的。但是，在同一历史时期并且相近的文化语境中，文学文本，甚至非文学的其他文化文本（如哲学、历史等）的“意义世界”具有相近性，这也就意味着决定其如此这般的“关系网络”也具有相近性。正是在这个意义上，我们可以称那些具有相近性的“关系网络”为“意义生成模式”。西方马克思主义批评家吕西安·戈德曼提倡一种称为“发生论结构主义文艺社会学”的文学研究方法，他运用这种方法研究法国 17 世纪的文学艺术和哲学思想，在穿袍贵族和冉森教派、拉辛的戏剧、帕斯卡尔的哲学三者之间找到了他称之为“悲剧观”的“意义结构”。在一个社会阶层和教派、文学作品、哲学思想三者之间寻找共同点无疑是很有想象力的做法。但戈德曼绝不是异想天开的理论建构，他的这一见解是建立在他对冉森教派和穿袍贵族的社会境遇及精神状态、帕斯卡尔的哲学思想、拉辛的剧作细致入微的分析基础上的，可以说是从经验事实中归纳出来的。他说：“由于辩证的方法不是一种先验的结构方法，而是实证研究的方法；因此要得出意义结构的基本模式首先就要求对一些个别的经验事实进行认真的探索，尽可能完全和详尽的探索，在初始时，这种意义结构仿佛就是由这些个别的经验事实构成的。”② 这无疑是他的经验之谈。一种“意义结构”或者“意义生成模式”往往存在于某一个历史时期的许多方面，具有相当的普遍性；但是对它的认识却需要通过深入细致的文本分析或者社会现象分析才能够实现。文学阐释学不同于一般的文学研究，特别是“审美诗学”或“修辞性批评”之处就在于它的研究目标是文本和

① 《马克思恩格斯文集》第 10 卷，人民出版社，2009，第 592~593 页。
② 〔法〕吕西安·戈德曼：《隐蔽的上帝》，蔡鸿滨译，百花文艺出版社，1998，第 137 页。

文学性范畴之外的“意义生成模式”。

在这个层面上，“意义建构”和“追问真相”达成统一。对文本“意义生成模式”的叩问，既是“意义建构”之结果，又是“追问真相”之产物。何以见得呢？“意义生成模式”是“意义”之为“意义”的根源之所在。换言之，只有通过文本和语境间的“循环阅读”建立起来的“意义生成模式”，我们才能够对文本最深层的意义有正确的把握。一部《水浒传》究竟展示了怎样丰富的意义世界？“江湖好汉的赞歌”“侠义精神”“官逼民反”“阶级斗争”“农民起义”等都是人们曾经在《水浒传》呈现出来的那个“虚拟空间”中读出来的意义，但毫无疑问都是浅层次的，都是站在某种立场很容易看到的。如果我们可以进一步追问，围绕《水浒传》文本有多少重要的意义关联因素？这些因素之间构成怎样的结构关系？形成了怎样的“力”的相互纠缠？这样，问题就被引向深入了。如果进而把文本呈现出来的各种“力”构成的结构关系放到元末明初的时代环境中，把文本中的“力”所表征的现实社会的结构关系呈现出来，我们就肯定会对这部小说的意义有新的理解。

三　在“共鸣”与“共识”之间：文学阐释学与其他阐释学之异同

文学阐释学究竟是不是阐释学？较哲学阐释学或历史阐释学，它有什么独特之处？有一些研究文学的人反对阐释，认为阐释就是随意言说，言人人殊，无客观衡量标准，考证性的研究才是真正的研究，因为是靠材料说话，有一分证据说一分话，经得住检验。这显然是很片面的见解，根本不懂得文学研究之真谛。文学本身就是人文学科，是关于意义的言说。如果文学研究以考据或文献整理为主，那么恰恰背离了文学固有的特性，甚至是遮蔽了文学的真正价值。文学需要鉴赏，文学也需要阐释，考据和文献整理是文学研究的基础性工作，不应该成为主流，更不应该成为全部。那么文学阐释学和其他类型的阐释学有什么异同呢？

张江教授在论及文学阐释学和哲学阐释学、历史阐释学的差异时曾多次指出，文学阐释学指向“共鸣”，历史阐释学等其他阐释学则指向“共识”[①]。笔者对此有不同认识。这个问题既涉及文学阐释学与其他类型的阐释学的异同问题，又涉及文学阐释学的基本功能问题，是文学阐释学研究中带有根本性的大问题，因此，我们需要用一些篇幅予以认真讨论。

何为“共鸣”？这是文学理论的一个基本概念，指不同人对同一作品产生相近的审美经验，例如都被某个人物、某个情节、场面、意境所打动。这就是说，“共鸣”乃是

① 张江:《再论强制阐释》,《中国社会科学》2021 年第 2 期。

审美过程中经验层面的心理现象。何为“共识”？是指不同人对同一事物或道理的相近看法，主要是指理性层面的认知现象，属于逻辑思维。显然这里涉及“诗”与“思”或者“艺术与真理”这个海德格尔存在论哲学的根本问题。从海德格尔的角度看，这两者是殊途同归的，不能截然分开，例如我们可以说，“共识”是“共鸣”的基础，而“共鸣”是“共识”的极致。因为海德格尔的存在论哲学与西方传统的认识论哲学不同，不是去追问客观真理，而是探寻存在之奥秘。存在不是认识对象，不是客观真理，而是与人的感觉、感受、体验乃至人的全部生命活动密切相关的，存在不在人之外，人在存在之中，存在在人之中，对其无法面对，只能在其中领悟。语言使“诗”与“思”成为可能。语言就其本真意义来说与“诗”“思”一样，都是存在的敞开状态，是真理的澄明。这种语言不是作为人的交流工具的日常语言，而是本真性语言，是存在的自然显现,海德格尔称这种显现为“道说”。真正的“诗”与“思”都是本真语言的“道说”。这正是“存在”与“诗”、“语言”、“思”的一致性、相通性之所在。他说：

> 诗与思，两者相互需要，就其极端情形而言，两者一向以自己的方式处于近邻关系中。至于这种近邻关系在哪个地带（Gegend）中有其领地，这是要由诗与思来规定的；虽然规定的方式各个不同，但结果乃是诗与思处于同一个领地中。然而，有一种几千年来养成的偏见，认为思想乃是理性（ratio）的事情，也即广义的计算（Rechnen）的事情——这种偏见把人弄得迷迷糊糊。因此之故，人们便怀疑关于思与诗的近邻关系的谈论了。①

译者孙周兴教授认为:“海德格尔看来,‘诗’（作诗）趋于‘显’,‘思’（思想）趋于‘隐’。而两者作为道说之方式均应合于‘道说’（Sage），同中有异，异中有同，是为‘近邻关系’（Nachbarschaft）。”② 这就是说,就根本而言,“诗”（文学艺术）和“思”（哲学思考）都可以成为“存在”之显现，二者并无高下之别，更无性质上的差异。那么，是不是可以说文学阐释学指向“共鸣”而哲学阐释学和历史阐释学指向“共识”的说法就根本站不住脚呢？事实上也并非如此简单。如前所述，“共鸣”是感性的、体验的，而阐释却是一种理性行为，因此说文学阐释学指向“共鸣”实际上等于说文学阐释并不是真正意义上的阐释。如果从传统的主体性哲学或者哈贝马斯所说的“意识哲学”的角度来看，阐释属于认识论范畴，是一种在主客体二元模式中进行的意识行为，在这样的情况下，文学或者被理解为一种纯粹的客观存在物而成为认识的对象，或者干脆被排除在阐释对象之外。“文学阐释”显然处于很尴尬的境地。

① 张江:《再论强制阐释》,《中国社会科学》2021年第2期。
② 〔德〕海德格尔:《在通向语言的途中》，孙周兴译，商务印书馆，1997，第163页。

然而从一个多世纪以来西方阐释学的历史演变来看，跳出主体性哲学的认识论樊篱、为人文学科建构独立于自然科学的言说方式正是其基本走向。因此从狄尔泰到海德格尔再到伽达默尔，关于文学艺术的阐释都是他们最为关注的方面。在他们看来，既然是为人文学科寻找恰当言说方式，而文学艺术正是人文学科中最具有代表性的部分，因此文学阐释学就成为现代阐释学的重要组成部分。这样一来，如何阐释文学艺术不仅是文学研究领域的重要问题，而且是哲学阐释学领域的重要问题。那么阐释学的共同目标和功能是什么呢？换言之，文学阐释学和哲学阐释学、历史阐释学的共同点何在呢？在我看来，这就是我们前面论及的“意义阐释模式”。文学文本的意义世界和哲学文本、历史文本的意义世界无疑存在着根本性差异，但是它们背后发挥着决定作用的关系网络，即“力的平行四边形”或“结构性因果关系”，也就是我们所说的“意义生成模式”却往往存在着惊人的一致性。它就像弗洛伊德理解的“力比多”，作为一种原始的、本能的力，它是一般无二的，但作为“力比多”之呈现或曰“升华”方式则形形色色。文学艺术、哲学、历史乃至政治、军事、宗教都可以归因于此。当然，我们这里并不是倡导一种还原主义理解方式，事实上，如前所述，“意义生成模式”并不是一种恒定不变的驱力，不是先验的“实体”，它是具体的，而且是无时无刻不处于变动之中的。它的任何一种外在表征，包括各类文本的差异也就印证着它的独一无二性。

这即意味着，寻求“共鸣”固然是文学阐释学的重要任务，但文学阐释学并不止步于此，对“共鸣”背后隐含的“意义生成模式”的追问无疑是文学阐释学应有之义，甚至是更重要的任务。另外，张江教授所说哲学阐释学和历史阐释学所追求的“共识”，我理解也就是他经常谈到的“寻求承认”——在一个共同体中得到其他成员的接受和认可。这是没有问题的。阐释的目标是获得认可，否则就没有阐释的必要，自己理解就行了。寻求共识是阐释的动力，也是某一文本意义得以不断丰富的根本原因。一种富于新意的阐释被共同体所接受并成为共识，也就意味着这一阐释是有效的。“共鸣”是审美经验的相通性，“共识”则是道理或观念的普遍性。二者分别是文学阐释学和哲学阐释学以及历史阐释学所具有的功能。但是，正如文学阐释学并不止步于“共鸣”一样，哲学阐释学和历史阐释学亦需对“共识”背后发挥作用的“意义生成模式”进行追问。二者在这个层面上达成统一。

在《真理与方法》中，伽达默尔用大量篇幅讨论的“共通感”、“判断力”以及“趣味”问题可以说主要是关于“共鸣”的，其“视域融合”“效果历史”等见解则主要是关于“共识”的，而贯穿于全书的“历史性”意识则意味着伽达默尔对“共鸣”和“共识”背后决定性力量的认识。“历史性”这个概念在海德格尔和伽达默尔的阐释学中具有极为重要的意义，它不是一个观点，而是一种基本视角，是他们的阐释学与他们之前全部阐释学的根本不同之所在。伽达默尔指出：

> 艺术的万神庙并非一种把自身呈现给纯粹审美意识的无时间的现时性，而是历史地实现自身的人类精神的集体业绩……因此对于美和艺术，我们有必要采取这样一个立足点，这个立足点并不企求直接性，而是与人类的历史性实在相适应。①

又说：

> 存在和客观性的全部意义只有从此在的时间性和历史性出发才能被理解和证明——这无论如何是对于《存在与时间》主要倾向的一种可能的表述——对于这一点，胡塞尔至少也以他自己的方式，即从他的"原始自我"的绝对历史性的基础出发，加以要求过。②

阐释者不仅仅面对着历史性的阐释对象，也历史性地面对着阐释对象。历史是阐释者与被阐释者共处其中的奔流之河（处于变动中的言说语境）。在历史这条奔流不息的长河中，阐释者的主体性和被阐释者的自主性都整合为同一传统，因而理解和阐释就成为连接过去和现在的纽带："历史意识的自我批判最后却发展成不仅在事件过程中而且也同样在理解中去承认历史性运动。理解甚至根本不能被认为是一种主体性的行为，而要被认为是一种置自身于传统过程中的行动，在这过程中过去和现在经常地得以中介。"③阐释者在历史过程中，或者说在文化传统的历史演变中进行自己的阐释行为，而其阐释对象也是这一过程和传统的组成部分，因而在其自我和他者之间就存在着很大程度的重合，于是对对象的阐释往往与自我阐释相关联："一种真正的历史思维必须同时想到它自己的历史性。只有这样，它才不会追求某个历史对象（历史对象乃是我们不断研究的对象）的幽灵，而将学会在对象中认识它自己的他者，并因而认识自己和他者。真正的历史对象根本就不是对象，而是自己和他者的统一体，或一种关系，在这种关系中同时存在着历史的实在以及历史理解的实在。一种名副其实的诠释学必须在理解本身中显示历史的实在性。"④伽达默尔对阐释的"历史性"的特别强调无疑具有重要意义，这意味着哲学阐释学并不仅仅停留在对"共识"的追求上，其更深一层的目标是对那些决定着"共识"的历史因素予以呈现。然而伽达默尔认识到这一点并不意味着他真正可以实现它。因为要真正做到"历史性"阐释，需要建立起前文论及的那个复杂的"关系网络"或"意义生成模式"，这显然不是在概念世界里的逻辑思辨可以达成的。

---

① 〔德〕汉斯－格奥尔格·伽达默尔：《真理与方法——哲学诠释学的基本特征》，洪汉鼎译，第142~143页。
② 〔德〕汉斯－格奥尔格·伽达默尔：《真理与方法——哲学诠释学的基本特征》，洪汉鼎译，第364页。
③ 〔德〕汉斯－格奥尔格·伽达默尔：《真理与方法——哲学诠释学的基本特征》，洪汉鼎译，第411页。
④ 〔德〕汉斯－格奥尔格·伽达默尔：《真理与方法——哲学诠释学的基本特征》，洪汉鼎译，第424页。

结　语

以上阐述表明，文学阐释学是一门有待进一步发展和完善的学问，它不应该是以往已有的任何一种文学研究方法的翻版，而应该是在以文本为中心的“修辞性批评”和以社会文化为中心的“社会历史批评”之间开辟新的路径。这种处于探索中的文学研究方法应该在文学性与非文学性之间、审美性与非审美性之间、追问真相与意义建构之间达成某种平衡。就其发展趋势而言，在文学研究“家族”中存在过和依然存在着的那些理论和方法为文学阐释学提供了丰富的资源。对“文学性”、“审美性”和“修辞性”的充分重视是文学阐释学的前提，文本细读和形式分析是文学阐释学的入手处。而在进一步的追问中，“文学性”、“审美性”和“修辞性”以及文本形式各种构成因素本身又都会成为文学阐释学的反思对象。总之，对文学现象背后隐含的种种复杂性和关联因素不厌其烦地追问和探索正是文学阐释学的学术旨趣之所在。

（作者单位　华南师范大学文学院　北京师范大学文艺学研究中心）

本文原载《北京师范大学学报》（社会科学版）2022 年第 1 期

生命与意义：论狄尔泰的“体验”概念与间在解释学

金惠敏

摘　要　解释学是关于意义的学问，是一种意义学，但如果简单地认为狄尔泰的解释学是生命解释学，以生命为出发点和旨归，因而以生命为意义之永不枯竭的源泉，那么这至多说对了一半。按照狄尔泰所言，意义既不单独地在于生命，亦非纯然存在于概念的差异化运动，而在于生命与其经由概念的表达之间永远无法弥合却又一直试图弥合的努力和挣扎。生命是意义的主体和动力，概念是意义实现的途径和工具，而所谓意义则是生命个体对其自身与外在的他者乃至整个世界所进行的概念性或想象性联结。生命与概念之间不可征服而又动态调适的紧张，将意义置于一个不断更新的过程之中。

西方的“赫尔墨斯学”（hermeneutics 之音译）在中国学术界迄今还没有一个统一的译名，但从大势来看，最终就是在“诠释学”“解释学”“阐释学”三者中择其一而名之了[①]。不过，较早时候出现的“释义学”尽管如今似乎逐渐地淡出人们的视野，这一名称却最鲜明地提出了“赫尔墨斯学”的核心论题——意义。其实，解释学就是意义之争，或者也可以说，解释学就是一种“意义学”[②]，因为意义并非我们轻而易举可获

① 国内关于 hermeneutics 译名之争已经持续有年，至今仍在“诠释学”、“阐释学”和“解释学”之间拉锯。三个译名的分歧在于“诠”“阐”“解”，若是比古老，哪个也不占绝对优势，而论语义，则又彼此相通。“诠”的第一义项就是阐明、解释，又兼有事理、真理的第二义项，而“阐”和“解”都有打开、说明、解释之意，与“诠”之第一义项相同。至于“诠”之第二义项，也不能说“阐”“解”就完全没有，因为只要不是跟从解构主义解释学，认为文本不包含意义，那么“阐”“解”本身总是已经预设了文本意义之存在。一个一劳永逸的解决办法是采用音译兼顾意译，将其翻译为“赫尔墨斯学”，简称“赫墨学”：赫，显赫、显著也；墨，昏暗不明也；赫墨连缀，其意为将晦暗不明的东西置于光明之地。不过，这个名称西化痕迹过重，很难为国人接受，而“诠释学”“阐释学”“解释学”三个译名之争永不休止，即使最终有一种流行，那也不是基于什么理据的原因，而大约是习惯使然。故笔者根据学界的一种习惯，将 hermeneutics 译为解释学，并无排他之意。

② 国内最早提出“意义学”概念的是李安宅，他著有《意义学》（商务印书馆，1934 年版）一书。详细评介可参见赵毅衡《李安宅与中国最早的符号学著作〈意义学〉》，《河北师范大学学报》（哲学社会科学版）2020 年第 5 期；岳永逸《魔障与通胀：李安宅的意义学》，《学海》2021 年第 2 期。

得的东西，而是需要使用一系列的方法来做艰难的探寻。但在方法之先，我们又必须对意义做出本体性说明，即什么是意义？它来自何处？对此的回答可避繁就简分作两派[①]：一派认为意义就是作者的原意，是作者真正想表达的东西；另一派则主张意义是互文性的或结构性的，是作者之表达与整个社会符号系统的网络关系，即一种符号间性。

狄尔泰是生命解释学最重要的代表，其意义理论自然可以命名为“生命意义论”。这种理论虽然出现在19世纪末20世纪初，但它超越了其身后各成气候的两大流派，包含着某种程度的辩证综合，堪作今后继续探讨的出发点。在狄尔泰那里，生命不只是叔本华的“意志”，还是由意志生发的“表象”；不只是弗洛伊德的“本能冲动”，还是拉康的无意识语言结构；不只是其自身，也是与他者乃至与整个世界的关系。即是说，生命除了作为一种原始的事实之外，还是一种意义、一个意义化的过程。甚至可以完全反过来断言：无意义不成生命。人类的生命需要在对意义的建构中完成自身。让我们从头道来，看看能否成功走向如上的断语。

一　“体验”是生命的自我展现：直接性与他涉性

孔德的实证主义，与自然科学、现代技术和工业革命的成功以及从而建立起来的威权有关。这种实证主义假定人类思维和历史社会在本质上并非多么有别于自然界，它们完全可以根据同样的实证方法来研究，而且就像在自然科学中那样，对它们进行预言和控制也是可能的[②]。因此，自然科学便成了一切研究的榜样和规范，被顶礼膜拜为“单一的知识实体”“人类进步的典型”“人类理性的力量”[③]等。由于这一文化气候，狄尔泰哲学生涯的不懈追求就是为精神科学辩护，而此辩护能否令人信服则取决于能否顺利找到精神科学不同于自然科学的本质特征，从而宣告将自然科学的规则和方法运用于精神科学的不当和失效。

为此，狄尔泰给出的关键词是“体验”（Erlebnis）。伽达默尔指出，该词并非狄尔泰首创[④]，黑格尔早在1827年的一封书信中即有使用，但是狄尔泰1906年出版的《体验与诗》一书“首先赋予这个词以一种概念性的功能，从而使得它很快发展为一个讨人喜爱的时髦词，并且成为一个明白易懂的价值概念的名称，以致许多欧洲语言都将

① 意义理论源远流长，涉及众多学科和学派，而且聚讼纷纭、莫衷一是。本文聚焦于狄尔泰的生命解释学，冀望从局部入手也能谈出一些更为一般性的理论命题。

② Cf. Walter Michael Simon, *European Positivism in the Nineteenth Century*: *An Essay in Intellectual History*, Ithaca, NY: Cornell University Press, 1963, p. 4.

③ Michael Singer, *The Legacy of Positivism*, Basingstoke: Palgrave Macmillan, 2005, p. 9.

④ 关于该词的来龙去脉，可参见 Karol Sauerland, *Dilthey's Erlebnisbegriff*: *Entstehung*, *Glanzzeit und Verkümmerun eines literaturhistorischen Begriffs*, Berlin: Walter de Gruyter, 1972。作为专题学术著作，该书提供了比伽达默尔的考证更丰富的历史和资料。

其作为外来词予以接纳”[①]。也就是说，“体验”作为一个专业性的、包含价值褒贬的概念术语而非一般的日常用语为学界和公众知晓使用，与狄尔泰的影响密不可分。伽达默尔所言不虚，狄尔泰研究权威鲁道夫·马克瑞尔在其著作《狄尔泰：精神科学的哲学家》中也采信了这一观点[②]。狄尔泰终身使用“体验”一词，毫无疑问，该词是狄尔泰特别选择的、用以批判实证主义或科学主义的哲学概念，然而也许正是其使用历史跨度巨大、语境多样且着重点各异，使得研究者对于该词的准确所指一直存在争议。但是，撇开细节差异不论，体验的基本含义是比较清楚的。

分解地说，德语词 Erlebnis 的词干是 L/leben（生命），其前缀 er 有“使之（词干）如何”的意思，或有将之转变为动词的功能，合起来说，er 加 L/leben 就是指（让）生命如其本然地运动。词典通常将 Erlebnis 或 erleben 解释为“经历”“遇见”“感到”等，虽然没有错误，但也没有我们所需要的信息。究竟生命活动的主体是谁？此主体又以什么方式来体验？要把握体验的性质，回答这两个问题将十分关键。

在狄尔泰，体验乃生命之自我展开。体验的主体是生命，是生命在体验着和活动着，因而没有生命，体验和活动便无从谈起；也可以说，体验不过是对生命经历的描述。体验的客体——如果有的话——也不等于在认识论中与主体呈二元对立态势的那种客体，它是生命自身的活动。在这一意义上说，体验意味着生命的自我体验，即生命体验着生命本身的体验（经历），这种体验不具有反身而思的性质。因此，严格说来，在体验中没有主客体之分，就是生命以生命的形式显露着自身。如其构词所提示，Erlebnis 的要义是生命。

体验不同于间接获得的知识，具有直接性的特点，伽达默尔看到了这一点：“显然，体验的两重意义是以其构词形式为基础的：一方面是直接性，它先于所有的解释、加工或传达而存在，并且只是为解释提供依据、为建构提供素材；另一方面是从直接性中所取得的收获，即直接性留存下来的结果。”[③]进一步说，若是再追问体验何以具有此种直接性的特点，那就必须返回体验的主体或核心，即生命存在。生命存在赋予体验以直接性，对此，伽达默尔有一格言式的概括：“体验到的东西总是自我体验到的东西。”[④]体验是自我本身的体验，来自他人的体验对于自我来说只是间接知识，与之相反，自我体验由于不经他人而自知，是从自身获得的，故而这种体验是直接的。在体验的自

① Hans-Georg Gadamer, *Gesammelte Werke*, Band 1, Tübingen: J. C. B. Mohr (P. Siebeck), 1990, S. 67, S. 67, S. 66, S. 72, S. 73, S. 75, S. 71.

② Cf. Rudolf A. Makkreel, *Dilthey: Philosopher of the Human Studies*, Princeton: Princeton University Press, 1975, p. 144.

③ Hans-Georg Gadamer, *Gesammelte Werke*, Band 1, Tübingen: J. C. B. Mohr (P. Siebeck), 1990, S. 67, S. 67, S. 66, S. 72, S. 73, S. 75, S. 71.

④ Hans-Georg Gadamer, *Gesammelte Werke*, Band 1, Tübingen: J. C. B. Mohr (P. Siebeck), 1990, S. 67, S. 67, S. 66, S. 72, S. 73, S. 75, S. 71.

我性意义上，狄尔泰的《施莱尔马赫传》将其与自我意识（Selbstbewußtsein）相提并论甚至等而视之[①]，因此，该书的编者用“主体性的”这样兼具物主性色彩的形容词来描述体验活动的特点，有“主体性体验”（ein subjektives Erlebnis）[②]这一说法。显而易见，体验的直接性来源于执行此体验的自我，而所谓自我首先就是人自身的生命存在，是弗洛伊德人格理论中“本我”（id）阶段的自我。

前面提到，体验不具有反身而思的性质。但需要声明的是，这并不是说人类的体验之中没有反思，若如此，体验就将流于动物般的本能反应了。事实上，体验之中仍残存着最低限度的认识论。海德格尔曾因此控诉感性学也就是美学造成了艺术的死亡[③]，他将经验（Erfahrung）归为主体性（Subjektivität）[④]，连带着怀疑起体验。体验究竟有无反思或概念？若回答是肯定的，那么体验还能是生命活动本身，以直接性为其本质特征吗？伽达默尔解决了这一难题。他首先承认“在体验概念中仍然存在着生命与概念的对立”[⑤]，接着又提出一个超越独立个体的、更高级别的自我统一体或生命整体，据此，无论体验如何是自我或生命的体验，也无论其多大程度上包含认识要素，它都将归属于这个统一体或整体。以传记文学为例，伽达默尔指出：“那决定着被体验之物意义内涵的自传性或传记性反思，仍然被熔化在生命运动的整体之中，并将一直与这种生命运动相伴相随。”[⑥]这是一种以生命为中心的观点，因而即便在生命活动中确实存在着超越性的反思、反观或概念化等认识论要素，从根本上说它们仍是归属于生命整体的，与生命整体浑然不分。也就是说，认识原本是生命性的，是生命的机能，是生命活动的一种存在方式或表现形式。同样的道理，在海德格尔的基础本体论当中也不缺乏认识论，但认识论都被他纳入人的存在之中，而非像从前那样站在存在的对立面或高居于存在之上、作为存在的决定者。因此，伽达默尔的一段话或许可以打消海德格尔对体验的认识论疑虑：“每一个体验都是从生命的连续性中挺拔出来的，同时也与

① Vgl. Wilhelm Dilthey, *Leben Schleiermachers*, Zweiter Band, Berlin: Walter de Gruyter, 1966, S. 578. 狄尔泰的原文为：“敬虔是一种感觉。这种感觉于是被等同为一种直接性的自我意识。这就是宗教体验概念之本质所在：敬虔是一种直接性的心理功能。因此也可以说：敬虔的直接性的自我意识便是与另外的感性知觉相对而言一种较高级的自我意识。对此，最后也可以补充说：敬虔不仅仅是这种较高级的自我意识，而且还是它与感知性的自我意识的一种混杂。”狄尔泰追随施莱尔马赫，将自我意识看作自我的，故而也是直接且感性的，而这其实是“宗教体验”和其他所有体验的特质。狄尔泰还特别注意到，施莱尔马赫不仅称宗教为感觉，并认为这种感觉乃“一种纯粹的主体的状态”（见该书第584页）。考虑到狄尔泰于施莱尔马赫的深度浸润，可以推断，其“体验”概念即便不是由施莱尔马赫“宗教体验”所滋养，也一定深受他的影响。

② Martin Redeker, “Einleitung des Herausgebers”, *Leben Schleiermachers*, Zweiter Band, S. LIX.

③ Martin Heidegger, *Holzwege*, Frankfurt: Vittorio Klostermann, 2003, S. 67–70, S. 186.

④ Martin Heidegger, *Holzwege*, Frankfurt: Vittorio Klostermann, 2003, S. 67–70, S. 186.

⑤ Hans-Georg Gadamer, *Gesammelte Werke*, Band 1, Tübingen: J. C. B. Mohr (P. Siebeck), 1990, S. 67, S. 67, S. 66, S. 72, S. 73, S. 75, S. 71.

⑥ Hans-Georg Gadamer, *Gesammelte Werke*, Band 1, Tübingen: J. C. B. Mohr (P. Siebeck), 1990, S. 67, S. 67, S. 66, S. 72, S. 73, S. 75, S. 71.

其自身之生命整体相联系。当体验作为体验自身，即当体验尚未被完全纳入与其自己生命意识的内在关联时，它就一直全然是元气淋漓的；不仅如此，体验通过其在生命意识整体之中的溶解而被‘扬弃’的方式，原则上也超越了每一种人们自以为知晓的意义。因为体验本身存在于生命整体之中，那么生命整体便也可以在体验之中现身。”① 此处，伽达默尔意在强调任何体验都是生命的体验，其中有活泼泼的生命，而体验即便与生命意识整体相关联，即当体验中有意识存在或者当体验被净化和提升到意识层次时，它仍然会表现出对意识的超越、对意识钳制的破坏，生命要顽强地回到自身，做独立的自己，而拒绝做意识的仆从。自在的体验（原始的经验）和关系的体验（进入生命意识的体验）都从属于生命整体。体验是生命的体验，即使体验之中含有意识，被加入意识，仍不能改变其生命的属性。此外，当伽达默尔指出体验与生命整体之相互包含时，他实际上已经暗示，根本就不存在自在的生命。生命即活动，活动必然超出其自身而指向他物，因此任何生命都是关系性的。与他物的关系或对他物的意识不是外力强加于生命的结果，而是生命之本质属性。由此可以断言，生命本身自带意义，没有意义的生命就不是生命。自我在生命的基底中就已经是对话性的，而非一定要待其进入意义系统之后。

伽达默尔还指出，体验的概念来自传记文学，更准确地说，来自自传。这一结论诚然须证之以大量文献，但从理论上说，传记或自传堪称体验意涵的完美注脚。正如上文提到的那样，体验有两重所指：作为一种活动和作为此活动的结果。其实，不仅是传记或自传，所有真正的文学都是生命的再现或客体化。

狄尔泰在《体验与诗》中正是这样为文学定性的：“诗是生命的再现和表达。它表达体验，并且再现生命的外在现实。”② 以歌德为例，狄尔泰还具体地阐释：“这就是歌德诗歌首要的和决定性的特征，即它是从一个卓越的生命能量中发展出来的。他就这样以一种全然相异的元素进入启蒙文学，以至于连莱辛都不能欣赏他。他的心绪改造着一切现实的事物，他的激情将情境和事物的意义与形式提高到非同寻常的程度，他的不曾稍歇的造型冲动把周围的一切都转化为形式和有形物。就此而言，他的生命和他的诗歌是没有区别的。他的书信，一如他的诗歌，也显示了这一特征。若有谁愿意将这些书信与席勒书信做比较，这一区别就会对该人清晰地显示出来。在此，歌德诗歌已经与启蒙文学完全分道扬镳了。”③ 狄尔泰扬歌德而抑莱辛，前者的作品在他看来展现着生命的不羁，后者的作品则是理性节制的，以启蒙文学为代表。狄尔泰称莱辛为

① Hans-Georg Gadamer, *Gesammelte Werke*, Band 1, Tübingen: J. C. B. Mohr（P. Siebeck）, 1990, S. 67, S. 67, S. 66, S. 72, S. 73, S. 75, S. 71.

② Wilhelm Dilthey, *Das Erlebnis und die Dichtung*: *Lessing*, *Goethe*, *Novalis*, *Hölderlin*, Leipzig: Springer Fachmedien Wiesbaden, 1922, S. 177, S. 179, S. 173, S. 174, S. 179, S. 174, S. 305-306.

③ Wilhelm Dilthey, *Das Erlebnis und die Dichtung*: *Lessing*, *Goethe*, *Novalis*, *Hölderlin*, Leipzig: Springer Fachmedien Wiesbaden, 1922, S. 177, S. 179, S. 173, S. 174, S. 179, S. 174, S. 305-306.

“启蒙之子”[①]，并指认“其生活理想是单一形式的和抽象道德的，其创作观念是依乎理智的和循规蹈矩的”[②]。在这样的比较中，狄尔泰就文学与生命的关系宣布了他自己的发现：“生命包含着力量，而这些力量是能够在想象活动中发挥作用的。”[③] 生命活跃于文学想象，并凝聚在这一想象的最终成果之中。正是基于这种文学蕴含着对生命的认知，狄尔泰才提出文学阐释的任务就是向生命的回返，对此，伽达默尔看得很清楚：“由于生命客体化于意义有形物，所有对意义的理解便都是‘一种回译（Zurückübersetzen），即由生命的客体化之物返回到其所源出的灵性的生命性之中’。可以说，体验概念构成了对一切客体的知识的认识论基础。”[④] 在伽达默尔看来，狄尔泰不单单将文学作品，还将人类的一切活动及其成果，统统视作生命的外化和凝结，因而从生命的客体化之物回溯至生命的原发处便是一切精神科学的研究方法。许多研究者不曾认真辨别体验的双重所指：一是作为精神科学的研究对象，即人类的活动及其结果；二是作为进入这一对象的门径或方法。前者是认识客体，后者是认识主体，但无论作为研究对象还是研究主体，都属于生命及其流程。因此，精神科学就是在生命的整体中对生命的认识。应该承认，精神科学也是科学，与自然科学具有相通之处[⑤]，但也必须指出，精神科学的本质特性在于人的生命。没有生命，体验就会成为无源之水、无根之木，由体验、表达和理解所构成的结构关联体（Zusammenhang）也无从谈起。

二　意义是部分对整体的归属

体验的本质被界定为生命活动，进而被视作全部精神科学的基础。不过，狄尔泰

① Wilhelm Dilthey, *Das Erlebnis und die Dichtung*: *Lessing*, *Goethe*, *Novalis*, *Hölderlin*, Leipzig: Springer Fachmedien Wiesbaden, 1922, S. 177, S. 179, S. 173, S. 174, S. 179, S. 174, S. 305–306.

② Wilhelm Dilthey, *Das Erlebnis und die Dichtung*: *Lessing*, *Goethe*, *Novalis*, *Hölderlin*, Leipzig: Springer Fachmedien Wiesbaden, 1922, S. 177, S. 179, S. 173, S. 174, S. 179, S. 174, S. 305–306.

③ Wilhelm Dilthey, *Das Erlebnis und die Dichtung*: *Lessing*, *Goethe*, *Novalis*, *Hölderlin*, Leipzig: Springer Fachmedien Wiesbaden, 1922, S. 177, S. 179, S. 173, S. 174, S. 179, S. 174, S. 305–306.

④ Hans-Georg Gadamer, *Gesammelte Werke*, Band 1, Tübingen: J. C. B. Mohr（P. Siebeck）, 1990, S. 67, S. 67, S. 66, S. 72, S. 73, S. 75, S. 71.

⑤ 有学者指出，尽管狄尔泰以“理解”（Verstehen）与“说明”（Erklären，通常英译为 causal explanation）来区分精神科学和自然科学，但这并非意味着作为自然科学方法的“说明”不能为精神科学所利用。例如，在《精神科学导论》中，狄尔泰就认为“说明”并不是严格地被限制在自然科学范围内，它在精神科学中同样发挥着重要作用［Robert C. Scharff, “Understanding Historical Life in Its Own Terms: Dilthey on Ethics, Worldview, and Religious Experience”, *British Journal for the History of Philosophy*, Vol. 29（2021）: 173–174; Jos de Mul, “Leben erfaßt hier Leben: Dilthey as a Philosopher of（the）Life（Sciences）”, in Eric S. Nelson（ed.）, *Interpreting Dilthey*: *Critical Essays*, Cambridge: Cambridge University Press, 2019, pp. 41–42］。应该说，凡是人类的活动，无论是科学的或非科学的、理性的或非理性的、理论的或实践的，都是生命的外化以及由此而构建的“生命关联体”，因此在研究方法的使用上不能将“说明”和“理解”截然对立。实际上，“说明”经常包含着“理解”，而“理解”中也存在着“说明”。

并未因此把精神科学降低为生理学，或者简单地将精神科学看作对表象或符号的研究。与叔本华的生命哲学不同，狄尔泰没有将生命视作康德意义上的独立“自在之物”，恰恰相反，他将生命视作“自为”，从而是一种“关系”之物。如上文所说的那样，生命的本质是活动，没有活动则不成其为生命，而所有活动都是指两物之间的联系和互动，且处在一定的时间和空间之中。因此，换一个角度看，关系也是生命的本质。这种关系既是存在性的，也是认识性的。索绪尔将意义作为符号之间的差异性联结，也就是说，一个孤立的符号没有意义，它必须由另外的、不同的符号来界定和指涉。同理，生命本身也没有意义，它必须由与其他生命个体之间的关系来界定和阐明。如果我们认定关系乃生命之本质，那么也可以进一步说，意义内在于生命，生命本身即包含着意义，再或者，生命自带意义，意义是生命的本质属性。正是在这一点上，狄尔泰宣称“意义为生命之第一范畴”[①]，又说“意义乃综合性范畴，置于其下，生命变得可以理解”[②]。

撇开生命暂且不论，什么是“意义范畴”呢？对于狄尔泰来说，生命与生命之间在身体性层面上是无法达成相互沟通和理解的，它们需要诉诸超越单个身体之上的某种共同的东西，狄尔泰设想这种共同的东西为“整体”（Ganze）。他解释说，这样的整体，就如同句子之于单个词语的关系[③]：作为部分的单个词语，其意义只能在句子这个整体中得到把握，没有整体，部分的意义将是游移不定的和多向度可能的，因而也是不可理解的。生命若要获得意义，就必须与整体建立某种特殊的联系。因此，所谓“意义范畴”指的就是“生命的部分与整体的关系”[④]，更直接地说，“意义无非是对一个整体的归属性”[⑤]。既然如此，那么整体也可以同时具备某种“有机的和内心的实在性”[⑥]。部分为整体所统摄，同时整体亦现身于部分，二者相互包含。

这就是狄尔泰与康德、黑格尔以及胡塞尔在意义观上的区别之处。在康德那里，事物需要进入范畴而取得其普遍性和有效性，重要的不是事物本身，而是对事物进行整合的范畴或理性能力。在黑格尔，虽然他一再声称其概念包含了丰富的实在，但实际上在他的概念里，实在是没有什么发言权的。胡塞尔更是剔除了一切身体性的杂质，

① 参见《狄尔泰著作全集》（Wilhelm Dilthey，*Gesammelte Schriften*，Band Ⅶ，Stuttgart/Göttingen：B. G. Teubner/Vandenhoeck & Ruprecht，1914–2005，S. 361），按照狄尔泰研究通用的注释方式，简写为 GS Ⅶ，S. 361，其中 GS 为 Gesammelte Schriften 的缩写，罗马数字为卷册，阿拉伯数字为页数，部分前言的页码按照原文标为罗马数字。本文中出自《狄尔泰著作全集》的引文均按照此格式进行标注。

② GS Ⅶ，S. 232，S. 234，S. 233，S. 230，S. 230，S. 233，S. 258，S. 256，S. 256，S. 205，S. 205，S. 233，S. 205–206，S. 206，S. 218，S. 280，S. 241.

③ GS Ⅶ，S. 232，S. 234，S. 233，S. 230，S. 230，S. 233，S. 258，S. 256，S. 256，S. 205，S. 205，S. 233，S. 205–206，S. 206，S. 218，S. 280，S. 241.

④ GS Ⅶ，S. 232，S. 234，S. 233，S. 230，S. 230，S. 233，S. 258，S. 256，S. 256，S. 205，S. 205，S. 233，S. 205–206，S. 206，S. 218，S. 280，S. 241.

⑤ GS Ⅶ，S. 232，S. 234，S. 233，S. 230，S. 230，S. 233，S. 258，S. 256，S. 256，S. 205，S. 205，S. 233，S. 205–206，S. 206，S. 218，S. 280，S. 241.

⑥ GS Ⅶ，S. 232，S. 234，S. 233，S. 230，S. 230，S. 233，S. 258，S. 256，S. 256，S. 205，S. 205，S. 233，S. 205–206，S. 206，S. 218，S. 280，S. 241.

而只留下一个纯粹的意识。追随康德，狄尔泰承认范畴对于盲目冲动的生命的规范和导引，将意义作为部分与整体的关系，但是，他坚称“这一关系建基于生命的本质”[①]，即生命的本真存在之中。例如，为阐明历史的生命内核，狄尔泰将黑格尔与真正的历史书写者做比较：“黑格尔提出寻找概念关联体的问题，这一关联体将其推向意识。同样的关联体有形而上学的、自然哲学的以及精神科学的等。存在着精神的观念层级，在这些层级中，自我发现其自身就是精神，将自身客体化于外部世界，将自身认知为绝对精神。在此有对历史的理智化。历史不只是在概念中被认知，甚至这些概念就是其本质：关于历史的确切知识即以此为基础。精神与历史终于被揭示了出来。它们不再有任何秘密。然则真正的历史书写者绝非这样对待历史的！”[②]黑格尔将历史意识化、概念化、精神化，同样是寻找关联体，在黑格尔看来，这是诸概念之间的关系，是精神世界内部的事情，而在狄尔泰看来，则是诸生命之间的关系，是生命与其表达之间的关系。狄尔泰将历史看作人类生命的历程，而非绝对精神的层级递进，他执着地认为，“在历史的每一时刻都有生命的存在”[③]，而“生命就是充盈、多样和互动”[④]。在其根本上，生命是一种客观存在，不是先有意识，之后才有生命，而是无论是否出现意识，生命都在那里存在着、发生着、发展着、葳蕤着。意识可以改变生命的色彩和强度，但不能废除生命本身的存在，因为废除生命，就等于一并废除了意识。

苏格拉底称“不经思考的人生就是不值得经历的人生”[⑤]，这是用理性主义来界定人的生命。而狄尔泰一方面不否认理性主义的生命观，另一方面将生命作为理性的出发点或根基。他要在理性与生命之间寻找连接点，因而生命的意义就不再是脱离生命的抽象理性、绝对精神，而是二者之间的互动、调试、磨合以及最终所达成的意义上的一致或统一。狄尔泰在说到“部分”时常常对应着使用“整体”概念，但他更经常使用的关键词是“关联体”。此二者虽然是近义词，甚至可以说是同义词，实际上仍大有区别，以至于认为其中蕴含一场哲学革命亦不为过：关联体是部分与整体的关联，而整体则是就部分之间的联合而言的，其侧重点在“联合”而不在“部分”。例如，在黑格尔的“整体”概念中，“部分”是没有意义的，它在整体中已经丧失了独立性，只是归属为整体的一个部分、一个单元，而非其本身的存在。这样的“部分”没有本身可言。

---

① GS Ⅶ，S. 232，S. 234，S. 233，S. 230，S. 230，S. 233，S. 258，S. 256，S. 256，S. 205，S. 205，S. 233，S. 205-206，S. 206，S. 218，S. 280，S. 241.

② GS Ⅶ，S. 232，S. 234，S. 233，S. 230，S. 230，S. 233，S. 258，S. 256，S. 256，S. 205，S. 205，S. 233，S. 205-206，S. 206，S. 218，S. 280，S. 241.

③ GS Ⅶ，S. 232，S. 234，S. 233，S. 230，S. 230，S. 233，S. 258，S. 256，S. 256，S. 205，S. 205，S. 233，S. 205-206，S. 206，S. 218，S. 280，S. 241.

④ GS Ⅶ，S. 232，S. 234，S. 233，S. 230，S. 230，S. 233，S. 258，S. 256，S. 256，S. 205，S. 205，S. 233，S. 205-206，S. 206，S. 218，S. 280，S. 241.

⑤ Plato，“Apology”，in John M. Cooper（ed.，），Plato，*Complete Works*，Indianapolis/Cambridge：Hackett，1997，p. 33.

与此不同，“关联体”概念既有整体，又有部分。“部分”进而既属于整体，同时又有其独立性乃至独异性（singularity）：它既在观念上、概念上与整体共在共亡，也有不进入与整体相关联的独立存在、自身存在。没有整体，但仍可以有部分，只是不再有“部分”之名。“部分”是整体对实在的暴力命名。“部分”有其坚硬的存在。试想一个简单的问题：倘使“部分”失掉其自身的存在，那它将以什么与其他部分联合呢？因此，关联体不是胡塞尔的“主体间性”，而是“个体间性”和“他者间性”，更简洁地说，是“间在”[①]。狄尔泰基本上不去辨析整体与关联体的差别，但他关于关联体的众多说明和阐释早已清晰地呈现出其特殊性：关联体有生命，有个体，而后才有其对整体的想象性联结。

对于关联体的构成以及性质似乎无须多说，关键在于作为部分的个体如何将自身当作部分而与整体联结起来。如果按照海德格尔的自生（Ereignis）本体论来看，那么在狄尔泰，个体将自身作为部分与整体的联结只是生命自然的表达、展现、活动的过程，如上文所说，这是生命自身的内在属性。狄尔泰指出：“给定物在此总是生命的表现。”[②]所谓“给定物”（dasGegebene）主要是指人的活动成果，即把人的因素考虑进来。如果不嫌重复之累，那么可以说狄尔泰的意思是：人创造的任何东西都是人的生命的外化，这是一个自然的和必然的生命过程。但是，根据海德格尔的本体论，自然而然的存在并非没有对存在的反身意识，因此，生命表达作为一个自然而然的过程，也并非没有对生命的认识、观照、想象。正是靠着这些理性的机能，生命个体才能把自身当作部分，而把超越自身的存在当作整体。紧接着上文所引的段落，狄尔泰又道出阐释他人何以可能的奥秘，生命表现“进入感官世界，然而却是作为某一精神的表现。因此，它们使我们有可能认识到这一精神。在此，我所谓的生命表达不只是表现，即意指或意味着（有意于）某种东西，而且也包括那些虽无意于表现某种精神但仍使之得以理解的表现”[③]。简单地说，前者是一种有意的表现，后者是一种无意的表现。无论是否有意，任何表现当其作为表现就已经进入理解的视域，表现在本质上是言说性的、理性的和可把握的。理解是对表现的理解，也是通过表现的理解，无表现则无以达至理解。

---

① 此处“间在”一语系笔者自创概念，已在多篇论文中使用，如《作为“间在”的世界文学》（《汉语言文学研究》2021 年第 3 期）、《间性状态与新比较主义》（《文艺争鸣》2019 年第 5 期）和《作为理论的文学与间在解释学》（《文艺争鸣》2021 年第 3 期）等。“间在”概念有一个复杂的哲学谱系，但简单说来，主要是针对胡塞尔以纯粹意识为基础的“主体间性”概念，认为所谓的“主体”不仅仅是话语性的、意识性的，也是存在性的、身体性的或个体性的。“间”意谓两个存在者或存在体之间建立的联结关系，“在”则强调此关系背后是有血有肉的人的生命存在。没有什么纯粹意识的“主体间性”，而只有以生命为不竭源泉的个体间性或他者间性，或者借用梅洛－庞蒂的术语，即所谓的“身体间性”（intercorporéité）。

② GS Ⅶ, S. 232, S. 234, S. 233, S. 230, S. 230, S. 233, S. 258, S. 256, S. 256, S. 205, S. 205, S. 233, S. 205–206, S. 206, S. 218, S. 280, S. 241.

③ GS Ⅶ, S. 232, S. 234, S. 233, S. 230, S. 230, S. 233, S. 258, S. 256, S. 256, S. 205, S. 205, S. 233, S. 205–206, S. 206, S. 218, S. 280, S. 241.

进一步说，表现与整体和部分有何关系呢？表现作为一种外化活动是一定要涉及他人他物、进入与他人他物的关联之中的。以传统形而上学观之，在个体生命之外，存在一个更广大的群体以及一个更高远的精神实体，这时个体就会把一己之身认作部分，而把超出自己的部分认作整体，个体不是作为个体自身来认识，而是作为在整体名下的一个部分被认识。这种“部分—整体”的二元结构并非世界本身的存在样态，而是人的认识的结果。康德揭示了人的认识只能遵循时空和因果律等属于人本身的知性范畴，同样，“部分—整体”也属于这样的知性范畴，人不得不把自己置于此一思维框架之中，但好处是，借由此一框架，人将自己作为集体的人，获得人生在世的意义。在部分与整体之间建立联系是一种理性行为，理性判断何为部分、何为整体以及二者之间的关系是什么。然而，生命个体如何建构部分与整体的关系？为回答这一问题，狄尔泰提到记忆的作用：“我们仅仅是通过记忆（Erinnerung）来获得这一关联体。在记忆中，我们能够统观已成既往的生命历程。”① 显然，记忆作为一种意识性活动，必须诉诸内在的描述，而描述又需要语言或概念。记忆类似讲故事，是一种编码行为。当代记忆研究指出，虽然严格来说唯有个体才有记忆，但任何个体的记忆都内化了社会和文化等外部因素的制约：“与意识、语言、性格类似，记忆也是一种社会现象。在记忆过程中，我们不仅深入到隐秘的内心深处，而且将某种秩序和结构引入内心世界，这种秩序和结构具有社会属性，并将我们与社会联系起来。每一次有意识的行为都受到社会的调控，只有在睡梦中，社会结构对内心世界的干预才会有所放松。”② 除了通过记忆将部分与整体联系起来之外，理性还有其他的方法。一句话，没有理性的作用，我们便不会有整体与部分的概念及联系。

与结构主义者不同，狄尔泰没有用语言“吃掉”现实，也没有用结构抽空个体。他与黑格尔也不尽相同，不会用整体消化和消解部分，而是始终坚持二者之间那种动态的或不稳定的紧张关系，可以说，体验或体验表现便是形式与生命之间（或者说整体与部分之间）关系最典型的代表。

狄尔泰分辨出三种形式的生命表现。其一是概念、判断和更大的思维构成物。它们虽源自生命体验，却切断了与来源的联系，因此能从言说者毫无损失和变异地传达给接收者。它们脱离了其所产生的时空语境，因而是放之四海而皆准的，不过，这样的生命表现不能表现出任何生命的内容及其特殊性。

其二是行动。较之抽象的概念，行动更直接地与生命相联结，也可以说，它是生命的直接表现。但在狄尔泰看来，这并不能保证它与生命关联体的相通和对生命关联

① GS Ⅶ, S. 232, S. 234, S. 233, S. 230, S. 230, S. 233, S. 258, S. 256, S. 256, S. 205, S. 205, S. 233, S. 205–206, S. 206, S. 218, S. 280, S. 241.

② 扬·阿斯曼:《什么是“文化记忆”?》, 陈国战译,《国外理论动态》2016 年第 6 期。

体的呈现。原因在于，每一行动都是具体的行动，尽管它可能出自某一意图，从而使我们能够从中发现人类精神，但是其意图是受到具体情境限制的，这样就会出现两种情况：如果单一意图（动机）过于强烈，其行为的后果便在很大程度上是此意图之实现，不能体现生命的充盈；即便有多重意图，狄尔泰也悲观地认为，它们在具体的行动中最多也只能实现一两样。实际上，人的任何行动都不会实现其事先的所有规划。因此，同概念一样，"行动也会分离于生命关联体的基底"①。狄尔泰建议，要全面了解一次行动与其所由出的生命之间的关系，需要全面掌握此一行动中的情境、目的、手段和生命关联体是如何交织在一起的。

其三是生命体验表现（Erlebnisausdruck）。它与概念和行动全然不同："在生命体验表现、其所由出的生命以及其所发展的理解这三者之间存在着一种特别的关系。比起每一内省所能提供的，生命体验表现要包含更多的关于心理关联体的内容。它将此内容从那不为意识所照亮的幽暗深处打捞出来。然而在生命体验表现的本质之中却同时包含这样一个事实，即表现与其所表现的生命之间的关系只能被相当有限地理解到。这种表现不能说其判断为真或为错，而只能说其判断具有非真实性或真实性。这是因为，掩饰、撒谎和欺骗会切断表现与被表现的精神内容之间的关系。"②依据狄尔泰，如果说概念只能传达概念，行动只能传达被具体化因而狭隘化的生命或被概念主导的行动，那么生命体验表现则在一端表现性地即概念性地连接着生命，在另一端则以生命本身的形式具体地与身体性地沟通和接续着生命。这是由生命体验的特性所决定的。在"生命体验表现"一语中，"表现"实为一冗词，因为生命体验本身或者说生命本身即包含着其表现，无生命不表现。这也就是说，生命本身即包含着一种本质性的矛盾，生命总是要表现自身，总是要寻求什么来表现自身，而一旦表现出来，这表现就可能离开了自身。但是，不考虑那种有意的歪曲，即便诚心诚意地表现，也不可能是对生命百分之百的复制或再现。这就是那句"道，可道，非常道"③千古不灭的意味。在生命体验表现中离不开概念的作用，且任何表现都只是在时空中的具体行为，因此，它不可能完全克服概念的抽象化和行动的具体限制。

三　无法诉诸概念的个体、文学和历史

生命体验表现蕴含着概念与反概念或曰界定与反界定之间不可克服的本质性矛盾，

① GS Ⅶ, S. 232, S. 234, S. 233, S. 230, S. 230, S. 233, S. 258, S. 256, S. 256, S. 205, S. 205, S. 233, S. 205-206, S. 206, S. 218, S. 280, S. 241.

② GS Ⅶ, S. 232, S. 234, S. 233, S. 230, S. 230, S. 233, S. 258, S. 256, S. 256, S. 205, S. 205, S. 233, S. 205-206, S. 206, S. 218, S. 280, S. 241.

③ 朱谦之：《老子校释》，中华书局，2000，第 3 页。

但是，狄尔泰的生命解释学并不因此流于生命的悲剧性。恰恰相反，内在于体验或生命体验表现的这种悖论赋予精神科学即意义科学以无限的活力和动感，使得意义解释学获得高度的辩证和综合。

狄尔泰首先认定，生命在本质上从来不能完全言说，也不能被完全言说。所有言说都必须借助符号或言语，除了想象中人类起源意义上的言说可能属于自创，绝大多数言说在绝大多数情境下外在于意欲表达的生命个体，它们属于集体、社会和他人。这一言说的外在性在海德格尔和拉康等人那里被极端地放大，他们宣称不是我在说语言，而是语言在说我。这意味着，我们身陷于语言的囹圄之中，不可能走出这一囹圄，离开了它，我们便无以表达。语言是我的仆役，但也是我的主人。它既听命于我，亦命令于我。由于语言的外在性，生命的言说就一定是言不称意或言不畅欲（欲求、欲望）的。我在使用语言的过程中总会掺入外在的、陌生的、异质的东西，它们在协助我的同时也在拆解我、毁灭我，使我从本己的河床上漂浮起来，幻化为一个想象和观念的建构物。自我是无法被谈论的客体，一经言说便不再是其自身。于是，所谓自我其实总已是非我；如果说有自我存在，那它只能以“前自我”的方式存在，即作为一种有待建构为自我的原始质料。这就是众多具有后现代取向的哲学家不相信原初自我或单子式自我的主要原因。费希特的错误在于，不是“自我”设定“非我”，而是“非我”孕育和生产了“自我”。费希特的“非我”就是狄尔泰的“生命”，个体或自我都由此产生，但这也同时决定了二者在某种程度上永远无法弥合、修补的分离和分裂：“生命是一个我们不能解开的谜语……生命是什么不能在一个公式中表达或解释。思维不能走入生命的背后，虽然说它从生命中诞生，并在生命的关系中存在……对思维来说，生命总是不可探测的，作为一个事实，思维自身乃由此而产生，然却不能进入生命的背后……一切知识都植根于某种不可全然知晓的东西。”[①] 在此，狄尔泰的意思很清楚，他是说，思维从生命中走出，但它无法返回生命，重归其本源，换言之，思维一旦走出生命，它便永远处在生命的外部或对（立）面。前文曾提到，伽达默尔以“回译”来描述精神科学的性质和任务，现在我们可以说，这只讲出狄尔泰精神科学作为“生命科学”的一方面，必须强调的另一方面是，生命无法被回译，回译总是以整体为坐标对部分的定位，其背后是一个语言共同体。

不只生命本身无从解释，即便生命的延伸或表现，由于它以生命为根基，也不能被完全理解。以个体性为例，狄尔泰在研究施莱尔马赫时指出，尽管解释学有助于对施莱尔马赫本人的勘测，但其个体性不能得到充分的展露。狄尔泰深信“个体是无以

---

① Cited from Jos de Mul，*The Tragedy of Finitude*：*Dilthey's Hermeneutics of Life*，trans. Tony Burrett，New Haven & London：Yale University Press，2004，p. 153，p. 376.

言传的”（individuumestineffabile）[①] 这一自柏拉图和亚里士多德起就有的，直至黑格尔和歌德仍在谈论的古老命题。这也是作为解释学家的施莱尔马赫一贯坚持的观点，他者的个体性从来不能被透彻地把握，不可理解不是阐释活动中的偶然现象，而是难以逃避的规律。对于个体之不可阐释的一面，狄尔泰揭示其原因说：“可以设想：一个既定个体与另外一个人在其生命丰盈上完全无法比较，也无法交换。不错，这些个体能够通过蛮力征服和奴役对方，只是他们不拥有任何共同的东西，仿佛每个人自身与其他所有人都是相互隔绝的。事实上，在每一个体之中都存在着一个点（Punkt），在这个点上，他是绝对不能因为在行动上与别人相互协调而被归类的。在个体的生命丰满中，举凡被这个点所限定的东西，都不会进入社会生活的任何系统。”[②] 狄尔泰承认诸个体在物质层面上的相互作用，但并不认为他们之间在观念上可以彼此相通和分享，因为任何相通和分享都是一种偏离或本质上的抽象，不抽象又不足以言说相通和分享。然而，每一个体都与生俱来地带有一个他人不可透入和占据的“点”，由于这个“点”的存在，任何抽象都不可能是充分的、完满的，而且任何被这个“点”所限定的东西，即任何以此“点”为基础的东西（例如个体），都不接受概念上的辨别和归类，也就是说明和阐释。在这个意义上，狄尔泰紧接着反过来说：“个体的内涵能够作为共享的东西呈现出来，其前提条件是个体之间的相似性（Gleichartigkeit）。”[③] 此“相似性”是可比较的意思，是以抽象为本质的比较的结果，“差异性”也是同样的比较的结果。二者的唯一不同在于，如果说相似是向心的比较，那么差异则是离心的比较，但二者最终都归在概念的名下，属于思维性活动。

与个体相类似，文学作为以生命为基质的表现，也应当是拒绝阐释的。这的确是狄尔泰的观点，是其水到渠成的结论。既然文学作品是生命的表达，那么文学就一定是拒绝概念、拒绝阐释的，是“说不尽的莎士比亚”[④] 或者“诗无达诂”。狄尔泰一直将生命及其表现与逻辑、理性、概念对立起来，例如称“在所有的理解中都存在着一种非理性的东西，就如生命本身即存在着这种东西一样，这种非理性不能经由逻辑运作的公式而呈现出来”[⑤]；再如说“人性在哪里都不完整，但又无处不在。它从来不会经由概念被穷尽”[⑥]。这意味着，唯有概念才是完整的，而人性总有逃脱概念之完整性的一面。狄尔泰还说：“一个不折不扣的、体魄强健的人的生命感受，以及他被给予的世界的内

---

① GS Ⅰ，S. 29，S. 49，S. 49，S. 395，S. 373.

② GS Ⅰ，S. 29，S. 49，S. 49，S. 395，S. 373.

③ GS Ⅰ，S. 29，S. 49，S. 49，S. 395，S. 373.

④ 歌德：《论文学和艺术》，安书祉译，《歌德文集》第 10 卷，人民文学出版社，1999，第 234 页。

⑤ GS Ⅶ，S. 232，S. 234，S. 233，S. 230，S. 230，S. 233，S. 258，S. 256，S. 256，S. 205，S. 205，S. 233，S. 205–206，S. 206，S. 218，S. 280，S. 241.

⑥ Wilhelm Dilthey，*Das Erlebnis und die Dichtung*：*Lessing*，*Goethe*，*Novalis*，*Hölderlin*，Leipzig：Springer Fachmedien Wiesbaden，1922，S. 177，S. 179，S. 173，S. 174，S. 179，S. 174，S. 305–306.

涵，不会在一门普遍有效的科学的逻辑关系中被消耗殆尽。个别的经验内容，它们在起源上彼此相同，不会借助思维相互转换。任何试图展示现实中的一个体系而非一个逻辑体系的努力，都不过是为着内容而丢弃了科学的形式。”① 显而易见，在狄尔泰那里，生命感受、个别经验、现实世界等与逻辑、思维、科学、形式等是对立的，乃至是敌对的、水火不容的。因此，人们不能期待前者通过后者得到完满的呈现和说明。为此，狄尔泰有时显得有些悲观：“自然本身是不可把握的。其之所以如此，绝非出自一个偶然的缘故，而是因为意识之光只能从外部触及自然这一条件。”② 这是从空间角度来说的，意识（主体）在空间上外于自然（客体），而从时间上看，自然无时不在变化，生命体验无时不在流动，然而认识、体验世界和生命所依赖的概念或形式却是相对固定的，我们知道，不固定（以及不抽离而外在）则不成其为理性或科学。于此，狄尔泰形象地比喻说：“这就好似在一条滚滚不息的河流中，划出航线，描出轮廓，以为持久地使用。在此一现实与知性之间似乎不可能存在任何理解的关联，因为概念剔除了与生命之流相联结的东西，它呈现某种独立于其制定者的东西，因此便是普遍而永远的有效。但生命之流无论何时何地都只是一次性的，其每一朵浪花都是来去一瞬间。”③ 把概念之追求固定与生命之天然流动对立起来，这是狄尔泰作为生命哲学家的基本观点，因而上引言论在他的著述中俯拾即是、不胜枚举。应该说，以生命为中心的理论都会毫无障碍地走向文学不可阐释、历史无法把握或者阐释不尽、把握不全的论断。狄尔泰的确直言不讳地表示过：“自从机械论的自然观念兴起以来，文学便一直坚持那种隐秘的、不可阐释的、在自然中的、伟大的生命感受；同样，文学也无处不在地保护那被体验然而却不能被概念化的东西，使得它虽在抽象科学的分解性操作之中而未至于烟消云散。从这一意义上说，卡莱尔与爱默生所写的东西就是有待成形的诗歌。”④

与文学的情况十分接近，历史与概念的关系也是对立和对抗的。关于历史，狄尔泰亦曾毫不犹豫地断言：“它是一个整体，但从来不会完成。”⑤ 因为历史只在时间的流动和流逝中展现自身，没有终点，甚至可能连起点都没有，所以历史不能形成一个整体。平素所谓整体者，不过是历史学家在意识层面提升生命实在的结果而已。整体是意识的虚构，是哲学对实在的限定性规划。在狄尔泰那里，历史是不可整体阐释的。说到底，这是因为历史是生命的外化和活动，与概念本质上不属于一类。

---

① GS Ⅰ，S. 29，S. 49，S. 49，S. 395，S. 373.

② Wilhelm Dilthey，*Das Erlebnis und die Dichtung*：*Lessing*，*Goethe*，*Novalis*，*Hölderlin*，Leipzig：Springer Fachmedien Wiesbaden，1922，S. 177，S. 179，S. 173，S. 174，S. 179，S. 174，S. 305–306.

③ GS Ⅶ，S. 232，S. 234，S. 233，S. 230，S. 230，S. 233，S. 258，S. 256，S. 256，S. 205，S. 205，S. 233，S. 205–206，S. 206，S. 218，S. 280，S. 241.

④ GS Ⅰ，S. 29，S. 49，S. 49，S. 395，S. 373.

⑤ GS Ⅶ，S. 232，S. 234，S. 233，S. 230，S. 230，S. 233，S. 258，S. 256，S. 256，S. 205，S. 205，S. 233，S. 205–206，S. 206，S. 218，S. 280，S. 241.

岂止是个体、文学和历史，精神科学的一切对象都有着因生命之坚硬的内核而无法被概念、逻辑所洞穿的情况。这个对象几乎无所不包，人类生活自不待言，即便自然界的事物，例如山川河流、顽石草木、飞禽走兽等，一旦成为人的对象，与人发生关联，便即刻被赋予生命以及无解的生命之谜。从其对象上说，狄尔泰发展的是广义解释学，它不再局限于书写文本尤其是其中被视为经典的文本，而是将一切都当作文本来理解："这一理解包括了从对婴幼儿的牙牙学语到对哈姆雷特或理性批判的所有把握。普通石头、大理石，呈音乐形式的声调，做表情、讲话、书写，行为、经济制度、宪法，等等，从中都表露出同一种人类精神，它们都需要解释。"[①]说"需要解释"，无异于承认它们都"难以解释"，都有其解释不透的内涵。正是基于这种考虑，荷兰学者约斯·德·穆尔曾转引狄尔泰的一句话作为其《有限性的悲剧：狄尔泰的生命解释学》一书的题记和结语："一切时代的思想家和诗人都试图解读那张神秘的、无底的生命面孔，其微笑的唇角，忧郁的眼神，但这种解读也是没有止境的。"[②]生命有面孔，有丰富的面部表情，这一方面意味着，人们的解读不是无迹可求的，人是踪迹的动物、符号的动物，精神科学则是踪迹和符号的科学；另一方面，对踪迹的解读仍不可能获得最终答案，因为生命有秘不示人的东西，是探不到底的，拒绝揭示、解释和阐释，一言以蔽之，拒绝理性之光探照。这个道理适用于一切思考着的人和他们的探究对象，这些对象都可以被视为"生命面孔"、生命的表现或符号体系。用刘勰的话说，一旦有解释学家因果性地"披文以入情，沿波讨源"，其结果必将不是"虽幽必显"[③]，而是恰恰相反的"虽显必幽"。于是乎，"生命面孔"成了生命的面纱或面具，表现意味着伪饰，符指异化为"非指"[④]。面对生命的符号和外观，我们只能以生命而体验之，以身体而抚摸之，此中奥秘不可言传。

不能否认，这的确就是狄尔泰本人的观点，而非我们一厢情愿的解读。然而，正如上一节所展示的那样，这仅仅是狄尔泰观点的一个方面，如果只是执守这一面而全然不顾及另一面，即文学和历史之可阐释的一面，那么我们就会将狄尔泰的观点混同于苏珊·桑塔格的文学（反）阐释学和海登·怀特的历史（反）阐释学。众所周知，桑塔格视阐释为理智对艺术和世界的复仇，怀特把历史看作文学或叙述（讲故事），对

① GS V，S. 318–319. 这里的"普通石头、大理石"应该是指这类石材制品，如纪念碑、墓碑、雕像等。石材虽是自然的，但其制品已成为人类表意的媒介或符号。

② Cited from Jos de Mul，*The Tragedy of Finitude*：*Dilthey's Hermeneutics of Life*，trans. Tony Burrett，New Haven & London：Yale University Press，2004，p. 153，p. 376.

③ 刘勰著，黄叔琳注，李详补注，杨明照校注拾遗《增订文心雕龙校注》，中华书局，2000，第592页。刘勰"情动而辞发"以及"心生而言立"等说法与狄尔泰的生命表现论一致，但刘勰对所谓"言之而非"缺少像狄尔泰那样本质性的警惕。这不奇怪，刘勰是文论家，如果他不相信"文之为德"，那么他就不会用"心"去"雕龙"了。

④ 公孙龙有谓"物莫非指，而指非指。天下无指，物无可以谓物"（王琯：《公孙龙子悬解》，中华书局，2003，第49页），严格区别了事物本身与符号所指。

他们来说，原本和历史从来都不存在，早已被湮没在话语性的阐释和建构之中。狄尔泰不乏这样的思想，他并不比这些极端论者温和，除上文引述之外，他甚至宣称过在精神科学中只能是“生命在此把握生命”（Leben erfaβt hier Leben），把“概念演绎”弃置一边而拾取“内知”（Innewerden）①，似乎唯此不涉理路、不落言筌的生命或感知才能言说文学和历史的本真存在。但需要强调的是，狄尔泰的观点同时接纳了文本的不可阐释性与可阐释性，他虽然并未超越二者，却一并涵括了二者。进言之，即便有人因此批评他没有将二者完美地协调、统一起来，形成一个严密的体系，而是让二者的矛盾醒目地留存在那儿，对于本文拟论证的意义与生命的联系，他也已经说得足够多了。某种程度上，恰恰是由于他揭示了文本的不可阐释性与可阐释性之间不可须臾调和的矛盾，我们才能发现生命乃意义之永不枯竭的源泉。

结　语

称“生命乃意义之永不枯竭的源泉”，这绝非说生命本身即是意义。生命之初是没有意义的（假定生命有“初”的话），意义不在于生命，而在于生命的表现或客体化，在于其与世界和他者的关系，在于它们之间所建立起来的关联体。在我与他之间，在诸个体之间，虽然有存在性的和行动性的共在与互动关系，但人不是纯粹生物性的或动物性的，因此，这种关系总是被意识、概念联结起来。人们接触他人，意识到他人，实践着与他人的关系。在这一意义上说，正是作为“外在”的概念赋予了“内在”的生命以意义，为生命代言。然而，概念对于生命来说又总是处在表达和扭曲之间：当生命被扭曲时，它就会向概念提出修正的请求，甚至是抗议和抗争，迫使概念调适与它的关系，从而尝试建立新的意义联结，而当此新的意义不能以最大限度的充分性和完满性来代表生命的需求时，下一轮意义的革命便又发生了。意义与生命的关系处于

① GS Ⅶ，S. 136. 这里有两点需要略做说明。第一，狄尔泰要求我们以生命本身的方式来理解生命，而不能把生命当作知识的、外在的对象。这一点已成为狄尔泰研究的基本共识，如有学者精准概括的：“要从一个文本中获取知识，人们需要追求那种来自从事知识工作所使用的认识论工具的导引；而要在狄尔泰之‘理解’的意义上来领会一个文本，则要求我们以如下的方式关联于文本，即内省式地感知该文本是怎样让字词从我们‘基本存在的样态’中走出，让字词尽可能地不被文化的或学科的清规戒律所过滤，这些清规戒律是说‘一个人’就如此的话题或在如此的场合下如何才能做到得体地表达自身。”（Robert C. Scharff，*Heidegger Becoming Phenomenological*：*Interpreting Husserl through Dilthey*，*1916-1925*，London：Rowman & Littlefield，2019，p. xviii）第二，“内知”在狄尔泰的语汇中也是一个与“生命”和“体验”相近的概念，侧重于凸显“知”（Wissen）的内部性和非对象性，英译者和英语世界研究者多采用“reflexive awareness”（反思性认知）的译法，例如有学者解释该术语：“知识的获取在自然科学中是以对外部事实的感知为基础，而与此相反，反思性认知则提供了对于精神科学领域所特有的那种知识的直接获取。由于心理学作为反思性认知的原型学科，狄尔泰便赋予它一个任务，即为精神科学的探究提供一种新的、在现象学意义上更加适宜的基础。”（Charles Bambach，“Hermeneutics and Historicity：Dilthey’s Critique of Historical Reason”，*Interpreting Dilthey*：*Critical Essays*，p. 86）

一个不断修订的过程之中，永无终点，永不固定。也就是说，生命流动不已，意义更新不止。

当然，单纯的概念亦非意义之源，结构主义和后结构主义的解释学认为意义来源于符号之间的差异，但其问题正如哈贝马斯所批评的那样，一旦符号空无所指，与现实失掉本真的联系，一切阐释，无论是多么逻辑自洽和形式美观，都难逃土崩瓦解的终局。符号必须是包含实际所指的符号。或者说，符号可以指示一种概念，但这种概念终究是属于人的，属于人的生命。

总而言之，意义既不单独地存在于生命，亦非纯然存在于概念的差异化运动，而在于生命与它经由概念的表达之间永远无法弥合却又一直试图弥合的努力和挣扎。生命是意义的主体和动力，概念是意义实现的途径和工具，那么，所谓“意义”便是生命个体将其自身与外在的他者（乃至整个世界）所进行的概念性的或想象性的（本尼迪克特·安德森意义上）联结。由此说来，考虑到狄尔泰解释学兼有生命与生命的意义即生命向世界生长和延伸之双重维度，若我们仅仅称其为“生命解释学”，则显然漏掉了它另一维度的重要内容。一个完全的称谓当是“间在解释学”：进入意义场的各方，无论阐释者抑或被阐释者（文本和文本的作者），都是作为生命的血肉存在而处于话语的、理性的和公共性的阐释中。解释学乃是既“间”且“在”的解释学。

（作者单位　四川大学文学与新闻学院）

本文原载《文艺研究》2022 年第 2 期

“强制阐释”的逻辑辩误

——兼论“中国阐释学的建构”路径

谷鹏飞

摘　要　“强制阐释”作为一种阐释方法，在晚近成为弥漫于人文社会科学的普遍性阐释逻辑。张江教授从阐释对象的确定、阐释视野的误置、阐释原则的违拗、阐释语境的宰制四个方面对其做出辨析，分析了造成强制阐释的四个方面的原因：阐释的心理本能宰制、阐释的知识属性归属分歧、后现代以来理论整体境况的影响、不同文本意义边界的模糊。这种辨析与分析对于我们认识强制阐释的讹误，并以此为基础，建构“中国阐释学”具有基础性意义。本文在此基础上进一步提出了建构中国阐释学需要的三种方法论视野：继承业已形成的公共阐释传统、植根中国文学的现代性语境、汲取西方文学阐释学一般方法。

张江教授近年来致力于阐释学原理问题的讨论，先后对阐释学的基本概念、重要命题、主要原理等问题进行了探索性与开创性的研究，其中尤以对“强制阐释”问题的讨论为最。[①] 继 2014 年发表《强制阐释论》一文后，于 2021 年又发表《再论强制阐释》一文。该文站在建构“中国阐释学”这一宏大立场，从现代自然科学的角度论证“强制阐释”发生的主客观原因，讨论克服强制阐释的可能，以此为理想的阐释学建构清理地基。与 2014 年《强制阐释论》一文主要从驳论角度分析强制阐释及其消极影响相比，该文主要从立论的角度，阐述“强制阐释”的错讹逻辑，说明其原因，探索其出路，从而也更具理论建设性。

作为《强制阐释论》的姊妹篇，《再论强制阐释》对“强制阐释”做了先破后立的论证，展现了严密的论证逻辑。首先，“强制阐释”作为一种阐释方法，有其必然

① 为行文方便，除原文引用与为了突出不同思想家的概念区别而使用不同译名外，本文模糊“阐释”“诠释”“解释”含义的微妙区别，根据不同表述需要而使用不同语词。关于该语词三种常见译名的不同含义，请参阅洪汉鼎《关于 Hermeneutik 的三个译名：诠释学、解释学与阐释学》，《哲学研究》2020 年第 4 期；张江《“阐”“诠”辨》，《哲学研究》2017 年第 12 期；张江《“解”“释”辨》，《社会科学战线》2019 年第 1 期。

性，这种必然性来源于阐释的前见，而阐释的前见源于阐释者无法逃离阐释的历史语境使然。在当下历史语境中，人们普遍将阐释学意义上的“前见”误解为心理学意义上的“期望”或“动机”，从而造成本来客观的意义理解之主观化，乃至意义理解的讹误。其次，阐释视野的误置导致阐释者对文本意义的无意识误解，继而产生“强制阐释”现象。加上阐释者常常无视文本边界，放大文本的阐释视野，违反阐释规则与阐释伦理，文本阐释竟至沦为貌似正确的讹误阐释，强制阐释则成为弥漫于人文社会科学当中习焉不察的基本阐释逻辑。最后，防止“强制阐释”的可行途径，就在于严守阐释的文本边界，遵循阐释原则与阐释伦理优于阐释方法的阐释律则，以理性阐释为规则，坚持阐释对象的确定性与文本意义的整体性，通过阐释的多向与多重循环，最终达到对文本意义的正确理解。

《再论强制阐释》一文的直接目标，在于通过对“强制阐释”诸多错讹问题的辨析与清理，特别是通过对“强制阐释”所推衍的阐释对象的确定性、阐释动机的影响作用、阐释的整体性规范等“诸多具有基础性意义的元问题”[①]进行辩误，探寻在阐释活动中克服“强制阐释”的有效路径。而其最终目标，则在于通过对“强制阐释”问题的清理，开启“中国阐释学的建构”之旅。

一　“强制阐释”错讹辨析及其解决路径

《再论强制阐释》一文从阐释对象的确定、阐释视野的误置、阐释原则的违拗、阐释语境的宰制四个方面对“强制阐释”问题展开辨析，其中既有驳论，亦有立论，破立结合，切中肯綮。

首先，是阐释对象的确定问题。在论者看来，正确的阐释以阐释对象的确定性为前提。而唯有在一种辩证的客观论阐释观念主导下，才能避免阐释对象的偏违。因此，阐释对象优于阐释主体，是阐释的基本律则。虽然就阐释对象而言，它不是自在的客观对象，而是已经进入阐释视野的为我对象，因此，“阐释是对象的阐释”，需要我们否定客观反映论阐释与机械决定论阐释。就阐释主体而言，它也不是无“前见”的客观决定论阐释，而是“带有自主感受和理解的”意义阐释。但是，阐释对象先于阐释主体是一超越存在论的客观事实，它要求我们首先承认阐释对象的先在性与确定性。阐释活动中的“强制阐释”现象之所以发生，其基本原因即在于背离了这一基本阐释前提。

从具体的阐释活动来看，阐释对象无论是“外在对象”，还是“内在对象”，都是

① 张江：《再论强制阐释》，《中国社会科学》2021年第2期。

某一具体的对象，而不是一般的对象。“阐释是对此文本的阐释，而非对他文本的阐释。离开对象文本，对此文本的阐释非法。”[①] 因此，阐释必然是针对某一具体的对象而阐、而诠、而解、而释，而不能是针对抽象普遍的文本的阐释。换句话说，阐释都是个体的、特殊的对象化阐释，没有抽象的、空泛的阐释。因此，阐释观念与阐释方法，也唯有针对具体的确定的文本对象才有效。反过来讲，不同的阐释对象，会要求不同的阐释观念与阐释方法与之相适应，没有一种普遍的阐释学观念与方法。违反这一阐释律则，就会使阐释活动成为脱离阐释对象的主观阐释。这种阐释表面上是对对象的阐释，实际上是对阐释者自我的阐释，或者说是经由阐释对象而生发的对阐释者自我的阐释，由于这种阐释完全脱离了阐释对象，任由阐释者的主观意图去发挥，故而可名之曰“强制阐释”。在论者看来，海德格尔对梵高《农鞋》的阐释，就是典型的脱离阐释对象的“强制阐释”。因为它本质上不是对“农鞋”这一艺术对象的阐释，而是对海德格尔作为阐释者自我的阐释。“把阐释者的思想强制于对象，强制为对象所本来具有，或应该具有，乃标准的强制阐释。”[②] 论者由此否定了现代存在主义阐释学与哲学阐释学所开启的阐释学的自我证成之路。

当然，论者对海德格尔关于《农鞋》的“强制阐释”判定，主要是从阐释学角度对强制阐释问题的哲学溯源，意在表明海氏不该用存在主义哲学统合阐释学，并非完全否定海德格尔对《农鞋》解读的存在论价值。正如论者所言，海德格尔借由《农鞋》对自我的阐释是“合法的”，但对作品的阐释是“非法的”。论者这一辩证的区分提醒我们，阐释学作为一门科学，自有其确定对象与方法边界，它与存在主义哲学难以进行思想与方法的替换。更何况，海德格尔哲学并非单纯的存在主义哲学抑或阐释学，而是“现象学—存在主义—阐释学”。海德格尔本人所骄矜的，正是他运用这种碾合自然科学与精神科学的统一性的哲学方法来打破形而上学或科学主义的确定性与对象化思维，将研究对象置于一种主体与客体、现象与本质、方法与本体相统一的一元论视域中，在此视域中，阐释对象的本质与阐释者的本质，冥合为一，且通过现象学—存在主义—阐释学得以显现。

其次，是阐释视野的误置问题。论者认为，从阐释视野的角度看，“强制阐释”之所以发生，就在于其误用了心理学的方法来理解阐释学的概念，从而造成阐释学概念语义的龃龉。这突出地表现在关于阐释“前见”问题的讨论上。当我们转换视角，弃逐经典阐释学对阐释的“前见”“前结构”的形而上学讨论，而诉诸心理学视角，固然有利于“清晰确当地说明前见和立场为何物，以及它们在实际阐释过程中的作用与意

① 张江：《再论强制阐释》，《中国社会科学》2021 年第 2 期。
② 张江：《再论强制阐释》，《中国社会科学》2021 年第 2 期。

义”[①]，但是，放弃形而上学与阐释的辩证讨论而完全求助于心理学，就意味着我们放弃阐释学的精神科学定位而转向自然科学，继而运用自然科学的基本方法来厘定阐释学的“前见”概念，最后只能得出似是而非的结论。

在心理学意义上，“前见”等同于“期望”，期望的基本逻辑是其结果遵循“证实策略”的指引而导向期望的初衷，忽视与被期望相左的东西，因此期望深刻地影响和决定判断，并常会扭曲事实，造成错误阐释。同样，在心理学意义上，“前见”等同于“动机”，动机的基本逻辑是确立指向性目标，寻找或创制符合己意的东西，无视对象的本有属性。因此，在心理学这一自然科学意义上，“期望”等同于“动机”。但是，在阐释学抑或精神科学的意义上，“期望”与“动机”不同，前者是“有中生有”，后者是“无中生有”。阐释活动无法避免阐释学的“前见”，但可以避免心理学的“动机”。正确的阐释是承认阐释学的“前见”，否弃心理学的“动机”。而引入心理学研究视角的作用就在于，它可以帮助我们辨明当我们阐释时，是阐释学的“前见”还是心理学的“前见”（“动机”）在发挥作用。“强制阐释”之所以错误，就在于它是在心理学意义上援引“前见”，从而使“前见”等同于“动机”，结果使自身沦为动机阐释，而动机阐释作为目标性阐释，它以证据支持目标为准则，无视证据的真伪与阐释的规则，极易造成误读与误释。

因此，为了确保阐释的确当，必须首先通过心理学辨明阐释的阐释学“前见”属性。而一旦我们把“前见”理解为心理学意义上的“动机”，就会陷入“阐释尚未开始，阐释者已预先做出结论”的“强制阐释”歧途。心理学方法的作用就在于它发挥了方法论的提醒意义，但不具有矫正意义。

再次，是阐释原则的违拗问题。如何矫正“强制阐释”的歧谬？论者认为，必须遵循阐释学循环的整体性阐释原则。从正面讲，阐释的整体性原则已为施莱尔马赫、狄尔泰、海德格尔、伽达默尔及现代分析哲学与语言哲学之漫长的阐释学史所明证。从反面讲，“强制阐释的常见特征，就是简单捕捉文本中的个别因素，对文本作分裂式拆解，把部分当作整体，以碎片代替全貌，将阐释者意图强加于文本”。要克服“强制阐释”，必须遵循阐释的整体性原则。因为阐释的整体性原则，不仅是现代心理学基本认知原则，也是我们阅读文本的基本经验事实，更是人与天地万物共在一体的存在论事实。而为了达到阐释学的整体性，就必须遵循阐释学的“大循环”原则，将阐释学的“历史传统、当下语境、阐释主体”这一大系统，与文本的“词汇、语句、段落、章节”这一小系统，构成无限循环关系，最终的目标是“做出为阐释共同体能够一致接受的整体性阐释，经由公共理性的考验和确证，铸造新的经典，进入人类知识体系”[②]。作为结果，阐释也会由此走上一条正确的道路。

① 张江：《再论强制阐释》，《中国社会科学》2021 年第 2 期。
② 张江：《再论强制阐释》，《中国社会科学》2021 年第 2 期。

不唯如此，为了防止阐释的“大循环”偏离阐释对象本身而再次陷入主观任意的“强制阐释”歧路，论者转而援引阐释对象的确定性之于阐释“大循环”的基础性作用。在论者看来，我们必须假定阐释活动中文本的确定性与中心性，才能保证经由阐释学的循环所生产的文本意义无法摆脱文本意义的约束。同样，必须假定与文本的自在意义相比，阐释的意义无论多么丰富，都是第二位的，这样才能保证阐释是灰色的，文本原义永存的原则。由此也带来一个消极后果：阐释者之于文本的阐释意义何在，没了着落，阐释者似乎必须打到一条自我消亡的通道。如何解决这个问题，论者未加言说，但一种可能的理解是，阐释者对文本意义的阐释，丰富或激活了文本的意义，使文本成为一个复杂的意义关联体，并在人类经典记忆中永存。另一种可能的理解是，文本意义的阐释虽然在本质上是对文本原义的理解，但阐释者通过阐释，同时也获得了自身的生存意义，并在文本中找到意义的归宿。当然，阐释者通过阐释所获致的意义，并不同于文本自身的意义，两者是“意义甲”与“意义乙”，或者说“原生意义”与“衍生意义”的关系，两者各有其阐释学价值。

最后，是阐释语境的宰制问题。论者认为，“强制阐释”同任何阐释一样，受制于特定的阐释语境。今天的“强制阐释”已强制性地升格为人文阐释学研究的一般方法论，并广泛弥漫于文学、哲学、史学、经济学、社会学等诸多学科领域，“强制阐释超越文学理论与文艺学范围，以其一般形态，普遍存在于人文与社会科学研究的各个领域”①，正是整体性阐释语境的宰制使然。它具体表现在以下几个方面。

第一，阐释的心理本能宰制。阐释具有自我确证的心理本能，这种自我确证本能常主导阐释的目的，使阐释成为非理性的理解。

第二，阐释的知识属性归属分歧。现代精神科学与自然科学的价值与事实的二分，导致各自将不确定性与确定性作为研究目标，而阐释学被归于精神科学的事实，使其追求意义的不确定性具有了合法性。

第三，后现代以来理论整体境况的影响。后现代以来流衍的“理论中心论”所导致的理论生产理论、理论宰制实践的学术研究的常态，使脱离文本实践的阐释获得了极大的合理性，阐释成为无视文本意义确定性的阐释主体的自我意义生成游戏。

第四，不同文本意义边界的模糊。阐释学混同了文学文本与其他人文科学、社会科学文本的“非认知”与“认知”不同属性的区别，混淆了文学文本的意义共鸣与非文学文本的意识共识之不同阐释目标，造成阐释方法的越界，导致错误阐释。

“强制阐释”的上述四大语境原因，有的归于阐释主体的自然本能，有的归于阐释者的社会语境，有的归于阐释自身的方法蹈空，有的归于阐释对象的客观差异。“强制

① 张江:《再论强制阐释》,《中国社会科学》2021 年第 2 期。

阐释”现象的发生,既是某一原因主导的结果,又是众多原因合力的产物。如何解决问题，作者没有明确地申述，但是，常识告诉我们，只有对症下药，才是解决问题之道。

对于第一个问题，解决的途径似应是：阐释的自我确证本能无法避免，但阐释要防止为了自我确证而走向完全的非理性歧途，不能脱离文本自在意义的约束而任由阐释主体非理性地生产自我意义。

对于第二个问题，解决途径似应是：阐释学不能单纯归于精神科学抑或自然科学，而应处于“居间”说话，既遵循自然科学的逻辑阐释，又依照精神科学的自由阐释，最大程度上调动阐释主体的创造性，最终在公共阐释原则的导引下，寻找文本意义的最大公约数。

对于第三个问题，解决路径似应是：重回文本中心主义，强调文本阅读与理解实践之于文本意义的重要性,在文本的具体性阅读与理解实践中,通过阐释学的“大循环”，求得文本的语境、作者、阐释者及其阐释视野互文性重构，最大程度上接近文本的确当意义。

对于第四个问题，解决的路径似应是：区别文学文本与其他人文科学、社会科学文本的“非认知”与“认知”的不同属性，将意义的“共鸣”与意义的“共识”作为彼此不同的阐释目标，使其各守阐释的边界，各循阐释的原则，最终实现文学阐释走向“审美阐释”①，其他历史与哲学及社会科学阐释走向“公共阐释”的不同阐释通途②。

上述四类不同的解决方法，各自都是解决不同问题的有效方式。但综合起来看，又很难成为一种自洽圆满的阐释律则，因为它们之间彼此交叉，充满张力乃至悖谬。这意味着从阐释学整体来讲，我们必须找到一个能将四类方法归设到一个更高原则之下的阐释律则才有可能。

如何做到这一点？论者给出了“理性阐释”的答案：“阐释是理性行为。理性的阐释，应该对阐释冲动中的非理性因素有所警惕并自觉加以理性规约。正当合法的阐释，坚持对自证与动机以理性反思，不为盲目的自证与动机所驱使，坚持从确定的对象本身出发，坚持阐释学意义上的整体性追求，坚持阐释主体与现实语境及历史传统的多重多向交叉循环，少一点理论放纵，多一点田野入微，少一点心理冲动，多一点知性反思，服从事实，服从真相，服从规则约束，赋予阐释以更纯正的阐释力量。”③“理性阐释”原则由此成为解决“强制阐释”诸问题的根本原则。

但是，我们必须意识到，不仅“理性阐释”自身难以包容“科学的历史阐释”与“浪漫的文学阐释”内涵，而且在所有阐释对象中遵循“理性阐释”意味着我们无法为

① 谷鹏飞：《论审美阐释——一种现代艺术的现象学-存在主义-阐释学解读》，《复旦学报》（社会科学版）2019年第6期。

② 谷鹏飞：《“公共阐释”论》，《西北大学学报》（哲学社会科学版）2018年第1期。

③ 张江：《再论强制阐释》，《中国社会科学》2021年第2期。

阐释的对象画出清晰的边界，阐释将再次陷入任意的“强制阐释”状态。即使我们以强制阐释受制于阐释者的心理本能驱动为缘由，将强制阐释的原因归于人之自然本能与阐释的先验特征，仍将无法克服“强制阐释”的痼疾。因此，必须在后天的社会与政治因素中寻找克服“强制阐释”的通途。找到“强制阐释”得以滋生的历史与现实土壤，才是克服“强制阐释”的真正通途。这意味着我们不得不再次回到马克思主义，追寻马克思主义的历史唯物主义与意识形态批判足迹，或者说，通过马克思主义所开创的“实践阐释学”，克服“强制阐释”的缺陷，走出“强制阐释”的误区，为“中国阐释学的建构”铺平道路。

二 “中国阐释学”建构的本体、语境与方法

上文指出，《再论强制阐释》一文的最终目标，是通过对“强制阐释”讹误的辨析，清理现代阐释学的地基，为“中国阐释学的建构”提供方法路径。笔者认为，辨析“强制阐释”讹误及其疗救问题固然重要，但“中国阐释学”的建构，必须在更加可靠的基础、更加具体的语境、更加普遍的方法基础上才有可能。这就需要我们一方面阐扬中国传统阐释学的公共阐释原则，另一方面植根中国文学的阐释语境，同时还需引借西方文学阐释学的理性阐释与判断力阐释方法，实现阐释学的本体论、方法论与价值论的统一。

首先，中国阐释学的建构，必须以中国文学阐释学的公共阐释传统为本体基础。

中国经学素有公共阐释传统。公共阐释作为“判断力阐释”，并不是西方阐释学的独有属性，它在中国阐释学中，无论是汉代传注、唐代疏释、宋代议论、元明评点还是清代考证，都有其久远传统。

先秦时期儒家“言以足志，文以足言”的确定性阐释理念，认同语言、思想、文本之间具有同一性，从而肯定了语言阐释的有效性，暗示了个体阐释与公共阐释的一致性。而道家“道不可言”“言不尽意”的非确定性阐释理念，虽然阻断了语言阐释的有效性，但为个体体验、参悟、默会等非语言理解通达阐释本体开了方便之门。这两种理念，经孟子“反求诸己”的内在体验理路与人性共同性设定，凝聚为“以意逆志”的公共性阐释形态。

虽然先秦儒、道两家在总体上否定个体通过语言阐释宇宙自然本体的可能——无论是老子的“圣人处无为之事，行不言之教”，庄子的“天地有大美而不言，四时有明法而不议，万物有成理而不说”，还是孔子的“天何言哉，四时行焉，百物生焉”，宇宙自然之终极本体，始终处于语言理解的边界之外，却并未否定个体通过审美与宗教体验的方式理解宇宙自然本体的可能。恰恰是在宇宙自然之本体论层面上，个体阐释

才一如公共阐释，获得了与宇宙自然之本体的共通性与一致性。

墨家由“私”（个体）到“类”（群体）再到“达”（族种）的阐释学递进，不仅从逻辑上肯定了公共阐释的可能，还从“名”与“实”的指称关系上打通了事物与命名的认识论阻隔，为通过语言理解事物提供了阐释学依据。

汉儒追慕天人相符的终极宇宙，因而“微言”生发“大义”的阐释学根据就在于语言背后的公共性天理秩序：天理王权、皇权及其衍生形态“正义”“通义”“注疏”“笺注”“策”“赋”“章”“句”等阐释形式，本身代表了阐释主体超越理解的私人性而向公共形式跃升的努力。无论是古文经学的“我注六经”，还是今文经学的“六经注我”，均统一于语言世界与天理世界的对应关系中，表现在阴阳谶纬、教化讽谏、训诂笺疏等阐释形式中。

魏晋崇虚逐实的玄学，“略训诂而重名理，略文句而贵意旨”[①]，通过探寻宇宙的精宏大道与人性的自然幽微，实现了语言、思想与本体的统一。“言不尽意”“得意忘言”“寄言出意”阐释原则所透露的，是个体通过语言把捉性与天道的阐释理想。

魏晋南北朝时期儒、道融通的文学阐释宗旨，将“言”“意”“象”的名理之辩提升为逻辑性的阐释原则，正是“通变”的历时之轴，引领文学本体、文学创作、文学风格与文学批评措成互文性阐释，个体性阐释虽然有限（陆机《文赋》“意不称物，文不逮意”，刘勰《文心雕龙》“伊挚不能言鼎，轮扁不能语斤”），但公共性的判断力阐释，却具有效度（陆机《文赋》“穷形而尽相”“辞达而理举”，刘勰《文心雕龙》“心生而言立，言立而文明”）。

隋唐五代时期以翻译佛经为主导形态的阐释学，无论是“弃文尚质”的直译，还是“滞文格义”的意译，均为异质文化之间跨越时空的交流理解。正是通过对佛经语词的格义生解、随文作释，与对佛经义理的连类默契、标位疏论，才不仅解决了佛经理解中五方殊俗、同事异名的现实沟通问题，而且在意义层面，做到了连古今如旦暮、类别国如乡邻的价值皈依问题。即使是禅宗主张的“随处做主”“心开悟解”阐释原则，也不宜理解为对以往佛经阐释原则的简单否弃，而是要超越阐释的文本语义局限，在理解者个体本体与佛法本体双重层面，实现对个体生存与佛法真谛的共性理解。而作为体现官方主流阐释原则的《五经正义》，虽然带有浓厚的儒学权威性与正统性，但去除阐释的私己性而举其公群性义理，却与佛经阐释并无二致。

两宋的经学诠释学，一方面探求经典的本义，用理性与历史的眼光审视经典，用“不信注疏，信至疑经”的态度[②]，寻绎“理义大本”[③]；另一方面又允许个体化的心灵创造，

① 周裕锴：《中国古代阐释学研究》，上海人民出版社，2003，第 109 页。
② 皮锡瑞：《经学历史》，周予同注，中华书局，1959，第 264 页。
③ 朱熹：《朱子语类》卷八十，中华书局，1986，第 2089 页。

认可阐释的“自待”“体认”“新解”“活参”合法性。因而当欧阳修区别“诗人之意”“圣人之志”与“太师之职”“经师之业”为“本义”与“末义”[①]，并非要否定阐释的有效性，而是要从圣人教化意义与人伦事理本体层面，否弃怨怼宣泄与私俗功利的偏狭阐释，强化阐释的公共性礼器与信仰意愿功能。苏轼“其意可观，其言可通”，“原本立意始末”，朱熹的“虚心涵泳，切己体察”[②]所承袭的，正是欧阳修的这种判断力阐释思路。

元明时期“尚味”“妙悟”“兴趣”的文本释读法，通过弃逐文本阐释在义理层面的一致性，来追求文本美学层面阐释的共通性，因而并非否定文本的可阐释性。文天祥说：“诵杜诗……日玩之而不置，但觉为吾诗，忘其为子美诗也……子美于吾隔数百年，而其言语为吾用，非情性同哉？”[③]元明文人正是基于心所同然、千载如对的人性共同心理设定，虽然放弃了文本阐释一致性的追求，但在阅读主体的接受心理方面，却肯定了原文本能够唤发共同的接受心理事实，因而属于判断力阐释。

清代以乾嘉学派为代表的考证诠释学，通过确立诠释的基本训诂法则获得对文本意义的准确理解。无论是“汉学”以意逆志的诗学诠释法，还是“宋学”以言求道的经学诠释学，均承认文本意义有其理解边界，因而文本阐释，不仅要返经汲古、原始要终，而且要诗史互证、阐幽发微。总之，摒弃一意而求诸公论，遵循诗学与经学本有的阐释理念，是清代学者阐释的共有原则。

可以说，以阐释文本为中心，通过将阐释文本与阐释主体置于互文性的阐释语境，来追求阐释主体自我心灵与阐释对象存在世界的生发照映，实现阐释主体与阐释对象存在意义的发现创造，是中国古代公共阐释学的一贯传统。在这一过程中，阐释学之范畴历史与逻辑的演进构成其观念基础，中国社会现实及其文学表现则构成了它的现实基础，前者提供阐释的基本原则与工具，后者提供阐释的基本对象与内容，两者在具体的阐释活动中形成一种辩证阐释关系，并共同指向文本理解的知识与价值统一。这种统一，正是“中国阐释学的建构”本体性根基。

其次，中国阐释学的建构，必须植根于中国文学的现代性阐释语境，并以此作为阐释的价值基础。

进入现代，中国文学阐释学的一个重要发展，就是分散的文学阐释理论，逐步融入统一的文学阐释理论，自此后，地方性的文学阐释理论，渐变为全球性的文学阐释理论。这种转变的理论标识，是文学阐释界形成一种现代性的文学阐释观，它将文学的本质与阐释的本质合而为一，认为文学阐释即文学本质，本质依赖于阐释，从而将文本与阐释二分的本质主义思维方式转变为一元论的操存践履。

---

① 欧阳修:《诗本义》卷一四《本末论》，四部丛刊三编本。
② 朱熹:《朱子语类》卷一一，中华书局，1986，第 179 页。
③ 文天祥:《文山先生全集》卷一六《集杜诗自序》，四部丛刊正编本。

从发生学的角度看，这种阐释范式的转型与中国近代公共领域的兴起处于同一逻辑进程。由明清市民社会繁荣所引发的近代中国思想解放与文艺变革洪流，直接催生了规范意义上中国近代公共领域的兴起。与之相伴的是，处于政治公共领域中的文本阐释，其权威性与代表性资格受到质疑，文本阐释转而求助于文学公共领域中理解的可公约性与个体性，审美性的公共阐释遂由此而生。从后见之明来看，当历史与伦理的规范性阐释转变为经验与趣味的审美性阐释，便会触发阐释学的“革命”：文本阐释的“共同性”，必须接纳理解的“共通性”，完成从“教化”到“趣味”的功能转型，才能实现阐释学意义的缝合。公共阐释范式的转型决定了文本阐释先须超越音义训诂等技术论证而寻求更为深广的观念基础和更为多样的个体感悟，而后才能成为理解与沟通的媒介。如同汉代注经依凭“天人感应”“天人相符”观念而获宇宙人性基础，魏晋玄学借“原道自然”“有无相通”观念而使清谈析理蔚然成风，唐代依赖“乾坤有序”“性命之学”而使儒、释、道融通发展，宋明时期秉守理、气、心、性“分疏”与“一统”而成后世思想解放先导，明清习行实学、重礼扬欲的唯物启蒙观念而使明心见性、妙悟自然成为阐释主潮，由此引发了阐释范式的革命。就阐释对象而言，审美性的公共阐释以文学艺术文本为主，表现为“评”“评论”“话”“论”等阐释形式；规范性的公共阐释以经、史、子文本为主，表现为“注”“疏”“笺”“辨”“考”“训”“诂”“说”“解”“诠”“汇”“通”“学”“述”“订”“正”“微”“隐”“书”“义”“义书”“正义”“音义”“章句”“集注”“集解”“补注”等阐释形式，两者虽无技巧的高下之分，但有意义的大小之别。

正因为中国文学阐释学自进入现代性发展新阶段后，成为与文学革命、革命文学、社会主义文学相生相伴的文学思潮，因此，文学本质意义上的传统性与现代性、民族性与世界性、地方性与全球性之争，同时也成为文学阐释学意义上的传统性与现代性、民族性与世界性、地方性与全球性之争。而文学意义与文学阐释权的争夺，表面上是文本意义是否“正确”的理解之争，背后潜藏的是文艺话语权与文化领导权争夺。在这一语境下，那些具有强烈意识形态立场与伦理属性的语词，而非体现文学审美属性的范畴，就在当代文学阐释学中一再被征用。而文学阐释学所倚重的对文本原意的理解，也相应地被替换为对文本功用的理解。文艺社会学与文艺价值学的阐释视野，由此成为中国当代文学阐释学的基本语境。

文学功用论主导阐释语境的结果，便是作为现代文学基本理念的文学自律性观念与多元文学阐释，非但未能斩断其与源始的政治和社会身份认同关联，而且展现出更加复杂的相互影响关系：现代性的多元主义文学观念彼此交锋导致了本质主义文学观念的坍塌，进而引发文学革命并曲折地波及社会公共事务与发展理念，引发社会变革；而本质主义文学阐释观念变革所引发的文本本质的重新理解，常常指向欲望生产、政治诉求与社会乌托邦重建。文学意义的重新阐释又进一步颠覆已有的文学观念与支撑这种观念的社会结构及文化心理，为新的历史打开一扇窗口。而支撑这一切的，便是阐释学理论发展所表现出来的巨大实践惯性及其为阐释者所提供的丰盈历史经验：要牢牢控制阐释权，使阐释成为实现文学认同与重建文化领导权的基本手段。

可以说，正是基于新的阐释语境对文学阐释的意识形态与价值取向的重建，当代文学阐释学才在继中国古代文学阐释学之后，再次开出了不同于西方知识论、本体论阐释学的价值论阐释学。这一阐释学预示着文本意义的确定性问题，已不再是当代文学理论关注焦点。文学阐释学，必有其“好的”社会功用论价值，它常常体现在阐释学与经典建构的关系上：文学成为经典，文学理论成为公共话语，乃后天阐释的结果而非先赋拥有。在经典与阐释的关系上，到底是经典催生阐释，还是阐释催生经典，一直是一个众说纷纭的问题。设若经典催生阐释，那就意味着经典含义丰富，需要阐释说明；由之自然的推论是，阐释是基于经典本义的阐释，阐释可以衍生出新的意义，但或者这些意义原本就潜蕴在经典文本中，或者是基于某一潜在原义的衍生。设若阐释催生经典，则也首先意味着文本具备成为经典的“潜能”，而非任何文本一经阐释便为经典阐释，只是使文本的经典“潜能”便为“现实”，或者说，阐释是对文本某一经典潜能的发现、照亮，而非无中生有的意义建构。

阐释与经典的这种相互建构关系表明，文学阐释学必须超越方法论而上升为隐含价值论的哲学阐释学，才有其生命意义。因为从对象方面讲，阐释学作为一种现象学，它必须回到文本自身，对文本做现象学直观，以显现对象生命的本然世界。从阐释主体方面讲，阐释学又是一种意识哲学或精神哲学，它必须经由文本而对自我做观念反思，寄望一种终极自我。就阐释与文学都是意义的探寻活动而言，文学的阐释同时也是阐释的文学。阐释在作用于文学时也将自己的原则施用于文学，使文学阐释化，成为阐释的文学；而文学在阐释中将自己的特性贯注于阐释活动，使阐释文学化，成为文学化的阐释。文学与阐释由此在一种功用化的语境中成为互相证成关系。

阐释与经典的这种相互证成关系也使中国当代文学阐释学依然需要首先回答“如何正确理解文本”“怎样理解才是好的理解”这一传统阐释学的价值论问题，“理解的条件、本质是什么”“理解对于理解者的存在论意义”等本体论阐释学问题，则溢出了其关注的范围。事实也是，中国当代文学阐释对作品的阐释，主要归于社会学与伦理学的功用论读解，还不是攸关文本本体意义与人的生存价值的实践性理解。因此，以文学文本的理解与阐释为中心，通过文学文本的理解与阐释来理解世界、生命与自我，依然是中国当代阐释学建构的重要使命。在这个过程中，文学与文学理论的现代性语境应首先成为我们“更好地”理解当代中国文学文本的基础，并通过对文学与文学理论现代性语境“更好地”理解，实现对世界、生命与自我“更好地”理解。

这也意味着，中国当代文学阐释学的建构，不是对中国古代文学阐释学的“接着讲”，而是在新的中国文学阐释学语境中，基于中国当代文学阐释学的现代性语境的“接着讲”。在这个过程中，一方面要注意分析中国当代文学阐释学在吸收中国古代文学阐释学、西方文学阐释学、马克思主义文学阐释学基础上所形成的“新范式”与“新传统”；另一方面，又要根据中国文学阐释学语境，对这一“新范式”与“新传统”做出检讨与修正。

最后，中国阐释学的建构，离不开对西方文学阐释学方法论的引借。

汤一介先生曾指出，就阐释学作为经典理解的基本理论与方法而言，阐释无所谓东、西之分。建构“中国解释学”，不是为了标举阐释学的“中国”独特性，而是经由独特性而发现普遍性，并在独特性的发现过程中丰富普遍性。“中国解释学的建构”因而表现为一种由特殊性而走向普遍性的过程。

真正的“中国解释学理论”应是在充分了解西方解释学，并运用西方解释学理论与方法对中国历史上注释经典的问题做系统的研究，又对中国注释经典的历史（丰富的注释经典的资源）进行系统梳理之后，发现与西方解释学理论与方法有重大的甚至是根本性的不同，并自觉地把中国解释问题作为研究对象，这样也许才有可能成为一门有中国特点的解释学理论（即与西方解释学有相当大的不同的以研究中国对经典问题解释的理论体系）。而且能否建立起一种与西方解释学有相当大的不同的“中国解释学”，或者说有无必要建立一种与西方有相当大不同的“中国解释学”理论与方法，都是要经过对上述问题认真研究之后才可以得出合理的结论[①]。

在汤一介看来，“中国阐释学的建构”必须引借西方阐释学的方法。因为：虽然“一门学科的产生当然在它之前已经有或长或短的‘问题积累’‘资料积累’的历史，这大概只能说是这门学科的‘前史’”。但是，“一种‘学’（理论体系）的建立应该是对其研究的对象有了理论和方法上的自觉（即自觉地把要研究的对象作为‘对象’来研究，并能为社会普遍地接受的系统的理论与方法）”。这种学科建构所要求的方法论自觉提醒我们注意，在建构中国阐释学的过程中，一方面要“对中国注释经典的历史要作一系统的梳理”，注意梳理分析中国经典解释方法的变化及其原因；另一方面，“西方的解释问题的历史和西方的解释学”，也必须构成我们建立“中国解释学”的重要参照系。因此，在解释学的东、西方方法论问题上，汤一介的根本看法是：不经西方解释学的洗礼，中国古典解释资源就难以从“传统”走向“现代”，发展成为适应中国现代社会生活要求的“中国解释学”[②]。

汤一介的看法实际上道出了现代阐释学发展的基本方法路径。真正意义上的文学阐释学，既要分享阐释学的一般性质，还要解决文学中的特殊问题；既要讨论文学文

① 汤一介：《论创建中国解释学问题》，《学术界》2001 年第 4 期。
② 汤一介：《三论创建中国解释学问题》，《中国文化研究》2000 年第 28 期。

本中的理解、解释、语言等普遍性问题，还要讨论这些普遍性问题在具体文学文本中如何应用以及为什么能够得到应用的问题，揭示特殊问题的哲学阐释学依据，分析哲学阐释学依据所赖以成立的知识社会学基础，做到阐释学研究观念史与问题史的统一。据此而论，中国阐释学的建构，其方式途径也必然是把中国当代阐释学连同其古典资源与西方现代阐释学连为一体，重新建构一种世界性的文学阐释学。

引借西方阐释学作为中国阐释学建构的方法路径，并非薄视中法，唯洋是从。西方文学阐释学在中国的译介、接受、转化、变异乃至理论本身的旅行、寓居与本土化，也并非预佐证中国学人“稗贩西说、罔知本柢”之，因而不能理解为中国文学现代性的偏宕“西化”,实际上它也是在文明互鉴史观与文学主体性重建视野下的“化西”过程。换句话说，西方文学阐释学在中国的翻译、研究与传播，实质上也是中国文学阐释学对西方文学阐释学的重新理解、阐释与建构过程，是中国学者在“译介开路，借用西方”“以西人之话语,议中国之问题”学术理念指引下[①],思考解决中国阐释学问题的“中国想象”，它构成了中国文学阐释学发展的内在环节。在这个过程中，西方阐释学作为重要的阐释资源，其基本作用就在于，它使中国文学阐释学在“化西”的过程中有了基本的方法论依据。

总之，我们通过考察中国阐释学的本土资源与现实语境在软化西方阐释学的普遍主义诉求时所发挥的巨大作用，阐明西方阐释学所具有的方法论价值，说明“中国阐释学的建构”的可行路径。尽管中西方阐释思想的激荡仍然是未来的主潮,但毫无疑问，具有本体论、方法论、价值论统一形态的“中国阐释学”，将在 21 世纪的世界文学阐释学中发挥重要作用，并持续成为世界文学阐释学的“中国形态”。

（作者单位　西北大学文学院）

本文原载《学习与探索》2022 年第 5 期

① 刘康:《西方理论在中国的命运——詹姆逊与詹姆逊主义》,《文艺理论研究》2018 年第 1 期。

艺术活动的理解维度与诠释学辩证法

李建盛

摘　要　艺术诠释是美学和艺术理论中的重要难题，传统上主要有四种基本理论类型，它们各有其优势和局限。艺术诠释是一种综合的理解和解释活动，艺术诠释活动各种重要因素之间的关系是辩证张力关系，应该在综合的理论视野中理解艺术诠释活动的诠释学辩证法，尤其重要的是把握艺术作品与理解者阐释之间的诠释学辩证法。艺术作品的意义阐释既有同一性，也有差异性，艺术的诠释学活动始终是艺术作品的同一性与意义理解的创造性辩证运动。

安德烈·马尔罗说："艺术作品的世界是在我们的艺术世界，而不是在它们自己的艺术世界中被恢复生命的。"[①] 艺术作品有艺术作品自身的世界，对艺术作品的解释却是在作为解释者的我们的世界中发生的，无论作品的世界还是我们的世界抑或这两个世界之间的关系都非常复杂。有学者在考察"解释"这个词的词源学后认为，"解释"这个词与"价格"有关，"解释就是协商、做生意、交易、讨价还价、争论，但也是为了以别的方式找到某种相等的东西"[②]。也就是说，解释是通过不断地"讨价还价"过程，通过"差异性"的协商和对话达到某种理解的"共识"，艺术的诠释过程也可视为解释者与艺术作品之间的"讨价还价"过程。这里涉及的重要问题是，艺术作品如何对我们发挥作用？我们如何理解和解释艺术作品并走进它的意义世界？在艺术诠释活动中，无论是作为解释对象的艺术作品，还是作为解释主体的理解者都是复杂的，诠释对象的复杂性与诠释主体的复杂性构成了诠释活动的复杂性，如何辩证理解两者之间的相互作用，如何寻求艺术诠释活动的辩证法便成了艺术诠释学的一个重要问题。本文针对四种艺术诠释理论存在的问题，探讨艺术诠释活动的核心问题，在诠释学本体论事件中探讨艺术阐释的辩证法。

---

① 〔法〕安德烈·马尔罗：《无墙的博物馆：艺术史》，李瑞华、袁楠译，广西师范大学出版社，2001，第 7 页。

② David Summers，Representation，*In Critical terms for Art History*，Robert S. Nelson，Richard Shiff eds.，Chicago：The University of Chicago Press，1996，p. 7.

一　艺术理解的四种基本理论类型

整个艺术活动主要存在四种重要的因素，即作为艺术表现对象的世界、作为创造者的艺术家、作为创作结果或接受对象的艺术作品，以及作为接受主体的接受者和解释者，正是这四者构成完整的艺术活动。从某种重要意义上说，美学史和艺术理论史关于艺术问题的观点，都围绕艺术活动的这四个维度而展开，艺术作品意义的阐释亦大致如此。但不同时期的美学家和艺术理论家关注的维度有所不同，各自突出和强调艺术活动的某一方面，相对忽视其他方面，并对他们突出和侧重的方面进行理论探讨，由此，在历史发展过程中便形成了艺术活动阐释的不同理论观点。大致说来，美学和艺术理论史中存在如下四种基本理论阐释类型。其一，艺术模仿说或艺术再现论。这是从古希腊以来就存在的一种艺术解释理论，它主要把艺术视为对现实的再现或模仿，在理解和解释艺术时侧重于艺术作品表现的对象，主要以艺术所再现或反映的对象来评价、理解和解释艺术作品。

其二，艺术家意图论。这同样是历史悠久的美学和艺术理论，至少从艺术上的浪漫主义和美学理论上的康德天才论美学观点出现以来，就在美学和艺术理论中具有深远的影响。在20世纪，主要表现为以克罗齐、柯林伍德等为代表的表现主义艺术理论，它把艺术作品视为艺术家情感和意图的表现，对艺术作品的理解和阐释侧重艺术家的思想情感，并根据艺术家的创作意图评价、理解和解释艺术作品。在诠释学传统中，施莱尔马赫和狄尔泰发展了作者定向的诠释学传统，并在当代诠释学理论家贝蒂和赫施的理论中得到了延续。

其三，形式结构论。这种艺术理论与康德的形式主义趣味美学有理论渊源，但主要体现在20世纪的美学和艺术哲学中。在文学理论中有俄国形式主义、结构主义和英美新批评；在艺术哲学中集中表现为克莱夫·贝尔和罗杰·弗莱等的形式主义艺术理论，并在20世纪60年代美国艺术评论家格林伯格那里达到顶峰。形式结构论把艺术作品的形式结构作为最重要的因素，认为艺术之为艺术，就在于艺术作品本身，并根据作品本身的形式结构理解和阐释艺术作品。

其四，读者接受论。20世纪60年代以来，理论家们看到了以往美学和艺术理论所存在的严重不足，即它们严重忽视作为艺术活动重要组成部分的读者接受活动。这种理论认为既不是艺术再现或表现的对象，不是艺术家的情感和意图，也不是艺术作品的形式结构本身构成了艺术作品的本体论存在，而是读者、观看者、解释者的接受和解释活动构成艺术活动的本体论存在，读者接受论认为艺术作品的意义是在接受和阐释活动中创造和产生的。

这些不同历史时期的美学和艺术理论类型，都对艺术活动某一方面做出了非常有益的探讨，把握和阐释了艺术活动的某个重要方面，在很大程度上推动了艺术理论的发展，深化我们对艺术活动的认识和理解，但它们都存在着这样那样的局限性。本文不拟详细考察和论述这些理论观点和理论立场，而重点论述这些理论在艺术诠释中存在的问题，阐明艺术诠释学的重心是艺术作品与理解者阐释活动的本体论事件及其诠释学辩证法。

二 艺术活动的理解维度及其问题

事实上，我们在理解和诠释艺术活动时应该辩证地看待和处理这些不同的维度，只有在一种辩证的、综合的理论视域中理解这些相互作用的因素，并把握艺术诠释活动的核心问题，才能恰当地理解、阐释和把握艺术的特征、艺术的价值和艺术的意义。

首先，恰当理解艺术作品与现实之间的关系，是艺术解释活动中的一个重要方面，这是美学和艺术理论史最早遇到的问题。艺术模仿或艺术再现理论力图通过艺术作品再现或表现的对象来理解艺术作品，在很大程度上，它把艺术视为外在客观世界的知觉相等物。古希腊的苏格拉底把艺术界定为对现实的模仿，这意味着艺术作品的意义和真理取决于它模仿的对象的真实性。柏拉图和亚里士多德及其追随者，都把诗歌和艺术定义和理解为“模仿”的艺术。他们关注的主要是现实反映或视觉复制，认为通过模仿或复制能够不断掌握精湛的技艺，有效提供真实的视觉感知和视觉体验，并与真实事物和场景的视觉体验相当。视觉艺术的进步在于不断缩小真实视觉刺激与绘画视觉刺激之间的距离。实际上这种理论基于自然科学的认识论基础，坚信视觉经验的艺术与真实事物的关系，有如自然科学认识与外在自然对象之间的关系，只要人类的认识不断逼近再现的对象，便能做到艺术的真理与实在的真实的统一。我们对艺术作品的解释，同样可以用模仿或再现的逼真和完善来判断，艺术作品的意义和真理内涵取决于艺术再现和模仿的真实性。“在许多西方艺术批评中，关注的焦点集中于再现的场景和故事，而非艺术作品本身，即使艺术作品的质量得到了评价亦复如此，往往是关于艺术品如何精确或清晰地与现实达到平衡。”① 这实际上体现的是实证主义的哲学和美学观点，即认为艺术家和观看者的知觉是中立和客观的，艺术家能准确无误地把他看到的东西再现在艺术作品中，观赏者可以通过艺术作品与再现对象之间的准确性认识和理解艺术，从而确定艺术作品所表现的意义和真理。这种解释理论力图在艺术作品中找到某种与现实具有同一性的对等物，把作品的意义定位于模仿和再现的内容，

① Gabriela Sakamoto，Representation: Resemblance，in *Encyclopedia of Aesthetics*（Vol. 4），New York：Oxford University Press，1998，p. 143.

从而否定了艺术家的创造性。

从根本上说，从来没有真正的艺术家简单模仿或再现他见到的事物，观赏者和解释者也并非被动接受艺术作品传达给人们的客观信息，而总是创造性地参与到作为理解对象的艺术作品中。伽达默尔对模仿概念的重新理解充分证明了这一点。所谓模仿和再现是艺术家对模仿和再现事物的一种再认识和创造性转化。“我们应该清楚‘模仿’这个词在这里所隐含的陷阱。因为古代意义上的模仿和模仿表现的现代形式，与我们通常所理解的模仿是十分不同的。所有真正的模仿都是一种转换 (transformation)，而不只是对已经存在的某种东西的再现。”①艺术作品的魅力不在于它客观准确地模仿、再现或复制外在的客观世界，而在于它创造性地改变了现实。阿恩海姆的艺术知觉研究表明：“人类存在从本质上说是精神性的而非物理的。物理的事实是作为精神性的经验而对我们产生影响的。毕竟，物理意义上的成功或失败最终只是根据其对当事者心灵的作用来决定的。”②艺术家和观看者的知觉不是客观的和中立的，人类的知觉总是选择性、理解性和解释性的。贡布里奇认为：“一切绘画都必然是解释，然而一切解释并不都同样有效。”③既然一切绘画都是解释，艺术就不可能是客观事物的知觉相等物，而是创造性的转化和变形，艺术模仿或再现的东西与被再现的对象必然与客观存在的事物有巨大差异性，它已经属于艺术作品。同样，当我们进入艺术作品开启的意义世界时，并不是确认艺术作品与客观事物之间的相似性或逼真性，而是进入艺术作品开启的意义世界和想象时空。艺术创造和审美想象对所再现和表现的东西进行了双重的变形。一方面艺术作品把日常生活中分散的、不清晰的、无序的意义做了更完整的组织；另一方面艺术作品与现实之间存在的差异，我们从中可以看到它提供了不同于现实世界的重要意义，让我们更深刻地理解艺术作品对世界开启的意义可能性。因此，在艺术理解和阐释过程中，既要看到艺术与现实世界的关系，又应认识到艺术与现实世界的差异性。是艺术与现实的差异性而不是同一性构成了艺术作品本身的创造性特征。作品再现的外在世界在艺术作品阐释中只具有有限的参照作用，艺术作品才是艺术意义阐释的真正对象。

其次，艺术诠释必须解决艺术作品与艺术家创作意图之间的关系。艺术作品是艺术家创造的，没有艺术家就没有艺术作品，这种常识性认识很容易把艺术作品的意义归因于艺术家的创作动机和意图。由此，重构作者意图或重新体验艺术家的生命体验便成了一种重要的诠释学理论倾向。传统方法论诠释学和当代方法论诠释学的主要目的就是力图重构作者的意图，从而对作品意义进行客观性理解。施莱尔马赫认为理解

① Hans-Georg Gadamer，*The Relevance of Beautiful and Other Essays*，edited.，Robert Bernasconi，London：Cambridge University Press，1986，p.64.

② 〔美〕鲁·阿恩海姆：《艺术心理学新论》，商务印书馆，1999，第 349 页。

③ 〔英〕E. H. 贡布里奇：《艺术与错觉：图画再现的心理学研究》，浙江摄影出版社，1987，第 476 页。

就是重构作者作品的意义，甚至做到比作者理解自己更好地理解作者，用他的话说："通过对作者的内心生活和外在生活的认识进行主观重构。"[①] 狄尔泰认为通过"体验"和"重新体验"的方法能够客观地重构作者意欲表达的意义，"对个别事物的重新理解可以提升到客观性的高度"[②]。当代方法论诠释学理论家赫施说："解释者的首要任务就是在解释者自身中重建作者的'逻辑'，他的态度和他的文化给定物，简而言之作者的世界。尽管验证的过程非常复杂和困难，但是，最终的验证原则却是非常简单的——想象性地重建言说主体。"[③] 居尔接受文本意义连贯性与作者意图之间具有同一性的观点："当且仅当作者意欲传达的东西成为证据时，一个事实才会成为文学作品意义的证据。"[④] 作者意图在艺术诠释中有一定参照作用（仅在作者表达了其创作意图的情况下），但作者意图论也存在严重局限。首先，在许多情况下，作者并未告知他表达了什么意图，我们无法通过作者意图或创造动机确定艺术作品的意义；其次，即便艺术家谈到过创作意图，实际上我们并不按照艺术家的创作意图理解艺术作品，理解总是与艺术家表达的意图有所不同；最后，把艺术作品的意义固定在艺术家的创作意图上，实际上否定了理解者的创造性，甚至否定了艺术作品的意义丰富性和阐释空间。

艺术的理解和阐释过程从来不是重构艺术家创作意图的过程，而是创造性地理解和解释艺术作品的过程。在某种程度上，我们或许能够重述艺术作品被创造的方式，但我们永远不可能以17世纪的人的方式来"观看"那个时代的艺术作品。每一个时代的理解者和阐释者都有其自身的文化和美学语境，不同时代的接受者和理解者实际上都从自身的文化和美学语境出发理解历史上的艺术作品。伽达默尔说："文本的意义超越作者本身不是暂时的，而是永远如此。这就是为什么理解不是一种复制活动，而且始终是一种创造性活动。如果我们有所理解，那么我们总是以不同的方式理解，这就够了。"[⑤] 这便是为什么越是伟大的艺术作品，在阐释过程中越是充满解释差异性，甚至矛盾性的原因。正如人们常说的"一千个读者就有一千个哈姆雷特"一样，视觉艺术作品的阐释也同样如此，如拉菲尔的《西斯廷圣母》中的一个西部"窗帘"，在19世纪以前从未引起艺术史家的注意，但后来引起了艺术史家的关注，并做出了不同的阐释，有人认为是对真实窗帘的描绘，有人认为是玛丽亚圣洁的象征，19世纪和20世纪对这一细部的不同和理解阐释竟有80余种之多。又如对毕加索的名画《亚威农少女》在历

---

① Friedrich Schleiermacher, *Hermeneutics and Criticism*, Translated by Andrew Bowie, Cambridge: Cambridge University Press, 1998, p. 24.

② Wilhelm Dilthey, *Hermeneutics and the Study of History*, Edited., Ridolf A. Makreel and Frithjof Rodi, New Jersey: Princeton University Press, 1996, p. 235.

③ E. D. Hirsch, *Validity in Interpretation.* New Haven: Yale University Press, 1976, p. 242.

④ P. D. Juhl, *Interpretation: An Essay in the Philosophy of Literary Criticism*, New Jersey: Princeton University Press, 1980, p. 13.

⑤ Hans-Georg Gadamer, *Truth and Method*, London: Continuum Publishing Group, 2004, p. 296.

史阐释过程中，存在着不同甚至相反的理解和阐释。这些差异性的理解来自艺术作品本身，也来自理解者的不同阐释，而非来自作者的创作意图。因此，艺术诠释的真正对象不是艺术家的创作意图而是艺术作品本身，作品的意义和真理经验来自理解者对艺术作品本身的阐释。

再次，应恰当对待艺术作品形式结构与艺术真理内涵的辩证关系。形式结构论者或者说形式论美学和艺术哲学，突出强调艺术作品在艺术理解和解释中的本体论地位，充分肯定艺术作品自身的自律性存在。它反对艺术作品的任何外在理解，认为从艺术作品所再现的对象或根据创作意图理解艺术都是错误的，主张艺术作品存在的正当理由是艺术作品自身——诸如语言、色彩、形式和结构等，艺术作品的本体论存在方式便在于艺术作品的形式独创性和审美自律性。这种理论有其康德美学的哲学根源，更有其现代艺术的实践基础，康德美学强调无目的性的形式和审美无利害的观点，20世纪倾向抽象表现的现代主义艺术，赋予形式主义理论更坚实的实践支撑。后印象派艺术出现以来，形式主义艺术理论在艺术阐释活动中具有显赫的地位，而20世纪中期的美国抽象表现主义艺术的出现，使形式主义成为这种艺术实践的理论后盾。“全力关注艺术作品形式的形式论存在于三个领域：艺术家对形式的专注；审美经验的发生与形式的经验密切相关;批评家和理论家关心作品的形式本身。”[①] 从诠释学角度看，这种把艺术作品视为“不及物”的自律性对象来理解的理论，实际上否定了艺术作品的意义和真理内涵。

当然，我们不能否定艺术形式在艺术作品意义和真理阐释中的重要中介作用，没有创造性的艺术形式便没有创造性的艺术，但仅仅从形式结构来理解艺术作品显然存在严重缺陷。卢西安·克鲁考斯基认为，形式主义艺术理论忽视了再现和意向性等方面的因素,它把审美价值与形式价值等同起来,实际上否定了艺术作品的真理性内容。[②] 维克特·伯金认为艺术并不是一种纯粹形式主义的东西，并不是完全自律的领域，它总是与某种意识形态相联系。[③] 安妮·谢波德说:“形式主义像认为艺术是摹仿或艺术是再现的理论一样，最终都不能解决艺术的多样性问题。在宽泛意义上可以说，所有艺术作品都具有某种形式，所有艺术作品都是某种统一体，在艺术作品的统一体中，所有个别事物也都是统一体。同样，在这种宽泛的意义上可以说，所有艺术作品都显示连贯性和秩序。但并不因为所有艺术作品成分都具有连贯性秩序，我们就把它们视为成功的艺术作品。用统一性、连贯性和秩序这些一般术语表述的形式主义理论，或

① Trevor Pateman，*Key Concepts*：*A Guide to Aesthetics*，*Criticism*，*and the Arts in Education*，London：The Falmer Press，1991，p. 59.

② Lucian KruKowski，*Aethetic Legacies.* Philadelphia：Temple University，1992，p. 143.

③ See，Victor Burghin，“Modernism in the work of Art”，“The Absence of presence：Conceptualism and Postmodernism”，in *The End of Art Theory*，London：Macmillan Education Ltd.，1986.

许可以毫不例外地适用于所有艺术作品，但是，如此微弱无力地理解统一性、连贯性和秩序所付出的代价只能是,使这种理论丧失所有的解释能力。”① 形式主义艺术理论有深刻的实证主义和自然科学方法论根源，它认为艺术作品的意义就在艺术创作的形式结构创新，特别是结构主义艺术理论，把艺术作品视为一种“不及物”的自律性存在，所谓“不及物”指艺术作品不表现或再现自身之外的任何内容，所谓“自律性存在”即指艺术作品只为自身的目的而存在，不指向任何外在的价值和功能，而艺术作品的理解和阐释就在于通过形式结构的分析确证作品本身的价值和意义。这是现代艺术理解中的一种极端自律性的理论倾向。必须承认艺术作品是一种审美形式，但不是所谓的纯粹审美形式，伽达默尔说:“艺术品绝不会像一朵花或某件装饰品那样满足于一种‘纯美学’的方式。”② 艺术作品总是以其自身的存在方式表现意义和真理，艺术作品是自律性与真理性的统一，艺术作品正是通过审美形式的中介创造和表现更为深邃的意义世界。因此，艺术诠释的对象不只是艺术作品的形式结构，也不只是艺术作品所表现的对象，而是作为整体的创造性艺术作品。

最后，艺术诠释应当辩证处理艺术作品与解释者阐释之间的关系。当代文学艺术理论中的激进阅读和解构理论，高度重视接受者和解释者在接受和阐释活动的创造性，但同时存在否定诠释活动中艺术作品规定性的倾向。甚至把阅读作为艺术作品本体论存在方式的伽达默尔也对耀斯的理论提出了批评，认为耀斯的接受美学包含了人的历史存在表现的有限性，并承认不存在唯一正确的理解和解释，无疑是对的。但由于过分突出阅读和接受的无限性和多元性，耀斯陷入“他本不愿意的德里达的‘解构主义’（Dekonstruktion）的边缘”③。从G·格林对接受美学的图式性解释中，可以看到艺术作品规定性是怎样在接受中消隐的：

> 一个作品在历史、社会的各种不同的背景里有各不相同的意义结构。这一意义结构包含两个方面：作者所赋予的意义，用代码A表示；接受者所领会、所赋予的意义，用代码R表示，（影响作品意义的各种因素用O表示），意义结构用S来表示，则：公式Ⅰ S=A+R
>
> 随着时间的流逝、时代的变迁，由于个人天性和经历的差异，接受者对作品的理解将发生变化。同是评论韩干的马，则杜甫“干惟画肉不画骨，忍使骅骝气凋丧”，予以否定；而苏轼“厩马多肉尻脽圆，肉中画骨夸尤难”，又予以肯定。因此，A虽是恒量，但能被接受者重新探寻出来的，不一定是全部，甚至可能完

① Anne Sheppard, *Aesthetics*: *An Introduction to the Philosophy*, New York: Oxford University Press, 1987, p. 54.

② 〔德〕伽达默尔:《哲学解释学》，上海译文出版社，1994，第98页。

③ 参见〔德〕伽达默尔《真理与方法》，上海译文出版社，1999，第115页注释。

全不被发现；而 R 是变量。这样该公式的样式为：

公式Ⅱ S=（O−A 恒）+R 变

而作品的本来价值是只取决于作者的（艺术构思、艺术技巧等），这其实是 S。

R 变取决于接受者的文化修养，因此变化范围异常广阔：

公式Ⅲ S=（O−A 恒）+R 变 =（O−A 恒）+（R− ∞→R ∞）≈ R− ∞→R ∞

于是得出：公式Ⅳ S ≈ R

显而易见，这派理论认为，一个艺术作品的价值几乎与 A 无关，而只取决于 R。——无疑，这是一种反传统的新观点。[①]

这种“反传统的新观点”确实高扬了接受者和理解者的能动性和创造性，但危险在于最终可能否定艺术作品在接受和理解中必要的规定性。这种理论倾向在解构论者那里表现得尤其明显，例如德里达在《绘画中的真理》中诠释梵高的绘画作品《鞋》时认为，绘画艺术作品正如语言一样，或者绘画本身即是一种语言、一个文本，我们永远无法确定艺术作品的意义和真理内容。作品的意义和真理不是由艺术家，不是由艺术作品反映和再现的对象决定的，也不是根据艺术作品的形式结构确定的，艺术作品的意义和真理是一种语言游戏的产物。如他认为，海德格尔和夏皮罗对该作品的解释把握的都不是《鞋》的意义和真理，而是解释者借助于绘画作品进行的一种自我解释。德里达认为绘画作品中根本没有一种可确定的特质、意义或真理，可以被确定的东西从没有在我们的解释中出现，绘画意义和真理始终是理解和阐释的差异性踪迹。“绘画中没有真理的梦想，也就是没有债务以及冒着不再向任何人诉说真理的危险，却仍然没有放弃绘画。”[②] 他认为，像传统美学和艺术哲学通过形式与内容、艺术作品的内在与外在、能指与所指、再现与被再现等对立的二元范畴，确定艺术和审美的真理问题是不可能的。这种理论倾向成了后现代文本阐释的一种主导倾向。斯坦利·费什写道：“文本的客观性是一种‘幻觉’，是一种危险的幻觉；因为它是这样一种无可置疑的实体。这是一种具有自身自足性和完满性的幻觉。”[③] 这种意义差异性的阐释观点经常被意义单一论者或客观论者批评为“相对主义”。

诚然，艺术理解和阐释是创造性的活动，阐释及其结果确实充满差异性和不确定性，但把艺术作品的意义完全视为接受者和诠释者主观阐释的产物，抛开艺术作品本身的规定性做出的理解和解释，只能是一种任意的、没有根据的理解和解释。事实上，

---

① 〔德〕G. 格林:《接受美学》，冯黎明、阳友权、周茂君编《当代西方文艺批评主潮》，湖南人民出版社，1987，第 586~587 页。

② Jacques Derrida，*The Truth in Painting*，Chicago：The University of Chicago Press，1987，p. 7.

③ Stanley Fish，Literature in the Reader：Affective Stylistics，Jane P. Tompkins，eds.，*Reading-Response Criticism*：*From Formalist to Post-Structuralism*，Baltimore：The John Hopkins University Press，1980，p. 82.

无论理解者的阐释具有怎样的开放性，艺术作品意义的理解具有多大差异性，都与作为事物本身的艺术作品密切相关。例如，历史上对委拉斯开兹的绘画作品《挂毯编织者》有不同的理解和解释，19 世纪的艺术史家认为这幅画是以现实主义方式描绘某个特定真实场景，描绘的是位于马德里的圣伊莎贝尔挂毯厂，前景中的人物是正在纺纱的妇女，此时的艺术史家认为艺术家的主要兴趣在于真实事物的表象。后来人们发现，1664 年这个作品的名称是《阿拉克尼的寓言》，而不是《挂毯编织者》。艺术史家对这个作品进行了新的解释，画面中戴纺纱帽的妇女不是普通的妇女，而是雅典娜的化身。雅典娜是主管挂毯编织工艺的女神，但她的能力遭到阿拉克尼的挑战，后者被点化为蜘蛛。这个神话说的是雅典娜先化装成一位老妇，后来原形毕露。作品将故事的两个角色结合在一起，实际上对主人公进行了两次描绘，前景中那位老妇与挂毯前面那位衣着华丽的女神是雅典娜的化身，正在纺纱的那位妇女和站在挂毯之前把头转向雅典娜的女人是阿拉克尼的化身。这种解释认为，委拉斯开兹的作品传达的是这个寓言故事。再后来，艺术史家发现，绘画作品中的雅典娜不只出现两次，而且充当两个不同的角色：前景中的工艺女神与背景中的艺术女神。雅典娜作为主管主要艺术与次要艺术的女神，并在其监督下将思想与工艺合二为一，因而在象征的意义上确定了自己的权威性，即具有将粗糙的工艺转化为艺术这一过程的权威性。可见，一个作品可以有多种解释，有人把它解释为一种真实场景或客观事物的描绘，是一种反映或再现；有人把它解释为某个寓言的绘画表现，有人则从它与不同艺术（应用艺术和美的艺术等）关系的比喻来理解这个作品。这些解释存在着很大差异，但都没有脱离艺术作品本身，相反，它们都根据艺术作品本身的规定性阐释和丰富作品的内涵和意义。因此，艺术的解释必然是创新性、开放性和多样性的，但解释不能抛开作品本身的规定性。海德格尔说："首要的、最终的而且不变的任务，从来不是用幻想和流行的概念让前拥有、前见和前概念呈现给我们，而是根据事物本身通过了解这些前结构以保证主题的科学性。"① 人们也常常从政治意识形态、道德伦理等角度理解和阐释艺术作品，但阐释中的政治意识形态和道德伦理内涵等应该是从所理解的艺术作品中产生的。

三　艺术活动的诠释学辩证法

艺术的解释活动包含多方面、多层次的因素，各种因素都可能在诠释活动中发挥作用，人们可以从不同方面或维度对艺术作品做出理解和阐释。模仿论对艺术作品的

① Martin Heidegger, *Being and Time*, translated by Joan Stambaugh, Albany: State University of New York Press, 1996, p. 153.

理解重在实证性的外在阐释，认为艺术作品的意义和真理在于它反映或再现对象的真实性，作者意图论试图通过体验和重构把握作者意欲表达的意义，把作品的意义押在作者的创作意图上，形式主义理论把集中关注作品自身的自律性，把意义封闭在艺术的形式和结构中，而激进阅读理论和解构理论认为意义的生产在于读者和理解者的创造性。这些理论解释都从某个独特方面或维度对艺术做出理解，但都存在不可忽视的局限性。前面的论述已经表明，艺术作品与解释者的阐释之间的关系才是最为核心的诠释学关系：一方面必须肯定作为“事物本身”的艺术作品在诠释活动中的规定性；另一方面应该肯定理解者在艺术诠释活动中的创造性，作品的意义和真理发生在艺术作品与理解者的阐释之间相互作用的本体论理解事件中。

首先，艺术作品与理解者的阐释构成艺术诠释活动的本体论存在方式，两者都是本体论理解事件的核心构成，二者缺一不可，否则均不能构成艺术诠释活动。在这种本体论理解事件中，艺术作品总是以其自身的存在方式向理解者讲述它要讲述的内容，而理解者也总是带着他已有的前理解进入艺术作品，从而开启艺术作品的意义世界。在艺术理解和阐释过程中，艺术作品与理解者的关系有如一种生动的对话，艺术作品像对话中的“你”一样向作为理解者的“我”提出问题，同样理解者也向艺术作品提出问题，作品对理解者提出的问题做出答复，而读者也对作品提出的问题做出回答，理解的过程便是这样一种持续往复的问答过程，理解者做出的每一次理解都必须根据作为“事物本身”的艺术作品来理解，并根据艺术作品的问题不断修正自己的“偏见”，做出更接近或符合艺术作品本身的理解和阐释。艺术作品的意义和真理开放性地发生和出现在这种对话性的辩证理解事件中，这种理解事件“意味着对话的原始性与问答的结构。历史的文本成为解释的对象意味着它向解释者提出了一个问题。因此，解释总是包含着与解释者所提出的问题的关系”[①]。这种过程性对话和问答逻辑构成的理解事件体现了一种深刻的诠释学辩证法；提问的本质意味着理解的问题具有某种意义，能够使被理解的作品和理解者共时性地进入理解的共同情境。因此，正是作品本身对理解者提出的问题和理解者对作品提出的问题及其相互回答过程，艺术作品意义的生产和审美真理的出现才成为可能。

其次，艺术作品与理解者的阐释之间的本体论事件是一个持续动态的过程，只要人们理解艺术作品，这个过程就永远没有终点，我们与艺术作品始终存在再次对话和理解的可能性，只有理解者愿意，他总能从作品中理解和阐释出更丰富更深刻的意义，艺术作品总是以它自身的存在向所有理解它的人讲述某种东西，而不同的理解者总是从他自己的诠释学处境出发对作品做出不同的理解。用本体论诠释学的话来表达，理

① Hans-Georg Gadamer, *Truth and Method*, London: Continuum Publishing Group, 2004, p.369.

解总是意味着对艺术作品的一种不断更新的自我理解。“既然我们是在世界中接触艺术作品，并且在个别艺术作品中遭遇某个世界，那么，艺术作品就不是一个我们一瞬间魔术般地进入其中的陌生宇宙。毋宁说，我们在艺术作品中，并且通过艺术作品学会理解我们自身，这意味着我们在我们的经验的连续性中扬弃孤独经验的非连续性和个体性。鉴于此，对于艺术和美，我们必须采取这样一种立场，即我们并不妄求直接性，而是与人类状况的历史性本质相适应。援引直接性、援引瞬间的天才、援引‘体验’的意义并不能抵御人类存在对于自我理解的连续性和统一性要求。艺术的经验并不能被推入审美意识的非制约性中。”① 因此，艺术作品的意义是理解事件中产生的意义，艺术的审美真理总是被理解的真理，总是差异性和开放性的理解，而不是某种先验存在或等待确认的东西。理解事件本身始终是语境性、时间性和动态性的，人们所理解的艺术作品意义和真理同样不是静态的、不变的，而总是语境性、差异性和开放性的。

最后，艺术作品与理解者相互作用的本体论事件，不仅表明理解过程的辩证法，而且意味着实现差异性理解有效性的辩证法。它坚持艺术作品在理解事件中的必要规定性，因而保证差异性理解始终是对相同艺术作品的理解，它坚持理解的创造性和开放性，因而承认艺术作品的意义和真理的丰富性，从而体现了理解的同一性与差异性的诠释学辩证法。解释与被解释的艺术作品具有差异性，但必然与所理解的作品有同一性，解释总是理解者做出的差异性阐释，但差异性理解并不脱离艺术作品，这样的解释才是对作品的有效性阐释。“假如解释与被解释的对象（在某种程度上）不相同，那么它就不是对一个本文的解释，而是一个新本文，因为它与前者没有联系；假如解释与被解释的对象（在某种程度上）没有任何差异，那么它就不是对一个本文的解释，而是对本文的复制。解释的概念包含着两极：一方面，它意味着本文具有连续性和超时间的自我同一性，文本是解释不可缺少的必要条件。我们可以把这一极叫作恰当性，因为它可以说明为什么存在着错误的解释。另一方面，解释也包含非连续性和自我差异性的一极，因为对本文的解释并不只是一种复制，它确实包含着更多的东西。我们可以把这一极称为创造极，因为它表明解释超出了文本的内容，并在本质上具有不受限制的新颖解释。”② 因此，意义理解的有效性并不是固定不变的客观有效性，而是过程性、历史性地理解事件中的有效性，只要从艺术作品本身出发的理解都是有效性的理解。在理解事件中，理解者的阐释是重要的，艺术作品本身同样重要，二者统一在作为动态的本体论理解过程中，这种理解拒绝理解和解释的客观性和唯一性，但寻求理解的

① Hans-Georg Gadamer, *Truth and Method*, London: Continuum Publishing Group, 2004, pp. 83-84.

② Joel Weinsheimer, *Philosophical Hermeneutics and Literary Theory*, New Haven: Yale University Press, 1991, p. 87.

合法性和有效性。

因此，艺术诠释包含这样一种辩证法：一方面它充分肯定艺术作品作为自律性存在所具有的连续性和超时间的自我同一性。不同时代的读者对《红楼梦》的理解始终是对《红楼梦》的理解，而不是对《西厢记》的理解；同样，不同历史时代和不同文化语境的观赏者对达·芬奇《最后的晚餐》的理解，面对的永远是《最后的晚餐》而不是《蒙娜丽莎》；对毕加索的《亚威农少女》的解释，面对的永远是《亚威农少女》，而不是《柯尔尼卡》；等等。我们永远不能根据后者来解释前者，对前者的理解只能根据前者来理解，无论我们做出怎样不同的解释，都是对所理解的艺术作品的阐释，艺术作品本身始终是理解和解释的必要条件，只有作为“事物本身”的艺术作品才能说明为什么存在着错误或不合理的理解和解释。另一方面，理解和解释总是包含着开放性和差异性，我们对艺术作品的理解和解释总是有理解者的诠释学处境和前理解，总是意味着作为理解者的“我们”的某种创造性理解，而不是简单复制和重构。“美是将人邀请入直观的请柬（invitation），而这就是被我们称为‘作品’的东西。”① 因此，不是模仿的对象，不是作者的创作意图，不是抽象的审美意识，也不是文本的客观结构决定艺术作品的意义世界和真理内涵，而是艺术作品本身与理解者构成的本体论理解事件，使艺术作品成了富有生气的意义时空，也为艺术作品存在的同一性与理解者的创造性阐释构成的诠释学辩证法开启了新的理解可能性，艺术作品的生命、意义和价值正是在这种动态的、本体论的理解事件中被激活、被延伸和被拓展的。

（作者单位　北京外国语大学　中国语言文学学院）

本文原载《求索》2022年第3期

① Hans-Georg Gadamer，Intuition and Vividness，*The Relevance of Beautiful and Other Essays*，London：Cambridge University Press，1986，p. 161.

摘要收录

中国古代美学思想资源的阐释方法

中国古代美学思想资源包含在中国古代的哲学思想著作和各种文论、画论、乐论、笔记、书信等之中，其中的许多内容从美学的角度看具有深刻性和系统性。这需要以中国传统美学思想资源为本根和源头活水，与主体的美学前见进行碰撞和交流，对它们进行当代阐释。探究文本的基本含义、理解学科立场、注重跨语境理解是阐释的基础。理解文献需要以专业知识和审美经验加以判断和印证，并重视经典文献阐释史和审美经验的亲证。在阐释方法上，要入乎其内、出乎其外，体现“我注六经”与“六经注我”的统一，通过比较和参证实现与古人的共鸣和对话。由于这些思想资源的表达讲究诗意的会心，存在不确定性，所以阐释时需要注意其中的“话月”和“指月”等表达方式。

作者：朱志荣

单位：华东师范大学中文系

文献出处:《山东社会科学》2022 年第 10 期

物质阐释学：一个概念史

在中世纪,阐释学从圣经注释研究发展为语文学理论方法,形成一种“局部阐释学”,关注和阐发了语言、文本、文献的物质维度。启蒙运动以来形成的“一般阐释学”，其重心转向对“理解的艺术”和“精神科学”的探索,暗含对语文学及其物质维度的隐藏。之后的“哲学阐释学”集中关注理解本身，物质性退居阐释活动的后台。20 世纪中叶以来，对现代阐释学的反思和反拨日益增多：一方面，语文学传统回归文学阐释学视域，基于文学文本的物质性形成了一种“物质阐释学”；另一方面，基于技科学的物质性形成了一种“事物阐释学”。21 世纪以来，各局部学科的相关思想会通融合，渐次集聚为具有一般方法论意义的“物质阐释学”，为美学和文艺学研究提出了新的阐释视野和理论参照。

作者：张进　王红丽

单位：兰州大学文学院

文献出处：《福建师范大学学报》（哲学社会科学版）2022 年第 5 期

论郭象对庄子之知的诠释和建构

知识论，是庄子思想的重要内容。郭象《庄子注》是魏晋玄学的集大成作品，在对《庄子》的诠释中重新建构了玄学之知的思想。庄子认为，人的认知能力有限，并受到存在之境的制约，且认知的对象又变易不定；因此，众人在人间世中不能获得真实性、普遍性、确定性的知识。庄子否定众人之俗知，而标举真人之真知。真人之真知不是追求真实性的知识，也不是体道之知，而是心斋、坐忘而虚静无知，不识自我，也不识天地万物，从而与天地万物混而为一，即回归到原初的存在形态中。郭象基于众人的性分而讨论知识的相对不定性，一方面说明众人之知有差异性、独特性，而彼此不能相知相通；另一方面肯定众人合于性分之知，所谓“知止其分”，任之逍遥自由；再一方面反对众人越出于性分之外的知，“任知”而失真作伪。圣人遗知忘知，即无独知而涵融众人之知以为一，即全知，从而冥合万物之知，助成万物之任性逍遥，既养心养神又治国平天下。

作者：刘国民

单位：中国社会科学院大学文学院

文献出处：《学术界》2022 年第 2 期

理解与自我存在：伽达默尔实践哲学视域下文学阐释的本质

伽达默尔的实践哲学是在科学技术逐渐占领人文领域的背景下提出的，其目的是要找回人文科学的真理，恢复亚里士多德时期的实践智慧。在伽达默尔的实践哲学视域下，文学阐释是文学作品意义呈现的过程，作品和对作品的阐释共同构成文学文本的存在方式。文学阐释不仅仅是为了激活文本，更是一种改变自身的实践行动，其最终目的是对人的存在的反思。作为实践的文学阐释就是将对文本的理解应用于自身的特殊境况之中，其本质是对自我的理解，文学阐释的过程就是读者与文本视域融合的过程，视域的扩大意味着读者自身意义的开拓。

作者：梁鑫　张跣

单位：中国社会科学院大学　中国社会科学杂志社

文献出处:《郑州航空工业管理学院学报》（社会科学版）2022 年第 5 期

理解、阐释与阐释的本质

——兼论强制阐释

强制阐释是张江教授提出的一个阐释学概念，用以批评那种以阐释者主观意志强力侵入文本，对文本进行符合己意之解释的阐释方式。然而，阐释活动是否存在强制现象？这种现象又如何发生？这并不是一个明见无疑的命题，持有不同阐释观的学者对此有不同的解释。这意味着强制阐释也需要阐释。通过再释精神科学与自然科学的差异，重申“理解”与“说明”旨趣的不同，将会发现，理解总是历史性理解，阐释关注新经验的获取。阐释超越过往，开显新维度，指向不同的理解，而非更好的理解或客观理解。就此而言，诠释学中不存在强制阐释现象。所谓强制阐释是一种因诠释学与认识论边界发生混乱而衍生出的意识强力行动。当阐释由理解异变成认知，阐释者转变为认知者，诠释学立场转变为认识论立场，文本的意义阐释转变为文本自在意义的客观把握，强制阐释势必奋袂而起。可见，强制阐释本质上是一种被误认为阐释的认知行为。分清阐释文本的诠释学立场和认知文本的认识论立场，以理解应对文本阐释，以说明应对文本认知，保持清醒的界限意识，强制阐释便无存身之处。

作者：傅永军

单位：山东大学诠释学研究中心暨哲学与社会发展学院

文献出处:《学术研究》2022 年第 1 期

“训诂阐释学”构想

“训诂阐释学”是学科建构方向的新设计。其目的是，充分发挥训诂学与阐释学各自的优势，互为根基，互为支撑，互为动力，为阐释学的发展奠定可靠的中国基础，为训诂学的生长开辟广大的现实空间。训诂阐释学起点于训诂，通达于阐释，构建于学科，即以训诂为起点和方法，以真理性、可靠性、融贯性为准则，坚持由训而阐，由阐而训，反复循环、螺旋上升的正当路径，最终达致根基牢靠、创造新知的尚意之阐。训诂阐释学在学科方向上，提倡训诂为先、通达义理、体用兼备；在系统方法上，既注重训诂，也注重义理，同时更注重两种方法的相互融合与提升；在学科素养上，提倡训诂精神、公共自觉、范式意识。如此努力，训诂阐释学将以系统完备的新学科形态，位列人文领域，为文、史、哲等学科的交叉融合提供新示范。

作者：张江

单位：中国社会科学院大学　中国社会科学院文学与阐释学研究中心

文献出处：《学术研究》2022 年第 12 期

修辞学的阐释学：当代中国阐释学建构的一种路径

文学批评与阐释是文学活动的重要组成部分，建构当代中国阐释学需要充分借鉴修辞学的理论传统，将其熔铸成修辞学的阐释学。修辞学的阐释学至少具有三个方面的理论优势：一是有助于打破诸多单维的极端取向，如作者的霸权、作者的死亡、能指的嬉戏、读者的任意等，在多维的对话与交流而非任何单一取向中展开文学阐释。二是有益于回到表意实践的复杂境域，走出纯文学 / 纯美学的阐释空间，从而在文学与文化的连续性频谱中审视文学。三是可以缓和流行的阐释循环与解构主义之间过度追求统一性与差异性理解的两极对立，在求取统一的同时更多地尊重与包容差异。

作者：王伟

单位：福建社会科学院文学所

文献出处：《文艺评论》2022 年第 6 期

从互文性到事件性：文学审美意义的动态阐释

20 世纪末以来兴起的文学事件观强化了对文学作品与文学性“生成”过程的关注。文学不再是脱离于主体的稳定静观对象，而是不断变化的非实体性存在。文学性泛化造成的“文学终结”认识是文学事件阐释学的理论前景。互文性理论所强调的开放性、生产性、复数性、解域性、意义不确定性则使事件概念拥有进入文学理论话语的可能。从互文性到事件性，文学事件观凸显了文学作为实践活动的未完成性、过程性与动态性特征。文学事件阐释学启发当代文艺理论从本质提取走向实践本身的回归，主张主体在与文本的积极互动中建构生成一种被命名为“文学”的“实际存在物”。文学是一项现实活动和生成事件，具有存在论意义上的“独特性”。文学审美意义的事件性阐释，展示了事件思想向文学研究开放的理论特色与美学价值。

作者：张丹旸

单位：中国人民大学文学院

文献出处:《西北民族大学学报》（哲学社会科学版）2022 年第 6 期

论文学阐释的悖论

文学阐释的悖论既是对文学活动的复杂性、悖论性的回应，也是对文学理解与阐释的实质性与丰富性的确认，更是对人之存在意义的可能性与有限性的追问。阐释建立了交往的可能性，但是误解内含其中；它揭示真理性，却依赖于趣味判断；它以语言为手段彰显抽象的普遍性，然而离不开特定时空的具体性；它体现出规范性命题，而原创性又成为主导性规范。文学阐释的悖论并不意味着阐释的困惑或旋涡，而是在悖论中发现意义，在矛盾中寻觅生机，在张力中传承革新，这是蕴含着生命力量的精神实践活动。阐释的悖论孕育阐释学的新形态即悖论阐释学。

作者：傅其林

单位：四川大学文学与新闻学院

文献出处:《当代文坛》2022 年第 6 期

“阐释”与“训释”

——中国古典阐释学的语文学形式

当代西方哲学阐释学存在本体论与方法论两种建构路线。建构当代中国阐释学应主要借鉴保罗·利科与方法论结合的路径。汉字不是象形文字。汉字的表意性质使其天然地与意义阐释交融在一起。训诂学与阐释学都围绕意义运动。训释亦为阐释，阐释必赖训释。"象"与"形"同时具有文字学与阐释学的双重属性。词义与观念交互训释，既是训诂学的特点，也是古典阐释学的特点。语义学指称关系是汉字系统的第一关系。以字词义为对象的训诂学是古典语文学形式的阐释学。《春秋》学所定释经宗旨、原则与方法，具有为古典阐释学立法之意义。

作者：李红岩

单位：中国社会科学院大学阐释学高等研究院

文献出处:《社会科学战线》2022 年第 7 期

马克思主义文学阐释学"中国问题"的诞生

马克思主义文学阐释学"中国问题"的产生，宏观背景在于它所处的独特"中国语境"，"中国语境"既为马克思主义文学阐释学"中国问题"提供了发生学前提，也为其提供了意义的本体论依据。在马克思主义文学阐释学"中国问题"的诞生过程中，民族革命内部富有弹性的政治共同体的逐渐形成为其时的"中国问题"提供了制度前提。进化论的广泛传播所引发的近代自然科学观念取代天理世界观，为"中国问题"提供了知识前提。现代文学理论内部的"问题与主义"之争及其最终赢获的唯物主义支配性地位，"文学革命""革命文学"所带来的文学意义及其功能整体性变革等，则为马克思主义文学阐释学的"中国问题"的诞生提供了最为直接的理解前提。而毛泽东基于马克思主义与中国时代社会语境相结合而提出的马克思主义"中国化"，则成为马克思主义文学阐释学"中国问题"的主导性表现形式，宣告了马克思主义文学阐释学"中国问题"的正式诞生。

作者：谷鹏飞

单位：西北大学文学院

文献出处:《南京社会科学》2022 年第 10 期

开端、更新与精神或灰烬

——试论海德格尔论荷尔德林诗的历史意识

海德格尔论荷林德林的诗在海德格尔存在哲学中占据着重要地位，然而也引起了极大的争议，争议主要集中在其中是否隐含着海德格尔要投身现实的"战斗精神"上。

本文并未把这一争议视为重要主题，而是去思考，海德格尔存在哲学如此玄奥的思想如何与他意识到的历史深度发生关联。这种关联方式是通过对诗的阐释表达出来的，存在哲学把荷尔德林的诗意与一个民族面对决定性的历史时刻，开启新的未来放置在同一时间节点上。在这里，诗性与历史、哲思乃至于政治，建构起一个在世的“历史性的此在”，这种哲思触及的历史意识与诗性领悟的深刻结合是值得我们去探究的。本文还涉及德里达对海德格尔关于“精神”相关思想的解构，这一拆解如此精辟又精要，它确实有力地穿透了海德格尔的“历史意识”。所有这些都对我们历经的 20 世纪乃至于我们今天置身于其中的世界历史不无启迪意义。

作者：陈晓明

单位：北京大学中文系

文献出处：《文艺理论研究》2022 年第 5 期

强制阐释论的新理据及其悖论

张江的《再论强制阐释》一文试图回到阐释学的元问题，进一步澄清强制阐释的内在理据，从而为当代中国阐释学奠定更为扎实的理论基础。但是此文没能有效地解决强制阐释的困惑，它提出的建构性策略反而使其陷入悖论之中。阐释学的未来不仅是从破到立的线性发展，而且是破中有立、立中有破的悖论性存在，这将催生蕴含“和而不同”之智慧的悖论阐释学。

作者：傅其林

单位：四川大学文学与新闻学院

文献出处：《文艺理论研究》2022 年第 5 期

问题与阐释：女性主义批评建设的可能

女性主义批评是与女性写作相伴生的一种批评实践。新时期以来，思想界对女性主义理论的译介和批评界借助女性主义理论进行的批评实践都取得了不少成果，推动了本土女性主义批评的理论建设。但是，西方理论并不完全契合本土的文化语境，使用西方理论也不能充分阐释当代女性写作的丰富性和复杂性。当下的女性主义批评存在两方面的问题：一是难以有效分析新时期以来女性写作的多元化特点，二是难以厘清全球化经济体系带来的消费主义意识形态对性别问题的多重影响。女性主义批评建设的理论困境要求我们对既定的研究范式做出相应调整。因而，将“性别”作为认识差异性范畴的一种方法，重新考察其生成的语境、处理的问题以及阐释的方式，将为女性主义批评的理论建设提供一种新的可能。

作者：郭冰茹

单位：中山大学中文系

文献出处:《广州大学学报》(社会科学版)2022年第5期

走向实践阐释的艺术理论

——西方当代艺术理论生成的微观态势及其启示

西方当代艺术理论不是一个同质化、单线性的状态，而是由不同思想阵营、知识力量构成的一个对话的、循环的、再生产知识系统，在这一系统中，理论的实践阐释尤为重要。在这方面，辛西娅·弗里兰的新感知理论、特里·巴雷特的综合阐释理论、马克·盖特雷恩的意义解释学理论是较为独特的案例，其共同特点是注重对当代艺术的实践阐释，推进了对当代艺术的理解与传播，具有较突出的社会文化意义。这种微观型的艺术理论与哲学理论、文化理论共同构成了西方当代艺术理论的整体风貌。作为理论生成的普遍规律之一，实践阐释的艺术理论给中国当代艺术理论带来了新启示，即立足中国现实，加强艺术的实践阐释与文化关注，促进中国当代艺术理论的特色发展。

作者：时胜勋

单位：北京大学中文系

文献出处:《学术月刊》2022年第9期

诗学模式/阐释学模式：生产性文学批评的解读方法

在20世纪星汉灿烂、洪波涌起的文学批评中，阐释学是重要一翼，它处于文学批评从形式主义到历史主义的转折点，肩负着去故存新的天命。阐释学成为20世纪文学批评的重镇并非一蹴而就，而是有着漫长的过程，经历了从以施莱尔马赫、狄尔泰为代表的古典阐释学向以海德格尔、伽达默尔为代表的现代阐释学的转捩，其余波至今不息。在此过程中，阐释学取得的进展多多，其中一个值得关注之处在于，它作为一种解读方法，从诗学模式转向了阐释学模式。这两种解读模式的碰撞与转换，激发和推动了文学批评的观念生产、知识增长和理论建构，使阐释学成为生产性文学批评的突出标志。

作者：姚文放

单位：扬州大学文学院

文献出处:《学术月刊》2022年第9期

文学、历史、记忆的话语基础与阐释路径

文学与历史、记忆的关系一直是文学理论的基本问题。目前欧美学界和中国大陆学界研究存在的主要问题：一是对三者关系的话语基础缺乏追问，二是常将文化记忆、历史记忆、（心理学）记忆、文学记忆等概念混用。将历史、文学、记忆三者关系的讨论放在记忆叙述层面上，一方面解决了探讨三者关系的话语基础问题，另一方面为确立以自传、他人历史和虚构性三类文本奠定了基础，并在此基础上，提出了文学、历史、记忆的方法论和阐释原则：自传类作品、文学叙述与记忆叙述具有同一性，它们不等同于真实的历史，但与历史叙述构成一种隐喻、象征关系；他人历史类作品，历史叙述与记忆叙述具有同一性，那些超出历史记忆的叙述则是文学性存在之表现；虚构类作品，文学叙述不仅与历史事实构成隐喻、象征关系，还与历史叙述、记忆叙述构成文化上的隐喻和象征关系。

作者：蒋济永、蒋必成

单位：华中科技大学人文学院

文献出处:《广东社会科学》2022年第5期

哲学诠释学与文学作品存在方式的本体论阐释

哲学诠释学从人类此在存在的有限性和历史性出发，把文学作品视为自律性、表现性和真理性的存在，提出文学文本只是一个“半成品”的解释概念，认为文学作品的美只是邀请人们进入艺术经验的“请柬”。只有在诠释学理解事件的时间性过程中，文学作品的意义和真理经验才能得到实现，文学作品的本体论存在方式才能得到理解。在某种重要意义上，哲学诠释学改变了传统的文本概念，拓展了文学理解和解释的诠

释性空间。但它完全否定作为文学诠释活动重要维度的作者意图阐释和形式结构分析也是值得商榷的。

作者：李建盛

单位：北京外国语大学中国语言文学学院

文献出处:《河北学刊》2022 年第 5 期

酒神的日神化

——论海德格尔和德勒兹对尼采的阐释

在 20 世纪 60 年代以来的“现象学与后结构主义之争”这一新的语境中，现象学家海德格尔和后结构主义者德勒兹对尼采的阐释启发人们认识到，现代性批判在根本层面上关涉形而上学批判。尼采的悲剧美学显示出形而上学批判的最终目的是实现对生命的肯定,这主要体现为对生成与痛苦的肯定。海德格尔通过拉近酒神与存在的距离，试图表明尼采并未真正实现对形而上学的超越；德勒兹则通过拉近酒神与差异游戏的距离，尝试发掘尼采对形而上学的超越。在由此引发的“酒神的日神化”中，海德格尔削减了酒神与生成的联系，德勒兹则削减了酒神与痛苦的联系。

作者：吴天天

单位：湖北大学文学院

文献出处:《文艺研究》2022 年第 8 期

“艺象”概念及其阐释效力问题论析

——以朱志荣的艺象观为例

“艺象”概念的提出既继承了中国古代意象思想资源，也吸收了现当代以来美学发展的成果。意象是心物交融所创构的审美结晶，艺象指称的则是艺术作品中所表现和蕴含的作为呼唤结构的意象。艺象既是审美心象的物化形式，也是艺术欣赏活动中的审美对象。艺象具有共相与殊相相统一、感性与理性相统一、主体性与主体间性相统一等理论特征。“艺象”是美学与艺术学相交叉的枢纽，对艺术问题有着较强的阐释能力。“艺象”补充和深化了审美意象创构论，但在内涵、结构等方面还存在拓展空间。

作者：陈娟
单位：华东师范大学中国语言文学系
文献来源:《文艺论坛》2022年第4期

观心·直觉·顿悟

——援禅入艺的审美心理阐释

禅是觉者的智慧，是生命的艺术，二者在各自漫长的演化过程中不断交融互渗，彼此成就。禅与艺术皆重视心灵的修炼与超理性维度的生命体验，立于尘世，以不同的方式追求人生“觉行圆满”的境界。“观心”“直觉”与“顿悟”即是禅与艺术在探寻生命本源之路上所历经的三种代表性心理状态。其中，“观心”“正念”之于禅宗是一种摒除杂念、开悟顿了的前期修炼法门，旨在涤荡凡心，主“定境”之用。其交感思维与艺术审美活动中的审美注意、审美静观等心理因素之间互通联结，为撷取艺境灵感果实“第一义谛”的入道门槛；“直觉”是继“观心”之后的更深层心理状态，它在禅修中表现为一种超越世间逻辑，以瞬间直感、整体观照方式去体认事物本质的思维能力。艺术审美活动中的直觉与禅的直觉具有相似的功能表现，兼具一定的创造性特征。具体体现为事事无碍的超越性、敏锐的感受力及一体圆融的综合能力。“顿悟”是禅门明心见性的最后一道门槛，在艺术审美活动中亦是一种审美心理的巅峰体验。它是人主观意识高度自由解放的状态，是灵感高速迸发的自由境界，具有原发偶然性、立时性和模糊性等特点。“观心”“直觉”与“顿悟”在禅与艺术的世界中呈现出“异质同构”的审美特质，由此成为“援禅入艺”的重要中保和步入“觉行圆满”境界的互通法门。

作者：彭修银　姚羿
单位：中南民族大学文学与新闻传播学院　太原师范学院音乐系
文献出处:《东南大学学报》（哲学社会科学版）2022年第4期

“言不尽意”的阐释学意蕴

“言不尽意”揭示了一个普遍的表达与理解现象，即“言”与“意”的悖论。“言”是语言，具化到文本中是话语、言语；“意”是文本意义，包括作者之意和读者之意。作者之意即语意、赋意，它是自在意义，是有限的。读者之意即衍意，它是建构意义，是可以无限生成的。对文本意义的阐释既是有限的，也是无限的，是有限和无限的统一。“言不尽意”的阐释学价值表现在，它在历史发展中建构了意义，推动了理解的深化，促进了知识的生成。因此，它是历史的，在历史中的合理化延展是通过阐释的交叉、重合、发现、创造实现的。同时，它又是美学的，是审美趣味和意境形成的基础，是文学艺术永恒魅力之所在。

作者：李健

单位：深圳大学美学与文艺批评研究院

文献出处：《中国文学批评》2022 年第 3 期

权力的时代及其文化的表达

——一种政治人类学用之于艺术品创造的分析与解释

“权力及其伪装”这一政治人类学的主题所体现出来的是一种将诸多权力要素统合起来的文化模式，它触及了人们日常生活表演的实质性内涵。对此模式的分析又引发出对一种似是而非的方法论的新认识，这一方法论强调从人类学的角度去理解艺术，将不再是单单关注于艺术本身，而是将其看成一种权力的文化表达，这显然是要在一种艺术不是什么的维度上去予以新维度思考。这种思考关注于一种权力或权力支配时代的发生，体现了基于权力关系所设定的一种门槛效应和与之相应的知识权力的发生。在从一种权力支配的时代而转向于个人权利诉求的时代中，体现了权力与文化的解释、权力与文化的表达、文化的控制性、权力的隐蔽性、权力的转化等诸多扩展性的人类学研究主题。

作者：赵旭东

单位：中国人民大学社会学理论与方法研究中心　中国人民大学人类学研究所

文献出处：《民族艺术》2022 年第 4 期

海登・怀特论喻象阐释

喻象阐释是通过回溯性方式，将两个或多个在时空中相距遥远的事件相联系，先前之事为先兆与预表，后来之事被视作前事的印证与实现。海登・怀特借鉴并改造了奥尔巴赫的喻象阐释观，使之成为一种考察历史话语动态生成与相互作用的研究范式。怀特通过挖掘喻象概念的虚构性与历史性内涵，超越了对历史文本静态的结构主义分析，将叙述性话语置入人类自我创造的历史进程中。喻象阐释的核心是一种基于回归与重复的时间经验，二者统摄于“预表—实现”的过程之中，它既是历史话语生成的内在依据，又是一种本真性的人类存在方式。借由喻象阐释，海登·怀特为历史话语的生产、转换提供了存在论基础，在一定意义上克服了激进文本主义倾向与历史相对主义困境。同时，喻象批评隐含的悖论，一方面有可能深化历史实在与历史话语之间的矛盾对立，另一方面又隐含超越话语，触碰到历史经验、记忆、情感等语言难以言说之物的可能性。

作者：贺嘉年

单位：复旦大学中文系

文献出处:《文艺评论》2022 年第 3 期

论戴维森实用主义文论的三副面孔

实用主义的戴维森主要通过新实用主义者阐发而来。然而，戴维森在文论中的实用主义面向更为复杂，主要呈现为三副面孔：新实用主义者戴维森、意图主义者戴维森和彻底诠释者戴维森。戴维森的不规则语言论成为新实用主义者的语言哲学基础，以此辩护文学语言等非惯常语言在语言交流中的原初地位。但是，戴维森本人的意图主义和新实用主义的多元诠释论发生张力，前者指责后者违背了戴维森一直坚持的反约定原则，由此主张以“第一意图”来充实戴维森文论的实用主义面向。为调和上述两种路径，我们在兼顾他前后期意义理论的基础上，发展出一种新的实用主义的隐喻论。其实质是基于彻底诠释立场发展出的修辞理论，是将隐喻放在戴维森文本内部实用主义化的成果，由此更好地实现了文本忠实和实用主义立场之间的平衡。

作者：张巧

单位：华南师范大学审美文化与批判理论研究中心　华南师范大学文学院

文献出处:《文艺理论研究》2022 年第 2 期

语言、真理与新实用主义的阐释学

——以罗蒂对戴维森的解读为中心

实用主义哲学家理查德·罗蒂被归入美国阐释学发展的谱系，其论题、概念与论证逻辑却需联系分析哲学才能理解到位。罗蒂与唐纳德·戴维森的长期对话，既对接当代阐释学的诸种关怀，又开辟出独具英美理论色彩的哲学空间与文学空间，更为我们探讨罗蒂从分析哲学向新实用主义的转变以及这种转变对于文学理论的价值提供了重要线索。

作者：汤拥华

单位：华东师范大学中文系

文献出处:《文艺理论研究》2022 年第 2 期

为何一千个读者就有一千个哈姆雷特？

——论诠释的开放性与文本表意逻辑

为什么有一千个读者就有一千个哈姆雷特呢？这个问题涉及现代文论和诠释学的一个核心问题：文本究竟是一个和谐统一的封闭空间，至多存在一种对立的平衡，只允许细致入微和自圆其说的阐释；抑或是一个开放的空间，有着不同的观点、声音、态度、价值观和意识形态，兼容各种不同甚至相互冲突的解释？形式主义和结构主义认为文学作品是自给自足、自成一体的封闭意义空间，后结构主义理论家则反其道而行之，主张文学文本本质上是开放的。欧美文论家对后结构主义的文本诠释曾有过激烈的争论，但只有少数几位针对诠释的开放性直接展开讨论，而且，最后的结果也是不了了之。从心理学、符号学、诠释学和文本的意义生成等方面探讨诠释开放性的内在逻辑和机制，可以从学理上回答为何有不同读者就会有不同解释的问题。

作者：顾明栋

单位：美国达拉斯德州大学

文献出处:《文艺理论研究》2022 年第 3 期

中国阐释学之“中国性”

——就跨学科问题与张江教授商榷

张江教授的《中国阐释学建构的若干难题》从六个方面探讨了中国阐释学的发展方向，令人受益匪浅。但在现代阐释学“学科思维”的框架下讨论跨学科，事实上难以避免依循西方的范式、逻辑和理论框架。阐释学在中国的发展方向，将从不自觉地偏向“给中国阐释实践注入现代学科元素”，最终转向“西方阐释学的中国发展”。而建设“中国阐释学”，应以建构和确立“中国性”为宗旨，指明民族特征，宣示民族身份。作为“阐释主体”的中国，可以传统阐释实践的“无学科性”和“模糊性”独立于西方阐释理论之外；作为“被阐释之客体”的中国，可以通过向汉学领域的跨越来确认“中国”概念，使用自身身份与西方达成“身份共识”，从而来构建理论沟通的基础，使中国阐释理论进入现代阐释理论体系之内。

作者：张珣

单位：上海交通大学人文学院

文献出处：《探索与争鸣》2022 年第 5 期

理性理念如何转化为艺术形象？

——康德艺术理论的现象学阐释

康德主张艺术形象是对理性理念的表达和扩充，这一观点在一定程度上奠定了德国古典美学的基础，并且对后世产生了深远的影响。不过，康德实际上并没有具体说明艺术家究竟是如何把理性理念转化为艺术形象的。从现象学的角度来看，对这一问题的解答可以借鉴胡塞尔的范畴直观和本质直观理论。胡塞尔主张通过想象力的自由变更就可以把握到具有自身同一性的普遍本质，但实际上既然本质直观是通过想象活动来进行的，那么所获得的就不可能是纯粹的本质或范畴，而只能是介于感性表象和抽象范畴之间的特殊表象，这也就是康德所说的图式。只有进一步通过知性和理性的抽象，才能把图式转化为范畴。因此，图式乃是理性理念的起源，也是把理性理念转化为艺术形象的中介。艺术家只有首先把理性理念还原为图式，然后才能运用想象力对图式进行加工，强化其感性和直观特征，从而使其转化为艺术形象。

作者：苏宏斌

单位：浙江大学中文系

文献出处：《文学评论》2022 年第 3 期

“阐释的边界”与阐释的伦理之维

在文学理论中，“阐释的边界”是一个不容忽视的命题，它不仅指认了意义的确定性状态，还触及伦理学这一同人类生存紧密相关的领域。首先，对阐释边界的捍卫，意味着对创作者及其表意逻辑的尊重，同时有助于阐释者保持平等对话的尊严。其次，阐释边界涉及自由与限度的纠葛，它使人们直面自由泛滥所造成的精神困境，在一定程度上完成对规范和秩序的重建。再次，阐释边界还将唤醒阐释者的责任感，使之不再流连于感官化的愉悦，不断为人类寻找相对稳定的精神根基。伦理之维使阐释边界呈现出更复杂的面向，同时也为研究者开辟了反思与追问的更丰富空间。

作者：庞弘

单位：四川师范大学文学院

文献出处:《西南民族大学学报》(人文社会科学版)2022 年第 5 期

暴力、责任与和解

——《再论强制阐释》中的阐释伦理问题

《再论强制阐释》不仅从期望、动机、整体等角度对强制阐释进行了追本溯源式的批判和剖析，而且对阐释伦理问题提出了新的见解和思考。强制阐释具有暴力性和强制性的特点，会对阐释对象和公众造成话语暴力与精神伤害。阐释行为必然对他者产生影响且不可逆转，因而阐释者必须对阐释的目标对象、公众和自己负责。阐释活动是在社会整体中进行的，各要素之间具有平等关系，通过反复的斗争与和解，达成阐释的共识。这些问题将强制阐释论带到了更加宽广的阐释伦理的论域，提示我们思考阐释活动的道德维度和价值维度，并最终指向一种平等、良善、和谐的公共生活。

作者：傅其林　朱鸿旭

单位：四川大学文学与新闻学院

文献出处:《学习与探索》2022 年第 5 期

兴起方是读诗：中国阐释学视域下的“比兴”说诗与多元理解研究

从阐释学视域出发，诗歌创作全面运用比兴的旨归是作用于读者的审美接受和审美理解，唯有“托物寓情”而不是“正言直述”，读者才能基于物象的主观化和主观的物象化而生成属于自己的理解。对于比兴之诗作，读者必须放弃因言求旨、由词通义的训诂考信之法，将理解力的锋芒直指比兴所祈向的言外之意、味外之旨、象外之境，如是才不负诗人和诗文本意在激活并丰富读者理解时的良苦用心。在接受实践中，以兴解诗是一个双向互动、彼此难分的过程，由文本之兴作用于读者和由读者之兴作用于文本总是同时发生的。一方面，没有欣赏者的理解力、想象力和创造力的兴发与参与，诗文本中的形象就不可能转化为意义和情感；另一方面，没有诗人运用比兴在文本中精心安排的寄托、隐喻、象征等，读者的自由理解与阐释就失去了基本的起点和依据。

作者：李有光

单位：湖北师范大学文学院

文献来源:《学术研究》2022 年第 10 期

《金驴记》中的“德性”“自然本性”与“历史秩序”

——对马基雅维利消极命运观的阐释

马基雅维利在部分作品中论述了“德性”与理性对命运的控制，这使他的思想呈现出一定的理性主义特征。但在《金驴记》中，他倒转了上述“德性”、理性与命运的控制关系：他一方面将人的自然本性描述为无节制的欲望与有限的能力，从而使人陷入永恒的矛盾处境中，并贬斥了人的“德性”与理性；另一方面，他将历史解释为一种统治人事的、循环的秩序，从而消泯了人的自主性的意义。《金驴记》对命运的消极论述也贯穿于马基雅维利的其他文本中，与对命运的积极论述形成了鲜明对照。这一论述既说明马基雅维利并非理性主义者，因为他否认了通过“德性”与理性有效行动的可能性；又说明马基雅维利与古典思想传统间的张力不仅源于他对理性在某些时刻的夸张自信，更源于他在其思想中为人类塑造的矛盾处境。

作者：刘思语

单位：东京大学

文献出处:《人文杂志》2022 年第 9 期

刘师培中国文学观念的易学阐释

刘师培立足文体传统，结合中国文字特征，借助易学在形式本身与文字赋形过程中阐释文学本体，建构中国文学观念。他探本求源并借易理作本体阐释，来论证骈文正宗、论证言词之文的本质即是“有韵偶行”，从而划出文学之界，为阐释“有韵”与“偶行”之必然性提供了谨严的逻辑，同时建构了新的文道合一论。《象尽意论》是进一步阐释其意、象、言合一的易学诗学体系与文质兼备之美的理论基础。刘师培以文质兼备为美学理想，用“征实”与“饰观”构成的“两端”视域来阐释其美学倾向，而这一美学建构逻辑脱胎于刘师培易学与斯宾塞进化论的相互阐释。

作者：李瑞卿

单位：北京语言大学中华文化研究院

文献出处：《文艺理论研究》

晚明理学视域下的冯从吾文道观研究

——以“做圣人易，做文人难”的诠释为中心

晚明是理学与文学的共同转折期，二者之间必然存在一定的联系。少数学者对此虽已有所揭橥，但仍未引起重视。要全面厘清二者关系，首先必须对晚明理学代表人物的文学观念进行研究。冯从吾作为晚明理学大家，其文道观具有一定的独特性，总体上围绕“做圣人易，做文人难”的诠释展开，在以否定文学为主的同时，又对文学高度关注，呈现出对文学警觉的态度。冯从吾文道观念与晚明理学环境及其本人理学思想结合极为紧密。他对“性善”本体形上性的重视切断了“文以载道”的可能，而他在对以“文学之士”为代表的“聪明之士”不遗余力辩驳的背后，实际是对王学左派“异端”思想的不懈辩驳。

作者：尹楚兵　李琦

单位：上海大学文学院

文献出处：《湖南大学学报》（社会科学版）2022 年第 4 期

属辞比事：王夫之《楚辞通释》的阐释原则与实践

王逸《楚辞章句》阐释《楚辞》遵循“依经立义”的原则，朱熹《楚辞集注》注释《楚辞》从“六艺”出发，这些以经学方法阐释《楚辞》的注本，客观上为《楚辞》文学经典地位的确立起了助推作用。王夫之将《礼记·经解》中的《春秋》之教“属辞比事”引入《楚辞》阐释，则发前人之所未发。“属辞比事”的原则在《楚辞通释》的具体阐释中主要体现在意、辞、事三个层面。在意的层面，王夫之对屈子之“忠”和“怨”

的理解与前人不同，强调从恩、义、情理解屈子之“忠”，认为屈子之“忠”经历了忠爱、忠怨、忠愤等阶段，“怨”亦是“忠”的表现。在具体阐释实践中，王夫之采用“就文即事，顺理诠定”和互文性研究的方法对辞与事进行诠释。王夫之融贯经史、注重文本内在逻辑的阐释方法对于当代楚辞学和当代文学批评皆有启示意义。

作者：张伟

单位：湖南省社会科学院文学研究所

文献出处:《文学评论》2022 年第 3 期

王阳明《论语》诠释的心学立场及本体意蕴

王阳明心学《论语》学，是其扬弃、反思朱子学说以心理为一、心外无理的心学观念,对《论语》文本做出的创造性理解。为对治朱子“格物”说“析心与理为二”的可能偏向,王阳明的《论语》诠释,在“知—行”“天理—存天理”“良知—致良知”的即本体即工夫的哲学观念下，始终通贯着一种“合心与理为一”的心学（良知学）立场。这种从以心本体（天理、良知、本心）为核心的心学观念出发对《论语》文本的诠释，充分反映了阳明心学《论语》学“六经注我”的哲学化诠释特点。同时，阳明在天理、良知、本心的本体论观念下对《论语》文本的思想解读，也十分明显地反映了其《论语》诠释的本体诠释意蕴。

作者：毕景媛

单位：曲阜师范大学历史文化学院

文献出处:《东岳论丛》2022 年第 3 期

“据文求义”与“惟凭《圣经》”

——中西经学诠释学视域下的“舍传求经”及其“义文反转”

“据文求义”与“惟凭《圣经》”是中西方“经学变古时代”极富挑战意义的诠释学方法和命题。为了反对各自经学传统的“繁琐”与“破碎”，欧阳修和马丁·路德均以捍卫或重申“圣经权威”为己任，并且都在这一诠释诉求下选择了“经义显明”的释经策略。而在具体的解经操作中，两位经学变古者又假借某种“单一”的“本义观”，以摆落各自经学中的“四重意义说”。然而,由于“本义观”的“先行”及其内在的“二元性”——圣人之志 / 诗人之意、灵意 / 字句，“据文求义”与“惟凭《圣经》”亦在信仰与理解的诠释循环中反转为“据义求文”。

作者：姜哲

单位：沈阳师范大学文学院

文献出处：《学术月刊》2022 年第 2 期

比较文学学科重要话语：比较文学阐释学

目前国内外比较文学教材中所论述的方法主要有影响研究、平行研究及中国学者提出的变异学研究。这些研究方法看似完备，实则尚未涵盖比较文学的所有实践。例如，钱锺书在《管锥编》中使用的“打通”之法以双向阐释实现了跨文明的比较，是全球化时代东西对话的有效途径；刘若愚在《中国的文学理论》中用西方理论来阐释中国传统文论，使中西方的诗学在内容与结构上形成了可通约的契合。这些案例都是比较文学阐释学的具体应用，但它在理论层面始终没有得到明确的界定。作为一个值得重视的学科理论新观点，比较文学阐释学应当被写入比较文学的教科书中。

作者：曹顺庆、张帅东

单位：四川大学文学与新闻学院

文献出处：《清华大学学报》（哲学社会科学版）2022 年第 1 期

近年文学阐释学辨说及其理论建构

“阐释学”热与文学阐释学研究的兴起，对中国当代学术发展产生了重大影响。尤其是 2014 年“强制阐释论”的提出，引发了新一波讨论热潮，不同学科领域众多学者参与了相关对话与争鸣，凸显反思精神和理论自觉。此番讨论主要集中在“阐”“诠”之辨、“强制阐释论”争鸣、阐释的主观预设、文学批评的伦理、中国阐释学的历史存在与当代建构等问题上，形成许多新命题乃至新的思想学说，就其兴起过程、不同观点向度以及理论成果进行考察梳理，对推进当代中国阐释学和文学阐释学建构颇有裨益。

作者：侯文宜

单位：山西大学文学院

文献出处：《中国社会科学评价》2022 年第 4 期

回到语言：文学阐释学建构的若干问题

文学是语言的艺术，文学阐释学的建构需要对语言问题进行深入剖析和探究，从语言的视角思考文学与阐释如何存在、文学意义如何生成以及文学的公共阐释如何可能等基本问题。文学阐释必须回到文本、回到语言，语言是文学和阐释的存在本体，是使世界、作者、作品和读者统一为“文学格式塔”的“格式塔质”，统领和制约了四要素的意义生成；文学阐释者必须通过语言并在其引领与规约下解码具有自在意义的文本语言，才能够理解和阐释整体性的文学意义，又必须超越语言，通过融通旧的公共阐释而提出新的更接近真理的公共阐释。文学阐释学的建构必须确立语言的中心地位，确立语言阐释的合法性与优先性。

作者：江飞

单位：安庆师范大学人文学院　美学与文艺评论研究中心

文献出处:《中国文学批评》2022 年第 4 期

文本阐释模式与意义生成的知识论考察

文本的意义阐释问题是文艺理论界研究的热点问题。“过度阐释”、“反对阐释”与“强制阐释”构成了文本意义生成的三种形态。首先，阐释学的知识内涵可以划分为方法论和本体论双重层面，分别涉及符合论的真理观与存在论的真理观。其次，中国当代阐释学对文本意义的生成展开了积极反思和持续建构。张江教授提出的“强制阐释论”涵盖“本体阐释”“核心阐释”“阐释大循环”等一系列具有创新性的概念范畴，实现了对阐释学方法论和本体论的融合，推动了当代阐释理论的进一步发展。最后，中国学者对场外征用与文本意义生成、主观预设与文本意义生成、批评的公正性和批评的伦理性等问题进行了细致讨论，建构起具有中国特色的阐释学话语体系。中国当代强制阐释论是阐释学理论的重大突破，为文学研究与文论发展提供了丰富的理论资源。

作者：付昌玲

单位：山东大学文学院

文献出处:《浙江大学学报》（人文社会科学版）2022 年第 4 期

阐释学“应用”的三种基本形态

阐释活动主要由“理解”“解释”“应用”构成。“应用”作为阐释学的一个核心概念，自古典时期以来至少形成了技艺－方法论、本体论、实践论三种基本形态。它们分别以保存特定文本维持作者原意、证成阐释者自我存在的意义、改变并解释物质生产实践活动为目的。三者在当下共同发展，为丰富意义世界提供了极大的可能性，为构建中国阐释学提供了可资借鉴的路径。

作者：陈皓钰

单位：西北大学文学院

文献出处:《西北大学学报》(哲学社会科学版)2022 年第 2 期

论 AI 文学文本的符号形态与具身性阐释伦理

AI 文学文本的阐释活动是复杂多元的，无法直接用有无“意义”的排他性方式来衡量。大体说来，AI 文学文本具有“无意义文本”“准意义文本”“意义文本”等符号形态，对此所进行的阐释活动要分别论述。在不同的阐释活动中，文本“作者”的地位、作用和影响不断变化，作者与文本、文本生发语境、阐释者、阐释活动语境等要素之间存在多种可能，如整体合一、自相矛盾、对立割裂等。以此表明，“作者”或“拟设作者”在阐释活动中发挥着重要影响，并构成了阐释的重要内容。AI 文学文本的生产与阐释均应遵循相应的具身性伦理规则，对其阐释的重点是甄别文本好坏的价值判断，而非有无“意义”的事实判断；具身性伦理呼唤并要求“作者”始终在场。

作者：彭成广

单位：华东师范大学　西南民族大学中国语言文学学院

文献出处:《青海社会科学》2022 年第 1 期

强制阐释的理论缺席与在场

强制阐释成为阐释学研究的基本问题与讨论焦点在于阐释对象界定的模糊，阐释者与文本之间的距离造成阐释方式的偏离，这种偏离在某些方面既超出了阐释学基本理论的规范，同时更背离了阐释理论的应用方式和实现途径。张江《再论强制阐释》对强制阐释问题的深入的理论研究与批判，既剖析了强制阐释背离阐释学传统中的理论表征是为强制阐释在理论上的“缺席”,更从心理学角度分析了强制阐释的理论“在场”的一面。强制阐释的理论“缺席”与“在场”说明了其研究的必要性与价值，这种必要性与价值不仅仅是理论上的,或是和阐释学基本问题直接对应上的,而且是阐释什么、如何阐释等具体阐释学基本问题研究上的。

作者：段吉方　陈王青

单位：华南师范大学审美文化与批判理论研究中心　华南师范大学文学院

文献出处:《学术研究》2022 年第 3 期

从个体阐释到系统阐释

——比较文学的方法论转向

现代自然科学和社会科学中，阐释的焦点开始由个体转向系统。新的视角下，阐释脱离了主体的权能范围而成为系统操作，是实现交流的诸多形式之一。接受了这一转变，就要重新理解比较文学的精神内涵和操作方式：作为全球化文学互动的二阶观察者，比较文学意识到个体和世界都是系统的产物，探索世界关系，首先就要理解事物背后复杂的系统关联。以德国语境中的中国经典塑造为例，个体阐释自始至终受到知识和社会系统的调控。既然主体性从来就和交互主体性、世界相融合，分析跨文化文学现象时，就不能只在一个平面上考虑某一权威主体（译者、作家、批评家）的因素，而必须意识到，整个系统都参与了意义赋予。

作者：范劲

单位：华东师范大学中文系

文献出处:《探索与争鸣》2022 年第 12 期

阐释学视域中的文学理论知识生产

新时期以来，中国文学理论一直充满了创新能力不足的焦虑，即如何立足中国当代文学实践，在中国古代文学理论和西方文学理论的基础上，创新中国当代文学理论话语体系，探寻文学理论知识生产的机制和路径。本文认为，应该从阐释学中的基本问题出发来认识这一问题。文学阐释作为联结文学理论与文学实践的中介，既要在对中西文学理论的应用中检验其有效性，促进其合理转化，又要在对中国文学实践的阐释中创新理论。要创新中国当代文学理论话语体系，应该从传统的立法型文学理论走向现代的阐释型文学理论，在对中西方文学理论的基本概念、文学观念与当代文学现象的阐释中从事文学理论知识生产。

作者：刘月新

单位：三峡大学文学与传媒学院

文献出处:《三峡大学学报》（人文社会科学版）2022 年第 4 期

钱锺书的文学阐释学观念与方法

钱锺书在《管锥编》《谈艺录》等著作中通过注释中国传统文史经典形成了自己独有的文学阐释学观念。大体来讲，这种阐释观念以现代心理学的“心同理同”为基本阐释原则,以文本内部、文本外部与文本内外部的循环阐释为基本方法,既“自西视中”,又“自中视中”,形成一种“比同”意义上的文学文本与宇宙人生阐释思路。这种阐释思路,由于在阐释观念、阐释对象、阐释方法等诸多方面构成了对中国文学阐释学系统的整体性承继，并体现出与西方文学阐释学的互鉴、互释与互补关系，因而成为中国文学阐释学在走向现代性之际的根本方法津途。

作者：谷鹏飞

单位：西北大学文学院

文献出处:《中国文学批评》2022 年第 4 期

“宗经”观念下的文学阐释

在宗经观念的影响下，古典经学阐释呈现出以“目的论”为核心的特质，体现为“经”这一概念所蕴含的常中之变。同时,作为阐释中介的圣人对作为概念的“经”的展开、理解与阐释亦兼具方向性与实践性。与经学阐释的“目的论”一致，在古典文学的阐释中,“经”已经为阐释者对“文”的理解设立了边界,即在文道关系中,道的优先性保证了阐释界限的存在。文学的三类阐释主体对文本的阐释，体现出文学阐释受到经学阐释之影响的特点，即界限与自由的辩证统一。

作者：周海天

单位：上海大学文学院

文献出处:《中国文学批评》2022 年第 3 期

当代社会文学经典化中的权力话语和阐释话语

从价值论维度看，经典是一种标示价值的身份标签。没有哪个作家、哪部作品甫一问世就成为经典，经典化是经典身份建构的过程。聚焦经典身份建构，经典化话语实则包括两种话语：权力话语和阐释话语。两种话语各有其功能，在当代社会的文学经典化中有着特殊的担当主体、特征、功能实现形式和关系形态，也存在着问题，这直接关系到当代社会文学的经典身份建构和认同。

作者：田淑晶

单位：天津社会科学院文学所

文献出处:《文艺论坛》2022 年第 2 期

强制阐释论："诗哲之争"的当代回应与发展

张江强制阐释论的提出与发展大致分为三个阶段：第一阶段批判西方文论中强制阐释的思想理路，要求阐释回到文学本身；第二阶段反对文学阐释自说自话，坚持文学阐释的可公度性；第三阶段借用心理学的观点重新审视强制阐释论，最终指出：文学是非认知的，是体验之上的"共鸣"，而非科学论证的"共识"。这些观点都指向了西方"诗哲之争"的古老命题，现当代西方文论中的强制阐释是这一命题的延续。强制阐释论的系列观点实际上就是从文学阐释的角度为"诗"辩护。将强制阐释论还原到"诗哲之争"的历史视野，不仅可以明晰强制阐释问题的由来，还能体现出强制阐释论在解决阐释问题的同时，为"诗哲之争"带来的新发展——丰富了为"诗"辩护的理论话语；强调了诗性阐释中理性和体验的作用；发展了诗哲之争的心理学维度。由此，在文学阐释理论的展开中，"诗"与"哲"的真正关系逐渐得以澄明。

作者：谭好哲　徐思雨

单位：山东大学文艺美学研究中心
文献出处：《河北学刊》2022 年第 1 期

马华文学的历史流变与“关键词”的阐释边界

马华文学是世界华文文学的重要组成部分，但对大多数华文文学研究者而言，马华文学依然是比较陌生的领域，它处于“边缘之边缘”的状态。在对其进行研究时，以往的研究范式多受限于“离散书写”“身份认同”等理论话语形态，此种话语范式往往对“鲜活”的马华文学现场造成一定程度的遮蔽。因此，有必要廓清马华文学的历史流变，并对此研究领域业已形成惯习的“关键词”进行再辨析。

作者：蒋成浩
单位：南京大学中国新文学研究中心
文献出处：《外国文学动态研究》2022 年第 2 期

丘墟作为审美类型的文学阐释

丘墟，相较于废墟，在审美维度更契合于中国历史与文化本身。丘墟审美虽没有直接形成系统的理论建构，但梳理丘墟审美文学作品足以现出其生成、展开和书写的内在理路。作为美好事物被毁甚至消逝后的空间样态，丘墟因原生空间所承载的生存理想和多元价值的毁灭，得以激发富有“悲慨”特征的审美活动。作为一种环境审美，无论是亲历者之于现场丘墟，还是后来者之于迹类丘墟，都是在以“悲”为主基调的丘墟气氛作用下，诉诸以流动性观赏为主的审美方式展开的。在丘墟审美过程中，审美者通过“身体”整体性感知丘墟空间，同时发挥审美想象建构丘墟原生空间，从而在昔盛今衰的强烈对比中融入复杂情感，展现出对人生、家国、历史乃至宇宙的感悟。丘墟审美所促发的文学书写，具有鲜明的叙事性特征，即基于丘墟审美物象营构出丘墟审美事象，进而创构出丘墟审美意象甚至丘墟原生空间意象。

作者：席格
单位：河南省社会科学院文学研究所
文献出处：《郑州大学学报》（哲学社会科学版）2022 年第 2 期

他者化语境下永井荷风对中国古典文学的再阐释

江户与明治时期的“国学”理论试图构造一个“纯粹”的古代日本，从而彻底否定中国对日本的影响，职是之故，中国古典文学及文化开始遭到有意的误读，被视为道德说教的产物而遭受激烈批判。与之相对，永井荷风对明治以后日本社会的全盘西化及民族主义潮流持反思态度，试图在对江户文艺与中国文学的阅读中找到日本文化的独特定位，由此反对一概否定中国文学，认为其中有着“尚未熄灭的生命”。但受町人文化及西方文艺理念影响的他又主张“艺术至上主义”，从而拒绝权力与道德对艺术的凌驾。他对中国古典文学的解读需经过其艺术之网的过滤，这使得其阐释带有一种鲜明的选择性倾向。

作者：熊啸　王亮

单位：浙江财经大学人文与传播学院　上海师范大学马克思主义学院

文献出处：《中国文化研究》2022 年第 1 期

“披文入情”说与“视域融合”理论之比较

——中国古典文学阐释理论与西方解释学的对话

“披文入情”说是刘勰在《文心雕龙·知音》中提出的一种文学阐释方法与理论，主张依托文本探求作者的情志，体现了中国古典的诗学阐释观；“视域融合”是伽达默尔探讨理解活动本质的解释学理论，将读者视域与作者视域的融合视为理解的过程与实质。这两种阐释理论体现了中西解释学思想的不同特点。本文分别从微观与宏观的角度对它们进行比较研究，反思二者在理论上的合理性与局限性有利于取长补短，促进中西解释学的交流与对话，构建更加科学、合理的解释学美学。

作者：黄迈　禹志云　骆锦芳

单位：云南师范大学文学院

文献出处：《昆明学院学报》2022 年第 2 期

“地方”的文学表征及其意义阐释

文学书写离不开具体的“地方”，而在人文地理学范畴中，“地方”的概念被理解为与人的体验直接相关，它不仅唤起人的生存记忆，激发人的丰富情感，而且其意义亦不断被话语所建构。因此，“地方”这一概念与文学书写和文学阐释存在着内在的联系。在人与“地方”的经年互动中，人在以地理为边界的社会群体中获得了身份认同，并以文学表征的方式强化了“地方”的隐喻。当现实的自然地理转变为想象的文学地理，文学意义在地方性的表征中得以具体呈现和生成，同时也在差异性的体验基础上传递更高的文学价值。有鉴于此，在文学阐释实践中借鉴人文地理学中有关“地方”概念的阐发，可以提升文学阐释的多重视角并对文学阅读和文学批评提供多方面的启迪。

作者：刘岩

单位：深圳大学外国语学院　广东外语外贸大学英语语言文化学院

文献出处:《国外文学》2022 年第 1 期

安徒生童话的中国阐释问题及对异质文化传播的启示

在百年安徒生童话的中国阐释历程中，安徒生童话既沉潜为许多中国人的童年印记，又被套上了独特的“中国文化外衣”。家喻户晓的背后，到底还留存几分真实？论文通过对安徒生的童话、小说、传记及其所处时代、地域、文学思潮等的研究，爬梳百年安徒生童话的中国接受历史及其与文化语境的关联，聚焦安徒生童话的百年中国阐释存在的诸如误读（曲解）、改写等问题，继而探究安徒生童话合理、有效的阐释路径，进而为异质文化的传播提供参照、借鉴和启示。

作者：张国龙　苏傥君

单位：北京师范大学文学院　中共丽江市委组织部

文献出处:《中国现代文学研究丛刊》2022 年第 2 期

梅洛－庞蒂对普鲁斯特作品的三重阐释

普鲁斯特是梅洛－庞蒂哲学生涯中最具影响力的现代作家之一，其代表作《追忆似水年华》在梅氏的哲学文本中被多次引用和阐释，这些基于现象学立场的作品分析呈现为三个向度：论述身体在记忆中的作用；重审理性和真理问题；揭示现代文学的时空书写策略。这三个向度映射了梅洛－庞蒂不同阶段的哲学致思倾向：早期主要探讨身体意向性，过渡时期开始关注语言表达问题，后期致力于完善存在本体论。这种互文关系源于两者在把握原初知觉经验上的相同立场。厘清梅洛－庞蒂对普鲁斯特作品的阐释，有助于加深对梅氏哲学理论思想资源和演变脉络的理解。

作者：崔欣欣

单位：华东师范大学中文系博士后流动站

文献出处:《求是学刊》2022 年第 6 期

反思与跨越：中国列夫 · 托尔斯泰小说研究与阐释（2000–2021）

作为俄罗斯文学的标志性人物，列夫·托尔斯泰的小说创作一直备受中外学界关注。21 世纪以来，中国学者全方位、多角度、多元化掘进，产出了一系列富于原创性与创新性的成果，有力地推动了中国托学的发展。本文对 21 世纪以来中国托尔斯泰小说研究的成果、现状与不足进行了梳理和总结，指出了未来作家研究多元化、纵深化和国际化的发展方向。

作者：杨明明

单位：上海交通大学外国语学院

文献出处:《广东外语外贸大学学报》2022 年第 5 期

从阐释冲突到公共阐释：阐释自证的理论视野

阐释学始终致力于处理、协调好阐释活动中的冲突性因素，以完成对于意义整体性、融贯性的追求。通过阐释自证这一心理动力，阐释对象、阐释主体与阐释关系中的冲突性要素能够得到具体的协调和统一。广泛的阐释自证需要依赖方法论层面的理论工具，而阐释工具的建构也源于阐释自证的需要。在实践层面上，阐释性的理论工具所构成的阐释资源存在着分布的不平衡，通过承认阐释自证的基础性作用，能够在理论层面提供克服阐释不公的根基，并为构建良性的公共关系、维护公共阐释的空间提供助力。

作者：李岳

单位：中国社会科学院大学阐释学高等研究院

文献出处：《中国文学批评》2022 年第 4 期

阐释学视域下图像读解的自由与限度

——基于贡布里希错觉主义图像观

阐释行为的自由及其限度问题，是阐释学理论的核心问题之一，也是当前学界争论的焦点。相比哲学、文学阐释学对此问题的广泛深入探讨，艺术尤其是图像阐释领域则鲜有针对性的研究。英国艺术史学家贡布里希在其错觉主义观中深刻而辩证地认识到图像阐释的自主性和边界问题，于我们无疑具有借鉴和启发意义。因此，有必要再回到贡布里希，探究与图像阐释自由有关的先见、预测与投射等多元化视觉主动性，及与图像阐释限度相关的手段、传统与结构关系等图式制约性，并寻求图像阐释自主性和边界之间的张力和平衡，为读解恰当的图像意图和检验阐释的有效性提供理论和方法。

作者：彭智

单位：江苏大学马克思主义学院

文献出处：《中国文艺评论》2022 年第 9 期

“微言大义”与古代小说评点的索隐阐释

传统阐释方法是古代小说评点体系构建及其话语表达的重要来源。小说评点者构建了一种既能调动评点者自身的品评热情，又能引领其他读者持续探讨文本“微言大义”的阐释效应。“微言大义”式索隐对古代小说评点的阐释视角、惯用方法及价值构建产生了深远的影响，它重整了小说文本信息的多样可能，提供了一个索隐式阐释构架，促使小说文本的信息得到意义无穷的长时段、多角度阐发。“微言大义”式索隐是一种能够超越小说文本原有意义体系且具有显著创造性见解的阐释模式，它是古代小说评点体系构建的基础逻辑，亦是评点者进行小说文本生产性批评的文化传统。

作者：温庆新

单位：扬州大学文学院

文献出处:《中国文学批评》2022 年第 3 期

阅读转向中的形象重构

——《牛虻》的当代改编及其阐释困境

20 世纪 50 年代,《牛虻》作为革命经典著作被删改后引入中国。但在 80 年代，这部作品却逐渐从宏大叙事中抽离,成为知识分子自我确认的镜像。随着历史的演进,《牛虻》被进一步推向了更为私人化的情感空间，而近期上演的话剧版《牛虻》对原著的阐释正处于这一话语脉络的“延长线”上。《牛虻》丰富的内涵与不同时代的话语耦合，制造了这部作品复杂且充满张力的阅读史。在新的时代重新打开《牛虻》的阐释空间，需要我们在 20 世纪中国动态的历史进程中对各种解读范式背后的话语进行反思，并在深刻理解社会现实的基础上思考并提出更多的阅读可能性。

作者：张泰旗

单位：华东师范大学中文系

文献出处:《上海文化》2022 年第 2 期

自然科学与“现代现实主义”

——19 世纪现实主义再阐释

西方文学史上的“现实主义”源远流长、内涵丰富多变。如果说 19 世纪以前以“模仿说”为传统的现实主义可以称为“古典现实主义”的话，那么，在科学精神浸润下产生的 19 世纪现实主义则可称为“现代现实主义”。现代现实主义作家为 19 世纪自然科学成就所鼓舞，并汲取其思想、理念与方法之精髓以滋养自身的文学创作。其中，科学类比与科学实证方法让现代现实主义作家把文学创作视为对人与社会的科学研究与实验，追求文学文本在科学意义上的“真实性”与“写实性”，从而全面改造了传统“模仿说”意义上的“古典现实主义”，达成了“现实主义”从传统到现代的转型。现代现实主义是19世纪自然科学在当时西方文学中结出的重大果实。

作者：蒋承勇
单位：浙江工商大学西方文学与文化研究院

文献出处：《社会科学战线》2022年第2期

认知诗学视域下《诗经》意象的审美阐释

《诗经》是一个融汇审美意蕴的诗教文本，对《诗经》的认知诗学阐释可以管窥中国古典诗词的传统美学精髓，可以明晰中国古典文化结晶的审美旨归。诗人的主观认知决定了意象映射的物化性与超越性，意象的捕捉和创造在强烈情感认知的观照下，触发情感与物象逻辑的意脉匹配机制，从而达到“物象合一”和“物与神游”的审美情意。以“兴”为发轫，打破文学研究的固化疆域，以认知诗学为切入点，通过隐喻意象的感触体悟，从主体角度强化观感理义和认知情感，析论《诗经》中的语言、思维及审美格局，深刻透视意象隐喻的审美机制，从而重新剖析和审视《诗经》的文化间性和艺术创作内蕴。

作者：王晓俊
单位：河南工程学院

文献出处：《中华文化论坛》2022年第1期

理论创新的阐释学路径

——以李泽厚的“积淀说”为例

李泽厚的“积淀说”是中国当代最有影响的美学理论。回顾和反思这一理论的产生过程，不仅有助于我们更好地理解李泽厚的美学思想，同时也可以让我们从中窥见李泽厚进行理论建构的方法和路径，从而更好地推进中国当代美学的发展。李泽厚的“积淀说”并不是他单向地运用马克思主义哲学分析和批判康德哲学的结果，而是他把马克思的“自然的人化”理论和康德的批判哲学相互融合的产物。这种融合使得他把康德思想的概念和框架带入了马克思的思想，由此构成了对马克思思想的误读和倒转。

但从理论创新的角度来看，这种误读实际上是一种创造性的阐释，是他把自己的先在视域与马克思原有的思想相互融合的产物。这种视域的融合必然产生意义的增殖，从而构成新的理论建构的起点。就此而言，李泽厚创立“积淀说”的过程清晰地展示了一条理论创新的阐释学路径。

作者：苏宏斌

单位：浙江大学文学院

文献出处:《东北师大学报》（哲学社会科学版）2022 年第 3 期

论中国训诂学与经典阐释的确定性

经典阐释的确定性是中国训诂学的核心命题。它体现在训诂学的发展历程之中，通过“古注—新诠—定解”的扬弃之路,形成了经典阐释确定性的学术原理与判断方法。在原理层面，训诂学的基本理念是自语言文字系统以求解释的确定性，它滥觞于两汉，成熟于清代乾嘉之学，在训诂学的现代转型中体现出高度理论自觉；在方法层面，20 世纪 80 年代以来，训诂学总结了以“语义—语境”综合互证为核心的系列方法，对它们进行综合运用，可以对聚讼纷纭的经典阐释进行检验。确定性是训诂学与阐释学结合的起点，为中国阐释学的自主之路提供了理论与实践上的双重支撑。

作者：孟琢

单位：北京师范大学民俗典籍文字研究中心

文献出处:《社会科学战线》2022 年第 7 期

阐释与误解：当代中国的黑格尔美学

20 世纪 50~70 年代黑格尔《美学》在中国翻译出版，黑格尔美学的中国阐释模式随之建立，与中国当代美学理论的孕育和诞生大致同步，并在研究方法、研究范围、理论体系等方面给后者以深刻影响。国内学界既有的阐释模式主要是把黑格尔理解为西方古典美学的集大成者，较多地关注黑格尔的思辨方法、美的艺术哲学、艺术发展史等方面的内容。黑格尔对比较美学的早期探索、对现当代先锋艺术的准确预见、对摹仿说和教训说的否定、对移情说的启迪等作为西方现当代美学重要先驱者的方面，我们较为忽略。对黑格尔的自然人化论等观点我们也存在误解。如果说对黑格尔美学业已定型化的理解，是20世纪中后期催生中国当代美学理论孕育和诞生不可或缺的重要催化剂，那么推动新世纪黑格尔美学阐释模式的转型，对于中国当代美学的重构同样具有重要学术价值。

作者：代迅　赵叶晴

单位：厦门大学中文系

文献出处：《厦门大学学报》（哲学社会科学版）2022年第1期

席勒弥合现代性分裂的同感与审美交往判断力

——基于哈贝马斯对席勒美育思想阐释的探赜

在哈贝马斯看来，席勒的《审美教育书简》是审美现代性批判的第一部纲领，席勒的审美教育思想是借鉴自康德哲学美学发展而来的弥合现代性分裂的审美交往式美育思想。结合哈贝马斯的分析，在现代性合理化进程中所发生的现代性分裂状况包括三大社会文化表征：文化价值领域的分裂，科层化与生活世界的殖民化，人的断片化和异化。面对现代性分裂状况，席勒以同感作为基础，通过艺术审美交往中介论、艺术审美教育中介论，将作为反思判断力的康德鉴赏判断力概念上溯到作为同感判断力的亚里士多德传统判断力概念，最终借由审美交往判断力来弥合现代性分裂、发挥一体化的整合效力。席勒的美育思想的确是以美的艺术作为社会交往的中介，用同感作为基础的审美交往判断力来弥合现代性分裂、发挥一体化的整合力量，以实现人性的完满复归和审美王国的同感政治理想。

作者：曾仲权

单位：华东师范大学中文系　江苏师范大学文学院

文献出处：《首都师范大学学报》（社会科学版）2022年第3期

从“卜史易”到“士易学”再到“儒门易”

——先秦易学阐释分期断代刍议

易学阐释学历久弥新，既有浑厚的积淀，又总能在新的理论和文献的推动下生发出新的问题，是中国阐释学建构的最佳范本。先秦易学阐释可以分为“卜史易”“士易学”和“儒门易”三期，每一阶段的划分能够以阐释人群的“共同体”、阐释文本的流变和阐释范式的新变三个维度为参照系。先秦易学阐释的分期断代，既可以为出土易学文献的梳理提供新的视角、提出“士易学”这样一个全新的阐释时期，也为中国阐释学方法论提供了一个阐释实践的范例。

作者：窦可阳

单位：吉林大学文学院

文献出处:《学术研究》2022年第9期

译介阐释学

翻译符号学视域下符号阐释的意指秩序

潘琳琳

摘　要　本文以皮尔斯符号学三元观为主要理论依托，论述翻译符号学的历史演进与理论内涵，并从符号阐释的内在机制和外部环境两个方面描述与解释翻译过程中符号阐释的意指秩序，指出翻译中符号与其所指意义的阐释受到文本内和文本外因素的共同影响，呈现出互动性与多义性。这一意指秩序为阐释翻译过程中表意实践的互动关系提供了完整、独立且逻辑清晰的框架，并为翻译符号学学科建设提出新见。

引　言

20世纪中期以来，对翻译研究的理论探索多以研究语言符号转换的现象、方法和规则为主。随着数字化信息时代的到来，多介质、多符号和多模态文本不断涌现，信息交际的意义由多种符号资源共同编织，语言学已不能解释所有的翻译现象，翻译研究也随之面临前所未有的挑战。符号转换过程中媒介的形式和内容直接影响了符号的样态与功能，也改变了翻译活动的基本特征与属性，翻译研究亟待理论创新。符号学被称为“文科的数学”，其跨学科、跨领域的方法论已成为众多人文科学学科的重要分析工具，它为翻译研究提供了一个分析和描述的理论框架，使翻译研究跳出语言学的范畴，转向对广义符号的讨论，在各类媒介文本交互的语境中考察意义生产与阐释机制。

翻译符号学在这一背景下诞生，并朝着实现学科建制的方向而努力。翻译符号学是以皮尔斯的符号学三元观为依据，探讨翻译发生过程中的符码转换现象及其相关问题的符号学分支学科。翻译符号学以符指无限延展，阐释不断进行为出发点，拓展了翻译类型与术语指称范围，探讨的是“大翻译”视野下广义符号之间的转换。翻译符号学将符号学原理应用于翻译过程的解读与翻译现象的系统化分析，可运用合适的学科方法论研究不同类别的符号世界。这意味着翻译符号学探索的是非言语信息如何与言语信息一起构筑符际互文网络，从不同的维度出发实现异质符号意义在不同文化、不同媒介中的转换、阐释与重构。本文以翻译符号学的学科概念和理论内涵为基础，从符号本体的内部和外部两个维度探讨翻译过程中符号阐释意指秩序。

一　翻译符号学研究的历史演进

在翻译符号学的发展进程中，皮尔斯（Charles S. Peirce）是最具影响力的人物，这是因为皮尔斯符号学的开放性、灵活性与包容性，可为不同符号类型之间的翻译给予更充分的认识与阐释。在国际学界，翻译符号学对应的英文术语为 semiotics of translation 和 translation semiotics，没有使用 semiology of translation 和 translation semiology，也主要是因为这一领域的研究直接或间接地受到了皮尔斯符号学的影响。

Jakobson 的翻译三分法开启了符号学与翻译研究的新纪元。[①] 他将皮尔斯符号学发展到涉及语言符号互动与转换的翻译范畴，以诗学文本和文学文本翻译为例，认为语言符号的意义应依翻译而定，厘定了语内、语际和符际翻译三种翻译类型。此后，西方翻译学研究日益关注符号模态在翻译过程中的性质、功能与作用。国外学者开始从不同的研究路径入手，探讨符号学与翻译的关联性，将翻译符号学视为一种活动或行为，一门新的学科或者一种方法。Toury 使用 semiotics of translation 这一术语指称作为一种符号活动的翻译 [②]；1986 年，他将翻译的符号学方法定义为“一种跨越系统边界的行为或过程” [③]。1994 年，Dinda L. Gorlée 提出了符号翻译（semiotranslation）这一术语的定义：“符号翻译是一个单向、未来趋向的累积性不可逆过程，即连续地朝向更高级别的理性化、复杂化、连贯性、清晰度和确定性迈进的过程，同时不断地和谐了混乱、无组织的问题译文（和译本的各层面和 / 或相关元素），中和了可疑、误导的错误翻译。” [④]《翻译研究百科全书》第一版收录了“semiotic approaches”词条 [⑤]，第二版则收录了

---

① Jakobson，R. On linguistic aspects of translation［A］. In R. A. Brower（ed.）. On Translation［C］. Cambridge：Harvard University Press，1959, pp.232–239.

② Toury，G. *In Search of a Theory of Translation*［M］. Tel Aviv：Tel Aviv University Press，1980.

③ Toury，G. Translation：A Cultural–Semiotic Perspective［A］. In T. A. Sebeok（ed.）. *Encyclopedic Dictionary of Semiotics*，Vol. 2［C］. Berlin：Mouton de Gruyter，1986, pp.1111–1124.

④ Gorlée，D. L. *Semiotics and the Problem of Translation*：*With Special Reference to the Seiotics of Charles S. Peirce*［M］. Amsterdam：Rodopi，1994，p.231.

⑤ Baker，M.（ed.）. Routledge Encyclopedia of Translation Studies［C］. London：Routledge，1998.

“semiotics” 词条[①]，都将 semiotics of translation 或 translation semiotics 定义为一种研究翻译的理论方法。

这一领域的代表学者主要有 Dinda L. Gorlée、Peeter Torop 及 Douglas Robinson 等。他们或将符号学与翻译联姻的理论与方法推进至语言符号转换以外的题材和领域，或界定了翻译符号学的研究对象，指出符号学的命运归属于对翻译活动的阐释，或将集体规范、社会规约和文化操控等因素纳入符号学与翻译联姻的理论框架中。

《中国翻译》1988 年第 1 期连载四篇有关符号学与翻译的论文，国内学界自此拉开了探讨符号学与翻译融合研究的帷幕，学术视角各有所重，研究内容可归纳为：一是符号学与翻译联姻各层面的本体理论探讨[②]；二是在翻译领域有影响的符号学家专题研究[③]；三是运用普通符号学或社会符号学理论分析文学翻译的个案研究[④]。

2015 年，国内学者开始从理论层面探讨将翻译符号学作为一门独立学科的定义与性质、概念与指称等。王铭玉从一门独立学科的角度界定了翻译符号学，指出翻译符号学的发展前景，引发了国内符号学界的普遍关注与重视。贾洪伟概述了翻译概念的演变，确定了翻译符号学作为新兴学科的属性问题。[⑤]2016 年《解放军外国语学院学报》独辟翻译符号学专栏，五篇论文[⑥]以翻译符号学为研究视角，或理论建构、或批判商榷、或应用描写，但都指向一个共同的目标：探讨翻译发生过程中的符码转换现象。2018 年《山东外语教学》亦推出翻译符号学专栏，三篇论文[⑦]分别探讨翻译符号学视阈下的符号信息守恒问题，符号范畴、分类与转换问题，以及符号、文本、文化的间性问题，为翻译符号学的研究提供了新思路。此后，学界从翻译符号学的文本阐释模式、思想批判分析等方面深化翻译符号学的理论维度，翻译符号学作为跨学科性质的符号学分支学科的探讨已初具规模。

---

① Baker, M. & G. Saldanha (eds.). Routledge Encyclopedia of Translation Studies (2nd ed) [C]. London: Routledge, 2008.

② 邓红风:《翻译的符号学解释》,《山东外语教学》2005 年第 2 期；李康熙:《符号学的意义观和相对翻译对等》,《山东外语教学》2008 年第 5 期。

③ 杨镇源:《皮尔士符号学观照下的三位一体翻译观》,《贵州社会科学》2009 年第 10 期；常巍:《雅各布森论诗歌翻译与符号美学》,《外语学刊》2014 年第 4 期。

④ 佟颖:《社会符号学与翻译基本问题研究》，博士学位论文，黑龙江大学，2010；胡牧:《文学乌托邦的符号翻译》,《江苏社会科学》2013 年第 6 期。

⑤ 贾洪伟:《建立翻译符号学的可能性》,《山东外语教学》2016 年第 3 期。

⑥ 王铭玉:《翻译符号学的学科内涵》,《解放军外国语学院学报》2016 年第 5 期；贾洪伟:《雅各布森三类译域之翻译符号学剖析》,《解放军外国语学院学报》2016 年第 5 期；佟颖:《翻译动机的社会符号学诠释》,《解放军外国语学院学报》2016 年第 5 期；吕红周、单红:《彼得·特洛普的翻译符号学观》,《解放军外国语学院学报》，2016 年第 5 期；潘琳琳:《翻译符号学视阈下的文本再生——以〈红高粱〉小说、电影剧本、电影台本为例》,《解放军外国语学院学报》2016 年第 5 期。

⑦ 佟颖、王铭玉:《翻译符号学视域下的符号守恒》,《山东外语教学》2018 年第 1 期；贾洪伟:《论翻译符号学的符号分类与转换》,《山东外语教学》2018 年第 1 期；吕红周、单红:《间性研究的符号学进路》,《山东外语教学》2018 年第 1 期。

二　翻译符号学视域下符号阐释的意指秩序

要借鉴皮尔斯理论，我们需探讨其适用性与解释力，或者说皮尔斯符号三元系统与翻译意指秩序的相关性，这是我们重新认识翻译的前提。皮尔斯的符号学系统将对符号的认识与解释作为研究的焦点，建立了一种开放性、动态性的三元架构，在符号过程无限衍义的前提下审视符号意义的产生、发展与嬗变，它有力地推动了符号学对不同媒介符号和文本意义阐释的探索。逻辑学重视推论的秩序，皮尔斯基于个人的实证观察为自己符号学系统的逻辑推理建立了三元符号的意指秩序：符号三元互动关系始于皮尔斯之符号—对象—解释项的存在关系划分，以及像似符号—指示符号—象征符号之符号属性划分，进而衍生出与像似符号—指示符号—象征符号逐一对应的一级符号—二级符号—三级符号三个符号范畴。

皮尔斯用“模式”一词来指涉意指秩序，同时又用“符号”一词来指称与映射现实世界，其功能类似于索绪尔的能指，而其对象也类似于索绪尔的所指。但是，皮尔斯的意指秩序中，符号与对象的关系受解释项驱动与制约，解释项决定着三类符号以何种方式指涉对象。皮尔斯在符号与对象项的关系中论述了解释项，当某一符号向某人指示某物时，会在此人的思维中创造出另一符号。在此，皮尔斯的观点有二：其一，解释项本身也是一个符号，是从一级符号发展而来的二级符号，其最终所指是对象；其二，解释项是一个概念，是有关所指对象的概念。

简言之，皮尔斯所定义的解释项就是符号与其所指对象之间的“桥梁”，正是这个“桥梁”使符号的意指过程得以启动和最终实现。对本文所研究的翻译过程中符号阐释的意指秩序而言，借鉴皮尔斯符号学的目的在于获取一个描述和阐释的理论框架和方法论。本文认为，翻译过程中符号阐释的意指秩序既与符号阐释的内在机制相关，也离不开符号阐释的外部环境。

（一）符号阐释的内在机制

皮尔斯在 50 余年的学术生涯中建构了成千上万种符号三分法，为我们的翻译研究提供了不同的切入点和路径。他首先建立了符号—对象—解释项三分法，再分别将符号、对象、解释项细分为三类，以此类推，持续不断地三分下去。从一级符号到二级符号再到三级符号的符指过程是一种翻译，每一次符号的转换都是翻译。从广义的角度去理解翻译正是皮尔斯符号学的魅力所在，使我们通过符指过程认识与理解翻译，并领悟到在符指过程中从一个符号范畴转向下一个符号范畴时需要做出调整与变化，因此，皮尔斯符号三元观为我们描写和阐释翻译发生过程中的符号转换问题提供了一个更具有动态性、更综合的翻译研究模型。

在翻译符号学视域下，翻译是一种符指过程，是符号无限递归性阐释的过程。其中原文本为符号，目的文本为对象，而译者对符号与对象关系的阐释是解释项。一级符号、二级符号、三级符号三个符号范畴，以及三者之间的使用规律与呈现关系是皮尔斯符号学思想的基础。一级符号具有一元性，通过直觉或感觉表现可能性的性质，用以指称瞬间、及时性、未经分析的情感，即“纯粹整体情感”（cp[①]：1. 311）。二级符号具有二元性，通过经验或活动表现实性的指称对象、涉及他者、行为与反应、刺激与反应等“事件……，事实上发生的事情”（cp：1. 325），用以指称现实世界及人类社会实践的知识。三级符号具有多元性，是处理现象和思维世界符号的复杂系统，是“受普遍原理制约的情感行为规则，这些原则可提供逻辑解释，故所有的智识活动均为三级符号”[②]。一级符号、二级符号、三级符号之间的互动与转换，在范畴的层面上为翻译符指过程中符号阐释的意指秩序造就了纵向轴，文本意义的阐释递次发生，是一个程度不断深入的过程，译者对于原文本的解读从一级符号的感知到二级符号的验证，再到三级符号的解释，实际上是一个无级的纵向深入过程。译者对原文最初的主观印象经由符号阐释的范畴变化最终得到理性处理，从而在完全现代的意义上变成无限的经验世界的坚实基础，把关于世界的经验变成关于自己的经验。用译者自己过去的理解积累，来解释原文本符号的意义，译本即用一个新的符号再现译者的理解，这种纵向的符号阐释的结果是赋予译者主观意识以客观性。在符号转换过程中，译者的感性认知和理性思维活动使得意义得以解构、建构和整合。

一级、二级、三级符号分别代表的是像似符号、指示符号和象征符号的“常规序列推进模式”（cp：2. 299）。三者既可逐层上升、推进、生长，这是翻译符指过程中意义指称不断进化的结果；又可断续退化，这是翻译过程中无时不在的偶然性所导致的必然结果。当我们在翻译过程中遇到问题时，比如原文本内容不连贯时，符号的层级即开始退化，我们首先开始三级符号的演绎，并尝试将句法理解和身心理解应用其中，比如开始翻阅资料等，然后再次进入二级符号的经验范畴，并回到对一级符号的溯因。

皮尔斯区分了符指过程中的三重解释项：直接解释项、动态解释项和最终解释项。符号的直接解释项为：“……该符号生成的情感……，该情感可阐释为我们理解了该符号核心效应之论据，尽管其中之真理基础通常都十分薄弱。”（cp：5. 475）它是指在解

① 本文中 cp 指代的是 *Collected Papers of Charles Sanders Peirce*，其后的数字 1. 311 分别指代卷数（第 1 卷）和段落数（第 311 段），属于有关皮尔斯文献的特有夹注方式，下文凡是涉及 *Collected Papers of Charles Sanders Peirce* 中的夹注均采取此种标注方式。

② Gorlée，D. L. *Semiotics and the Problem of Translation*：*With Special Reference to the Seiotics of Charles S. Peirce*［M］. Amsterdam：Rodopi，1994, p.41.

释者脑中形成的一系列模糊、即时的和非分析性的解释项，代表符号的生成能力，是“可能性”猜度，处于一级符号范畴内。

动态解释项依赖于：“一个符号对其阐释者所发生的直接现实性效应……，这在每个阐释行为中都有所体现，而每个行为又与其他行为有所不同。”（pw[①]：111）它超越了“可能性”的问题，是解释者结合现实，通过实验和分析来检验直接解释项的效度，并得出更为清晰且具有指示性的解释方案，是“现实性”确认。动态解释项是二级符号范畴内呈现该符号的解释项，使意义可以在现实世界中传播，所聚焦的是符号的形式和内容如何在社群中从心灵转移到心灵的，即“它让我们准确地知道，什么东西可以使我们能够从一个事实（或一对事实）直接推断出另一个命题也为真”[②]。

最终解释项是：“在充分考虑到这一符号的情况下，每位阐释者注定要得出的阐释结果”（pw：111），是指解释者在全面考虑符号所有的意义潜势后，得出的对符号抽象的、逻辑的解释，标志着符号阐释活动的暂时终止。它的本质是生成阐释的规则与习惯，是“肯定性”强调。最终解释项是三级符号范畴内呈现该符号的解释项。

在翻译符指过程中，符号、解释项、对象在观念的层面上造就了横向轴。三者的关系是连续、承接、推进的，标志着符号意指的向前行进。三者的关系并不仅仅是一个再现另一个，而主要是一个指向另一个。也就是说，符号指涉并引出解释项，并最终指向对象。译者以源语语言为工具获取原文本，以符号文本的指称关系、意义建构和文本组织为参考，以目的符号形式建构一个全新的符号文本时，译者首先在其思维中形成直接解释项，这是译者对原文本的第一反应，属于对原文本初步的、直觉式的解读，接下来，译者需要结合现实因素，将“可能性”猜度转化为“现实性”确认直至“肯定性”强调，也就是将直接解释项衍变为动态解释项，并转化成最终解释项，呈现于目的文本之中，目的文本就成为可充分展现原文本符号意义潜势的所指对象。

翻译过程是递归、循环式的，译者需要不断地重新思考、审视、检查最初对原文本的阐释，解释项能否合理地解释符号与对象的关系，并确认目的文本是否反映了原文本符号的真正意义。如果翻译的结果没有通过这种二级符号的检验，译者会重新阐释出更利于展现原文本意义潜势的文本，阐释过程会一直继续，直到促生最终解释项，并生成目的文本，符指过程才宣告暂时结束。因为解释活动随时可以重新开始，最终的解释方案永远不可能达成，而任何解释项都只适用于特定的语境。

---

① 本文中 pw 指代的是 *Semiotic and Significs*：*The Correspondence between Charles S. Peirce and Victoria Lady Welby*，其后的数字 111 指代的是页码（第 111 页），属于有关皮尔斯文献的特有夹注方式，下文凡是涉及 *Semiotic and Significs*：*The Correspondence between Charles S. Peirce and Victoria Lady Welby* 中的夹注均采取此种标注方式。

② 皮尔斯：《论符号》，赵星植译，四川大学出版社，2014，第 222 页。

这实际上是译者建构目的文本的过程，亦是符号生长的过程。换言之，原文本（符号）与目的文本（对象）之间的关系，须由符指过程加以协调，使得一者得以成为另一者的逻辑推理结果。

在这一横向轴上，原文本符号由于译者的阐释而生成连续的、差异性的解释项，并形成一个潜在的解释项矩阵；因为译者可从各种角度与层面切入，反复不断地阐释原文本符号，所以原文本符号的完整意义在理论上是永远无法获得的。解释项矩阵最终指向的最终解释项，是对前面译者阐释过程中形成所有的解释项进行意义归结和终极解释的所在，是符号过程无限衍义的终点，标志翻译符指活动的暂时停止，目的文本最终形成。“尽管最终解释项在现实中一直是生产中的、未完成的、未终结的意义，但是，在概念中、想象中，它却可以是一个终极指涉”①，是最高层面的整体意指，赋予整个翻译过程以目的和边界。

纵向轴一级符号—二级符号—三级符号范畴的互动与转换，以及横向轴符号—对象—解释项符号存在关系的推演构成了翻译过程中符号阐释的内在机制。翻译符指过程的本质是将译者的身心体验纳入追求逻辑真理的无限递归性指号过程中，在纵向和横向上使翻译在主观感受和理性阐释之间的张力中求得平衡。向纵向和横向无限延伸的符号阐释内在机制给予译者最大限度的符号文本解释权，又使翻译活动不至于沦为译者任意发挥的天地，为研究翻译过程中符号转换的本质与典型特征带来了有益的启示。

（二）符号阐释的外部环境

从形式主义角度看，与符号转换相关的意指秩序属于符号阐释的内在机制，但是从当代学术之语境理论的观点看，符号阐释意指秩序也是外在的，与社会历史背景和文化变迁相关。一个符号并非存在于真空之内，而是镶嵌在交际环境之中，为正确解读提供语言、指称、意识形态等的线索。只有在这一语境预设的前提下，原文本的符号信息才能促使译者生成差异性的解释项矩阵，并最终指向对象，创生出目的语文本。

皮尔斯在论述符号阐释的外部因素时，曾提出“共同心灵”（commens）的概念：

> 它们共同组成了一种常识（common sense），一个言述宇宙（a universe of discourse）或一种共同基础（common ground）。这些产物常常被皮尔斯称为符号行为者的共同心灵（commens），并且它们也是符号行为者之行为习惯的基础以及核心所在。意思的产物是符号连续翻译过程的结果：符号解释行为者在这一过程中

① 彭佳：《民族自生系统论：符号学视域下的多民族文化认同体》，《民族学刊》2020年第3期。

与其他符号行为者的产物都成为（并且共享）连续统一体（也即社群）的一部分。而该产物的效力就是，那些共享相同符号解释统一体的解释行为者们会去创建特定的感觉性（sensibility）或者理解力（comprehensibility）。[①]

“共同心灵”是指文化或群体的力量会影响或塑造符指过程。那些貌似合理的故事或者道理更易被人们接受不是因为它们完全正确，而是因为它们经过了群体的过滤和净化，以符合社会的规范，也就是说，这类故事受到了“共同心灵”的操控，而获得了群体的趋同，信仰、规范、价值观等就这样被群体创造并稳定下来。在翻译过程中，译者在阐释原文本符号时，译者“本能”的一级范畴符号进入“经验”的二级范畴符号之社会互动中，便不由自主地加入被集体净化的进程中，那些符合集体规范的三级范畴符号被保留，并逐渐成为“习惯”，在译者思维中固化，并衍变为“本能”，如此循环往复。而那些不符合集体规范的三级范畴符号则被隔离、排斥，集体的规范操控着译者思维中的解释项序列，使之规范化、理想化。

因此，我们在探讨符号阐释的意指秩序时，应将符号阐释的外部环境纳入研究框架中，关注群体互动、社会互动等二级范畴符号对于符号阐释的影响，且充分考虑到社会与文化语境下二级范畴符号的复杂性。

“关于决定符号意义的各种因素，语境可能是最重要的。语境，就是符号的使用环境，有的符号学家称为情景，有的符号学家称语境为脚本（script）。人都是社会的人，人对符号的解释结构，总是以可以预测的语境构筑起来的，在符号表意出现的时候，就会不言而喻地放在这个语境序列中进行解释，哪怕符号文本并不完整，接收者也会在已定的语境中重构意图意义。”[②] 翻译符指过程中符号的阐释涉及文化的交际传达，交流的不只是符号文本内部信息，同时进行着外部的表意解释行为的协调，影响表意解释的语境条件也就会形成。“符号发出者尽管无法控制所有人的解释，却可以设计让大部分接收者的解释落在这一点上，也就是说，让接收社群大致上接受发出者的意图意义。”[③] 每个人对于符号信息的具体解释过于复杂多变和难以琢磨，因此意义的成形是针对这个符号文本所期待的，在特定文化中规定的接收者社群。

在翻译活动中，译者通过自己的思维世界（本能、经验、习惯）与涉及翻译的诸多环境因素（政治、经济、文化因素等）进行互动与对话。符号阐释行为具有了特定的历史属性与文化属性，符号文本的意义既有纵聚合上的历史积淀，又有横聚合上不同社会因素的相互渗透。译者思维中的解释项需要诠释原文本符号所蕴含的文化价值

① 皮尔斯:《论符号》，赵星植译，四川大学出版社，2014，第 51 页。
② 赵毅衡:《符号学原理与推演》，南京大学出版社，2010，第 178 页。
③ 赵毅衡:《符号学原理与推演》，南京大学出版社，2010，第 180 页。

观、历史观、世界观等，映射翻译过程中符号文本与社会系统中特定社群的审美状态、价值取向、文化形态等因素的互动与关联。

译者的符号阐释活动在源语及目的语文化所处的交际语境中针对异质的文化，面向不同语言的读者，对于不同意识形态进行跨媒介、跨符域传播，这些外部因素构成复杂的译介场域，影响其中的译者做出并不断修正翻译的决策，进而促成了目的文本读者的感知、理解和诠释。符号阐释过程中符号系统的复制、变异与改写以及受外部环境深层结构影响的符号在阐释中的意义流变与形式变异成为翻译符号学研究的一大维度。

结　论

本文从符号阐释的内在机制和外部环境两方面论述了翻译活动中符号阐释的意指秩序。第一，符号阐释的内在机制在纵向轴上由一级符号、二级符号、三级符号之间的互动与转换构成，表明符号意义的阐释向纵深递次发生，是一个程度不断深入的过程；在横向轴上由符号、解释项、对象三者的转换构成，三者的关系是承接、连续、推进的，标志着符号意指在水平方向上向前推进。符号的意义在纵向和横向上互相形塑，构成了动态发展的符号阐释空间。第二，符号阐释的外部环境是制约并操纵译者解释项的符号本体外部因素，我们对于翻译中符号意义的解读，不应止于文本分析和符号要素解析，还须参酌语言文化知识、社会政治意识形态、主流审美等层面。在这一多层次、多方向意指秩序的观照下，翻译过程中符号的异质性与译者的主体性均可获得足够的关注，符号阐释的对话性与互动性也引发符号阐释的多义性和多重性。

（作者单位　首都师范大学外国语学院）

本文原载《山东外语教学》2022 年第 4 期

莎士比亚十四行诗经典价值跨文化翻译阐释

——以黄必康仿词全译本为例

吕世生　汤　琦

摘　要　莎士比亚的十四行诗一直被尊奉为世界文学经典，不仅被译为多种语言，而且一直有新的译文问世，2017年黄必康教授仿宋词形式的翻译再次引发了我们对莎士比亚十四行诗汉译诸多问题的思考，例如，关于诗的经典价值跨文化翻译阐释的可能性，汉语阐释英语诗经典价值的可能性，等等。本文从理论和实践两个层面分析了诗不可译的内涵，分析了不同诗体翻译莎士比亚诗歌的诗学价值，进而指出，跨文化翻译阐释是对经典文本普遍价值的检验，诗歌经典价值跨文化翻译和阐释的可能性是没有局限的，如果说有局限，也仅仅是历史的局限。同样，汉语阐释莎翁诗的经典价值也是没有局限的，只要历史发展，这种可能性就会不断持续下去。

莎士比亚的十四行诗一直被尊奉为世界文学的经典，其经典价值穿越了四百余年历史文化时空，热度持续无减，经典文本所能享受的各种理论评判和溢美之词似乎从未缺席他的诗作。这种情形在世界文学史上可能仅属莎翁。虽然中国文化的诗仙、诗圣也曾享受相似的尊荣，但其尊荣基本限于中国文化疆界。一旦跨出中国疆界，他们的经典地位往往只限于某时某地。这种差别的原因何在？是莎翁文本具有某种内在的经典文化价值，而李白、杜甫的诗歌就未必如此吗？这一问题如果先于后现代主义文学理论提出，无论肯定或否定的回答都会令我们不知所措。给出肯定的回答，不仅与我们的文学价值判断不符，更为我们的文化情感所不容。给出否定的回答，我们不仅要面对缺乏敬畏经典的自责，而且不具备足够的理论支撑。毕竟莎士比亚的十四行诗已经享受四百余年几近全世界不同文化话语的顶礼膜拜，心中任何异样的想法都可能伴有亵渎神灵般的不安。不过，当今接受美学关于文本经典价值的建构说却足以解除我们的思想禁忌，将我们对文本跨文化经典化的认识向前推进一步。

莎士比亚诗作的经典价值得益于其对真、善、美的追求，得益于对人生短暂与宇宙永恒的思考，得益于其想象的奇特，以及神来之笔的精妙譬喻。前者属于诗的情感抒发向度，后者属于诗的古典美学的具体呈现。诗人的十四行诗，无论情感抒发还是古典美学都满足了我们对诗歌经典的全部想象。然而，假如我们对经典的想象仅止于此，那么我们对经典的认知未免流俗。因为这种想象过于局限，仅囿于文本自身，割断了文本经典化与历史文化进程的内在联系，而且它们的联系不仅表现为跨越历史时空的动态过程，还表现为跨越文化时空的过程。因此文本经典价值的思考必须增加文本跨文化的再经典化这一维度，要从孤立、静止的简单思考转向发展变化的复杂思考。这种思考维度的转换是接受美学给予我们的理论启示。接受美学认为，文本的经典化并不仅仅因为其内在价值使然，也是历史文化建构的结果[①]。基于接受美学的文本经典价值建构说，作为经典文本的莎士比亚诗作在跨越语言文化边界之后，其经典性将呈现何种状态？源语的美学价值还能否在目标语中充分再现，使译文读者产生相似的审美体验，如同中国文化身份的读者吟诵唐诗、宋词得到的那种审美体验呢？这一追问就把我们带入了诗歌跨文化再经典化的文化翻译研究领域。2017 年出版的《莎士比亚十四行诗》（仿词全译本）为我们探讨莎士比亚十四行诗在中国文化中的再经典化提供了一个颇有价值的研究范本。该译本由北京大学黄必康教授翻译，外语教学与研究出版社出版，用 97 种词牌翻译了莎翁全部 154 首十四行诗。在现已出版的 24 个莎士比亚十四行诗中译本中，该仿词全译本引发了我们的两点思考：一是经典价值跨文化阐释的可能性，即莎士比亚的十四行诗在中文语境下进行翻译阐释的可能性；二是中文阐释文本经典价值的可能性，即中国语言能在多大程度上“充分”阐释莎士比亚十四行诗的经典价值。

一　莎翁诗汉译的可能性

我国莎士比亚十四行诗的翻译不断出新，已逾百年，根据接受美学的观点，这一现象就是经典价值存在的证明。接受美学认为文本经典化是读者不断阐释的过程[②]。一个特定的经典文本随历史文化的发展必定产生新的阐释，经典的翻译阐释是历史的过程。这是经典文本的本质特征。另外，语言文化发展水平也具有历史的维度，特定历史语境下的语言文化限制了翻译阐释的可能性，莎翁十四行诗汉译阐释的可能性是历史、语言文化共同制约的结果。

长期以来学界普遍认为，莎士比亚十四行诗是诗人对真、善、美的个人感悟。154

① H·R. 姚斯、R·C. 霍拉勃：《接受美学与接受理论》，周宁、金元浦译，辽宁人民出版社，1987，第 304 页。
② 特里・伊格尔顿：《现象学，阐释学，接受理论——当代西方文艺理论》，王逢振译，江苏教育出版社，2006，第 75 页。

首十四行诗，前 126 首是对友情、忠贞、永恒的情感诉求，后面的 28 首则是对爱情、情欲的渴望。莎翁诗的这种情感诉求与离愁别绪、感时伤事的中国古典诗学相比，其间的差异不言自明。中英诗学的差异决定了翻译可能性的限度。语言的差异是莎士比亚十四行诗汉译可能性的另一决定因素。诗歌这种文学体裁在中西文学史上都享有无与伦比的崇高地位，这不仅仅因为诗歌与个人情感表述的内在联系，更为重要的是诗歌表述个人情感的便捷、有效和表述形式的艺术魅力。诗的艺术魅力完全诉诸语言，语言的差别是诗的艺术魅力跨文化交流的障碍所在。

诗体形式与内容的联系也限制了莎士比亚十四行诗汉译的可能性。中国有诗的国度之称，各种诗体形式异彩纷呈，诗经、楚骚、唐诗、宋词，以致元曲成就了辉耀古今的中国文化瑰宝。这些诗体的形式与内容水乳交融，浑然一体，成为一曲曲中国文化的千古绝唱。中国古典诗达到了难以企及的美学价值，形式与内容的完美结合不可或缺。两者之间的完美关系，一旦改变，其美学价值的大小甚至有无都难以确定。这也是长久以来压在诗人、翻译学者心头的诗歌跨文化翻译难题。诗体的形式与内容的关系可差拟德里达所谓“果皮与果肉”“皇袍与皇帝身体”的隐喻。德里达认为，翻译是“延异”行为，它推迟了所指的出场，翻译的所指与原文所指出现差异。在原文中，能指与所指的结合是紧密的，就像果皮与果肉的关系。而在译文中，能指与所指的关系变得松散，好像满是皱褶的皇袍裹着皇帝的身体。翻译所指离开了能指，使语言变成了一系列最终没有所指的能指的自由嬉戏[①]中国古典诗歌，无论是楚骚，还是宋词，形式与内容是果皮与果肉的关系，是中国文化土壤成就的原生关系，是历史文化与诗人的缘分，可遇而不可求。《诗经》的四言体，宋词的长短句，都如同“果皮与果肉”那样无法分离，都是特定历史文化与内容形式的因缘巧合。它们的翻译则远离了原生的历史文化，所指推迟了出场，译诗的所指与能指的关系发生了变化，再也不是那种浑然一体的关系，由“果皮与果肉”的关系变为“皇袍与身体”的关系。这意味着成就中国古典诗歌审美价值的形式与内容的完美组合发生了变化，译本经典价值的有无具有不确定性。

中国诗歌的翻译实践，从 18 世纪的传教士、汉学家到当今中国诗人、翻译家，尽管译诗无数，但依然难说出现了可与原诗审美价值相媲美的译诗，而且目前仍然无法预期这样的译诗何时出现。汉诗译为其他语言之后艺术的完整性发生了改变，同样的情形也见于外诗汉译。

相对于其他文学体裁的翻译，诗歌的可译性较低，莎翁的十四行诗翻译也不例外。这些诗如同永恒的星座，持久地发出熠熠的光辉，其形式与内容的结合无与伦

① Norris，C. *Deconstruction Theory and Practice*（2nd edition）. London：Routledge，2002, p.32.

比。他的十四行诗的形式与其个人情感诉求达到了天衣无缝的境界，不过这种臻于至善的艺术珍品还得益于其创作与社会历史条件的相宜。在适宜的节令，诗人播下了诗的种子，结出了完美的诗的果实。假如斯时斯地的任一条件发生变化，读者所见的将是不一样的果实。这或许是诗歌生命的定数。除却上帝的青睐，谁人都无法期望得到向往的果实。莎翁是上帝的宠儿，其十四行诗就是上帝宠幸的结果。而对诗人的宠幸上帝又一直极其吝啬。诗歌的跨文化转换，如同人为改变它的气候、环境或土壤，或播种的季节，于是我们再也无法收获与原产地相同的果实。随着文化时空的变化，诗歌果实的外观、口味也必定变化。虽然译诗的艺术完整性发生了变化，但对经典作品的向往却激励人们不断尝试进行跨文化移植，一代又一代知其不可为而为之，代代一如既往地寄望于最大限度地接近经典，绞尽脑汁寻求最可能的艺术形式表述经典激发的诗心诗意，推出了新历史语境下的经典译本，由此拓展了莎翁诗经典价值跨文化翻译的可能性。

二　中国语言翻译阐释莎士比亚诗情的可能性

翻译诗歌只能得到差异的文本，不同的翻译文本只有相互的差别，而非与原文本一致性关系的差别，忠实不是诗歌翻译的唯一标准，甚至不是重要的标准。如果某一译本宣称是忠实的译本，实际的情形可能是该译文在某一层面上与原文本接近，或者语义层面，或者语用层面，或艺术表征，审美价值层面，等等，而难说多个层面都与原诗接近。这是诗歌跨文化翻译的定数。根据解构主义说法，语言是多义的，文本的意义永远无法穷尽，由语言构筑的诗歌的阐释也有无限的可能性。具体的翻译也仅是多种阐释之一种。解构主义的这一主张在我们的诗歌阅读经验中也一再被验证。

近代以来，我们翻译了难以计数的外国诗歌，其中的一些译本也成为经典。这些译本丰富了我们的内心感受，升华了我们的生命体验，但总体而言，把这些翻译文本与我们传统经典诗歌的阅读经验相比，我们很难有如同中文经典诗歌带给我们的那种充沛丰满、酣畅淋漓的审美体验。阅读翻译诗歌，尤其语言文化距离遥远的翻译，如英语诗歌的翻译，读者总仿佛隔了一层面纱欣赏美人，她的美总是难以看得真切，总有一种隔阂的感觉。隔着面纱欣赏美人可以说是中国语言阐释莎翁十四行诗的可能性的经验表达，其理论解释则可求助解构主义翻译理论。然而中国诗歌的艺术形态远较其他文化更为丰富，这使我们拥有了更多的形式内容组合选择，因此中国语言阐释其他语言诗歌的可能性相对较大。然而，这种可能性受到中国古典诗歌美学的牵制，离愁别绪、羁旅之思、志业怀抱的诗歌主题，赋物比兴、投身物外、景语皆情语的美学特征仿佛中国的绝句律诗、长短句词牌等诗体的绝配。当然，读者的这种审美体验得益于中国文化积淀的心理结构，这种心理结构具有文化特异性。这种结构的形成与改变是漫长的历史过程和民族文化心理过程。这两个过程就成为中国语言翻译阐释他者诗歌的文化限制。莎士比亚十四行诗的诗体形式与古典诗人对友情、爱情的诉求的不可分离也是英语文化特有的心理结构。两种文化心理结构的不同可能是经典价值跨文化阐释的基本障碍。属于莎士比亚的某种独特审美心理在中国文化中不一定存在，换用中国诗体形式，难免令人产生龃龉的感觉。尽管中国诗体形式相对丰富多样，但仍然难以克服两种文化心理结构不同导致的文化错配。因此，如果说中国语言翻译莎士比亚诗的可能性较大，这也仍然只是相对于诗不可译这一意义上的相对较大，因此还不足以摆脱诗不可译的文化宿命。

中国语言翻译莎士比亚诗歌的可能性较大，意味着相对其他语言而言，中文译诗具有更多的形式内容选择，这无疑具有了更多可能带给译文读者以新奇的审美体验。在这个意义上，黄必康教授的仿词译本可视为莎翁十四行诗汉译的又一次尝试，或可给读者带来对莎士比亚诗歌的一种别样感受。同时，这也是对莎翁诗歌一次跨文化的新解读，是对莎士比亚诗歌汉译可能性的又一次拓展。

中国古典诗的骚体、律诗、词牌各种诗体中，《诗经》典雅、《楚辞》奇诡、唐诗高迈、宋词婉约，已为论者定评，而其中与十四行诗的美学品格最为接近者，非宋词莫属。这是黄必康选用这一诗体的用意所在。他在“译者自序”中表示：“之所以使用词的体式全译莎士比亚的十四行诗，首先考虑到的是二者在内容和意境上契合。”[①]他又引用明代词论家王士贞关于宋词美学特征的评语进一步说明，“诗主言志，词主言情……”，而词“最适于抒怀叙事，婉约缠绵”。与莎士比亚同时代的大戏剧家汤显祖对此也有相同的看法：“世总为情，情生诗歌，而行于神。而词为艳科，即所谓情真而调逸，思深而词婉。”“反观莎翁十四行诗，一情字贯穿始终。他的十四行诗，怨情而见人生，伤离别而写哲思。因此，婉约主情之词与莎翁十四行诗二者之间，诗情通感而契合，彼此应和不悖。”[②]于是，黄必康译莎翁诗旨在使原诗与译诗两者“情意相似”，以此产出“契合相通、情投意合”的译诗。译者的这一宣示表达了他对诗歌翻译的基本认识，因此他的翻译从形式上看走出了远比其他译诗更大的步伐，但他的译诗意在“情意相似”，这是对“忠实”翻译观的超越。译者力图在译诗过程中与原诗的诗心相通，无意羁绊于语言、文化差异、历史时代的久远，而是以更为契合的诗体表达相通的诗心，这是译者文化翻译观的逻辑使然。这让我们想起美国诗人庞德翻译中国古诗的情形。他以译入语最为恰当的诗体表达译者与中国古代诗人的情感共鸣，这是历史

① 引自黄必康译本《莎士比亚十四行诗（仿词全译本）》，外语教学与研究出版社，2017，第 vii 页。
② 引自黄必康译本《莎士比亚十四行诗（仿词全译本）》，外语教学与研究出版社，2017，第 vii–viii 页。

文化相距遥远的译诗读者最能接近中国古代诗人心灵的可行路径。笔者认为，采用宋词这一形式仿佛是庞德翻译汉诗的历史再现，都使用契合自我文化美学观的诗体形式翻译。黄必康的仿词翻译还透出译者自觉地面对诗不可译这一观念的理性。原诗与译诗匹配各自的文化心理结构，这一匹配不可改变，而如果译诗贴近目标语文化的心理结构，在此基础上译者被激发出的诗心才能在译诗中得以展示，与原诗的诗心产生共鸣。作为原诗的读者以及译者，他不可生出与原诗读者或原诗人同样的情感，他所表达的只是特定历史文化情境下的自我情感，是无法剔出译者个人经验的情感。这是诗与读者、译者无法逾越的历史文化局限，无论何人译诗，概莫能外。黄必康译十四行诗的翻译诉求通过下例可见一斑。

莎翁的第18首十四行诗常被评家视为其代表诗作，该诗集中体现了莎翁对美、友情、忠贞等美好情感的渴求，以致将其升华为对永恒的渴求。

原诗：

Shall I compare thee to a summer's day？①
Thou art more lovely and more temperate;
Rough winds do shake the darling buds of May,
And summer's lease hath all too short a date;
Sometime too hot the eye of heaven shines,
And oft' is his gold complexion dimm'd;
And every fair from fair sometime declines,
By chance or nature's changing course untrimm'd;
But thy eternal summer shall not fade,
Nor lose possession of that fair thou ow'st;
Nor shall Death brag thou wand'rest in his shade，When in eternal lines to time thou growe'st;
So long as men can breathe，or eyes can see,
So long lives this，and this gives life to thee.

黄必康译文：

念奴娇

夏日晴馥，
怎堪比，吾友俊秀雍睦。

五月娇蕊，
疾风过，落英纷纷簌簌。
夏景须臾，艳阳似火，忽又云遮路。
造化恒变，
嗟叹美色不驻。
唯君盛夏长青，
更红颜天成，雍华容禄。
笑问死灵，冥影暗，
奈何人间乐福？
君生无老，偕诗同向远，与时久夙。
天地不灭，
吾诗君生永驻。

该译文使用“念奴娇”词牌。词牌本为音乐曲调的名称，与词的内容无直接联系。这与莎翁的十四行诗仅标注诗的序号有相同之处。或许这是这个仿词全译本唯一的“忠实”原文之处，然而“忠实”原诗并非译者关注的焦点，而是他的译本能否为读者带来“耳目一新的审美冲动，引起读者内心深处的文化共鸣”①。译者的这一翻译诉求是对诗歌翻译本质特征深刻认识的集中体现。语言文化的差异决定了“忠实”译诗的不可能，但诗人的诗心诗意却可跨越语言文化触动人心。译者秉持这一信念，开启了以词牌译莎翁十四行诗的探索之路。这个仿词译本就其主题而言或许并没有新的阐释，无论美好事物易逝，还是友情的永恒，并未超出前贤的翻译。不过就语言表现的微妙而言，或许与先前的多种译文有所不同，这些微妙之处带出了王国维《人间词话》第一则所谓的“境界”——词的美学特质，读者因此而被打动。如“落英纷纷簌簌”句，美好的消逝发出了声响，落英的画面有了声音，簌簌的声音敲击着心头，读者的诗心随之而动，仿佛体验到苏东坡《贺新郎·夏景》中“秾艳一枝”，“芳心千重”“秋风惊绿……共粉泪，两簌簌”的凄美意境。这是先前的译文未曾做到的。再如“天地不灭，吾诗君生永驻”句，汉语读者的心头或回响起“天地灭，乃敢与君绝”的言之凿凿。原诗意在表达万古不灭、地老天荒的友情（爱情），或美的恒长久远、永恒不灭，论者各有别论，但这里似乎更指向前者。译者对诗内涵的解读虽然未离前人的说法，但其表述的方式拨动了今人的心弦，使我们与四百多年前的英伦异乡、三千年前的中华先民产生了审美共鸣，看似寻常却直抵人心的表述令读者产生了“耳目一新的审美冲动”。就这一意义而言，黄必康的仿词翻译实现了其翻译诉求。

① 引自黄必康译本《莎士比亚十四行诗（仿词全译本）》，外语教学与研究出版社，2017，第vii页。

黄必康的仿词翻译本质上是对莎翁诗美学价值的跨文化阐释，汉语读者因之得到了新的审美体验，汉语译诗的可能性因之扩展。相比之下，复制原诗韵律的翻译却难能达到这种效果。梁宗岱是五四新文化运动之后莎翁诗的代表译者，他采用了原十四行诗抑扬格五音步韵律。阅读他的译诗与黄必康的仿词翻译，我们的感受或有不同。

梁宗岱译文：

我怎么能够把你来比作夏天？
你不独比她可爱也比她温婉；
狂风把五月宠爱的娇蕊作践，
夏天出赁的期限又未免太短；
天上的眼睛有时照得太酷烈，
它那炳耀的金颜又常遭掩蔽；
被机缘或无常的天道所摧折，
没有芳艳不终于雕残或销毁。
但是你的长夏永远不会凋落，
也不会损失你这皎洁的红芳，
或死神夸口你在他影里漂泊，
当你在不朽的诗里与时同长。
只要一天有人类，或人有眼睛，
这诗将长存，并且赐给你生命。②

与黄译比较，梁译在译诗的形式上努力靠近原诗，原诗载负的语义表述准确，然而却为原诗的诗体形式限制，例如为了押韵而用“作践”这样的词语表达原诗中“shake”这样充满动感的词语。整首译诗明白如话，却难以让人进入诗的“境界”。这或可是“(词)能言诗之所不能言”之故。

黄译与梁译的区别——本质上是黄公与梁公翻译诗学取向的区别。在原诗第 8 首的仿词译文中，这一点也十分明显。

原诗第 8 首：

MUSIC to hear，why hear’st thou music sadly？
Sweets with sweets war not，joy delights in joy；
Why lov’st thou that which thou receiv’st not gladly，
Or else receiv’st with pleasure thine annoy？

If the true concord of well-tun è d sounds,
By unions married，do offend thine ear,
They do but sweetly chide thee，who confounds.
In singleness the parts that thou shouldst bear.
Mark how one string，sweet husband to another,
Strikes each in each by mutual ordering;
Resembling sire and child and happy mother,
Who，all in one，one pleasing note do sing;
Whose speechless song，being many，seeming one,
Sings this to thee，'Thou single wilt prove none.'

黄必康译文：

采莲令

曲音听，因何悲哀容？
既行乐，当在乐中。
君听欢曲如悲音，喜而闻苦痛。
丝音悠，弦歌相合，
更何以堪，雾锁愁眉千重。
一曲欢歌，责君孤守不为父。
君知否，夫妇之乐，琴弦相知，
应恰似，父母子同户。
一家乐，异曲同声，
起向君问：孤身风烛谁顾？

梁宗岱译文：

我的音乐，为何听音乐会生悲？
甜蜜不相克，快乐使快乐欢笑。
为何爱那你不高兴爱的东西，
或者为何乐于接受你的烦恼？
如果悦耳的声音的完美和谐
和亲挚的协调会惹起你烦忧，

它们不过委婉地责备你不该
用独奏窒息你心中那部合奏。
试看这一根弦，另一根的良人，
怎样融洽地互相呼应和振荡；
宛如父亲、儿子和快活的母亲，
它们联成了一片，齐声在欢唱。
它们的无言之歌都异曲同工
对你唱着："你独身就一切皆空。"

原诗以音乐为喻，敦请友人早寻佳偶。原诗喻体是西方文化默认的和声音乐，这是西方文化心理结构的一部分。只有基于这样的文化心理结构才能体会到该诗的要眇宜修。音乐本应给人以愉悦，但友人的感受并非如此。他觉察到了音乐中的责备意味，因为这个乐曲不是和声，而是独弦演奏。独奏乐曲是乐者对友人委婉的规劝。人生如同音乐演奏，多音合弦才能动听；独身如同独弦，奏不出美妙的乐曲，享不到美好的人生。

梁宗岱的译文内容形式、意象韵律更靠近原文，多被视为莎翁诗汉译经典。但以"境界"为绳——幽微要眇难以言说的那种心情，黄译更为贴切。何也？如下几句为证。"丝音悠，弦歌相合……夫妇之乐，琴弦相知，……"黄译同样以音乐为喻，不过此音乐不同于彼音乐。此音乐是中国文化的音乐，和声独奏的区别没有明显的文化意义。以和声独奏隐喻有无佳偶可以理解其意，但并无相应的文化心理结构与之关联。而上引的两句则紧密关联中国文化心理。"弦歌相合，……琴弦相知"两句可关联汉语成语"琴瑟和鸣"。该成语源于《诗・小雅・棠棣》"妻子和好，如鼓琴瑟"句，以琴瑟合鸣喻二人生活的美好。译者的"弦歌"和"琴弦"改用了差异的表达，但其内涵则与"琴瑟和鸣"无异。这里避免了《诗经》原句"妻子和好"，成语"琴瑟和鸣"重复而生的浅白，读起来雅致纤巧，余韵悠长，词人（译者）微妙之用心得到了恰当的表达。体会这些细腻的情感需以汉语的文化心理结构为条件，因此原诗关联的文化心理结构被转换为译诗的文化心理结构，在此心理结构之上，译文读者的诗心得以被激发，进而与莎翁的诗心产生共鸣。这是译者翻译诗学的集中体现——"表现译者主体的本土语言文化意识，又能使中国读者能够触摸到莎士比亚的诗心，在心底深处激起中国传统文化的审美感受，……"[①] 反观梁译的相应部分，叙事重于抒情，加之语言直白，不难体会其中意涵，但表达缺少了历史文化关联，易感其意，却诗心难发。这是梁宗岱先生的翻译诗学，也是那个时代的翻译诗学的直接反映。

中国传统的长短句词牌是中国文化心理结构的历史积淀，利用这种文化心理移

① 引自黄必康译本《莎士比亚十四行诗（仿词全译本）》，外语教学与研究出版社，2017。

植莎翁的十四行诗能否相得益彰，还需要更多的阅读体验，但值得肯定的是，这是一种新的探索。这种探索将使我们对中国语言阐释他者文化的可能性产生新的认识，从而对文本经典价值的跨文化阐释能力产生新的理解。“五四”之后的译诗模式探索基本否定了译诗对中国传统格律诗的套用，其时主流的看法是，严格的格律约束了诗情诗意的恣意挥洒，它所要求的韵律形式似乎难说充分宜于个人的情感表达。当中国诗与他者文化相遇——用中国诗的形式盛载他者文化的诗歌——两种语言文化的不适即刻显露，于是汉译放弃了传统的律诗格律，而尝试拷贝原诗的韵律，即十四行诗的韵律。这是诗人、翻译家对中国传统律诗翻译阐释英诗的可能性认识的进展。

词虽为格律严谨的传统诗体之一种，但其“主情”的美学诉求，长短句式的变换相对整齐划一句式的五言、七言律诗以及骚体等却为诗人情感的释放提供了更大的可能性。这或许是英诗汉译的新的可能。这一做法是否取得最终成功还有待读者的检验，不过确定无疑的是，这是中国一百多年英诗汉译可能性探索的继续。

结　语

从上面的分析不难看出，以词的形式翻译莎士比亚的十四行诗是对诗不可译这一命题的挑战，也是一种语言文化对另一种语言文化的文本经典价值的再次阐释，我国百余年来不断翻译莎翁的十四行诗就是其经典价值在中国文化中一次次重新阐释，是其经典价值普遍存在的直接证明。经典价值是动态发展的，经典文本不仅要接受历史发展的检验，也要接受文化空间转换的检验。

诗不可译这一命题透出了对经典语言跨文化翻译阐释可能性的悲观看法，本质上是以静态思维判定经典价值，而人类译诗的历史实践表明，经典价值跨文化翻译阐释的可能性是不断发展的。古希腊史诗的翻译是人类对语言跨文化翻译阐释可能性认识的开端，20 世纪初美国诗人庞德翻译汉诗是语言跨文化阐释可能性的一次拓展。几乎同一时期，中国西方诗的汉译也让我们见识了语言跨文化阐释可能性的增大。仿词译莎翁诗再次开阔了我们的视野，诗不可译含有历史的维度，诗的经典价值跨文化阐释的可能性是没有局限的，如果说有局限，那仅仅是历史的局限。同样，汉语阐释他者文化诗的经典价值也是没有局限的，只要社会发展，探索不停，这种可能性的增长就不会停止。

（作者单位　北京语言大学　南开大学）

本文原载《中国翻译》2022 年第 3 期

翻译规范本源性概念的中国诠释

喻旭东　傅敬民

摘　要　描述翻译规范概念于21世纪初引入中国，截至目前在国内的应用与研究大抵还是以西方的翻译规范理论为基石，缺少用中国思维对翻译规范的诠释。中国哲学中的象思维可以弥补西方翻译规范研究中本源性概念界定不清的问题，为翻译规范研究带来"天人合一"的整体视野和生命视角。本文基于西方翻译规范研究已有成果，以"道象互为"的中国象思维认识构式为指导，对翻译规范的本质属性进行探讨，尝试厘清翻译规范的整体内涵。文章提出翻译规范在形而上层面体现为翻译之道，在形而下层面体现为翻译之象。本研究旨在建构具有中国特色的"道象互是"、"道象互释"和"道象互施"翻译规范本源性概念体系，以深化对翻译规范的认识，为翻译实践、翻译教学和翻译批评活动提供一个可资利用的概念工具。

引　言

20世纪后期，描述翻译研究在西方兴起，成为翻译研究的重要分支（Holmes，1972），对于开阔翻译研究的视野、深化翻译研究的内涵起到了重要作用。描述翻译学派的一个重要理论就是翻译规范，图里（Toury，2012）、切斯特曼（Chesterman，2016）、赫曼斯（Hermans，2020）等学者先后对其进行了卓有成效的研究。但是翻译规范理论在我国一直不温不火，傅敬民曾指出："我国的翻译规范研究经历了引介国外研究成果（移植）、评介相关理论（消化）、运用翻译规范研究中国翻译（本土化）三个阶段，此后未能对翻译规范进行更深入的探讨。"①之后我国有关翻译规范的研究有所增加，但仍鲜有关于翻译规范本源性概念的深入探讨，缺少用中国思维对西方翻译规

① 傅敬民:《全球结构视野下的翻译规范研究》,《上海翻译》2013年第4期。

范研究的比较解读或对应解读。西方概念思维对翻译规范研究的贡献在于理性和逻辑、条缕分析，但在主客合一的整体观上稍显不足。比如翻译规范到底是规定性的主观要求，还是描述性的客观表征，这个问题一直没有得到很好的回答。“对本源性的概念阙失边际明确的界定，无疑导致翻译规范研究倍感挫折。”[①] 有鉴于此，挖掘翻译规范的本源性，无疑构成翻译规范研究的核心问题。本文试图基于中国传统象思维来回应这一问题。因为象思维对世界的认识是主客一体、“天人合一”的，它“不是站在被认识者之外，也不是把其当作对象，而是就身在被认识者之中”[②]。文章用象思维对翻译规范的本源性概念进行中国诠释，尝试厘清翻译规范的整体内涵，建立“道象互为”[③] 的翻译规范概念框架，满足翻译研究、翻译实践、翻译教学以及翻译批评活动对翻译规范之本质的认识需求。

一　翻译规范之名

——象思维认识构式下的定义

规范是西方描述翻译研究的核心概念和便利工具，其适用性和实用性早已得到证明，但是这个概念其实比看起来要更加模糊、更加难以掌握[④]。规范是一个社会学概念，可理解为“正确性概念的社会性呈现”[⑤]，就是特定社区里的人们对于特定行为或人为现象“正确性”的共同认识。图里是将规范概念系统引入翻译研究的关键人物，他将规范定义为“将某一社区所共享的普遍价值或观念——如对正确与错误、适当与不适当的看法——转换为适当的且适用于特定情形的行为指南”[⑥]。据此推演，翻译规范就指“把某一翻译场域内所共享的普遍价值或观念，如对正确与错误、适当与不适当的翻译行为的看法，转换为适当的且适用于特定翻译情形的行为指南”[⑦]。

基于上述理解，翻译规范可被视为“内化于行为主体（译者）的行为制约因素，这些因素体现了某个群体共享的价值观，翻译过程中的所有决定主要受这些规范的控制”[⑧]。切斯特曼借用社会生理学的“模因”概念，指出影响译者思维和行为的翻译观念和翻译理论就是翻译中的模因，如对翻译的概念、对策略的理解和对价值的认知等，

① 傅敬民：《全球结构视野下的翻译规范研究》，《上海翻译》2013 年第 4 期。

② 王树人：《“象思维”与原创性论纲》，《哲学研究》2006 年第 3 期。

③ 包通法：《再论翻译的诗性思维——答何霖生先生之质疑》，《上海翻译》2018 年第 4 期。

④ Hermans，T. 2020. *Translation in Systems*：*Descriptive and Systemic Approaches Explained.* London & New York：Routledge，p.73.

⑤ Bartsch，R. 1987. Norms of Language. London：Longman, p.4.

⑥ Toury, G. 2012. *Descriptive Translation Studies and Beyond.* Amsterdam & Philadelphia：John Benjamins, p.51.

⑦ 刘晓峰、马会娟：《社会翻译学主要关键词及其关系诠释》，《上海翻译》2016 年第 5 期。

⑧ 克里斯蒂娜·谢芙娜：《翻译研究中的规范概念》，《翻译与规范》，傅敬民译，外语教学与研究出版社，2018，第 7 页。

当某种模因占据主导地位时，它就成了一种规范。[①] 皮姆的观点可以为切斯特曼做一个简单的总结——翻译规范就是一种非正式的集体认同，是群体对翻译的期待。[②] 赫曼斯将规范定义为“行为的规律性以及可以解释这种规律性的隐含机制”。[③] 对此，图里[④]和切斯特曼[⑤]均认为，人们能观察到的行为规律本身并不是规范，它们只是规范活跃的外部证据，规范需要从这些外部证据中提炼。而且我们要警惕，首先，即使是合乎规律的行为方式，也必须经由社会自发的或有组织的评价这个环节，才能转变为行为规范[⑥]；其次，不同的研究者或不同的研究方法也许会从相同的规律中重构出不一样的规范[⑦]；再者，并非所有的规律或倾向都是规范的结果，其或许是由时间、认知或译者能力的限制所导致的；最后，规范既可以是规定性的也可以是禁止性的，对于禁止性的规范我们很难找到与之对应的被禁止行为，因此虽然规范多以一些群体规律性行为的方式体现出来，但探查规范又不能简单地仅从复现和群体性的行为规律入手[⑧]。

可以看出，有人将翻译规范视为主观存在，有人则倾向于将之视为客观规律。综合以上观点，我们可以从象思维主客一体的认识构式出发，试对翻译规范做出如下定义：翻译规范既是人们对翻译活动的期许和认同，又是翻译活动本身的规律和要求。

二　翻译规范之实

——象思维认识构式下的本质

翻译规范在某种程度上是一个被混淆和困惑所包围的概念[⑨]。图里[⑩]认为规范是一种［对观察到的行为（结果）的］解释性假说，解释性假说的重点在于解释力，关注的是可行性而非存在性问题。根据这一观点，翻译规范似乎只是人们虚构出来的概念

---

① 安德鲁·切斯特曼：《翻译模因论：翻译理论中的思想传播》，傅敬民译，上海外语教育出版社，2020，第 64 页。

② Pym，A. 2014. *Exploring Translation Theories*. London & New York：Routledge, p.70.

③ Hermans，T. 2020. *Translation in Systems*：*Descriptive and Systemic Approaches Explained*［M］. London & New York：Routledge, p.80.

④ 吉迪恩·图里：《好的，那么如何商议翻译规范呢》，克里斯蒂娜·谢芙娜：《翻译与规范》，傅敬民译，外语教学与研究出版社，2018，第 137 页。

⑤ 安德鲁·切斯特曼：《描写，解释，预测》，克里斯蒂娜·谢芙娜：《翻译与规范》，傅敬民译，外语教学与研究出版社，2018，第 116 页。

⑥ 傅敬民、许志芳：《谈谈翻译研究的创新与规范》，《上海翻译》2014 年第 4 期。

⑦ 陈勇：《从批评话语分析视角看翻译规范的特征及其后现代性》，《天津外国语大学学报》2019 年第 5 期。

⑧ 刘宏：《西奥·赫曼斯翻译理论研究》，湖南师范大学，2020 年博士学位论文，第 57 页。

⑨ Shuttleworth，M. & M. Cowie. 1997. Dictionary of Translation Studies. Manchester：St. Jerome Publishing, p.113.

⑩ 吉迪恩·图里：《关于“翻译”与“规范”的系列短评》，克里斯蒂娜·谢芙娜：《翻译与规范》，傅敬民译，外语教学与研究出版社，2018，第 21 页。

而非真正存在的实体。但是，规范只是一个解释性假说吗？它不是先于行为和结果而存在的东西吗？否则它如何影响并制约行为和结果呢？皮姆对翻译规范的定义——群体对翻译的期待——似乎表明，翻译规范确实是先于翻译行为和结果而存在的。问题是，翻译规范既可能是因，也可能是果。翻译规范的形成显然有其时空条件，因而是其他因素之果；特定时空中确立的规范就成为制约行为的因素，成为人们所作所为之因。

对于图里"解释性假说"的定位，切斯特曼怀疑："既然规范是解释性假说，那么它们根本不是真正存在的实体。这似乎有些极端：如果规范是社会事实，它们肯定作为社会实体而存在，而不仅仅作为学者的假说？"[①] 这里，切斯特曼将翻译规范看作一种社会实体，他想要强调的是"规范的存在具有主体间性"[②]——社会实体是人类行为的创造物，如货币、婚姻，离开人类社会与人类行为，社会实体就不会存在。切斯特曼对规范本质的这种认识要比图里更进一步，然而，切斯特曼对自己的提议用"问号"结尾，多少给人一些不太确定的感觉。

较切斯特曼，赫曼斯则笃定地认为，"规范是一种心理社会实体，就像地球引力、语法和罪恶感没有'确切的存在'，不可能被直接观察到，但很少有人怀疑它的意义"。[③] 赫曼斯在"社会实体"前还加上"心理"二字，他可能想要表达的是——翻译规范是一种内在的主观实体。但是当他说没有"确切的存在"时，似乎又忽略了主观实体是基于客观实体建构而来的。实际上，制约翻译的因素确实存在，翻译规范就是之一。它不仅存在于人们的心理或观念中，也存在于实际的翻译产品、翻译事件以及对这些产品和事件的评价中。

上述西方翻译规范研究的代表学者对于规范本质的讨论，在主观认知和客观存在两者之间难以取舍。事实上，对翻译规范本质的探索可以从中国传统文化中汲取宝贵资源，而在这东方的资源库里，象思维的整体思辨智慧形态就可以很好地对翻译规范的本质进行解释。"中国哲学认为，天人本来合一，物我本属一体，内外融为一篇。"[④] 在这种综合性的宇宙观下，我们可以说，客观世界是主观认识的外在基础，人脑认知需要基于时空事实才能进行加工；主观认识是客观世界的能动呈现，时空事实因人脑认知的加工才会变得富有意义。因此，在象思维"天人合一"的认识构式中，翻译规范既存在于客观世界中，也存在于主观认识中；既是翻译活动跨时空的共性表现和运行法则，又是翻译活动经由人的体悟和加工产生的主观建构。

---

① 安德鲁·切斯特曼：《描写，解释，预测》，克里斯蒂娜·谢芙娜：《翻译与规范》，傅敬民译，外语教学与研究出版社，2018，第 118 页。

② 安德鲁·切斯特曼：《翻译模因论：翻译理论中的思想传播》，傅敬民译，上海外语教育出版社，2020，第 69 页。

③ 西奥·赫曼斯：《辩论及回复的若干总结性评论》，克里斯蒂娜·谢芙娜：《翻译与规范》，傅敬民译，外语教学与研究出版社，2018，第 175 页。

④ 申小龙：《汉语与中国文化（修订本）》，复旦大学出版社，2008，第 300 页。

三　道象互为的翻译规范蕴义

西方的概念思维在近代促进了科学理性的发展，成为现代文明的基本思维方式。但是当这种思维方式取得巨大成功的时候，人们有将其绝对化的倾向[①]，或者将其当作最经典或最规范的形式[②]。从一般意义上讲，概念思维在认识和把握世界时，把认识主体置身于认识对象之外，将整体加以分割，并将被割裂的局部“静态化”。[③]相较之下，中国传统哲学的象思维更加注重感性与体悟，将认识主体视为宇宙万象的一部分，追求的是天人合一。[④]

象思维是中国哲学中极其重要的一个范畴，其主要过程就是《周易》所说的“观物取象”和“象以尽意”。[⑤]换言之，就是借助“象”来认识世界、领悟世界和表达世界。“象”有双义——表征象和义理象。[⑥]表征象是对事物的具体化和形象化，是对所观之物的整体表征；义理象就是“道”，在中国哲学中被视为宇宙万物的本原和法则[⑦]。表征象和义理象互为彼此、互证互释，即象和道是互为的。象思维虽然在认识形态上缺乏西方哲学那种科学实证和条缕分析的逻辑，略显混沌和模糊，但是在面对有机整体的复杂问题时，仍然有着自己的优越性。将翻译规范置于道和象的统一体认识框架内，我们可以发现它是以“道象互为”的方式运作的，具有“道象互是”、“道象互释”和“道象互施”的含义。

（一）翻译规范的“道象互是”

翻译规范的道象互为，“为”首先取“是”之意——翻译规范既是形而下的翻译之象，又是形而上的翻译之道。根据象思维“道寄于象，象生于道”的哲思，我们应该将翻译规范视为一个有机整体，借助“道象互为”的整体、动态思维构式来认识翻译规范的上下双层与左右双面，以及双层双面的内在关联（见图1）。

翻译之象			翻译之道
	共态之象（抽象性）	⟺（非对象性）普遍之道	
	个体之象（具体性）	⟺（对象性）特殊之道	

图1　翻译规范的道象互是

① 王树人、喻柏林:《论“象”与“象思维”》,《中国社会科学》1998年第4期。
② 吾淳:《中国思维形态》，上海人民出版社，1998，第3页。
③ 张祥龙:《概念化思维与象思维》,《杭州师范大学学报》（社会科学版）2008年第5期。
④ 包通法:《论“象思维”样式与汉典籍外译》,《外语学刊》2015年第6期。
⑤ 王树人:《中国的“象思维”及其原创性问题》,《 学术月刊》2006年第1期。
⑥ 包通法、喻旭东:《中国译学研究的诗意哲思构式》,《上海翻译》2020年第6期。
⑦ 包通法:《“道”与中华典籍外译》，中国财富出版社，2014，第60~63页。

在道象互是的认识框架内，左边的翻译之象是规范之外表，右边的翻译之道是规范之内理，二者一表一里、一实一虚，互为彼此。翻译之象包含两个层次：第一，当其表现为某一个或某一类文本的翻译现象，或某一个时期或某一个社会的翻译现象时，可以称为“个体之象”；第二，当一系列个体翻译现象汇聚到一起，归纳概括出适用于更大范围的翻译现象时，可以称为“共态之象”。对应的，翻译之道也包含两个层次：一为“特殊之道”，是个体翻译现象背后的本源和法则，视为小道；二为“普遍之道”，是共态翻译现象背后的机制和规律，是诸多个体之道的融合升华，视为大道。需要注意的是，翻译规范的这两个层次之间没有明确的边界，它们相互依存，不能脱离对方而独立自在。我们需要将这两个层次置于连续体中进行考察，在这个连续体中的某个翻译规范可能身兼二职，既构成下一层规范的抽象归纳，又作为上一层规范的具体实现。

说到翻译之象时，人们想到的往往是翻译产品和翻译行为这类物象和事象。事实上，翻译之象还有诸多其他具体形式，如副文本、批判性评价和规范内容陈述。副文本指译文中的序言、注释、后记等。批判性评价是指对遵循某翻译规范的翻译行为或产品所做出的肯定，或对违反某翻译规范的翻译行为或产品所做出的批评，这种评价常见于教师点评、翻译评论、客户/用户反馈以及同行评价等。规范内容陈述包括权威发布和信念陈述——权威发布是指翻译权威对规范内容的宣布，但不是所有规范都有相关的权威发布；信念陈述往往以“我认为（在某某条件下）人们（不）应该做某事”的形式出现，是对某种行为或结果的维护，可见于译者访谈、译者笔记、译者前言、译者随笔或信件中[①]。上述副文本、评价和陈述作为翻译之象的一种类型也包含具体性和抽象性两个层面，分别对应翻译之道的特殊性和普遍性。除此外，翻译理论、翻译教学理念、翻译行业的标准和准则、翻译的相关政策等都可以被视为翻译之象，它们也分别在具体和抽象两层与翻译之道的特殊层面和普遍层面对应起来。总之，翻译规范作为翻译之象和翻译之道，不再是两个分离的概念，而是互为彼此、相互融通的一体。

（二）翻译规范的“道象互释”

翻译规范的道象互为，“为”其次取“释”之意——道寄于象，可以释解象；象表征道，可以释证道。翻译之道和翻译之象可以互证互释。关于翻译规范的解释力，西方描述翻译学派做了不少工作，比如图里利用翻译规范理论对希伯来语文学译本的研究[②]；切斯特曼从翻译规范的角度对翻译策略、翻译评价的研究[③]。总体说来，描述学派

---

① Chesterman，A. 2017. *Reflections on Translation Theory*. Amsterdam & Philadelphia：John Benjamins，p.189.

② Toury，G. *2012. Descriptive Translation Studies and Beyond.* Amsterdam & Philadelphia：John Benjamins.

③ Chesterman，*A. 2016. Memes of Translation. Amsterdam* & Philadelphia：John Benjamins.

对翻译规范进行的研究可以归纳为两个方向：一个方向是通过翻译行为或事件对其背后的翻译规范进行反思，如通过译者在翻译过程中的行为归纳出制约翻译决策的规范；另一个方向是用翻译规范对翻译行为或事件进行解释，如从主流的规范出发解释译者在翻译过程中的某些抉择。从道象互释的思维构式来看，描述翻译学派规范研究的第一个方向是从左往右的释证，通过翻译之象对其生成之道进行证实和重构；第二个方向是从右往左的释解，依托翻译之道对其表征现象进行解释和预测（见图 2）。

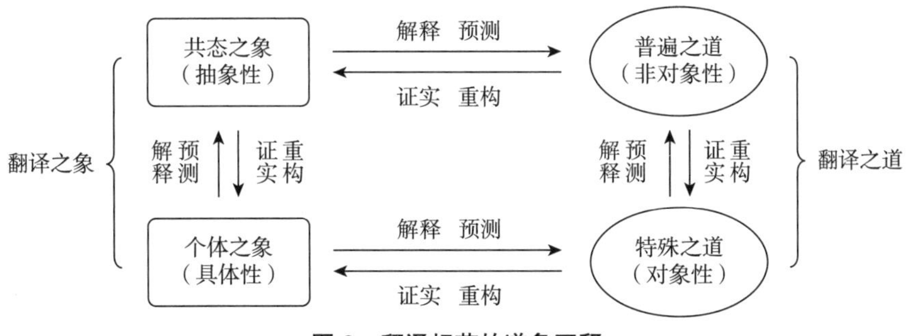

图 2　翻译规范的道象互释

需要指出的是，当翻译之道从右往左对翻译之象进行前瞻性预测时，会促使对某些翻译行为的选择或规避，这就体现了道对象的约束力。此外，翻译规范的互释性除了体现在道象双面之间，还体现在上下双层之间。翻译规范的双层互释也分为两个方向，一个是从下往上，另一个是从上往下。在左侧翻译之象这一面，下层个体之象是对上层共态之象的释证；上层共态之象是对下层个体之象的释解。同样需要指出的是，共态之象可以对个体之象做出前瞻性预测，体现规约性和约束力。右侧翻译之道的上下互释亦是如此。因此，从翻译规范的道象互释认识框架可以看出，翻译规范既具有描述和解释力，也具有约束和预测力。遗憾的是，西方描述翻译学派对于翻译规范的规约性大多持否定态度，特别是图里，他在多个场合一再强调翻译规范是描述的而非规定的。

诚然，要想改变世界，第一步就是描述世界[①]，但是理解世界的目的最终还是要“改变世界”[②]。我们对过去翻译行为和结果的描述，最终目的还是对以后的翻译行为或结果进行预测，以及对翻译评价提供更为全面的参考框架。因此，描述是翻译规范研究的起点和重点，但不应成为终点；描述是翻译规范的重要部分，但不是翻译规范的全部。规范具有“社会约束功能”，能够使个体的意图、选择、行动与集体的理念、价值观和偏好保持一致[③]，翻译规范研究可以也应该为翻译实践和翻译教学提供规

① Rushdie，S. 1992. *Imaginary Homelands*. London：Granta Books, p.13.
② 《马克思恩格斯选集（第 1 卷）》，中央编译局译，人民出版社。
③ 王传英：《翻译规范理论的社会学重释》，《上海翻译》2013 年第 3 期。

定性指导。退一步讲，即便翻译规范研究的目标不是要告诉译者应该如何翻译，人们也能通过描述的方法而得出的翻译规范来判断特定历史条件下的翻译是好是坏[①]。至于描述翻译学派对翻译规范描述性的坚持，切斯特曼或许已经找到了解释：研究翻译规范的方法可以也应该是描述和解释的，但是这种研究方法不能否认翻译规范的规定力量，只不过这种规定性不是来自研究者，而是来自规范自身。也就是说，我们可以描述在一定时间、一定文化中存在的规范，但这些规范本身具有规定性并为从事翻译的人所体验[②]。翻译规范的道象互释认识框架已经表明，翻译规范不仅具有解释力和重构性，还具有预测力和规约性。

（三）翻译规范的“道象互施”

翻译规范的道象互为，“为”还应取“施”之意——翻译之道和翻译之象不仅互相证实、互相阐释，还可以互相促成。象生于道，道可以解释象的成因，还可以指导象的生成；道寄于象，象可以表征道的实质，还可以推动道的演变（见图 3）。翻译之道和翻译之象的互释互施，首先可以从两个维度来看。第一是时间维度，在回顾性研究中，可以用翻译规范对已经发生的翻译行为或结果进行解释，也可以通过后者对翻译规范进行证实；在前瞻性研究中，翻译规范可以对今后的翻译行为或结果进行预测从而施加影响。[③] 第二是空间维度，从种系发生学的角度，翻译规范可以视为对群体翻译行为规律或翻译知识偏好的描述；而从个体发生学的角度，翻译规范必然会影响和指导群体中每个人对翻译的认识、判断与操作，因而具有规定性。[④] 就翻译规范概念的时间性和空间性演化，图里提出翻译规范具有嬗变性——翻译规范有过时、主流、前卫三种形态，它们总是随着时间呈线性发展、流变；他还提出翻译规范具有多元性——在每个群体中，针对任何行为总是存在不止一个的规范，在同一个群体中运行的各项规范不仅互相有别，在很多时候他们还为争夺支配地位而相互竞争。[⑤] 事实上，翻译规范在时间上具有的嬗变性和空间上具有的多元性都是翻译之道和翻译之象通过人文性互施的结果。

---

① Pym，A. 2014. *Exploring Translation Theories*. London & New York：Routledge, p.72.

② Chesterman，A. 2017. *Reflections on Translation Theory*. Amsterdam & Philadelphia：John Benjamins, p.167.

③ 吉迪思 · 图里:《终于有人开始互相交流了。这是否标志着真正的对话已经开始？》，克里斯蒂娜 · 谢芙娜，《翻译与规范》傅敬民译，外语教学与研究出版社，2018，第 167 页。

④ 安德鲁 · 切斯特曼:《翻译模因论：翻译理论中的思想传播》，傅敬民译，上海外语教育出版社，2020，第 74 页。

⑤ 吉迪恩 · 图里:《关于“翻译”与“规范”的系列短评》，克里斯蒂娜 · 谢芙娜:《翻译与规范》，傅敬民译，外语教学与研究出版社，2018，第 35~36 页。

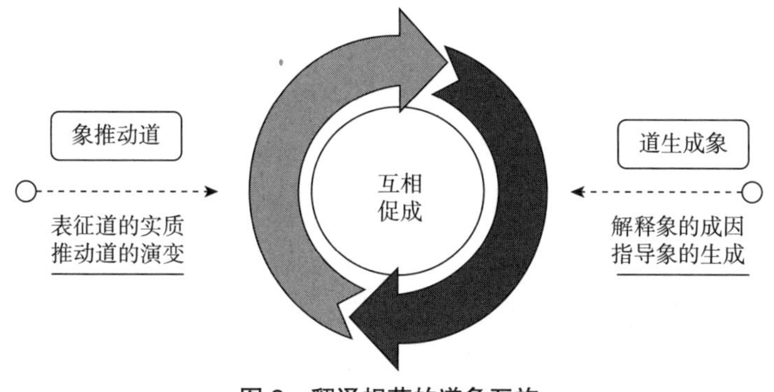

图 3　翻译规范的道象互施

如前所述，象思维是“天人合一”的。道和象都是动态生命性的，道象的互相施为要通过人的中介，通过人的实践方能得以实现。翻译规范也不例外，因为翻译事件本身是人文的。“翻译规范就是内化于个体的采取某种行为的倾向或习性”[①]，内化是指吸收他人的思想观点，将所认同的新思想与自己的原有观点、信念结合在一起，形成一个统一的态度体系。一个群体中的成员可以通过三种途径或方式习得翻译规范加以内化：第一是对翻译知识的学习，包括对群体翻译观念的日常接触、对相关翻译理论的专门学习，以及对规范权威之言的遵循；第二是对群体中翻译行为和翻译产品的规律进行总结或模仿；第三是对群体就翻译行为和产品所做的评价进行顺应，包括群体对规范习得者自身翻译实践的反馈以及对他人翻译实践的评价。在将翻译规范内化之后，人们将通过自身的社会实践将其表征出来，即翻译规范的作用体现在翻译群体遵守规范的过程之中。在翻译规范的互施形态下，规范的效力可以源自权威如翻译专家或教师，也可以源自群体对它的共同遵守，或者权威与实践皆然。规范与奖惩概念相关联，正是奖惩的出现使得翻译规范对译者的行为产生影响。在一般情况下，译者总是想要获得对恰当行为的奖励而避免对不恰当行为的惩戒。[②]规范效力的具体实现还与译者对规范的态度息息相关，译者对规范的响应不仅仅只有机械的同意[③]，还可以选择违背某个规范。遵循规范的翻译行为和产品在容易获得认可的同时会强化盛行的规范；违反规范则要承担相应的惩罚或制裁，但译者对某规范的违背和挑战也可能促使规范的发展和变化，这就体现了翻译之象对翻译之道的反施力。上述翻译规范的道象人文性互施证明：翻译之象是对翻译之道的表征，受道的制约；翻译之道通过翻译之象得以实现，受象的促成。因此，翻译之道和翻译之象具有时间性、空间性和人文性的互

① Hermans，T. 2020. *Translation in Systems*：*Descriptive and Systemic Approaches Explained*［M］. London & New York：Routledge, p.82.

② Toury，G. 2012. *Descriptive Translation Studies and Beyond.* Amsterdam & Philadelphia：John Benjamins, p.249.

③ Hermans，T. 2020. *Translation in Systems*：*Descriptive and Systemic Approaches Explained*［M］. London & New York：Routledge, p.79.

施形态和时空演化。

结　语

翻译规范概念的重要性，再怎么强调都不为过，无论是做翻译、研究翻译，还是从事翻译教学，翻译规范都是一个绕不过去的问题。对翻译规范的诉求“不仅仅是翻译实践的要求，而且也是翻译研究的应然，更是翻译教学之所急”①。遗憾的是，有关翻译规范的研究仍然存在诸多悬而未决的争议，如“翻译规范的定义不尽相同、翻译规范的涵盖范围大相径庭、翻译规范的分类五花八门”②。这些问题一方面是因为研究者采用的视角不同，另一方面也是因为缺乏对翻译规范本源性概念系统深入的研究。在翻译学科、翻译行业和翻译教育蓬勃发展的当下，挖掘翻译规范的本源性，厘清翻译规范的概念体系，已然是现实之需。因为，若是连翻译规范的本质属性都没有摁住，那还何谈做好翻译规范研究，更妄论要在翻译实践、翻译教学和翻译批评中建立或培养翻译规范意识。本文基于西方翻译规范研究的成果，以中国传统哲学问题框架和思维构式为指导，对翻译规范的本源性进行了探讨，指出了翻译规范既是形而上的翻译之道又是形而下的翻译之象，在“道象互为”的概念中蕴含着“道象互是”、“道象互释”和“道象互施”的本质。文章运用中国传统思维构建“道象互为”的翻译规范概念体系，深化了对翻译规范的认识，为翻译实践、翻译教学以及翻译批评等活动提供了一个可资利用的概念工具。

（作者单位　上海大学外国语学院　无锡太湖学院外国语学院）

本文原载《外语研究》2022 年第 2 期

---

① 韩子满、钱虹：《西方译论汉译的译者素养问题——以傅译〈翻译模因论〉为例》，《上海翻译》2021 年第 6 期。

② 徐修鸿：《当代西方翻译规范研究：争议与反思》，《北京化工大学学报》（社会科学版）2011 年第 1 期。

知识翻译学的知识论阐释

李瑞林

摘　要　建制性的翻译研究历经50年的发展，主要采取还原主义的研究进路，从不同向度揭示了翻译的分殊之理，呈现典型的界面研究特征，产生了各自一体的知识结构和话语形式。反观翻译研究的历史境脉和当下状态，多元跨学科视角持续介入，但始终缺乏实质性的对话与联通基础，客观上已造成诸多知识孤岛，因而尚不能对复杂多变的翻译现象做出系统解释，也无法对现实世界的翻译活动产生整体影响。鉴于此，探寻具有普遍意义的整合概念，联结迥然各异的研究视角，建立内外连贯一致的概念框架，理应是翻译研究亟待解决的一个元理论问题。本文将翻译研究纳入知识论阐释空间，分析融合不同翻译观念的学术前提和逻辑理路，对照翻译的本体事实、逻辑事实和话语事实，解蔽翻译蕴含的跨语言知识转移本性，揭示知识翻译学之于汇通翻译观念、解释翻译现象、改善翻译生活的潜在价值，以此推动本研究方向的深度探索，提升翻译研究的学术品质，促进翻译知识的自治性建构。

引　言

翻译是人类跨文化理解、对话与沟通诉求的产物，介入性地对人类物质世界和精神世界产生改造作用，是不同文化互联互通以塑造文明的必要条件。翻译肇始于散见的跨语言历史事实，繁荣于知识的全球化流通与共享过程[①]，在大数据、人工智能、区块链等新兴技术的赋能下，日益成为一种泛在的跨语言生产方式。20世纪60年代以降，译学界反观历史事实和现实经验，借鉴其他学科的理论资源和学术方法，试图发现翻译的一般规律和内在秩序，提出了翻译的语言观（malmkjær，2018）、文化观（Cortés & Harding，2018）、认知观（Alves & Jakobsen，2021）、社会观

① 李瑞林:《译学知识生产的建构性反思》,《中国翻译》2020年第4期。

（Buzelin，2013）、传播观（Kaindl，2013）以及技术观（O′Hagan，2019），不一而足。回望翻译研究的历时和共时状态，对象性的翻译备受还原主义研究取向的关怀，也产生了相应的知识结构和话语形式。毋庸讳言，这些针对翻译不同具体特征的研究成果，既是理解翻译和实践翻译的认知资源，也是翻译知识合法性、自治性建构的基础条件。

然而，从另一角度来看，不同理论视角的翻译研究，如果长期维持分而不合的状态，不能达成有利于跨学科对话与会通的共识性原则，难免就会产生彼此疏离、自我封闭的知识孤岛，也就无法对复杂多变的翻译现象做出系统、周密、充分的解释。毕竟，“对于任何事物的单一预测都不能被视为不可置疑的真理。如果不冷静地探究变化的根源，我们就无法理解任何系统的行为”①。及至当下，翻译研究整体上仍处于“稳定与不稳定、可预测与不可预测、已知与未知、确定与不确定”等诸多矛盾纠缠不清的无序状态②。各种视角、主义、观念犹如迷宫一般，令人难以理出头绪，随之也滋生了一系列影响翻译知识整体建构的倾向性问题：翻译要么被语言对等假设之惰性所禁锢，要么被各种泛文化论说所遮蔽，要么被缺乏内部一致性的认知研究所分解，要么游离在移植而来的社会学概念网络之中，要么在机器翻译浪潮冲击之下不知所往。显然，特殊性研究此起彼伏，普遍性研究相形见绌。从学科建制来看，只有绝对开放的跨学科研究，没有相对封闭的本体研究，就无法形成合法、自治的跨学科知识体系。脱离对象本质的翻译研究难免散乱，忽视终极价值的翻译研究难免迷失。翻译研究正处在必须正视学科困境、探寻突破方向的十字路口。③洞察复杂的翻译现象，探究翻译的终极本质，统合翻译之道与翻译之器，主动推进集成性研究，无疑是学界必须高度重视的一个基础性议题。

本文基于杨枫提出的知识翻译学构想④，对照翻译既有的本体事实、逻辑事实和话语事实，采用学科学的基本原理和分析方法，将翻译纳入知识论阐释空间，试图探寻一切翻译现象可能存在的同一性基础，辨识联通还原主义翻译观的核心概念，解蔽复杂多变的翻译事实所蕴含的跨语言知识转移本性，进而从本体结构、实体对象、核心特征、价值取向、学科塑形等不同维度论证跨语言知识转移之于翻译的解释力，揭示知识翻译观的理论与实践价值，以期推动本研究方向的批判性反思和精细化探索。

---

① 源自诺贝尔奖委员会发布的 2021 年物理学奖述评报告。感谢浙江大学刘海涛教授的学术建议。

② Núñez，G. G. & R. Meylaerts（eds,）. 2017. Translation and Public Policy：Interdisci plinary Perspectives and Case Studies. London/New York：Routledge, p.9.

③ Bassnett，S. 2012. Translation studies at a crossroads. *Target* 24（1）, p.15–25.

④ 杨枫：《知识翻译学宣言》，《当代外语研究》2021 年第 5 期。

一　跨语言知识转移：翻译研究的元概念

元反思和自反思是一门学问臻于成熟的必然要求。20 世纪 90 年代末以降，国际译学界围绕翻译知识融通问题展开了一系列讨论，产生了颇有建设性和前瞻性的学术成果，总体上达成基本共识：随着其他学科理论资源与分析工具的不断介入，翻译研究的学科身份发生了巨大变化，实现了从独立学科向交叉学科转型[①]，不同理论视角共存于某种兼收并蓄的知识景观之中[②]。随着研究边界的不断扩张,取向各异的视角研究，尽管拓展了翻译研究的学术空间，同时也给翻译平添了不少异质性和变异性，造成翻译知识的非结构化、非系统化特征，甚至还引发了翻译本质论、多本质论、非本质论的激烈论争[③]。寻求学科自治性，同时承认视角多元性，二者能否统筹兼顾？[④]多元视角之下是否蕴含某种内在统一性？翻译研究相对于其他学科究竟有何本质区别？毫无疑问，这些问题与翻译知识的合法性、自治性建构高度关联。鉴于此，翻译研究颇有必要确立自身的认识论基础，进一步厘清目标对象的内在本质与外在特征，探寻具有全局统摄力和普遍解释力的整合概念[⑤]，最终建立一个可以联通不同理论视角的研究范式。下文将翻译研究纳入知识论分析视域，以人类认知普遍性和特殊性为切入点，讨论翻译赖以存在的学术前提和逻辑理据，揭示跨语言知识转移之于翻译研究的元概念身份。

（一）翻译的知识论基础

纵观世界学科发展史，知识论是构筑一门学问的基本学术前提。从广义上讲，任何一门学问都是知识探索、知识生产、知识应用等一系列过程的统一体。众所周知，高阶思维能力是人类区别于其他动物的根本特征，也是对人类认知普遍性的共识性注解。从过程来看，人类认知可分为感性和理性两种形式。感性是指人对事物表象的认识；

① Snell-Hornby，M.，F. Pochhacker &. K. Kaindl（eds,）. 1996. Translation Studies：*An Interdiscipline*. Amsterdam/Philadelphia：John Benjamins.

② Gambier，Y & L. van Doorslaer（eds,）. 2016. *Border Crossings*：*Translation Studies and Other Disciplines*. Amsterdam/ Philadelphia：John Benjamins, p.2–3.

③ Chesterman，A. &. A. Rosemary. 2000. Shared ground in translation studies. *Target* 12（1）, p.151–160; Brems，E.，R. Meylaerts &. L. van，Doorslaer. 2012. A discipline looking back and looking forward：An introduction［J］. *Target* 24, p.1–14.

④ Gambier，Y &. L. van Doorslaer（eds,）. 2016. Border Crossings：Translation Studies and Other Disciplines. Amsterdam/ Philadelphia：John Benjamins.

⑤ Chesterman，A. 2014. Universalism in translation studies. *Translation Studies* 7（1）, p.82–90；Chesterman，A. 2017. Reflections on Translation Theory Selected Papers 1993–2014. Amsterdam/Philadelphia：John Benjamins；Chesterman，A. 2019. Consilience or fragmentation in translation studies today? *Slovo. ru*：*Baltic accent* 10（1）, p.9–20.

理性是人基于概念和命题对不同事物的本质及其相互关系的追问[①]。前者生发于现实世界，产生经验知识；后者生发于精神世界，产生理性知识。理性知识是经验知识的升华，经验知识是理性知识的具象，二者构成一个相互影响、彼此塑造的认知闭环。从内容来看，人类知识可分为一本之理和分殊之理：一本之理即是理念，旨在明理；分殊之理即是意事，旨在知事[②]。概括而言，认知是知识生产的过程，知识是认知加工的结果；存量知识推进新的认知，不断产生新的知识。尤其重要的是，人类认知是以语言为媒介的，语言不仅成就认知过程，而且表征认知结果。以语言为媒介的认知活动，既可回归经验，成就人的反思力，又可超越经验，成就人的想象力，以此推进人类文明的演变过程。从认识论意义上讲，人实质上就是现实、知识和语言交互作用的复合体。人具有认知升级能力，才能不断贴近知己之明、知人之明、先见之明的境域；人具有知识生产能力，才能既成己亦成物，最终从野蛮走向文明。人类文明史实际上就是一部认知迭代、知识开新的历史。认知体验普遍性是人类社会的最大公约数，是不同文化不断达成相互理解和会通的基础。

从另一角度来看，人类的认知体验也有特殊性。人类在进化过程中发育了其他动物所不具备的意识和理性[③]，才会在和外部环境互动过程中产生形形色色的观念。“一切观念莫不是得自后天的：最初的观念直接来自感官，尔后的观念则得自经验，随着人的反省能力的增强，观念也就愈益增多。”[④]实际上，观念既是经验知识的一种固化，也是理性知识的一种资源。整体而言，人们产生的经验知识和理性知识都是地方性的，因为人的认知不仅是个性化的，更是情境性的，正如康德所言，时空决定范畴。从此种意义上讲，人和外部世界之间仅仅是有限的主客体关系。所以，人难免困顿于生有涯、知无涯的无奈之境，也不自觉地沦为自身观念的囚徒。人要拓展认知边界和能力边界，就必须追寻更广泛、更普遍的知识，以增强自身对所及世界的理解力和塑形力。从系统发生学上看，人一旦获得知识，就会使其与相应的现实界面反复对照，不断确立二者之间的同构关系，进而对特定的生活形式产生某种统一规定性，由此生发文化过程。另外，不同类型的知识对各自的外化形式具有应然选择性，才会生发相应的语言过程。综上所述，人的认知是时空性的，也是主客一体的，具有个体和群体差异，是不同文化形态和语言形态得以生发的根由。可以认为，认知体验特殊性是人类社会分合聚散的缘起。不同社会的认知差异是跨文化问题的根源，也是解决跨文化问题的关键。

① 齐良骥：《康德的知识论》，商务印书馆，2011，第 107 页。
② 金岳霖：《知识论》，中国人民大学出版社，2010，第 2 页。
③ 郑也夫：《文明是副产品》，中信出版社，2015，第 287 页。
④ 孔狄亚克：《人类知识起源论》，洪洁求、洪丕柱译，商务印书馆，2010，第 14 页。

（二）知识与文化和语言的关系

如前文所述，文化过程是认知驱动的产物，对此，可借用经典话语“文以载道”“文以化人”“化成天下”予以诠释。言及“文以载道”，文是媒介，是外在的；道是实体，是内在的。道即是公认之理，也就是广为认同的一本之理或分殊之理。“文以化人”实质上是以既定公理教化人、规制人、组织人，指向的是某种预期的统一性，也就是“化成天下”。不言而喻，文化是一种机制，公理是一种动能。文化是对公理的一种兑现，公理是对文化的一种担保。具体而言，文化实质上就是以公理为前提对现实–精神生活的格式化设定，旨在塑造某种预期的社会结构和秩序，以降低社会沟通成本，提高社会运行效率。换言之，文化首先是动词，是人事一体的行为过程，是人对自身的一种自发性集体塑造。文化无疑是社会性的，更是地方性的，因而才会显示多样性。由此可见，知识和文化之间蕴含发生学意义上的因果关系。知识孕育文化过程，赋予文化以特定内涵；文化规范知识过程，赋予知识以特定尺度。“知识本身是物质和精神的文化，文化又因为知识的积累和目的在本质上属于知识。”① 从某种意义上讲，知识差异是文化多样性的缘起，文化差异是知识地方性的光泽。进而言之，文化过程是对地方知识的一种实践，也是对地方知识的一种维护。跨文化问题归根结底是知识非对称问题。

同样，语言过程也是认知驱动的产物。如扬雄（公元前 56 ~ 公元 13）的《法言·问神卷》所述：“言，心声也；书，心画也。”也就是说，“口语是心之声音，文字是心之画符”②。“心”是语言之本，语言是“心”之显示。任何一个语词的意义都是人对意指对象所动用的“心思”或者“念想”。“心思”源于人对外部刺激的反应，生发于精神世界，外化于语言世界，以此不断推进心内与心外的和谐。任何一个现实片段，如果未曾激发人的“心思”或者“念想”，一般来说，就不会有相应的语言形式。反之亦然，一种语言相对于另一种语言，如果缺乏某一特定形式，也就意味着缺少与之相照应的现实片段，或者缺少对有关现实片段的认知体验。从广泛意义上讲，每一种语言皆与特定的现实存在相对照，表达特定的世界观、价值观和人生观，体现为一种特定的知情意系统，动态描绘特定社会的现实—精神图景。③ 世界上有数千种语言，每一种语言以独有的方式对现实进行切分，同时又对现实片段进行组构，以此表达不同语言主体对客观世界的动态认识。据此可以认为，语言多样性意味着认知多样性，也意味着知识差异性。跨语言问题实质上也是知识非对称问题。

① 杨枫：《知识翻译学宣言》，《当代外语研究》2021 年第 5 期。
② 郑也夫：《文明是副产品》，中信出版社，2015，第 93~94 页。
③ 李瑞林：《译学知识生产的建构性反思》，《中国翻译》2020 年第 4 期。

（三）知识非对称性：翻译出场的根由

《荀子·儒效》有云："千举万变，其道一也。"语言多样性和文化多样性归根结底源自人类知识的非对称性。从广义上看，非对称性是伴随人类社会化进程的一个基础性问题，也是人文社会科学赖以存在的本体事实。如果说政治关乎不同利益主体权力分配的非对称问题，法律关乎不同责任主体权利义务的非对称问题，教育关乎不同社会成员知识存量的非对称问题，那么翻译关乎的则是不同语言主体知识结构的非对称问题。既然知识非对称性是跨文化、跨语言问题的主要根源，那么缩小人类不同社会的知识鸿沟无疑是翻译出场的动力，自然也是翻译有别于其他人文社会科学的显著特征。人类认知体验的差异性使翻译成为必要，人类认知体验的相似性使翻译成为可能[①]。翻译之所以由来已久地融入人类生活世界，正是因为它能超越时空、文化和语言界限，将全球离散的知识孤岛联结起来，把有用的地方知识转化为普惠的共享知识，不断拓展地方知识的传播空间，扩大目标语承载世界知识的容量，从而改变制约人类社会健康、均衡、可持续发展的认知失衡状态，促进人类的跨文化理解、沟通与互鉴，推进知识的全球性流动与应用，改善全人类的生命体验品质，造就多元一体、和谐共生的世界新秩序。

历史事实表明，人类之所以能够改变脆弱如芦苇一般的命运，造就出延绵不断的文明进程，正是因为有不断拓展自身认知疆界的能力，翻译则是这种非凡能力的一种现实化表征。具体而言，翻译就是人类拓展知识和能力边界的一种跨语言认知与实践方式。在语言、文化、知识等诸要素涌现、叠加、交织的复杂翻译空间，语言是媒介性的，既承载知识，又表达知识；文化是规约性的，也是渗透性的，既决定知识生产的形态，又影响知识使用的方向；知识是始基性的，是一切翻译活动的核心，是人类跨文化生活的能量。知识唯有流通和共享，才能显示价值，产生回响，因而必须付诸媒介性的语言。知识有求真的本性,因而对语言的合宜性才有要求。知识有求通的冲力，尽可能地解释和改造现实，因而才会超越文化的封闭性。从另一角度来看，"文化进化的机制是用进废退,……任何文化要获得生机,就必须增加新因子和多样性"[②]。缺少新知识的语言自然逐渐退化，缺少新知识的文化自然失去活性。综上所述，知识无疑是翻译系统的内隐特征，语言和文化是翻译系统的外显特征。语言是"翻译之用"，文化是"翻译之维"[③]。跨语言知识转移是翻译作为一种普遍存在的底层逻辑,也是翻译知识融通性、系统性建构的重要起点。

---

① 李瑞林:《译学知识生产的建构性反思》,《中国翻译》2020年第4期。

② 郑也夫:《文明是副产品》，中信出版社，2015，第289、295页。

③ 杨枫:《知识翻译学宣言》,《当代外语研究》2021年第5期。

二　跨语言知识转移假设的阐释

上文讨论了人类认知体验的普遍性和特殊性，分析了知识与文化和语言之间的相互关系，阐述了知识非对称性对于翻译作为一种跨文化存在的客观诉求，与“翻译是跨语言的知识加工、重构和再传播的文化行为和社会实践”[①]这一论断相契合。本文认为，这一理论假设主要包含五个基本命题：（1）认知非对称性是翻译出场的基本前提，跨语言知识转移是翻译存在的底层逻辑；（2）跨语言知识转移既关涉经验知识，也关涉理性知识，或兼而有之。前者源于情境化的主观体验，偏重叙事性（如文学翻译），后者源于逻辑化的客观判断，偏重说理性（如学术翻译）；（3）跨语言知识转移涉及实体对象的再概念化和再语境化双重过程，旨在基于相同实体生成一种文化上适应、形式上照应的对称关系；（4）跨语言知识转移既是理据性的，又是情意性的，不但要体现以物为本的求真，还要体现以人为本的向善和尚美；（5）以跨语言知识转移为底色的翻译不应单纯是一个跨学科或多学科领域，更应是调节人类知识非对称状态的一个超学科领域。下文将围绕上述命题，结合翻译的本体事实、逻辑事实和话语事实[②]，从本体结构、实体对象、核心特征、价值取向、学科塑形等向度论述跨语言知识转移对于翻译的整体解释力，揭示知识翻译学所蕴含的理论与应用价值。

（一）跨语言知识转移的本体结构

从内在建制来看，任何一门成熟学科都必须具备三个最基本的属性，即对象的确定性、理论的系统性、边界的明晰性[③]。其中，研究对象是一种稳定的、可再现的普遍存在，是学科知识最根本的标志性特征，对研究方法、研究边界和概念体系等发展性特征产生决定性作用[④]。研究对象尽管有简单对象和复合对象之分，但都必须包含能够充分反映本体事实、具有系统聚合力的普遍特征。

反观翻译研究的历史境脉，不同研究“转向”聚焦翻译的某一具体面向，如语言、文化、社会、认知或功能，不一而足，采取的是西方还原主义研究进路，因而不能整

① 杨枫：《知识翻译学宣言》，《当代外语研究》2021 年第 5 期。

② Buzelin，H. 2013. Sociology and translation studies. In C. Millan & F. Bartrina（eds，）. *The Routledge Handbook of Translation*. London /New York：Routledge, p.186–200；Malmkjaer，K. 2018. The Routledge Handbook of Translation Studies and Linguistics. London / New York：Routledge；*Cortes，O. C. & S-A Harding（eds，）. 2018. The Routledge Handbook of Translation and Culture. London / New York：Routledge*；Alves，F. & A. L. Jakobsen. 2021. *The Routledge Handbook of Translation and Cognition*. London/ New York：Routledge.

③ *Wilss，W. 1996. Knowledge and Skills in Translator Behavior. Amsterdam/Philadelphia：John Benjamins*, p.1–2.

④ 刘小强：《学科还是领域：一个似是而非的争论》，《北京大学教育评论》2011 年第 4 期。

体性地反映翻译的真实状态，也无法产生具有内部统一性和外部关联性的概念体系。相形之下，跨语言知识转移是对人类跨文化生活一般特征的描述与概括。文化是条件性的，知识是实体性的，语言是媒介性的，三位一体地塑造翻译作为一种社会适应性系统的元结构。如图 1 所示，在跨文化社会互动空间，知识非对称性问题对翻译的出场提出要求，知识客体的再概念化与再语境化成全翻译的核心过程。从供求关系来看，始源语是知识供体，目标语是知识受体，供体的开放程度和受体的吸收能力决定跨语言知识转移的内涵和样态。从转移过程来看，始源语和目标语之间并不存在发生学意义上的线性关系，只能基于同一知识客体通过再概念化和再语境化过程生成一种平行对称关系。换言之，知识客体是跨语言知识转移的轴心，是连接始源语和目标语的唯一纽带。从某种意义上讲，跨语言知识转移既是一种认知连接与平衡策略，也是一种知识生产与流通机制，其价值不仅在于增强始源语地方知识的溢出效应，更在于扩大目标语承载世界知识的容量，旨在塑造一种全球知识有序流通与共享的和谐生态。翻译就是知识的世界性再生产和再传播。①

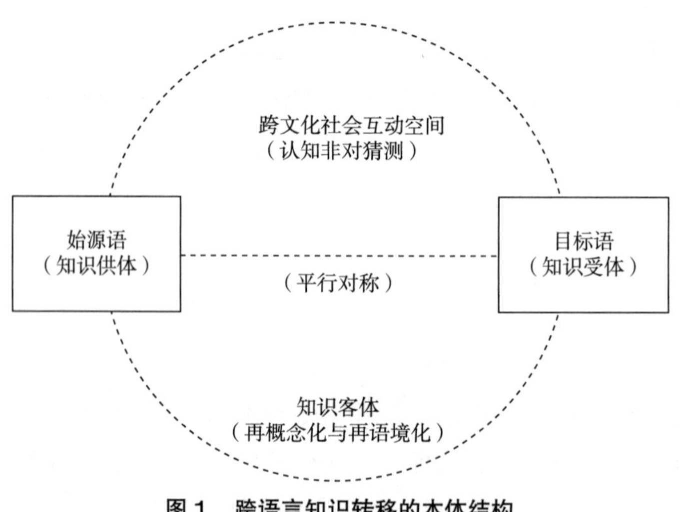

图 1　跨语言知识转移的本体结构

图片来源：广东外语外贸大学翻译学博士生李博言协助作者绘制本图，特表谢忱。

不言而喻，以跨语言知识转移为本质的翻译是文化间性的、主体间性的，也是语言间性的，蕴含一种多元要素涌现、叠加与交互机制。这一机制应然对翻译研究的内涵、任务以及目标指向产生一种规范性预设。整体而言，翻译研究理应是探究如何超越文化、语言和主体界限有效实现知识转移以调节人类认知非对称状态的一门经验学科，重点考察知识转移的跨语言认知与实践过程，以揭示地方知识国际化乃至世界化的一般机制和基本规律。一言以蔽之，跨语言知识转移与翻译本体事实多向度立体对照，是翻

① 杨枫：《翻译是文化还是知识》，《当代外语研究》2021 年第 6 期。

译研究与实践得以安身立命的根本所在。文化、语言和知识既相对独立，又相互影响，共同生成反映翻译一般特征的本体结构，理应成为翻译知识合法性、自治性建构的逻辑起点。

（二）跨语言知识转移的实体对象

英国科学哲学家波普尔的“三个世界”理论认为，语言、知识等人工之物不仅反映物理世界和精神世界，也是两个世界相互碰撞的重要界面。[①] 就语言和知识的关系而言，语言是媒介性的、外在的、显性的，是物理世界和精神世界的间接映射；知识是实体性的、内在的、隐性的，是对物理世界和精神世界的直接认识。毋庸置疑，语言和现实的同构关系必须通过可复现的实体知识才能不断得到确认。语言之所以能描述现实—精神图景，正是因为实体知识贯穿始终的连接和维护作用。显然，语言为用，知识为体；语言是可感知的表象，知识是可意会的实在。据此可以认为，媒介性的语言是知识转移的间接对象，实体性的知识是知识转移的直接对象。

一般而言，实体知识可分为经验知识和理性知识。前者靠近生活世界，反映特殊性的生命体验，趋于主观性和多样性；后者靠近理性世界，反映一般性的推理判断，趋于客观性和统一性。在以跨语言知识转移为底色的复杂翻译空间，对象性的实体知识实际上是一个连续体，一端是经验知识，另一端是理性知识，其间是一系列杂合程度不一的过渡形态。翻译以实体知识的跨语言转移为本，所以才会与其他领域产生衔接关系和共生关系，从而产生广泛的社会价值。从这种意义上讲，翻译无疑是众多领域借鉴域外地方知识、实现本土知识国际化的重要途径。“翻译是地方性知识的世界化过程,使不同语言承载的不同知识成为世界公共财富。”[②] 翻译是在全球化语境下建设知识创新型社会不可或缺的基础。

从另一角度来看，将看不见的实体“知识”前景化，确立“知识”之于翻译系统的统摄地位，有利于改变翻译知识的非结构化、非系统化状态，从而建立具有内部统一性和外部关联性的学科体系。对照既有的翻译话语事实，实体性的“知识”对于离散的诸多关联概念具有整合作用。具体而言，语言是知识的记述形态，文化是知识的调节因子，社会是知识的外部网络，认知是知识的生产过程，传播是知识的功能再现，技术是知识的集成工具[③]。显然，“知识”是翻译诸多关联要素的汇合点，是翻译过程

① Popper，K. R. 1972. *The Objective World*：*An Evolutionary Approach*. London：OUP.

② 杨枫:《翻译是文化还是知识》,《当代外语研究》2021 年第 6 期。

③ 李瑞林:《关于翻译终极解释的知识论探索》,《东方翻译》2015 年第 3 期。

的焦点所在，在翻译系统中发挥主导作用，理应成为翻译研究的核心议题[①]。概括而言，实体知识是跨语言知识转移的直接对象，是翻译知识体系化建构的参照点，更是翻译抵达普适性境域的原动力。

（三）跨语言知识转移的核心特征

跨语言知识转移发生于跨文化社会互动空间，运用语内翻译和语际翻译双重过程，推进实体知识的深度理解和准确表达，以达成实体知识的跨界流通与共享目标。所谓语内翻译，即实体知识的“再概念化”[②]；所谓语际翻译，即是实体知识的“再语境化”。“再概念化”是翻译之始，“再语境化”是翻译之成，共同构成跨语言知识转移的核心特征。

实体知识是人对现实世界直接认知的产物，是主客一体的；隐性的实体知识一旦外化于语言文字，通常也被视为客观知识[③]。语言文字只是实体知识的符号，唯有聚焦实体知识本身，进而和客观现实相对照，才可能产生深度理解[④]。既然实体知识是相对客观的，那么“再概念化”过程就应最大限度地减少乃至限制缺乏考据的主观臆断。“再概念化”的本质不是译者能够借助自身经验知道什么，而是译者能够运用关联知识揭示什么。也就是说，译者只有坚持“非唯主”观点[⑤]，才能相对客观地理解实体知识。归根结底，跨语言知识转移整体上是他者导向的，而不是自我导向的。

“再语境化”是指实体知识所包含的信念、态度以及价值取向在目标语系统的再现过程，也就是在实体知识与潜在的目标语形式之间建立同构关系的过程，最终生成一种整体上不可逆的混合型人工制品[⑥]。相形之下，传统意义上的语言转换实际上是存量翻译资源的重复使用过程，具有显著的经验主义色彩，并不能充分反映“再语境化”的实质。事实上，任何形式的语言转换都是以翻译数据的合理存在为前提的。有效的翻译数据一般都是历史沉淀下来的共识性资源，具有相对确定性和可循环使用性[⑦]，基于统计的机器翻译采用的正是这一基本原理。姑且如此，翻译唯有以实体知识为前提，才能立足不同语言范畴和层次建立文化上适应、形式上照应的对称关系，经过实践反复检验和确证，最终形成有用且可用的翻译数据。

从本质上讲，每一次跨语言知识转移活动都是充满不确定性的问题域，只有激活、选择、运用高度关联的存量知识，才能准确辨识、理解和表达新的实体知识，其中蕴

① Dam，H. E.，J. Engberg & H. Gerzymisch-Arbogast（eds，）. 2005. Knowledge Systems and Translation. Berlin/New York：Mouton de Gruyter, p.1.

② Blumczynski，P. 2016. *Ubiquitous Translation*. London /New York：Routledge, p.99.

③ Popper，K. R. 1972. *The Objective World*：*An Evolutionary Approach*. London：OUP.

④ 郑也夫：《文明是副产品》，中信出版社，2015，第 94 页。

⑤ 金岳霖：《知识论》，中国人民大学出版社，2010。

⑥ Hanks，W. F. 2014. The space of translation. *Journal of Ethnographic Theory*（4）, p.35.

⑦ 李瑞林：《应用译学的学术前提与框架重构》，《中国外语》2020 年第 6 期。

含某种叠加式增量特性，总体上可概括为旧知识与新知识兼容、继承性与开新性相连、生成性与范例性并举的高阶思维过程。综上所述，“再概念化”和“再语境化”是跨语言知识转移的核心特征，翻译流和知识流同行同构，共同塑造翻译作为一种跨文化存在的内在型式。

（四）跨语言知识转移的价值取向

以跨语言知识转移为本质的翻译生发于文化多样性、语言多样性和认知多样性的现实世界[①]，涉及本位与外位、普遍与特殊、主观与客观、个性化与社会化等一系列复杂关系，自然需要一套相对完备的价值判断标准对翻译过程产生指引和调节作用。翻译是跨语言的知识加工、重构和再传播的文化行为和社会实践[②]。从宏观层面来看，翻译既有民族—国家性，更有国际性和世界性，对翻译什么、如何翻译、翻译为何等基本问题的回应产生某种统一性的预设。在民族—国家主义框架下，翻译是以主权意识和文化自觉为前提的，具有显著的传播性。掌握本土知识翻译主导权，意味着拥有国际话语优先权；译介他域的地方知识，既是自我开放的一种姿态，也是对异域文化的一种接受。在国际主义框架下，翻译是以主权对等和文化互信为前提的，具有显著的协商性。各取所长、求同存异、寻求共识，必是翻译的基本价值追求。在世界主义框架下，翻译是以主权平等和文化多元为前提的，具有显著的包容性。翻译的终极价值在于，维护文化多样性，减少知识非对称性，促进人类社会逐步靠近认知会通性境域，建设文明互鉴、和谐共生的美好世界。

从微观层面来看，既然跨语言知识转移是翻译的本性，那么就应以知识的核心特征为依归设立相应的价值标准。“知识既有主观性，也有客观性；知识是理据性的，也与情感和价值观有关；知识是结构化的，也是系统性的；知识与行为紧密相连。”[③]鉴于此，知识的核心特征可概括为认知、情感和意志，也就是知、情、意三要素。“认知”关乎客体的事实关系，“情感”关乎客体对于主体的价值关系，“意志”关乎主体对于客体的行为关系[④]。“认知”重在求“真”，“情感”重在向“善”，“意志”重在尚“美”。不言而喻，一切跨语言知识转移活动都应遵循“真、善、美”[⑤]三元一体的价值判断标准，可具体化为名实符合度、情感合宜度、知行合一度三个范畴。名实符合度关乎跨语言知识转移的真实性，衡量“知识”的本体事实、逻辑事实和话语事实的一致性；情感

① 李瑞林:《应用译学的学术前提与框架重构》,《中国外语》2020 年第 6 期。

② 杨枫:《知识翻译学宣言》,《当代外语研究》2021 年第 5 期。

③ Dam, H. E. , J. Engberg & H. Gerzymisch-Arbogast (eds,). 2005. Knowledge Systems and Translation [C]. Berlin/New York: Mouton de Gruyter, p.24.

④ Meyers, D. G. & J. M. Twenge. 2019. *Social Psychology*. New York: McGraw-Hill, p.89.

⑤ 杨枫:《知识翻译学宣言》,《当代外语研究》2021 年第 5 期。

合宜度关乎跨语言知识转移的合理性与正当性，衡量“知识”对于不同主体的合目的性；知行合一度关乎跨语言知识转移的有效性，衡量“知识”对于目标社会的思想启迪性和生活建设性。上述三个范畴既相对独立，又彼此关联，整体性地对跨语言知识转移过程产生调节作用。

知识翻译学围绕知识的科学性和人文性确立自身的价值标准，是对传统翻译观的批判性反思和继承性开新。知识是反映人与物、人与事、人与人相互关系的一种心理现实。从更广泛的意义上讲，“世界就是关于词与物、词与事、词与人的知识存在”[①]。知识以物为本，具有客观性和一般性，名实符合度是对其科学性的注解[②]。知识以人为本，具有主观性和特殊性，情感合宜度、知行合一度是对其人文性的诠释。这些范畴对于翻译知识的生产应有反拨意义。真正的翻译理论不仅能解释复杂多样的翻译事实，更能塑造具有竞争力的跨语言生产方式；真正的翻译方法不只是言说和书写的程序，更能提高跨语言知识转移的品质和效率；真正的翻译规范，不仅仅是在话语或修辞上的显示，更能在知识转移过程中产生引导力量。翻译研究唯有遵循文化多样性与认知会通性这一根本前提，在跨语言知识转移的具体实践中，维护“知识”的事实标准、价值标准和行为标准相统一，才能真正实现从工具理性向价值理性转变，不断提升自身的学术品质和学科辐射力。

（五）跨语言知识转移的学科塑形

知识生产是翻译学科内在建制的关键所在，本体事实的底层逻辑是翻译知识体系化的重要基点。知识非对称性对普遍与特殊、本位与外位、自我与他者的相互关系产生制约作用，是影响人类社会均衡、有序、健康发展的一个基础性问题。人类社会的认知非对称性是翻译介入跨文化境域的必要前提，应然赋予翻译以跨语言知识转移为核心的根本使命。如前所述，文化、语言、知识是翻译本体结构的主要成分，在“再概念化”和“再语境化”双重过程驱动下，形成一种多元要素叠加交互的跨语言知识转移机制。“再概念化”反映翻译的认知功能，指向翻译的知识阐释性，“再语境化”反映翻译的生成功能，指向翻译的语言技术性。翻译固有的二重性应然使翻译成为一门面向跨文化知识转移境域、专门生产跨语言认识论和方法论的交叉学科。

从学科外在建制来看，翻译融入性地对人类物质世界和精神世界产生改造作用。早期宗教的去疆域化、中华典籍的海外译介、马克思主义中国化、知识产权国际转移、中国对外传播体系建设等，不一而足，既是翻译在场的佐证，也是翻译功能的显示[③]。

① 杨枫：《知识翻译学宣言》，《当代外语研究》2021 年第 5 期。
② 李瑞林：《关于翻译终极解释的知识论探索》，《东方翻译》2015 年第 3 期。
③ 李瑞林：《译学知识生产的建构性反思》，《中国翻译》2020 年第 4 期。

翻译在人类跨文化空间贯穿始终地发挥认知连接和知识传播功能。从另一角度来看，翻译正是因为具有跨语言知识转移本性，所以才会自然融入人文学科、社会科学和自然科学诸多领域。“翻译的知识属性使翻译学成为学科之王。”[①] 伴随全球知识大融通趋势，翻译将不断超越自身的传统疆界，日益彰显赋能其他领域的元学科功能。翻译是时空性的、社会情境性的，更是知识建构性的，既有经过历史事实确证的广域性，又有直接的现实建设性，蕴含着十分广阔的发展空间。

鉴于此，翻译研究不应单纯是一个跨学科或多学科领域，更应是调节人类知识非对称状态的一个超学科领域。从学理上讲，超学科的翻译研究更具集成性和系统性，以知识非对称性问题为导向，以跨语言知识转移为视域，统筹兼顾学科研究的独立性与交叉研究的开放性，联结知识生产与社会需求，以认知共同体和实践共同体为组织形态，协作产出富有能产性的超学科理论与实践方法，从而营造一个健康、有序、和谐的跨文化生活世界。当下，对于翻译学科来说，适应全球知识大流通新格局，呼应国家经济社会发展战略，以尊重文化多样性、达成认知会通性为基本遵循，建构以跨语言知识转移为基础的超学科研究与实践生态，塑造翻译知识生产、翻译人才培养与翻译成果应用一体化图景，理应是推进“新文科”建设、谋求可持续发展的主流方向。

结　语

人类认知的普遍性和特殊性是翻译研究的认识论基础。在跨文化社会互动空间，认知非对称性提出问题，跨语言知识转移解决问题，翻译的终极价值在于达成人类知识结构的互补与会通，旨在塑造多元一体、和谐共生的生活世界。在诸多要素交互作用的翻译系统，媒介性的语言、规约性的文化、协作性的社会、生成性的认知、目的性的传播以及集成性的技术，皆以始源语表征的实体知识为核心，内在或外在地作用于知识再概念化与再语境化过程，共同促进人类认知成果的全球流通与共享。归根结底，实体知识是翻译过程的直接对象，跨语言知识转移是翻译系统的底层逻辑，也是重构翻译知识体系的着力点，更有望为知识翻译学的创建与发展提供前景可期的学术空间。

跨语言知识转移不仅仅是一个特殊性的学术问题，更是一个普遍性的现实问题。从知识翻译学视域来看，研究翻译即是探寻跨语言知识转移的一般机制和适用方法，以调节人类社会普遍存在的知识非对称状态。翻译以全球知识互联互通为使命，无疑也是一个应对世界性复杂问题的超学科领域。超学科的翻译研究蕴含联通还原主义翻译观念的潜势，可为翻译知识的合法性与自治性建构提供新的契机。立足当下，展望

① 杨枫：《翻译是文化还是知识》，《当代外语研究》2021 年第 6 期。

未来，翻译研究颇有必要从哲学基础、目标定位、操作条件、运行机制和价值取向等维度建设以跨语言知识转移为本体的超学科生态，寻求西方二元认知模式与东方一元认知模式的有机统一，创造性地融入复杂性科学的理论资源与实践方法，对接全球数字化转型的现实与长远需要，探究有效传播人类知识的新理念、新机制、新方法，建构兼具理论融贯性和现实改造性的超学科体系，进一步彰显其跨语言认知与实践功能，致力于形塑人类社会健康、协调和可持续发展新图景。

（作者单位　广东外语外贸大学）

本文原载《当代外语研究》2022 年第 1 期

摘要收录

德里达解构主义理论的翻译视角诠释

德里达的解构主义理论诠释多限于哲学领域，研究结论存在学科视角局限。他的理论体系具有多个知识来源，探讨其理论要义须以多学科视角加以观照。翻译学科是其知识源头之一，也是哲学问题的本源，从翻译视角诠释其理论内涵与其思想轨迹和理论体系结构更为贴近，但这并未得到应有的关注。德里达解构思想的基本逻辑可归纳为，以语言意义的不稳定性解构稳定性。他认为，语言具有多义性，这是意义不稳定的本源。翻译提供了两种语言接触的条件，语言接触释放了语言的多义性；“延异”是意义不稳定的根本原因，翻译是意义不稳定的条件。借此，德里达解构了形而上学先验在场的意义稳定性假设。德里达的原文“生命结构”说超越了对形而上学传统的理论批判，体现了其语言观的终极诉求——趋近纯语言的理论想象。

作者：吕世生

单位：北京语言大学

文献出处:《国外社会科学》2022 年第 1 期

法国汉学界对中国当代文学的译介历程与阐释流变

新时期以来，中国当代文学透过法国汉学界的译介与阐释被折射到法国的异质文化空间，进而被折射到世界的文学空间。法国汉学界对中国当代文学的译介经历过被动接受→中法合译→主动选择的历程；其阐释经历过聚焦批判性→推崇民族性→肯定世界性的流变。其为中国当代文学海外传播带来的启示：作品要超越流于倾诉与抱怨的批判，超越“东方化”的渲染，最终超越地理与文化，达到普遍性与永恒性。

作者：栾荷莎
单位：黑龙江大学西语学院
文献出处：《外语学刊》2022 年第 1 期

知识翻译学与认知翻译学的关系阐释

翻译是基于译者主体认知行为的跨语言知识加工、重构和再传播的文化行为和社会实践。从人类认知机制的视角来阐释作为人类知识行为的翻译，旨在阐明提出知识翻译学的必要性和合理性，推动知识翻译学在理论和方法上的突破。本文探讨知识翻译学和认知翻译学之间的相通及互补之处，在佐证知识翻译学的必要性和合理性的同时，指出可以把认知翻译学视为知识翻译学的一部分，认为在认知科学视域下可以开展的知识翻译学研究课题主要有：翻译过程中，如何通过隐喻、转喻、心理空间等认知机制进行知识的概念化；复杂翻译空间中大脑思维活动、语言心理加工的情况；经由翻译而产生、传播的知识如何实现认识、评价、改变、阐释等方面的建构功能从而实现翻译的知识产出和传播等。

作者：潘艳艳
单位：江苏警官学院
文献出处：《当代外语研究》2022 年第 5 期

难与美：《水浒传》赛珍珠译本美学阐释

中国文化“走出去”倡议推动一批又一批的中国优秀传统文化登上国际舞台。作为我国四大经典名著之一的《水浒传》，在国内外享有盛名。作为目前国内外学者研究的一个热点，翻译美学是翻译学与美学的有机结合，主要从美学的角度来研究翻译。在翻译过程中，译者作为双语交流的使者，不仅要将原文转换成译文，同时还要对所选话语进行筛选、加工与优化，实现原文美之传递。本文以《水浒传》赛珍珠译本为例，从对原文理解的层面分析审美客体之难，从表达的层面探讨审美主体之美。

作者：胡东平　欧阳晴雯
单位：湖南农业大学外国语学院
文献出处：《外语学刊》2022 年第 4 期

阐释与脱节博弈中的古诗“名词语”英译探赜

汉语古诗词中，省略述词、连接词而完全由名词或名词词组构成的诗句称为“名词语”。这种汉诗独有的句法结构简洁凝练，以逻辑的空缺召唤读者对诗意的建构和补全，为诗句带来多重解读空间。然而，由于英汉语在句法习惯上的巨大差异，“名词语”英译无可避免地处于屈从英语句法和保留汉诗功能的两难之中。译者须深入了解“名词语”的句法和诗学功能、充分把握阐释与脱节两种常用翻译策略的得失才能做出合理决策。

作者：钱屏匀

单位：上海电力大学外国语学院

文献出处:《山东外语教学》2022 年第 5 期

西班牙汉学家毕隐崖对《道德经》的翻译与诠释

《道德经》在西班牙拥有数种具学术价值的译本，其中毕隐崖（Iñaki Preciado Idoeta）率先翻译 1973 年出土的帛书《老子》而获得国家肯定，更于 2006 年推出通行本、帛书《老子》与竹简《老子》并行的译作。他在译介和阐释过程中进行中西比较文化、哲学的考察，其内容攸关经典外译研究。本文首先介绍汉西《道德经》译本，并从毕隐崖对《老子》背景的解读，了解其译介过程中的想法，进而发现毕隐崖《道德经》译本的诠释路径与特色。

作者：黄垚馨

单位：阳明交通大学国际事务处

文献出处:《国际汉学》2022 年第 2 期

钱钟书“化境”论之“诱”字的深度诠释

——兼论深化“化境”论研究的“打通事理”的方法

钱钟书的“化境”论是一个由“化”“媒”“诱”“讹”等关键字暨核心范畴支撑的

相当严整的文学翻译理论体系。对四个关键字分别进行深度诠释是深化“化境”论研究的可能路径之一。基于《林纾的翻译》的文本细读，本文对“诱”字进行了深度诠释。本文参照钱先生创辟的“一字数训”的文艺训诂法和“由词通道”的朴学学术方法，建构和运用了“一字训数词”的译学训释模态，对“诱”字“并行分训”：“导诱”“诱向”“诱媒”。同时以“歧出分训”论析翻译“诱向”的“诱进”和“诱返”，“导诱”的“引诱”和“去诱”。本文揭示钱先生将文学翻译与文艺心理学、社会心理学精妙地结合在一起，建构了富有中国特色的“诱”字翻译心理学。本文最后论述深化“化境”论研究的“打通事理”的方法。

作者：李寄

单位：南京大学大学外语部

文献出处：《外语研究》2022 年第 3 期

基于《霍比特人》汉译本的英汉位移事件类型差异及其认知阐释

位移事件词汇化模式理论从莱纳德·塔尔米（Leonard Talmy）的两分法发展到丹·斯洛宾（Dan Slobin）的三分法，为研究位移事件语义层与语言表达层之间的映射关系提供了重要的见解。与英语一样，汉语的方式动词显著，但其多样性和丰富性不如英语；汉语的位移动词词汇化类型既不属于附加语构架语，也不属于动词构架语，且因为大多数的位移结构属于 M+P 形式，所有汉语属于“均等”类型语言。同时，英汉位移事件形式表达类型的差异来自识解方式上的差异。

作者：伍小君

单位：湖南工商大学外国语学院

文献出处：《外国语文》2022 年第 3 期

中国传统译论“神似”的认知语义学阐释

“神似”是中国最重要的翻译话语，先前对“神似”的探讨和研究存在模糊性和主观性。为了使该论题的探讨更为客观，本文拟将“神似”纳入认知框架之内，以认知语义学来阐述“神韵”的生成机制，对传统诗学提倡的“神韵”进行解读。认为“神韵”是通过语言的有效刺激，激活读者先前的经验和知识储备，在大脑中产生影像，通过推理获取意义、韵味、情感体验的认知过程。在此基础上提出了“神似”的三个层次来分析“神似”的可能性，认为翻译中的“神似”与认知模式有关，如果两种文化的认知模式相同，翻译容易产生神似；如果不同，翻译要么产生相仿的神韵效果，要么会减损或灭失原作的神韵。

作者：周远航　周红民

单位：上海交通大学　南京晓庄学院

文献来源：《中国翻译》2022 年第 3 期

翻译与延安时期马克思主义中国化的历史语境主义诠释

——以《反杜林论》吴亮平译本为中心

思想史是马克思主义中国化的本质属性之一，主要载体是思想文本。恩格斯的《反杜林论》被称为“马克思主义的百科全书”，而吴亮平的《反杜林论》首部中文全译本具有重要的理论和实践价值，毛泽东因此称吴亮平“其功不在禹之下”。吴亮平译本与延安时期马克思主义中国化之间存在理论逻辑、实践逻辑和传播逻辑。将翻译与延安时期马克思主义中国化纳入思想史的历史语境主义，借鉴概念史和修辞学的基本方法，可发现马克思主义中国化发轫于翻译之际，吴亮平译本显著区隔于翻译学意义之“译本”，具备马克思主义中国化史的思想文本的特质，从而对翻译与延安时期马克思主义中国化的逻辑关联给出更完整的诠释。延安时期马克思主义文献翻译的历史语境主义研究拓宽了翻译史研究的视野，为探索翻译的根本问题提供了跨学科的范式。

作者：吴自选

单位：天津理工大学

文献出处：《上海翻译》2022 年第 3 期

OΠΠΠ 翻译导图的构念阐释：基于诗性隐喻的翻译

诗性隐喻作为一类较为特殊的隐喻，兼具语言的含蓄性、修辞的艺术性、浓厚的文化色彩与鲜明的个性色彩，也正因如此，诗性隐喻对译者构成一大挑战。诗性隐喻的译文能否为目标语受众所理解与接受，直接影响中国文化对外传播的有效性。有鉴于此，本文以功能对等原则为指导，以政治文献中的诗性隐喻的翻译为例，设计出

ОППП 翻译导图，从信息加工、策略规划、结构重建和效果检验 4 个步骤深入探讨诗性隐喻的翻译路径。

作者：赵梦雪

单位：北京外国语大学俄语学院

文献出处:《外语学刊》2022 年第 3 期

政治文献中典故翻译的主体间性与“视域融合”

作者、译者和读者是翻译主体研究关注的对象，而主体间性研究则主要着眼于翻译主体间的对话、理解过程。翻译的主体间性与伽达默尔的“视域融合”这两个概念有异曲同工之处，具体来说，在翻译过程中各主体间的“对话”就是“视域融合”的过程。因此本文以政治文献中的典故翻译为研究对象,将典故翻译过程分解为两次“视域融合”过程，深入剖析每次“视域融合”过程中译者如何准确理解并阐释主体间的“视域差”。

作者：付佳楠

单位：天津外国语大学中央文献翻译研究基地

文献出处:《外语学刊》2022 年第 3 期

基于“乖讹论”的文学幽默阐释及其翻译路径：以《酒国》为例

幽默是创作文学作品的重要艺术手段，在翻译时，需要给予准确恰当的处理。迄今为止，译界对文学幽默及其翻译的认识仍有值得深入探讨的空间。本文从“乖讹论”出发，阐释文学幽默的认知原理和创作手段；在此基础上，选取《酒国》的幽默片段，对比葛浩文的译文，评析其译文是否达到与原文同等的幽默效果。本文旨在揭示文学幽默的特征和认知机理，对文学幽默的可译性进行理性的分析和判断。

作者：周红民

单位：南京晓庄学院

文献出处:《当代外语研究》2022 年第 2 期

翻译研究中关于变易问题的阐释路径探微

所谓变易，是相对于原文这一居先存在的客体而言的，主要指译者为达成评价目的而运用话语手段，在原文基础上生成具有新的价值意涵的表述，使作品在变化中获得新生。从关注变易在复现原初意义、建立对等关系方面的作用，到着眼于变易在重塑权力关系、引导价值走向方面的功效，再到聚焦变易的形式与其价值导向之间的作用原理，探究“译有所为”的策略法中隐藏的修辞性基础结构，我们关于变易问题的阐释路径越发往纵深延展。其中以认知为基础，以修辞为核心的研究方向将使我们进一步理解翻译何以始终不变地从变易中获得自身的存在价值。

作者：刘嘉

单位：四川外国语大学英语学院

文献出处：《外国语》（上海外国语大学学报）2022 年第 2 期

翻译批评的空间：传统与拓展

——兼评许方《昆德拉在中国的翻译、接受与阐释研究》

在当前翻译批评研究陷入停顿、困滞的背景下，学界亟须拓展批评的空间，探索新的批评方法。许方的专著《昆德拉在中国的翻译、接受与阐释研究》将昆德拉译介作为研究对象，以“选择—生产—传播—阐释”模式拓展描写性翻译批评，在主体翻译批评与客体翻译批评、共时翻译批评与历时翻译批评、专业翻译批评与网络翻译批评等方面做出创新的探究。该研究涉及的二阶段翻译模式、三级传播模式、主客体互动模式可为当前中国文学外译提供有益的启示。

作者：王树槐

单位：华中科技大学外国语学院

文献出处：《外语学刊》2022 年第 2 期

祝何 / 谁为圣?

——清华简《系年》翻译的“祝圣”阐释

清华简《系年》是 21 世纪中国最激动人心的出土文献之一。从 2011 年至今，清华大学总共整理出版了十一辑《清华大学藏战国竹简（二）》,《系年》是其中学界讨论最多的一部。《系年》还得到了海外学者的关注：从 2014 年到 2020 年，尤锐、米欧敏、沈载勋、金泰炫密集地翻译《系年》，产出了两个英语全译本和七个节译本。本文从翻译的内涵、翻译的地位、翻译过程中的权力关系、翻译祝圣对象这四个层次解构卡萨诺瓦翻译祝圣观。本文发现译者翻译《系年》的象征性意义大于译本的实用性意义，翻译《系年》旨在借助其绝对经典的地位自我祝圣。

作者：张飞宇　张威

单位：北京外国语大学英语学院

文献出处:《外语研究》2022 年第 1 期

“译文”的脉络：位置、概念及其阐释维度

“译文”从“文”中衍生，其位置可以从文明、价值、文化、文学四个层次进行考察，其概念可以从口传与文著、翻译与解释、作品与文本三组关系进行理解。“译文”的历史性体现为两条阐释维度：在形式上，“译文”一方面促进着民族语文的自我更新，另一方面也推动着语言本体的自我实现。在内容上,“译文”在与“原文”的对话中,以“重复”的方式更新，在生成意义的同时，也形成了另一种文脉。

作者：张雨轩

单位：北京师范大学文学院

文献出处:《中国文学批评》2022 年第 1 期

译苑宏略，朱墨留印：王宏印翻译教学思想的话语阐释

王宏印作为翻译理论家和资深翻译家，一生涉猎广泛，翻译教学是其用功颇勤的

一个重要领域。他在深耕翻译教材编著、深化文本再造与翻译笔法理念、深挖人才培养通识教育等方面有诸多真知灼见。本文就王宏印的翻译教学思想进行梳理，尝试提炼并阐释其围绕翻译能力培养和翻译笔法形成而展开的翻译教学思想，以期推动翻译教学话语研究和相关讨论。

作者：王治国

单位：天津工业大学

文献出处:《中国翻译》2022 年第 1 期

法律翻译的概念移植与对等阐释

——《中华人民共和国民法典》物权编术语英译探究

法律移植是中外文化交流、文明互鉴的必然结果，我国民法发展历程中也继受了许多域外民法的概念。法律概念经过移植后往往会发生概念迁移，引起术语翻译中的不对等问题。作为我国第一部以“法典”命名的法律，《中华人民共和国民法典》标志着中国特色社会主义法律体系在民事领域的成熟和完善。本文以我国《民法典》物权编中的核心术语为例，通过与德国、日本民法中的物权相关概念进行比较，探讨法律术语英译过程中的对等问题。

作者：赵军峰　薛杰

单位：广东外语外贸大学

文献出处:《上海翻译》2022 年第 1 期

“东学西传”视阈下中国典籍的海外传播

——基于理雅各跨文化译介的理论品格

“东学西传”掀开了中国典籍进入西方世界的重要一页，理雅各为其先导者。他在文化传播上将“以意逆志”作为其恪守的重要译介总纲，强调在传播中要用当今学者之意“逆”典籍圣贤之“志”，诚心迎见原作的异质性；他还以治学思维伦理来运作经典传播，将学术性、批判性与译介释读相通约，以“我”之心会古人之心，求得对原典真义的真实阐释。同时，他在原典的诠释世界里，努力寻求译介传播的均衡，表现出哲学意义上的中立化色彩，展现了一个国外汉学家对中国文化元素的选择立场。这些为当今中国典籍传播方式的革新提供了借鉴。

作者：张宏雨　刘华文

单位：上海交通大学外国语学院

文献出处:《河南大学学报》（社会科学版）2022 年第 1 期

少数民族文化外译的优先路径诠释

少数民族文学乃至文化可由民族语言直接外译，也可经由一种或几种民族语言转译为外语。外译有四条路径，一条为捷径，三条为曲径，它们共同构成了少数民族外译的路径图。其捷径是外译时的首选，曲径则需视情况而定；曲径波折越多，文化磨蚀越大，外译成本就越需要考量。

作者：黄忠廉　杨荣广　刘毅

单位：广东外语外贸大学翻译学研究中心　湖北汽车工业学院外语学院　中国药科大学外国语学院

文献出处:《民族文学研究》2022 年第 3 期

江户儒者“王霸之辨”诠释中的“位”“道”之争

江户儒者在诠释“王霸之辨”时特别关注王与霸在性质上到底是指“位”而言还是指“道”而言这一问题。伊藤仁斋解读王霸时没有明确区分“位”“道”，招致了后学的批判。荻生徂徕以“道”论孟子的王霸，太宰春台以“位”论孔子的王霸。薮孤山用区分字音和字义的方式，将“‘位’层面的王霸”和“‘道’层面的王霸”分开论述。冢田大峰结合历史背景，将王霸细分为“春秋时代指‘位’而言的王霸”和“战国时代指‘道’而言的王霸”。藤泽东畡为证明日本皇统的“优越性”，批评孟子指“位”而言的王霸，赞扬孔子指“道”而言的王霸。吉田松阴为劝统治者推行仁政，推崇注重内在修养的、指“道”而言的王，贬斥追求外在事功的、指“位”而言的霸。

作者：侯雨萌

单位：上海师范大学外国语学院日语系

文献出处:《世界历史》2022 年第 4 期

栗谷对人心道心分判的阐释特征研究

栗谷对人心道心的阐释与朱子有本质的不同，认为人心道心二心的根源都是理，是“一源论”；朱子的“或生或原说”是阐释学层面的主观表述，而非存在论层面的事实论述，因此不是“推本之论”。栗谷根据所由来者是“性命在心”还是“血气成形”，所指向的对象是道义还是口体，所乘之气是本然之气还是所变之气，判断源于理的心是流向人心还是道心。栗谷这种创造性的阐释方法，加速了儒学在韩国的本土化，对朝鲜朝中后期的儒学发展产生了深刻影响。

作者：赵甜甜　崔英辰

单位：中山大学国际翻译学院　韩国成均馆大学儒学系

文献来源:《孔子研究》2022 年第 4 期

体育英语翻译：阐释与理论建构

在体育强国建设和新文科建设背景下，翻译与体育的跨学科研究这一学术洼地需要引起学界关注。在梳理国内体育英语翻译活动发展历程的基础上，对体育英语翻译进行阐释和理论建构。以建构主义翻译研究为基础，阐释体育英语翻译的定义，分析体育英语翻译研究的现状，从研究的系统性、广度、深度、研究方法 4 个方面探讨当前研究的不足。归纳出体育英语翻译的研究范畴，包括体育英语文体特征与翻译研究、体育英语翻译史研究、体育文学翻译研究、体育典籍英译研究、体育英语译员研究、体育翻译教育研究，并阐释适用的研究方法。旨在扩大跨学科翻译研究视野，呼吁各领域学者加大体育英语翻译研究力度。

作者：刘明　杨奕泽　寇艺培　王博

单位：河北体育学院外语系　北京师范大学法学院

文献出处:《河北体育学院学报》2022 年第 4 期

法学阐释学

个人信息处理者的自动化决策解释义务研究

何新新　徐澜波

摘　要　自动化决策的广泛应用在提高决策效率的同时，对个人信息主体权益产生重大影响。在应用自动化决策场合，个人信息处理者应承担自动化决策解释义务。自动化决策解释义务的规范理据可从个人信息处理的透明原则、个人信息处理者的告知义务以及个人享有的个人信息权益中推导出来。由于自动化决策解释义务的解释对象模糊、解释标准不明且与商业秘密存在冲突，需要对自动化决策解释义务进行限定。自动化决策解释义务的解释对象应仅限于事后的具体解释，以技术专家为主导，面向特定场景中的算法决策相对人，探索理性化的解释标准，并基于比例原则指导下的利益权衡，调和自动化决策解释义务与商业秘密之间的矛盾。

引　言

数字化的生存样态改变了人们的生产、生活方式以及人自身的存在形式，随着机器自主化程度的提高，以算法技术为统摄的自动化决策被广泛应用于商业和公共服务领域。作为信息处理的重要方式，自动化决策是以自动化方式对自然人的性格、身份、行为偏好等方面进行识别分析，并将分析与评估结果用于定向广告、信用评估、贷款申请、保险理赔、刑事司法等领域。若存在自动化决策过程不公开、决策程序不透明、决策理由不充分、决策结果不公正，也会引发“算法杀熟”、算法歧视、算法共谋等诸多问题。如何通过法律保证自动化决策过程的透明和结果的公正，抑制自动化决策引发的隐私泄露、算法操纵和歧视风险，成为学界关注的焦点。自动化决策解释义务要求个人信息处理者向个人解释自动化决策做出的逻辑、理由和依据，旨在使个人能够理解自动化决策是如何做出的。由此，为尊重当事人的自治，[①]防范自动化决策广泛应用给个人权利和自由带来的重大风险，研究个人信息处理者的自动化决策解释义务尤为必要。

目前，学界对算法解释权是否存在以及是不是一种值得保护的法律权利的相关论述较多。[②]鉴于我国立法未采纳“个人信息权”，为避免陷入“权利”与“权益”之争，本文从义务视角切入，采用自动化决策解释义务的概念。自动化决策解释义务萌芽于个人信息处理者的告知义务以及规范信息处理活动的公开透明原则，形成于我国《个人信息保护法》第 24 条自动化决策处理规则以及第 48 条个人在个人信息处理活动中享有的请求解释说明权益。本文将从理论基础与规范层面对自动化决策解释义务予以证成，并充分考虑算法自动化决策技术的复杂性、个人信息权益保护以及算法商业秘密等因素，对当前自动化决策解释义务存在的问题予以分析，进而结合自动化决策解释义务行使的司法实践，对自动化解释义务的行使范围予以明确和限定。

一　自动化决策解释义务的规范理据

自动化决策解释义务旨在要求个人信息处理者向个人履行解释自动化决策过程、理由和依据的义务，以增进决策透明，构建算法信任，保护个人自治和尊严。个人信息处理者的告知义务、信息处理的公开透明原则以及个人信息权益，是自动化决策解释义务规范理据之源泉。

（一）从公开透明原则到自动化决策过程透明

信息收集使用的公开透明原则，[③]旨在保证个人信息主体对处理个人信息的同意是在充分知情的前提下做出。如我国《个人信息保护法》第 7 条规定了个人信息处理的公开透明原则，第 14 条规定了知情同意原则。进入算法社会，万物互联、人机交互使得个人信息保护面临前所未有的挑战。由于个人信息处理者信息安全保障能力参差不齐，部分 APP 违法、违规收集、处理个人信息的现象屡见不鲜，这极大加剧个人信泄露和滥用的风险。在自动化决策领域，公开原则要求个人信息处理者必须以清晰直白、相关可理解且易于获取的方式，向个人提供与其信息处理相关的规则，尽量避免使用

① 王利明:《人格尊严：民法典人格权编的首要价值》,《当代法学》2021 年第 1 期。

② 目前，学界有关算法解释权的研究大致可分为建构论和批判论两派。前者以张凌寒、张欣、张恩典等学者为代表，后者以林洹民、邵国松、辛巧巧等学者为代表。

③ 郑曦:《刑事诉讼个人信息保护论纲》,《当代法学》2021 年第 2 期。

晦涩、难以理解的专业术语。结合我国《个人信息保护法》第24条的规定，公开透明原则不仅让个人信息主体知晓信息处理的输出结果，而且要求个人信息处理者公开信息处理者的处理规则和处理过程。

根据公开透明原则，个人信息处理者有义务向个人解释说明自动化决策的内在逻辑。尤其是解释与个人权利密切相关的特定因素对自动化决策结果的具体影响，使得算法运行结果能够符合个人信息主体的主观认知与预期。①2021年11月，我国国家互联网信息办公室等四部门联合发布的《互联网信息服务算法推荐管理规定》第4条、第11条要求，算法推荐服务提供者优化检索、排序、选择、推送等规则的可解释性和透明度，履行自动化决策解释义务。此外，2018年欧洲理事会对1981年的《关于个人数据处理的个人保护公约》（以下简称《108号公约》）予以修订，形成现代化的《108号公约》。该公约第8条提出个人信息处理者有义务保证数据处理的透明性。透明性即要求个人信息处理者履行告知义务。个人信息处理者须以可理解的方式向个人提供一套数据处理的信息，特别是关于个人信息处理者的身份和经常住所地或机构、信息处理的法律依据和处理的目的以及信息接收者、个人信息处理的类型等。为保障数字时代个人对其信息的控制权，该公约扩大了个人访问权的内容。当自动化决策对个人权利和自由产生重大影响，个人有权获得数据处理背后的推理知识，并有权反对该自动化处理，除非个人信息处理者能够证明个人数据处理是基于令人信服的且高于个人信息主体权益的合法事由。同时，该公约第10条要求个人信息处理者采取一切适当保障措施（包括通过设计保护隐私、进行个人信息处理风险影响评估、默认保护等），以确保个人信息主体的权利得到保障。信息处理的公开透明原则贯穿于信息处理活动的各个环节，包括要求处理者公开和披露与个人信息处理活动相关的信息。

（二）从个人信息处理者的告知规则到自动化决策解释规则

自动化决策解释义务的规范理据源于个人信息处理者的告知义务。个人信息处理者的告知义务产生于告知规则。②我国《民法典》第1035条明确了个人信息处理的原则、处理的范围以及“处理”的含义。其中，该条第1款第2、3项分别规定公开、明示处理个人信息目的、方式与范围的要求。作为自动化处理个人信息的结果，自动化决策理应受《民法典》第1035条第1款第2、3项的约束。我国《个人信息保护法》第17条明确了告知义务的内容，要求告知方式应合乎自然语言使用习惯，避免使用含糊歧义性的语言。该法第18条对免于告知的情形亦做出列举性规定。个人信息处理者

① 苏宇：《优化算法可解释性及透明度义务之诠释与展开》，《法律科学》（西北政法大学学报）2022年第1期。
② 程啸：《论个人信息处理者的告知义务》，《上海政法学院学报》（法治论丛）2021年第5期。

的告知义务是个人在信息处理活动中行使知情、决定、查阅、复制、更正、补充、删除、请求解释说明权益的前提。

个人信息处理活动包括以自动化方式和非自动化方式的处理。个人信息处理者在信息处理活动中的告知义务，应当包括以自动化方式处理个人信息的情形。随着信息技术和互联网的普及，越来越多的个人信息处理者以自动化方式收集、使用、处理个人信息。围绕自动化决策应用，我国《个人信息保护法》第 24 条专门做出规定。该条第 1 款要求个人信息处理者保证决策过程的透明和决策结果的公正；第 3 款更是明确提出个人信息处理者的自动化决策解释义务，即当自动化决策的具体决定对个人权益产生重大影响时，个人信息处理者应根据个人的请求，履行对自动化决策的解释说明义务。若个人信息处理者不能向个人提供合乎情理的行为解释，则其进行的个人信息处理活动缺乏合法性和正当性根基。

个人信息处理者告知义务的履行，是确保个人行使个人信息权益的基础和前提。我国《个人信息保护法》不仅要求自动化决策遵循个人信息处理的一般原则，而且要求个人信息处理者在收集个人信息前履行充分的告知义务以及对自动化决策结果的解释义务。结合对《个人信息保护法》第 24 条的理解，从告知义务中推演出的自动化决策解释义务，仅限于自动化决策做出后的事后解释。以大数据和算法技术为支撑的自动化决策广泛嵌入商业和公共领域，由于算法技术的复杂性和不透明性，个人难以知晓其个人信息是如何被收集、使用和处理的。自动化决策解释义务是告知义务在自动化决策场合中的进一步延伸，旨在增进算法信任，帮助受决策影响的个人知晓自动化决策做出的过程和依据。

（三）从个人信息主体的解释说明权益到自动化决策解释义务

自动化决策解释义务的规范理据亦可从个人在信息处理活动中享有的个人信息权益中得出。我国《个人信息保护法》第 44 条、第 45 条、第 48 条、第 50 条分别规定个人享有知情决定权、查阅复制权、解释权、响应个人请求权。而上述各种权利的内在构造及行使边界，该法并未明确。2020 年《信息安全技术 个人信息安全规范》规定信息处理各环节应遵循公开透明、主体参与的基本原则，并要求个人信息处理者以明确、易懂和合理的方式向个人履行自动化决策解释义务。针对个人信息处理者因业务运营所使用的自动化决策机制，该规范第 7.7 项要求个人信息处理者在设计阶段或投入使用前以及投入使用中进行个人信息安全影响评估，并及时响应个人请求。其中，响应内容包括个人信息控制者对自动化决策结果的解释说明义务。2021 年《互联网信息服务算法推荐管理规定》第 12 条、第 14 条和第 15 条是对个人信息处理者的自动化决策解释义务的明确。算法推荐服务者应告知用户其提供算法推荐服务的意图、运行机制以及公示算法推荐服务的基本原理。若个人认为个人信息处理者应用算法对其权益造成重大影响的，有权要求算法推荐服务提供者予以解释，并采取相应改进或者补救措施。

为保护数据主体的权利，2018 年欧盟 GDPR（《通用数据保护条例》）第 22 条规定个人有权不受对其权利产生重大不利影响的自动化决策的约束。个人信息处理者仅在例外情形（当事人双方签订合同所需、个人信息处理者经欧盟或成员国法律授权和经个人明确同意）下，才可以适用自动化决策，并要求个人信息处理者采取安全保障措施，履行告知义务。告知的内容包括：个人数据的来源、个人数据的类型、存在自动化决策、该决策所涉逻辑的有意义的信息、自动化处理的重要性及其对数据主体造成的预期后果。对于“自动化决策所涉逻辑的有意义的信息”的理解，第 29 号工作组在其发布的《关于自动化个人决策目的和识别分析目的准则》中予以阐释。“自动化决策所涉逻辑有意义的信息”要求个人信息处理者以显著方式、清晰易懂的方式，将自动化决策背后的原理向数据主体作出解释，而无需披露与决策相关的复杂算法。① 例如，信贷机构使用个人信用评估算法做出拒绝向贷款人提供贷款的决定时，信贷机构应当对自动化决策所涉及的基本原理及其所使用的个人信息来源、数量、各类信息所占的大致权重等内容，向贷款人做出解释。

自动化决策解释义务有助于促进个人信息处理者更加公平、负责、审慎地做出决定。根据欧盟 GDPR 第 22 条第 3 款的规定，在自动化决策场合，个人信息处理者“至少应保障个人对自动化决定请求人为干预、表达个人观点、提出质疑并要求个人信息处理者对自动化决策过程和结果解释的权利”。欧洲《关于个人数据自动化处理的个人保护公约——对第 108 号现代化公约的解释性报告》第 70 段关于个人在数据处理中的权利指出，个人有权获得与数据处理（包括自动化处理和非自动化处理）相关的有意义的信息。该解释性报告第 73 段指出：“受自动化决策影响的个人，有权对自动化决定表达观点，有权知晓自动化决策做出的潜在原理。正如在信用评估中，个人应当有权知晓支撑自动化数据处理的逻辑过程，从而做出‘是’或‘不是’的决定。”② 如果个人不了解有关自动化决策过程的有意义信息，那么其很难有效行使所享有的查询、访问、更正、删除等其他信息权利。自动化决策解释义务旨在使个人知晓和理解个人信息处理者对其个人信息收集和使用的状况，以保障个人的自主权和隐私权。

① Party W. Guidelines on Automated individual decision-making and Profiling for the purposes of Regulation, 2016/679. 2018, p.20.

② COUNCIL OF E. Convention for the Protection of Individuals with regard to Automatic Processing of Personal Data（ETS No. 108）. 1981, p.13.

二 自动化决策解释义务的局限性：基于制度的考察

算法解释义务尽管能够在规范层面上得以证成，但其解释对象模糊、解释标准不明且解释义务与商业秘密保护存在冲突。自动化决策解释义务之解释对象是仅限于一般的系统功能，还是仅限于对具体自动化决策结果的解释说明，还有待澄清。解释标准是自动化决策解释义务的重要组成部分，它是衡量和判断个人信息处理者是否切实履行解释义务的圭臬。算法解释还面临商业秘密抗辩，[①] 自动化决策解释义务与算法商业秘密之间存在利益冲突，如何消弭二者之间的张力，是确保个人信息处理者切实履行解释义务的关键。

（一）解释义务的解释对象模糊

研究自动化决策解释义务，首先需要明确其解释对象。自动化决策解释义务源于我国《个人信息保护法》第 7 条“信息处理的公开透明原则”、第 14 条“信息处理的同意规则”、第 15 条“信息处理的告知规则”、第 24 条“自动化决策适用规则”以及第 48 条“个人在个人信息处理活动中的解释说明权”，但上述法条并未阐明解释义务之解释对象。

解释义务之解释对象为自动化决策，但该解释对象究竟是仅限于对自动化决策运行机制的系统解释，抑或是仅限于对事后的特定决策结果的解释？前者既包含算法决策前对自动化决策运行机制进行功能解释，又包括事后的具体解释。这意味着，自动化决策解释义务既要公开算法所依据的抽象原理，还要说明个案层面的决策过程。[②] 在学理探讨层面，张凌寒较早对“算法解释权”予以研究，提出解释权之解释对象为以自动化决策为中心的事前和事后解释。事前解释是对自动决策系统的运行机制、处理目的的解释说明，如自动化决策系统的规范需求、预定义模型、标准和分类结构等。事后解释是指与特定决策结果相关的逻辑、理由和依据，如每种指标的功能权重、特定决策的具体规则、一般数据权重等。根据欧盟 GDPR 第 13 条（2）款（f）款、第 14 条（2）款（g）款、第 15 条（1）款（h）款的规定，个人信息处理者有义务向个人告知存在自动化决策（包括识别分析）、自动化决策所涉逻辑的有用信息以及该决策对个人产生的影响和预期后果。结合 GDPR 第 22 条（1）款和序言第 71 条的规定，自动化决策解释义务之解释对象仅限做出后自动化决策的具体解释。我国《个人信息保护法》、

① 郑戈：《算法的法律与法律的算法》，《中国法律评论》2018 年第 2 期。
② 陈林林、严书元：《论个人信息保护立法中的平等原则》，《华东政法大学学报》2021 年第 5 期。

欧盟 GDPR 和《108 号公约》均未明确解释义务之解释对象。自动化决策把作为主体的人看成一系列数据的集合，并通过算法程序将具有自我决定、自我超越的主体降格为被算法操控和规训的客体。为了确保个人信息处理者履行自动化决策解释义务，亟待进一步明确解释义务之解释对象。

（二）解释义务的解释标准不明

衡量和判断个人信息处理者是否切实地履行解释义务，需要明确自动化决策解释义务之解释标准。换言之，解释义务之解释标准需要达到何种程度，个人信息处理者才算履行了其解释义务。我国《个人信息保护法》并未明确规定个人信息处理者的自动化决策解释义务之解释标准。从该法第 17 条关于个人信息处理者在收集个人信息前的告知义务中可以得出告知的形式和内容。个人信息处理者告知义务应满足易读性、真实性、准确性和完整性标准。与个人信息收集前的告知义务不同，自动化决策解释义务之解释内容针对的是自动化决策的决策过程和决策结果。对此，张凌寒认为解释义务应当满足相关性和可理解性解释标准。[①] 贾章范指出，算法解释内容的复杂性与解释标准的可理解性存在矛盾。[②] 从技术角度而言，自动化决策是以计算机程序为核心，而机器学习算法进一步分为监督学习、无监督学习和强化学习。[③] 对于监督学习算法而言，自动化决策可解释性问题不大；而对于无监督学习与强化学习算法而言，可解释性问题存在巨大挑战。尽管机器学习的深度发展使得自动化决策的可解释性工作面临挑战，但复杂性不能成为个人信息处理者逃避履行解释义务的借口。面对不同类型的机器学习算法，需要因地制宜地制定解释标准，以使不具有算法专业背景的个人理解算法自动化决策规则。

GDPR 第 12 条采用易读性标准，要求个人信息处理者以简洁、透明、易读和易获取的方式，并以清晰直白的语言向数据主体提供与自动化决策逻辑相关的有意义的信息，使相对人能够知晓对其权利或正当利益产生不利影响的自动化决策是如何做出的。GDPR 第 13 条（2）款（f）款、第 14 条（2）款（g）款以及第 22 条（3）款中都提到"与决策相关的有意义的信息"。至于何为"与自动化决策相关的有意义的信息"，法律上并没有形成统一、明确的标准。关于第 29 条，工作组在《关于自动化个人决策和识别分析目的准则》第三部分以示例的形式对"与决策相关的有意义的信息"做出进一步阐释。该准则指出，数据控制者应找到简单的方式将背后的原理或做出决策的标准告诉数据主体，而无需解释其使用的复杂算法或披露出全部算法，但被提供的信息必

① 参见张凌寒《商业自动化决策的算法解释权研究》，《法律科学》（西北政法大学学报）2018 年第 3 期。

② 参见贾章范《论算法解释权不是一项法律权利——兼评〈个人信息保护法（草案）〉第二十五条》，《电子知识产权》2020 年第 12 期。

③ 沈伟伟：《算法透明原则的迷思——算法规制理论的批判》，《环球法律评论》2019 年第 6 期。

须是对数据主体有意义的。[①]解释义务的解释对象为自动化决策或算法决策，面对复杂、繁琐和专业的决策，如何以平实、清晰、易懂的方式使相对人理解自动化决策结果做出的逻辑和依据，如何制定合理的解释标准，是不得不面对的问题。

（三）解释义务与商业秘密存在冲突

自动化决策是由算法技术驱动的，而算法是一系列解决特定问题的清晰指令。算法既包括算数运算、逻辑运算、关系运算，也包括数据传输指令和赋值运算。[②]解释义务要求个人信息处理者对算法自动化决策进行解释，但从企业角度出发，公开算法逻辑可能侵犯商业秘密。[③]加之，算法决策的准确性与算法的可解释性之间存在张力，“强制要求算法具有可解释性会削弱算法的潜在优势”[④]。当前，政府机构运用企业研发的算法软件作出公共决策，使得行政决策的公开透明与企业算法商业秘密保护之间存在矛盾。在我国司法实践中，算法商业秘密性质亦得到法院的认可，商业秘密也会成为平台拒绝公开算法的合法理由。[⑤]过度强调商业秘密的保护，而忽略个人权利和正当利益，并拒绝公开和解释自动化决策的运行逻辑，无疑会产生一定的负面效应。与著作权、专利权不同，个人信息处理者的算法商业秘密保护没有明确的边界，难以在当事人之间构建权利保护的平衡机制。如何化解个人信息处理者的自动化决策解释义务与算法商业秘密保护之间的矛盾，是亟待回应的难题。

三　自动化决策解释义务行使的范围及限度

剖析自动化决策解释义务的程度和构造，需要充分考虑算法自动化决策技术的复杂性、个人信息处理者的解释成本、个人信息权益保护以及算法商业秘密的保护等因素，结合自动化决策解释义务行使的司法实践，并通过利益衡量和价值权衡对其予以限制。

（一）解释义务的解释对象仅限于事后的具体解释

自动化决策解释义务之解释对象的限定，旨在明确个人信息处理者需要就哪些事

① Article 29 Data Protection Working Party，Guidelines on Automated Individual Decisionmaking and Profiling for the Purposes of Regulation 2016/679，WP251rev. 01，6 February 2018, p.30.

② 李晓辉：《算法商业秘密与算法正义》，《比较法研究》2021 年第 3 期。

③ 林洹民：《个人对抗商业自动决策算法的私权设计》，《清华法学》2020 年第 4 期。

④ 金梦：《立法伦理与算法正义——算法主体行为的法律规制》，《政法论坛》2021 年第 1 期。

⑤ 参见“陈鱼与杭州阿里妈妈软件服务有限公司网络服务合同案”，杭州铁路运输法院（2017）浙 8601 民初 3306 号民事判决书。

项进行解释。从自动化决策运行机制观之，自动化决策过程要经历算法建模阶段和算法模型应用阶段。相应的算法解释可分为以算法模型为中心的事前解释和以具体决策为中心的事后解释。① 事前解释聚焦于特定算法模型，致力于打开“算法黑箱”，要求个人信息处理者就自动化决策系统的运行逻辑、预期的后果和一般功能做出解释。事后的具体解释聚焦于自动化决策系统应用后所产生的具体决策结果，要求自动化决策使用者就具体决策运行的逻辑、理由和依据做出解释说明。例如，就个人信用评分系统而言，事前解释要求个人信息处理者针对自动化决策系统的一般逻辑、输入的数据类型、处理目的予以说明；事后解释则要求个人信息处理者就特定评分是如何形成、参考个人信息主体的哪些数据以及该数据所占权重是否合理等事项予以解释。可见，事后解释是一种更倾向于个体主义的解释，② 有助于个人信息主体理解与自身权利密切相关的自动化决策做出的逻辑、理由和依据。我国《个人信息保护法》第 24 条规定的自动化决策解释义务属于事后的具体解释，它涉及对特定对象、就特定决策进行的解释说明。对于事前的自动化决策系统逻辑的解释说明，应当由《个人信息保护法》第 7 条“个人信息处理的公开透明原则”以及第 17 条“个人信息处理的告知义务”予以规制。

自动化决策解释义务要求个人信息处理者提供与特定决策结果相关的有用信息，而无需提供复杂的数学解释和技术细节。披露复杂的数学解释和技术细节，对普通用户来说既不可行，也没必要；但笼统地披露自动化决策的整体逻辑，亦不利于增进用户对自动化决策系统的理解。根据自动化决策解释义务的要求，一方面，个人信息处理者应使用清晰直白的语言，对特定自动化决策系统运行的基本逻辑、使用的数据类型及其所占权重作出解释，而不应使用含糊其词的术语，增加用户的理解难度；另一方面，个人信息处理者履行事后解释，只是解释特定自动化决策系统的基本逻辑和主要参数，而不披露其所使用的具体参数和权重。综上，个人信息处理者履行自动化决策解释义务，只需要对事后特定自动化决策结果的基本逻辑、主要参数和大致权重予以解释，无需提供特定决策的运算方法和技术细节。

（二）解释义务的解释标准是以技术专家为主导的理性标准

我国《个人信息保护法》和欧盟 GDPR 采用的可理解性和易读性标准，在司法实践中难以得到有效应用。GDPR 第 12 条第 1 款以自动化决策相对人理解能力为基准，界定解释义务之解释标准，即个人信息处理者应当以清晰直白、透明简洁且易于获取

① 参见张恩典《大数据时代的算法解释权：背景、逻辑与构造》，《法学论坛》2019 年第 4 期。
② 吕炳斌：《论个人信息处理者的算法说明义务》，《现代法学》2021 年第 4 期。

的形式向个人履行解释说明义务。我国《个人信息保护法》第17条吸纳GDPR第12条的立法精神。但从自动化决策解释义务之解释对象观之，简洁明了的解释标准与自主性、复杂性算法技术本身存在矛盾。解释对象面对的是迅速更迭、具有高度复杂且自主的多层神经网络或深度学习算法，这与上述解释标准存在冲突，即简单明了的解释不能确保易于理解。仅由个人信息处理者单方面解释，难以达到保障个人信息主体权益的目标。解释标准的建立应当以中立的技术专家为主导，尽可能排除个人信息处理者和个人因素的干扰。

解释标准的确立须超越个人信息处理者和个人的“两分法”立场，引入中立的算法技术专家小组。其一，个人信息处理者向与其签署保密协议的专家小组公开算法源代码，由专家对算法信息进行分析和评估，并以书面形式形成算法检测评估报告。其二，根据评估报告的评估结果，经由算法技术专家小组，面向特定场景下的用户群体，以相对人能够理解的方式探寻一般理性人解释标准。如果个人要求算法技术专家小组介入，则应由专家小组对自动化决策运行程序予以验证。以合理的解释标准为指导，个人信息处理者在一定范围内允许个人检查其数据画像，包括数据处理情况以及用来推导数据画像的数据来源。个人有权要求平台对自动化决策的过程和具体结果做出合理的说明和解释。仅记载源代码和相关数据的分析报告尚不足以证明算法权力的合理性。平台应嵌入技术正当程序，为用户提供异议、陈述与申辩的程序机制，以确保算法权力正当行使。面对用户质疑，基于权利义务相一致的理念，平台应本着诚实信用的精神，在履约阶段进一步追溯自动化决策，对算法逻辑构造做出合理解释，促使算法契约的合意趋于完善。

（三）解释义务与商业秘密保护的和解是比例原则指导下的利益衡量

商业秘密保护与自动化决策解释义务行使之间存在较为明显的利益纷争。个人信息处理者通过商业秘密保护，增强其基础算法与核心技术创新；[①] 而个人通过请求公开算法决策，捍卫其合法权益。该解决之道即为对不同利益主张进行利益衡量。比例原则着眼于利益衡量，其在解释义务与商业秘密保护之间表征为，不特定个人信息主体权益即社会公共利益与个人信息处理者财产利益之间的权衡。比例原则可以细化为适当性、必要性和均衡性原则。适当性原则强调所采取的手段利于目的的达成；必要性原则强调在达成目标的诸多手段中，选择对个人信息主体权利损害最小的一种；相称性原则是指所采取的手段对他人造成的损害与其所达到的目的相称。以“手段/目的”为分析框架的比例原则，不仅适用于宪法和行政法领域，而且适用于私法领域。

① 张吉豫：《智能时代算法专利适格性的理论证成》，《当代法学》2021年第3期。

立足比例原则，为保障个人信息主体的信息权益进而实现算法监管和问责，需要将自动化决策解释义务限定在何种范围内，才能对个人信息处理者的商业秘密保护带来最小干预？自动化决策解释遵循原因型透明，即通过解释算法决策做出的事实、理由和依据，达致算法可理解，保障个人信息主体的信息权益、强化算法监管和问责。[①]个人信息处理者应当向个人履行解释说明义务，根据个人的请求，解释自动化决策的运行机制、参考的大致权重、决策的依据以及具体结果。若个人信息处理者认为履行自动化决策解释义务会侵害其商业秘密，则个人信息处理者应当证明其商业秘密的权益高于个人享有的人格权益。除此之外，商业秘密保护事由不能成为其拒绝履行自动化决策解释义务的借口。新型数据立法之下的自动化决策解释义务侧重于保护个人信息主体的知情权和自主权；传统知识产权法中的商业秘密保护规则侧重于保护自由公平竞争下的商业秘密权利人。[②]无论是保护个人权益还是保护商业秘密权利人，自动化决策解释义务为商业秘密保护设置合理边界。

解释义务与商业秘密保护的和解，在比例原则的指导下得以完善。从比例原则之适当性原则看，对于个人信息主体而言，相较于以鱼缸型透明即公开源代码为表征的技术解释，以原因型透明为表征的算法决策解释更具有可接受性和可理解性。从比例原则之必要性原则看，不同于公开算法源代码的技术解释，算法决策原因的公开在增进算法透明的同时，对算法商业秘密保护的损害最小。从比例原则之相称性原则看，算法决策解释义务要求个人信息处理者向公众解释算法决策做出的理由和依据。作为析理型或原因型的算法透明，自动化决策解释义务强调算法决策理由或原因的公开，它要求个人信息处理者就算法决策运作的一般原理、算法决策的过程及其决策结果所依据的事实和理由做出解释。基于比例原则的检视，以原因型公开为核心的算法决策解释义务的实现，需要分两步走：第一步，个人信息处理者向与其签署保密协议的且具有算法技术专业背景的专家小组公开算法源代码；第二步，由专家小组对个人信息处理者披露的算法技术信息进行分析和评估，进而形成关于算法运作原理和决策过程的原因说明报告，并向社会公众公开。综上，基于算法决策原因或理由说明的自动化决策解释义务，不仅有利于保护个人信息主体的信息权益，亦能最大限度地降低对个人信息处理者算法商业秘密权的干预。

（作者单位　中南财经政法大学法学院　上海社会科学院法学研究所）

本文原载《学习与实践》2022 年第 8 期

① 李安：《算法透明与商业秘密的冲突及协调》，《电子知识产权》2021 年第 4 期。

② 蒋林君：《算法解释权的权利边界研究——商业秘密保护与算法解释权行使的冲突与协调视角》，《湘江青年法学》2020 年第 2 期。

据法阐释及意义探究

陈金钊

摘 要 辩思解释与据法阐释间的紧张关系，已经深刻影响了当代中国法治思维方式的构建。在辩证思维之中，广泛的解释性语用，张扬了法律的弹性，使法律能以灵活多变、与时俱进的方式调整社会关系。然而，过度的辩思也会使法律失去独立性，危及法律的权威性和安定性，进而导致与法治中国建设相适应的思维方式难以形成。因而常用的法律解释话语及其方法，最好能被据法阐释或法律阐释所替代。法治话语需要显现对法律的虔诚；法治思维需要突出据法阐释的基础地位。重视据法阐释的意义，在于强调法律的安定性、体系性和权威性等对法治的意义，明确法律的规范功能。

对“法律解释”之“解释”的意义，洪汉鼎教授在华东政法大学社科论坛（2021年总第225讲）上做了“论阐释”的学术报告。他认为“解释”一词的使用有脱离文本之虞，其过于宽泛的含义，不能表达先在的法律对主体思维过程的约束。笔者把洪汉鼎教授的思想转换成法学表达，大体上应该是“解释”及其思维方式不能体现法律的自主性，不符合法治所要求的思维方式之法律决断论。以法治为目标的法律思维模式塑造，不能过分强调人作为思维主体的能动作用。人的思维之自主性成分越多，法律发挥功能的空间就越小；思维结果之法律决断性就会被阻断。法治的基本目标就是法律能指引规范思维并约束评判行为，进而实现人类所希望的法律秩序。就法治的基本要求而言，法律意义的释放方式应为据法阐释，而非开放的辩思解释。法治思维具有保守性，基本的逻辑模式是思维层面的法律决断以及行为层面的依法办事。法治思维需要尊重法律的权威，据法阐释，反对“解释”（包括扩张、限缩等）。所谓阐释就是遵从法律文本所载明之原则、规范以及概念的意义。按照法治的要求，其包含诸多思辨、关系语境因素的“解释”，应该让位于以法律规范文本为基调的“阐释”。法学知识体系中常用的“法律解释”话语及其方法，应该转换为接近法治要求的据法阐释或法律阐释。阐释有多重含义，为避免不必要的争议，本文论述中“阐释”多与“据法”

连用。对据法阐释及意义的研究，不是探讨阐释、解释的语义，而是要探寻与法治中国建设相匹配的思维方式，以期实现据法阐释与辩证思维之间紧张关系的协调，重点论证由解释向阐释转向的正当性，探究在中国推进法治建设的思维方法。

一 什么是据法阐释？

在中国法律思想史上，与据法阐释近似的语词是法家的“一断于法”。但是今天对据法阐释的研究不是想唤回法家思想，而是要探寻现代法治所需要的思维与诠释方式。新时代以来，中国共产党把国家和社会治理的现代化设定为社会转型的新目标，法治在政治话语体系中的地位有所提升。法治思想、法学原理、法律推理、解释方法得到了广泛传播。然而修辞话语的法治言辞远没有成为思维方式。据法阐释、持法达变的法治思维以及现代法治的基本原则等，只是得到了法治论者的认同；崇法尚法、遇事找法、化解矛盾用法，仅仅停留在法治话语层面。原因在于我们并没有深入研究过法治需要什么样的思维方式。在传统辩证思维已经渗透到无意识层面的背景下，人们便很难正确理解建立在据法思考、依法办事逻辑基础上的现代法治原则。法治被随便定义，造成了解释问题层出不穷。在人们的思维模式中，甚至在法理学研究中，缺少对作为法治基本原则的法律独立性、稳定性、一般性、体系性和自主性等的认同；对法治命题缺乏深入的研究。对法治特点的描述，也缺乏基础性论证。在思维决策的关键时刻，法治仅仅被当成话语，只有修辞语用而缺乏实施方法。很多人近乎无条件地接受了后现代法学的结论。含有拟制成分的形式法治，被批判为虚构的神话。法治命题得以成立的法律拟制性被概括为“稻草人”。在法律实践中，经常使用的是带有辩思色彩的法律解释，而这一词的语用以及思维方式常常使法律、法治的意义处于流动状态。这与法学理论研究、法治话语运用及法律思维模式构建过程中，没有很好地处理据法阐释与辩思解释的关系有关。在法学话语体系中，使用最为广泛的是带有开放性、创造性和辩证思维色彩的“法律解释”。法律“解释”话语及思考方式，使司法、执法者等都能以“解释”的方式进行立法或准立法活动。人们似乎已经遗忘了作为约束思维的法律及约束权力的法治基础思维——据法阐释的存在。

（一）据法阐释是忠于法律的诠释

洪汉鼎教授认为：“阐释一词在当代哲学诠释学中是一个核心概念。”[①] 对于阐释可

① 洪汉鼎:《论哲学诠释学的阐释概念》,《中国社会科学》2021年第7期。

从多个角度认定。笔者主要受洪汉鼎教授启发，将源于哲学、文学的阐释概念，运用到法学研究及法治思维方式的塑造中。据法阐释的思维方式带有思维的强制性，属于独断性思维，其基本基调始终与法律阐释相吻合。即在忠于法律的姿态之下，据法阐释或法律阐释起码有四个方面的含义。

第一，阐释需要尊重法律文本的权威。就阐释对象来看，阐释是对规范、文本的理解，包括主观预设规则的使用以及文本意义的释放。在大陆法系探究据法阐释，承认法律文本的地位具有极为重要的意义。为捍卫法律权威，法治要求不能作无文本或无规则的阐释，否则就是以释之名的造法。阐释需要对文本保持虔诚，不能缺少作为阐释对象的法律规定。阐释的本质是把蕴含在文本之中的意义释放出来，而不是把阐释者个体的意志强加给文本。从解释学的角度看，完全据法阐释也是难以做到的，然而这是阐释者的基本姿态。一般文本对读者来说，展现的是读者所能够体验到的意义。对不同的读者而言，文本的有些意义可能一直处于被遮蔽状态。因此，读者需要不断地探索以获取意义。总体而言，文本的意义有三：作者所欲表达的意义；读者所阐释的意义；文本所表现的意义。三者之间的重点所指，虽然很容易分辨，但要划分出截然的界限却十分困难。然而不论哪种意义，都“是从某处把不明显的、隐藏的东西阐发出来，而且还是被我们阐发出来”。① 文本已经明确的意义，不需要阐释。据法阐释与对文本的翻译近似，需要秉持文本中心论。“‘文本中心论’，都是主张以原作为权威，追求译文与原作全方位契合。”② 阐释与法律文本的连接，意味着对法律的阐释不能无中生有，而是对先前存在意义的发现或确认。阐释与文本的密切关系，意味着与解释也有不少的区别。与辩思勾连的解释，偏重于法律与社会关系的探寻，是直接把法律放置于社会之中进行意义探寻。而阐释则首先是阐释主体与文本之间的对话，其次才是与社会关系的交流。这一特点也正是法治论者认同阐释、谨慎解释，反对解释，尤其是过度解释的原因所在。

第二，阐释需要对法律保持虔诚的姿态。“阐释首先是一种虔诚性的理。”③ 即对所欲阐释的文本保持敬畏。过去学术界对法律教义学思维方式有误解，认为教义阐释是对文义的释放。其实，教义学阐释并非对文义之完全解读，因为解经学对文本多是从隐喻的角度阐释，基本不是根据文义得出的意义。因而据法阐释并不是教义学阐释，教义学与法学勾连仅仅表明对法律的虔诚姿态，而非运用阐释的方法。可以说，解经学基本不是对文本意义的诠释，而是对隐喻的解释、揭示等。而据法阐释则是对法律文义的揭示，或用法律思维及三段论推理等对法律意义的叙说。对法治思维来说，阐

① 洪汉鼎:《论哲学诠释学的阐释概念》,《中国社会科学》2021 年第 7 期。
② 屠国元、朱献珑:《译者主体性：阐释学的阐释》,《中国翻译》2003 年第 6 期。
③ 洪汉鼎:《论哲学诠释学的阐释概念》,《中国社会科学》2021 年第 7 期。

释者的姿态以及逻辑方法的使用非常重要。如果没有对法律文本的虔诚姿态及对逻辑规则的使用，文本意义的安全性可能会出现危机。阐释者需要表达对法律的基本忠诚，其对于文本的理解，不在于获取新意，而在于寻找文本固有的意义。法律思维的逻辑起点，是对文本固有意义的释放。文义优先原则包含对法律的阐释，始于文义也终于文义。从哲学诠释学的角度看，虽然虔诚的阐释仅仅是姿态，但对法治实现来说具有重要意义。对文本是否虔诚，可作为区分阐释和解释的标志。据法阐释强调文本的重要性，而解释则关注法律与社会的关系，强调社会效果的重要性。其实，解释者对文本是否关注，不仅可以看出阐释与解释的区分，而且可清晰禅释与阐释的不同。禅宗之阐释，试图摆脱文本、语言的束缚或缺陷，强调以心传心、心领神会以及顿悟方法等对意义的启示。这使得阐释经常会得出言外之意、弦外之音。其中虽然包含诸多智慧，但与法治思维强调文本的重要性差距较大。对于法律的意义探寻，虽然不能完全排除阐释对法治的意义，然而阐释肯定不能作为法治思维的形式。法治思维不能建立在完全脱离文本的顿悟及心领神会的基础上。

第三，阐释以探寻法律原意为主要目标。就阐释的任务而言，阐释文本、作品或行为的重要指向是探寻意义。这里的意义，不完全是文本的原意，而是在文本、阐释者和待处理案件事实三者之间的循环中所建构的意义。“阐释者的任务是在过去与现在理解与表达之间架设一座桥，澄清各种生活方式、经验意义和表达法间的联系。”[①]据法阐释的主要任务是根据法律赋予事实以法律意义。阐释的姿态是主张方法的客观性，在思维过程中应遏制主观能动性的发挥，尽量减少主观成分，尊重法律的自主意义。阐释的自主性对法律的虔诚姿态，主要表现为人们符合逻辑地追寻文本字里行间的原意，偶尔也会强调作者的原意。“传统阐释学把理解看作一种克服自身局限，摆脱一切主观意愿，无条件地认识和把握意义的过程，以此使阐释者超越历史环境，从而完全不带任何主观成分、‘透明’地去理解文本作者的意图，把属于阐释者自己的历史环境等种种因素看成理解的障碍，看成产生误解和偏见的根源。”[②]在法律阐释问题上，我们还需要注意到解释哲学对法律阐释的批判，即理解的主观性是无法祛除的，主体知识及姿态等前见因素，恰是理解之所以可能的条件。总之，据法阐释是一种对法律的虔诚姿态，是法治思维的基础性要求。恰当的法律运用需要在据法阐释的基础上展开。

第四，阐释需要使用封闭的法律方法。就方法而言，据法阐释需要捍卫法治的思维规则。阐释方法包括法律发现、法律推理、文义解释、体系解释、内部证成，以内在参与者视角理解和运用法律。据法阐释的方法使用要义有三：一是前置立场。对法律阐释来说就是法治目标的预设。二是前置法律行为规范、程序、原则、概念及对行

① 袁洪庚：《阐释学与翻译》，《外国语（上海外国语学院学报）》1991年第5期。

② 屠国元、朱献珑：《译者主体性：阐释学的阐释》，《中国翻译》2003年第6期。

为的评判标准等。三是前置法律思维模式，包括预先确定阐释法律的理念、原则和方法等。由于阐释有多种含义，为了论证的方便，避免单纯的词义争论，对阐释与解释的含义需要做出限定，把阐释与据法阐释连用，其含义就会产生明确的封闭指向；而在解释前面加辩思，就突出了解释的开放性。笔者认为“阐释”更接近法治所要求的封闭思维，而解释则含有更多的开放性、创造性等，更适合描述法律意义的变化。

总而言之，构成据法阐释的要素至少包括：对象、姿态、任务和方法。法治反对解释原则强调应该据法阐释，而据法阐释基本是围绕着文本规范的意义展开的思维或法律运用活动，主要包括：(1)使用逻辑思维规则，展开根据法律的思考，坚持法律的明晰性规则，即对明确的法律予以认定，谨慎使用辩思解释、价值衡量、法律续造等方法。(2)尊重现代法治的限权精神及法律的一般性、安定性和体系性等原则。(3)秉持法治反对解释，尤其反对过度解释；秉持克制姿态，尊重立法目的、意图和价值等，反对机械执法和机械司法等。(4)据法阐释要求遵循法治逻辑，即根据法律赋予事实以意义，而非问题导向的意义探寻。具体问题具体分析不能影响法律的安定性。法律意义的变化需要坚持持法达变原则等。

（二）据法阐释是独断性释义

独断是与探究并列的思维方式。法律阐释的独断性，既是对解经学概念的借用，也是诸多法学拟制之一。法律阐释的独断性假定：第一，法律的意义在没有被阐释出来以前，是存在于法律之中的；第二，法律是有意志的，运用拟制的方法，如法律推理、法律解释等就能自主释放出法律意义；第三，效力主体的唯一性，即不管多少人参与法律阐释，但有效力的意义阐释，只能由一个主体做出。无论阐释者是谁——法官、检察官、律师等主体，释放的只能是法律的意义，而不能是个人意志。在法律运用问题上，法治论者坚守教义学所传承的独断论，要求阐释者必须表达对法律的忠诚。对待独断（封闭）或探究（开放）的姿态，是区分阐释与解释的标准。主导封闭、独断的是阐释，而倾向于开放、探究的是解释。阐释更接近于思维的决断论。根据法律思考的法律决断论，是现代法治理论的逻辑基础，其要义就是据法阐释、依法办事。与解释的开放、探究性不同，当阐释与法律组词连用时，法律的封闭性会有所显现，思维过程至少有目标与规范两方面约束：一是在目标追求上需满足法治的原则；二是把法律作为思考依据，显现法律的规范指引功能。据法阐释是法治思维的基本原则，要求阐释者以独断的方式释放法律的意义。

从辩思角度看，对据法阐释的强调就是对辩思解释的遏制。思维形式的法律决断、据法思考，是对解释者主体性的抑制。据法阐释意味着法治思维必须具有相对封闭性。

其思考的前提范围是法律，所释放出的意义，也基本是在法律文义辐射范围之内。阐释者不能背离法律的基本教义。这显然是基于思维方式的限权。据法阐释是对思维过程的描述，是释放法律文本的固有意义以及体系的逻辑意义。这在法理学上也被称为法律自主性。法律自主是法学拟制的概念,强调阐释者的主体性是被法律所抑制的对象。阐释者对法律文本（法律规范）的理解和诠释，是受法律及其思维规则制约的。在阐释过程中，虽然强调法律、法治的精神、价值和社会等语境因素，但主要用于对文本的辅助理解，而非直接用精神、价值等裁决案件。案件语境中的据法阐释，其实是对法律有所理解基础上的再次定义。但即使是再次定义，也必须以先在的法律为基础进行阐释。

法治思维的常态模式就是以不变应万变，与其相对应的方法是据法阐释。可以说据法阐释是对“法治反对解释原则”的贯彻。如果在思维决策、案件审理过程中尽情使用辩思解释或概念语词的边缘意义，就可能使法律失去明确性。这当然不是说法律不能变化，相反，法律变化需要借助辩思解释，也需要奉行持法达变的原则，并使用法律论证等方法。如果法律的边缘意义被随便使用，就会出现法治危机，法治也就难以为继。据法阐释是法律能够实现自主的方法。但对于法律能在何种意义和程度上实现自主，则需要认真研究。面对复杂多变的社会，法律应该变化，但不能是任意或随机的变化。即使法律的意义必须有所变化，也需要恪守基本的法治原则。所以法律意义变化的原则，就是持法达变。因此，法理学应当进一步明确持法达变的运用是有条件的。只有当据法阐释或三段论推理出现问题，如偏离价值、与社会情势等有较大出入时，才可以运用较为开放的辩思解释来处理纠纷。

（三）据法阐释是法治思维的基础方法

在我们开启全面依法治国建设目标之际，一批后现代法学学者对法治的弊端以及不可能性也进行了全面反思。但我们对现代法治的选择，似乎没有受到后现代法学的影响。学者们基本是拿传统中国与西方社会进行简单对比而得出结论。很多学人在比较中，看到的是法治的优点及法治的工具性、阶级本质等，而对法治所可能付出的代价或者法治的弊端，则有意或无意地采取了回避的态度。很多中国人对法治的理解基本上是可有可无的工具主义，缺乏理性的论证以及对法治弊端的反思。目前，我国已经建立了比较完善的中国特色社会主义法律体系,但并没有完全实现“把权力关进制度的笼子里”的目标。约束民众的法律执行得较好，而约束权力的法律，理解和执行则不十分到位。要么对已经制定的法律选择性遗忘，要么对有些不愿实施的法律进行辩思或变通。法治遭遇的困难呈现为目标与思维方式的不匹配。相应的，困难的克服需要改变现有思维方式。可是传统的辩思解释并不容易改变，对形式逻辑的重视也不会轻易形成。

我们需要意识到，辩思解释或据法阐释都难以满足法治对思维方式的要求。拟制的法治理论，要求据法阐释的法律自主满足预设的法治。可是法律自主性不可能是真的，只能是一种追求的姿态。要想真的实现法律自主性，确实存在太多难题。然而没有这种姿态，根本就不可能有法治。其实，法律自主性与作为法治原则的法律稳定性、安全性、一般性和明确性等关系密切。塑造与法治相适应的法治思维，不仅要考虑据法阐释的要求，还需要考虑当下思维方式的特点及缺陷。思维方式是历史发展的结果。重视逻辑的法律思维方式之形成，始终需要法律职业群体的共同努力。“任何科学分支，其知识的类增，主要不是依赖逻辑证明为合理的范围，而是依赖古往今来的生命延续。”①思维方式的塑造不仅要考虑现实需要，而且必须考虑过去，因为不了解历史文化以及话语的历史性，便不会有思维方式的改进。在中国辩证思维盛行的背景下，既不能把据法阐释绝对化，也不能忽视辩证思维的作用。欲找到在中国实现法治的方法论，需要强化据法阐释在法治思维中的基础地位。

阐释就是重视逻辑方法在思维过程中的作用。由于辩思解释忽视逻辑或法律规范对思维的“强制”，因而法律就会失去规范功能。过度使用辩思解释法律，滥用了普遍联系的原理，否定了法律的独立性，致使法治命题就此中断。因为，辩思解释不是根据法律规定推出意义，而是对法律的意义秉持开放姿态，认定法律的意义需要在社会关系中探寻，而不能拘泥于文意。这显然过于强调了目的或社会语境因素对法律意义的影响。法律存在于社会关系之中，因而法律的意义需要在法律与其他社会诸要素间的思辨关系中寻求。辩思解释方法所探寻的法律意义，不仅是在法律文本之内，即不能仅根据法律规定推出法内之意，还有法律与其他关系辩思得出的“言”外之意。社科法学为在文义之外探寻意义提供了理论基础和探究方法，但辩思解释的方法论基础在中国是传统的辩证思维，在西方则是反基础法学（包括现实主义法学、社会法学和后现代法学等）。辩证思维包含诸多智慧，对法治目标的实现来说也非常重要，但不能也不宜将之作为法治思维的基础。②

二　如何理解据法阐释?

如何理解据法阐释，牵涉与法治匹配的法治思维的塑造。由于据法阐释存在不能与时俱进、机械僵化等缺陷，因而遭到了西方自由法学、现实主义法学等流派的

① 〔美〕理查德·哈特向:《地理学的性质——当前地理学思想述评》，叶光庭译，商务印书馆，1996，第12页。

② 陈金钊:《辩思解释的意义探寻》,《法学论坛》2022年第4期。

长期批判，后现代法学更是对其进行了多角度瓦解。通过揭示法律的可废止性、不确定性、意义的流动性等，进而得出据法阐释、依法办事的不可能性。而社科法学把据法阐释放进法律与社会关系中进行辩思，指明单纯的据法阐释可能会产生僵化、脱离社会、过于严苛等弊端。当今中国，人们对据法阐释、依法办事之思维模式的挑战，则是运用传统的辩证思维，认为据法阐释存在思维的片面性，因而强调在语境中具体问题具体分析。确实，面对丰富多变的社会，法律的意义经常会发生变化，据法阐释、依法办事的思维确实存在不少弊端。然而，这种注重弊端的研究方式，忽视了据法阐释的积极意义，不仅难以正确认识法治命题，也很难塑造法治思维方式。

（一）对据法阐释需从法治命题的高度理解

据法阐释是法治实现的必要的基本要求。研究发现，在重构法治或重塑法治思维这一问题上，中西法学家都想到了逻辑与辩思的融贯或协调，可是在需要融贯的对象或协调的内容、方向等方面却存在诸多分歧。西方法学家欲融贯的对象是辩思解释，即在逻辑思维之中引入辩证思维，以解决思维方式过于死板的问题。而对于中国的法治建设者来说，则是要打破辩思的绝对性，引入重视逻辑的据法阐释，以解决法律意义变化过于灵活多变的问题。麦考密克在《修辞与法治》一文中谈道："对法治的关切是文明社会的标志之一。"[①] 民主、自由、权利和尊严等价值的实现，都要以法治为基础。然而实现价值的需要只能证明法治的必要性，而不能导出实现法治的可能性或路径。法治命题及其实现有两个前提预设必不可少：一是作为思考依据、推理前提的法律，应该具有一般性、权威性、明确性、安全性、稳定性和体系性等。这是实现思维决策的法律决断、法律推理和据法阐释的前提。二是拟制的法律主体需要掌握据法阐释的方法，且具有法律推理论证能力。有了前提、方法和能力，才有可能实施显现法治存在的"一般优于个别""一般涵盖个别"的据法阐释、法律推理的目标。换言之，法治首先需要拟制法律规范体系和主体调整机制、体制，而主体也能据法思考、阐释和推理，释放出法律的意义，在体制依法运转的基础上实现法律秩序，法治命题就是建立在这样的逻辑结构之上的。

在西方反基础法学的长期努力下，构成法治命题的这些要素，如法律明确性、稳定性等被逐一破解。这种破解是站在法律运用的角度，确认了法律的可废止性或可争辩性。而法律可争辩性又导致了意义的不确定性，致使法律的明确性、安定性等被否定。反基础法学的系列观点，实际上从逻辑上否定了法治命题。因为如果法律没有明

---

① 〔英〕尼尔·麦考密克：《修辞与法治：一种法律推理理论》，〔加拿大〕大卫·戴岑豪斯编著《重构法治——法秩序之局限》，程朝阳、李爱爽译，浙江大学出版社，2020，第 229 页。

确性，就等于否定据法阐释的可能性。如果法律是可争辩的，意义就是不确定的，进而据法阐释也就是不可能的。我国法学界对法治命题几乎没有进行过系统的研究，而对于法治命题的怀疑则是以思维冲撞的方式呈现出来的。在西式法学传到中国的过程中，教义学法律方法开始被接受。人们开始重视逻辑推理等方法在法律实施中的作用，据法阐释被认为是实现法治的基础思维。但是由于据法阐释、一断于法的思维与传统的辩证思维，无论是在理论系统还是在实践之中都有冲突，这就造成法学研究或法治实施的难题。迄今为止，法学界普遍不承认法律的拟制性，也很少论证过法律的一般性、体系性等对法治的意义。据法阐释的思维模式常被嘲讽为机械或死板教条，认为面对丰富多彩不断变化的社会，据法阐释的思维方式明显带有僵化、片面和机械等特性。这与整体全面、灵活多变的辩思解释有较大差距。

在法治的诸多原则中，法律的安定性是对抗权力恣意的基础。因而，据法阐释的思维方式，对保障法律的安定性有特别重要的意义。法律的安定性包含稳定性与安全性两个方面。法律的稳定性是指谨慎立法，尽量避免不必要的废、立、改，而执法、司法者则需要据法阐释，以保证法律的安定性。法律的安定性是法治的生命之所在。没有法律的安定性就不可能有法治。法治的目标是建构法律秩序，而秩序的建构必须要有稳定的法律。然而，社会不会因为有了稳定的法律而停滞发展变化。这就使得所有法律与社会之关系的思考，都必然会围绕协调法律安定与社会变动而展开。法学家由于比较看重法律的安定性，所以都会把据法阐释作为法治思维的基础。为做到据法阐释就需要改变轻视逻辑的传统，认真对待形式逻辑，使逻辑固法的功能发挥出来。有了安定性才能有以不变的法律应对千变万化的法治思维。在对法律安定性追求的过程中，要防止为了适应变化而放弃据法思考，或为了据法阐释就不能与时俱进的情形；不能认为放弃据法思考就是法治危机，也不能认为法律有所变化就不是法治。

当然，对据法阐释也需辩证看待，不能将其奉为教条，否则也会毁掉法治。据法阐释是基础性法律方法，而法律运用是法律方法的综合运用。面对发展变化的社会，法律意义有所变化是正常的，但对法律的随意解释是不允许的。以据法阐释为基础，法治思维还包括与之匹配的其他内容。即在一般情况下，要尊重法律的安定性，以不变的法律调整变化的社会，以简约的法律调整复杂的社会。如果法律需要变化，也需要尊重法律和法治的要求持法达变。需要说明的是，据法阐释之“法”是指实在法，而非自然法。法治是实在法的统治，只有当社会急剧变动时，才需要自然法予以补充。如果据法阐释所释放的意义依然不能解决纠纷化解矛盾，那就需要进入超越阐释的解释，或者说进入法之续造阶段。

（二）对据法阐释需在辩思关系中理解

中国人较为普遍地接受了辩证法，辩证思维的普及率极高。从辩证思维的角度，可以把据法阐释置于法律意义的常与变、法律的稳定性与变动性、法律规范与其他社会规范、法律与政治、法律与经济等关系中展开观察。就中国人思维方式的现实情况看，对辩证思维与据法阐释的关系处理，已经成了塑造法治思维方式的关键。①因为现代法治的逻辑拟制基础是形式逻辑，而我们常用的思维方式是辩证思维。问题的关键是，在辩证思维（或后现代“解构”背景）之下，法治命题能否成立？法治思维模式能否构建？这考验法学家的理论水平和实践智慧。当代中国辩证思维之下的法治思维建构难题，与西方后现代法学的“法治危机”是相似的。对这一问题的解决，麦考密克提出的解决方法是“迈向协调”，而中国人提出的解决方式是结合论的综合治理。问题在于，究竟该如何结合或者协调。由于西方法治思维是基于逻辑的涵摄推理，因而对法治危机的修复之路，是完善法律推理的大前提。后现代法学揭露的法律不确定以及意义的流动性所指向的主要是制定法，所以法律的缺陷主要是制定法的缺陷，而制定法的缺陷则可以通过“外部征用”的方法予以弥补。于是，学界提出通过外部证成的方法，纳入更多的法外因素，从而使法治思维获得宽泛或实质意义上的合法性以及更多的可接受性。当然以此方式实现的不仅包括形式法治，而且包括实质法治。这与我国政治学、社会学等学者提出的建议并无二致。

在辩证思维模式中，后现代法学所言的“法治危机”其实是不存在的。因为人们可以用常与变的关系转换来描述法治实现的过程。在辩思的话语系统中，法律的安定性与意义流动性均属于正常范围。法治就是在安定与流动的互动中实现的。只有法律有恒常稳定的意义，据法思考的法律推理、解释和论证等才有可能；而阐释、推理等法律运用，肯定会引发法律意义的流动。按照法治的原则要求，法律意义的流动肯定不是随机任意的。拟制的法律制度、法治理论等已经规制了流动方向。意义流动其实就是人们在具体情境下理解、阐释和运用法律。而法律运用需遵循法律思维规则，进而在动态中重新确定法律的意义。经由思维层面的据法阐释后，才有行为层面的依法办事。法律运用是对法律“常—变”意义的否定之否定。立法是对法律有所定义，而法律实施则需要在立法有所定义的基础上进行再次定义。法律适用的可废止性、可讨论性和可选择性等，并不能否定法治的可能性。

后现代法学只看到静止或变化的一端，而没有厘清两者之间的关系。因而要么据

① 之所以是关键的理由，还因为我国学者只是从中外比较、经济、政治等实用和历史发展的角度论证了法治中国的可能性，目前还没有人从逻辑思维方法的角度证立法治。

法阐释，要么辩思解释，没有把两者结合起来。实际上，据法阐释与辩思解释具有兼容性。据法思考并不排斥辩证思维，辩思也需要讲究逻辑，不能用辩证法替代逻辑思维。基于法律一般性的涵摄是据法阐释的前提，这为可能的意义划出了“解释的边界”。“一提到开放性术语，就说与法治原则不兼容，这是不明智的。但基于同样的原因，一提到这些有弹性的词语，就说他们与法治一致，也是不明智的。”[①] 爱泼斯坦的这一提示具有重要意义。因为在我国学术界确实存在一种观点，认为中国人不讲逻辑，因而不可能实现建立在形式逻辑基础上的现代法治。很多人认为，形式逻辑可以被辩思所超越，辩思解释也能实现法治，只不过是实质法治；实质法治是法治的高级阶段。这两种思路都否认了据法阐释可与辩思解释的兼容，因而是不明智的。西方法学尊重逻辑，所以用外部证成的法律论证方法展开协调。这其实是附条件认同了实质法治的思路，在法律实施的过程中扩大了法的范围，实际上也属于辩证思维。

（三）对据法阐释需从现代法治的角度理解

从思维方式的角度看，我国现代法治的建构需改变传统的、被庸俗化的辩思，同时重视理性、逻辑对思维决策的作用。现代法治有两个标识。（1）讲究逻辑的现代思维方法。与后现代辩证思维相比较，现代法治思维以形式逻辑的系列性拟制为基础，假定法律可以自主，法律有独立的意志，因而可以进行法律解释、法律推理，而推理、阐释的前提是立法者拟制的规范体系；同时将法律思维规则作为思维决策的依据，即据法阐释、推理和论证等方法。（2）反对任意专权的现代价值追求。与前现代比较，现代法治融入了民主、自由、人格、和平、社会权利、平等、尊严、反对专制、暴力等法律价值。据法阐释能够兼容现代法治的这两个方面。在一般情况下，人们所言谈的现代法治主要是基于法律拟制所衍生的法治原则，诸如法律明确性、权威性、安定性和体系性等，这些法律的基本属性，一方面构成了法治诸原则的主要内容，另一方面也是据法阐释思维方式得以展开的前提因素。即据法阐释、依法办事之法，也要符合这些特性。法治所要求的合法性证成所仰赖之法律思维规则，就是建立在这些特性基础之上的。思维是否具有合法性，需要将法律思维规则作为标准来加以衡量。

据法阐释符合现代法治的逻辑，能够实现法律阐释的独断性、法律的自主性等目标。这些目标并不是现实的情景，而是法学家基于法治的逻辑需要展开的拟制。原初的世界没有法律。法律是拟制的产物，是为了法治在逻辑上能够成立而预设的前提。法律拟制本来就是社会事实的制度化建构，只不过人们的思维如果认可、接受这些法律拟制，

① 〔美〕理查德·A. 爱泼斯坦：《私有财产、公共行政与法治》，刘连泰译，浙江大学出版社，2018，第 28 页。

法律就会成为思维的规范指引和行为的评判标准，并且随着法律实践的深入，拟制的法律实际上已经成为社会的组成部分。在法学研究及现实社会中，很多人遗忘了法律、法律阐释的拟制性，转而从科学实证、辩证思维等角度揭示法律、法治的“虚假性”：认定独断论阐释或依法办事的原则仅是姿态或原则性要求，没有与之匹配的恰当方法。这些反基础法学的主张被认为是对现代法治的反思。在后现代法学看来，以往学界所主张的对法律忠诚的合法性也并不纯粹，其始终夹杂着与法治冲突的各种政治、社会、文化等语境价值因素。

后现代法学关于法律不确定性的证立，危及现代法治的可能性。尤其是流派林立的法理学，对于法律本质的多角度探究，彻底打破了法律形式主义的权威，正义、自由、理性、平等、心理、行为、规则、规范、规律、阶级意志、民族精神、文化和传统等，都被拿来当成法的本质。这使得法律的封闭性被打开。从话语效果来看，对法律本质的纷争，其实是用意识形态或话语方式打乱了法律的核心定义，从而使法律远离了规则与程序，而没有了规则和程序，法治也就失去了基本定义。对法律拟制性、独断性的否定，其实是从探究的角度，颠覆了法治的可能性。因为无论是学者还是法律人，在进行法律活动时都会遇到据法阐释之“法”是指什么的问题。如把法律简单认定为正义的体现、人民的意志等，可能会使法治之法在语境中更难。在这一背景下理解据法阐释，就应该恢复法律的基础含义，抓住法律概念的意义核心。可以说，法律的意义来自对法律条款的正确理解，不能超越宪法、法律规范直接用价值、阶级、正义和利益等解释法律。现代法治意义上的据法阐释，要尊重法律的一般意义。即制定法、判例法规范和程序是法律概念的中心。不认可这一点，纯粹从科学、本质上定义法律，根本就不是在言说法治。

三　据法阐释对法治思维建构的意义

后现代法学对法治的解构，所依据的理论基础是哲学阐释学。“在后现代主义氛围下，解释学已经为种种实质上按照货币与市场原则肆意解构和消费历史的做法，提供了直接的意识形态。”[①] 由解释哲学为后现代法学提供的辩思理论，对瓦解现代法治提供了思维工具，以致据法阐释作为通向法治的基础方法被否定。伽达默尔认为，前见是理解之所以可能的基础。一个人所理解的，就是他能理解的。因而，只要有理解，理解便会不同。这样，在法律问题上只有不同答案，没有正确答案。逻辑思维方法角度的法治，可能就此止步。这是哲学阐释学对法治带来的负面影响。即出现了“文本阐

① 邹诗鹏：《解释学史学观批判（上）》，《学术月刊》2008年第1期。

释有效性被置换，以及因相对主义绝对化而导致的价值虚无主义盛行”。[①] 反基础法学对法律推理、据法阐释的否定，虽然是运用辩证思维的方法，却只注意到了法律的变化，而没有关注法律的拟制性、安定性等。据法阐释或法律阐释是拟制的概念，它对法治的意义不宜用实证或辩思方法来否定。

（一）确立据法阐释的基础地位，可抑制辩思解释的过度灵活

后现代法学的反思主要针对严格法治的思维模式，包括据法阐释的思维方式和依法办事的行为方式。这种基于辩证思维的反思性批判，在一定程度上缓解了法律与社会的紧张关系，克服了纯粹据法阐释思维的狭隘性，促使一些法学家引入了法律论证方法（主要是外部证成）来重塑法治思维模式。外部证成的方法以论证话语强调了语境（法外）因素的重要性，诸如价值、道德、伦理、社会、科学和情理等对法律意义的影响。这实际上等于扩大了法律的范围，是把制定法、判例法以外的诸多规范和价值纳入法律渊源范畴。但我们必须看到，法律论证的外部证成，不是要否定法律权威，而是想通过法外因素进入法律，缓解据法阐释、依法办事可能带来的僵化。这就意味着，外部因素进入法律是有条件的，必须经过法律论证方法的检验。实际上，缓解法律机械僵化的外部证成方式，基本上就是中国人常用的辩证思维、整体思维。只不过，我们没有在思维方式中给据法阐释预设恰当的位置，而是用辩思解释或结合论使其他规范直接替代法律。我们常常抱怨在中国法律没有权威、法治不彰等，这其中有很多原因，但是在辩思解释中没有正确对待据法阐释也是非常重要的原因之一。正是因为辩思解释过剩才导致法律没有权威。在辩证思维之下，人们对法律多采取灵活的态度。这当然不是说当今不存在机械执法，而是时而机械、时而灵活，任意选择飘忽不定。为了塑造与法治中国建设相匹配的法治思维，我们需要在以下几个方面做出努力。

第一，确定据法阐释在法思维中的基础地位。由于据法阐释和辩思解释都有其存在的合理性，所以把两者结合起来就成了必然。可结合并不是把两者放到同等重要的地位，而是要把据法阐释置于基础地位，把辩思解释置于辅助地位。这是由中国现代法治建设的使命所决定的。在辩思思维的支配下，据法阐释处于被抑制状态。与据法阐释近似的“一断于法”的思想，只是在秦代短暂盛行。在我国古代的历史长河中，德主刑辅的辩思方式居主导地位。鸦片战争失败后，中国人开始探寻现代化法治之路，据法阐释、依法办事等法律思维方式开始在法学教育及法律实践中被倡导。在法治理论中，由于现代法治强调法律权威，据法阐释就成了法治思维的基础。这种思维方式的核心要义是强调对“法治反对解释原则”的坚持，反对对明确的法律进行意义添加

① 耿强:《阐释学翻译研究反思》,《四川外语学院学报》2006 年第 2 期。

或限缩，更反对转义解释。法治反对解释原则是对法律明确性的肯定，认为立法者所创设之体系性文本，已经对规范受众的思维走向和行为规范有所定义；认为只要法律规范的意义是明确、清晰的，就不需要解释，只需对法律已有意义的认定、遵守就可成就法治。法治意味着，明确的法律必须被实施。法律文本的规范意义得不到遵守，法治就是空谈。

第二，据法阐释是法律实施不能逾越的阶段。执法、司法者不能直接运用辩思解释来确定或说明法律之意义；应该坚守文义解释优先原则。法律实施要遵守文本明确的定义。如果法内之义得不到尊重，法律的权威就不能得到保证；如果执法中所释放出的尽是法外之意，则法治难以实现。可以说，据法阐释与反对解释、文义优先和“不能进行无对象的解释”原则的精神是一致的。阐释就是阐明言内之意的“文义解释”；而无文本对象就无所谓阐释，即辩思解释是以解释之名造法。法治反对解释的核心要义，是反对在文义阐释前就使用辩思或语境解释。但我国的法学原理并没有对这一原则加以特别提醒，以致在目前的法学流行话语中，直接强调情、理、法结合或基于关系思辨的意义解释。人们很少意识到，不尊重据法阐释的辩思解释，包含着否定法律、摧毁法治的可能。离开据法阐释的思维，仅依据后果主义的解释方法或具体问题具体分析的方法，会导致法律虚无主义的蔓延。为避免过度辩思的话语方式影响法治建设，在法学理论或法治话语系统之中就应强调据法阐释的基础地位。强调据法阐释的重要性就是否定辩思解释的绝对性。当然，这不是说据法阐释是正确的思维方式而整体、辩证思维所塑造的解释模式是错误的思维方式。

第三，把据法阐释作为法治思维的原则之一。作为法治原则的法律一般性、明确性和安定性等都需要通过据法阐释、依法办事来实现。由于表达法律的语言本身存在局限，使得运用阐释方法所得出的结论，不能与复杂的社会（或与所调整案件）恰当衔接。这就需要摆脱据法阐释的局限性，运用辩思解释的智慧解决问题，即通过开放法律的封闭性来灵活处理问题。但是辩思解释在打破法律封闭性后，可能会危及法律的安全性、稳定性和权威性，导致法律自主性的减弱、思维和行为指引功能隐退等。而法律缺乏稳定性、自主性，安全性就无从谈起，自然也就不可能出现法治。所以，当我们倡导辩思解释、后果主义解释及能动司法时，前提是不能丢掉据法阐释这一原则。目前，作为中国特色的辩思解释，在用于法律、法治思维方式建构时所存在的最大问题，是没有为法律意义的改变或者法律续造设置条件；没有把穷尽法律规范依然不能解决问题或没有把充分形式化地理解作为法律续造的前提预设。因而很容易在思维过程或解释法律时，添加法律外因素，从而导致过度解释问题的出现。过度解释的缺陷需要通过强化据法阐释来克服。因为“过度”实际上就是没有正确运用辩证思维，同时忽视了据法阐释原则。

（二）把据法阐释作为基础思维能维系法律的安定性

确立据法阐释在法治思维中的基础地位，就是要捍卫现代法律的安定性。因为据法阐释是对法律明确意义的释放，是通过阐释法律的恒常意义来保持法律的权威性和稳定性等。当然，这种捍卫不仅是通过据法阐释的逻辑思维来实现，而且包括借助法律意义上的“常”与“变”来协调。法律安定性是法治的基本理念，其本身的含义包括法律的稳定性、意义的固定性、明确性及可预测性等，主要指向法律的常义。对于法律安定性与变动性之间的矛盾，中国古人已有觉察。韩非子说过“法莫如一而固”“治大国而数变法，则民苦之”。[①] 但法律稳定并不是说一成不变，韩非子也意识到“法与时转，则治”。[②] 如果法律缺乏安定性，权威性和效力就会大打折扣，但如果法律不能与时俱进，则会被时代所淘汰。因而法律必须稳定，但不能一成不变。如何变化或者如何协调这对矛盾，是对法治论者的考验。法律安定性面临着诸多挑战，最主要的挑战就是语境因素促使法律意义的变化。即社会的变迁、多样化的价值追求、科学技术进步、思维方式变化、多元利益纷争、管理机制体制改革、制度调整等因素都会影响法律的安定性。面对复杂、多变的社会，如果固守法律的安定性可能会导致法律的僵化，犯刻舟求剑式的错误。

法律的稳定性与安全性是法治的原则。与辩思解释比较，据法阐释能保障法律意义的安定性，对克服过度解释具有积极意义。据法阐释的意义探寻，近似于对文本的翻译，但与一般翻译又不完全不同。翻译所追求的目标是信、达、雅，而据法阐释的基础目标则是保证法律条款固有意义的释放，是要用明确的法律规范指引思维、评判行为，解决纠纷。由于据法阐释的目标在于实现法治，因而阐释方法的独断性就成为必要，即思维方式的法律自主或法律决断必不可少。据法阐释属于强制阐释，主张意义是蕴含在法律之中的。“强制阐释的立场是指主观指向明确的判断性选择，这个选择是具体的、结论前在的。”[③] 就姿态而言，据法意味着阐释者须以内在参与者视角展开思维。在理解某一个条文时，法律体系、法学原理、法律概念、法律精神等因素，是作为前见存在于理解者的脑海之中的。法律运用需要阐释法律的意义。这与辩思解释在法外征用理由的辅助思维方法有诸多不同。据法阐释是用思维方式上的法律决断论，来保障法律意义的安定性。

据法阐释是法治原则所要求的法律自主性的体现。据法阐释的法律自主性表现在，阐释者需要把法律作为思考的前提，结论是由先在的法律所决定的。从思维活动的视域来看，据法阐释是主体之有限的思考。对法律意义的探寻，需要抑制主体的自我理解，

① 韩非子:《韩非子・解老》第二十。
② 韩非子:《韩非子・心度》第五十四。
③ 张江:《强制阐释论》,《文学评论》2014 年第 6 期。

主要是人与法律文本的对话，是根据法律诠释意义，强调思维决策的法律决断论以及依法办事。据法阐释的结果，是对法律定义、规范意义的延展；过程则是对法律所筹划的秩序的再次明确。据法阐释是吸取了推理与阐释优点的思维形式，在外在形式上以司法三段论为典范。“阐释是事前决定的结论，对文本的阐释是目的推论，即以证实前在结论为目的开展推论。”[①] 据法阐释不能像文学解释那样任意驰骋。在文学家的思维中，阐释是用语言的说明，是在理解基础上的自我表达，不排除多向思维，也不拒绝意义的多种可能。据法阐释则要努力克服主体的自主性，强调尊重法律的权威，尽量释放法律文本的意义；把文义阐释优先当成重要的思维原则。

（三）破解法治危机要适度拓展法的范围

后现代法学所说的法治危机，其实是据法阐释或法律推理的前提出现问题，即法律的不确定性、模糊性和不周延性等导致法律推理的不可能性。面对法治危机，西方法学家在传统的逻辑与修辞的关联中，挖掘出了法律论证方法予以克服。在复杂多变的社会之中，法律运用确实存在可辩驳性；且从解释哲学原理看，法律意义的不确定性、流动性等也具有必然性。西方法学家重构法治的想法，也只能在原有命题的基础上改造。传统法治命题是依法办事、据法思考，所谓法治危机主要是作为思维前提的法律过于狭窄。批评者把制定法当成了法律的全部，因而所谓完善还是需要从命题逻辑的角度展开，即哪里出了问题就在哪里完善。由于法治危机主要是因为法律的基础性拟制——如明确性等，放置到社会之后所衍生的变化，因而对于法律运用所导致的可辩驳性、不确定性等，可以在动态之中通过法律论证方法来解决。

这里的法律论证，主要是通过外部证成来重构法治。外部证成主要引入法律外因素即“外部征用”的方法以改变或完善法律的意义。用“外部征用”的法律论证方法重构法治，走的还是逻辑思维的路径，只不过把逻辑区分为经典逻辑与非经典逻辑；认为不仅三段论推理可以实现法治，而且非经典逻辑意义上的实质推理，也可满足法治限权的要求。外部证成方法可以附条件地把法律外因素带进入法律。在法律实施过程中，通过内部、外部证成方法，解决法律不确定、模糊性等问题。虽然在由不确定转变成确定的过程中，法律的范围、意义有所改变，但由于论证附加了约束，所以法治限权等精髓并没有被丢弃。法律论证不仅具有法律方法意义，而且是新的法治话语系统的组成部分。在法律实施过程中，法律论证可在具体的语境之中，暂时解决永无休止的可废止性。从法律实施方法的角度看，法治需要通过法律论证这一环节，把流动的意义暂停下来；把不确定的意义固定下来。对执法司法过程这样认识，实际上是

① 张江：《强制阐释论》，《文学评论》2014 年第 6 期。

在立法定义的基础上，对已有法律的再定义。再定义不仅包含对立法者权威的尊重，而且有对语境因素的协调。在法律与社会的关系协调中，法治之法的范围扩大了。因为作为法律论证的论据或理由，不仅有法律内部因素，而且有外部因素；不仅有形式逻辑的运用，而且有非经典逻辑的使用。法律论证话语或方法的问题指向在于，强调外部证成或外部视角对法治命题的意义。辩思解释之所以会转化为过度解释，主要是因为“场外征用”、主观预设、非逻辑证明和混乱的思维路径所致。辩思解释的“场外证成”，必须以法律的名义展开，否则法治就难以实现。

需要注意的是，法律论证方法已经超越了形式逻辑，包括了非经典逻辑的论证等方法，是对现代法治提出的挑战。因为运用法律论证所实现的法治，不完全是基于形式合法性而产生，而是添加了可接受性、合理性等因素。法治所追求的思维结果最好是合法且可接受的。法律论证所实现的法治，则认为如合法性确实难以获取，那么排除任意、通过论证而获取的具有可接受性的答案，也当属于法治。这种思路传入中国后，产生了较高的可接受度。因为，这与辩思之下的结合论近似。结合论具有政治正确性，但目前在法治问题上，却是不得要领、缺乏对据法阐释、内部证成等方法的尊重。我国法治建设存在的突出问题之一，不是因为过多使用逻辑推演，而是辩思解释盛行所导致的法律权威缺失。由于辩思解释盛行，不重视形式逻辑，所以对待法律的态度与后现代主义基本一致。我们没有认真对待法律的封闭性，而是在辩思方法的诱导下过度解释法律，造成法律没有权威性、缺乏安定性。

结　语

在塑造中国法治思维的过程中，我们需要注意中西方文化背景以及思维方式的差异。笔者在研究中发现，西方反基础法学或后现代法学所言说的法治危机，从辩思的角度看并不是危机，反而是正常的现象。因为，人们可以用辩证思维的“常—变”关系来合理地解释“危机”。由法律的不确定性所导致的法治危机，其实是法律运行过程中的“法律之变”问题。静态法律规范的运用，需要通过思维活动来实现。思维的对象既包括作为前见的法律规范，也包括要处理的案件事实等语境因素以及要素间的互动。在思维过程中，确定的东西变成不确定、静态变成流动等都属于正常。这不仅不是法治的危机，反而是常态。一般性、稳定性和体系性的法律，只有通过动态的即与语境因素结合的变化，或者像有些法学家所说的——“目光在法律与事实之间往返穿梭”，才能得以实施，法治亦借此才能得以实现。法律实施的过程就是要解决法律意义的常与变的问题。只是由常到变，法律的意义不能丢失，思维过程需要持法达变，并且万变不离其法。

法律方法论的核心问题是要解决法律意义的如何变化、流动的问题——研究一般、稳定和静态的法律如何转变为判决依据、决策理由。法律方法论一方面要强调据法阐释，另一方面还需要处理法律与社会的动态协同。对法治中国建设来说，据法阐释与辩思解释方法都是必要的。但是，两者在中西方的需求是不一样的。西方法治因为过于强调据法阐释而需要开放，而中国的法治实践因为辩思解释盛行而存在过度解释。对中国来说，不存在重构法治的问题，而是需要塑造基础的法治思维、认真对待法律的权威性、一般性和自主性等属性。中国法治思维方式的塑造，需要在辩思的基础上，融贯基础的法律逻辑，提升据法阐释（强调内在参与者立场）在思维中的地位。因为法治要求阐释法律的意义，法律必须“在场”。法律的意义不同于“圣经”文本的隐喻，法律规范虽然不可能做到绝对明确，但是对所欲调整的行为总是有所定义；法律是对思维和行为的明确指引。没有内在参与者的虔诚阐释，法律不可能发挥指引作用。没有据法阐释，也就不可能成就法治。

（作者单位　华东政法大学法律方法研究院）

本文原载《法律科学（西北政法大学学报）》2022 年第 6 期

论商标使用概念及其立法定义的解释

殷少平

摘　要　对商标使用概念的模糊认识长期存在，错误理解在实践中较长时间成为主导意见，原因在于欠缺体系思维和法律方法意识，以及商标法理论研究与实践脱节、难以及时解答实践中的疑问。综合运用比较解释、体系解释和目的解释等解释方法，可以厘清该概念的真实含义；辨析商标使用概念与商标专用权、禁用权之间的关系，可以从正反两面认识该概念。《商标法》第48条定义中“用于识别商品来源”的表述，意在界定商标使用概念的内涵，揭示其本质特征，并非要将范围限缩为商标已实际发挥识别作用的情形。在将来修改《商标法》时应该对该立法定义的表述进行完善，避免继续造成误解。

一　商标使用概念理解方面存在的问题

商标使用是商标法领域的基础概念之一，它既与商标的功能、商标制度基本目的等基本理论问题有关，又对商标注册、商标无效、注册商标三年不使用撤销、商标专用权范围、商标侵权等具体规则的解释适用问题有直接影响，在商标法领域有着举足轻重的地位。长期以来，我国理论及实务界对该概念内涵和外延的认识一直存在较大分歧，由于没有形成基本共识，商标法领域许多问题的研究、讨论以及实践问题解决都存在着较大的障碍，不利于商标法律制度的良性运转。要解决好这个问题，需要知识产权法学界重视并加强对基础概念等理论问题的研究。货币银行学家黄达先生曾指出：“一门学科，其最高理论成就往往就凝结在对于本学科的核心范畴如何界定、定义之中。”[①] 为了澄清商标使用概念及一些相关商标法规则解释适用的问题，本文拟对笼罩在商标使用概念及其立法定义之上的迷雾进行一番廓清的工作，希望起到抛砖引玉的作用。

---

① 黄达：《金融词义、学科、形势、方法及其他》，中国金融出版社，2001，第113页。

商标使用概念认识模糊的问题虽然早就存在，但变得引人注目，则是由于对该概念立法定义解释出现的分歧。现行《商标法》第 48 条是 2013 年修订时新增加的条文，该条规定为："本法所称商标的使用，是指将商标用于商品、商品包装或者容器以及商品交易文书上，或者将商标用于广告宣传、展览以及其他商业活动中，用于识别商品来源的行为。"该规定是立法机关对商标使用所下的定义。其表述是在 2002 年《商标法实施条例》第 3 条规定的基础上加以完善的，主要区别是增加了最后一段文字"用于识别商品来源的行为"。正是增加的这句话在理解上出现了重大分歧，把早已存在的模糊认识凸显出来，导致在《商标法》的解释适用方面出现了许多问题。"用于识别商品来源"的理解分歧突出表现为对两种具体情况的不同判断：一是生产加工环节在商品上贴附商标的行为是不是商标使用行为；二是出口商品上贴附的商标不在国内消费者中发挥识别作用，能不能认定为商标使用行为。

按照以前的主流观点和通常理解，把商标贴附在商品或商品包装上，包括在用于出口的商品上贴附商标的行为，是典型的商标使用行为，其意图当然是识别商品来源。在 2013 年《商标法》修订之后，有学者认为，"用于识别商品来源"是要求商标在国内实际发挥商品来源识别作用；在用于境外销售的商品上贴附商标的行为，在中国境内不具有识别商品来源的功能，不属于商标使用行为。① 还有学者认为，增加"识别商品来源"要件是提高了使用的要求。②

此种认识在司法实践中表现尤为突出，在 2014 年以后成为我国司法领域的主流观点，许多判决明确认为，商标只有在商品流通中才能发挥识别作用，即使在商品上贴附了商标，如果商品不在国内销售，商标就没有在国内实际发挥识别作用，因而不属于商标使用行为。最高人民法院 2014 年裁判的"SOYODA"商标案、③2015 年判决的"PRETUL"商标案，④以及 2017 年判决的"东风"商标案，⑤ 都是按照此种观点解释适用《商标法》的典型案例。相应的，地方法院在 2014 年以后的类似案件裁判中基本上也都采用了这种解释。

最高人民法院在 2019 年 10 月公布的本田商标案再审判决中，改变了此前裁判中

① 参见孔祥俊《新修订商标法适用的几个问题（上篇）》，《人民法院报》2014 年 6 月 18 日；孔祥俊《新修订商标法适用的几个问题（下篇）》，《人民法院报》2014 年 6 月 25 日；王莲峰《海关应慎重认定涉外定牌加工货物的商标侵权——基于对近年〈中国海关知识产权保护状况〉的分析》，《知识产权》2015 年第 1 期。另有学者从商标使用的地域性、国内消费者的混淆可能性等角度分析出口商品和涉外定牌加工的商标使用问题，与上述观点实质上是相同的，参见黄汇《商标使用地域性原理的理解立场及适用逻辑》，《中国法学》2019 年第 5 期。2013 年之前的同类观点，参见张玉敏《涉外"定牌加工"商标侵权纠纷的法律适用》，《知识产权》2008 年第 4 期。

② 参见杜颖《商标法（第三版）》，北京大学出版社，2016，第 131 页。

③ 参见最高人民法院（2014）民申字第 669 号民事裁定书。

④ 参见最高人民法院（2014）民提字第 38 号民事判决书。

⑤ 参见最高人民法院（2016）最高法民再 339 号民事判决书。该案再审判决的认识略有变化，不再强调涉外定牌加工中商标贴附行为不属于商标使用，而是认为这种使用在境内不发生识别商品来源作用，不会产生混淆，不构成侵权。

对《商标法》第 48 条的解释，认为该条规定中“用于识别商品来源”指的是商标使用的目的在于识别商品来源，包括可能和实际起到识别商品来源的作用；在商品上贴附商标，只要具有区别商品来源的可能性，就属于商标使用行为。① 这种认识应该说是回归常识的正确判断，但是，该案裁判之后，仍有学者发表文章认为在出口商品上贴附商标的行为不构成商标使用。② 这说明商标使用概念理解分歧问题并没有因本田商标案的再审裁判而得到解决。究其原因，一方面是因为个案裁判难以对商标使用概念理解问题进行透彻的说理论证；另一方面是因为该概念的理解问题本身非常复杂，模糊认识存在多年，改变起来不容易。有经济学者在讨论经济学基本概念问题时指出，“概念上的谬误历来根深蒂固，不易改正”。③ 商标使用概念问题的解决，也有同样的困难。

对于在商品上贴附商标是不是商标使用行为这个问题，有必要运用比较解释方法，对比其他国家商标法的相关规定，从而做出理性的判断。德国《商标和其他标志保护法》（以下简称《德国商标法》）第 14 条第 3 款规定，应当禁止第三方在商业活动中对与他人注册商标相同或近似的任何标志的下列使用行为：“（1）将该标志附着于商品或其包装或包裹上；……（4）以该标志进口或出口商品；（5）在商业文件中或广告中使用该标志。” ④ 该法第 26 条第 4 款特别强调：“在本国内将商标附着于商品或其包装或包裹上，并只用于出口目的，也应视为该商标在本国内的使用。” ⑤《日本商标法》第 2 条第 3 款明确规定，在商品或其包装上贴附标志的行为、出口或进口贴附标志的商品的行为属于对商标标志的使用。⑥《英国商标法》第 10 条第 4 款规定了商标使用行为：“本条所述的标记的使用，尤其是指某人（a）把它粘贴在商品或其包装上；……（c）进口或出口带有此标记的商品……” ⑦《美国商标法》第 45 条（15U. S. Code § 1127 条）规定，一个商标“以任何形式展示在商品上或其容器上，或与之相关的展示品上，或粘贴在商品上的标牌或标签上……”都应被视为在商业中使用于商品。⑧ 上述几个国家商标法的规定，把商标贴附在商品或其包装上，包括贴附在用于出口的商品上，以及出口带有商标的商品等行为，都明确地规定为商标使用行为。这样的规定符合人们的通常认识，

---

① 参见最高人民法院（2019）最高法民再 138 号民事判决书。

② 参见孔祥俊《商标使用行为法律构造的实质主义——基于涉外贴牌加工商标侵权案的展开》，《中外法学》2020 年第 5 期。

③ 张五常：《经济解释（卷二）》，中信出版社，2019，第 127 页。

④ 中国人民大学知识产权教学与研究中心、中国人民大学知识产权学院编译《十二国商标法》，清华大学出版社，2013，第 83 页。

⑤ 中国人民大学知识产权教学与研究中心、中国人民大学知识产权学院编译《十二国商标法》，第 87 页。

⑥ 参见中国人民大学知识产权教学与研究中心、中国人民大学知识产权学院编译《十二国商标法》，第 235 页。

⑦ 中国人民大学知识产权教学与研究中心、中国人民大学知识产权学院编译《十二国商标法》，第 418~419 页。

⑧ 参见中国人民大学知识产权教学与研究中心、中国人民大学知识产权学院编译《十二国商标法》，第 512 页。

容易得到公众的认同。通过比较可知，我国法院的一些判决对商标使用行为的理解与其他国家的理解有明显不同，是否妥当值得反思。

商标使用概念及其立法定义的理解分歧从形式上看主要是实践问题，但是实践中的认识实际上与理论研究和法学教育有着密切的联系，它不仅在一定程度上反映了学者们对该问题的研究和理解状况，而且可能产生反向教导作用，给法学教育和研究带来负面影响。

商标使用概念长时间出现理解分歧的原因，并不像表面看起来那样简单，其背后有更深层次的根源。本文将从出现理解分歧的原因、商标使用立法定义解释的方法、商标使用概念与商标专用权和禁用权的关系、商标使用立法定义的修改完善这几个方面展开分析，对商标使用概念问题进行相对系统的论证，希望有助于增进对该概念理解的共识。

二　商标使用概念理解存在分歧的原因

对商标使用概念的理解分歧，并非一个孤立的问题，而是《商标法》中众多概念误解问题中的一个。它也并不是 2013 年修改《商标法》之后才出现的问题，在此之前模糊认识早就存在，只是没有现在这样普遍。例如，最高人民法院在 2012 年 6 月裁判的“无印良品”商标行政纠纷案再审判决中认为：“商标的基本功能在于商标的识别性，……商标只有在商品流通环节才能发挥其功能。”[①] 这种见解反映出当时对商标使用行为及商标识别功能的理解都存在问题。在我国商标法研究和应用领域，“商标意义上的使用”“商标法意义上的商标使用”“商标性使用”等冗余概念，被广泛地使用而且由来已久，也与对商标使用概念的理解不准确有关。[②] 或许使用这些冗余概念是在缺乏共识的情况下为避免争议的无奈之举，但是这种现象的根源在于对商标使用概念的理解模糊不清。2013 年《商标法》修改之后，对商标使用概念误读的影响越来越大，在司法实践领域更是持续多年成为主导意见，实在出人意料。出现这种情况的原因，笔者认为主要有以下三个方面。

（一）欠缺体系思维和法律解释方法意识

2013 年《商标法》修改成为商标使用概念理解分歧状况的分水岭，在此之后对该概

① 最高人民法院（2012）行提字第 2 号行政判决书。

② 其实，商标使用就是“商标意义上的使用”“商标法意义上的使用”，没有其他意义的商标使用；那些对商标符号本身意义的使用，根本就不是商标使用，所以并不存在“非商标性”的商标使用。

念的误解成为实践中的主流意见，说明对该法第 48 条中“用于识别商品来源”的理解存在望文生义的倾向。对商标使用的立法定义之所以会出现误读，首要的原因是欠缺体系思维和法律解释方法意识。缺乏体系思维的表现就是不考虑概念解释的统一性；欠缺法律解释方法意识的结果是机械地进行文义解释，不善于运用比较解释、体系解释、目的解释等解释方法解决问题，因而难免出现法律解释适用的前后矛盾、不合逻辑等问题。

如果认为只有商品在国内销售、商标实际发挥识别作用才能认定为商标使用行为，循此进行正常的逻辑推理，可以得出只要商品尚未进入国内市场流通就不能认定有商标使用行为的结论，那就不仅仅是出口商品如此，对尚未销售出去的假冒注册商标的商品，其生产和储存行为也都不能认定有商标使用行为，因此也不构成侵权行为，市场监管部门、警察就没有合法依据进行监管执法。我们还可以设想，企业在一条生产线上生产的相同产品，如果部分出口、部分内销，那么企业在商品上贴附商标的行为，是否属于商标使用行为，仅凭该行为本身还不能确定，要根据产品的流向来定，最终在国内市场销售的部分才能认定有商标使用行为，而出口的部分则没有商标使用行为。如果此种解释能够成立，那么任何出口商品都不存在侵犯本国商标权的可能性，任何国家的海关都不能对出口商品进行与商标权保护有关的执法检查。这样的结论显然与实际情况不符，说明这种理解经不起逻辑推理的检验，与其他相关法律规则的解释适用存在明显的冲突，不符合体系解释的要求。

法学研究与司法实践中解释法律概念和规则都应该秉持体系思维方法，解释合乎体系才能令人信服，才能让公众从法律理论解说和法律适用中感受到正当性与合理性。对商标使用概念的理解及其立法定义的解释同样要符合体系性的要求，由于其定义存在不同理解的可能，故而要结合商标法的制度目的、基本理念以及基本原则，运用体系解释等多种解释方法，考察其真实含义，保证它在商标注册、商标维持以及商标权保护等各项具体制度中含义的统一性。

理解商标使用概念及其立法定义，需要在整部《商标法》乃至整个法律体系的大背景之中进行思考分析，还要比较研究知识产权国际条约、外国商标法的有关规定，才能准确把握其目的和意义，保证解释在法律体系内是协调的。同时，由于商标使用概念及其立法定义与实践联系紧密，其含义还需要结合市场监管部门、海关的商标保护行政执法等实践情况进行思考。要正确掌握概念，需要经常到真实世界进行观察印证。[①]

（二）缺乏法律整体性观念

商标使用概念理解及《商标法》第 48 条解释适用出现的问题，也与法律解释适用

① 参见张五常《经济解释（卷二）》，第 127 页。

中欠缺整体性观念有关。研究法律问题、解决法律争议都应该秉持整体性观念，应该把法律作为一个整体加以运用，包括正确运用法学原理和法律方法，而不是简单机械地运用某个法律概念、某条法律规定。[①]商标使用概念虽然在商标法中占有重要地位，但它并非商标法的全部；第 48 条的规定也只是该法的一部分，要与其他规范相配合才能实现其规范目的。商标使用概念及其定义，虽然具有对使用商标标志的客观事实进行法律定性的功能，但是即使认定某种行为属于商标使用，这种定性也仅仅是为适用特定的法律规则、法律原则或法学理论分析解决问题提供指引，[②]并不解决该行为是否构成侵权以及法律责任问题，所以应该分清不同层次的法律问题。

以涉外定牌加工侵害商标权问题为例，在此类争议中商标贴附是否属于商标使用行为，只是认识和评价的一个起点。对该行为是否构成侵权的法律评价，不仅需要根据商标法对侵权行为的规定进行判断，还应该采用侵权法上的构成要件分析方法，根据具体案情分析判断侵权构成要件是否满足，并通过对法律规定的恰当解释得出最终的结论。这是在法律整体性观念指导下分析解决问题的正确路径。如果寄希望于通过否定涉外定牌加工中存在商标使用行为这种路径解决问题，就会得出所有此类行为都不会侵犯商标权的错误结论。所以，现在出现的商标使用概念及其定义的理解问题，恰恰是因为背离了法律的整体性观念导致的不良后果。

（三）商标法理论研究难以满足实践需求

把商标贴附到商品上是不是商标使用行为，本身并不是难以回答的问题，但是许多专业人士为什么会有模糊认识，甚至会做出违背常识的判断呢？笔者以为，根源在于商标法理论研究不能及时解决实践中遇到的难题，实务工作者由于得不到有效的理论供给，因而产生似是而非的理解，甚至背弃常识。没有对概念、理论的深刻理解，就不会有健全的常识。所以，真正做到尊重常识、坚持理性并不容易。[③]对商标使用概念存在的模糊认识，与近些年来商标法研究不重视对概念和制度的法理阐释、不太关注对实践问题的解答有关。

对商标使用定义的理解，实际上还受到对《商标法》中其他概念、理论认识水平的制约，特别是涉外定牌加工商标侵权纠纷中混淆和损害这两个“要件”怎么从理论上解释清楚，对实务工作者是一个很大的考验。现行《商标法》第 57 条列举了七种侵犯注册商标专用权的行为，其中的第 2 项规定，在相同商品上使用近似商标，或者在类似商品上使用相同或近似商标，认定侵权需要满足“容易导致混淆”的条件。实践

① 参见陈金钊《“依法”标签下错误思维及其校正案说法律体系解释方法》，《法律适用》2011 年第 7 期。
② 参见《法理学》编写组《法理学》，人民出版社、高等教育出版社，2010，第 38 页。
③ 参见刘春田《〈民法典〉与著作权法的修改》，《知识产权》2020 年第 8 期。

中许多人把该条件简称为“混淆要件”，进而把它误解为所有的商标侵权行为都应具备的构成要件。这种似是而非的错误观念被很多人接受并被固化，由此带来另一个问题，即涉外定牌加工的出口产品由于不在国内销售，不会造成国内消费者混淆，加上这种行为对国内商标权人利益的损害也不容易讲得清楚，这些解释上的困难是一些人对商标使用概念产生误解的重要原因。[①]

如果认为在涉外定牌加工出口商品上贴附商标的行为是商标使用行为，那么在相同或类似商品上使用与国内注册商标相同或近似的商标，这种行为就理应受国内商标权人的控制，商标权人对未经许可的使用行为当然有权寻求救济制止侵权。但是，由于对商标法的基础理论理解存在偏差，把侵权判断中“混淆”“损害”要件及商标地域性的理解教条化、绝对化了，一些专业人士对这些具体问题一时难以给出圆满的解释，遍寻学者的论著也找不到相应的学说解决他们的困惑，具体争议又不能久拖不决，在找不到好的解决办法的情况下，只好病急乱投医，利用商标使用定义的“解释空间”，干脆否认这种情形属于商标使用行为，这样就可以简单化地解决具体争议，回避裁判说理的困难。

由于某些问题的解释遇到困难而采取了错误的解决路径，法律适用标准一致性的困境出现。为了避免明显的自相矛盾，对与涉外定牌加工行为类似的国内商标权人产品出口的行为，只好参考类似问题做类似处理，有一段时期在司法实践中也只好不认定为商标使用，这导致产品全部出口的企业在国内注册的商标遭遇三年不使用被撤销的尴尬局面。这就由一个错误引起了另一个错误，为了自圆其说而进一步向其他领域传导，深陷泥潭而难以自拔。在按照前述理解适用法律的裁判结果违背自己的良知和正义观念时，法官们只好左支右绌，颇为窘迫。例如，最高人民法院 2018 年 12 月在“USA PRO”商标三年不使用撤销案[②]裁判中认为，在中国注册了涉案商标的第三人优赛普罗公司委托中国境内的企业生产带有该商标的商品并出口，应认定真实、有效地使用了该商标，不属于连续三年不使用的情形；而受托加工的国内企业在商品上标注商标的行为仅为物理行为，不属于商标使用行为。如此别扭的裁判说理，凸显了误解商标使用概念导致的尴尬。这说明审理案件的法官认识到如果坚持认为在出口商品上贴附商标不是商标使用行为，并因此导致注册商标因连续三年不使用被撤销，不符合商标法律制度的目的，但是由于受到此前多个案件中的法律解释的制约，只好对不同主体的行为是否属于商标使用分别进行定性。可见即使坚持错误理解的法官也不是不知道法律适用应该遵循体系约束，在迫不得已时只好进行局部的体系解释，以避免与此前的解释相冲突。实际上地方法院的法官在此类案件中比最高法院更早改变了立场，

① 参见殷少平《商标侵权混淆要件浅释》，《人民法院报》2022 年 1 月 6 日。
② 参见最高人民法院（2018）最高法行申 8135 号行政裁定书。

在“SCALEXTRIC”商标行政案、[①]“SINOK”商标行政案[②]等案件中，就已将在出口商品上贴附商标的行为认定为商标使用，从而减轻注册商标连续三年不使用撤销制度受到的严重冲击。尽管有很多实务界人士已经意识到仅仅从字面上解释商标使用的定义存在明显的问题，但是要真正解决问题，还需要从理论层面着手。

三 商标使用立法定义的解释方法

《商标法》第48条规定的解释，可以从以下三个方面展开：一是该条前半段，即从2002年《商标法实施条例》第3条移植过来的内容，为便于指称，以下简称前半段；二是该条的后半段，即在2013年修法时增加的“用于识别商品来源的行为”这一表述，以下简称后半段；三是该条前后两部分之间的关系以及其整体的解释。

（一）前半段的解释

从前半段的内容来看，无论是把商标用在商品、商品包装或者容器上，还是把商标使用在商品交易文书上，抑或是将商标用于广告宣传、展览，这些都是在列举最常见、最典型的商标使用的具体形式，可见前半段基本上是对商标使用概念外延的界定，不涉及该概念的内涵。上文所引的其他国家商标法对商标使用的定义，也都采用了列举式定义方式，其优点是易于理解、方便应用。许多国家在商标立法中不对商标使用概念的内涵进行界定，究其原因，笔者认为一方面是因为清晰简明地描述商标使用的本质属性而且形成共识并不容易；另一方面是即使立法者能够准确地概括商标使用行为的本质属性，高度抽象性的概括能否有效地指导实践，也有很大的疑问。

前半段列举的商标使用形式，显然具有在商业活动中使用的共性，为了避免不能穷尽列举带来的问题，定义中还特意使用了将商标用于“其他商业活动中”的表述。将商标使用限定于商业活动中，这里的“商业活动”应该从广义上理解，不能把它狭隘地等同于营利活动，更不能将它局限于商品流通环节。

进一步分析前半段列举的这些行为，可以发现它们都是把商标与特定经营者的商品相联系的行为，当然也都有可能发挥商标的识别作用，这是不言而喻的。只要有该部分所列举的任何一种行为，当然都是商标使用行为，不应该还有其他的限定条件。

---

① 参见北京市高级人民法院（2010）高行终字第265号行政判决书。在该案中，商标局和商标评审委员会均以产品出口不构成商标使用为由，适用三年不使用撤销的规定决定撤销商标注册；北京市第一中级人民法院判决维持行政决定。北京市高级人民法院二审认为涉外定牌加工及产品出口构成商标使用，改判维持涉案商标注册。

② 参见北京知识产权法院（2015）京知行初字第342号行政判决书。

比较上文所引的其他国家商标法的规定，这一点可以看得更清楚。尤其是在商品生产加工环节把商标用在商品或其包装上，无论是否已经销售，也无论是准备在国内销售还是用于出口，都是典型的商标使用行为。

（二）后半段的解释

后半段“用于识别商品来源的行为”这一表述，至少有实际发生识别作用及可能发生识别作用这两种理解的可能，如果不加分辨地把它理解为是要强调商品要在国内销售并且其商标在消费者中实际发挥了识别作用才能认定为商标使用行为，那就未免有武断或死抠法律字眼之嫌。古罗马法学家塞尔苏斯（Celsus）说，认识法律不意味着抠法律字眼，而是要把握法律的意义和效果。① 由于后半段的规定在字面含义上有不同解释的可能，这就需要按照法律解释方法论的指引，借助体系解释、目的解释等论理解释方法，对其含义做出符合法律体系性和规范意图的解读。

按照上文对前半段的解释，该部分列举的行为都是典型的商标使用行为，既然如此，后半段就不能理解为是要增加认定商标使用行为的限定条件或者提高认定门槛，否则会与前半段发生逻辑冲突。所以，后半段的理解要解决的首要问题是合理解释立法增加规定这段话的规范目的。有学者指出，在文义所及的范围内，法律解释都必须符合其规范目的，包括整体目的和具体目的；从某种程度上说，在采用多种解释方法不能得出唯一的解释结论时，目的解释就具有最终的决定意义。②

全国人大常委会法工委编撰的释义书对《商标法》第48条的解读认为：“按照本条的规定，商标使用是以识别商品来源为目的将商标用于商业活动的行为。如果不是以识别商品来源为目的的使用商标，或者将商标用于非商业活动中，都不构成本法意义上的商标使用。”“对于不属于本条规定的情形，但实质上是以识别商品来源为目的将商标用于商业活动的行为，即应认定为本法意义上的商标使用。”③ 这两段解读，前一段话清楚地说明判断商标使用行为，关键是要看是否“以识别商品来源为目的”。必须注意的是，是否有识别商品来源的目的与是不是已经发挥了识别作用，完全不是一回事，不能把是否实际发挥了识别作用作为认定商标使用行为的标准；后面一段话的补充，恰恰说明有些行为应该被商标使用概念涵盖，但是由于该条定义的前半段的列举不一定能穷尽，所以它可能被“用于识别商品来源”的抽象概括所涵盖。

对商标基本功能和商标制度目的的理论认识，既是给商标使用概念下定义的基础，也是对定义进行解释的约束条件。商标的基本功能是识别商品来源，通常简称为识别

① 参见〔德〕卡尔·恩吉施《法律思维导论》，郑永流译，法律出版社，2014，引语。

② 参见张明楷《刑法学》，法律出版社，2016，第3839页。

③ 郎胜主编《中华人民共和国商标法释义》，法律出版社，2013，第95~96页。

功能；商标使用的基本目的是发挥其识别商品来源的作用，即实现其识别功能。因此，“用于识别商品来源的行为”这一表述，无非对商标基本功能的描述或强调。笔者认为，《商标法》第 48 条后半段的规定实际上是对前半段所列举的各种具体使用方式的概括，意在揭示商标使用行为的本质特征，即使用的目的或作用是实现识别功能，所以它应该理解为对商标使用概念内涵的界定。后半段的规范意图可以从两个方面解读，一是避免前半段列举不能穷尽或涵盖不全面的问题；二是它还有一定的排除作用，就是通过界定内涵，把与识别商品来源无关的标志或符号本身含义的使用行为排除出去，防止有人误认为商标专用权是垄断了注册商标中的文字或其他构成要素这种公共资源的使用权，防止把不属于商标使用的行为误判为商标使用行为。原来《商标法实施条例》第 3 条的定义中没有这句话，这种内涵是隐含着的，现在在立法中明确表述出来，本意可能是希望让定义更精确，可以说是立法表述的一种进步，也反映出对概念的认识比以前更加清晰，但是，定义表述的改变并没有实质性地改变商标使用的内涵和外延。① 原来实施条例的定义中没有这句话，不等于商标使用不是用于识别商品来源的行为。也就是说，后半段这句话有或没有，其实并不应该改变过去对商标使用概念的通常理解；要说有影响，应该是更加明确商标使用行为的本质特征。后半段的规定导致理解上出现较大分歧，可能是立法者始料不及的。

需要指出的是，商标使用的立法定义是以商标权人的使用行为作为描述参考基准的，所以要求以识别来源为目的当然并无不妥，但是我们应该知道，商标使用概念并不仅仅指商标权人的使用，它还应该涵盖其他人的使用行为；而对其他使用人的行为，如果也一律要求以识别商品来源为目的，则不一定妥当。考虑到这个因素，我们还应该认识到，“用于”识别商品来源严格来说并不完全等于“以识别商品来源为目的”，因为“目的”关注的仅限于使用者的主观意图，但是商标使用行为实际上又具有客观性，虽然在有些具体情况下需要考察商标使用者的主观意图，但是也有一些情况并不需要证明或判断其主观意图，只需要考察客观上是否有识别作用。有些情况下，我们分辨使用者是否有识别商品来源的目的并不是一件容易的事情。为避免不适当地限缩商标使用概念的含义，笔者认为后半段的解释还应该更全面一些，考虑到商标使用毕竟是一种客观行为，除“以识别商品来源为目的”的情况之外，还应该包括客观上可能发挥识别作用或已经实际发挥识别作用的情况。换句话说，

① 我国立法中类似这种修改或增减文字但不改变意思的例子并不少见，例如，《商标法》第 10 条规定了不得作为商标使用的标志，同样是该条第 1 款第 7 项，2001 年《商标法》的表述是“夸大宣传并带有欺骗性的”，2013 年修法时改为“带有欺骗性，容易使公众对商品的质量等特点或者产地产生误认的”，看起来差别不小，但是规范意旨、实质含义并没有什么区别。再如，《民法典》第 122 条、《中华人民共和国民法通则》第 92 条均是对不当得利的规定，从表述形式上看两者区别也不小，但是其基本含义和构成要件并无实质改变。

只要使用商标标志的行为可能发挥商品来源识别作用，都应该纳入商标使用概念的涵盖范围，而不宜限制使用者主观上必须有发挥识别作用的意图。增加不必要的限定会导致概念的内涵变小，影响其适用范围。举例来说，有些产品的外观设计、包装装潢设计的使用，最初并不一定有识别商品来源的意图，但是由于其设计的显著性，或因长期使用而在消费者中具有了识别功能，其使用行为事实上发挥了识别商品来源的作用，因此可以认定为类似于未注册商标的使用，其使用者也可能在条件成熟时把它申请注册为商标。

我们再换个角度考虑问题，如果后半段的规定是要求商标使用已经实际发挥识别作用，或者要求考察实际的识别效果，就意味着在实践中必须对每个具体行为进行这种检验，这不仅会不合理地增加法律规定应用的困难，而且显然无法涵盖《商标法》其他条款中涉及商标使用的情形，甚至与前半段的规定及《商标法》其他具体规定发生冲突。例如，前半段列举的将商标用于商品交易文书上，与商品是否进入销售流通领域或者是否实际在消费者中发挥识别作用，显然不一定有直接关系。再如，前半段列举的将商标用于广告宣传这种形式，跟商品是否实际销售也是没有直接关系的，有些企业对将要上市的产品进行广告宣传，我们当然不应该因为其产品尚未实际销售而否认这种广告活动中有商标使用行为。此外，如果要求商标使用行为必须是已经实际发挥识别作用，那么《商标法》第 65 条针对即将实施的侵权行为的规定也难以解释。这些情况说明，将后半段规定解释为要求实际发挥识别作用，对很多商标使用行为并不适用，这使得定义对其意图描述或规范的对象不周延，明显不符合体系性思维的要求。

对后半段的理解，还有另一点值得分析，就是起草法律条文时的意图与法律目的解释的关系问题。有专业人士指出，2013 年《商标法》第 48 条增加“用于识别商品来源”这一限定的目的之一是排除象征性使用；另有学者指出，增加“用于识别商品来源”的表述是最高人民法院根据司法实践的需要提出的建议。[①] 笔者认为，起草法律时的原意是什么，与法律文本中能够解读出的规范意图并不能画等号，更不意味着起草者的原意就是法律的真实含义。虽然起草人或立法参与者的说明可以作为解释参考，但它不能凌驾于法律文本之上。[②] 英美法系学者也认为：“议会的意图不是根据它的用心来

---

① 参见臧宝清《关于撤销三年不使用案件中“象征性使用”判断问题的初步思考》，《中华商标》2013 年第 7 期。

② 有学者认为，成文法一经公布，“国民只能通过立法机关制定的成文法律规制自己的行为，而不是根据立法原意规制自己的行为”。参见张明楷《立法解释的疑问——以刑法立法解释为中心》，《清华法学》2007 年第 1 期。还有学者认为，较之含混的“立法本意”，法律的目的和价值取向在大多数情况下更容易达成共识，学理通说、多数国家的制度选择等都能够提供理性的说明。参见李琛《文本与诠释的互动：回顾〈著作权法〉三十年的新视角》，《知识产权》2020 年第 8 期。

判断，而是根据此用心在制定法中所做的表述来判断的。”① 因此，后半段的理解同样不应该在法律文本之外探寻立法原意。

即使在法律起草时增加“用于识别商品来源的行为”这一表述确实有解决象征性使用问题的意图，也是在问题解决路径的选择方面出现了失误。象征性使用问题是注册商标三年不使用撤销这个具体制度中的特殊问题，如果仅仅要解决这一个局部问题，而在事关整个商标法律制度的基础概念定义中对所有商标使用行为施加不应有的限定条件，那就是典型的因小失大。但是，正如有学者所说：“发现法律的缺陷并不是什么成就，将有缺陷的法条解释得没有缺陷才是智慧。”② 因此，后半段规定的解释当然不能拘泥于起草者的想法，而应该根据法律文本呈现的内容，结合商标使用概念应有的含义及商标法的基本原理，进行全面分析和恰当解释。退一步说，即使后半段规定确有排除没有实际发挥识别作用的“象征性使用”的意图，③ 也不能因为这种特殊情况，就以偏概全地认为所有商标使用行为都要以实际发挥识别作用为条件。

（三）前半段与后半段之间的关系

对《商标法》第 48 条前后两个半段规定的解释协调问题，首先要考虑其立法背景。从立法背景方面来看，2013 年修改《商标法》时增加关于商标使用定义的规定，并不是当时立法机关或商标法理论、实务上对商标使用的认识发生了巨大的变化或者有本质的改变。这是从整体上理解、解释该条规定时应该充分考虑的因素，也就是说，对该条规定的解释不应导致原本典型的商标使用行为按照新规定不能再认定为商标使用的情况。商标使用概念要在整个商标法领域发挥作用，其所描述的对象极为复杂，所以定义的内涵限定应该尽可能少，外延才会足够大，能够覆盖商标法中所有涉及商标使用的具体制度、规则。其次要从条文的整体规范目的角度来思考。结合上文的分析，后半段“用于识别商品来源”的规定，并非为了限缩商标使用概念的涵盖范围、提高商标使用行为认定的门槛，也绝不是要求使用商标的商品必须实际在国内销售或者商标在国内消费者中实际发挥识别作用。商标使用是否实际发挥了识别作用，以及识别效果好不好，是被许可的使用还是未经许可的使用，商标使用行为是否构成侵权等问题，不应该也不可能都由商标使用的定义条款来解决，而是应该由有关的其他具体规则去

① 〔英〕G. D. 詹姆斯：《法律原理》，关贵森、陈静茹等译，中国金融出版社，1990，第 50 页。美国学者哈里 · W. 琼斯也认为：“如果‘立法意图’被期待来表示上下两院的全部成员对法规术语所做的一种一致的解释，那么显而易见，这只是一个纯属虚构的概念而已。”参见〔美〕E. 博登海默《法理学：法律哲学与法律方法》，邓正来译，中国政法大学出版社，1999，第 534 页。

② 张明楷：《刑法格言的展开》，北京大学出版社，2013，第 8 页。

③ 虽然对“象征性使用”有不同理解，但是笔者认为，从逻辑上讲首先应该承认它是商标使用行为，不应该将它排除在商标使用行为之外；只不过这种商标使用不符合商标三年不使用撤销制度关于商标使用应实际发挥识别作用的特定要求，因而不能发生商标维持的法律效果。

解决；在判断一个行为是不是商标使用行为时，这些特征都应该是在所不问的。

把第 48 条前半段与后半段两个部分结合起来解释，还要结合商标法理论和基本理念，采用从正反两个方面分析的方法，才能把它理解得更完整，而不至于片面。从正面来看，把商标与特定经营者的商品相联系，用来指示或说明商品来源的行为，就是商标使用行为，前半段就是在列举最主要的使用形式，由于这类行为难以穷尽列举，故而后半段再进一步申述，实际上有强调“包括但不限于”前半段所列举的情形这一层意思。从反面来看，如果使用商标标志不与特定经营者的商品相联系，不指向任何商品，那么这种使用就不是在商标意义上的使用，所以后半段强调“用于识别商品来源”，可以把那些与商标识别功能无关的符号本身含义的使用排除在外，表明商标权人无权限制其他人正当使用公有领域的词汇、标志或符号。这一表述有其重要的价值，有利于传达正确的商标理念，可以矫正对商标专用权的一些错误认识。

前后两个半段合起来作为一个整体进行解释，要贯彻体系化思维，追求对法律概念和规则理解的融会贯通。明末清初的经学大师万斯大主张“非通诸经不能通一经”[①]，就是强调整体理解的观念。法律解释也是如此：“要正确理解法律的某个用语、条文或制度，必须以对整个法律体系的理解为前提；而离开对法律的用语、条文和制度的理解，则又不可能理解整个法律体系。”[②]在解释商标使用定义时，需要从商标法律制度全局的高度理解其适用的范围，须知商标使用概念所指向的并不限于注册商标的使用，当然还包括未注册商标的使用；商标使用的主体也不限于商标权人，还包括其他人对商标的使用，其中又有经过许可的使用及未经许可的侵权使用之别，还有他人的正当或合理的使用，例如用某企业的商标指明其商品的指示性使用，或者为评论某企业的商品而使用其商标。商标使用概念及其定义的解释应该受到体系约束，法律概念“必须是统一的，即在同一法律、法规、规章乃至整个法律体系中其语义和意义是一致的”[③]。概念统一是法律统一性的基础，而法律的统一性和可预测性是法治的基本要求。商标使用行为的含义，在商标注册、商标管理、商标保护和侵权判断各个领域中，必须保证判断标准和解释逻辑的一致性，不能因使用人不同或使用行为处于商品生产、流通的不同环节而作出不同的判断。

四　商标使用概念与商标专用权、禁用权的关系

商标使用的立法定义主要是以注册商标权利人的使用方式和特点作为基准进行描述的，因而它与商标专用权概念之间有着直接关系，从正面考察商标使用概念的含义，

① 参见梁启超《中国近三百年学术史》，上海三联书店，2006，第 66 页。
② 梁慧星：《读条文　学民法》，人民法院出版社，2014，第 389 页。
③ 《法理学》编写组：《法理学》，2010，第 44 页。

当然需要从商标专用权的角度分析商标使用行为。对商标使用行为的理解还有必要从商标权人以外的其他人使用的角度来观察，这就需要结合商标禁用权的概念进行思考。

通说认为，商标专用权包括使用权和禁用权，使用权是指商标权人专有的对注册商标的使用权，是就商标权人自己使用而言的；禁用权则是指商标权人有权禁止他人未经许可在相同或者类似商品上使用与其注册商标相同或近似的商标。因此，商标专用权概念有广义和狭义之分，狭义的商标专用权就是商标权人的使用权，具体是指将核准注册的商标使用在核定使用的商品之上的专用权，也就是现行《商标法》第56条规定所指的范围，它是商标权的核心领域，是积极的权利。广义的商标专用权则除了包括权利人的使用权之外，还包括禁用权，禁用权是消极的权利；人们通常所说的保护商标专用权，往往是指广义的商标专用权，特别是其中的禁用权。商标专用权与商标禁用权之间的关系类似于一个硬币的两面，它们所指向的内容是密切相关的。结合对商标专用权、禁用权的理解来观察思考商标使用行为，就相当于分别从正面和反面分析解读商标使用概念。

商标禁用权虽然是由商标专用权派生而来的从权利，但是从可以禁止他人实施的商标使用行为范围上讲，它又涵盖了商标人自己的使用权所指的范围。因此，广义的商标专用权可以控制的商标使用行为的范围实际上是与商标禁用权范围是一致的，甚至可以说两者互为镜像。现行《商标法》第57条所列举的侵犯“注册商标专用权”的行为，就是指广义的商标专用权，换个角度理解，该条的规定实际是界定了商标禁用权的范围。商标禁用权具有保护商标权核心部分的功能，为了充分保护商标专用权，禁用权的范围通常要比狭义的商标专用权范围要大，而且会随着商标知名度和显著性的增强而变得更大。禁用权是商标权人有权禁止他人实施的商标使用行为，实质上体现为对特定商标使用行为的控制。《德国商标法》第14条、《英国商标法》第10条就是从商标禁用权的角度对商标使用进行规定的，而《日本商标法》第2条则是从商标专用权的角度界定商标使用行为。[①] 比较分析这两种规定，相当于从两面观察同一个事物，可以把该事物看得更加全面。我国现行《商标法》第48条、第57条实际上是从正反两面规定了商标权人可以控制的商标使用行为，这两条规定应该结合起来阐释。

对我国现行《商标法》第57条的规定进行具体分析，有助于我们更好地理解商标使用概念。以该条第1项、第2项规定为例，法律并没有规定要所列行为已经实际发生了商标的识别作用才能认定侵权，而是说只要有所列的商标使用行为，就可能构成侵权。该条第4项的规定也值得注意，按照该项规定，“伪造、擅自制造他人注册商标标识或者销售伪造、擅自制造的注册商标标识的”行为，属于侵犯商标专用权的行为，

① 参见中国人民大学知识产权教学与研究中心、中国人民大学知识产权学院编译《十二国商标法》，第83、418~419、235页。

可见商标权还控制他人将商标标志印制成（指向特定经营者商品的）商标标识实物的行为。[①]该种行为中使用的商标甚至还没有直接与商品相结合，没有贴附到特定的商品上，但是由于其意图使用在假冒商品或者与注册商标核定使用商品相同的商品上，所以这种行为同样应该予以禁止。按照举轻以明重的解释规则，把商标标识贴附到商品上的行为，当然更在商标权人的控制范围之内。从上述规定还可以看出，受商标权控制的商标使用行为并不要求商品实际流通或者商标实际发挥识别作用，只要有这种可能性，就在禁止之列。

对于商标禁用权控制的行为范围，还可以从另一个角度进行比较分析。商标权与专利权合在一起被称为工业产权，就权利行使而言两者几乎是相通的，[②]它们所控制的行为当然也是有共性的。我国《专利法》第 11 条在规定受专利权人控制的实施专利的行为（使用专利技术）时，是按照工商业经营各环节的逻辑顺序进行表述的，包括制造、使用、许诺销售、销售、进口专利产品的行为。这里的销售是包括出口的。商标权人控制的商标使用行为同样也可以按这种角度进行分析。因此，通过比较专利法的有关规定，可以帮助我们从另一个棱镜中考察商标权控制的行为。通过类比专利法的规定，可以类推出受商标禁用权控制的行为包括：未经许可在相同或类似商品的生产（包括加工）、销售（包括出口）、许诺销售、进口等商业活动中，使用与注册商标相同或近似商标的行为。也就是说，控制他人在商品生产、加工、销售和进出口环节使用商标的行为，当然是商标权人的权利。这与商品是否实际进入流通领域、消费者是否实际发生混淆、是否造成商标权人实际损失并没有直接关系。

再进一步分析，商标专用权和由其派生出的禁用权都属于对世权，任何侵入其范围或者妨害权利圆满性的行为，商标权人都可以寻求法律救济。大陆法系国家和地区的商标立法中尽管对商标权保护制度规定的具体形式有所不同，但都规定了未经许可使用他人商标者应承担停止侵害的责任，其性质与英美法系中的禁令救济请求权是相似的。例如，《德国商标法》第 14 条第 5 款规定，任何人违反该条第 2 款至第 4 款的规定使用一个标志，商标所有人都可以起诉要求禁止这种使用。[③]这就是德国对商标权的禁令救济制度。日本商标立法中使用了独特的“差止请求权”概念来指代排除侵害请求权，并用第 36 条专门规定了这种请求权，该条规定，商标权人或专有使用权人对

① 这种规定并非中国《商标法》所独有，《德国商标法》第 14 条第 4 款第 1 项也规定，禁止“将与该商标相同或近似的标志用于包装或包裹上，或者用于标记手段如签条、附签、缝制签或与之类似的物品上”。参见中国人民大学知识产权教学与研究中心、中国人民大学知识产权学院编译《十二国商标法》，第 83 页。

② 参见〔日〕森智香子、广濑文彦、森康晃《日本商标法实务》，北京林达刘知识产权代理事务所译，知识产权出版社，2012，第 102 页。

③ 参见《法理学》编写组编写《法理学》，人民出版社、高等教育出版社，2010，第 83 页。

侵害或有可能侵害自己商标权或专有使用权者，可请求其停止或预防该侵害。[①] 我国《民法典》侵权责任编第 1167 条关于侵权人应承担“停止侵害、排除妨碍、消除危险等”侵权责任的规定，以及《商标法》第 60 条第 2 款规定行政执法部门可以责令侵权人立即停止侵权行为、第 65 条关于商标权人可以向法院申请对侵权人采取“责令停止有关行为”的规定，则是我国商标权人行使排除侵害请求权的法律依据。按照大陆法系民法学的基本理论，物权、知识产权等绝对权的权利人为了预防侵害发生或者排除对权利的妨碍，可以行使排除侵害请求权，既不以行为人有过错为条件，也不以发生实际损害或行为人获得不当利益为前提。对商标专用权、禁用权以及其控制的行为的理解，也要从绝对权这一性质方面思考。未经商标权人许可，在商业活动中使用与其注册商标相同或近似的商标，都可能侵入其商标权的范围，商标权人当然有权请求排除此类侵害行为，显然不能以此类使用已经实际发挥了商标的识别作用作为寻求救济的前提条件。

五　商标使用定义的修改完善

法律概念及其定义的意义在于实际效果。在商标法中给商标使用概念下定义，目的是要指导和规范实践活动。在下定义时增加一句话或者引入一个限定，需要充分考虑其规范意义及构成要件价值，特别是作为构成要件是不是必要的，对所有规范对象是否周延。[②] 商标使用立法定义的效果如何，要从实践检验方面进行评估。从目前的情况来看，《商标法》第 48 条中增加“用于识别商品来源的行为”这句话，规范目的不够明确，或者具体表述实际上没有清晰地传达规范意图。从是否有利于指导和规范实践活动的角度看，增加这句话积极作用不明显，反而造成了理解上的困惑。

虽然我们可以运用法律解释方法厘清商标使用概念及《商标法》第 48 条规定的含义，但是复杂的解释和论证对于实践的指导意义具有较大的局限性，不如直接对法律规定进行必要的修改完善，使定义更加明确，避免造成实务中的分歧或误解。美国历史上著名的大法官卡多佐曾经指出，概念的专横是产生大量不正义现象的根源，“当概念导致压制或不正义时，我们就应当把它们视为可以重新阐述和可以加以限制的临时假定来对待”。[③] 考虑到现行《商标法》中的商标使用定义在解释方面存在的重大分歧，并且在某种程度上造成了商标权保护行政执法和司法实践的紊乱，笔者认为在有条件对《商标法》再次进行修订时，应该考虑对该定义进行修改完善。

① 参见《法理学》编写组《法理学》，人民出版社、高等教育出版社，2010，第 253 页。

② 参见李琛《论作品定义的立法表述》，《华东政法大学学报》2015 年第 2 期。

③〔英〕G. D. 詹姆斯:《法律原理》，关贵森、陈静茹等译，中国金融出版社，1990，第 508 页。

第一，按照本文前述的看法，把“用于识别商品来源的行为”作为对商标使用概念内涵的概括，在定义表述中把这层意思提前，先讲商标使用的本质属性是识别商品来源的行为，然后再列举典型的商标使用形式，可以表述为：“本法所称的商标使用，是指将商标用于识别商品来源的行为，包括但不限于将商标用于商品、商品包装或者容器以及商品交易文书上，或者将商标用于广告宣传、展览以及其他商业活动中。”表述顺序的改变，不仅使列举的常见使用行为是开放的，而且使得“商业活动中”这个限定也具有了非封闭性的性质，避免出现挂一漏万的问题。

第二，考虑到在立法上对商标使用下定义是事关整个商标法各项制度的综合性条款，现行《商标法》把该条款放在第六章“商标使用管理”并不合适，只是一种权宜之策，在将来修法时应根据该条款的性质重新安排其位置。虽然按照通行的理解，现行《商标法》第 48 条的基本内容来源于原来实施条例的总则部分，是适用于《商标法》的各种具体相关制度的规定。但是，该规定现在的位置安排，确有可能造成解释方面的困惑，以为该条规定的“商标使用”仅是针对商标管理而言。[①] 为避免持续存在解释上的困扰，在以后《商标法》修订时，应该将该条规定前移到总则部分（或者后移到附则部分）。

还有一点需要指出，人们对商标使用概念的内涵与外延的认知并非一成不变的，商标使用行为的表现形式和特征会随着时代发展而变化。随着网络技术及电子商务的发展，商标使用或发挥作用的形式、途径均在不断突破人们原来认识的范围。在通过及时修法确保商标使用的定义持续跟随社会发展变化方面，日本的商标立法颇为典型，其《商标法》第 2 条第 3 款对商标使用的定义，随着服务的多样化、网络普及等情况，已经经历了多次修改。日本学者认为，商标使用的概念是随着时代的发展趋势共同变化的，在今后也会有修改的可能。[②] 日本的上述做法可以供我们参考。

（作者单位　华东政法大学法律方法研究院）

本文原载《法学家》2022 年第 6 期

① 有学者认为，该条规定在《商标法》的第六章之中，该章内容涉及规范使用商标、假冒注册商标和三年不使用撤销规则，因此，从上下文的角度来看，该条针对的是这三种情形中的商标使用的认定。参见冯术杰《商标法原理与应用》，中国人民大学出版社，2017，第 17 页。

② 参见〔日〕森智香子、广濑文彦、森康晃《日本商标法实务》，第 104 页。

民商事审判中“常理”的运用

——法理阐释、案例考察与规则设定

董淳锷

摘　要　民商事审判中,法官借助“常理”来评价当事人诉讼主张、答辩意见、证据效力、行为性质或推定案件事实的做法，一定程度上有助于司法裁判结论的形成和释法说理的强化。然而，如果法官对引述“常理”本身的论证和阐释不足，则可能造成“常理”的指向不明确、内容不具体，进而导致本应适用的法律规定被忽略，或者导致“常理”与民事习惯等其他社会规范相混淆，或者导致事实认定程序被不当简化，还可能导致案件裁判标准不统一或释法说理的逻辑缺乏一致性。为避免“常理”被误用、滥用，以确保判决结果公正、合法、准确，有必要统一设定“常理”司法运用的操作规则。

一　问题的提出

在我国的民商事判决（裁定）中，“常理”概念并不陌生。[①] 法官为评价当事人诉讼主张、答辩意见、证据效力、行为性质，或者为推定案件事实，经常会使用“……符合常理”或“……有悖常理”的表述。当事人在提出主张、答辩、抗辩或参与质证时，也可能使用类似表述。从应然角度看，被引入个案的“常理”不能只是空泛的符号，其内容应特定化、具体化，否则当事人无法了解法官所称之“常理”究竟指什么，也无法理解其主张或行为为何有悖“常理”。不过，纵观绝大多数法官提及“常理”的案例，法官都很少阐明为何引述“常理”，该“常理”具体内容是什么，也未论证其“何

---

① 依我国诉讼法，目前我国只有“民商合一”意义上的民事诉讼，但从近年来各级法院出台的司法文件和召开的各种审判工作会议来看，“商事审判”已是广为使用的概念，商事审判的特点也日益得到认可。笔者于本文中研究的问题和案例涉及民事案件和商事案件，因此使用“民商事审判”的概念。同时，为聚焦主题，笔者于本文中主要选取法官主动提及“常理”概念的案例进行分析。

以为常理”。

我国民商事立法并未明确规定“常理”的定义、性质、类型、效力、认定标准以及司法运用的情形与程序，依民事诉讼法和相关司法解释，“常理”也并不当然属于当事人无须举证而法官可直接认定的事实。在此背景下，如果法官直接以“符合常理”或“有悖常理”为由来评价当事人诉讼主张、答辩意见、证据效力、行为性质，或以其为由来推定案件事实，但是对引述“常理”的必要性未加论证，对“常理”内容也未加阐释，此种做法是否具有合法性与合理性，值得讨论。其理由在于，我国司法裁判中，加强和规范释法说理不仅是《最高人民法院关于加强和规范裁判文书释法说理的指导意见》对司法审判工作的明确要求，而且是逻辑层面严谨证成裁判结论的需要。更重要的是，我国已有不少案例表明，不同的法官对何为“常理”、何时需要运用“常理”有不同理解，对“常理”的认定亦有不同标准；某些案件中，法官似乎将“常理”直接等同于民事习惯，或者在运用“常理”过程中不当简化了案件事实的审查程序，甚至以“符合常理”替代合法性评价，以“有悖常理”替代违法性评价。

“法律是以‘说理’为特征的，如不需要说理，也就不需要法律了。”[①] 可以设想，若法官仅以“违反法律规定”这几个字来认定当事人行为违法并判定其法律责任，此外不再具体阐明当事人究竟违反哪项法律规定、法条具体内容是什么、为什么适用该规定，那么相关判决几乎肯定会被认为不可接受，甚至被认为违反了诉讼法。然而，如果法官仅以“符合常理”或“有悖常理”为由来评价当事人诉讼主张、答辩意见、证据效力、行为性质，或者借助“常理”推定案件事实而又没有阐明为何引述“常理”、该“常理”内容是什么，此种做法通常却被认为是可以接受的，甚至根本没有引起关注。在规范分析逻辑上，上述两者的不同境遇似乎难以解释。

那么，究竟什么是法律语境下的“常理”？它在审判中具备何种性质和效力？法官基于什么理由可以运用“常理”？“常理”究竟是一种抽象的“意识状态”，还是一种因案而异的具体的社会规范？“常理”内容是否仅存在于法官的主观认识，只可意会不可言传？如可言传，为何大多数案例中法官都未阐明其内容和来源？如难以言传，那又如何保证法官引述的“常理”是真正意义上的常理？如何确保不同的法官对“常理”的认定标准相对统一？对于此等问题，既有的研究成果似未充分解答。[②]

笔者于本文中首先将对“常理”在法律上的含义、性质和地位进行规范分析，其

---

① 葛洪义：《法与实践理性》，中国政法大学出版社，2002，第 15 页。

② 近年来，论及常理司法运用问题的研究成果主要来自刑法学者，民商法、经济法、行政法等领域的研究者很少关注该论题。相关文献可参见李红海《认真对待事实与将常理引入司法——减少争议判决之司法技术研究》，《法商研究》2018 年第 5 期；谢进杰、邓慧筠《刑事裁判说理中的“常理”》，《中山大学学报》（社会科学版）2019 年第 3 期；马荣春《论犯罪构成新体系之常识、常理、常情化》，《法律科学》2011 年第 2 期。

次将以案例为基础，考察审判中法官运用“常理”的场景、目的及表达方式，揭示其中存在的问题。笔者将尝试论证，法官运用“常理”来评价当事人的诉讼主张、答辩意见、证据效力、行为性质或推定案件事实的做法，一定程度上有助于司法裁判结论的形成，亦有助于强化释法说理，但如果对引述“常理”的必要性论证不足，对被引述的“常理”的内容阐释不明确，则可能导致本应适用的法律条文被忽略、事实认定程序被不当简化，甚至导致案件裁判标准不统一或释法说理的逻辑缺乏一致性。为防止法官动辄向高度抽象的“常理”“逃逸”，有必要参照法律基本原则的适用方法，构建“常理”司法运用的操作规则。

二 “常理”在法律上的含义、性质及地位的规范阐释

检索我国民商法领域的法律和司法解释，除少数司法文件简要提及“常理”概念之外，并无其他条文专门对“常理”的定义、类型、性质、效力、认定标准或司法运用程序进行规定。只是《最高人民法院关于加强和规范裁判文书释法说理的指导意见》第 15 项强调，“裁判文书释法说理应当避免使用主观臆断的表达方式、不恰当的修辞方法和学术化的写作风格，不得使用贬损人格尊严、具有强烈感情色彩、明显有违常识常理常情的用语”。不过，此条文虽提及“常理”，但它针对的是裁判文书的文字表达和修辞，与笔者于本文中研究的“法官以常理释法说理或推定事实”这一主题关系不大。其他提及“常理”的条文还有《最高人民法院关于审理民间借贷案件适用法律若干问题的规定》第 19 条第 2 项、第 6 项，以及《最高人民法院关于防范和制裁虚假诉讼的指导意见》第 2 项、第 6 项。与前述《最高人民法院关于加强和规范裁判文书释法说理的指导意见》第 15 项相比，《最高人民法院关于审理民间借贷案件适用法律若干问题的规定》第 19 条和《最高人民法院关于防范和制裁虚假诉讼的指导意见》第 2 项、第 6 项所提及的“常理”的内涵更具体，结合上下文推断，它们应当是特指民间借贷的交易习惯和民事诉讼活动的普遍规律或一般经验。

由于法律和司法解释上对“常理”规定甚少，如欲明确法律语境下“常理”的内涵、性质与地位，可行的方法是从学理层面展开规范分析，同时借鉴“对事物人们不能知道它们是什么，而只知道它们不是什么”的思想，[①] 比较“常理”与其他相关概念之异同，一方面阐释“常理”“是什么”，另一方面说明它“不是什么”。

文献显示，在汉语中“常理”是很早就出现的一个词语（概念）。如《晋书·五

① 参见〔德〕乌尔弗里德·诺伊曼《法律论证学》，张青波译，法律出版社，2014，第 44 页。

行志下》提到“此是非常事，不得以常理断之”；[①] 东晋陶渊明在《形赠影》中提到“草木得常理，霜露荣悴之”；[②] 宋代欧阳修在《笔说·物有常理者》也提到“凡物有常理，而推之不可知者，圣人之所不言也”。[③] 此等文献所载之“常理”，通常都可理解为事物的一般规律、原理、道理或事物通常应有的状况。时至现代，“常理”的含义似未发生太大变化，通行的汉语词典仍指其含义是“通常的道理”，[④] 而所谓的“道理”可指“事物的规律”或者“事情或论点的是非得失的根据、理由、情理”。[⑤] 就此而言，“常理”的“理”有“理应如此”之义，其包含了社会公众对事物应然性的预测和判断，以及对相关主体逻辑思维、言行举止合理性的价值评判甚至道德评价。当然，“通常的道理”只是“常理”最基本的定义，如要充分阐释法律语境下“常理”的内涵，还有必要将其与法学理论与法律实践中经常出现的其他概念进行比较。

“常理”不同于“常识”“常情”。法律语境下，“常理”“常识”“常情”经常被同时提及。如《最高人民法院关于加强和规范裁判文书释法说理的指导意见》要求法官释法说理不能“明显有违常识常理常情”。有学者指出，基本原理（包括但不限于法律基本原理）和社会生活经验亦即“常理”“常情”“常识”，是法条之外法官可据以独立判断两类知识。[⑥] 不过，“常理”“常识”“常情”三者的内涵还是有所不同的。“常理”指“通常的道理”，其带有一定的规范性（或称逻辑应然性）、事物发展变化的规律性甚至客观必然性，即“一般情况下应该（或不该）如此”。“常识”作为“普通知识”的统称，[⑦] 是指人们对客观世界的认识和理解，是一个普通理性人所拥有或应当拥有的一般知识，“常识”的内容通常只是反映事物的客观状态，其并不必定蕴含应然性或规范性。某种程度上，也可认为“常理”是人们在“常识”基础上对事物应然性的进一步归纳。与前二者相比，“常情”具有明显的主观性和伦理性，它是指人的“通常的心情或情理”。[⑧] 最高人民法院之所以将其设定为释法说理“不可明显违背”之对象，主要是为了强调法官作出司法判决时除应恪守法律规定之外，亦应重视判决及其说理在人的情感层面的可接受性，使其符合公序良俗约束下的人情世故。

“常理”不同于众所周知的事实。众所周知的事实是民事诉讼证据规则明确提及的概念。《最高人民法院关于民事诉讼证据的若干规定》第 9 条规定，众所周知的事实无须当事人举证法官可直接认定。“常理”与众所周知的事实有区别。一方面，作为“普

① 房玄龄等：《晋书》，中华书局，1974，第 871 页。
② 陶渊明：《陶渊明诗集》，徐正英、阮素雯注评，中州古籍出版社，2012，第 134 页。
③ 欧阳修：《欧阳修全集》，李逸安点校，中华书局，2001，第 1970 页。
④ 中国社会科学院语言研究所词典编辑室编《现代汉语词典》，商务印书馆，2018，第 147 页。
⑤ 中国社会科学院语言研究所词典编辑室编《现代汉语词典》，商务印书馆，2018，第 15 页。
⑥ 参见梁慧星《法律的社会性》，《人民法院报》2004 年 2 月 6 日，第 4 版。
⑦ 中国社会科学院语言研究所词典编辑室编《现代汉语词典》，商务印书馆，2018，第 147 页。
⑧ 中国社会科学院语言研究所词典编辑室编《现代汉语词典》，商务印书馆，2018，第 147 页。

通的道理”，确有一些“常理”近乎众所周知的事实，但除此之外也有一些“常理”因其具有地方性、行业性而不被其他地区或其他行业的人所知悉，即并非众所周知。另一方面，在那些众所周知的事实中，有一些可能具有一定的规范性、应然性、规律性，属于“通常的道理”，但更多的事实可能仅仅是常识，比如在中国历史上，明朝之后的朝代是清朝，这是众所周知的事实，但它只是常识而非“常理”。

“常理”不同于“法理”。按传统观点，“法理”至少有两种含义，一是泛指各种法学理论，二是特指抽象的法律原理。此处讨论的是后者。在一些国家或地区的民事立法中，作为抽象法律原理的“法理”具有法源地位。例如，我国 1927 年《民法》第 1 条规定：“民事，法律所为规定者，依习惯；无习惯者，依法理。”对此，有研究者指出，所谓法理，“应系指自法理精神演绎而出的一般法律原则，殆为同一事物的名称”。[①] 比较而言，作为抽象法律原理的“法理”，应体现法的理念和精神，融入权利、义务、责任之实质内容，可用于解释具体的法律现象、指引具体的法律行为，或者作为立法或法律适用的理论基础，但“常理”概念并不具备如此内涵，其表征的只是日常生活中事物的一般道理。

“常理”不同于民事习惯。广义上，民事习惯分为事实上的习惯和习惯法。事实上的习惯，参考《最高人民法院关于适用〈中华人民共和国合同法〉若干问题的解释（二）》第 7 条，又可分为“特定当事人之间的习惯”和“不特定多数人（某一行业或地区内通行的）之间的习惯”。对于事实上的习惯和习惯法的区别，以往文献多有论述，[②] 不必赘言。此处比较的是“常理”与习惯的异同，以及“常理”与习惯法的异同。首先，习惯法属法源范畴，“常理”不具法源地位，两者性质完全不同，区别明显。其次，“特定当事人之间的习惯”仅具有个案意义，不具备普遍性、公众性特点，因此与常理也有明显不同。容易混淆的是“常理”与“不特定多数人之间的民事习惯”（主要是指某一行业、某一地区或某一市场领域之内通行的民事习惯）。习惯本意是指重复进行的惯常的行为模式，“不特定多数人之间的习惯”即便尚未上升为习惯法，其作为一般的社会规范亦具备提供行为预期、填补合同漏洞、辅助解释合同、解决民事纠纷的作用，因为只要客观上存在某项民事习惯，那么在该习惯适用的范围内，人们往往会认为“一般情况下其他人也会按此习惯行事”。故此，在有些情况下，“依民事习惯行事”可能会被近似地理解为“依常理行事”，“不符合民事习惯”则会被近似地理解为“有悖常理”——在一些民商事案件中法官所引述的“常理”其实就是民事习惯（详后）。

然而，笔者认为，在规范分析意义上，仍应将“常理”与“不特定多数人之间

① 王泽鉴：《民法总则》，北京大学出版社，2009，第 49 页。
② 参见王泽鉴《民法总则》，北京大学出版社，2009，第 46~47 页。

的民事习惯”做出区分，理由如下。其一，与民事习惯相比，“常理”的含义更宽泛，其并不单指相关主体应如何行事，而是也包含客观事物的应然状态或变化发展的一般规律，甚至可以指代个人言行前后逻辑的一致性或者个人言行与客观规律的契合性，这是“民事习惯”概念无法涵盖的内涵。其二，“常理”暗含了社会公众对事物合理性或人的行为合理与否的价值评判，而民事习惯指称的仅仅是一种客观存在的惯常做法，其是否合理，还有待评价。实践中有一些民事习惯虽然客观存在，但其合理性却可能存疑。比如，我国法律规定，在二手房交易中，买卖双方各自都需要缴纳一定的税款。“各付各税”不仅合法，而且公平、合理。然而，在当前我国的实践中，往往是买方需代替卖方纳税。对此人们可以说，二手房的买方承担双方全部税负是一项客观存在的交易习惯，但在很多人看来（至少对于众多的买方而言），单方承担双方税负的做法不符合“常理”。可见，民事习惯并不都是符合“常理”的。也正因如此，我国《民法典》第 10 条虽然承认民事习惯具有法源地位，但也强调适用习惯不得违背公序良俗。

“常理”与日常生活经验法则的异同较难区分，有必要稍加详述。经验本意指“由实践得来的知识或技能”，[①] 而法律语境下的“经验法则”是指具有与法律规定类似的规范功能的那些社会共同经验，[②] 它是“作为判断事实的前提的经验归纳为事物的特性和因果关系的知识和法则”，[③] 可作为推定案件事实的依据。当然，日常生活经验有个体和公共之分，个体经验对社会公众通常不具有规范意义或标准意义，只有公众认可的那些生活经验才有可能成为法律意义上的经验法则。“以社会经验作为法律事实之认定基础，虽未为民法定为一项一般原则，但该法律思想也多散见于法律规定中。”[④] 例如，《最高人民法院关于民事诉讼证据的若干规定》第 9 条即指出，“根据日常生活经验法则能推定出的另一事实”，当事人无须举证；《最高人民法院关于行政诉讼证据若干问题的规定》第 68 条亦有类似规定。有观点认为，日常生活经验法则可成为判断“法律上和法学上的争论和是非”的重要标准，是“由法律的社会性所使然。因为，法律既然是社会规范，就应当与社会一般人的生活经验相符”。[⑤] 也有观点认为，“法官不是在每个个案都必须自己作前述的判断，所谓的‘一般经验法则’经常已经帮助他勾画好轮廓”[⑥]，“探求物‘应有的性质’与追问其实际上的性质不同，不能仅以感知判断为基础，毋宁须借助社会经验始能形成其判断”。[⑦]

---

① 中国社会科学院语言研究所词典编辑室编《现代汉语词典》，商务印书馆，2018，第 686 页。
② 黄茂荣：《法学方法与现代民法（第五版）》，法律出版社，2007，第 259 页。
③ 〔日〕兼子一、竹下守夫：《民事诉讼法（新版）》，白绿铉译，法律出版社，1995，第 102 页。
④ 黄茂荣：《法学方法与现代民法》，法律出版社，2007，第 250 页。
⑤ 梁慧星：《法律的社会性》，《人民法院报》2004 年 2 月 6 日，第 4 版。
⑥ 〔德〕卡尔·拉伦茨：《法学方法论》，陈爱娥译，商务印书馆，2004，第 169 页。
⑦ 〔德〕卡尔·拉伦茨：《法学方法论》，陈爱娥译，商务印书馆，2004，第 168 页。

我国制定法中尚无条文规定“常理”具有类似于日常生活经验法则的性质与效力，也无条文可直接推断“常理”与日常生活经验法则的关系。从规范分析角度看，“常理”是在民事活动中归纳出来的“普通的道理”，指事物应有的状态、惯常的运作方式、发展的规律或普通人应有的行为理性和行动决策；日常生活经验同样源于民事生活，是人们在已发生的实践中总结和积累下来的关于人、事、物“过去如何”的知识，人们一旦掌握了这些知识（经验），相应也就具备了推断人、事、物“正常情况下可能如何或应当如何”的预判力。由此可见，人们对“常理”的归纳和认可，实际上是基于生活经验的积累和学习，而人们基于生活经验判定“事物正常情况下应当如何”，某种意义上也就是把“事物正常应当如何”理解为“事物普通的道理”，即“常理”。或许是因为上述原因，有研究者认为“常理属于经验知识”，① 或者“属于经验法则”。②

不过，笔者认为，尽管“常理”与日常生活经验法则有密切关系，但将前者涵盖于后者之下并不妥当。因为“常理”一词不仅指客观事物的应然性、规范性，而且包含社会公众对事物合理性的价值评判或道德评价。相比之下，经验法则通常只是“素描式”地表明事物客观上“是什么”、“怎么样”或“应当如何”，其并不包含社会公众的主观评判。比如在生活中，对于普通的社会公众而言，见义勇为、救死扶伤更多的是道德义务而非法律义务。如果某人在街上看到本来认识的邻居老人跌倒却视而不见、悄然离开，对此人们可以说“按常理，他（她）应该上前扶起老人或协助其联系家人、医院”，但通常不会说“按日常生活经验法则，他（她）应该搀扶老人或协助其联系家人、医院”，因为是否为老人提供帮助，仅是道德、情理层面的问题，不是从生活经验中总结出来的客观必然性的问题。可见，“常理”和日常生活经验法则在内涵上还是有区别的，两者在某些问题上可能有所重叠，但至多只是交叉关系。

法律条文是司法裁判的依据；在法律无规定情况下，习惯（法）可用于填补法律漏洞（此外习惯还是合同解释的依据）；日常生活经验法则推定的事实和众所周知的事实，则是证据法意义上“无须举证的事实”。那么，“常理”的法律性质与地位又是什么？由于我国现行法对此未做出明确规定，有必要从规范分析角度加以阐释。

第一，“常理”虽然具有应然性、规范性，但其并不具备法源地位（无论是正式法源还是非正式法源），这是它与法律规则尤其与民事习惯（法）的区别。所谓应然性、规范性是指，可被称为“常理”的那些“普通的道理”，要么必须符合自然规律、市场规律或者事物应有的正常状态，要么必须符合社会习俗、交易习惯、生活经验，要么必须符合一个普通理性人所应有的选择偏好、行动决策、行为模式

---

① 杨建军：《常识、常理在司法中的运用》，《政法论丛》2009年第6期。

② 张卫平：《认识经验法则》，《清华法学》2008年第6期。

或道德标准。“常理”与民事习惯的异同，笔者于本文中已有分析。在此需补充阐明的是，“常理”和法律规则（法律条文）有一定的内在联系。其一，基于规范性，“常理”一定程度上可以对人的行为做出引导,也可作为推定事实或评价当事人主张、意见、行为、证据的依据，这与法律规则的功能有相似之处。其二，有些法律规则最初可能来源于社会公众认可的“常理”,如自古以来社会公众普遍认为“欠债还钱”是“通常的道理”，而它也是合同法的一项具体规则。其三，相反，也有一些“常理”可能源于某项法律规则，如果该法律规则失效，则相应的常理也可能不存在。典型的例子是，在立法机关禁止非金融类企业间借贷的时候，企业之间的循环买卖（融资性买卖）经常被认定为有悖常理，进而被认定是“名为买卖，实为借贷”，但最高人民法院明确指出企业间基于临时资金周转而发生的借贷行为有效后，即便企业间开展了循环买卖（融资性买卖），也显然没有必要继续认为其“有悖常理”。不过，应强调的是，“常理”并不具备法源地位，即便存在“法律没有规定”的情况，也不得将“常理”直接等同于民事习惯（法）；至于在法律本有规定的情形下，更不能以“常理”替代法律条文。

第二，“常理”可以成为法官释法说理的辅助依据，但它不具有指引法官做出判决、解决法律冲突、填补法律漏洞或整合法律规则体系的原理性作用，这是它与法理、法律原则的区别。“常识、常理、常情是一个社会民众最基本的是非标准、最基本的行为规则。”[①]法官在审判中引述“常理”，实际上是希望在法律规则之外，援引一项社会公众知晓和认可的“普通的道理”，据以释法说理或推定事实。这是《最高人民法院关于加强和规范裁判文书释法说理的指导意见》第15项已间接阐明的问题。比如，我国现行法有诸多条文使用“合理”概念，我国《民法典》第481条规定，“要约以非对话方式作出的，承诺应当在合理期限内到达”；我国《民法典》第528条则规定，合同当事人依法行使不安抗辩权中止履行后，“对方在合理期限内未恢复履行能力且未提供适当担保的，视为以自己的行为表明不履行主要债务，中止履行的一方可以解除合同并可以请求对方承担违约责任”。然而，问题是，多长的时间算是“合理期限”？法律并未进一步限定（实际上这是立法者的“有意留白”）。因此审判中对“是否合理”的认定，是弹性较大的法律适用问题，需由法官结合个案情况自由裁量。在此过程中，“常理”可以成为法官论证某一行为合理与否，或者确定“多长时间方为合理期限”的参考依据（当然不是唯一依据）。只是需要强调的是,“常理”在释法说理中的作用是辅助性的，它不具备像法理或法律原则那样的基础地位，不能构成法律条文及其适用的基本原理，不能直接用于协调法律之间的冲突或用于填补法律漏洞。

① 陈忠林:《“常识、常理、常情”：一种法治观与法学教育观》,《太平洋学报》2007年第6期。

第三，"常理"可以作为推定事实的辅助依据，但其并非法定的"无须当事人举证"的事实。这是"常理"与众所周知的事实以及日常生活经验法则的区别。司法审判中，法官可以借助"常理"来推定某一事实是否曾经发生（面向过去而言），或者推定某一事实会否出现（面向未来而言），或者推定某一事物将会如何变化发展。需强调的是，"常理"并不必定属于"无须当事人举证的事实"，理由如下。（1）从法条主义立场看，《最高人民法院关于适用〈中华人民共和国民事诉讼法〉的解释》和《最高人民法院关于民事诉讼证据的若干规定》所规定的无须当事人举证的事实类型并不包括"常理"。如前所述，"常理"不等同于众所周知的事实，也不等同于日常生活经验法则，因此即便借助法条扩张解释方法，似乎也无法将"常理"完全纳入法定的"无须当事人举证的事实"范围。（2）从"常理"的类型看，有的"常理"本身直接体现了特定事物的客观属性或基本规律。比如人们可以说"按常理，人步行的速度比汽车行驶速度慢"。在此，"人步行的速度比汽车行驶速度慢"这一客观事实确实近乎众所周知，可以无须举证。然而，除此之外，有的"常理"是社会公众中对人的言行举止合理性的价值评判。比如人们可以说，"按常理，父母不应该放任小孩不完成课后作业"。在此，"父母不应该放任小孩不完成课后作业"所表达的更多的是一项应然性的行为规范，而不是一项实证性的客观事实。（3）"常理"所蕴含的"道理"根源于社会实践。由于各地自然环境、人文历史、社会习俗以及各行业的交易习惯都有差别，在实践中总结出来的某些"常理"，可能只体现某地区或某行业某一事物的一般规律、原理或习惯，其并未达到众所周知的程度，也并非普适性的日常生活经验法则。比如在我国一些地区，人们普遍认为过年期间债权人"按常理不得上门讨债"。类似的例子不胜枚举。在此情况下，法官如欲采纳并运用该"常理"，仍有必要依职权调查或依法要求当事人证明。当然，现实中也有一些社会实践的地方性或行业性色彩并不浓厚，在某些领域，甚至有法律规则专门对某些社会实践活动的行为方式做出统一规定，在此类情况下总结和抽象出来的"常理"，则很少体现出地方性或行业性特点。①

---

① 比如在"贵州省仁怀市茅台镇台郎酒厂与遵义通达建设工程有限公司等环境污染纠纷案"中，仁怀台郎酒厂认为遵义通达公司等几家企业的共同侵权行为导致其酒窖被淹，酒醅被污染，损失高达3000余万元。然而，最高人民法院再审时认为，仁怀台郎酒厂在受到损失后本应及时向有关部门报案，并且进行证据固定。特别是仁怀台郎酒厂曾于 2013 年 6 月 7 日以仁怀城投公司、遵义通达公司侵权行为污染酒窖为由提起诉讼，一审法院以证据不足驳回诉讼请求后，在 2014 年 7 月再次被水淹的情况下，仁怀台郎酒厂仍未及时采取符合法律规定的证据保全措施保存相关证据，其做法与常理不符。据此最高人民法院认为，仁怀台郎酒厂未能证明其受损事实真实存在，申请再审事由不成立。在此案例中，最高人民法院以"不符常理"认定再审申请人的行为不具合理性，其所称的常理是以民事诉讼活动的证据规则和一般实践规律为依据的。民事诉讼活动必须服从于民事诉讼法的统一规定，因此，这一语境下的"常理"并不体现地方性或行业性特点。参见最高人民法院（2018）最高法民申 623 号民事裁定书。

三 “常理”在我国民商事审判中运用的实际场景及存在的问题

（一）我国民商事审判中法官或当事人引述“常理”的整体情况

尽管“常理”在我国不是法律文本上的概念，但在民商事裁判中，法官或当事人主动引述常理的情况并不鲜见。根据笔者在中国裁判文书网民事案件库的检索，截至2021年7月31日，正文提及“常理”的裁判文书（包括判决书和裁定书）共计1054145份。这一数据初步显示，在诉讼程序中以“常理”来论证观点、反驳意见、认定证据、评价行为或推定事实的做法并非偶然，而更像是我国民商事司法实践中的一种惯常做法。

进一步考察，涉及“常理”的表述方式大致有三类（见表1）：一是“中性化”表述，即法官或当事人以“依照常理”“按照常理”等表述方式，假定正常情况下事物的应然状态，或者正常情况下当事人应当做出的行为，以此作为后续相关结论的依据；二是“肯定式”表述，如“符合常理”“合乎常理”“与常理相符”“与常理相符合”等；三是“否定式”表述，如“有悖常理”“违背常理”“不合常理”“与常理不符”“与常理相悖”等。

表1 我国民商事裁判文书中“常理”的主要表述方式①

序号	关键词	裁判文书数量		序号	关键词	裁判文书数量	
		判决书	裁定书			判决书	裁定书
1	依常理	7206	306	12	有违常理	45611	3415
2	依照常理	2760	140	13	违背常理	35307	3066
3	依据常理	5260	256	14	不符合常理	299803	19862
4	按常理	31687	1286	15	不符常理	19537	1235
5	按照常理	31745	1355	16	不合常理	97228	7814
6	符合常理	108989	4474	17	与常理不合	3197	226
7	合乎常理	7062	351	18	与常理不符	99334	5812
8	与常理相符	866	19	19	与常理不相符合	211	6
9	与常理相符合	8	4	20	与常理相违背	453	22
10	有悖常理	52216	4149	21	与常理相悖	10473	647
11	有背常理	3283	26	22	与常理相背	65	1
合计：1054145份（判决书991699份，裁定书62446份）							

① 表1显示的是裁判文书中提及“常理”的常用表述（常用关键词）而非全部表述。因此22个常用关键词所涉及的判决书和裁定书的加总数量少于总样本数量1054145。

从主体角度看，在审判中主动提及“常理”的既有法官，也有当事人。结合相关裁判文书上下文的语境可看出，当事人引述常理的目的主要是以“违背常理”（或类似表述）为由，反驳对方当事人提出的诉讼主张或证据，[①] 或者对法院认定事实的结论、裁判的结果或理由提出异议；[②] 法官引述“常理”的目的主要是以“符合常理”“违背常理”（或类似表述）为由，评价当事人的诉讼主张或答辩意见[③]、评价当事人行为合理与否[④]、推定案件事实。其中，就推定事实而言，可进一步细化为：认定民事法律行为的性质与类型；[⑤] 认定当事人提交的证据；[⑥] 辅助解释合同条款，[⑦] 或者作为填补合同漏洞的

① 例如在“成都市第五建筑工程公司与被申请人都江堰市南方真空实业有限公司建设工程施工合同纠纷案”中，五建公司申请再审时指出：“……根据合同约定的工程暂定价及付款比例，在结算前最多应付款 2000 万元左右，这与五建公司 2012 年 1 月 11 日前开具的 20750836 元基本吻合，而按照南方公司的主张，则在决算前其已支付了 2600 万元，远远超出结算前应付工程款，违背常理。”参见最高人民法院（2015）民申字第 700 号民事裁定书。

② 例如在“成都市魁星投资管理有限公司与成都建工地产开发有限责任公司、四川省森盟置业有限公司债权人代位权纠纷案”中，魁星投资公司申请再审时提出：“森盟置业为避税以拆迁的名义炮制了三份虚假的《借款协议》……三份虚假《借款协议》对应的款项是 2200 万元，二审判决魁星投资应当偿还 3200 万元借款，明显违背事实。二审将三份《房屋购销协议》的事由与 3200 万元联系在一起，认定‘后均由建工地产自行收购’房屋没有证据证明，也不符合常理。”参见最高人民法院（2018）最高法民申 425 号民事裁定书。

③ 例如在“北京五环双新工业有限公司与北京中赛国信科技发展有限责任公司合作开发房地产纠纷案”中，针对“中赛国信给付五环双新 500 万元是否属实”的问题，最高人民法院认为：“……五环双新以中赛国信没有付款记录、没有资金往来等否定中赛国信实际付款的问题，因双方合作项目中该部分费用属拆迁及青苗补偿款性质，中赛国信解释在五环双新提出要求的情况下以现金形式予以了给付，并不违背常理。”据此，最高人民法院认定中赛国信已向五环双新计付 500 万元拆迁及青苗补偿费。参见最高人民法院（2012）民申字第 1421 号民事裁定书。

④ 例如在“亳州市三曹酒业有限责任公司与宿迁市洋河镇国御酒业股份有限公司侵害商标权纠纷案”中，法院认为：“国御公司在青花瓷酒瓶及外包装盒上使用‘青花窖藏’文字符合白酒行业的惯例，使用范围及使用方式均合乎常理，不会造成相关公众对商品来源的混淆误认。”参见最高人民法院（2017）最高法民申 4380 号民事裁定书。

⑤ 例如在“爱华控股集团有限公司与浙江爱华房地产开发有限公司借款合同纠纷案”中，最高人民法院认为：“湖南有色国贸有限公司与丁清控制的张家港保税区中实国际贸易有限公司签订《公司产品购销合同》买进乙二醇，又卖给丁清为法定代表人的常州浦源化工进出口有限公司，除单价略有上浮外，合同签订的时间、内容、数量等基本相同。这不合常理。”据此，最高人民法院推断该案所涉合同名为买卖合同，实为企业融资借款合同。参见最高人民法院（2017）最高法民申 1542 号民事裁定书。

⑥ 例如在“兰州华创交通物资有限公司与甘肃中鑫石化有限责任公司、张杰企业借贷纠纷案”中，最高人民法院认为：“对于华创公司为何向法院提交两份不同的借条及复印件，华创公司称提交的借条复印件和原件不一致，是财务室留复印后双方在场又后增加了内容，该主张没有其他证据予以证明，亦不合常理，本院依法确认一、二审判决所认定华创公司后提交的借条上利息的约定为借条形成后添加这一事实。”参见最高人民法院（2017）最高法民再 322 号民事判决书。

⑦ 例如在“宁波阳光海湾发展有限公司等与龙元建设集团股份有限公司合同纠纷案”中，最高人民法院认为：“宁波阳光海湾公司的土地出让合同在《资金支持与合作协议》签订之前即已经订立完毕，倘以已经完成的事实作为‘债转股’的前置条件，合同条文将没有实际意义，也不合常理。因此‘合法取得’不应理解为签订土地出让合同……实践中，尽管已签订土地出让合同，但因未缴纳土地出让金等各种因素不能取得土地使用权登记的情况也十分常见……二审法院认为《资金支持与合作协议》所约定的合法取得案涉项目开发用地的条件尚未达成，并无不当。”参见最高人民法院（2015）民申字第 287 号民事裁定书。

辅助理由；[①] 等等。

值得关注的是，绝大多数案件中，法官或当事人提及“常理”时都没有明确阐述其内容是什么。因此，要探析各案中法官或当事人所称的“常理”的具体指向，还需结合案件的整体事实及裁判文书的上下文进行推测。其一，有的案件中，被引述的“常理”可能是指一个普通人（理性人）所应有的言行的前后逻辑一致性，当法官提出“……不合常理”，其通常是为了强调当事人言行前后矛盾，进而阐明不采信当事人主张、意见或证据的理由。[②] 其二，有的案件中，被引述的“常理”可能是指一个普通人（理性人）的行为所应有的合理性，若法官认为“……有悖常理”，多是为了强调当事人的行为不具合理性或令人难以理解，进而以此推定案件事实。[③] 其三，有的案件中，被引述的“常理”可能是指某项交易习惯，当法官认为“……违反常理”时，往往是为了强调案涉民事法律行为不符合交易习惯，行为实际发生概率较低，进而否定当事人相关主张。[④] 其四，有的案件中，被引述的“常理”可能是指社会公众的日常生活习惯，法官以其为据提出合理性评价标准，进而对当事人争议的事实进行认定。[⑤]

由于法官和当事人往往很少阐明“常理”的具体内容，也未说明其“为何是常理”，从表面看来，“常理”似乎被视为无须证成甚至无须释明的“真理”。对此需要追问的是：

---

① 例如在“楼其华等六人与浙江华成投资开发有限公司商品房预售合同纠纷案”中，当事人对出让方是否负有提供资料的义务约定不清。最高法院认为：“……依据该约定，双方当事人对余款需通过按揭贷款方式支付是明确的。按照常理，贷款人根据贷款银行的要求提供完整的办理按揭贷款所需基本资料是办理按揭贷款的基本前提。因此，根据该条约定，应认定楼其华等六人负有提供按揭贷款所需资料的合同义务。”参见最高人民法院（2013）民申字第 213 号民事裁定书。

② 例如在“交通银行股份有限公司新疆维吾尔自治区分行与乌鲁木齐金牛投资有限公司、冯新龙第三人撤销之诉案”中，最高人民法院认为：“对于该资产的流转以及流转依据，交通银行作为金牛投资公司的债权人应当知道，其在 2014 年 8 月委托律师调查金牛投资公司的资产，也应当对金牛投资公司的资产情况明知。据此，交通银行认为其对金牛投资公司的资产状况及转移情况并不知情，不合常理，本院不予采信。”参见最高人民法院（2017）最高法民申 345 号民事裁定书。

③ 例如在“黄泉福与漯河市南街村工艺品有限责任公司、郑州天赐一木木业有限公司和苏六河等侵害著作财产权纠纷管辖权异议案”中，最高人民法院认为：“南街村公司、天赐一木公司关于苏六河在其住所地大量存放被诉侵权产品的目的是个人收藏或鉴赏的主张不符合常理，二审法院认定该批被诉侵权产品是待售产品并无不当。”此处所称的“不符合常理”应是指被告大量存放涉案侵权产品的行为不是一个普通理性人通常不会做出的行为。参见最高人民法院（2013）民申字第 56 号民事裁定书。

④ 例如在“方希源与蔡福英执行异议纠纷案”中，二审法院认为：“异议人繁荣公司欲清偿其所欠他人债务，完全可直接将款项转给债权人，而繁荣公司将款项先转往阜承公司，然后再通过阜承公司的网银账户支付给债权人的行为违反常理，且繁荣公司也未向法院说明其通过阜承公司向何人清偿债务，清偿债务的依据所在，并提供相应的证据材料证明；繁荣公司在收到法院发出的执行通知的情况下，仍然不履行法院的生效判决，而自称将款项用于清偿其他未经诉讼确认的债务，违反了《中华人民共和国民法通则》第一百零八条‘债务应当清偿’之规定。”此处法院所称“常理”，应指债务偿还的交易习惯。参见最高人民法院（2014）民一终字第 174 号民事判决书。

⑤ 例如在“兴业银行股份有限公司泉州分行与黄某及福建丰裕汽车销售服务有限公司等金融借贷合同纠纷案”中，法院认为：“虽然合同文本中最高本金限额‘肆仟叁佰陆拾伍万元整’被分成‘肆仟叁佰陆’及‘拾伍万元整’写在前后页，但是‘肆仟叁佰陆’后面并无相应的货币单位或标点符号，并非一个完整的金额，因此原审认为根据通常的阅读习惯应理解为最高本金限额为 4365 万元，符合常理，申请人黄滔认为应理解为 4360 元及 15 万元，与本案事实不符，本院不予采信。”此案中法院所称之“常理”，应是指社会公众的日常生活经验（生活习惯）。参见最高人民法院（2018）最高法民申 5228 号民事裁定书。

法官将“常理”引以为据却未加论证和阐释的做法，是否符合司法审判工作的规范性要求？在未加论证和说明的情况下，法官所引述的“常理”是否必定属于规范意义上的常理？如何确保法官对“常理”的认定标准和运用程序具有统一性？

之所以单独对法官主动引述“常理”的规范性提出疑问，原因是：法官在诉讼程序中居于最终裁判者地位，其有权力也有职责对当事人提出的各种主张进行审查，也可依法提出自己的裁判结论。按照“谁主张，谁举证”的民事诉讼规则，当事人如果提及“常理”却不加阐释，最坏的结果是相关主张无法被法官采纳，进而面临败诉风险。当然，即便当事人阐明了“常理”的内容与来源，法官也未必认可当事人借助“常理”做出的结论（比如在相关主张不符合证据认定标准的情况下）。简言之，当事人引述“常理”并提出相关主张，归根结底代表的只是当事人个人的行为和观点，其并非司法裁判的最终结论。与此不同的是，法官如果以“常理”来评价当事人的诉讼主张、答辩意见、证据效力、行为性质或者用以推定案件事实，其提出的观点往往会直接构成审判结果的组成部分，代表着司法机关的结论，体现着司法权威和公信力。因此对于法官引述“常理”的操作，有必要审视其是否符合司法审判的规范性要求。

（二）基于程序法规则的检讨

审判活动中，法官的工作内容主要有两方面：一是通过质证或主动调查取证等途径获取信息、认定事实；二是适用法律条文，做出判决结果。在这两个环节，法官都有可能引述“常理”：就法律适用而言，法官引述“常理”的行为本身不属于适用法律，但是借助“常理”来评价当事人的主张、意见、证据和行为，可以辅助法律适用，这属于释法说理范畴；就事实认定而言，法官通过引述“常理”，可以在信息不对称的情形下，“高度盖然性”地推定案件事实，这属于事实认定范畴。从现行法来看，我国《民事诉讼法》第 152 条规定，判决书内容应当包括判决认定的事实和理由，以及适用的法律和理由。《最高人民法院关于加强和规范裁判文书释法说理的指导意见》第 2 项规定，裁判文书释法说理，要阐明事理，说明裁判所认定的案件事实及其根据和理由，展示案件事实认定的客观性、公正性和准确性。该意见第 7 项进一步规定，法官行使自由裁量权处理案件时，应当坚持合法、合理、公正和审慎的原则，充分论证运用自由裁量权的依据，并阐明自由裁量所考虑的相关因素。这意味着，如果严格依法行事，法官以“常理”为据来认定事实或者评价当事人的主张、意见、证据、行为，也应进行必要的说理和论证，而不是直接得出结论。

实际上，从另一角度看，按照我国《民事诉讼法》第 152 条和《最高人民法院关于加强和规范裁判文书释法说理的指导意见》第 2 项，即便适用的是经由立法机关正式公布、其内容明确具体的某一法条，法官都有义务阐明该条文具体是哪部法律的哪一条，甚至还需要在裁判文书末尾附上条文内容。《最高人民法院关于在审判执行工作中切实规范自由裁量权行使保障法律统一适用的指导意见》第 10 项亦强调，法院应当公开援引和适用的法律条文，并结合案件事实阐明法律适用的理由，充分论述自由裁量结果的正当性和合理性，以此提高司法裁判的公信力和权威性。经由立法机关制定的法律条文的适用尚且要求如此严格，那么对于立法机关制定的法律并未规定其具体内容，也未规定其认定标准的“常理”，法官在引述时如不做任何阐释，应该也有理由认为，其据以认定事实或评价当事人主张、意见、证据、行为的理由并不完整。

可能有研究者会认为，“常理”本身就是人们普遍知晓的“通常的道理”，因此无须举证、论证或阐释。然而，实际上，无论是从立法层面还是从法理层面，这种观点的可靠性都值得质疑。在民事诉讼证据规则中，“常理”或者通过“常理”推定的事实并不当然地“无须举证”——至少从法条主义立场来看，确实如此。依照《最高人民法院关于民事诉讼证据的若干规定》第 9 条之规定，对于众所周知的事实、自然规律及定理、根据法律规定或者已知事实和日常生活经验法则能推定出的另一事实、为人民法院发生法律效力的裁判所确认的事实、已为仲裁机构的生效裁决所确认的事实、已为有效公证文书所证明的事实，无须当事人证明法官即可认定，但除自然规律及定理之外，当事人对其他各项事实有相反证据足以推翻的，则法官可以否定该等事实。必须明确的是，司法解释的这一规定并未提及“常理”。如前所述，“常理”显然也不能完全涵盖众所周知的事实、自然规律或日常生活经验法则。否则，最高人民法院只需在司法解释中规定“常理”或根据“常理”可以推定的事实无须举证即可，无须烦琐地列出上述多种无须证明的事实类型。

更重要的问题是，即便暂时将“常理”纳入《最高人民法院关于民事诉讼证据的若干规定》第 9 条的涵摄范围，即认为“常理本身或根据常理推定的事实”依法属无须举证的事实，此时也应明确：民事诉讼证据规则所规定的“当事人无须举证”并不直接等同于“法官无须任何论证或释明”。《最高人民法院关于民事诉讼证据的若干规定》第 64 条规定：“审判人员应当依照法定程序，全面、客观地审核证据，依据法律的规定，遵循法官职业道德，运用逻辑推理和日常生活经验，对证据有无证明力和证明力大小独立进行判断，并公开判断的理由和结果。”这意味着，无论是当事人提及而待法官采纳的情形，还是法官主动引述的情形，只要法官决定以“常理”来评价当事人主张、意见、行为、证据或借助常理推定案件事实，那么严格来讲，他就应当对所引述的“常理”的具体内容进行释明，对认定过程、判断理由和采纳结果进行必要的论述。

（三）基于法律论证逻辑的检讨

司法裁判过程实际上也是（甚至“必须是”）严谨的法律论证过程。因为“从逻辑的角度看，某一法律证立之可接受性的一个必要条件是：支持该证立的论述必须是逻辑有效的论述（另一个条件是支持某一证立的理由依据法律标准是可以接受的）。只有当某一论述在逻辑上有效时，才能从法律规则和事实（前提）当中得到裁决（结论）”。①

传统理论认为，法律适用依托“三段论”的形式逻辑，其构成要件包括大前提（法律条文）、小前提（案件具体事实）和结论（依法条规定应如何处理）。法学界和实务界对这一问题已有诸多共识，无须赘述。在此需要讨论的是，尽管引述“常理”的行为不属于法律适用而是事实认定，但是基于“常理”具有的规范性、标准性，法官运用常理来评价当事人的主张、意见、证据、行为或者推定案件事实的过程，本质上也属形式逻辑的范畴，应运用“三段论”推理方法进行分析与论证。

当然，在逻辑推理的具体操作层面，“常理”与法律原则、法律规则还是有本质区别的。首先就“大前提”而言，法官在司法裁判中适用的每一项法律原则、每一项法律规则都有其具体的指向和内容，或者说，法官适用的任何一项法律原则、法律规则都能够在现行法的体系中找到对应的条文，但“常理”并不如此。截至目前，在我国，并没有法律条文对“常理”的定义、性质、效力进行规定，没有条文对各种“常理”的内容进行表述，没有条文对“常理”的认定主体、方法、标准或程序进行规定，也没有公权机关或其他权威机构对审判中经常援引的各种“常理”进行收集、汇编并统一公布。

上述区别意味着，当法官适用法律条文时，即便他（她）只是简单提及“依照《××法》××条”，事后人们依然可以自行查明该条文的具体内容。比如，当法官以“违反法律、行政法规强制性规定”为由判定合同无效时，除非这个判决是彻头彻尾的错误，否则法官所称的“强制性规定”在现行法的体系中一定可以找到对应的条文。然而，如果法官在引述“常理”时只是简单提及“符合常理”或“有悖常理”而不再进行任何阐释，那么人们事后几乎没有任何途径可以自行查询并确认法官所提及的“常理”的内容究竟是什么，甚至有可能无从确认法官所称的“常理”客观上是否真的属于“规范意义上的常理”。

由此可见，从形式逻辑角度看，在法律未对各种“常理”的内容进行规定，也没有其他机构对“常理”进行收集、汇编并统一公布的情况下，如果法官引述“常理”却不阐明其内容，其实质是演绎推理“大前提”的缺失，是对演绎推理方法的一种不

① 〔荷〕伊芙琳·T. 菲特丽丝：《法律论证原理》，张其山等译，商务印书馆，2005，第 11 页。

严谨、不规范的运用。正如有研究者所强调的，“在法律论证的逻辑分析中，必须使隐藏的成分彰显出来。在大多数案件中，证立法律裁决的论述仅用日常语言形式来表达是不够完整的。为了使该论述完整并且逻辑有效，省略的前提必须予以明晰”。①

可能有的研究者会认为，即便法官只是简单地以“符合常理”或“有悖常理”为由直接提出结论，也不能认为他们没有阐明“常理”的内容，因为在该等场合，法官只不过是将应当阐述的内容隐含在其结论中。据此观点，假设当事人提出一个诉讼主张 X，如果法官认为该主张“符合常理”，那意味着在法官看来 X 就是“常理”；如果法官认为“X 有悖常理”，则意味着此时法官所认为的“常理”是“—X”。

上述观点的依据似乎是建立在法官自由裁量权的基础上。诚然，在相关法律条文没有明确规定以及相关证据不足以充分证明待证事实的情况下，法官基于民事诉讼证据“高度盖然性”的采信规则，以“符合常理”或“有悖常理”对案件事实进行推定，广义上确实属于法官可以行使自由裁量权的范围。然而，问题仍然存在。第一，认为法官在提出结论的同时已隐含地阐明“常理”的内容和认定依据，这种观点有“循环论证”之嫌。因为沿着这一分析进路来推导，当人们询问“为何支持当事人的诉讼主张 X”，法官可以声称“X 符合常理”，但如果人们进一步询问“什么是常理”时，法官可能反过来又声称，“当事人提出的诉讼主张 X 就是常理”。这实际上是“以结论论证结论”。第二,更重要的也更具现实意义的是,现行法并未规定“常理”的认定标准(在诉讼法上甚至完全没有赋予“常理”任何法律地位)，以往理论研究似乎也未对“常理”的构成要件等问题展开讨论并取得共识，在此情况下，不同的法官（或者同一个法官在不同的案件中）对“常理”的认定可能持有不同标准，法律适用和释法说理也可能出现矛盾（详后）。

（四）基于司法裁判效果的检讨

强调“对常理的司法运用应作必要的论证和说明”的根本目的在于，借此可以规范法官运用“常理”的操作程序，促使法官谨慎考虑:“常理”的引述是否确有必要?对于需要评价的诉讼主张、答辩意见、行为性质、证据效力以及需要推定的事实，法律是否已有明确规定？对争议事实的认定是否确无其他证据或渠道可以查明而不得不以“常理”进行推定？拟引述的“常理”是否符合“常理”的构成要件,是否真的属于“规范意义上的常理”？

如果上述问题考虑不周，实践中就可能出现常理司法运用不当的情况。实证分析已表明:（1）在有的案例中，法官虽提及“常理”，但结合案情看，引述“常理”的实

① 〔荷〕伊芙琳 · T. 菲特丽丝:《法律论证原理》，张其山等译，商务印书馆，2005，第 31 页。

际价值不大，“常理”可能只是被用作强化说理的一个重复性的辅助理由，即便去掉引述“常理”的环节，对审判结果也不会有实质影响；①（2）在有的案件中，法官提及的“常理”更像是一项交易习惯，其引述时不仅在概念层面以“常理”替代了“交易习惯”，而且未遵循法律和司法解释之规定对交易习惯构成要件进行审查、认定和说明；②（3）在有的案件中，当事人的某项诉讼主张本来不符合法律规定，依法不应采纳，对此，法官虽然最终确实也否定了当事人的该项诉讼主张，但在阐述否定的依据和理由时却未以法律条文为依据，而是强调诉讼主张“不合常理”，这一做法实际上已涉嫌以引述“常理”替代法条适用；③（4）在有的案件中，依照举证责任规则，一方当事人本应就争议事实负举证责任，但法官在当事人未举证的情况下，以另一方当事人的观点或行为“不符合常理”为由直接推定事实，这一做法实际上不当简化了案件事实的查明程序，并违反了举证责任分配规则。④

与上述几种情况相比，更值得关注的是在一些案件中，对于性质基本相同的事实

① 例如在“贵州国能能源有限公司与贵州省朗月矿业投资有限公司金沙县高坪乡老虎石煤矿采矿权转让合同纠纷案”中，二审法院指出：“对于老虎石煤矿、刘肇坤、孙大明提出的送达程序延迟的问题，经审查是因本案一审中存在诉讼保全等程序所致；至于老虎石煤矿、刘肇坤、孙大明提出因看到国能公司提供的法院诉讼文书复印件导致其被迫签署补充协议的问题，并无事实依据，亦不符合常理。”事实上，如果仅以“证据不足”“缺乏事实依据”为由，本也足以驳回当事人的该项上诉理由，并不需要累赘地强调当事人所陈述的理由“不符合常理”。参见最高人民法院（2015）民一终字第 151 号民事判决书。

② 例如在“兰州农村商业银行股份有限公司东岗支行诉兰州海润公用设施有限公司、王健涛、金宝全金融借款纠纷案”中，二审法院认为：“经查，兰州农商行东岗支行要求王健涛、金宝全承担连带责任的证据只有两份《无限连带责任保证函》，而该证据在内容上存在关联性和证明力不足的问题……3. 该函第十三条载明，‘本保证函为上述五亿元整流动资金贷款相关合同的不可分割的组成部分’，故该函不应独立存在，应有具体明确的相关合同才符合常理。因此，《无限连带责任保证函》本身存在缺陷，不足以单独证明本案事实。”此处所称“常理”，更具体地讲，应是指金融借贷担保的交易习惯。参见最高人民法院（2018）最高法民终 783 号民事判决书。

③ 例如在“永州市永高林业有限公司与嘉汉板业（湖南）营林有限公司合同纠纷案”中，再审法院认为：“双方签订案涉《林木收购合同》的目的是嘉汉公司取得相关林木所有权，永高公司是否履行案涉《林木收购合同》约定的义务主要看嘉汉公司是否取得林权证或同等法律效力的证明文件，而非正在生长的林木的直接交付，因此，嘉汉公司关于法院应依职权对案涉林木是否实际交付进行调查的要求不合常理，原审法院未予支持并无不当。”严格来讲，判断法院能否以及是否有必要依职权调查取证的依据不应该是“常理”，而是我国《民事诉讼法》第 64 条、《最高人民法院关于民事诉讼证据的若干规定》第 17 条等条文。参见最高人民法院（2014）民申字第 453 号民事裁定书。

④ 例如在“刘连法等九人与牟维飞委托合同纠纷案”中，一审法院认为鑫龙公司提供的租赁合同证明其租赁期限为 2007 年 6 月 1 日至 2008 年 5 月 31 日，牟维飞于 2008 年 3 月 26 日通过鑫龙公司竞得原棉纺织厂土地和房产一宗的事实清楚，至 2010 年 4 月 1 日双方签订《协议书》时已超过鑫龙公司的租赁期，鑫龙公司应腾出租赁财产。因此刘连法等人主张牟维飞应向鑫龙公司支付搬迁经营损失、成套设备及管线、变压器等附属设施损失均不符合常理。在该案二审及二审再审程序中，法院亦认可这一结论。后经当事人申诉，最高人民法院决定提审，其主要理由是原审判决对举证责任分配错误，未依法要求一审原告牟维飞就其主张刘连法等返还 1200 万元补偿款的事实和理由承担举证责任，相反却直接以鑫隆公司超过租赁期限未搬迁，刘连法等人主张牟维飞应向鑫龙公司支付搬迁经营损失、成套设备及管线、变压器等附属设施损失不符合常理为由推定案件事实。经审理，最高人民法院的结论是，“牟维飞与鑫龙公司就案涉土地和房产之间存在着较为复杂的关系，虽然在《协议书》签订时租赁已经到期，但据此即推定补偿内容包括鑫龙公司搬迁经营损失和设施损失等不符合常理，显然罔顾本案上述基本事实，存在重大逻辑缺陷”。参见最高人民法院（2016）最高法民监 51 号民事裁定书、最高人民法院（2017）最高法民再 431 号民事判决书。

或行为，有的法院认为其“有悖常理”，有的法院却又认为其“符合常理”，这种认定标准的不统一将导致判决结果出现显著差异，或者释法说理难以保持逻辑的一致性。例如在“姜小来、姜来夫及上海上风科盛投资有限公司与上海天奥电梯销售有限公司案外人执行异议案”中，针对被告“未签约先部分付款”的行为，一审法院认为，“面对尚未通过竣工验收且部分当时其上仍设有抵押的涉案房屋，作为买方的天奥公司在尚未签约前即开始支付大额房款且同意收楼的行为，也与常理不符”。[①] 对于该问题，二审法院却认为，“先付部分款项后签合同、先付款后完备委托手续、支付凭证载明用途与实际资金用途不同，社会经济生活中并不少见，在合同约定已大部分履行，又没有证据证明上风公司和天奥公司存在其他非法目的的情况下，将之视为违反常理并以此为由否定该500万元为支付的房屋价款依据不足”。[②] 这意味着，二审法院否定了一审法院关于“未签约先部分付款与常理不符”的结论，更重要的是，二审法院否定的理由并不是该案存在“常理之外的例外情形”（或称常理的反证），而更像是直接认为“未签约先部分付款”的现象本身就不属于“常理”（即所谓的“社会经济生活中并不少见”）。

类似的，在对待“知假买假”行为问题上，法院也存在对“常理”认定标准不统一的情况。我国《消费者权益保护法》1993年出台时，该法第49条即已规定，经营者对消费者有欺诈行为的，消费者可以诉请惩罚性赔偿，2014年修订的我国《消费者权益保护法》第55条进一步提高了惩罚性赔偿的计算标准。然而，这一制度建立以来，实践中就一直存在通过“知假买假”寻求惩罚性赔偿并获利的现象。针对“知假买假”者能否获得惩罚性赔偿的问题，理论界和实务界均有争议。近年来，按照最高人民法院的指导意见，各级法院形成了一个基本的判决标准：对于食品药品，“知假买假”者可以获得惩罚性赔偿；对于其他普通商品，则不能获得惩罚性赔偿。

在此背景下，比较各法院的相关判决可以发现一个有趣现象：在涉及一般商品消费纠纷时，法院为了论证“知假买假”者不可获得惩罚性赔偿，往往会认定“知假买假”者一次性购入数量较多的某类商品“不符合常理”，进而判定他们购买该等商品不是基于消费需要，因此“知假买假”者不属于消费者，不能获得惩罚性赔偿；[③] 然而，当“知假买假”者购买的是食品药品时，法院为了支持“知假买假”者获得惩罚性赔偿，却又不再指出一次性购入数量较多的某类食品药品的行为“有悖常理”。诚然，各级法院做出上述两种不同判决结果与最高人民法院的司法指导意见有关，而最高人民法院按“食品药品”和“非食品药品”所确立的区分标准则融入司法判决社会效果价值评价的元素，即这一区分并不纯粹是基于法律适用形式逻辑的推导结果。笔者暂不评价最高

① 参见上海市高级人民法院（2015）沪高民一（民）终字第8号民事判决书。

② 参见最高人民法院（2017）最高法民再30号民事判决书。

③ 参见北京市高级人民法院（2017）京民申4766号民事裁定书。

人民法院指导意见在法理上是否妥当，在此值得关注的是，此类案件的处理结果已再次表明，法院对“常理”的认定完全可能出现标准不一的情况，而这种情况显然会导致司法裁判结果和释法说理难以保持逻辑的一致性。

四　“常理”司法运用规则的设定

“常理”是联结民事法律与民事生活的桥梁。与公法相比，作为私法的民（商）法充分尊重当事人意思自治，允许民（商）事主体“自己为自己立法”（约定合同条款或适用习惯法等），对国家立法干预民事生活保持严格的谦抑性（一般认为，民法的强制性规范仅为保护公共利益或降低交易成本之目的而存在）。因此，在民商事审判中，为了依法做出公正、合理判决，法官需要优先考察当事人之间的约定，需要考察民事生活中的习惯、常理或经验法则，补充引入社会规范，以此辅助判决的形成。

“常理”的运用，归根结底是一种法律论证方式。现行法未对“常理”的定义、类型、性质、效力、功能、认定标准或其司法运用的情形和程序专门进行规定，更未将引述常理设定为特定情形下某一主体的义务或职责，因此，严格来讲，在诉讼过程中引述“常理”的做法，并不是法官或当事人基于对某一强制法规定的遵从和适用，而是一种自愿选择的法律论证。即使是《最高人民法院关于加强和规范裁判文书释法说理的指导意见》第 15 项，也仅仅是从反面强调，裁判文书释法说理不得使用“明显有违常识常理常情的用语”，其并未从正面要求法官的释法说理必须依据或参考“常识”“常理”“常情”。当然，无论法官还是当事人，其对“常理”的引述往往都带有明确的法律目的，意在产生一定的法律后果——有些情况下，引述“常理”是为了评价或论证某一具体的主张、观点、意见、证据或行为，以辅助形成一个具有法律意义的结论；有些情况下，引述“常理”则是为了解决证据不足和信息不对称问题，以辅助推定案件事实。

司法审判工作强调规范性。案件事实的认定、法律条文的适用、相关的释法说理，都应遵循法定的依据、标准和程序。换言之，“法官需要有一定的‘操作规则’，以明确在哪些条件下他可以认为一定的事实已经存在，并可被函射到相应的法律规范之下。只有在这些问题也被规范化的情况下，在何时应当肯定或否定某一法律后果的存在方面，法官才算是得到了一个完整的指示”。① 尽管目前我国的成文法还未明确规定，但“常理”的司法运用与当事人的主张、意见、行为的评价，与证据效力的认定，与案件事实的推定、裁判结果，都有密切关系，因此也应符合规范化要求，设定统一的操作规则。

---

① 〔德〕齐佩利乌斯:《法学方法论》，金振豹译，法律出版社，2009，第 136~137 页。

（一）规则之一：为法律语境下的“常理”构建统一认定标准

笔者于本文中分析的案例表明，对于“同一个事实是否构成常理”的问题，或者对于“同一个民事法律行为是否违背常理”的问题，不同的法官可能有不同的理解，甚至出现不同的认定结论和判决结果。这意味着，“常理”司法运用规范化的首要问题，应是为法律语境下的“常理”构建统一的认定标准。

首先，“常理”的规范性与“常理”的不成文性之间存在一定程度的矛盾。“常理”司法运用的基础在于其具备规范性，维持规范性的基础则在于常理认定标准的统一性。虽然与法律条文相比，“常理”在审判中仅是辅助依据而非判决依据，但其内容仍应有确定性、稳定性和共识性，否则法官无所适从，难以确保“常理”司法运用的合法性、准确性与公正性。“常理”终究不是立法机关明文制定的法律规则，而是非成文的社会规范（这与民事习惯有相似之处），故有必要参照立法实践及传统理论所提出的关于民事习惯（法）的认定方法，统一确定“常理”的认定标准。

其次，法官对“常理”的认知存在个体偏差。在规范分析意义上，“常理”应具备社会公众的认知基础。然而，具体到个案中，被引述的“常理”实际上是法官基于其自身社会经验的积累和对客观事物的认知而认定的。“如果人们的教育背景、政治观点、宗教信仰以及其他方面相似,他们对文学作品的解释就会趋于一致……在法律上,也是如此。”[①]虽然制度层面对法官的专业水平和职业道德有相对统一的准入门槛的筛选，但由于各人在社会阅历、实践经验、知识积累等方面的差异，不同法官对“何为常理”会有不同理解。笔者于本文中分析的案例已显示,即便针对同一类民事法律行为是否符合“常理”的问题，法官基于不同情形下司法裁判价值导向的区别，也完全可能给出相反的认定结果。

再次，“常理”的内容可能随着时空变化而变化。如前所述，“常理”并非定理，亦非自然规律，某些“常理”具有地方性、行业性和时代性。因此，法官在个案中“认为是”且“准备运用”的某项“常理”，是否真的属于规范意义上的“常理”，或者虽然其曾经是“常理”，但现在是否仍然是“常理”，可能还有待检验和论证。

在操作层面，推进“常理”认定标准统一化的要点至少包括以下几点。

其一，明确法律语境下“常理”的构成要件。以“常理”的法律含义为基础进行分析，作为“普通的道理”的“常理”，至少应包括以下构成要素：（1）公众认知性，即该“道理”必须为相关领域不特定多数公众所知晓和认可；（2）合理应然性，即该“道理”在客观上必须符合事物的应有状态和一般规律，符合普通人的基本理性和价值评价标准；（3）高度盖然性，即不必要求该“道理”具有绝对性、真理性，但应当要求其有较高

① 〔美〕理查德 · A. 波斯纳：《法理学问题》，苏力译，中国政法大学出版社，2002，第 254 页。

概率的重复出现的可能性;（4）内容合法性，即该“道理”本身不违反法律强制性规定，亦未违背公序良俗。

其二，明确认定“常理”的基准。“常理”不是学术领域的抽象的理论原理，不是专业领域精深的技术原理。在考虑某项社会规范是否构成“常理”之前，法官所持的评价应以普通理性人的逻辑思维、社会知识、道德水准、生活经验以及行为注意力为基准，以事物的通常状态和一般发展规律为依据。简言之，最终被认定的“常理”，既要体现“理应如此”之“理”，也要体现“通常如此”之“常”。

其三，通过既有判例的检索和比照进行确证。在认定和引述“常理”之前，法官有必要检索已有判例甚至应进行一定的社会调查，以考察既往判决或社会实践中是否已将类似事项认定为“常理”、是否存在相反认定结论的判例或其他事例、是否已有判例或其他事例表明待认定的“常理”的例外情况“并不少见”——在逻辑上，“例外情形不少见”往往可反推“待证事项并非常理”。根据《最高人民法院关于统一法律适用加强类案检索的指导意见（试行）》规定，法官办理的案件具有下列情形之一，应当进行类案检索:（1）拟提交专业（主审）法官会议或者审判委员会讨论的;（2）缺乏明确裁判规则或者尚未形成统一裁判规则的;（3）院长、庭长根据审判监督管理权限要求进行类案检索的;（4）其他需要进行类案检索的。类案检索范围一般包括:（1）最高人民法院发布的指导性案例;（2）最高人民法院发布的典型案例及裁判生效的案件;（3）本省（自治区、直辖市）高级人民法院发布的参考性案例及裁判生效的案件;（4）上一级人民法院及本院裁判生效的案件。除指导性案例以外，应当优先检索近三年的案例或者案件；已经在前一顺位中检索到类案的，可以不再进行检索。检索到的类案为指导性案例的，法官应当参照做出裁判，但与新的法律、行政法规、司法解释相冲突或者为新的指导性案例所取代的除外；检索到其他类案的，法官可以将其作为做出裁判的参考。这里所谓的“类案”，具体是指与待决案件在基本事实、争议焦点、法律适用问题等方面具有相似性，且已经经法院裁判生效的案件。严格来讲，“常理”的司法运用的性质不是法律适用，故法官在运用“常理”过程中检索类案并不属于强制性的工作要求。当然，如果法官基于判决的合法性、准确性和公正性考虑而对涉及“常理”的类案进行检索和比照，亦是值得鼓励之举。

（二）规则之二：运用“常理”释法说理之前应穷尽法律规定

判决的形成主要由法律适用和事实认定两部分构成。就法律适用而言，法律规则（法律条文）是当然的判决依据，而“常理”主要体现为辅助释法说理，具体可能包括对当事人诉讼主张、答辩意见、行为性质、证据效力的评价，也可能涉及对某一法律概念的界定与解释。比如对于法律条文中规定的“公平”“合理”“善意”“诚实”“谨慎”“重大”“注意（义务）”等含义较为宽泛、需结合个案做特定化、具体化的概念，法官可借助“常理”对其内涵和外延进行限定。于此情形下，“常理”的功能实际上是协助法官更好地衔接演绎推理的“大前提”（法律规则）和“小前提”（案件事实）。对此有学者认为：“在大多数人当中具有公认力的价值观念也有‘事实成分’在里面……它们是可以作为事实问题来对待的。然而它们的主要作用却是在于使法律大前提更为精确。它们对于法律大前提的解释起着重要作用。”①

有必要指出的是，对于法律适用问题，传统民商事审判的理论与实践已形成诸多基本共识（或称操作规则），比如，判决时能够援引具体条文（具体规定），则不援引法律基本原则或一般条款；作为大前提的法律条文能够与作为小前提的案件事实直接对应，则应直接适用该法条而非寻求其他条文的类推适用；能够使用法定概念（立法概念），则不使用学理概念；法律关系和行为性质能够具体阐明，则不笼统概括；案件事实能够凭借证据直接认定，则不进行事实推定。

参照上述共识，同时遵循诉讼法基本规则，为避免出现前述一些案例所存在的“将常理置于法律规则之前”的问题，法官在认定案件事实、给出裁判结果和进行相应的释法说理过程中，首先应穷尽法律之规定。换言之，应全面检索现行法，如果法律法规、司法解释对相关事项已有规定，可以据以评价相关诉讼主张、答辩意见、证据效力、行为性质，或者即便法律条文无规定，但是可以通过法律原则、法律一般条款的具体化、个案化来解决问题，则法官应优先以法律条文、法律原则或法律一般条款为依据来提出结论和释法说理，不应径直以“常理”替代法律条文、法律原则或法律一般条款，不应以“符合常理”替代合法性评价，亦不应以“有悖常理”替代违法性评价。

与上述相关的另一个问题是，法官在运用“常理”过程中，应准确区分“常理”与民事习惯等其他法定概念的差别。如前所述，严格来讲，习惯（或交易习惯）是立法概念，而“常理”更像是学理概念（目前尚无法律条文明确规定常理在法律上的内涵、性质与地位）。强调区分“常理”与民事习惯，不仅是基于司法裁判文书概念严谨、表述规范的要求，而且其原因在于，对于民事习惯，立法者已规定了它的法律性质与地位，司法实践对其构成要件和认定标准也已有共识。故此，如果审判中需要适用民事习惯，那么法官必须结合法律和司法解释的相关规定［如《最高人民法院关于适用〈中华人民共和国合同法〉若干问题的解释（二）》第7条］，对拟认定的民事习惯事先进行论证和阐释，如果是当事人主张援引民事习惯，法官还需审查当事人是否已按司法解释之要求履行举证责任。这也意味着，如果据以推定事实或用于释法说理的某一社会规

① 〔德〕齐佩利乌斯：《法学方法论》，金振豹译，法律出版社，2009，第133~134页。

范本质上是民事习惯而非“常理”，那么法官本来就不能在未加论证的情况下，直接以“根据民事习惯”、“符合民事习惯”或“有悖民事习惯”等简易的表述来提出裁判结论，更不能以“常理”概念替代“民事习惯”概念，进而“暗度陈仓”地将相关表述转换为“按照常理”、“符合常理”或“有悖常理”。

（三）规则之三：以“常理”推定事实应保持合理怀疑

判决的做出离不开经验知识的融入，但“必须的经验知识经常不可能具有理想的确实性。在这种情境下，就需要有合理推测的规则”。① 需强调的是，在推定案件事实过程中，对于有“违背常理”之嫌的待证事实，法官应保持合理的怀疑和谨慎推定的态度，并尽必要之调查。不能仅仅因为当事人的主张、行为在外观上与社会公众的一般认知有所不同，即简单地以“有悖常理”为由直接断定该主张不能采信或者认为该行为不合理，进而对相关事实进行推定。否则有可能导致案件事实认定错误，影响判决的准确性和公正性。

“常理”不是自然规律，不是定理，更不是真理，其客观上存在例外之可能。审判中法官对“常理”的运用，与民事诉讼证据审查的“高度盖然性”规则有关。民（商）事案件事实的证明标准是“优势证据规则”，法官可以“根据案件中所展现的证据来决定哪一方的陈述为真的可能性更大”②，这与刑事审判需以“超越合理怀疑”标准证明被告犯有被指控的罪行不同。③ 在民商事审判中运用“常理”推定事实，即假定正常情况下事实理应如此，这实际上是法官基于对大概率事件的依赖、对小概率事件的排斥，是“优势证据原则”和“高度盖然性”原理的体现。④ 当然，以“常理”推定案件事实既然是高度盖然性规则的贯彻，那么从反面则意味着，“常理”具有可证伪性。某些被传统观念认为有悖“常理”的观点，完全可能因为当事人有特殊约定或特殊交易习惯而具备合理性；某些被传统观点认为违背“常理”的行为，完全可能因为当时当地外在环境因素的变化而具备正当性；某些被传统观念认为符合“常理”的事实，也可能因为一些偶然性因素的影响而失去其应然性。因此在个案中，一旦出现反例、反证，那么相应的“常理”也就不得作为认定事实或释法说理的依据。

① 〔德〕罗伯特·阿列克西：《法律论证理论》，舒国滢译，中国法制出版社，2002，第 288 页。

② 〔加〕道格拉斯·沃尔顿：《法律论证与证据》，梁庆寅、熊明辉等译，中国政法大学出版社，2010，第 14 页。

③ 〔加〕道格拉斯·沃尔顿：《法律论证与证据》，梁庆寅、熊明辉等译，中国政法大学出版社，2010，第 13 页。

④ 例如在“鸿翔房地产有限公司、鸿翔房地产开发有限公司绥芬河分公司与李照生商品房买卖合同纠纷案”中，二审法院认为：“对比双方当事人对降价问题分别举出的证据，鸿翔公司在李照生于 2004 年 3 月 30 日验收后接收诉争房屋，并同意年内给付余款的情况下，又在数月后与李照生签订降价协议，不符合常理，李照生所举示的证据未达到高度盖然性的证明标准，对李照生的房款变更为 850 万元的上诉主张不予支持。”参见黑龙江省高级人民法院（2014）黑民终字第 6 号民事判决书。

对是否违背“常理”的证明、查明以及对相关事实的推定，亦应遵循诉讼法规则，遵循举证、质证及庭审调查的基本程序。在有些案件中，当事人的观点或行为从表面上看确有违背“常理”之嫌，令人难以理解或采信，而这些主张或行为的认定结果又与案件判决结果有密切关系。在此情况下，法官凭借其司法经验和日常经验法则，完全有可能敏锐地发现“有悖常理”情况的存在。然而，即便如此，法官也不能单纯因为当事人的观点或行为“看起来有悖常理”即直接做出对该当事人不利的事实认定（这种认定通常是否定性的评价），否则有可能导致事实认定程序被不当简化，导致事实认定错误或当事人诉讼权利被侵害。因为依据法定举证责任规则，在该案中需就诉讼主张及相关事实承担举证责任的有可能是另一方当事人（通常是原告方），而被视为言行“有悖常理”的那一方当事人（通常是被告方），很可能本来就不需要承担举证责任。

在考虑当事人行为是否有悖“常理”时，应注意民事行为与商行为的评价标准存在一定差异。尽管理论界对立法层面上“民事”与“商事”应否分立、能否分立、如何分立等问题一直有诸多争议，但不可否认，在社会生活和市场交易中，民事行为和商行为还是存在很多区别。民事主体之间的交易往往是偶发性、一次性交易，因此任何一方都希望在当次交易中完成结算并获取收益，这决定了他们之间的交易合同条款的权利对等性、利益平衡性更为明显，并且他们对交易模式的创新亦普遍缺乏动力。与此不同的是，商主体之间的交易通常具有重复性、常规性。为了降低交易成本，商人们普遍具有突破现有商业结构、创新交易模式的动力。同时，商人们并不必定要求在当次交易实际获取收益。有时候他们为了获得后续的交易机会或市场份额，或者为了获取长远利益，在设计商业模式、交易结构及合同条款时可能会有特殊安排，以至于最后签订的合同表面看起来并不公平（一方是明显亏本的）。例如，商业实践（尤其是风险投资领域）中经常出现的对赌协议，即存在此类情况。对赌协议有两种模式，一是投资人与创始股东（往往也是大股东、实际控制人）对赌，二是投资人与公司对赌。在这种模式刚出现时，很多人认为它模糊了债权投资和股权投资的区别，使得投资人有相当大的优势地位可以灵活选择其收益获取模式，以此实现“旱涝保收”，这有悖交易公平和“常理”，但时至今日，对赌协议（尤其是投资人与创始股东的对赌）的合理性已广受认可。更重要的是，法院对于对赌协议的效力认定标准也越来越宽容，不仅认可投资人与创始股东对赌，而且有条件地认可投资人与公司对赌。[①]可见，商行为“有悖常理”的概率通常会高于民事行为。这意味着，对商行为是否合理、是否有悖“常理”的评价，以及在此基础上以“常理”为依据而对商事案件做出的事实推定，不能单纯以传统民法的理念（如公平、平等、利益平衡等）为依据，而是应充

① 参见江苏省高级人民法院（2019）苏民再62号民事判决书。

分考虑商人的逐利性、商事交易的效率性等特点，同时假定商人具有更高的经济理性和更高的注意义务，即不能轻易以交易结构或商业合同条款存在“有悖常理”之嫌而否定该事实存在之可能。

（四）规则之四：运用“常理”应做出必要的阐述和说明

笔者于本文中已系统论述了被法官引述的“常理”在客观上并非无法阐明，亦不属于法定无须阐释的情形。若法官在运用“常理”过程中对特定某项常理的具体内容以及引述“常理”的原因缺乏必要的说明，则可能违反演绎推理的基本逻辑，甚至违反程序法规则，影响判决结果的合法性、准确性与公正性。此处需进一步分析的是，法官在运用“常理”时，应进行何种阐述和说明。

首先，有必要说明引述“常理”的目的，解释引述“常理”的必要性。“常理”是法律之外的社会规范，其并不具有“当然适用”的法律地位。将“常理”引入审判程序，应具备充分必要性。实际上，将“常理”引入民商事审判的做法，与民事习惯的适用有相似之处。现行法规定习惯可作为民法法源，但明确限定了援引民事习惯的法定情形应是“法律没有规定”，故此，法官如欲适用民事习惯，首先应充分论述本案属于“法律没有规定”且存在相关民事习惯的情形。参照此种做法，法官如认为相关个案必须引述“常理”，则应在判决书中说明引入“常理”的目的究竟是释法说理，还是推定事实；是评价当事人的诉讼主张和答辩意见，还是判断当事人的行为性质或者证据效力。与此同时，还有必要说明，为什么本案的释法说理和事实认定无法借助法律规则、法律原则、一般条款或者民事习惯解决而只能依赖于“常理”。

其次，有必要阐明所引述的“常理”的基本内容，简要论述其为何是“常理”。在概念意义上，“常理”是名词而非形容词，它是客观存在的各种“普通的道理”的总称。转换到实践层面来看，“常理”来源于社会生活，数量繁多，但特定的每一项“常理”都有其具体内容——更严谨地讲，是必须有具体内容，也必然有具体内容。在此问题上，“常理”与“法律规定”、“民事习惯”等概念有类似之处——当法官提出“依据法律规定应当如何”时，所谓的“法律规定”必须具体指向哪部法律哪一条文；当法官提出“根据习惯应当如何”时，当然也必须同时阐明所根据的“习惯”的内容是什么并论述其为何能构成法律语境下的民事习惯。就“常理”的运用而言，阐明其基本内容的要求是，结合个案情况，描述特定情形下某一事物应当具备的状态或发展变化的应然结果，或者阐明特定情形下一个普通理性人应当具备哪些逻辑思维、行动决策、价值取向或道德水平；在解释其“为何是常理”时，主要是结合其构成要件，论述某一项“道理”已经具备公众认知性、合理应然性、高度盖然性以及内容合法性。

再次,有必要排除可能推翻“常理”的例外情况,阐述其司法运用的可行性。“常理”具有高度盖然性。基于逻辑推理严谨性、准确性的要求，依据“常理”提出结论需要排除例外情况，司法判决尤应如此。具体而言，法官在审判中引述“常理”时，除了阐明“常理”的基本内容之外,还应简要说明该项“常理”可能面临的常见的例外情况,进而结合案件事实的调查程序（包括双方当事人的举证、质证以及法官依职权主动调查等情况）,阐述在现有证据条件下法官引述的“常理”不存在例外情况,即该项“常理”具备作为推理依据的可行性。

结　语

在民商事审判中，法官借助“常理”进行释法说理（具体可能体现为论证观点、反驳意见、认定证据、评价行为等）或推定案件事实，是一种惯常做法。本文主旨不是否定“常理”在审判中可能具有的积极功能，而是意在揭示“常理”于司法运用过程中存在的不规范问题。此类问题主要表现为法官引述“常理”之前可能没有充分考虑个案中“常理”的引述是否确有必要,也没有详细论证和说明其在审判中引述的“常理”内容是什么、何以是“常理”,由此可能导致本应适用的法律规定被忽视，或者导致“常理”与民事习惯等其他社会规范相混淆，或者导致事实认定程序被不当简化，还可能导致案件判决结果和相关释法说理难以保持逻辑一致性。

为了规范“常理”的司法运用，有必要参照法律基本原则和民事习惯（法）的司法适用方法，设定操作规则。首先，应当统一“常理”的认定标准，明确“常理”的构成要件包括公众认知性、合理应然性、高度盖然性以及内容合法性。其次，应当确认“常理”不可替代法律条文、法律原则，亦不可用于填补法律漏洞，只有在现行法的法律条文、法律原则无法对相关事实做出评价，或者现有证据无法充分还原案件重要事实的情况下，才有运用“常理”的可能性，同时还应当区分“常理”与民事习惯等其他概念的差别,尤其应当避免混淆各自的构成要件。再次,应当排除可以推翻“常理”的例外情况，对“有悖常理”的情形应保持谨慎的怀疑，并依照诉讼法规则（尤其是证据规则）进行必要的调查。最后，在确认需要引述“常理”且可以引述“常理”的情况下,应当重视对“常理”基本内容以及引述“常理”的原因、目的及必要性的阐释,避免将“常理”的司法运用“标签化”。

（作者单位　中山大学法学院）

本文原载《政治与法律》2022年第2期

刑民交叉案件中的证据使用问题

——以刑事言词笔录为中心的阐释

亢晶晶

摘　要　刑民交叉案件中，刑事言词笔录在民事诉讼中的使用不仅实践样态复杂，而且实务界的做法和理论界的观点也存在分歧。从证据法理和实务适用便利的双重角度考量，刑事言词笔录应该归属于报道性公文书证。陈述人是否出庭以及刑事言词笔录是否经过生效刑事裁判认定并非其是否证据资格的条件，而应以相关性作为证据资格的判断标准。从防止刑事言词笔录效力在民事诉讼中扩张、保障当事人质证权的角度考量，法官对刑事言词笔录的形式证明力可适用推定规则，而对于实质证明力则需要通过民事质证程序，例外情形可通过替代当庭质证的方法进行审查，在此基础上依据心证认定。双方当事人均负有证明刑事言词笔录内容的具体举证责任，提出异议的一方当事人只需动摇法官心证即可，无须达到推翻刑事言词笔录内容的程度。

一　问题的提出

刑民交叉案件的相关问题一直备受理论界和实务界的关注，不仅涉及罪与非罪等实体问题和刑民审理顺序等程序问题，而且由于刑民交叉案件所具有的事实同一性或者牵连性特点，还可能涉及证据交互使用问题，尤其是刑事言词笔录在民事诉讼中的使用。[①] 通过检索案例发现，刑民交叉案件的民事裁判文书中大量出现"讯问笔录"或者"询问笔录"的字样,刑事言词笔录的使用也常常成为民事案件的争议点之一。例如，当事人以法官将刑事言词笔录作为定案的根据导致事实认定错误为由提起上诉，[②] 或者

① 刑民交叉案件中证据使用涉及多种证据种类，不同种类证据的使用存在较大差异，本文将围绕刑事言词笔录在民事诉讼中的使用展开讨论，对于其他种类证据的使用另撰文讨论。

② 参见最高人民法院（2019）最高法民终 245 号民事判决书。

当事人在民事判决生效后将刑事言词笔录作为新证据申请再审。[①]

虽然在个别案件中，法官将刑事言词笔录作为辅助认定案件事实的依据，[②]但是多数案件中还是将其直接作为定案的根据。只是由于目前民事诉讼法中缺乏统一规范，法官对刑事言词笔录的具体审查认定存在较大分歧。此外，理论界又对该问题缺乏应有的关注，即使有学者针对该问题提出了相关建议，更多还是从证据理论层面推演，对司法实践的分析则稍显薄弱，导致理论层面的建议并未对司法实践产生较大影响，甚至出现司法实践的做法与理论层面建议“分道扬镳”的现象。刑民交叉案件中刑事言词笔录在民事诉讼中的使用问题，看似是司法实践中的具体问题，更深层面隐藏的是如何处理有效利用刑事言词笔录以便查清事实真相和防止刑事言词笔录的效力在民事诉讼中扩张之间的关系，这也是本文讨论并回应的核心问题。

刑事言词笔录在民事诉讼中的使用涉及两个关键问题：其一，刑事言词笔录在何种条件下可以被准许使用；其二，被准许使用的刑事言词笔录在民事案件事实认定中发挥何种作用。刑事言词笔录在民事诉讼中可以使用的标准为何以及效力如何认定？民事法官对刑事言词笔录的审查有何特殊之处？为何对于刑事言词笔录的使用问题，理论界的观点和实务界的做法存在较大差异？正是基于上述问题，笔者欲深入探讨刑事言词笔录在民事诉讼中的使用问题。本文从司法实践中的案例着手分析，总结目前刑民交叉案件中刑事言词笔录在民事诉讼中使用的实践样态，从理论视角对实践做法加以审视，以期构建民事案件法官审查判断刑事言词笔录的具体机制，并希冀对刑民交叉案件中证据使用问题的理论研究和司法实践有所裨益。

二　刑事言词笔录在民事诉讼中使用的实践样态

为详细了解刑事言词笔录在民事诉讼中使用的实践样态，笔者以“讯问笔录、询问笔录”为全文关键词，以“民事”为案由在“北大法宝”上检索了2015~2021年针对刑事言词笔录的使用发生争议的案例，并选取其中部分案例展开分析。

（一）可以使用的条件

刑事言词笔录可以使用的条件涉及的是证据资格问题，关系到刑事言词笔录是否被采纳。对于此问题，司法实践中存在的分歧主要有两个：其一，刑事言词笔录被作为何种类型的证据使用；其二，刑事言词笔录是否需要经过生效刑事裁判认定才能被

① 参见最高人民法院（2017）最高法民申2689号民事裁定书。

② 参见最高人民法院（2020）最高法民再182号民事判决书。

使用。

1. 证据种类归属

我国三大诉讼法都规定了证据的法定种类，并将是否属于法定证据种类确定为证据资格的主要判断要素之一。因此，证据符合哪个种类是使用之前首先要解决的问题，对于刑事言词笔录在民事诉讼中的使用也不例外。根据检索的案例发现，一种观点认为刑事言词笔录属于当事人陈述或者证人证言（根据被讯问人或者被询问人是不是民事案件当事人进行区分）。

> 案例1：在赵某、祝某、郑某民间借贷纠纷案中，再审法院认为，因郑某系本案当事人，侦查机关所做的询问笔录记载的相关内容相当于当事人陈述……[①]
>
> 案例2：在武汉大西洋连铸设备工程有限责任公司、宋某公司盈余分配纠纷案中，再审法院认为，刑事案件侦查卷中的证言虽然是以询问笔录的方式出现，但并不能改变其属于证人证言证据种类的本质。[②]

在上述两个案例中，法官认为刑事言词笔录的形式不影响其内容可以作为当事人陈述和证人证言。此时，只有陈述人出庭直接陈述才可将刑事言词笔录作为证据使用。

另一种观点则认为刑事言词笔录属于书证，其中又存在私文书证和公文书证的不同认定。

> 案例3：在贵州麒鑫房地产开发有限责任公司、贵州昕晟鼎商业管理有限公司租赁合同纠纷案中，二审法院认为，因郭福兰等人就本案相关事实的陈述笔录，来源于相关刑事案件的侦查材料，在民事证据中属于书证，非证人证言，不属于必须出庭作证的证据形式。[③]
>
> 案例4：在岳阳市梦达汽车销售服务有限公司等与阳德元买卖合同纠纷案中，二审法院认为，岳阳梦达公司提交的公安机关对项兵的讯问笔录，属于国家机关制作的文书，证明力较强……[④]

在上述两个案例中，法官根据刑事言词笔录的形式为书面材料而将其分别认定为私文书证和公文书证。按照书证的审查规则，无须陈述人出庭即可将刑事言词笔录作为证据使用。

---

① 参见浙江省高级人民法院（2019）浙民再63号民事判决书。
② 参见最高人民法院（2019）最高法民再134号民事判决书。
③ 参见贵阳市中级人民法院（2020）黔01民终7829号民事判决书。
④ 参见岳阳市中级人民法院（2017）湘06民终1416号民事判决书。

2. 未经生效刑事裁判认定

在刑事言词笔录是否可以被使用的判断中，比较有争议的是未经生效刑事裁判认定的刑事言词笔录。在司法实践中，一种观点认为未经生效刑事裁判认定的刑事言词笔录不可以在民事诉讼中使用。

案例 5：在大连金广建设集团有限公司与平安银行股份有限公司大连分行、中国外运辽宁储运公司物权保护纠纷案中，再审法院认为，大连市中级人民法院的刑事判决书并未生效，证人证言、被告人供述的真实性及反映的相关情况并未确定，因此无法作为证据采纳。①

案例 6：在李维刚、李春红金融借款合同纠纷案中，再审法院认为，陵城公安分局对李维刚进行讯问形成的刑事讯问笔录未经刑事判决加以认定，不符合民事诉讼证据的形式要件，不能作为民事案件认定事实的证据使用。②

在上述两个案例中，法官都没有采纳未经过生效裁判认定的刑事言词笔录，但是不采纳的具体理由存在差别。在案例 5 中，法官不采纳的理由在于未经生效刑事裁判认定，刑事言词笔录的真实性无法保证，这其实是涉及证明力判断，不属于证据资格问题。而在案例 6 中，法官不采纳的理由是未经刑事生效裁判认定，刑事言词笔录不符合民事证据的形式要件，属于证据资格问题。

还有一种观点则认为只要刑事言词笔录的内容与民事案件事实有关联，即使未被生效刑事裁判认定，在民事诉讼中依然可以作为证据使用。

案例 7：在杨占营诉张跃彩合同纠纷案中，再审法院认为，虽然询问或讯问笔录未被其后的刑事诉讼程序查证认定，但不影响其在民事诉讼中作为当事人陈述或证人证言使用，其能否被采信应当经过庭审质证，结合案件其他证据予以确定，并非一概予以使用或排除使用。③

案例 8：在中国工商银行股份有限公司石家庄建南支行、赵勇借记卡纠纷、金融借款合同纠纷案中，法院认为，该院调取的范丽曼涉嫌受贿罪等刑事案件的询问、讯问笔录在刑事案件庭审中当庭出示并经各方质证，相关人员均未否认笔录中的内容。虽然截至本判决做出之日刑事案件尚未做出裁判，但是本案中引用的是该证据本身的内容，而不是经刑事案件判决书所认定的事实，故该询问、讯问笔录

① 参见最高人民法院（2017）最高法民申 192 号民事裁定书。

② 参见山东省高级人民法院（2020）鲁民再 167 号民事判决书。

③ 参见平顶山市中级人民法院（2017）豫 04 民申 67 号民事裁定书。

可以作为本案的证据。[①]

在上述两个案例中，法官采纳未经生效刑事裁判认定的刑事言词笔录的共同原因在于刑事言词笔录在民事诉讼中发挥作用的是其实质内容，但是具体理由也存在差别。在案例 7 中，法官从证据资格的角度认定未经刑事诉讼程序查证的刑事言词笔录在本案中依然可以作为证据使用。而在案例 8 中，法官认为刑事言词笔录可以作为本案证据使用的主要原因在于刑事言词笔录已经在刑事庭审中经过质证，其真实性已经得到确认。

（二）如何被使用

刑事言词笔录在民事诉讼中如何被使用，涉及刑事言词笔录的证明力问题，关系到是否被采信。通过考察案例发现，一种观点认为由于刑事言词笔录来源于刑事案件，因此对其真实性应予以直接认定，或赋予其较高的证明力。

案例 9：在江苏天开景观工程有限公司、柯尊槐民间借贷纠纷案中，二审法院认为，天开工程公司向本院递交的证据三至九（讯问笔录以及询问笔录等）系天开工程公司申请本院调取的证据，均来源于公安机关侦查卷宗材料，本院对上述证据的真实性予以认可……[②]

案例 10：在王林与榆林市常乐堡矿业有限公司、谢和平民间借贷纠纷案中，法院认为，王林在榆林市公安局榆阳分局所做的讯问笔录系国家机关依法做出的记载文本，该讯问笔录的证明力一般大于其他证据。虽然王林认为该讯问笔录非其真实意思表示，但未提供证据证明，故应当承担举证不能的法律后果。[③]

案例 11：在王美庆、王元元民间借贷纠纷案中，再审法院认为，申诉人王美庆提交的侦查机关的讯问笔录已经刑事判决所确认，因此对该组证据的真实性、合法性、关联性予以确认。[④]

案例 12：在吉林省超睿建设集团有限公司与何井发挂靠经营合同纠纷案中，二审法院认为，虽然证人吕某、李某在一审出庭的证言与在公安机关的陈述不一致，但超睿公司对此未能提供足以反驳的相反证据和理由，原审参照上述自认的法律规定采信公安机关的询问笔录作为认定案件事实的依据并无不当。[⑤]

① 参见石家庄市中级人民法院（2015）石民三初字第 00251 号民事判决书。
② 参见黄冈市中级人民法院（2020）鄂 11 民终 12 号民事判决书。
③ 参见南京市中级人民法院（2018）苏 01 民初 1089 号民事判决书。
④ 参见临沂市兰山区人民法院（2019）鲁 1302 民再 16 号民事判决书。
⑤ 参见长春市中级人民法院（2018）吉 01 民终 4579 号民事判决书。

以上四个案例中，法官都直接认定刑事言词笔录的真实性，但是具体理由同样存在差别。在案例 9 中，法官基于刑事言词笔录来源于公安机关的卷宗材料，客观性较强，而对其真实性直接予以认定。在案例 10 中，法官基于《最高人民法院关于适用〈中华人民共和国民事诉讼法〉的解释》（以下简称《民诉法解释》）第 114 条的规定，将刑事言词笔录视为公文书证，推定其为真。在案例 11 中，法官是基于《民诉法解释》第 93 条和《最高人民法院关于民事诉讼证据的若干规定》（以下简称《证据规定》）第 10 条的规定，依据生效刑事裁判的预决效力认定刑事言词笔录的真实性。在案例 12 中，法官基于《证据规定》第 3 条的规定，将刑事言词笔录的内容视为自认，直接予以采信。

另一种观点则认为刑事言词笔录的证明力较低，需要其他民事证据的补强或者印证。

案例 13：在内蒙古凯富隆矿业有限公司与大名县金汇商贸有限公司借款合同纠纷案中，二审法院认为，因崔凯系凯富隆公司原法定代表人，与凯富隆公司有直接利害关系，原审法院在无其他证据予以佐证的情况下，对崔凯在询问笔录中的陈述未予采信，并无不当。[①]

在本案中，法官是基于《证据规定》第 90 条，认定刑事言词笔录的证明力较低，此种认定的前提是将刑事言词笔录视为证人证言或者当事人陈述。根据笔者搜集的案例以及访谈，司法实践中认定刑事言词笔录证明力较低的情形相对较少。

（三）评析

通过对实践案例的分析可知，刑民交叉案件中法官对刑事言词笔录的审查认定存在诸多分歧。虽然在多数案件中，民事案件法官对刑事言词笔录的审查按照传统的关联性、合法性和真实性，但是从认定的结果可知，其更加重视的是真实性，可概括为以真实性为核心的审查机制。司法实践中，针对当事人提出的刑事言词笔录不具有关联性或者形式不合法的异议，法官有时却以该证据可以与其他证据相互印证，具有真实性予以回应。[②] 即使是前述证据资格条件中是否经过生效刑事裁判的认定有时也是基于对真实性的考量。此外，从检索的案例来看，法官基本很少对刑事言词笔录的合法性进行单独审查，一般也将其作为真实性的考量因素。

---

① 参见最高人民法院（2017）最高法民终 157 号民事判决书。

② 参见新余市中级人民法院（2020）赣 05 民终 705 号民事判决书。

然而，此种审查机制的合理性有待商榷。首先，真实性审查机制下，法官为了确保刑事言词笔录的真实性而在审查其证据资格时往往会附加一些条件，如将生效刑事裁判认定作为是否采纳刑事言词笔录的条件之一。这表明法官使用刑事言词笔录十分谨慎，防止不真实的刑事言词笔录影响民事案件事实的查清，此种做法的出发点本无可厚非，但从证据法理层面而言，其在一定程度上混淆了采纳证据与采信证据之间的区别，① 存在“以证明力逆推证据能力”② 的趋向，可能导致与案件事实相关的证据因为不符合证明力的要求而过早被排除使用。③ 其次，真实性审查机制虽然体现出法官对刑事言词笔录真实性的重视，然而在民事诉讼程序中却未建立起实质化的真实性审查机制。笔者通过访谈了解到有的法官如果确定当事人提交的刑事言词笔录来源于公安机关，那么一般会在确认其本身真实性的基础上直接认定其内容真实，而鲜少再单独审查其内容真实性，此种裁判路径其实无形中抬高了刑事言词笔录证明力。最后，真实性审查机制容易导致法官忽视对刑事言词笔录的质证，侵害当事人的质证权。例如，有的法官认定，即使刑事言词笔录未经庭审质证而被采信，也不属于严重违反法定程序的情形。④

概言之，在当前的审查机制下，法官一方面试图通过提高刑事言词笔录的证据资格门槛确保其真实性；另一方面又对进入民事诉讼程序的刑事言词笔录的真实性过于信赖，而疏于对其实质审查，结果导致刑事言词笔录因为其自带的公权力色彩而在民事诉讼中被区别对待。

上述问题，一方面受到“刑事诉讼较之民事诉讼更能全面揭示案件事实真相”理念的影响。⑤ 这不仅直接导致司法实践中将“先刑后民”作为处理刑民交叉案件的基本准则，而且对刑民交叉案件的证据使用也产生较大影响。该理念似乎认为，既然刑事诉讼程序在查明事实方面具有天然的优势，那么其所收集的证据也必然具有较高效力，因此导致民事案件法官对刑事证据产生天然的信赖。另一方面，这些问题也与我国长期存在的“案卷笔录优先”有密切关系。由于刑事笔录类证据的制作主体是公权力机关，法院对侦查人员依职权取得的证据有着不容置疑的信赖，⑥ 将其视为具有优势证明力的裁判依据。⑦ 而刑事案件中法官对刑事笔录类证据证明力的信赖也影响到民事案件法官对刑事言词笔录证明力的认定。

① 参见何家弘《证据的采纳和采信——从两个“证据规定”的语言问题说起》,《法学研究》2011 年第 3 期。

② 参见纵博《我国刑事证据能力之理论归纳及思考》,《法学家》2015 年第 3 期。

③ 参见吴洪淇《刑事证据审查的基本制度结构》,《中国法学》2017 年第 6 期。

④ 参见通化市中级人民法院（2018）吉 05 民终 338 号民事判决书。

⑤ 参见万毅《“先刑后民”原则的实践困境及其理论破解》,《上海交通大学学报》（哲学社会科学版）2007 年第 2 期。

⑥ 参见马明亮《诉讼对抗与笔录类证据的运用》,《证据科学》2013 年第 1 期。

⑦ 参见李训虎《证明力规则检讨》,《法学研究》2010 年第 2 期。

其实民事案件法官对刑事言词笔录进行审查本质上涉及的还是证据评价问题，其中包括证据资格的判断和证明力的认定，只是评价的对象是来源于公权力机关的刑事证据。这决定了民事案件法官对刑事言词笔录的审查具有一定的特殊性，但是此种特殊性并不等于可以对刑事言词笔录的效力区别对待。对于刑事言词笔录的审查判断，虽然要考虑刑事言词笔录由公权力机关依法定程序制作，具有一定的客观性特点，但是对于此种客观性的考量需要有限度，也要考虑到刑事言词笔录的内容可能受到多种因素的影响，其真实性有待确认。此外，还要考虑保障民事案件当事人的质证权，在充分利用刑事言词笔录查清民事案件事实的同时，防止刑事言词笔录效力的扩张，对另一方当事人造成不公正。

三　刑事言词笔录在民事诉讼中的证据资格判断

（一）证据资格判断的理论考察

1. 刑事言词笔录归于何种证据种类

法定证据种类制度对于刑民交叉案件中刑事言词笔录在民事诉讼中的使用影响较大。虽然有学者已经指出“目前法定证据种类的规定过于封闭、划分标准不明确、缺乏灵活性等”①，也有学者建议“摒弃法定证据种类的概念，引入法定证据方法作为证据调查规则框架的基础”②，但是目前证据种类的规定依然存在于三大诉讼法中。民事法官在使用刑事言词笔录时首先需要将其进行归类，但由于缺乏统一标准，法官关于证据种类的认定呈现较大主观性；而且不同证据适用的审查规则存在较大差异，因此，从理论层面仍有必要厘清刑事言词笔录的证据种类归属。

理论界对于刑事言词笔录应该归属于何种证据种类的问题已有一些讨论。有学者认为：“刑事言词笔录不属于书证，其本质是特定人对于案件事实的陈述，但是将刑事言词笔录作为当事人陈述和证人证言会遭遇到民事诉讼界域的阻隔，因此有必要将其转化为民事诉讼中的证据。”③有学者认为：“刑事言词笔录应直接归属于证人证言或当事人陈述。”④有学者认为：“刑事言词笔录在民事诉讼中属于传闻证据，在证人或者当事人不出庭时，对方有异议的刑事言词笔录原则上只能作为弹劾证据使用，不能成为

① 龙宗智：《证据分类制度及其改革》，《法学研究》2005 年第 5 期。
② 孙远：《论法定证据种类概念之无价值》，《当代法学》2014 年第 2 期。
③ 张卫平：《论讯问、询问笔录在民事诉讼中的证据效力》，《清华法学》2011 年第 1 期。
④ 包冰锋：《公安讯问笔录于民事诉讼中的证据能力及证明力探究》，《证据科学》2019 年第 5 期。

认定案件事实的依据。”[①] 其实该观点本质上依然是将刑事言词笔录归于当事人陈述或者证人证言。有学者则认为：“刑事言词笔录属于书证，并强调属于私文书证。”[②]

将刑事言词笔录认定为当事人陈述或者证人证言，强调陈述人出庭，此观点对于保障当事人的质证权无疑是有利的，但是在证据法理上可能有所欠缺，且在司法实践的适用中存在一定障碍。在大陆法系国家的民事证据理论中，不论是当事人陈述还是证人证言，指的都是当事人或者证人在法官面前作的陈述，作为证据方法之当事人与证人皆负有出庭、宣誓或具结陈述义务。[③] 刑事言词笔录中的陈述则是当事人或证人在侦查人员面前做出的，不符合形式要求。虽然有学者建议通过陈述人出庭的方式转化为民事诉讼证据，但是就司法实践的适用而言可能不太现实。因为刑事言词笔录来源于另一个刑事诉讼程序，陈述人可能不愿出庭，或者刑事案件尚未审结，做出陈述的被讯问人可能还被羁押在看守所，难以出庭。此时，刑事言词笔录可能因为陈述人不愿出庭或者不能出庭无法实现转化而被否定证据资格，这会阻碍与民事案件事实有关的证据进入程序中。虽然还有学者建议将陈述人未出庭的刑事言词笔录作为弹劾证据使用，一定程度上确保了证据资源的充分利用，但是由于弹劾证据的概念似乎还未得到实践的普遍认同，因此依然很难具有可行性。

正如学者指出的：“证据种类划分的主要目的应当是如何进行分类才能更有效、更客观、更科学地评判证据价值或证明力，运用证据最大限度发现案件真实。”[④] 将刑事言词笔录作为书证，避免了要求陈述人出庭的问题，便于法官使用刑事言词笔录，即使被讯问人或者被询问人并未出庭，法官也不可否定刑事言词笔录的证据资格，在司法实践中具有较高的可接受性。综合理论界和实务界的观点，反对将刑事言词笔录作为书证的原因主要有两个：其一是认为刑事言词笔录形成于案件发生之后，不符合书证形成于案件发生过程中的要求；其二是认为司法实践中对书证的审查更多关注书证本身的真伪，可能导致无法有效审查刑事言词笔录内容的真实性，同时也使因为刑事言词笔录内容遭受不利的一方当事人无法针对笔录内容有效质证。因此虽然给司法实务提供了便利，但是不符合证据法理。[⑤] 然而，上述两点理由有待商榷。

书证是以记载的内容作为证据资料以证明案件事实的一种证据方法。[⑥] 刑事言词笔录虽然不是在案件发生过程中形成的，但其是以内容在民事案件中发挥作用，这与书证的本质特点一致，而且案发前后是否可以作为书证的标准一直存在争议。而因为目

① 龙宗智：《刑民交叉案件中的事实认定与证据使用》，《法学研究》2018 年第 6 期。

② 张海燕：《推定在书证真实性判断中的适用——以部分大陆法系国家和地区立法为借鉴》，《环球法律评论》2015 年第 4 期。

③ 参见占善刚《民事诉讼证据调查研究》，中国政法大学出版社，2017，第 261 页。

④ 张永泉：《书证制度的内在机理及外化规则研究》，《中国法学》2008 年第 5 期。

⑤ 参见〔日〕高桥宏志《重点讲义民事诉讼法》，张卫平、许可译，法律出版社，2007，第 100 页。

⑥ 参见张卫平《公证证明效力研究》，《法学研究》2011 年第 1 期。

前书证审查机制存在的不足而否定将刑事言词笔录归为书证的观点则更不具有说服力。将刑事言词笔录认定为书证，依然可以通过完善书证的审查机制保障当事人的质证权，实现对其内容的实质审查。此外，按照大陆法系国家证据理论中证据方法的含义，记载当事人或者证人陈述的刑事言词笔录和被讯问人或者被询问人当庭做出陈述应是两种不同的证据方法，即使陈述人未到庭，依据书证规则的要求，刑事言词笔录同样具有证据能力。①

但是刑事言词笔录应该归属于公文书证，而非私文书证。学者之所以主张刑事言词笔录属于私文书证，主要是因为公文书证要求的是相关机关在其职权范围内对有关事实情节和特定事实做出职务上的认定和法律上的评价，而刑事言词笔录只是公安机关对被讯问人或者被询问人陈述的客观记载，并没有反映作为制作者的公安机关的意思表示，不符合公文书证的要求。②然而根据最高人民法院的观点，公文书证一般只需要满足两个条件：一是公文书必须由具有社会公信力或公共信用的公共管理机关在其职权范围内制作；二是公文书的制作及发送应当符合法定条件，需要按照法定程序、方式进行。显然，公文书证的关键点在于制作主体具有相应的职权，并且依法行使相应的职权，其中虽可能体现制作主体的意思，但是并非强调必须包含处分的意思表示。而且刑事言词笔录是侦查机关在行使刑事侦查权的过程中依法制作，其不仅仅是被讯问人或者被询问人陈述内容的完整再现，也是侦查人员对陈述内容的再加工，一定程度上包含了侦查人员的意思。③因此，不论形式和内容，刑事言词笔录都符合公文书证的本质要求。而如果仅将公权力机关依据职权制作的笔录认定为私文书证，可能会因为当事人容易质疑刑事言词笔录的效力而影响其在民事诉讼中作用的发挥。

此外，书证根据其记载内容的不同分为处分性书证和报道性书证，相应的，公文书证也可分为处分性公文书证和报道性公文书证。以德国为例，处分性书证又被称为社权性文书、与效性文书或者事实构成文书等，④报道性书证又被称为报告文书或者证言文书。⑤显然，处分性书证涉及的是法律关系的设立或者变更，发生一定的法律效果，而报道性书证则仅是对某种事实或者意见记载，相应的只有处分性公文书证要求包含处分的意思表示，而报道性公文书证并无此要求。因此，根据刑事言词笔录内容的特点，应将其归于报道性公文书证。

---

① 张永泉：《书证制度的内在机理及外化规则研究》，《中国法学》2008 年第 5 期，第 112 页。

② 参见占善刚《民事诉讼证据调查研究》，第 20 页。

③ 参见王景龙《论笔录证据的功能》，《法学家》2018 年第 2 期。

④ 参见〔德〕罗森贝克、施瓦布、戈特瓦尔德《德国民事诉讼法（下）》，李大雪译，中国法制出版社，2007，第 883 页。

⑤ 参见〔德〕奥特马·尧厄尼希《民事诉讼法（第 27 版）》，周翠译，法律出版社，2003，第 292 页。

2. 是否需要经过生效刑事裁判认定

根据前文阐述，有的法官将经过生效刑事裁判认定作为刑事言词笔录具有证据资格的条件，以确保进入民事诉讼的刑事言词笔录的真实性。但是此做法一方面缺乏相应的法律依据，另一方面在正当性上也稍显不足。

其一，刑事言词笔录最终并未得到生效刑事裁判认定的原因是多种的，可能由于刑事案件处于侦查、起诉阶段或者还尚在审理过程中，或者公安机关做出了不立案决定，或者检察机关做出了不起诉决定，又或者被追诉人基于法定理由不予追究刑事责任等。因此，刑事言词笔录未被生效刑事裁判认定也不宜直接否认其对于民事案件事实认定所具有的证明作用。且考虑是否被生效刑事裁判认定，更多是为了确保刑事言词笔录内容的真实性，而其内容的真实与否不属于证据资格问题。如果仅以未经生效刑事裁判认定而否定刑事言词笔录的证据资格，不仅不符合证据资格的认定法理，而且可能会因此减少进入民事诉讼程序的证据，不利于民事案件事实真相的查清。

其二，刑事证据和民事证据的要求不同，不适宜以刑事证据的标准来要求民事证据。刑事案件和民事案件对证据的要求存在一定差异，一般认为刑事证据的标准高于民事证据，意味着在刑事诉讼中被排除的证据在一定条件下依然可以在民事诉讼中使用。国外有学者也指出："由于刑事证明和民事证明要求的不同，民事案件法官更愿意接受可靠性存疑的证据，然后将可靠性存疑的程度作为权重平衡，而非将其作为可采性问题，但是刑事案件法官对于具有相关性、真实性但是可能对被告产生不利影响的证据，那么将会排除其适用。"[①] 因此，未被生效刑事裁判采信的证据未必不符合民事证据的要求。将经过生效刑事裁判认定作为采纳刑事言词笔录的条件，等于是用刑事证据标准来判断民事证据，变相提高了证据资格的门槛，不符合民事诉讼尽可能吸收更多证据的理念。

概言之，刑事言词笔录经过生效刑事裁判认定不宜成为其在民事诉讼中使用的证据资格条件，即使未被生效刑事裁判认定也不妨碍其作为证据在民事诉讼中使用，至于是否采信则需要法官根据民事诉讼规则予以认定。

（二）证据资格的判断标准

从证据法理的角度而言，证据资格关系到能够进入诉讼程序中被裁判者用以查清事实真相的证据的数量和范围。为了使尽可能多的证据进入民事诉讼，在大陆法系国家的证据理论中，基本上很少限制书证的证据资格，更多关注的是书证的证明力，或者将证据能力问题作为证明力问题处理。[②] 正如日本学者新堂幸司教授指出："在自由

① Deirdre Dwyer, "(Why) Are Civil and Criminal Expert Evidence Difference", *Tulsa Law Review*, Vol. 43, Issue 2 (Winter 2007), p. 386.

② 参见〔日〕高桥宏志《重点讲义民事诉讼法》，张卫平、许可译，法律出版社，2007，第 41 页。

心证主义下，不存在所谓的无证据能力的书证，即便是在纠纷发生以后举证人自己就系争事实制作的文书或第三人为了避免自己作证而制作的文书，也不欠缺证据能力。”[①] 此外，虽然一般认为英美法系国家较为重视证据资格的判断，存在传闻证据排除规则，但也还是设置了诸多例外规则，尤其是尽可能承认公文书证的证据资格。[②] 在美国的实践中，就曾出现法官出于查清案件事实的考虑而放弃严格的传闻证据规则的情形。[③] 显然，两大法系国家对于书证的证据资格其实都持相对宽松的态度。

虽然刑事言词笔录具有特殊性，但是不可过分苛责其证据资格，应遵循民事诉讼中对书证的证据资格要求，至于具体标准的设定，应主要考虑使用刑事言词笔录的目的。证据资源有限是证据学的规律，[④] 受到多种因素的影响，能够进入到诉讼领域中的证据十分有限。在民事诉讼中，由于遵循辩论主义，主要由当事人向法官提交证据，当事人的取证能力有限，法官依职权收集证据的范围又受到严格的限制，证据资源的稀缺问题更为明显。刑民交叉案件的特点决定了民事案件使用刑事言词笔录的可行性，而在证据资源有限的前提下法官追求查清案件事实决定了使用刑事言词笔录的必要性。因为从查清事实真相的角度考量，在诉讼中应当采纳更多的证据，[⑤] 尽可能将具有相关性的证据纳入诉讼中来。[⑥] 笔者通过访谈了解到，司法实践中，有的法官主动依职权调取刑事言词笔录的主要原因是认为针对同一事实，侦查机关利用侦查措施能收集到更多的证据，而民事案件当事人提交的证据有限，因此可以充分利用刑事证据查清案件事实。

根据证据资格的判断法理，结合民事案件法官使用刑事言词笔录的目的，笔者认为，对于刑事言词笔录的证据资格，仅仅考量相关性即可。因为相关性是证据赖以构成的一个属性，缺乏相关性，证据就不成其为证据。[⑦] 具体言之，只要刑事言词笔录的内容跟民事案件的事实相关，就应该赋予其在民事诉讼中的证据资格。其实，强调具有关联性的刑事证据在民事诉讼中的运用在有关立法中已经有所体现。2020 年《最高人民法院关于审理侵犯商业秘密民事案件适用法律若干问题的规定》第 22 条第 2 款规定：“由公安机关、检察机关或者人民法院保存的与被诉侵权行为具有关联性的证据，侵犯商业秘密民事案件的当事人及其诉讼代理人因客观原因不能自行收集，申请调查收集的，人民法院应当准许，但可能影响正在进行的刑事诉讼程序的除外。”

---

① 〔日〕新堂幸司：《新民事诉讼法》，林剑锋译，法律出版社，2008，第 447 页。

② 参见高星阁《民事诉讼中公文书证之证据效力研究》，《证据科学》2016 年第 5 期。

③ See Michael Balzarin，i “Commonwealth v. Brady：Uncertainty in the Standards Determining Admissibility of Prior Inconsistent Statements as Substantive Evidence in Pennsylvania”，*University of Pittsburgh Law Review*，Vol. 48，Issue 4（Summer 1987），p. 1072.

④ 参见龙宗智《“大证据学”的建构及其学理》，《法学研究》2006 年第 5 期。

⑤ 参见〔美〕约翰·W. 斯特龙主编《麦考密克论证据（第五版）》，汤维建等译，中国政法大学出版社，2004，第 359 页。

⑥ 参见陈卫东《中国刑事证据法的新发展——评两个证据规定》，《法学家》2010 年第 5 期。

⑦ 参见汤维建《民事证据立法的理论立场》，北京大学出版社，2008，第 17 页。

那么该如何具体判断刑事言词笔录的相关性呢？美国学者华尔兹教授曾指出："判断证据相关性时需要回答以下两个问题：所提出的证据是用来证明本案中的实质性问题吗？所提出的证据对该问题有证明性吗？"① 美国《联邦证据规则》第 401 条也规定："在下列情况下，证据具有相关性：该证据具有与没有该证据相比，使得某事实更可能存在或者更不可能存在的任何趋向；该事实对于确定诉讼具有重要意义。"② 因此，一般认为证据的相关性需要同时满足两个条件：一是该证据试图证明的事项属于能够影响诉讼结果的案件事实，即具有实质性；二是该证据对案件事实的证明能够产生一定影响，即具有证明性。③

借鉴上述观点和规定，法官在判断刑事言词笔录的相关性时可首先判断该刑事言词笔录是否与本案争议事实直接或者间接相关，然后判断该刑事言词笔录对于澄清争议事实是否具有一定作用，否则，可认定其不具有相关性。例如，在四川百事佳国际房地产开发有限公司、姚昌伦房屋买卖合同纠纷案中，二审法院认为，公安机关对案外人闫登富是否涉嫌非法侵占百事佳公司房屋的刑事案件侦办情况，所涉房屋并不包含本案诉争房屋在内，该刑事案件调查形成的询问及讯问笔录，与本案中认定合同是否真实、有效之间，不具有关联性。④ 在本案中，刑事言词笔录的内容与案件所争议的事项并无关联，对民事案件事实的查清并无作用，最终法官认为其不具有相关性。

四　刑事言词笔录在民事诉讼中的证明力认定

关于刑事言词笔录在民事诉讼中的证明力，理论界达成一致的是认为对其证明力不应区别对待，而应按照民事诉讼规则进行审查认定，但是对于如何审查认定尚无较为明确的建议。司法实践中法官对刑事言词笔录证明力的认定也不一致。因此，有必要厘清刑事言词笔录证明力的具体审查认定路径。

（一）证明力认定的理论反思

根据前文的案例可知，除了将刑事言词笔录认定为当事人陈述或者证人证言的情形，⑤ 民事案件法官基本都赋予其较高的证明力，但是具体的认定依据却存在较大差异。

---

① 〔美〕乔恩·R. 华尔兹：《刑事证据大全（第二版）》，何家弘等译，中国人民公安大学出版社，2004，第 18~19 页。

② 王进喜：《美国〈联邦证据规则〉（2011 年重塑版）条解》，中国法制出版社，2012，第 56 页。

③ 参见易延友《证据法的体系与精神——以英美法为特别参照》，北京大学出版社，2010，第 99 页。

④ 参见成都市中级人民法院（2019）川 01 民终 14125 号民事判决书。

⑤ 由于笔者认为刑事言词笔录应该归属于书证，而非证人证言或者当事人陈述，因此司法实践中法官依据《证据规定》第 90 条认定刑事言词笔录效力较低的问题将不再展开讨论。

1.《民诉法解释》第93条和《证据规定》第10条，涉及的是生效刑事裁判在民事诉讼中的预决效力。在刑民交叉案件的司法实践中法官依据该规定直接采信刑事言词笔录，等于是将生效刑事裁判在民事诉讼中的预决效力与生效刑事裁判所依据证据的效力予以等同。有学者也持有此观点，认为一般可用生效裁判的事实认定代替作为刑事裁判依据的证据而使用。①

虽然法官在生效裁判中认定的事实与证据密不可分，但是生效裁判的预决效力针对的是裁判主文部分，证据认定属于裁判理由的内容，两者存在较大差别。有学者也指出："法院裁判的证明力仅体现在法院确定作出了与文书相同内容的司法行为，而不涉及文书中的法律争点、事实或证据。"② 且在司法实践中有的法官也指出："裁判理由部分作出的表述，并非最终判项，仅系对事实的认定，并不必然导致原裁判的裁判理由影响另案判决结果。"③ 即使英美国家的证据规则认为刑事判决在民事诉讼中具有证据效力，也只是针对刑事裁判中关于"罪名"认定部分，不包括刑事有罪裁判依据的基础性事实。④

根据最高人民法院对生效裁判预决效力条款的解释，预决效力发挥作用的前提条件之一是在先前案件事实的认定过程中程序公正得到保障。⑤ 但是我国目前刑事言词笔录的获取过程难以达到同等程度的程序保障，⑥ 此时如果赋予其与生效刑事裁判同等的预决效力则缺乏正当性。虽然根据《刑事诉讼法》的规定，证据需要经过查证属实才能作为定案的根据，但是能否查证属实可能受到多种因素的影响。如果基于刑事言词笔录被作为生效刑事裁判的依据而对其证明力直接予以认定，那么不仅会导致刑事证据效力在民事诉讼中的扩张，而且可能会影响民事案件事实的查清。此外，由于民事案件中的另一方当事人可能并没有参与刑事庭审，对生效刑事裁判的质证无法代替对其所依据的证据的质证，而预决事实的免证指向法官直接认定，没有当事人举证质证的证明过程。⑦

因此，如果承认生效刑事裁判所依据的证据具有预决效力，等于是将刑事言词笔录的内容在民事诉讼中作为"免证事实"，变相剥夺另一方当事人的质证权，同时有违民事诉讼中的诚实信用原则。⑧ 因此，生效刑事裁判的预决效力并不等于其所依据的证

---

① 龙宗智：《"大证据学"的建构及其学理》，《法学研究》2006年第5期。

② 曹志勋：《反思事实预决效力》，《现代法学》2015年第1期。

③ 最高人民法院（2020）最高法民申4231号民事裁定书。

④ 参见纪格非《论刑事判决在民事诉讼中的预决力》，《当代法学》2015年第4期。

⑤ 参见最高人民法院民事审判第一庭《最高人民法院新民事诉讼证据规定理解与适用（上）》，人民法院出版社，2020，第155页。

⑥ 参见张卫平：《论讯问、询问笔录在民事诉讼中的证据效力》，《清华法学》2011年第1期。

⑦ 参见吴英姿《预决事实无需证明的法理基础与适用规则》，《法律科学（西北政法大学学报）》2017年第2期。

⑧ 参见纪格非《我国刑事判决在民事诉讼中预决力规则的反思与重构》，《法学杂志》2017年第3期。

据也具有预决效力。且在刑民交叉案件证据认定的司法实践中，也有法官指出："作为定案依据的刑事言词笔录不能取代生效刑事裁判认定的事实产生预决力，并认为生效刑事裁判认定的事实证明力更高。"[①] 或者指出："在刑事案件中作为定案依据的刑事言词笔录不必然在民事案件中被采纳并作为定案的根据。"[②]

2.《证据规定》第 3 条涉及的是自认。适用该规定等于是将刑事言词笔录中的陈述等同于自认，但其实两者存在本质差异。自认是指在民事诉讼中当事人一方就对方当事人所主张的不利于己的事实向法庭做出的承认其真实的意思表示，[③] 其效果是免除对方当事人证明责任，法官对自认事实直接认定。[④] 一般认为，当事人在诉讼外承认于己不利的事实只是裁判外的自认，仅具有证据效力。[⑤] 且在刑事诉讼中，犯罪嫌疑人、被告人对犯罪事实的承认被称为自白，属于证据，[⑥] 而自认并不是一种证据。[⑦] 其实，美国民事诉讼程序中也存在类似问题，即刑事程序中的认罪答辩对后续的民事诉讼程序是否具有排除效力。司法实践中，有的法官承认认罪答辩在民事诉讼中的效力，但是只认为其属于"admission against interest"，即违反本人利益的承认，更具体的是属于"judicial admission"，即法庭上的承认，[⑧] 有的法官则完全不承认认罪答辩在民事诉讼中的效力。[⑨] 显然，在美国，即使是具有类似自认效果的刑事认罪答辩在民事诉讼中的效力也受到较大限制。

此外，将刑事言词笔录中的陈述认定为自认还可能产生一些弊端。其一，刑事言词笔录是被讯问人或者被询问人面对侦查人员讯问或者询问所做的陈述，其在做出陈述时并没有自认的意思表示，因此并没有准备承担自认的法律后果。如果赋予刑事言词笔录以自认的效力，那么可能变相催生出犯罪嫌疑人虚假供述或者证人做伪证等问题，对刑事司法公正和民事司法公正将产生不良的影响。[⑩] 其二，由于另一方当事人可能并未参与之前的刑事庭审，没有对刑事言词笔录的内容进行质证，在此情况下，让其受到自认的约束，对此方当事人不公正。那么并未参与刑事诉讼的一方当事人是否能够主张将另一方当事人在刑事言词笔录中的陈述等同于自认呢？笔者认为，从公正的角度考量也不合理，因为允许其直接从另一方当事人的陈述中受益缺乏正当性基础。[⑪]

① 最高人民法院（2019）最高法民申 816 号民事裁定书。

② 绍兴市中级人民法院（2020）浙 06 民再 24 号民事判决书。

③ 参见吴宏耀、魏晓娜《诉讼证明原理》，法律出版社，2002，第 94 页。

④ 参见段文波《我国民事自认的非约束性及其修正》，《法学研究》2020 年第 1 期。

⑤ 参见陈杭平《再论我国"非约束性"自认的修正》，《中外法学》2021 年第 4 期。

⑥ 参见宋朝武《论民事诉讼中的自认》，《中国法学》2003 年第 2 期。

⑦ 参见张卫平《"民事证据裁判原则"辨识》，《比较法研究》2021 年第 2 期。

⑧ See Jack R. Blumenfeld，"Evidence–Admissibility in a Civil Suit of a Plea of Guilty in a Criminal Case"，*University of Miami Law Review*，Vol. 21，Issue 2（Winter 1966），p. 486.

⑨ See William H. Carnahan，"A Dilemma–The Guilty Plea in Traffic Offenses"，*United States Air Force JAG Law Review*，Vol. 10，Issue 2（1968），p. 34.

⑩ See Helen H. Stern，"Evidence–Prior Conviction as Conclusive Evidence in Subsequent Civil Action"，*Temple Law Quarterly*，Vol. 39，Issue 1（Fall 1965），p. 111.

⑪ 参见江伟、常廷彬《论已确认事实的预决力》，《中国法学》2008 年第 3 期。

因此，刑事言词笔录中即使被讯问人或者被询问人承认了某项不利于己的事实，也并不具有自认的效力，不宜直接根据其承认认定相关事实。司法实践中也有法官指出："刑事言词笔录中的承认不属于当事人自认的范畴。"①

3.《民诉法解释》第114条涉及的是公文书证证明力推定规则。书证证明力分为形式证明力和实质证明力，形式证明力涉及的是对制作该笔录的程序所做的评价，实质证明力涉及的是对笔录内容真实性的认定。从该条规定来看，前半句涉及的是公文书证实质证明力认定，而后半句规定的可以要求制作文书的机关或者组织对文书的真实性予以说明，这恰恰应是针对形式证明力的说明，但是此条又并未单独规定形式证明力的认定。司法实践中，法官基于该条规定对刑事言词笔录证明力认定，也并未区分形式证明力和实质证明力，而是统一适用推定规则，其正当性有待商榷。

关于公文书证证明力的认定一直都是民事诉讼法理论界关注的重点问题。大陆法系国家基本建立了相对完善的公文书证证明力认定规则。虽然不同国家的规定存在一些差异，但达成一致的是公文书证形式证明力适用推定规则，只是对于实质证明力是否适用推定规则区别较大。大陆法系的德国和法国允许适用实质证明力推定规则，其中德国又针对处分性公文书证和报道性公文书证规定了不同的规则，而日本则不允许适用实质证明力推定规则，认为应由法官依据自由心证判断。②对于此问题，我国民事诉讼法学者达成共识的是在立法中单独明确规定公文书证形式证明力推定规则，③但是对于公文书证实质证明力推定规则的具体内容仍存在一定分歧。有学者建议："建立公文书证实质证明力推定规则，并借鉴德国立法例，对于处分性公文书证实质证明力的推定，不允许对方当事人提出相反证据予以推翻，对于报道性公文书证实质证明力的推定，应当允许对方当事人提出相反证据予以推翻。"④有学者则建议："对于处分性公文书证中的'处分'内容适用推定规则，而对于'处分'内容之外的以及报道性公文书证原则上不应适用推定规则，而应交由法官依据自由心证评价。"⑤显然，核心分歧点是对于报道性公文书证的实质证明力是否适用推定规则。

结合报道性公文书证的法理和刑事言词笔录的特点，笔者认为，对于报道性公文书证形式证明力可适用推定规则，而实质证明力不宜适用推定规则，需要法官根据心证认定，理由如下。

---

① 最高人民法院（2019）最高法民申3280号民事裁定书。

② 参见张海燕《推定在书证真实性判断中的适用——以部分大陆法系国家和地区立法为借鉴》，《环球法律评论》2015年第4期，第2223页。

③ 参见曹志勋《文书真伪认定的中国路径》，《法学研究》2019年第6期。张海燕：《推定在书证真实性判断中的适用——以部分大陆法系国家和地区立法为借鉴》，《环球法律评论》2015年第4期。

④ 参见张海燕《推定在书证真实性判断中的适用——以部分大陆法系国家和地区立法为借鉴》，《环球法律评论》2015年第4期，第29页。

⑤ 曹志勋：《论公文书实质证明力推定规则的限缩》，《国家检察官学院学报》2020年第2期。

首先，就报道性公文书证本身而言，其只是对相关事实或者意见的记载，并无制作主体对记载内容通过审查得出认定。受到书证制作目的、制作人人格等因素的左右，其形式证明力和实质证明力应是相互独立的。[①] 而刑事言词笔录本身的真实与内容的真实也不具有必然关系。司法实践中有法官也指出："对刑事言词笔录真实性和合法性的确认，系对制作该笔录的程序及对询问过程的客观记录所做的评价，其与刑事言词笔录内容能否实现证明目的并不矛盾。"[②] 其次，作为报道性公文书证的刑事言词笔录是侦查人员对被讯问人或者被询问人陈述的记载，受到多种因素的影响，并不能完全排除接受询问的当事人或证人的陈述不能如实反映事实真相，甚至与事实真相完全相悖的情况。最后，如果对于刑事言词笔录实质证明力适用推定规则，也会增加有异议一方当事人的证明负担。司法实践中，有的当事人主张刑事言词笔录的内容并非其真实意思表示，或者当庭做出与刑事言词笔录内容不一致的陈述，此时法官一般要求该当事人提供的证据足以推翻刑事言词笔录的内容，如前述案例 10 中法官的裁判。实践证明，提出异议的一方当事人很难举出相关证据推翻刑事言词笔录的内容，此做法无异于对刑事言词笔录的证明力直接认定，对另一方当事人而言有失公正。

（二）证明力的具体审查认定路径

对于刑事言词笔录证明力的认定首先需要明确的是刑事言词笔录由刑事诉讼程序中享有公权力的侦查机关制作，具有一定的客观性，但是其并不具有优先的证明力，法官仍需对其实质审查。具体可遵循如下审查步骤。

1. 法官审查认定刑事言词笔录的形式证明力。此审查主要针对当事人自行提交的刑事言词笔录，实践中当事人一般是提交复印件，法官需要确认其是否来源于刑事诉讼程序，并由享有侦查权的侦查人员依法制作。具体言之，法官需要审查当事人提交的刑事言词笔录复印件上是否有侦查人员的签名，是否加盖有公安机关的公章，[③] 是否经过刑事正当程序制作，[④] 或者核对刑事言词笔录复印件与刑事卷宗中的笔录是否一致，

---

① 参见高桥宏志《重点讲义民事诉讼法》，第 105 页。

② 最高人民法院（2019）最高法民申 3516 号民事裁定书。

③ 参见重庆市第五中级人民法院（2019）渝 05 民终 6322 号民事判决书。

④ 参见连云港市中级人民法院（2017）苏 07 民终 4215 号民事判决书。需要说明的是，虽然在刑事诉讼中，取证行为是否合法主要是针对证据的合法性，即证据资格，但是根据前文对司法实践样态的总结可知，针对刑事言词笔录收集过程存在刑讯逼供等违法行为的异议，法官基本是从真实性的角度对该刑事言词笔录进行审查判断，这在一定意义上表明法官实际上并未将其合法性作为独立的审查判断对象。此外，在刑事诉讼中，刑事言词笔录合法与否的认定需要启动专门的调查程序，而在民事诉讼中要求法官在核实刑事言词笔录的合法性之后才能将其作为民事证据使用，这将在一定程度上加重民事法官的负担，而且可能导致一些与案件事实有关联的证据因为无法核实合法性而排除使用。因此，笔者建议将刑事言词笔录的合法性审查纳入证明力的审查认定中，但是此处法官对制作程序的审查更多是形式性的，对于违法取证行为对刑事言词笔录真实性的影响则需要在实质证明力中具体认定。

等等。[①] 当然，法官如果对刑事言词笔录本身存在疑问，则可根据《民诉法解释》第114条的规定要求刑事言词笔录的制作者做出说明，一般要求制作者出庭，但是要求侦查人员在刑事诉讼中出庭本就十分困难，那么要求其在民事诉讼中出庭说明就更不现实。考虑到司法实践的便利性，在侦查人员未出庭时可出具书面说明。司法实践中，已有法官在当事人提交的询问笔录缺少询问人和记录人时，通过采纳公安机关就询问笔录的形成过程及案件处理问题出具的说明，认可了刑事言词笔录的证明力。[②]

如果法官最终确认当事人提交的刑事言词笔录符合公文书证的要求，那么可推定其具有形式证明力。所以，前述案例9中，法官确认的真实性应该是刑事言词笔录的形式真实性。另一方当事人如果对刑事言词笔录的形式证明力提出异议，那么需要举出证据证明其形式不真实，此时提出异议的一方当事人承担的是本证的证明责任。

2. 法官审查认定刑事言词笔录的实质证明力。基于保障当事人质证权的考虑，如果当事人对刑事言词笔录内容的真实性提出异议，一般应通过庭审质证的方法，要求陈述人出庭接受质证。如果陈述人是本案的当事人，那么可直接质证，或者要求当事人对为何当庭做出的陈述与之前的陈述不一致做出合理解释。如果陈述人并非本案的当事人，实践中可能存在陈述人不愿出庭或者因为客观原因无法出庭的问题，则有必要寻求替代当庭质证的方法。

域外对类似问题的处理可提供一定的启发。美国《联邦证据规则》中规定："如果陈述人不能作为证人到庭，则下列陈述不受反对传闻规则的排除：证言是（A）在审判、听证或依法进行的证言存录中作为证人做出的，无论是在当前的程序中做出的，还是在不同的程序中做出的；并且（B）现在提供该证言所要反对的当事人，或者在民事案件中该当事人的前任利害关系人，已有机会或者类似动机通过直接询问、交叉询问或者再直接询问来展开该证言。"[③] 欧洲人权法院的判例也承认，在刑事诉讼中，侦查阶段已经过被告充分质证的证言，于审判环节可以作为证据使用。[④] 虽然上述规定针对的是证人证言的证据资格问题，但是其中值得借鉴之处是认为只要当事人的质证权已经充分行使或者曾经有机会充分行使，那么便可以替代之后的质证。其实此理念在我国《证据规定》中也有所体现，其中第60条规定："当事人在审理前的准备阶段或者人民法院调查、询问过程中发表过质证意见的证据，视为质证过的证据。"

借鉴上述做法，可通过确认当事人是否已经在其他正式程序中针对刑事言词笔录进行质证等方法替代陈述人出庭接受质证。具体言之，如果主张该刑事言词笔录的当事人提出证据，如先前程序的庭审录像或者庭审笔录，证明对方当事人在另一个公正

① 参见金华市中级人民法院（2015）浙金商终字第706号民事判决书。
② 参见济南市中级人民法院（2018）鲁01民终1237号民事判决书。
③ 王进喜:《美国〈联邦证据规则〉（2011年重塑版）条解》，第290页。
④ 参见孙远《全案移送背景下控方卷宗笔录在审判阶段的使用》，《法学研究》2016年第6期。

的程序中已经行使质证权，或者对方当事人在民事诉讼程序中明示或者默示放弃质证权，如经过合法传唤拒不到庭对刑事言词笔录进行质证，[①] 那么可代替民事当庭质证。

需要澄清的问题是，不论是经过当庭质证或者在其他程序质证或者对方当事人放弃质证，法官对刑事言词笔录的实质证明力仍需要综合全案证据形成心证，关键是法官如何形成心证？当事人需要如何证明？按照大陆法系国家证据法理论，书证的证据能力以及证明力问题属于辅助事实，而辅助事实一般不存在证明责任问题。[②] 换言之，对于刑事言词笔录内容的真实与否并不涉及由哪一方当事人承担“客观证明责任”的问题。此时当事人的举证是基于“具体举证责任”[③] 或者称为“证明的必要”[④]，且此种责任根据法官心证的变化在双方当事人之间不断发生转移。[⑤]

由于刑事言词笔录由侦查机关制作，司法实践中，法官一般会在确认其形式证明力的基础上对其内容的真实性形成初步心证，而需要注意的是此处只是初步心证。此时提出异议的一方当事人基于“证明的必要”，需要进一步提出证据，以便动摇法官的心证，让法官对刑事言词笔录内容的真实性产生怀疑，但是无须达到足以推翻的程度。当法官心证被动摇时，主张该刑事言词笔录的一方当事人则有必要继续举证，如果举证不能，那么需要承担不利后果。

结　语

刑民交叉案件中刑事言词笔录在民事诉讼中的使用，一方面要考虑充分利用相关的刑事言词笔录查清民事案件事实，另一方面也要防止刑事言词笔录效力在民事诉讼中的扩张。基于上文的阐释，民事案件法官对于刑事言词笔录的审查判断需要遵循以下两个步骤。

第一，法官对刑事言词笔录证据资格的判断：刑事言词笔录属于报道性公文书证，因此，陈述人出庭作证并非其具有证据资格的条件，是否经过生效刑事裁判认定也与其是否具有证据资格并无直接联系。只要刑事言词笔录与民事案件事实具有相关性，那么法官就可以承认其证据资格。

第二，法官对刑事言词笔录证明力的认定：法官在确认刑事言词笔录符合公文书证的要求后可直接推定其具有形式证明力，但是对其实质证明力不可适用推定规则。

① 参见宁波市中级人民法院（2019）浙 02 民再 56 号民事判决书。

② 参见〔日〕高桥宏志《重点讲义民事诉讼法》，第 114 页。

③ 参见胡学军《从“抽象证明责任”到“具体举证责任”——德、日民事证据法研究的实践转向及其对我国的启示》，《法学家》2012 年第 2 期。

④ 参见袁中华《民事诉讼中文书真伪的“举证责任”问题》，《法学家》2012 年第 6 期。

⑤ 参见吴宏耀、魏晓娜《诉讼证明原理》，法律出版社，2002，第 316 页。

法官可通过陈述人出庭接受质证或者替代当庭质证的方法对刑事言词笔录的实质证明力进行审查，在此基础上根据心证认定。在此过程中，双方当事人需要承担具体举证责任，且该证明责任根据法官的心证状态在当事人之间不断发生转移。

笔者希冀以刑事言词笔录在民事诉讼中使用问题的讨论为契机，推动我国书证审查认定规则的进一步细化。同时也建议对《民诉法解释》第114条修改完善，独立规定公文书证形式证明力推定规则，区分处分性公文书证和报道性公文书证，规定不同的证明力认定规则，从而为刑事言词笔录证明力的认定提供相应法律依据。

（作者单位　上海财经大学法学院）

本文原载《法学家》2022年第5期

印证原理的知识论诠释：理论纠偏与认知重构

周慕涵

摘　要　印证原理的哲学解释需建立在知识论哲学中的“信念确证理论”而非“真理理论”之上。在信念确证路径上，印证是“内在主义”而非“外在主义”的；在信念确证机理上，“内容同一”的印证和“指向同一”的印证分别体现“基础主义”和“融贯主义”;在信念确证程度上，印证并不具有客观性，不能被单独用来推出具有唯一性和排他性的结论。对于印证与刑事证明标准在信念确证程度上的逻辑关系，需要从“入罪”和“出罪”这两个不同的证明方向分别予以考虑。对于公诉定罪证明标准而言，印证是必要条件；对于辩方抗辩成立标准而言，印证则是充分条件。司法实务中对印证的认知误区在于两个方面：一是错误设置了印证的逻辑条件关系；二是混同了相互矛盾的证据融贯系统的要素。对此，需相应地重构司法实务界对印证的认识，进而改良印证规则。

引　言

近年来，中国证据法学界关于“印证”问题的研究重心，正逐渐从“模式”转向“方法”和“规则”,研究视角也不断从诉讼价值论转向诉讼认识论。尤其值得注意的是，在对印证原理的阐释上，当前研究呈现出“哲学化”态势，学者们逐渐把目光转向“知识论哲学”中的相关理论，① 用以解释印证的作用机制。这样的转变和态势并非暂时的、偶然的学术现象，而是印证理论研究的持续性、必然性趋势。

① “知识论哲学”（epistemology 或 theory of knowledge）指的是探讨知识的本质、起源和范围的一个哲学分支。这一哲学分支与“认识论”（epistemology）同源。但是，由于当代哲学的认识论研究逐渐转变为关于知识本身之所以为真的条件的研究，以及关于知识确证（justification）问题的研究，因此，哲学界逐渐使用“知识论”一词取代了“认识论”一词，将其作为这一哲学分支的名称。参见陈嘉明《知识与确证：当代知识论引论》，上海人民出版社，2003，第 2 页。

一方面，“印证模式”这一概念受到了越来越多的质疑，[①] 而且，关于“模式”的研究因其固有理论缺陷，再难有新的突破，这迫使学界不得不重新评估关于“印证”的理论研究，导致研究方向从“模式”转向了“证据分析方法”。[②] 另一方面，诉讼价值论的研究进路无法满足印证理论进一步发展的需要。以往学界对于印证的研究，主要从诉讼价值论的角度展开，[③] 但在现有刑事诉讼构造与诉讼价值取向难以被撼动的情形下，若仍坚持从价值论的角度对印证展开研究，则恐难获得具有实质意义的新知识。正如有学者指出的，客观真实的认识论取向，是当前中国司法实践严重依赖印证方法与印证规则的原因之一。[④] 因此，对于当下印证相关问题的研究而言，从认识论的角度对印证原理做进一步探讨，并提出符合人类认识规律的改良方案,不失为一项更好的研究选择。这是当前学界关于印证的研究走向“哲学化”的重要原因。

从过去五年间相关研究成果的学术创新性和理论突破性来看,“哲学化”的研究转型将学界的理论水平提升到了一个新的台阶，也推动了学界开展新一轮关于印证的理论探讨。然而，在学术不断发展和繁荣的背后，“哲学化”的研究也暴露了自身存在的问题。其一,学者们对印证原理的知识论哲学解释较为生硬。为什么知识论哲学中的“××理论”就是印证原理的哲学基础？对此，大多数“哲学化”的研究成果缺少详细论证。因此，这类研究成果难以获得认同，更难以取得学术上的共鸣。其二，这些研究成果带有浓厚的“象牙塔”色彩，理论严重脱离实践。大多数“哲学化”的研究成果只对印证的原理进行学理上的解释，但并没有进一步对印证方法和规则的实践运用给出指导性建议，故而几乎仅具有纯粹哲学思辨的价值，无助于印证的司法实践。不仅如此，这种“哲学化”的研究在跨过法学与哲学的学科界限之后，往往只停留在哲学的层面，而无法回到证据法学本身，导致证据法学自身的固有价值在这些“哲学化”研究中不知不觉地被消减。

有鉴于此，本文旨在纠正学界在过往印证原理研究中的偏差与误解，提出一种新的知识论哲学解释理论，并分析我们对印证在司法实践中的认知误区，在此基础上，给出相应改良方案。总之，本文意在纠正理论之偏，重述印证原理之解释理论，为印证的司法实践提供理论补给。

---

① 参见汪海燕《印证：经验法则、证据规则与证明模式》,《当代法学》2018 年第 4 期；孔令勇《刑事印证规范解读：从证明方法到证明规则》,《环球法律评论》2020 年第 6 期；何家弘《司法证明模式的学理重述——兼评“印证证明模式”》,《清华法学》2021 年第 5 期。

② 参见纵博《印证方法的不足及其弥补：以多元证据分析方法体系为方向》,《法学家》2020 年第 6 期。

③ 参见陈瑞华《论证据相互印证规则》,《法商研究》2012 年第 1 期；左卫民《“印证”证明模式反思与重塑：基于中国刑事错案的反思》,《中国法学》2016 年第 1 期。

④ 参见蔡元培《论印证与心证之融合——印证模式的漏洞及其弥补》,《法律科学（西北政法大学学报）》2016 年第 3 期。

一　印证原理的解释现状

当前学界关于印证的“哲学化”研究，主要运用西方知识论哲学来解释印证原理。但是，这里存在着关于解释的正当性和合理性问题。有学者指出，“印证”是一个中华文化所独有的、本土化的概念。① 对于其英译，不论是选用“coherence”，还是选用“corroboration”，都无法与其含义完全对应，故而最好以汉语拼音“Yinzheng”来表达“印证”，以彰显其独特性。② 然而，中国学者并没有运用中国哲学来解释“印证”，而是不约而同地选择西方知识论哲学作为其理论基础。这既有证据法学上的原因，也有哲学上的原因。

首先来看证据法学上的原因。虽然“印证”是中国独有的语词，但这并不意味着在域外司法证明实践中不存在印证方法。有学者指出，印证方法具有普适性。英美法系和大陆法系中的印证在某种程度上就是指证据契合原则,其中的证据补强和“一致性”等分析方法都体现了印证的要求。③ 因此，实际上，印证并非纯粹的本土问题，而是一个在世界范围内共通的证据法学问题。

再来看哲学上的原因。中国哲学关注的对象通常是社会伦常问题，呈现一种知识论与价值论相统一的“人文理性”哲学样态,缺乏“科学理性”因素。④ 这导致“印证”这一本土概念难以从认识论的角度获得中国哲学的完备解释。相较之下，精细化和科学化的西方知识论哲学对“印证”的概念有着较强的解释力。目前，西方知识论哲学已在“知识的本质”、“知识的来源”和“知识的限度”这三大认识论问题上形成了精密且系统的理论体系，具体可参见图 1。因此，将西方知识论哲学运用于对印证原理的解释，具有相当大的可行性。

（一）证据法学界对印证原理的两种哲学解释路径

当前，证据法学界对印证原理的哲学解释路径大抵分为两种：一是基于“真

① 参见刘畅《证明与印证》,《世界哲学》2011 年第 3 期。

② 参见王建芳《印证≠印证证明——对印证、印证证明及其相互关系的反思与重塑》,《湖南科技大学学报》（社会科学版）2020 年第 1 期。

③ 参见龙宗智《比较法视野中的印证证明》,《比较法研究》2020 年第 6 期。

④ 参见金岳霖《中国哲学》，钱耕森译,《哲学研究》1985 年第 9 期;〔美〕成中英《中国哲学中的知识论（上）》，曹绮萍译,《安徽师范大学学报》（人文社会科学版）2001 年第 1 期；冯友兰《中国哲学简史》，涂又光译，北京大学出版社，2013，第 25 页。

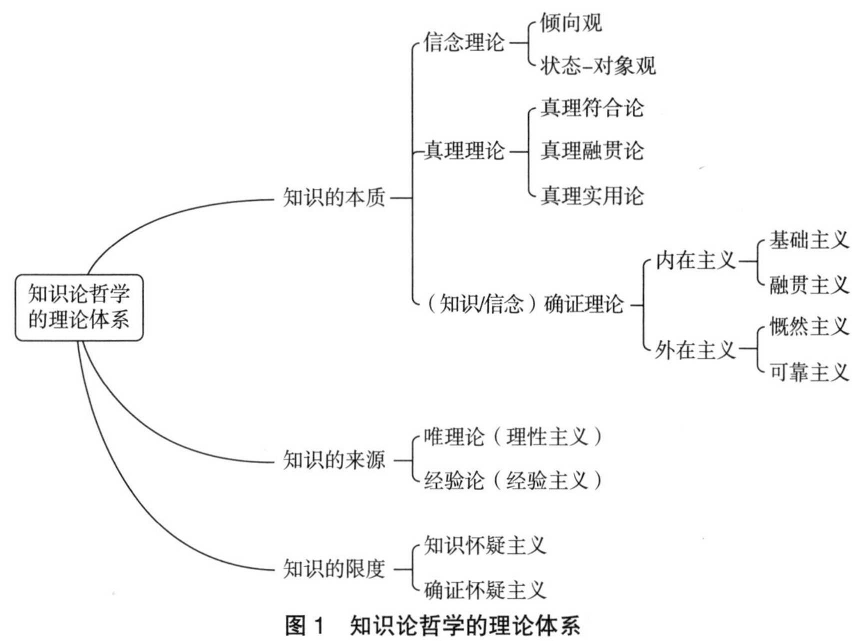

图 1　知识论哲学的理论体系

理理论”[①] 做出解释，二是基于“确证理论”[②] 做出解释。

1. 基于“真理理论”的解释

对于印证原理的哲学基础，一些学者选择从“真理理论”的角度进行解释。例如，有学者认为：“印证体现出对综观性证立方式的追求，以整体信念的‘真’或‘有效’来证立单个信念的‘真’或‘有效’。由此可见，真理融贯论是印证证明最直接、最有说服力的哲学理据。”[③] 而且，“片面、过度强调融贯论，有可能损害证明的客观基础及证据事实的客观性，而将真理符合论作为印证证明的另一理论基础，以弥补融贯论之

① “真理理论”（theory of truth）是关于“什么是真”这一本体论问题的知识论哲学理论，即关于“真理观”的哲学理论，主要有三种学说：一是真理符合论（correspondence theory of truth），主张命题与事实相符即为“真”；二是真理融贯论（coherence theory of truth），主张命题与其他命题之间相互融贯即为“真”；三是真理实用论（pragmatic theory of truth），主张命题或信念之真，在于具备“有用性”与“得当性”。参见〔美〕路易斯·P. 波伊曼《知识论导论（第 2 版）——我们能知道什么?》，洪汉鼎译，中国人民大学出版社，2008，第 5~10 页。

② “确证理论”（theory of justification）也被译为“证成理论”、“证实理论”或“辩护理论”，指的是解决某一特定的知识或信念如何才能够被认识主体所相信（确证）的理论。确证理论分为两种不同的流派：一是“内在主义”（internalism），强调信念之确证在于认识主体的内心状态和主观感受；二是“外在主义”（externalism），主张信念能否得以确证，应由客观的认知过程决定。前者主要包括两种：一是“基础主义”（foundationalism），主张某一信念的确证在于其得到基础信念的支撑；二是“融贯主义”（coherentism），主张某一信念的确证在于该信念与其他信念形成相互融贯的体系。后者主要包括两种：一是“可靠主义”（reliabilism），主张对于认识过程，应当根据产生信念的过程的可靠性来评价；二是“概然主义”（probabilism），主张应按照信念为真的概率来评估信念。参见〔美〕约翰·波洛克、〔美〕乔·克拉兹《当代知识论》，陈真译，复旦大学出版社，2008，第 28~35 页。

③ 龙宗智：《刑事印证证明新探》，《法学研究》2017 年第 2 期。

不足，保证事实认定的客观性，是十分必要的”。[①] 这位学者还指出，对于真理融贯论和真理符合论这两大理论基础，可做进一步统合，即“印证融贯关系来源于案件客观事实，可以看作符合论的一种特殊的表现形式，可称为‘关系生成符合论’或‘融贯性之符合论’”。[②] 有学者也提出了类似主张，认为印证的“融贯法”是指“通过论证证据彼此之间不存在矛盾，而使法官相信某个证据的证明力”，而印证的“符合法”是指“凭借此证据内容与彼证据内容的符合程度来确认此证据的真实性”。[③] 但有学者持有异议，认为印证方法之理论基础是“证据整体主义”和“作为‘真’之标准的融贯论”，而“作为‘真’之定义的符合论”则是进一步判断印证或融贯的结论在客观上是否为真的最终依据。[④] 学者们的具体阐述虽略有不同，但解释路径殊途同归，即将真理理论作为印证原理的哲学基础。

2. 基于“确证理论”的解释

与前述学者不同，有学者将印证原理的解释立基于“确证理论”。例如，有学者将“最佳解释推理”理论作为印证原理之哲学基础，认为“印证证明模式是最佳解释推理理论的亚类型，具备最佳解释推理理论的基本特征”。[⑤] 理由包括三点：其一，两者都表现出“整体主义”的进路；其二，印证证明模式的司法实践蕴含了证据与假说互为解释的推理活动；其三，印证与“最佳解释推理”均以融贯论为依据。[⑥] 还有学者主张，印证的“哲学教义”在于“可靠主义”。[⑦] 其认为，“可靠主义”对于印证理论的重要意义包括三个方面：一是“为印证模式奠定恰如其分的理性基础”；二是“拓展出确定性与不确定性之外的第三维度”；三是“为信念理性提供理论阐释，解决认知心理学与司法证明科学之间的脱节”。[⑧]

（二）印证原理的解释误区及局限

学界对印证原理的知识论哲学解释无疑具有一定的学术价值，促使学界更为深入地探究印证的原理及其作用机制。但仍需承认的是，上述解释并没有准确地找出印证原理背后的哲学基础，且在解释范围上有较明显的局限性。

首先，将真理理论作为印证原理的哲学基础是行不通的。真理理论是研究“什么是真”以及“什么是真的标准”这两个“终极问题”的哲学理论，其所论及的“真”

---

① 龙宗智：《刑事印证证明新探》，《法学研究》2017年第2期。
② 龙宗智：《事实碎片都闪耀着同一事实之母的光芒——论“印证”的机理》，《当代法学》2022年第1期。
③ 罗维鹏：《印证与最佳解释推理——刑事证明模式的多元发展》，《法学家》2017年第5期。
④ 参见薛爱昌《为作为证明方法的“印证”辩护》，《法学研究》2018年第6期。
⑤ 向燕：《论司法证明中的最佳解释推理》，《法制与社会发展》2019年第5期。
⑥ 参见向燕《论司法证明中的最佳解释推理》，《法制与社会发展》2019年第5期。
⑦ 栗峥：《印证的证明原理与理论塑造》，《中国法学》2019年第1期。
⑧ 参见栗峥《印证的证明原理与理论塑造》，《中国法学》2019年第1期。

是绝对意义上的“真”，而非相对意义上的“真”。然而，法庭上的“真”有别于“绝对真实”或“客观真实”,仅能被看作人为设定的“相对真实”,亦即“法律真实”。比如，法律对“排除合理怀疑”和“优势证据”等证明标准的表述便体现了这种真实观。因此，在关于“真”的问题上，符合论和融贯论等真理理论不契合于司法证明的立场。此外，真理理论的两大核心语词——“是”和“真”——属于形而上学的范畴，①但印证关注的是某一具体信念要如何确证的认知方法论问题。因此，要解释印证原理，只能诉诸方法论层面的确证理论，而非形而上学的真理理论。

其次，尽管确证理论的解释方向是正确的，但学者们对其分支理论的选择值得商榷。最佳解释推理理论的要旨在于，在数个假说当中，遴选出最能对某种结果做出合理解释的假说。在关于庭审翻证、翻供以及间接证据定案的印证规则中，或许蕴含了一定的最佳解释推理理论的因素，但在关于特殊证人证言的印证规则以及隐蔽性证据定案的印证规则中，印证带有浓厚的基础主义色彩，这显然不是最佳解释推理理论所能够辐射到的领域。另外，可靠主义在信念确证的路径上系外在主义，其主张信念的确证只取决于外在的推理或论证过程，即仅追求手段或过程的可靠性，对认知主体的内心信念状态不做要求，故可靠主义被归入“非信念理论”之中。②然而，对于裁判者而言，证据是否相互印证，需要诉诸内心判断，无法超脱于认识主体的主观信念状态。因此，主张将可靠主义作为印证的哲学基础的观点也是不准确的。

最后，学者们所做的各种哲学解释所能辐射到的范围过于狭窄，难以对司法实践发挥理论指导作用。不论是基于真理理论的解释，还是基于确证理论的解释，学者们的解释都局限在证明机理这一方面，而未能拓展至确证程度等其他方面，且对印证在实践中的认识误区以及印证与证明标准之间的关系等理论和实践难题，均没有给出具有指导意义的解决方案。

二　印证原理的知识论基础

不同于以往学者对印证所做的知识论哲学解释，本文认为，刑事审判中的“知识”的特殊性决定了印证原理无法建立在真理理论之上。我们应从确证理论的角度出发，围绕信念确证路径、信念确证机理以及信念确证程度这三个方面展开对印证原理的解释。

---

① “是”与“真”是形而上学的基本概念，也是核心概念。因此，关于“是”与“真”的哲学问题是典型的形而上学问题。参见王路《论关于认识本身的认识》,《中国社会科学》2021 年第 5 期。

② 参见〔美〕约翰·波洛克、〔美〕乔·克拉兹《当代知识论》，陈真译，复旦大学出版社，2008，第 33~35 页。

（一）刑事审判中的“知识”

根据传统知识论哲学理论，知识被定义为“被确证了的真信念”（justified true belief），由“真”、“信念”与“确证”这三个基本要素构成。[①]一个信念要想被称作知识，其必须同时具备“确证”和“真”这两个要素。然而，刑事司法审判并不追求客观意义上的“真”，而只着意于能够使裁判者达成内心确信的合理“信念”。所有遵循法定程序且满足证明标准的司法证明结果，都可被“看作为真”，也即“法律真实”。换言之，司法证明活动仅是对“被告人有罪”这一信念的合理性确证，而非对知识的真理性确证。[②]正如著名证据法学家亚力克斯・斯坦（Alex Stein）教授所言：“对事实认定者信念的证成，应当追向该信念的真实性；这是另外一个也很严苛的标准，这个标准几乎无法得到满足……裁判者甚至不打算满足知识的‘被证成的真实信念’标准或类似标准。相反，他们确定最貌似可信的事实版本，并评估提供支持的证据理由。”[③]同样，戴尔・A. 南希（Dale A.Nance）教授也曾论道：“作为肯定性裁决的一个条件而要求事实认定者拥有诉讼主张为真的知识，这是不合理且不切实际的。说不合理，是因为在裁判实务中，知识比准确性的优先层级更低。说不切实际，是因为知识具有完整性，并不适合以划分和分配认识论责任为特点的裁判安排。”[④]因此，刑事审判中的“知识”有别于知识论哲学意义上的知识，其内涵是“被裁判者确证了的信念”，而非“被确证了的真信念”。

此外，在刑事司法证明中，不仅应追求“认识上的可允许性”，还必须重视“道德上的可允许性”。一方面，司法证明不仅应尽可能去发现案件真相，而且应满足程序正义的基本要求；另一方面，证据法规则并非只有认识论的部分（如最佳证据规则等），而且有错误风险分配等价值论的部分（如证明责任和证明标准）。[⑤]这意味着，只要裁判的过程符合法律对程序正义的要求，那么，即使裁判者做出了错误的判决，也应当在法律上被视为真实。然而，真理理论只能解决认识的正

① 参见〔美〕路易斯・P. 波伊曼《知识论导论（第 2 版）——我们能知道什么?》，洪汉鼎译，中国人民大学出版社，2008，第 90 页。

② 需补充说明的是，“确证”不仅包含“知识确证”的层面，还包含单纯的“信念确证”的层面。“信念确证”实际上只能涵盖知识三元要素中的两者（信念、确证），而不能涵盖“真”的要素。因此，说一个信念“得到确证”，并不能推出“信念为真”的结论。只有“知识确证”，才具有保真性。正如有学者所言：“我们还可以找到其他不同的有关信念的证实，而这些证实可以说在本质上仍然不是知识的证实。把知识证实和其他各种不同种类的证实区别开来的显著标志在于，知识证实与追求认识真理这一目标有实质性的联系。”胡军：《知识论》，北京大学出版社，2006，第 115 页。

③ 〔美〕亚历克斯・斯坦：《证据法的根基》，樊传明、郑飞等译，中国人民大学出版社，2018，第 71 页。

④ 〔美〕戴尔・A. 南希：《裁判认识论中的真相、正当理由和知识》，阳平、张硕译，张保生、童世骏主编《事实与证据首届国际研讨会论文集：哲学与法学的对话》，中国政法大学出版社，2018，第 134 页。

⑤ 参见〔美〕亚历克斯・斯坦《证据法的根基》，樊传明、郑飞等译，中国人民大学出版社，2018，第 13 页。

确性问题，却无法囊括伦理判断的问题。相较之下，信念确证可以兼顾认识论和价值论两个维度。因此，在知识论哲学的体系中，只有确证理论才能准确且全面地解释刑事司法证明活动的规律，以及某种证明方法或证据审查判断方法的作用原理。

（二）印证的信念确证路径

刑事司法审判中的“事实”是裁判者根据证据所认定的事实。[①] 那些未被司法工作人员及诉讼参与人发现的事实，实际上并不能在法庭上被当作“事实”来看待。同理，印证也并非证据与客观事实之间的相互印证，而是证据与证据之间的相互印证。更确切地说，印证是证据所承载的命题之间的相互印证。[②] 这是因为，对于任何一项证据，证据提供方都需做出一定的解释，指出所要证明的对象，并阐明运用证据推理出事实的过程。这些内容共同组成了证据所承载的命题。由于一个事实可以被多个不同的命题表示，[③] 因此，“多个不同的命题均可以被用来证明同一个事实”就是我们所说的“证据相互印证”。

从司法实践中印证方法及印证规则所呈现的样态来看，印证既可以被用于对单个证据的采信，也可以被用于通过综合全案证据来认定整个案件事实。前者涉及某一真实性存疑的证据所承载的命题能否转化为裁判者所持有的信念；后者则关乎裁判者能否基于全案证据相互印证的证据体系，确证“被告人有罪或无罪”的信念。因此，从知识论哲学的角度看，印证本质上是确证认识主体所持信念的一种方式。

作为一种确证信念的方式，印证的确证路径需从“内在主义”的角度得到阐释，而不能从“外在主义”的角度被解读。这是因为，“外在主义”主张，确证仅在于外在的过程或手段，“放弃从内在的意识状态中寻找知识确证的根据”。[④] 但印证不然，欲对证据是否印证做出判断，必然需诉诸裁判者的主观信念状态，也即裁判者对于证据所承载的命题的主观“命题态度”。换言之，判断证据之间是否相互印证，有赖于裁判者的主观经验和逻辑分析。因此，在确证路径的问题上，印证无疑是“内在主义”的，而非“外在主义”的。

---

① 参见张中《法官眼里无事实：证据裁判原则下的事实、证据与事实认定》，《浙江工商大学学报》2017年第5期。

② 证据之所以能够用来证明案件事实，是因为证据的内容总是由命题表现出来的。正如金岳霖先生指出的，“命题与事实总是互相牵扯的”，“命题底交换和传达总是要利用事实以为工具的”，“发现一事实总同时发现一命题”，“发现一命题有时也发现一事实”。金岳霖：《知识论》，商务印书馆，2017，第883~884页。

③ 参见金岳霖《知识论》，商务印书馆，2017，第881页。

④ 陈嘉明：《知识与确证：当代知识论引论》，上海人民出版社，2003，第154页。

（三）印证的信念确证机理

根据学界的普遍观点，印证在司法实践中呈现出两种形态：一是“内容同一”的印证，二是“指向同一”的印证。[①] 前者即真实性存疑的证据与其他证据在内容上存在部分或完全重合；后者则指证据的内容虽有不同，但彼此之间相互协调，相互支持，具有一致的指向性。[②] 这两种印证的确证机理有所不同：“内容同一”的印证的确证机理为“基础主义”，“指向同一”的印证的确证机理为“融贯主义”。[③]

1.“内容同一”的印证的确证机理：“基础主义”

“内容同一”的印证在司法证明中表现为：真实性存疑的证据与真实性得到确认的证据在内容上存在完全或部分重合，因此，前者得到了后者的真实性担保。在《最高人民法院关于适用〈中华人民共和国刑事诉讼法〉的解释》（以下简称《刑诉法解释》）等司法解释中，“内容同一”的印证主要体现在两条证据规则中：一是“隐蔽性证据定案规则”，[④] 二是“特殊言词证据的采信规则”。[⑤] 这两个“内容同一”的印证所要解决的问题不尽相同：前者是关于公诉定罪证明标准的证据规则，而后者仅是关于证据真实性的规则。但从所要印证的对象来看，“内容同一”的印证实际上就是针对真实性存疑的言词证据（被告人供述、证人证言）的补强规则。[⑥] 据此，“内容同一”的印证并非真正意义上的“相互印证”，而只是单方面的印证。具体而言，“内容同一”的印证实质上是“以被补强的证据为中心而进行的一种证据验证活动”，[⑦] 是用补强证据来担保被补强的证据。而且，要想有效地担保被补强证据的真实性，用以补强的证据本身就必须具备证明力，[⑧] 且真实性、可靠性不存在疑问，否则，其无法起到有效的补强作用。[⑨]

“内容同一”的印证的作用机制在于内在主义确证路径中的“基础主义”方式。基础主义的信念确证方式将信念区分为基础信念与非基础信念。对于任何一个非基础信

---

① 参见龙宗智《刑事印证证明新探》，《法学研究》2017 年第 2 期。

② 对此，有学者将这两种不同的印证分别表述为“单向度的印证”和“双（多）向度的印证”、“狭义的印证”和“广义的印证”。参见汪海燕《印证：经验法则、证据规则与证明模式》，《当代法学》2018 年第 4 期；栗峥《印证的证明原理与理论塑造》，《中国法学》2019 年第 1 期。

③ “基础主义”和“融贯主义”均为内在主义确证路径中的确证方式。前者根据信念能否自我确证的标准，将信念分为基础信念和非基础信念，主张任何非基础信念的确证都必须诉诸基础信念，且需在基础信念之上推导而出；后者又被称作“一致主义”或“连贯主义”，主张任何一个信念的确证都是由认识主体的全部信念决定的，即信念与其他信念组成一个相互支持且不矛盾的信念体系。参见〔美〕约翰·波洛克、〔美〕乔·克拉兹《当代知识论》，陈真译，复旦大学出版社，2008，第 29~30 页。

④ 参见《刑诉法解释》第 141 条。

⑤ 参见《刑诉法解释》第 143 条。

⑥ 对此，有学者持不同看法，认为“印证性补强”既包括信息内容的同一，也包括信息指向的同一。参见龙宗智《比较法视野中的印证证明》，《比较法研究》2020 年第 6 期。但笔者认为，补强仅能体现在内容同一的印证上，指向同一的印证并不能起到补强作用。

⑦ 陈瑞华:《论被告人口供规则》，《法学杂志》2012 年第 6 期。

⑧ 参见李昌盛《虚假供述的第二道防线：口供实质补强规则》，《东方法学》2014 年第 4 期。

⑨ 参见向燕《论口供补强规则的展开及适用》，《比较法研究》2016 年第 6 期。

念的确证，必须有一个或数个无需确证的、非推论性的基础信念作为信念上的担保。前者经过后者的推导得以确证。[①] 在“内容同一”的印证中，补强证据便承担了基础信念的角色，而被补强的存疑证据则是待确证的非基础信念。只有当存疑证据能够得到补强证据所提供的“内容同一”的印证的信念担保时，其方能被采信。因此，“内容同一”的印证体现出来的信念确证机理即为“基础主义”。

2.“指向同一”的印证的确证机理：“融贯主义”

“指向同一”的印证在司法证明中主要表现为：证据之间相互支持，形成了完整的证据锁链，一致地指向控方所指控的犯罪事实，不存在无法解释的矛盾。与“内容同一”的印证不同的是，“指向同一”的印证并非用真实性得到确认的证据来印证真实性存疑的证据，而是真正意义上的“相互印证”。在《刑诉法解释》中，“指向同一”的印证主要体现在“间接证据定案规则”上，[②] 尤其体现在“全案证据相互印证”这一表述上。“证据相互印证”的重点在于，全案的间接证据均指向犯罪事实，形成一个具有一致性、完整性且不存在无法解释的矛盾的“故事体系”。根据当代著名知识论哲学家劳伦斯·邦久（Laurence Bonjour）的观点，融贯主义至少具有三个要素：一是信念与信念之间具有相容性（consistency），不能彼此矛盾；二是信念相互之间能够产生积极的支持作用（positive connection）；三是“融贯主义”确证的核心要素，即信念之间必须具有解释性的关系（explanatory relations）。[③] 而“指向同一”的印证所具有的三个特征，即“证据之间相互支持”、“一致地指向犯罪事实”以及“不存在无法解释的矛盾”，显然能够分别与融贯主义的三个要素一一对应。因此，“指向同一”的印证无疑带有浓厚的“融贯主义”色彩。

（四）印证的信念确证程度

除确证路径和确证机理的问题外，信念确证还存在确证程度的问题。这是因为，当认知主体的某个信念得到确证时，并不意味着该信念承载的命题必然为真实，[④] 而仅能说明该信念所承载的命题在某种程度上为认知主体所相信或接受。因此，从根本上讲，确证是或然性的，且存在着程度高低之分。

许多学者和实务界人士认为，印证具有很强的客观性，[⑤] 但这种认识实际上是对印证的确证程度的误解。首先，印证的“内在主义”属性决定了其不可能具有“客观性”。印证有赖于认识主体的主观信念状态，并不具有“外在主义”属性，无需认识者的主

① 参见陈嘉明《知识与确证：当代知识论引论》，上海人民出版社，2003，第 185 页。

② 参见《刑诉法解释》第 140 条。

③ See Laurence Bonjour，*The Structure of Empirical Knowledge*，Harvard University Press，1985，pp.95–99.

④ 参见〔美〕罗德里克·齐硕姆：《知识论》，邹惟远、邹晓蕾译，三联书店，1988，第 215 页。

⑤ 参见杨波《审判中心下印证证明模式之反思》，《法律科学》2017 年第 3 期。

观信念参与。其次，“客观”具有“硬性”和“独立性”，[①]不以人的主观意志为转移。当我们说某一命题是客观的，实际上就是在说该命题为真，故“客观”总是与“真”相关联。根据“真理符合论”的观点，“命题与客观实在相符”即为“真”之定义。然而，印证并非“命题与客观实在相符”，而只能是“证据所承载的命题之间的相符”。这是因为，证据需要通过命题的方式得到呈现，[②]而认识者能够从证据中提取出什么样的事实命题，取决于认识者的认识意图或目标，以及认识能力和手段。[③]因此，从根本上讲，印证只能存在于主观命题之间，其并非主观与客观实在的“符合”，尤其是在言词证据相互印证的情形下，更谈不上所谓“客观”。

不仅如此，印证非但不具有客观性，而且在主观层面也无法具有排他性和唯一性，即无法达到“排除合理怀疑”的程度。这是因为，受制于“基础主义”和“融贯主义”各自的局限性，印证无法独立解决信念来源的真实可靠性的问题。在“内容同一”的印证中，如果用以补强的证据或被补强的证据是伪造的，或者裁判者错误地读取了补强证据的内容，那么，补强证据对于被补强证据而言，就并非真正的“基础信念”。补强证据与被补强证据之间只是一种虚假的印证关系。在“指向同一”的印证中，如果全案证据所组成的证据体系建立在一个虚构的假说之上，那么，即使证据满足了融贯性的要求，可以组成一个完整的“故事”，最终得出的结论也仍然是错误的。[④]可见，不论是“内容同一”的印证，还是“指向同一”的印证，都会留下较大的“合理怀疑”的空间。只有结合其他证据审查判断方法，在保证证据来源的真实可靠性的前提下，方能填补“合理怀疑”的空间，达到“排他性”的确证程度。因此，仅凭证据之间的印证，至多只能达到仅次于“排除合理怀疑”的下一级程度，即“高度可能性”的确证程度。

印证虽然无法被单独用来推出一个排他性的结论，但对于证据的审查判断仍然具有重要意义。一方面，从正向证成的角度来看，虽然印证无法得出排他性的结论，但印证越是具有“广度”和“厚度”，结论为真的概率就越大。[⑤]换言之，有印证的证据比没有印证的证据更有可能为真，得到较多印证的证据比得到较少印证的证据更有可能为真。另一方面，从反向证伪的角度来看，印证可以用来审查结论是否存在错误。当某个证据体系不能印证时，证据之间会存在矛盾和无法解释的难题，这样的证据体系便无法满足基本的融贯性要求，所得出的结论必然是虚假的。

---

① 参见金岳霖《知识论》，商务印书馆，2017，第103~104页。
② 参见张继成《事实、命题与证据》，《中国社会科学》2001年第5期。
③ 参见陈波《“以事实为依据”还是“以证据为依据”？——科学研究和司法审判中的哲学考量》，《南国学术》2017年第1期。
④ 参见〔美〕理查德·费尔德曼《知识论》，文学平、盈俐译，中国人民大学出版社，2019，第83页。
⑤ 参见刘畅《证明与印证》，《世界哲学》2011年第3期。

三 印证与刑事证明标准的知识论辨析

证明的目的是说服裁判者认可并接受证明结论，而对于证明结论能否为裁判者所接受，需设定具体的标准加以判断，也即证明标准。运用印证方法得出的司法证明结论，同样无法回避证明标准的问题。有学者指出，在中国的刑事司法证明实践中，印证方法不论是在实体法事实、程序法事实和证据事实的证明上，还是在整个案件事实的综合判断上，都是作为基本的证明方法而存在的。①印证不仅涉及单个证据的审查判断问题，还直接或间接地与证明标准相关联。因此，要想全面理解印证在司法实践中的运作机制，单纯释明印证自身的原理是不够的，还需进一步辨析印证与刑事证明标准之间的关系。

根据前文论述可知，从知识论哲学的视角看，印证在本质上是一种确证信念的方式，对其原理的解释，必须基于信念确证理论。同样，证明标准也关涉裁判者对证明结论的信念状态。可见，不论是印证，还是证明标准，都与裁判者对案件事实的内心信念密切相关。因此，对于印证与刑事证明标准之间的关系，需从信念确证的角度加以辨析。

（一）印证与刑事证明标准之间的关系场域

对于印证与刑事证明标准之间的关系，学界主流观点认为，印证不等于证明标准。前者系证明的方法，后者则指向证明的程度，二者在性质上完全不同。例如，有学者主张，印证是一种证据分析方法或审查判断证据的方法，而证明标准则是关于证明必须达到的程度的准则，二者并不存在直接的关联。②还有学者指出，印证与证明标准不应被混淆，二者在适用阶段、适用主体、程序要求和效果这四个方面存在明显的区别。③

这些学者对于印证与证明标准各自具有的性质的判断无疑是正确的，但他们在对二者关系的判断上出现了偏差。一方面，性质上的不同并不能隔绝事物之间的固有联系。两种事物虽然在性质上截然不同，但这并不妨碍二者之间可以存在某种联系。另一方面，从司法实践的实际情况来看，印证的要求几乎可以在任何一个刑事案件的审判过程中得到体现。对于裁判者判断案件是否达到证明标准而言，印证的作用不可忽视。此外，既然司法实践中存在着“证明标准印证化”的现象，那么，这就意味着印证与证明标准之间存在着某种联系。由此可见，不论是诉诸逻辑推论，还是根据司法实践的经验

① 参见龙宗智《刑事印证证明新探》，《法学研究》2017 年第 2 期。
② 参见王星译《“印证理论”的表象与实质——以事实认定为视角》，《环球法律评论》2018 年第 5 期。
③ 参见杨波《我国刑事证明标准印证化之批判》，《法学》2017 年第 8 期。

做出判断，仅依靠“印证在性质上不同于证明标准”这一论据，不足以推出“印证与证明标准不存在直接关联”这一结论。

在对印证与证明标准之间的关系做进一步分析之前，首先要明确一个前提性问题：印证与证明标准能够在何种层面上产生交集？这是关于二者的“关系场域”问题。事物之间的联系总是具体且特定的，而非抽象和笼统的。任何两个事物之间的联系最终都可以被归结到一个或数个有限的特定层面上。因此，只有在明确印证与证明标准之间关系场域的前提下，方能进一步对二者之间的关系做出准确判断。证明标准是“衡量司法证明结论的准则，是司法证明必须达到的程度和水平”。[①] 从本质上讲，证明标准是概率性的。因此，对于证明标准，必然存在各种不同程度的表达，如“排除合理怀疑”“相当理由”“优势证据”“合理怀疑”等。[②] 从信念确证的角度而言，证明标准实际上就是司法证明结论必须达到的信念确证程度。因此，信念确证程度即为印证与证明标准二者之间的关系场域。进一步而言，印证与证明标准之间的关系可以被限缩为印证与证明标准之间在信念确证程度上的关系。

前文已论及，就信念确证的程度而言，印证要低于“排除合理怀疑”，至多只能达到“高度可能性”，因此，仅凭印证所能达到的证明程度无疑低于公诉定罪证明标准要求的程度。另外，基于司法实践中的经验，印证可以为裁判者提供相当强大的信念支撑，其确证程度要高于概率较低的“合理怀疑”。并且，当实践中出现对于某一事实存在两个相反证据的情形时，即证据一对一的情形，证据之间能否相互印证成为证明犯罪事实的关键。[③] 因此,印证所能达到的确证程度时常会超出“相当理由”和“优势证据”。不过，对印证与证明标准之间关系的认识，若仅仅停留在概率大小的数学关系上，对于司法实践而言，并无太大实际意义。只有在这种数学关系的基础上，进一步推导出二者在证据推理和事实认定上的逻辑关系，方能贡献出具有现实意义的新知识。

（二）印证与刑事证明标准之间的逻辑关系

由于在刑事司法证明中存在着“被告人有罪”和“被告人无罪”这两个相互对立的信念系统，因此，司法证明既有“入罪”的证明方向，也有“出罪”的证明方向，即公诉方的证明方向和辩方的证明方向。相应的，司法证明的信念确证程度也就存在着两个不同的方面：一是法定的公诉定罪证明标准——“事实清楚，证据确实、充分”；

① 何家弘:《司法证明方法与推定规则》，法律出版社，2018，第 174 页。

② 参见〔美〕罗纳尔多 · V · 戴尔卡门《美国刑事诉讼：法律和实践》，张鸿巍等译，武汉大学出版社，2006，第 93 页。

③ 参见章志丰《刑事证据印证模式下“一对一”证据的审查》,《中国检察官》2019 年第 2 期。

二是关于被告人对指控事实的抗辩能否成立的判断标准。前者的信念确证程度为“排除合理怀疑”；而后者的信念确证程度则是“合理怀疑”，至多是“优势证据”。相应的，要印证与这二者之间的关系，就应当分别予以考虑。

1. 印证是公诉定罪证明标准的必要条件

对于印证与公诉定罪证明标准之间的逻辑关系，学界存在着两种截然相反的观点。一种观点认为，印证是公诉定罪证明标准的必要条件而非充分条件；[①] 而另一种观点则认为，印证不应当成为公诉定罪证明标准的必要条件，因为要求证据相互印证会使公诉定罪证明标准被抬高，而在信息有限的司法环境中，达到该标准的难度很大。[②] 在上述两种观点中，前者是对印证与公诉定罪证明标准之间关系的正确判断，而后者则错误地理解了两者之间的关系。理由如下。

从实践经验来看，实现证据之间的相互印证，在司法证明中并非难事。随着社会的不断发展和认知的进步，证据的种类及证明方法日渐多样化，绝对意义上的证据短缺已不再是司法证明经常面临的问题。而且，在强大取证能力的保证之下，要求公诉方提供的证据必须满足印证的要求更不能被视作一种苛求。此外，一个显而易见的事实是，如果公诉定罪证明标准被拉低，那么，定罪难度就会降低，无罪判决率也会相应下降；相反，如果公诉定罪证明标准被抬高，那么，定罪难度就会升高，无罪判决率也会相应上升。然而，在司法实践中，并没有出现大量因印证要求不能被满足而导致法院作出无罪判决的情况。比如，2001 年以来，我国被判决无罪的人数和无罪判决的比例都保持在极低的水平，且一直呈不断下降的趋势。[③] 可见，在证明标准中加入印证要求，根本没有造成公诉定罪证明标准被抬高的结果。而且，那种认为强调印证将会导致公诉定罪证明标准被抬高的错误观点，一旦在司法实践中被普遍接受，很容易使裁判者误以为，既然印证的要求如此之高，那么，只要证据能够满足印证的要求，就可以判定被告人有罪。这样就会导致印证被当作证明标准的充分条件，造成公诉定罪证明标准被拉低的结果，即学者们所批判的“证明标准印证化”。[④]

从确证理论的角度看，就信念确证的程度而言，印证要低于公诉定罪证明标准，且前者可被囊括在后者之中。原因在于，两个事物在概率上的数学关系，可通过假言判断的方式转化为逻辑上的条件关系。例如，假设存在两个程度不同的数值 X 和 Y，若 X 低于 Y，那么，若要达到 Y，则必然要先达到 X，但达到 X 却未必达到 Y，因此，X 只是 Y 的必要条件，而不是充分条件；反之，若 X 高于 Y，那么，若达到了 X，则意味着必然达到了 Y，因此，X 就是 Y 的充分条件，而不是必要条件。同理，既然印

① 参见李建明《刑事证据相互印证的合理性与合理限度》，《法学研究》2005 年第 6 期。
② 参见龙宗智《印证与自由心证——我国刑事诉讼证明模式》，《法学研究》2004 年第 2 期。
③ 参见王禄生《中国无罪判决率的“门道”：20 年数据盘点》，微信公众号“数说司法”，2019 年 3 月 13 日。
④ 参见杨波《我国刑事证明标准印证化之批判》，《法学》2017 年第 8 期。

证的信念确证程度要低于公诉定罪证明标准，那么，从逻辑上而言，印证无疑可被当作公诉定罪证明标准的必要条件。另外，虽然印证的确证程度不及公诉定罪证明标准，无法仅凭印证直接推导出最终结论，但可以用印证来检验结论的真实性。当对定罪具有决定性影响的存疑证据无法得到基础性证据的证实，或者全案证据存在矛盾和无法解释的疑问时，也即当定罪的证据出现了明显不能印证的情形时，案件事实的证明结论便不能被证实，也就无法达到公诉定罪证明标准。如此，可逻辑地推导出以下结论：若某一案件达到了公诉定罪证明标准，则必然有证据之间的相互印证，但存在证据之间的相互印证，案件未必达到了公诉定罪证明标准。

因此，不论是从司法实践的经验来看，还是基于信念确证的内在逻辑，印证都只能是公诉定罪证明标准的必要条件，而不可能是充分条件。

2. 印证是辩方抗辩成立标准的充分条件

辩方针对控方的指控事实进行抗辩，既可以采取积极进攻的方式，也可以采取消极防御的方式。前者通过提出积极的事实主张，以举证的方式对指控事实进行抗辩；后者则仅针对控方的指控事实做出相应辩解。① 由于证明标准以证明责任为前提，而提出积极的事实主张又是证明责任产生的前提，② 因此，提出积极的事实主张会产生相应的证明责任和证明标准。因此，在严格意义上，只有在积极的抗辩中才存在关于证明责任和证明标准的判断问题，而在消极的抗辩中，不存在关于这两者的判断问题。③ 然而，这并不意味着，在消极的抗辩中没有关于信念确证程度的判断问题。消极的抗辩本身能否成立，需诉诸裁判者的主观信念状态。而且，积极的抗辩和消极的抗辩尽管在证明责任和证明标准的设置上存在本质区别，但就信念确证的程度而言，二者是相同的，即二者均只需达到“构成合理怀疑”或“优势证据”的信念确证程度，即可得到采信。为统一指代，下文将“积极举证的证明标准”和“消极抗辩的成立标准”统称为“辩方抗辩成立标准”。

不同于印证与公诉定罪证明标准之间的逻辑关系，印证与辩方抗辩成立标准之间的关系如下：印证可以被当作辩方抗辩成立标准的充分条件，但不能被当作必要条件。这是因为，辩方抗辩成立标准与公诉定罪证明标准的不同之处在于，辩方的抗辩要想成立，只需达到“构成合理怀疑”的信念确证程度即可，至多需要达到“优势证据”的信念确证程度。因此，就信念确证程度而言，印证要高于辩方抗辩成立标准，且后者可以被包含在前者之中。因此，可以逻辑地推导出以下结论：辩方抗辩的成立未必需要其他证据的印证，但是，辩方抗辩有其他证据印证的，抗辩足以成立。若辩方对控方的指控提出了有力反驳，且有其他证据印证，则必然达到了“构成合理怀疑”的

---

① 参见张晓园《论美国刑事诉讼中的积极抗辩》，《东方法学》2008 年第 3 期。

② 参见何家弘《司法证明方法与推定规则》，法律出版社，2018，第 144 页。

③ 参见纵博《刑事被告人的证明责任》，《国家检察官学院学报》2014 年第 2 期。

证明标准，甚至可以超过“优势证据”的证明标准。此时，法庭应当采信辩方的抗辩。因此，印证可以被当作辩方抗辩成立标准的充分条件。另外，要求辩方抗辩的成立必须有其他证据的印证，会导致辩方抗辩成立的判断标准被人为抬高，不当加重辩方的证明负担，进而会降低被告人被判无罪的可能性。因此，印证应当被作为辩方抗辩成立标准的充分条件，但不能被当作必要条件。

四　关于印证的认知误区的知识论解读

对于印证的方法和规则在实践中存在的问题，学界曾做出各种批判，但是，这些批判缺乏从认识论角度展开的分析，且存在一定的逻辑问题。例如，有学者指出，印证在司法实践中存在“易于采用比较灵活的取证手段”①,“过于关注案件本身的证据构造而忽略了证据生产过程（取证程序）的正当性和合法性”②,“重视证立、轻视排伪”等问题③。这些问题固然存在,但它们在逻辑上与印证没有必然的因果关系。这是因为，学者所指出的问题从根本上应被归结于“有罪推定”的理念、程序性制裁机制的缺失、“案卷笔录中心主义”的审理方式等诉讼价值论方面的因素，这些因素与印证本身无关。在司法证明中，无论是否强调印证，只要存在这些因素，都会出现前述问题。

近年来，有不少学者逐渐跳出了价值论思维，提出了基于认识论的新观点，认为仅凭印证来认定事实，容易产生证明的形式化、空洞化和机械化等问题，并主张引入多元证据分析方法作为补充。④这种观点具有一定的进步性，但仍没能发现印证在司法实践中的真正问题。即便引入多元证据分析方法,关于印证的认识误区也不会自动消除。

实际上，关于印证的认知误区的根源在于，实务界对印证的信念确证机理、信念确证程度以及印证与刑事证明标准之间的逻辑关系存在普遍误解。这种误解在关于“庭前证言 / 供述与庭审翻证 / 翻供矛盾”和“庭前供述辩解存在反复”的印证规则中体现得尤为明显。

（一）逻辑关系上的错误设置

关于“庭前证言 / 供述与庭审翻证 / 翻供矛盾”的印证规则主要规定在四处条文中。

① 龙宗智:《印证与自由心证——我国刑事诉讼证明模式》,《法学研究》2004 年第 2 期。

② 左卫民:《“印证”证明模式反思与重塑：基于中国刑事错案的反思》,《中国法学》2016 年第 1 期。

③ 蔡元培:《论印证与心证之融合——印证模式的漏洞及其弥补》,《法律科学》2016 年第 3 期。

④ 参见向燕《性侵未成年人案件证明疑难问题研究——兼论我国刑事证明模式从印证到多元“求真”的制度转型》,《法学家》2019 年第 4 期；纵博《印证方法的不足及其弥补：以多元证据分析方法体系为方向》,《法学家》2020 年第 6 期。

其一，《刑诉法解释》第 91 条第 2 款规定："证人当庭作出的证言与其庭前证言矛盾，证人能够作出合理解释，并有其他证据印证的，应当采信其庭审证言；不能作出合理解释，而其庭前证言有其他证据印证的，可以采信其庭前证言。"其二，《人民法院办理刑事案件第一审普通程序法庭调查规程（试行）》（以下简称《法庭调查规程》）第 51 条第 2 款做出了与前述规定完全相同的规定。其三，《法庭调查规程》第 53 条关于被告人当庭供述与庭前翻供的审查规定也采用了与前两者一致的表述。其四，《刑诉法解释》第 96 条第 2 款规定："被告人庭审中翻供，但不能合理说明翻供原因或者其辩解与全案证据矛盾，而其庭前供述与其他证据相互印证的，可以采信其庭前供述。"[①] 上述四条规定的内在结构可被拆解为三个部分，具体如表 1 所示。第一，在审查对象的选择上，以"能否对当庭翻供 / 翻证做出合理解释"为界限，区分两种不同情形下的证据审查对象。当能够做出合理解释时，证据审查对象为当庭翻证 / 翻供；当不能做出合理解释时，证据审查对象为庭前证言 / 供述。第二，在审查标准的设置上，均将"有其他证据印证的"作为证据采信的条件。第三，在审查结论的表述上，当庭翻供 / 翻证和庭前证言 / 供述的审查结论分别被表述为"应当采信"和"可以采信"。

表 1　关于"庭前证言 / 供述与庭审翻证 / 翻供矛盾"的印证规则

<table>
<tr><td>"庭前证言 / 供述与庭审翻证 / 翻供矛盾"的印证规则</td><td colspan="2">（1）审查对象</td><td>（2）审查标准</td><td>（3）审查结论</td></tr>
<tr><td rowspan="2">《刑诉法解释》第 94 条第 2 款、第 96 条第 2 款
《法庭调查规程》第 51 条第 2 款、第 53 条</td><td rowspan="2">能否对庭审翻供 / 翻证做出合理解释</td><td>能够：审查庭审翻证 / 翻供</td><td>有其他证据印证（充分条件假言）</td><td>应当采信（义务性模态）</td></tr>
<tr><td>不能：审查庭前证言 / 供述</td><td>有其他证据印证（充分条件假言）</td><td>可以采信（允许性模态）</td></tr>
</table>

此外，审查标准与审查结论所对应的规范条文"有其他证据印证的，可以 / 应当采信"实际上是一句省略了逻辑关联词的复合判断句。在填补了被省略的逻辑关联词后，我们便可得出完整的语句，即"（只要）有其他证据印证的，（就）可以 / 应当采信"。这一复合判断句由假言判断逻辑和道义模态逻辑两个部分组成，前半部分为充分条件假言，后半部分则是允许性或义务性的道义模态。因此，"有其他证据印证，可以 / 应当采信"在逻辑上分别系"充分条件假言 + 允许性模态"判断和"充分条件假言 + 义务性模态"判断。二者均将印证作为证据采信的充分条件。二者的区别仅在于模态词的设置，即当充分条件达成时，是否预留一定的裁量余地。

---

① 该条文虽然在前半段的表述中与前三处条文有所不同，但除增设"辩解与全案证据矛盾"的规定，并省略了"能够作出合理解释"的情形以外，后半部分对庭前供述的审查规定与上述条文并没有实质性的区别，故可将该条文一并归入上述同一类型中进行分析。

关于“庭前供述辩解存在反复”的印证规则被规定在《刑诉法解释》第96条第3款，即“被告人庭前供述和辩解存在反复，但庭审中供认，且与其他证据相互印证的，可以采信其庭审供述；被告人庭前供述和辩解存在反复，庭审中不供认，且无其他证据与庭前供述印证的，不得采信其庭前供述”。这条规定的内在结构同样可以被拆分为三个部分，具体如表2所示。第一，在审查对象的选择上，以“是否在庭审中供认”为界限，区分两种情形下的证据审查对象。当庭供认的，证据审查对象为庭审供述；当庭不供认的，证据审查对象为庭前供述。第二，在审查标准的设置上，庭审供述的审查以“(只要)有其他证据印证的,(就)……”为标准,将印证作为证据采信的充分条件，而庭前供述的审查则以“无其他证据印证的，(则不)……”为标准，将印证作为证据采信的必要条件。第三,在审查结论的表述上,庭审供述和庭前供述分别对应“可以采信”和“不得采信”。前者是允许性的模态判断，后者是禁止性的模态判断。

表2　关于“庭前供述和辩解存在反复”的印证规则

“庭前供述和辩解存在反复”的印证规则	（1）审查对象		（2）审查标准	（3）审查结论
《刑诉法解释》第96条第3款	是否在庭审中供认	供认：审查庭审供述	有其他证据印证（充分条件假言）	可以采信（允许性模态）
		不供认：审查庭前供述	无其他证据印证（必要条件假言）	不得采信（禁止性模态）

这些印证规则虽然在形式上只针对单个证据的采信，但在实质上涉及对公诉定罪证明标准和辩方抗辩成立标准的判断。这是因为，在绝大部分刑事案件的审判实践中，庭前供述或庭前证言一旦被法庭采信，就会使法庭形成对被告人有罪的信念的内心确信。而如果被告人的庭审翻供和证人的庭审翻证被采信，就会增加判决被告人无罪的可能性。

前文已述，印证与公诉定罪证明标准、辩方抗辩成立标准这两者之间的逻辑关系是截然不同的：对于公诉定罪证明标准而言，印证只能是一项必要条件，而不能被当成充分条件，否则会导致公诉定罪证明标准被拉低；相反，对于辩方抗辩成立标准而言，印证只能是充分条件，而不能被当成必要条件，否则会导致辩方抗辩成立标准被抬高。然而，前述这些印证规则在设置假言判断关系时，显然没有厘清印证与公诉定罪证明标准和辩方抗辩成立标准之间的关系，尤其是没有厘清印证与公诉定罪证明标准之间的关系。在前述四条规定中，有四处将印证当作庭前供述和庭前证言采信的充分条件，仅有一处将其当作采信的必要条件。这种做法显然不符合印证与公诉定罪证明标准之间的逻辑关系。

如此一来，若有利于定罪的证据得到其他证据的印证，就会导致“一经印证，即可采信”的后果。而且，法庭在采信证据之后，全案证据又可以形成一个相互印证的体系。法庭会通过循环论证进一步判定被告人有罪。若我们陷入这种认知误区，则印证规则必然沦为“定罪公式”。这正是一些学者将其斥为“伪经验法则或者伪逻辑法则”的真正原因。①

（二）相互矛盾的融贯系统的混同

除关于充分条件和必要条件的认知误区以外，关于印证的另一认知误区在于相互矛盾的证据融贯系统间的混同，这集中体现在对“与全案证据相矛盾”的理解和运用上。

《刑诉法解释》第96条第2款规定：“被告人庭审中翻供，但不能合理说明翻供原因或者其辩解与全案证据矛盾，而其庭前供述与其他证据相互印证的，可以采信其庭前供述。”据此可知，若被告人在庭审中翻供，且不能合理说明翻供原因或其辩解与全案证据矛盾，则法庭不应采信被告人在庭审中的翻供。在这种情况下，法庭无需进一步审查，而只需判断庭前供述有无其他证据印证，即可对是否采信庭前供述做出裁决。因此，被告人要想使自己在庭审中的翻供有被进一步审查乃至被采信的可能性，就必须合理说明翻供原因，且辩解必须与全案证据不矛盾。② 从庭审翻供得到法庭进一步审查的条件设置来看，要求被告人合理说明翻供原因，并无不妥，但是，要求其辩解与全案证据不矛盾，与“融贯主义”的内在逻辑相冲突。

在具体分析这一认知误区之前，要解决以下问题：什么是“全案证据”？从理论上讲，全案证据既包括公诉方提供的证明被告人有罪的证据，也包括辩方提供的证明被告人无罪的证据。但是，在推行无罪推定原则和公诉方承担证明责任规则的情况之下，全案证据主要是公诉方提供的证据，少有辩方提供的证据。即便辩方享有举证的权利，但受制于取证能力和律师执业风险等因素，被告人及其辩护律师也极少主动举证。因此，在绝大多数情况下，“全案证据”几乎可以和公诉方提交的证据画等号。此外，由于证据本身不会“说话”，因此，证据内容的呈现有赖于提出证据的一方的表达。因此，所谓“全案证据”，实际就是根据公诉方提供的证据构建出来的“案件事实”，亦即“被告人有罪”的信念系统。

---

① 参见陈瑞华《以限制证据证明力为核心的新法定证据主义》，《法学研究》2012年第6期。

② 具体逻辑推导过程如下：假设进一步审查或采信庭审翻供为结论“A”，不审查或不采信庭审翻供为结论“非A”，能够合理说明翻供原因为条件“a”，不能合理说明翻供原因为条件“非a”，辩解与全案证据不矛盾为条件“b”，辩解与全案证据矛盾为条件“非b”。可以得出结论：当非a或非b时，则非A；当且仅当a并且b时，则A。因此，要得出结论A（进一步审查或采信庭审翻供），必须同时满足a（合理说明翻供原因）和b（辩解与全案证据不矛盾）这两个条件。

显而易见，被告人的辩解与“全案证据”所分属的信念系统是相互对立的。前者是“被告人无罪”信念系统的要素，而后者是“被告人有罪”信念系统的要素，二者分属于相互矛盾的信念系统。根据逻辑学的矛盾律，二者完全不可能达成融贯，必然会发生冲突。由此可见，要求被告人辩解不得与“全案证据”相矛盾，这一规定本身就是自相矛盾的。这种矛盾根源于两个认知误区：其一，我们错误地认为，在司法证明的过程中，只存在一个待确证的信念系统，而没有意识到，“被告人有罪”和“被告人无罪”这两个相互对立的信念系统是并存的；其二，我们预设了一个不可反驳的大前提，即将所谓“全案证据”视为无需确证且不能被质疑的信念，剔除了那些与“全案证据”不一致的“矛盾”信念，进而一味追求“被告人有罪”信念系统的融贯性。受制于这两个认知误区，印证规则必然陷入自我矛盾。即便被告人能够合理说明庭审翻供的原因，也会因为辩解与全案证据相矛盾，导致翻供无法得到法庭采信。这就意味着，一旦法庭适用《刑诉法解释》第 96 条第 2 款的规定，庭审翻供就没有被采信的可能性。

五　印证的认知重构及规则改良

根据前一部分的论述可知，在司法实践中，关于印证的认知误区主要包括两个方面：其一，印证被作为采信庭前证言和庭前供述的充分条件；其二，“被告人有罪”和“被告人无罪”这两个相互矛盾的证据融贯系统被混同。前者使得不利于被告人的言词证据的采信难度大大降低，导致公诉定罪证明标准被拉低；后者则因完全矛盾的采信条件的设置，导致被告人的庭审翻供几乎不可能被采信。针对这种有失公正的证据采信规则，必须对印证方法在司法实践中的运用进行改良与完善。而要想实现这一目标，就必须重构司法实务人员对印证的认识，并相应修正司法解释中关于印证规则的表述。

（一）纠正印证在不同审查对象中的逻辑属性

就关于“庭前证言 / 供述与庭审翻证 / 翻供矛盾”和“庭前供述辩解存在反复”的印证规则而言，其在条件关系的设置上存在明显的逻辑谬误。在对能够直接影响案件事实证明结论的证据的审查判断中，必须保证印证规则的逻辑条件关系能够和印证与刑事证明标准之间的关系相适应。

前文已述，印证的确证程度低于公诉定罪证明标准，但高于辩方抗辩成立标准。印证对于这两者而言，分别是必要条件和充分条件。因此，印证规则的设置亦应符合这一条件。对于庭审翻证和翻供而言，只要有其他证据加以印证，就足以对公诉方的指控构成合理怀疑，故印证可被当作证据采信的充分条件。与之相反，对于有利于公诉方定罪的庭前证言和庭前供述，以及被告人的庭审供述而言，当证据之间相互矛盾，存在无法解释的疑问，明显不能达成印证时，印证可以被用来检验证明结论是否存在错误，具备反向证伪的作用。但是，仅凭印证不能达到排除合理怀疑的证明标准，故印证只能被当作证据采信的必要条件，而非充分条件。

此外，不仅要在认识上扭转司法实践对证据采信条件的错误理解，还需相应修正印证规则的表述,使其中的逻辑关系得以修复。就对庭前供述以及庭前证言的审查而言，既然印证只能被当作证据采信的必要条件，那么，相应规范中的逻辑结构就要从“充分条件假言+允许性/义务性模态”转变为“必要条件假言+禁止性模态”。具体而言，在关于证人翻证的印证规则中，“庭前证言有印证，可以采信”应当被修改为“庭前证言没有印证，不得采信”。同样，在关于被告人翻供的印证规则中，“庭前供述有印证的，可以采信”应当被修改为“庭前供述没有印证的，不得采信”。另外，在关于“庭前供述辩解存在反复”的印证规则中，“庭审供述有其他证据印证的，可以采信”和“庭前供述没有其他证据印证的，不得采信”应一并被修改为“被告人的供述，没有其他证据印证的，不得采信”。在进行如此修改之后，便会产生如下效果：不利于被告人的庭前供述或庭前证言即使有其他证据印证，也不能直接被采信。这是因为，印证只是采信庭前供述或庭前证言的必要条件。

（二）将证据来源的相对独立性作为认定证据相互印证的前提条件

印证之所以无法被单独用来推出一个排他性结论，无法成为公诉定罪证明标准的充分条件，是因为“内容同一”的印证和“指向同一”的印证分别受制于“基础主义”和“融贯主义”各自的局限性，无法解决信念来源的真实可靠性问题。为了弥补这一固有缺陷，有必要将证据来源的相对独立性作为认定证据相互印证的前提条件，以减少证据来源存在虚假情形的可能性，进而增强印证结论的可信度。

在“内容同一”的印证中，真实性存疑的证据唯有在得到其他证据的单方面补强之后，方能被采信。被补强证据与补强证据之间的关系，表现为非基础信念与基础信念之间的推论关系。基础信念是非基础信念的推论基础和真实性担保。因此，根据基础主义的信念确证机理，补强证据应具有相对独立的证据来源。这是“内容同一”的印证的应有之义。对此，有学者指出，当被告人的供述得到隐蔽性证据的印证时，还需排除诱供、指供、侦查人员泄露案件隐蔽性情节以及无辜人员在程序外获知案件细节的可能性，[①] 以确保隐蔽性证据的来源独立于其他证据，如此，方能肯定补强证据的

① 参见李昌盛《口供消极补强规则的实质化》,《证据科学》2014年第3期。

真实可靠性。

对于“指向同一”的印证而言，强调证据来源的相对独立性同样是一项提高印证结论真实性的重要手段。当据以定罪的证据之间形成了“指向同一”的印证关系，但多数证据不具有相对独立的来源时，证据所组成的融贯系统就有可能建立在一个虚假的故事之上。有鉴于此，劳伦斯·邦久主张，应在融贯主义的确证过程中加入信念独立性要求，以解决信念融贯的保真性问题。① 因此，对“指向同一”的印证的改良，可从保证证据来源的独立性入手。当据以定罪的证据能在来源上具有一定独立性时，综合判断证据之间是否具有融贯性。

（三）区分相互矛盾的证据融贯系统的证据要素

在司法证明的过程中，存在着两个相互矛盾的证据融贯系统：一是由证明被告人有罪的证据所组成的“被告人有罪”的信念系统；二是由证明被告人无罪的证据所组成的“被告人无罪”的信念系统。基于“融贯主义”的内在逻辑，当存在多个信念系统时，对于各个信念系统内部要素的确证，应仅考察内部要素能否与所属信念系统中的其他要素相融贯，而不能将其放入其他信念系统中加以判断。因此，在审查庭前供述与庭审翻供这两个相互矛盾的证据时，不应把属于“被告人无罪”信念系统中的被告人辩解，对比“全案证据”加以评判。否则，就是在用“被告人有罪”信念系统衡量“被告人无罪”信念系统中的证据要素的融贯性，这违背了“融贯主义”的内在逻辑。如此一来，与“全案证据”必然矛盾的被告人辩解根本就不存在被采信的可能性。因此，在关于庭前供述和当庭翻供的印证规则中，“与全案证据相矛盾”应当被废除，仅保留“合理说明翻供原因”。

此外，有学者指出，应引入“最佳解释推理”来改进和完善印证方法及规则，或者将其作为印证的有益补充。② 但是，在刑事审判阶段的司法证明中，并不真正具备引入“最佳解释推理”的条件，尤其是在对庭前供述和庭审翻供的审查判断上，更缺乏运用“最佳解释推理”的可能性。前文已论证，公诉定罪证明标准和辩方抗辩成立标准在信念确证的程度上存在明显差异：前者至少要达到“排除合理怀疑”，而后者一般仅需满足“构成合理怀疑”。因此，庭前供述和庭审翻供的采信标准必然存在着高低之分。然而，运用“最佳解释推理”来审查被告人的庭前供述和当庭翻供，从二者中选取最具可能性和合理性的解释，会使“被告人无罪”和“被告人有罪”这两个信念系统的确证程度分别从“排除合理怀疑”和“构成合理怀疑”一并转变为“优势证据”。而且，

① See Laurence Bonjour, *The Structure of Empirical Knowledge*, Harvard University Press, 1985, p. 148.
② 参见向燕《论司法证明中的最佳解释推理》,《法制与社会发展》2019 年第 5 期。

由于“被告人无罪”的证据系统往往更加缺乏印证，因此，相比之下，“被告人有罪”的证据系统可以得到较多的印证。若在印证规则中引入“最佳解释推理”，则被告人的庭审翻供就几乎不存在被采信的可能性。因此，对于庭前供述和庭审翻供的审查，既要严格区分两个相互矛盾的证据融贯系统中的证据要素，又要避免采用“最佳解释推理”来进行审查判断。我们只能考察，对于“被告人有罪”信念系统而言，以庭审翻供为核心的“被告人无罪”信念系统能否构成一个合理怀疑的来源，以此作为矛盾言词证据的采信标准。

结　语

中国证据法学界在印证理论的研究上经历了两个转变：一是研究对象上的转变，即从对“模式”的研究逐渐转变为对“方法”和“规则”的研究；二是研究视角上的转变，即从诉讼价值论的角度逐渐转变为诉讼认识论的角度。而且，印证理论研究出现了研究方法上的新态势，即在研究印证作用原理及其理论基础的过程当中，呈现出明显的“哲学化”倾向。这预示着，当前证据法学界对于印证理论的研究已经进入了一个全新的阶段。然而，尽管理论研究的新变化带来了学术上的繁荣，但在对印证原理展开研究的过程中，学界出现了理论偏斜，陷入了认知误区。因此，对于印证原理的解释，需找到准确方向。本文主张，印证作为一种确证信念的方式，其原理应建立在知识论哲学的内在主义信念确证理论之上。对于原理的具体阐释，应从信念确证路径、信念确证机理、信念确证程度这三个方面展开，且需厘清印证与刑事证明标准之间的逻辑关系。总之，只有对印证原理的知识论哲学基础具有全方位认识，才能准确发现司法实践中存在的关于印证的认知误区，并提出具有针对性的改良方案和完善措施。

（作者单位　中国人民大学法学院）

本文原载《法制与社会发展》2022年第6期

摘要收录

普通程序适用独任制的理论阐释

普通程序适用独任制审理回应了案件繁简分流司法改革背景下基层人民法院“案多人少”的审判需求。回归法官对案件事实的心证来源于法庭直接审理的民事诉讼基本原理，不难发现以“基本事实清楚、权利义务关系明确”作为普通程序适用独任制的前提条件与审判组织行使审判权认定事实之间的逻辑悖论。因此，完善普通程序适用独任制需明确两点：一是以民事审级制度中一审法院解决民事纠纷的职能定位为基础，突破法院的层级限制，确立法院适用第一审普通程序以独任制审理为原则；二是在厘清审判组织形式与审判程序价值差异的基础上，以司法解决民事纠纷是否兼具有助于类案统一裁判规则、维护法律秩序等社会公共职能为标准明确普通程序适用合议制审理的例外情形。

作者：杨秀清　谢凡

单位：中国政法大学　中国政法大学中国民商事争议解决研究中心　中国应用法学研究所

文献出处:《法治研究》2022 年第 4 期

行政公益诉讼证明责任分配的理论阐释与规则构建

从主观证明责任视角研究行政公益诉讼证明责任分配，存在着适用主体不明确、争论事项不一致、分配对象不相同、研究视角形式化等问题。证明责任分配之规范说理论起源于民事法领域，具有普遍适用的特点。异于私法制度以权利为核心，行政公益诉讼制度以行政职权为逻辑起点。将行政职权与规范说结合进行重述是构建行政公益诉讼证明责任分配理论的当然选择。行政公益诉讼在程序设置上与传统三大诉讼程序不同,其证明责任分配规则必须要做出适当调整才能适应法定的诉前程序。具体来说，检察机关发出检察建议前行政主管机关已经做出的行政职权形成违法的要件事实，由检察机关在诉讼中负担证明责任。

作者：潘剑锋　郑含博

单位：北京大学法学院

文献出处:《北京大学学报》(哲学社会科学版）2022 年第 1 期

论《民法典》“提取公因式”立法技术的双重路径阐释

《民法典》总则编之于分则编和特别民法的作用有二：一是它规定了前提性和一般性的民法规则，避免了分则编和特别民法的重复规定；二是它统率和引领了民法体系，保证了民法体系的和谐统一。不过，“提取公因式”立法技术的传统理论通常以规则适用的共同性为核心，注重总则编在民法规则上的作用，却忽视总则编对于民法体系的基础性、统率性作用。为了契合《民法典》总则编之于分则编和特别民法的作用，“提取公因式”立法技术理论应进行双重路径阐释,完成从规则归纳到体系演绎的路径扩展。其中，体系演绎路径体现在《民法典》的民法基本原则和民事权利章之中：既通过内在体系的演绎路径形成诸多民法基本原则，保证了分则编和特别民法的价值协调和统一；又通过外在体系的演绎路径形成由权利要素和权利类型组成的民事权利体系，为分则编和特别民法提供了基本的概念框架。

作者：何松威

单位：吉林大学法学院

文献出处:《学术界》2022 年第 9 期

基于《民法典》体例结构的解释路径

《民法典》以中国本土化的制度元素再现了中国民法法典化的最高成就，具有鲜明的中国特色。基于“七编制”体例形成的民法制度体系（内部体系）和基于法典外民商事单行法构造的民法制度体系（外部体系），因法典的结构开放性和制度包容性而有机衔接，实现我国民法制度的体系化。内部体系与外部体系因法典结构的逻辑关系之不同，其解释路径有异。内部体系的解释关注法典总则与分编的逻辑关系、总则与分编的法律适用、同一分编的制度体系化解释以及分编相互间的法律适用。以外部体系的更新和发展为主线，外部体系的解释应当妥当理解《民法典》第 11 条的规定，尊重民商事单行法的自我发展规律，强调民商事单行法的相对独立发展。

作者：邹海林

单位：中国社会科学院法学研究所

文献出处：《中国政法大学学报》2022 年第 3 期

《民法典》知识产权制度的学理阐释与规范适用

“权利”是民法学理论的核心概念和民法法典化的构造基础。《民法典》所规定的知识产权，具有民事权利的基本属性和专有权利的特殊品格。《民法典》在知识产权领域里的适用规范，包括“基本规定”“一般规定”“专门规定”，涉及知识产权法的价值目标、原则立场、精神理念的基本遵循，与知识产权运行有关民事活动的一般规则和通行制度，以及对知识产权相关事项做出的特别规定。法教义学的任务：从知识产权法律适用需要出发，对《民法典》的各类条款进行规范研究、经验描述和逻辑分析，在法理解释中推动法律应用，在应用实践中促进法律续造。

作者：吴汉东

单位：中南财经政法大学知识产权研究中心

文献出处：《法律科学》（西北政法大学学报）2022 年第 1 期

“三权分置”背景下宅基地资格权的法理阐释与制度构建

“宅基地资格权”是由中央政策性文件创设的新概念，实践中对于宅基地资格权的法律性质、主体认定、权利内容等存在诸多争议，资格权的确认、登记和退出等环节的制度构建也不健全。根据宅基地“三权分置”改革目的及宅基地资格权的功能设计，宅基地资格权应定性为成员权的衍生权利，权利主体和行使主体分别认定为“集体成员”和“农户”，权利内容包括宅基地分配请求权、监督管理权、取回权、优先受让权、政府征收补偿权和救济权。在制度建构方面，应当在尊重各地区实际和村民意见的基础上，制定相对统一的取得、登记和退出机制。

作者：张卉林

单位：山东社会科学院法学研究所

文献出处:《东岳论丛》2022 年第 10 期

农地规模经营法律规制的理论阐释与制度重构

正当性证成是规制农地规模经营的正当性基础，农地规模经营法律规制具有正当性。农地规模经营作为实现农业现代化发展的主要途径和重要手段，对其进行法律规制的关键在于构建法律规制理论框架，把控农地规模经营的“度”，规避农地规模经营过程中的风险。农地规模经营法律规制具有制度正当性依据，其本质在于抑制政府滥用行政权，规范政府对农地规模经营行政行为的“适度”性。针对当前土地利用效率低下，农地规模经营法律规制制度滞后，农民土地财产权法律制度体系缺位等法律问题，提出发挥市场配置土地资源的功能和决定作用，建立以市场机制为导向的农地规模经营法律规制理论框架，促进农业绿色发展和产业发展，推进乡村振兴战略的实施。

作者：李新仓

单位：辽宁石油化工大学　辽宁大学

文献出处:《中国矿业大学学报》（社会科学版）2022 年第 1 期

“中国法律阐释学”的建构

在中国阐释学的体系中应有法律阐释学的位置。以辩思为特征的法律解释学之缺陷，是法律阐释学建构的理论起点。中国法律阐释学之建构，需要以据法阐释为基础，同时兼容辩思解释，重点是在法思维中嵌入更多的逻辑因素，即在辩证思维中介入逻辑、在整体思维中加入体系、在实质思维中植入形式。现代法治是基于逻辑方法的拟制，据法阐释是基本的思维方式。以辩思为基础形成的法律解释学，对规范法学方法缺乏足够重视，以致逻辑规则对思维的指引效果不彰；不承认法律独立性的关系思辨，会使法律失去应有的权威。要改变这种状况，需要改造法律解释学，进而形成中国本土的法律阐释学。

作者：陈金钊
单位：华东政法大学法律方法研究院
文献出处：《探索与争鸣》2022 年第 12 期

我国涉外民事诉讼中禁诉令的法理阐释与规则适用

我国现行相关法律规范不能妥善应对国际平行诉讼问题，对涉外民事诉讼中的禁诉令制度也暂付阙如。尽管禁诉令具有规制当事人滥诉并有效解决国际平行诉讼的功能，但存在干涉其他国家司法主权及导致“禁诉令的战争”之弊端。在缺乏多边合作机制的情形下，基于国际民事管辖权理论基础的发展趋势以及民事管辖权跨国有序分配的考量，禁诉令的签发应遵循适当平衡个案正义与国际礼让之法理。我国应以上述法理为指引，明确本国法院签发禁诉令的条件及应对外国禁诉令的问题。实践中，我国法院可以借助对《民事诉讼法》第 103 条规定的行为保全制度之解释，并结合该法其他相关规范发挥禁诉令的功能。妥善实施禁诉令制度，既是保障我国司法主权和本国民商事利益的有效举措，也是加快推进中国法域外适用的法律体系建设之重要内容。

作者：黄志慧
单位：中南财经政法大学法学院
文献出处：《法律科学》（西北政法大学学报）2022 年第 5 期

我国法院适用性宪法解释论

全国人大常委会的宪法解释权是独断性的还是兼容性的？通过对涉及宪法三个重点条款的民事判决书进行类型化分析可以看出，法院在对宪法条款的适用过程中存在着解释，尽管尚显不足，但法院的适用性解释实践无疑说明，全国人大常委会的宪法解释权并未完全排斥司法机关在司法过程中的宪法解释权。我国宪法解释制度应由全国人大常委会的立法性宪法解释与法院的司法适用性宪法解释共同构成：《宪法》第 67 条第 1 款关于全国人大常委会解释宪法之规定确立的是立法性宪法解释，《宪法》第 131 条关于法院独立行使审判权的规定则蕴含着司法适用性宪法解释，由此形成了具有中国特色的宪法解释“双层结构”。立法性宪法解释具有最高效力与最终权威，而司法适用性宪法解释从属于立法性宪法解释，并接受全国人大常委会的合宪性审查之监督。

作者：张玲玲

单位：上海交通大学凯原法学院

文献出处:《学习与探索》2022 年第 8 期

我国涉外民事诉讼必要管辖权制度的体系定位与规范阐释

必要管辖权制度在两大法系主要国家和地区的实践中得到相当广泛的接受。基于“剩余管辖权”的性质，必要管辖权在我国涉外民事管辖权体系中应定位为一种“填补空白的管辖机制”。必要管辖权制度在保障当事人享有诉诸司法权的公正利益的同时，不会损害管辖权国际协调的秩序利益。基于完善涉外民事管辖权体系以及保护海外民商事利益的现实需求，我国需要构建必要管辖权规范并发挥其制度功能。当前可以借助司法实践逐步建立涉外民事诉讼中的必要管辖权制度，填补《中华人民共和国民事诉讼法》第 272 条可能产生的管辖空白，并在《阻断外国法律与措施不当域外适用办法》第 9 条及《中华人民共和国反外国制裁法》第 12 条规定的阻断追偿诉讼中发挥其作为涉外法治斗争的法律工具之功能,以此丰富我国应对外部风险和挑战的“法律工具箱”。

作者：黄志慧

单位：中南财经政法大学法学院

文献出处:《法商研究》2022 年第 4 期

新证据概念视角下杭州来某某失踪案侦查推进的理论阐释

杭州来某某失踪案的发生备受民众关注，该案侦查推进中的诸多做法更值得理论总结、提升并思考。传统证据观仅从功能的视角在静态层面界定证据，无法将证据与法律拟规范的行为相关联，本文从动态生成的过程维度提出证据乃是“行为引发外界发生的各种变化”这一新的证据概念，并探析了其理论依据即过程哲学及物质不灭原理。新证据概念的推出，不仅可对杭州来某某失踪案侦查机关“由证至供”侦查模式予以理论支撑，还能引领实务工作者从多维空间去找寻各种证据以回建案件事实。新证据概念下“由证至供”侦查模式，彰显了我国人权保障理念的落地样态，提高了我国精准打击犯罪的专业水平。而为进一步确保程序公正、进一步保障犯罪嫌疑人的人权，同时防范一些实施犯罪行为者因侦查机关在侦查过程中存在的程序问题而出罪，建议在与现行功能证据观并存的新证据概念下，建立、完善公安机关的法律顾问制度。

作者：李学军

单位：中国人民大学法学院刑事法律科学研究中心

文献出处:《法学家》2022 年第 3 期

意大利法律方法论

——19 世纪以来意大利民法学简史

恰如其他大陆法系国家一样，意大利在法律学术领域通常会提到“法律科学”。法律科学的主要目的是解决实际案例或法律问题，因此它需要一种方法，换言之，需要得出解决方案的具体实施步骤。本文的目的在于探寻意大利是否有此种法律方法论的讨论，法律方法论在法律教学中发挥了什么作用，以及自 19 世纪以来法律方法论是如何发展的。如果人们同意所有的法律方法论都归结为对法律的解释方法，那么方法论的历史就是一部解释的历史。鉴于此，本文论述了意大利私法解释史的主要发展，并对近 50 年“意大利法律风格”的最新发展做出批判性分析。

作者：格瑞高尔・克里斯德尔 著　刘志阳、周平奇 译

单位：奥地利因斯布鲁克大学意大利法研究所　江苏大学法学院　常州大学史良法学院

文献出处:《苏州大学学报》（法学版）2022 年第 4 期

干细胞再生医学运用的民法规制：意旨、解释与适用

干细胞技术的发展对《民法典》相关法律规范的解释适用产生一定影响。为符合规范意旨，应运用目的性限缩、目的性扩张以及漏洞填补等方法对法律规范进行解释适用。对《民法典》第 1007 条禁止交易的“人体细胞”应当限缩解释，将作为药物被批准上市的含有活性人体细胞的干细胞制剂予以排除；对《民法典》第 1007 条禁止交易的客体范围，应通过类推适用将法律规范对“人体胚胎”的遗漏进行填补；对《民法典》第 1009 条中的“医学”概念应当适度扩张，以便适应干细胞临床技术的发展。

基于干细胞技术的多层次性，应区分干细胞再生医学运用的不同场景和法律规范保护的不同法益，运用法律解释方法和司法推理准确适用法律。

作者：刘建仓

单位：西北大学法学院

文献来源：《西北大学学报》（哲学社会科学版）2022 年第 6 期

动态质押中“实际控制货物”的法理阐释

“实际控制货物”的目的在于，将出质人支配与处分质押货物的自由，控制在不导致质权不能预期实现的范围内。占有状态与“实际控制货物”效果，不存在必然的因果关系。在债权人委托第三人监管货物时，债权人欲“实际控制货物”，需监管人实际履行约定的监管义务。监管人只在占有质押货物时才承担保管义务，否则只承担监管义务。依功能主义，不满足“实际控制货物”要求的动态质押交易，在符合浮动抵押的要件时，可成立浮动抵押。在动态质押未成立或无法全面实现时，应先确定各方当事人承担何种义务以及违反哪些义务，从而判断其承担的是补充责任、按份责任还是连带责任；再考量过错大小及是否存在免责事由，从而进一步明确各主体应承担的责任范围。

作者：罗帅

单位：中南财经政法大学法学院

文献出处：《法学家》2022 年第 6 期

动态质押设立中实际控制要件的解释与适用

浮动抵押的弊端决定了动态质押自其产生之时就附带着一种特有的价值判断：偏重对债权人利益的保护，保障其债权的实现。《民法典担保制度司法解释》第 55 条采用“实际控制”作为动态质押设立的要件，虽可能会与体系不相协调，但更多是源于功能主义的需要。第 55 条强调实际控制为占有的实质，提醒债权人注意排除出质人的干涉，避免债权人因误信占有的外观而遭受损害。实际控制要件更具有弹性与广泛的适用空间，其可以涵盖基于占有辅助而设立的动态质押。尽管实际控制要件较为抽象，但监管人的身份、质物的存放场所以及监管合同的约定都可以为实际控制的认定提供客观的依据。实际控制要件通常伴随监管人取得质物而满足，可在特殊情形下，二者也存在分离的情形，从而形成一个过渡区间。于该区间内，动态质押虽未设立，但为保护债权人的利益与合理信赖，法官应当参照适用浮动抵押规则。实际控制的证明责任会因举证的主体不同而呈现一定差异性，质权人、出质人和监管人应分别承担不同的证明责任。

作者：黄彦霈

单位：中国社会科学院大学法学院

文献出处:《财经法学》2022 年第 6 期

《民法典》时代债权人撤销之诉的解释论

——以诉讼法视角为切入点

我国民法学说就债权人撤销权的性质与法效果均存在争论，司法实务对债权人撤销权的撤销对象也认识不清，从而难以确定债权人撤销之诉的诉讼形态。以诉讼标的理论检视，债权人撤销之诉不仅处理债权人撤销权纠纷，还可能涉及其他实体法权利。随着《民法典》的施行，法律行为区分原则已得到普遍认可，债权人撤销权的撤销对象原则上仅限于处分行为，支持债权人撤销权的形成判决则为法定物权变动依据，被转让的财产在判决生效时即回复为债务人的责任财产，从而达成债权人撤销之诉的目的。在例外情形下，撤销对象也可包括负担行为。债权人撤销之诉的诉讼形态则包括第三人参加之诉、必要共同诉讼和需合并审理的必要共同诉讼三种类型。

作者：夏志毅

单位：北京大学法学院

文献出处:《烟台大学学报》（哲学社会科学版）2022 年第 6 期

作为特殊代理行为的代表行为：效果归属与规范适用

“代表说”与“代理说”之争与法人本质论并无必然关联。两种学说虽然解释路径各不相同，但其在制定法解释上的区分仅存于越权代表行为之一隅。法定代表人的概括代理权限及其权利外观构成了推定相对人善意信赖前者就越权事务仍有代理权的制度基础，其在立法上直接反映为法人原则上应承受越权代表行为效果，即越权代表规则独立于无权代理规则而存在。代理权限及其外观是区分包括代表行为在内的各类代理行为效果拟制模式的根本原因，代表行为本质上是代理人为法定代表人做出的一类代理行为。当代理权限及其外观系影响代理行为效果归属评价的重要事实时，包括代表行为在内的各类代理行为应适用各自的效果归属规范；反之，相关规则便是代理的共同规则，其适用原则上无须作代表与代理的区分。

作者：李洪健

单位：湖南大学法学院

文献出处:《法学评论》2022 年第 6 期

论民事证明责任的文义解释原则

——以《民法典》第 311 条及其司法解释的适用为例

《物权编解释一》规定，善意取得中的真实权利人应当承担受让人“不构成善意”的举证证明责任。这是证明责任“目的解释论”催生的结果，但显然与《民法典》的规定相悖。抛开规范文义而按照所谓制度目的或其他相互冲突的多元化实质性依据解释证明责任，很容易得出背离法律规范的结论，也会使本来极易产生争议的证明责任归属更加不确定。脱离法律规范文本解释证明责任，是我国证明责任实践容易出现错乱的重要根源。善意取得中的善意要件的证明责任应当遵循通说理论，按照实体规范的文义进行解释。文义解释的结论具有直观性、确定性等特点，是法律解释的首选方法，也应作为证明责任解释的基本原则。严格遵循规范文义解释证明责任，恰是“规范说”取得通说理论地位的关键。

作者：郑金玉

单位：上海政法学院法律学院

文献出处:《法学评论》2022 年第 6 期

论民法典时代我国法院直接适用条约的法律指引模式之革新

《民法典》生效后,《中华人民共和国民法通则》第 142 条关于条约适用的指引规定自动失效，从而给我国直接适用条约的司法实践带来了一定的困扰。目前，我国法院直接适用条约的法律指引模式主要由司法解释和特定通知、法律法规、当事人意思自治原则与指导性案例构成。然而，上述指引模式存在一定的局限性，造成了较大的负面影响，无法适应《民法典》时代对我国法院精准地直接适用条约的更高要求。在上述背景下，我国应当在理论层面以重要的国际法原则作为指导，确立真正意义上直接适用条约的理论来革新我国法院直接适用条约的法律指引模式。

作者：王勇

单位：华东政法大学

文献出处:《法学评论》2022 年第 6 期

所有权保留的制度结构与解释

《民法典》第 641 条规定了所有权保留。如何解释所有权保留，其在理论上有所有权构成说和担保权形成说之区分。因个别交易规则的变化，理论和司法实务基于担保功能主义的学说，将所有权保留解释为“功能化”的担保物权，并相应“准用”《民法典》第二编第四分编规定的动产抵押权之规则。担保功能主义的主张促成了《民法典》第 388 条扩张“具有担保功能的合同”的制度改革，却没有改变《民法典》第 641 条规定的所有权保留的制度结构：以所有权构成说配置所有权保留情形下的权利义务关系,以出卖人回复标的物占有的取回权来保护出卖人对标的物的所有权,以买受人的“回赎权”和出卖人的“再出售权”来平衡当事人双方在买卖合同项下的清算利益。以担保功能主义将所有权保留解释为“功能化”的担保物权，规范文本上缺乏相应的制度基础，理论上不能自圆其说，与《民法典》上的物权法定主义、区分原则、物权变动的公示原则以及基于“物债二分”的法典结构形成的动产担保物权的规则体系存在难以协调的冲突。回归所有权构成说解释《民法典》第 641 条，当为我国民法解释学的妥当路径。

作者：邹海林

单位：中国社会科学院法学研究所

文献出处:《法治研究》2022 年第 6 期

于私法自治与团体主义之间

——《民法典》夫妻共同债务认定规则的解释方向

就夫妻共同债务的认定，比较法上存在两种截然不同的模式:“婚内标准”模式和

“共同意思”模式。“婚内标准”模式符合夫妻债务制度的双重统一原则：“债务与财产相统一”和“债务与管理相统一”，充分实践了私法自治，但不利于非举债配偶方的利益保障，需要配套三项法律技术工具。“共同意思”模式切实强化了非举债配偶方的利益保护，真正践行了婚姻家庭的团体主义价值，但有违于“债务与财产相统一原则”，有碍于私法自治。此外，“共同意思”模式将夫妻共同债务等同于夫妻连带债务，也不符合“债务与管理相统一原则”。应依据夫妻债务的双重统一原则解释《民法典》第 1604 条，扩张夫妻共同债务的适用范围。

作者：罗瑶

单位：中国政法大学

文献出处:《中国政法大学学报》2022 年第 6 期

《民法典》侵权一般条款解释路径之辨

侵权法上以“结果不法”为核心的权益区分保护模式只是 19 世纪特定社会经济条件下的产物。随着时代发展，“结果不法”权益区分模式底层逻辑的困境逐步体现，包括权利与利益难以区分、过多的法律续造引发体系矛盾、在侵权领域设立一个事先确定的规则造成不确定性等。造成这种困境的根本原因在于立法者试图垄断价值衡量的权力。我国应当采取“审查式”的事后保护模式作为侵权一般条款解释的路径，由法官根据权利和利益的性质,在构成要件的约束下,决定哪些利益可以在个案中得到保护。可以从两个方面保障“审查式”模式的确定性：第一，将构成要件作为权益区分保护的根本因素，细化其内涵，将法官的价值衡量过程外化和正当化，从而使其具备可证伪性；第二，利用我国法院统一司法适用的工具，通过法教义学对侵权一般条款适用的领域进行类型化，实现从“权益区分”到“不同类型权益的区分”转变。

作者：李琳

单位：中国政法大学法律硕士学院

文献出处:《中国政法大学学报》2022 年第 6 期

承租人优先购买权制度的解释论

关于承租人的优先购买权,学界颇有争议。在《民法典》仍然承认这一制度的背景下，需要在解释论上明确其制度目的。承租人优先购买权的核心，是对出卖人在租赁权届满之前出售房屋的“违约”风险设定负面激励。由于未能看到这一点，对承租人优先购买权的证成与证伪，都存在较大的逻辑漏洞和法律错谬。这种风险既非一般意义上的违约,亦非合同法上理想的合同履行,而是介于二者之间。承租人的优先购买权与“买卖不破租赁”相互配合，其本质必然是物权性质，但具有物权性质并不意味着必然能够对世，而是要满足其他条件。出租人侵害优先购买权，本质是违反了法定义务，损害赔偿之内核是法律所创设的惩戒，因此，其对承租人的赔偿应以未届满之租期的租金作为赔偿标准，最终表现为赔偿与租金互相抵消之局面。

作者：张凇纶

单位：广东外语外贸大学土地法制研究院

文献出处:《吉林大学社会科学学报》2022 年第 6 期

夫妻约定财产制契约的扩张解释与法律适用

现代婚姻家庭法允许意思自治突破家庭法中法律关系类型之法定，体现在夫妻财产关系上，即为夫妻在真实意思合意下订立的婚内财产协议类型愈加多样。在既有夫妻一般财产关系与身份财产复合关系的区分格局下，类似的夫妻间无名财产协议应当归属于夫妻间赠与还是夫妻约定财产制契约，尚无定论。若从共蕴“身份性因素”视角出发，将身份法的伦理性作为优先价值取向，对《民法典》第 1065 条的夫妻约定财产制契约应可予以扩大化解释，使夫妻间赠与包含于其中，并从婚姻关系内外部视角对该制度进行差异化的效力构造，既在婚姻关系内部坚持夫妻财产关系的特殊自治法理，又从婚姻关系外部遵循《民法典》规则适用的体系逻辑。

作者：陈霖

单位：南京师范大学法学院

文献出处:《法治研究》2022 年第 6 期

民法典视域下替代履行制度的解释论展开

依据《民法典》第 581 条，针对不得强制履行的债务，债权人可以请求债务人负担由第三人替代履行的费用。从体系解释的角度看，这不同于《民事诉讼法》第

259 条，《民法典》第 581 条是针对替代履行这种特殊的违约救济措施的实体性规定，其权利行使不以生效的法院判决为前提。替代履行是由债权人或第三人完成本应由债务人完成的实际履行，其风险和费用理应由债务人承担。《民法典》第 581 条赋予了债权人一般性的替代履行的权利，有让债务人负担过重之虞，有必要将其限定在一定的范围内，而第 581 条中“根据债务的性质不得强制履行”的前提设定体现了立法机关对替代履行的范围限制。与此不同，承租人和买受人的替代履行的适用范围更为狭窄，仅限于标的物有瑕疵的情形。除了适用范围上的区别，合同编总则和分则规定的替代履行，在制度功能、构成要件和法律效果等方面并无实质区别，可将替代履行制度作为主线进行一体分析。

作者：任倩霄

单位：吉林大学法学院

文献出处:《法学论坛》2022 年第 6 期

著作权法中的转换性使用理论阐释与本土化适用

转换性使用理论滥觞于早期判例法对“节略”、“模仿”以及“合理使用”等规则的司法阐释，在美国司法实践中作为合理使用判断规则的核心考察要素之一被正式提出且不断发展，对包括中国在内的诸多国家司法实践产生了较深远的影响。从规范分析层面来看，“转换性使用”和“合理（适当）引用”、“自由使用”等术语既有联系又有区别，彼此之间并不完全等同。转换性使用理论既从对象范畴发挥着补强区分作品保护内容和公共领域的重要作用，又从行为范畴尝试界分侵权与非侵权行为。就中国本土化适用而言，有必要结合《著作权法》具体条文适用解释及司法指引相关政策，进一步完善转换性使用的解释论体系。

作者：李杨

单位：苏州大学王健法学院

文献出处:《河北学刊》2022 年第 6 期

社会信用信息的规范定义及其标准阐释

社会信用信息属于规范性概念，应明确其规范定义，发挥其应有的功能。我国现行的地方社会信用条例对社会信用信息的定义存在过于抽象的问题。社会信用信息概念明确的关键是对“信用”的定义，目前的社会评价说、意愿与能力说、三维构成说存在法律与道德混淆问题，应坚持履行义务状态说并结合义务标准对社会信用信息进行阐释。基于社会契约理论和阶级理论，义务与社会信用之间存在密切关系。作为社会信用信息定义的“义务”，应坚持效力性、行为的可评价与明确性、责任的关联与强制性三项判断标准。效力性标准限定了法定义务与约定义务中“法”与“约”；行为的可评价与明确性标准使得信息的认定与分类成为可能；责任的关联与强制性标准则确保了社会信用信息认定与处理始终处于法秩序的范围内。

作者：张路

单位：湘潭大学信用风险管理学院

文献出处：《征信》2022 年第 10 期

专利权利要求解释规则的重构

对专利权保护范围进行准确界定是专利制度的核心问题，鉴于我国立法的原则性以及司法解释的非体系性，专利权利要求的解释成为当事人争议的焦点和司法的难点。专利权保护建立在对价理论基础之上，只有相对于现有技术具有新颖性、创造性以及实用性的技术方案，方有资格获得保护，而且必须遵循说明书充分公开换取专利保护的对价机制。现行司法解释构建的权利要求解释规则类似合同文本的解释方法，脱离专利权本质，必须在对价理论基础上重构权利要求解释规则，专利对价解释规则是基于对价理论所构建的特有的解释规则，解释过程需要将技术、创新与法律高度融合，对违背发明目的或不符合授权实质要件的技术方案不应当纳入权利要求解释的范围。整体解释规则将专利文本视为整体，运用文义解释、内部证据优先等解释方法探寻申请人的真实意思表示，实现客观表达与主观意思的高度统一。在特定条件下，借助说明书披露的实施例来解释权利要求的用语，也是维护专利对价理论的体现。

作者：沈世娟　黄佩瑶

单位：常州大学史良法学院

文献出处：《科技与法律（中英文）》2022 年第 5 期

经济法解释论的整体主义方法论立场阐释

——以“知假买假”惩罚性赔偿争议为切入点

经济法规范的杂糅性质导致其独立性备受质疑，不过经济法学者在法律条款解释适用过程中已经尝试为其注入经济法解释论逻辑。“知假买假”惩罚性赔偿问题的学术论争揭示出不同部门法解释论及其背后的方法论立场差异。民法学者的否定态度坚持了个体利益、意思自治、自己责任的个人主义方法论立场，经济法学者的支持态度体现了从整体出发、为整体利益服务、落实整体责任的整体主义方法论逻辑。整体主义方法论的自觉应用不仅促成了“知假买假”问题上的最低学术共识，而且有助于为经济法体系中体现不同部门法特性的实体规范之适用提供独特的解释论内涵，使私人实施和公共实施之经济法解释范式创新获得解释论层面的支撑，经济法的独立性危机可望纾解。

作者：马辉

单位：扬州大学法学院

文献出处:《政治与法律》2022 年第 10 期

合同解除之诉的解释论展开

《民法典》建构起通知解除和司法解除二元并存的合同解除权行使模式，由此引发的诉讼为合同解除之诉。后民法典时代，有必要站在解释论的立场，体系化阐释合同解除之诉的规范意蕴和程序法理，实现二元并存模式的制度价值。合同解除权属于广义形成权，根据行使方式之不同，可分为普通形成权和形成诉权。合同解除之诉因诉讼标的不同，诉讼类型亦不同。因通知解除形成的确认解除行为效力之诉和确认解除合同主张之诉属于确认之诉，诉讼标的为普通形成权，所作判决为具有既判力的确认判决；因司法解除而形成的诉讼为形成之诉，诉讼标的为形成诉权，相应的支持性判决为形成判决，具有形成力和既判力但不具执行力。实务中合同解除之诉多与给付之诉合并，若当事人在给付之诉中未将确认请求作为独立诉讼标的提出，法院无需释明当事人追加该请求，其可在判决理由中对合同解除事实做出判断；若当事人未提出形成请求，法院则应予释明追加，并在判决主文中做出回应。

作者：张海燕

单位：山东大学法学院

文献出处:《环球法律评论》2022 年第 5 期

积极老龄化理念下民法典成年监护规范解释论

积极老龄化要求保障老年人参与社会生活的能力。应通过解释，解除成年监护与行为能力制度的关联，避免概括性剥夺被监护人的行为能力。相较类型主义，一元主义更符合比例原则，故在监护范围上应形成准一元主义模式，以克服类型主义对老年人事务的过度干预。对“限制行为能力”和管理事务作扩张解释，增强现有立法的开放性，对“交易的人”与“身心需求的人”同等关注，在涉及人身、医疗、财产处分等重大事务时，监护人应受特别规制。

作者：满洪杰

单位：华东政法大学

文献出处:《当代法学》2022 年第 5 期

《民法典》框架下公司代表越权担保裁判规则的解释论

我国公司法学界多数学者逐渐放弃了基于《公司法》第 16 条规范性质识别的进路，转而从代表权限制角度理解公司代表越权担保合同效力，并从相对人审查义务履行状况的角度认定其是否构成善意相对人。在司法实践方面，公司代表越权担保的法律适用也曾颇为混乱，如今裁判规则已基本统一。《民法典》关于越权代表的法律效果改变了有效与无效两分的安排，确立了合同是否对法人或者非法人组织发生效力的法律效果安排。基于此，在公司代表越权担保情形下，若相对人非善意，则相关担保合同对公司“不发生效力”。在公司代表越权担保法律后果方面，应基于公司代表越权担保的基础行为乃无权代理的判断，类推适用无权代理法律后果的规定，改变类推适用无效担保法律后果法律规范的裁判规则，确定相对人非善意情形下，不仅担保合同对公司不发生效力，而且公司无须基于缔约过失责任承担赔偿责任。

作者：王建文

单位：南京大学法学院

文献出处:《法学论坛》2022 年第 5 期

《民法典》履行抗辩权条款的体系解释

《民法典》对履行抗辩权的立法构造，系以"履行顺序"作为主要的区分标准。同时，将大陆法系上的不安抗辩权与英美法系的预期违约制度予以杂糅并立。从体系视角进行观察，既有立法导致我国的履行抗辩权在外在体系上存在概念不周延之嫌，使得部分应调事项难以涵摄其中，使得同一待调事项出现两套适用规范；内在体系上出现违背公平原则的问题，使得整个制度的设计出现价值引导上的偏移。通过法教义学上的理论阐释，运用解释学的基本研究工具，可以通过消除"履行顺序"的影响以及明确制度适用的具体情形的路径，达到解决既有问题的目的。为彻底消解既有争议，未来可考虑通过出台《民法典》司法解释或指导性案例的方式，形成履行抗辩权规则的具体适用规范。

作者：韩新磊

单位：中国计量大学法学院

文献出处:《河南财经政法大学学报》2022 年第 5 期

侵犯商标权罪评价标准的变革与完善："情节严重"的体系化解释

在立法理念上，《中华人民共和国刑法修正案（十一）》已全面实现侵犯商标权罪评价标准从数额犯到情节犯的转型；但由于司法解释未及时跟进，司法审判难免与刑事立法相龃龉。作为规范性不确定法律概念和关涉"量"的犯罪构成要件，"情节严重"的解释应坚持体系化方法，并以立法目的进行限缩。侵犯商标权罪旨在保护商标专用权和市场竞争秩序二元法益，后者又可还原为以防止混淆为内容的消费者利益。以此为逻辑起点，商标法惩罚性赔偿条款和刑法侵犯知识产权罪条款可为"情节严重"提供解释资源。解释要素应按照行为、对象、后果完成类型化界分，并在评价犯罪行为时产生独立效用。但各要素不能单独作为定罪依据，须结合不同罪名中要素权重综合考察。在构建"情节严重"解释体系时，应先以非法经营额为入罪标准，而后根据侵权损失和其他情节等评价要素定罪量刑。

作者：彭学龙　张成

单位：中南财经政法大学知识产权研究中心　中国知识产权研究会

文献出处:《知识产权》2022 年第 8 期

民法典时代体育赞助法律关系的法理阐释、规范进路与制度供给

——以《体育法》第三次修订为背景

体育赞助法律关系同时涉及合同与侵权问题。基于关涉法域的多元性等因素,《体育法》并未专门规定“体育赞助合同”类型，故只能通过解释论寻求规范依归。考量体育赞助协议的典型合同目的等因素，可以发现“赠与合同说”等传统解释路径存在逻辑错误或规制不足问题。对此,根据体育赞助的营利性、对价性和“品牌传播”目的,将之认定为商业标识许可使用合同的特殊类型,并以《民法典》第993条及《体育法》第52条第2款作为规范框架，既符合合同层面的规范现实，又能够实现侵权层面的逻辑自洽；同时，应考虑以体育商业标识保护为重点，通过明确使用权流转规则、标识瑕疵担保义务法定化等措施，从合同及侵权两个层面共同为体育赞助提供有效的制度供给。

作者：温世扬　李运达

单位：武汉大学法学院　中南财经政法大学法学院　汉堡大学法学院

文献出处:《武汉体育学院学报》2022年第8期

民法典侵权责任编司法解释修改的类型化与反思

最高法院因《民法典》实施进行的司法解释清理，影响巨大。与侵权责任编有关的司法解释都属于修改的范围。总体修改情况是，形式上的变化多于实质上的变化；一些修改原本早就应当进行；一些修改与《民法典》无关或者关系不直接。集中清理后，司法解释无法用文号加以简称指代；同一司法解释遗留条文的效力问题、司法解释将民法典条文内容吸收作为司法解释条文内容的效力问题均有进一步明确的必要；民事权利和利益区分失去了实在法上的意义；立法及司法解释频繁变化的消极方面值得关注。

作者：王成

单位：北京大学法学院

文献出处:《暨南学报》(哲学社会科学版)2022年第8期

“不以使用为目的的恶意商标注册申请”的解释与适用

《商标法》第 4 条新增“不以使用为目的的恶意商标注册申请”的规定属于纲领性的条款，应当运用体系化的方法予以理解和适用。“不以使用为目的”与“恶意”之间既不是相互独立的并列关系，也不是将“不以使用为目的”作为“恶意”定语或者修饰语的限定关系，而是应将“恶意”作为“不以使用为目的”的限定。第 4 条新增规定的规制对象为“恶意的不以使用为目的”的商标注册申请行为。认定时，应当先认定商标注册申请是否属于“不以使用为目的”的行为，然后再根据“不以使用为目的”的认定进一步判断申请人主观上是否具有“不以使用为目的”的“恶意”。在商标法律体系中适用该规定时，需要对商标注册审查制度做出一定的调适，并协调好该规定与诚实信用原则、商标禁止注册的绝对事由、恶意抢注规制体系以及“撤三”制度等的关系。

作者：余俊　廖慧姣

单位：北京化工大学文法学院　北京化工大学知识产权研究中心

文献来源:《法律适用》2022 年第 8 期

语言游戏理论视角下隐私权的法律解释

隐私的定义是法学上的一道难题，不同的学者对隐私有不同的界定，法官在判决中也不断扩展隐私的定义。根据维特根斯坦的语言游戏理论，语言的意义对任何语词都不是本质性的，语词的含义是在特定背景和社会中约定俗成的。隐私也是如此。隐私权植根于特定的社会结构，隐私是社会共同建构的，隐私规范在不同的社会群体中是不完全相同的。中国的“隐私”与美国的“privacy”并不完全等同。要正确解释中国《民法典》规定的“隐私”,需要结合中国人民的生活实践,顺应时代的变化,兼顾国际交流，而不能机械地以法律的规定为标尺，裁剪社会生活。

作者：徐凤

单位：中国政法大学外国语学院

文献出处:《首都师范大学学报》（社会科学版）2022 年第 4 期

商标“显著特征”之内涵重释

商标法中的“显著特征”往往被等同于“显著性”或“来源识别性”，然而其究竟指向影响来源识别性的商标外观要素，还是指向来源识别性的整体，抑或指向与指定使用的商品或服务之间的区分，仍然存在模糊之处。问题的根源在于《巴黎公约》和TRIPS协定代表的不同立法模式对我国商标法发展进程的先后影响，以及来源识别性的正面定义方法和反向推断规则之间的混同。解决之道在于明确来源识别性的构成要素，补全反向推断规则。商标的外观要素也是来源识别性的必要组成部分之一，但在不同法域中体现为各异的形态。基于我国的立法传统及实践经验、商标的三元符号结构以及相邻学科的理论借鉴，可以把“显著特征”重释为“商标在符号外观上的、足以影响来源识别的区分性”。

作者：谢晴川

单位：南开大学法学院

文献出处:《法学研究》2022 年第 4 期

商事关系的中国语境与解释选择

如何界定商事关系的基本范畴，决定了商法的逻辑起点和规范适用，实则系民事价值判断与商事价值判断的分水岭。从商法学方法论的角度视之，商事关系的界定路径在价值判断问题上并无差异，究竟选取何种概念界定商事关系属于商法学问题中的解释选择问题，应当尊重解释选择问题的论证方式。我国商事关系的解释选择，取决于我国商法的规范语境、当代语境与本土语境。我国现行法上的商事关系呈现出偏重商事主体法、非企业商事主体偏离规范体系、以特殊商事关系为主的规范特征，由此形成对不同商事关系类型分层规制的规范现状。基于商事主体概念的语义表达能力、体系融贯能力、语言习惯等因素，立法应当选取商事主体作为商事关系的规范识别点，但并不影响对不同类型商事主体进行区别安排。

作者：刘斌

单位：中国政法大学民商经济法学院

文献出处:《法商研究》2022 年第 4 期

论显失公平的规范形态与解释方案

我国显失公平制度中的单一要件说与双重要件说均得到司法实践的证成，呈现出两种规范形态并立的格局。此种显失公平的二元规范结构也可以发见于比较法的演进中，即从暴利行为向准暴利行为的演化。因此，无论是本土视野还是比较法变迁均出现显失公平的规范二元论倾向，给付与对待给付过度失衡的评价进路在法律行为的内容评判中走向独立。显失公平的规范二元论实则具备独立的法原理，即意思瑕疵原理与给付失衡原理的互动，暴利行为的正当性源于意思瑕疵原理与给付失衡原理的协作，准暴利行为的正当性源于给付失衡原理对意思瑕疵原理的补足。解释论上，暴利行为的规范基础指向《民法典》第 151 条，准暴利行为的规范基础则依附于《民法典》第 153 条第 2 款规定的公序良俗条款，只是其法效果不应当选择绝对无效。妥当的做法是赋予受害人以选择权，并采纳相对无效的法效果，以推动与可撤销法效果的趋同。

作者：王磊

单位：贵州大学法学院

文献出处:《北方法学》2022 年第 4 期

《民法典》监护人责任规则的解释论

——以《民法典》第 1188 条为中心

我国立法机关和民法学者对于现行法上的监护人责任规则的认识和评价并不完全相同。通过解释论途径消除此种评价上的差异，有利于促进立法与学说之间的良性互动，确保监护人责任规则在司法适用中取得应有成效。通过梳理已有研究成果，并结合最新的立法理由，将《民法典》第 1188 条第 1 款和第 2 款定位为“原则与例外”的关系，可为该条构建一个更为妥适的解释论方案和教义学分析框架。依此定位,《民法典》第 1188 条第 1 款对被监护人的责任能力和监护人责任的基本规则做出了一般性规定，通常情形下应予优先适用；第 2 款则适用于非常例外的特定情形，即只有同时满足被监护人拥有价值较大财产和监护人为非亲属监护人这两项要件，方可予以例外适用。这样,《民法典》第 1188 条第 1 款和第 2 款之间的规范逻辑和法律适用关系可以厘清，潜在的体系冲突和价值评价矛盾可以避免，而法律适用的安定性和妥当性亦可实现。

作者：郑晓剑

单位：厦门大学法学院

文献出处:《现代法学》2022 年第 4 期

残障者注意义务标准的合宪性解释

——以民事过失侵权纠纷为中心

在民事过失侵权纠纷中，司法实践与民法理论对于残障者应当负担何种程度的注意义务标准均存在明显分歧。运用合宪性解释的方法，可以通过行动自由的消极面向否定残障者应负担高注意义务的观点，再结合国家负有促进残障者各项权利充分实现的积极义务以及社会主义核心价值观的要求，得以初步划定残障者应当承担与其通常认知及控制能力相适应的、低于普通人的注意义务标准。为了调和双方当事人间的基本权利冲突，在基础注意义务标准之上分别为残障者与普通人引入“一般理性人标准”与“意识到相对人可能为残障者而更加谨慎”作为附加标准的二重注意义务标准体系，能够为相关纠纷的妥善处理提供清晰的指引。

作者：朱应平　宋奕辰

单位：华东政法大学法律学院

文献出处:《河南财经政法大学学报》2022 年第 4 期

《民法典》连带债务适用规则的体系化解释

《民法典》确立连带债务由法律规定或当事人约定的基本立场，司法审判不宜突破。《民法典》第 520 条明确连带债务的对外效力，对外效力分为绝对效力事项和相对效力事项。绝对效力事项一般由法律规定，相对效力事项则否。履行、抵销、提存、免除、混同、受领迟延为绝对效力事项。除此之外，判决、诉讼时效的完成和中断、连带保证的期间完成等在我国也是绝对效力事项，但债权人在保证期间内向一保证人主张权利的效力不及于其他连带保证人，系相对效力事项；对内效力方面，区分连带债务人之间追偿权和法定代位权的制度功能。连带债务法定化后，通过不真正连带债务、补充责任和相应责任、意思表示推定，赋予多数债务人“非法定”的连带效果，虽然正当，但应当“谦抑”适用，以免连带债务的实质泛化。

作者：刘坤

单位：江苏省南通市中级人民法院

文献出处:《中国应用法学》2022 年第 3 期

解释论视域下的区块链个人信息删除权

在区块链场域中，个人信息删除权的行使与区块链记录的完整性、防篡改性、可追溯性等原生特性存在实践悖论，往往在技术上难以实现。由于我国现有关于个人信息保护的立法并未明确界定“删除”的含义，个人信息处理者在回应公民的链上个人信息删除请求时面临多重困境：链上删除存在法律解释难题，其是否与数据最小化原则相抵触，以及链上删除对算力要求过高等。为此，有必要基于解释论立场，以法律规范解读下的绝对删除与相对删除为切入点,多维度解释“链上删除”的含义。通过匿名化处理、断开、限制或屏蔽链上个人信息的访问路径等替代性方案发挥实质性删除效果，抑或从访问控制与链外存储的二元结合、历史记录追溯与特定信息检索的双重满足等方面构建“链上 + 链外”的个人信息删除权协同保障机制。

作者：陈爱飞

单位：中南财经政法大学法学院

文献出处:《南京社会科学》2022 年第 6 期

《民法典》体系解释的基本原则及其适用规则研究

《民法典》是民事法律规范之体系化,《民法典》的体系化不仅表现在透过形式理性的逻辑链接与价值理性的贯穿与整合，而且在动态之中保持对不同时期之法源追溯的无矛盾性和时效上不溯及既往的优先性。《民法典》的高度体系化，决定着其法律解释得优先选择体系解释方法，也型构着对其进行体系解释的基本原则及其适用规则：在形式理性向度，体系解释须首先确立外部规范体系的统一性原则，以及概念体系与规范体系在适用过程中的逻辑自足性与体系一致性规则；在实质理性向度，通过立法者评价的优先规则、法律价值的预先排序规则以及法律价值的衡平规则进行价值衡量，进而实现《民法典》内在价值体系的融贯性和法律适用中的正当性、合理性和可接受性；

在法源向度，须始终以《民法典》为中心，在处理《民法典》与其他法源之间的矛盾时，遵守以《民法典》为基准的指引适用规则和体系选择规则；在时效向度须遵循法不溯及既往原则，严格适用有利溯及规则及新增规定溯及规则，重视例外规则之间的体系关联性。

作者：张斌峰　周胤娣

单位：中南财经政法大学法学院

文献出处：《政法论丛》2022 年第 3 期

“替代责任”价值取舍：从银行职员责任向银行责任扩张的理论解释

近年来，因银行工作人员的违规行为而导致的银行被诉案件与日俱增，然而，立法上的疏漏使得实践中对个人行为和职务行为的判定模糊不清。随着经济形势的发展，银行业近些年来相关的案件在量上增多，而且随着金融产品的复杂化发展，银行雇员和银行之间的关系也需要进一步调整。司法实践中对银行工作人员行为导致相对人权益受损，银行是否要承担相应的连带责任，不同法院之间也存在不同的认识。文章结合典型案例进行分析，最终从法律逻辑上寻找银行职员个人行为导致的不利后果与银行连带责任之间的法理关联。

作者：贺辉　徐卫岭

单位：郑州大学法学院　河南省郑州市中级人民法院民六庭

文献来源：《法律适用》2022 年第 6 期

遗产管理人的地位与功能阐释

——实体与程序规制互济的视角

《民法典》确立的遗产管理人制度有利于死者遗产的规范、有序处置，但部分规定的妥当性值得思考。继承人放弃继承情况下由民政部门或村委会担任遗产管理人的规定既与生活逻辑不符也会在诉讼中产生问题，此种情况下最适合担任遗产管理人的首推死者近亲属。由此反映出的一个深层次问题是遗产管理人的功能定位和法律地位仍有模糊不明之处。遗产管理人不是为特定人或者特定财产履行职责，而是为妥善了结死者遗留的财产方面事务。为有效实现此功能，需要赋予他特定的民事主体地位和诉讼当事人身份。立法与实践问题反映出对民事规制和司法规制的内在联系认识不足。民法上的制度设计理应观照司法领域的运用，司法上的构造和安排也应有效回应民事生活需求。只有打破隔阂、实现对两个领域的整体思考，才能确保遗产管理人制度的有效运行。

作者：马丁

单位：南京师范大学法学院

文献出处:《交大法学》2022 年第 3 期

电子商务法中“加强合作保护知识产权”的建构性阐释

《电子商务法》第 41 条规定了电子商务平台经营者应当“加强合作保护知识产权”。虽然存在相关释义和解读，但“加强合作保护知识产权”如何表现与实现仍不清晰，需要结合其价值定位来分析。“加强合作保护知识产权”不是为了营造机械性、应付式的合作样态，而是希望构建起个性化的、不断拓展的合作模式。所以，“加强合作保护知识产权”以积极沟通和力求共识为要旨，平台经营者需要创造机会与知识产权权利人进行信息互通和条件互认，这一理解可避免为合作设定具体要求时面临的困难。另外，“加强合作保护知识产权”宜通过免责手段来推进实施，即平台经营者与权利人的合作内容可成为判断前者已尽义务并免责的依据，以此力促平台加强合作，这样可避免因应用归责手段而面临的困难。如此把握“加强合作保护知识产权”将更好地发挥其价值。

作者：兰昊

单位：浙江大学光华法学院

文献出处:《湖湘论坛》2022 年第 3 期

股权转让审批规定两种解释路径之比较

关于股权转让审批规定，存在一体把握和区分原则两种解释路径。一体把握通过控制合同效力从而达到控制股权变动的立法目的，违反了必要性原则，在解释“报批义务之法律性质”“报批义务不履行之法律后果”“先付款后报批之交易现象”等方面也颇为曲折，故而其并非最佳选项。法律虽然规定若干情形的“股权转让”须审批，但未规定“股权转让合同”须审批，故而存在区分原则解释路径适用的空间。该解释路径认为：未办理审批手续，不影响股权转让合同效力，但转让方不得转让股权，受让方亦无相应请求权；报批义务乃法定的从给付义务，转让方不履行该项义务的，构成违约；“先付款、后报批”之情形，受让人未依约付款的，亦构成违约。

作者：陈圣利

单位：福建技术师范学院文法学院　民法典国民教育科普基地

文献出处：《财会月刊》2022 年第 14 期

论我国民法评注的历史解释方法

我国民法评注工作应当综合运用文义、体系、目的和历史的解释方法。对于历史解释方法的内涵，我国学界应当摆脱传统理论将其限制为查明规范主观目的这一高度实证化的理解方法，而是将查明规范的客观目的作为主要目标。我国民法评注作品所依据的历史解释材料主要包括民法典历次草案及理由、单行法时代的法律渊源及其释明性材料，以及民法教义学文献。在进行历史解释时，应当以立法资料中明确可查或通过立法资料之外的文献可佐证的承继关系，并兼顾比较法上的考查来确定条文的历史渊源。通过对单行法既有条文和新设条文的历史解释，评注作品可以查明其客观的规范目的，以实现《中华人民共和国民法典》体系下的整合与本土化工作。

作者：吴训祥

单位：北京大学法学院

文献出处：《南京大学学报》（哲学·人文科学·社会科学）2022 年第 2 期

生态损害赔偿制度的模式比较与中国选择

——《民法典》生态损害赔偿条款的解释基础与方向探究

生态损害赔偿有私法和公法两种模式。前者通过扩张侵权规则救济生态损害，包括扩张责任规则的“恢复原状”、创设民事权利的“私法环境权”和创建新型制度的“特殊赔偿”。后者通过确立具有损害填补功能的监管责任制度来填补环境损害，包括扩展监管的行政恢复责任制度和作为其辅助的补充性执法机制。私法模式是环境法缺失时的过渡性产物，在环境监管体系普遍建立的背景下仅为公法模式的有限补充。欧陆国家多为公法模式，美国亦然，法国特例缺乏实践检验，须辩证认识。我国存在发展公法模式的良好基础和条件，应充分利用。我国《民法典》生态损害赔偿条款应以此为背景进行解释，定位于作为公法模式制度基础的公法规范。

作者：巩固

单位：北京大学法学院

文献出处:《比较法研究》2022 年第 2 期

个人信息处理的多元同意规则

——基于同意阶层体系的理解和阐释

《民法典》和《个人信息保护法》确立了个人信息处理上多元而非一元的同意规则。这些同意规则的效力如何协调、如何认定仍是未被解决的问题。结合同意的阶层体系以及解释论的分析,《民法典》第 1035 条第 1 项及《个人信息保护法》第 14 条下的明确同意是可撤回的单方同意，属于非典型的法律行为,《民法典》并未完全否定基于债务契约关系来实施该类同意。“同意范围内合理实施的行为”是明确同意的特别补充解释规则。“为订立、履行合同所必需”是对通过“合同”解释来扩展个人信息处理同意的特别限制。“合理处理自行公开的信息”作为一般的不法性阻却事由，存在价值衡量上的不妥，应当通过解释来限制其构成和适用。“为维护该自然人合法权益，合理实施的其他行为”则包含了个人信息处理中特别的无因管理规则。

作者：萧鑫

单位：中国社会科学院法学研究所

文献出处:《政治与法律》2022 年第 4 期

《民法典》物之瑕疵规范的解释与适用研究

我国《民法典》合同编规定了相对独立的物的瑕疵担保责任制度，但物之瑕疵以“质量”为连接点，有失空泛。可以通过扩张解释的方法，使瑕疵类型包含性能、效用、公开陈述、过少交付等。同时，对物之瑕疵的判断标准进行细化和补充论证，可得出以主观标准为主、客观标准为辅的结论，基本符合国际通行标准。对于一些典型的物之瑕疵:“凶宅”虽没有物理缺陷，但在市场上一般被视为有害于通常使用或交易价值，属于价值瑕疵；公司资产减少导致的受让人股价降低可构成价值瑕疵，受让人的出资瑕疵股权中的财产权益被实际剥夺而构成效用瑕疵；数字内容瑕疵以主客观瑕疵标准认定，数字特性可作为一般规范在具体适用的补充，并没有突破传统瑕疵担保责任体系。

作者：郭歌

单位：中国政法大学民商经济法学院

文献出处：《江西社会科学》2022 年第 3 期

未成年人保护的迭代升级：新《未保法》亮点阐释

——基于总则内容的展开

我国新修订的《未保法》以问题为导向，积极回应未成年人保护工作在实践中遭遇的困境，通过科学立法，完善未成年人保护的制度体系，增加了诸多创新性的新内容。尤其在总则中首次明确了最有利于未成年人原则和国家保障原则，前者对处理涉及未成年人事项，指明了方向和具体要求。后者则强化了国家在保护未成年人中的职责和职能，提升了未成年人保护的力度和高度；强制报告制度也是总则中的亮点，通过这一制度将隐藏的侵害揭露出来，更好地保护未成年人利益。

作者：陈爱武

单位：南京师范大学法学院　中国法治现代化研究院　南京同心未成年人保护与服务中心

文献出处：《人民论坛》2022 年第 5 期

《民法典》共同担保中内部追偿规则的解释论

我国《民法典》第 392、699 条分别对混合共同担保规则和共同保证规则进行了体系化的规范设计。“物权编”混合共同担保规则延续了原《物权法》第 176 条，并没有规定共同担保人内部的追偿权；“合同编”有关共同保证的规定，对原《担保法》及其司法解释确定的共同保证人内部关系进行较大的突破。在解释方法上，应侧重于文义解释和目的解释，做出有利于制度生存和商事交易需求的解释。基于债法理论和法律适用的需要，共同保证人之间享有内部追偿权；对于混合共同担保，基于债权人实现债权中“物保与人保平等”的原则和承担担保责任后对债务人债权性质相同的特点，共同担保人之间也应享有追偿权，应类推适用共同保证的法律解释规则。

作者：郭金良

单位：辽宁大学法学院

文献出处:《北方法学》2022 年第 2 期

动产担保优先顺位的立法构造与适用解释

《民法典》物权编和合同编共同塑造了我国的动产担保规则体系，但其对动产担保交易功能主义立法模式的不彻底移植诱发了动产担保交易在担保体系内外的优先顺位冲突问题。动产担保交易与所有权保留、融资租赁的优先顺位问题无法完全通过物权编第 414 条解决，“正常交易中的买受人”规则也不能完全协调抵押权追及力和买受人所有权之间的冲突，取消浮动抵押制度弊大于利；物权编第 414 条没有区分不动产抵押和动产抵押，未登记抵押权之效力归于无效，加剧了其与其他动产担保交易的优先顺位冲突。对动产担保交易规则的再体系化将是后民法典时代的重要课题之一。

作者：王乐兵

单位：对外经济贸易大学法学院

文献来源:《法学家》2022 年第 2 期

个人信息可识别性解释路径的反思与重构

如何理解识别是明确个人信息可识别性的实质问题，既有的解释路径纠结于对个人信息做本质性的客观化理解，难以实现与具体人格权客体和人格要素的区分。将识别置于个人身份建构的动态过程，结合数字经济的现实影响，提供了从社会关系切入，重构个人信息可识别性解释路径的理论启示。作为识别对象的自然人在公共管理关系、社会交往关系与商业消费关系中呈现为公民、社会人与消费者三种角色身份，与之对应的公民身份信息、社会人身份信息和消费者身份信息，分别发挥连接公共管理、自主经营人设和内化消费意愿的功能。公共管理关系中，对公民身份的识别应以公共利益为导向并符合必要原则；社会交往关系中，对社会人身份的识别应以是否新增负面声誉信息为依据；商业消费关系中，对消费者身份的识别应以信息汇集程度是否足以推断消费意愿为标准。

作者：曹博

单位：上海交通大学凯原法学院

文献出处:《行政法学研究》2022 年第 4 期

营利法人决议外部效力规则的体系化阐释

——以《民法典》第 85 条为中心

《民法典》第 85 条将善意相对人保护规则引入决议的外部效力领域，可谓总则编法人部分的重大创新。尽管如此，第 85 条在解释适用上仍存在不少疑义亟待澄清。基于第 85 条的立法背景及其在决议效力规范体系中的意义，应将第 85 条的适用情形从决议可撤销扩及决议不成立。第 85 条中相对人“善意”的判断之所以面临重重障碍，问题症结在于民法善意的不当商用。依循商法的逻辑、思维与方法，相对人应对决议外观履行合理审慎的形式审查义务，才能构成善意。“民事法律关系不受影响”具有双重含义，从反面对其进行解释也要围绕这双重含义而展开。当相对人主观为恶意时，外部行为的效力如何不能一概而论，宜区分不同的决议事项，综合考虑法律关系的安定性、交易效率与安全、法律规定须经决议的规范目的等因素而类型化地认定外部行为的效力。

作者：房绍坤　张泽嵩

单位：吉林大学理论法学研究中心　吉林大学法学院

文献出处:《法治研究》2022 年第 2 期

社会主义核心价值观融入《民法典》解释的意义和方法

基于立法者有限理性的假设、社会生活变动不居的客观事实和语言文字固有模糊性的难以根除,《民法典》不可能对未来发生的案件做出事无巨细的规定,《民法典》必然存在法律漏洞。作为《民法典》内在体系集中体现的社会主义核心价值观必然会对《民法典》的条文解释和漏洞填补发挥重要作用。在有规范性法律文件的案件中，无论是对该规范进行文义解释、体系解释、历史解释，还是目的解释，社会主义核心价值观可以起到增强说理的作用；在无规范性法律文件的案件中，社会主义核心价值观可以起到填补法律漏洞的作用。

作者：方新军

单位：苏州大学王健法学院

文献出处:《苏州大学学报》（法学版）2022 年第 1 期

夫妻财产和债务关系的解构与重构

——以《民法典》第 1062-1065 条的解释论为中心

对于夫妻债务问题而言，原《婚姻法解释二》第 24 条所体现的“推定论”与指导《民法典》第 1064 条第 2 款立法的“用途论”均非妥当的应对策略，切合实际的治本之道只能是实现夫妻对外责任财产的有效区隔。为此起见，针对《民法典》相关规定的解释论应当严格区分作为夫妻内部财产关系的“抽象财产价值”划分问题与作为夫妻外部财产关系的民商财产权归属问题，并以“财产权表面归属原则”所认可的公示和类公示规则充任后一问题的解决指南。唯有首先满足这些前提，并辅之以债权人撤销权等配套制度，夫妻之间方有可能最终达致“共债共签、各债各偿”的理想状态。

作者：薛启明

单位：山东师范大学法学院

文献出处:《法学论坛》2022 年第 1 期

刑法解释对从旧兼从轻原则适用的影响及对不当影响的纾解

刑法解释结果的不同可能影响从旧兼从轻原则最终的适用结果。溯其根源，从旧兼从轻原则不是对刑法规定的简单比较而是涉及行为评价。刑法司法解释等有权解释的介入也完全可能改变从旧兼从轻原则的适用结果。刑法解释对从旧兼从轻原则适用的影响可能会造成司法不统一的不良局面，并且破坏从旧兼从轻原则适用的基本逻辑。刑法解释对从旧兼从轻原则适用的影响虽不可绝对避免，但是部分不当影响应当得到纾解。具体而言，应当避免通过刑法司法解释等有权解释进行司法入罪，同时在立法竞合化越来越多的情况下，可强化立法必要性的论证，提高立法技术，从而减少刑法解释对从旧兼从轻原则适用的不当影响。

作者：林雨佳

单位：上海大学法学院

文献出处：《北方法学》2022 年第 6 期

正当防卫：以刑民比较为视角的规范诠释

刑法和民法之间存在前置法与后置法之间的关系，在某些法律制度之间则还具有一定的衔接关系，正当防卫制度就是其中典型的例子。不仅在刑法中存在正当防卫，而且在民法中也存在正当防卫。这两种正当防卫制度无论是在构成条件上还是在法律后果上都存在一定的区分，同时又具有衔接关系。刑法中的正当防卫是对正在进行的不法侵害所做的反击，具有保障防卫人的人身和财产权利的性质。由于刑法中的正当防卫是一种不负刑事责任的违法阻却事由，因而在犯罪论体系中对它予以讨论。民法中的正当防卫是对民事不法行为所进行的反击，具有保护防卫人的民事权利的性质，是一种免除民事责任的事由。刑法中的正当防卫和民法中的正当防卫的上述性质区分决定了两者在成立条件上的差异，对此应当严格加以把握。

作者：陈兴良

单位：北京大学

文献出处：《交大法学》2022 年第 5 期

金融性帮助行为评价为洗钱罪的法经济阐释

随着利用金融等专业性方法非法转移大额财产案件频发，洗钱犯罪在犯罪链中的作用越来越突出。部分帮助洗钱行为存在被评价为上游犯罪共犯和洗钱罪的两可性，通谋说给出的解释实质是罪名适用即司法上的区别标准，而引入法经济学方法则有利于从罪名设计即立法上得出部分帮助洗钱行为更应独立评价为洗钱罪的理由。在法经济学看来，将部分帮助洗钱行为单独评价为洗钱罪而非上游犯罪共犯更符合效率效益观。具体来说，一方面，从有限理性出发，利用犯罪人的理性认知偏差，将帮助洗钱行为单独评价为洗钱罪能够实现犯罪控制方面的帕累托改进；另一方面，在贪利型经济犯罪领域，洗钱罪灵活的财产刑刑罚结构更具针对性。

作者：陈灿平　温新宇

单位：天津财经大学立法与司法协同研究中心

文献出处：《法学论坛》2022 年第 5 期

行贿罪中“主动型行贿”的新阐释

我国现行《中华人民共和国刑法》对于行贿罪的适用范围要比《联合国反腐败公约》狭窄得多。对此，为了处理各类行贿案件，应当用实质解释论来填补“主动型行贿条款”中的某些漏洞。具体而言，结合行贿罪的相关规定，应当将主动型行贿的保护法益理解为社会公众对于公职行为不可交易的信赖，应当将主动型行贿理解为行为犯而非结果犯，应当将“使国家利益遭受（特别）重大损失”理解为客观处罚条件而非构成要件结果，应当将“为谋取不正当利益”理解为包含意图使公职人员在法律规定的范围内加速或者拖延履行职务。

作者：马龙　谭全万

单位：中国人民大学法学院　成都理工大学文法学院

文献出处：《社会科学研究》2022 年第 5 期

侵犯商标权罪评价标准的变革与完善：“情节严重”的体系化解释

在立法理念上，《刑法修正案（十一）》已全面实现侵犯商标权罪评价标准从数额犯到情节犯的转型。但由于司法解释未及时跟进，司法审判难免与刑事立法相龃龉。作为规范性不确定法律概念和关涉“量”的犯罪构成要件，“情节严重”的解释应坚持体系化方法，并以立法目的进行限缩。侵犯商标权罪旨在保护商标专用权和市场竞争秩序二元法益，后者又可还原为以防止混淆为内容的消费者利益。以此为逻辑起点，《商标法》惩罚性赔偿条款和《中华人民共和国刑法》侵犯知识产权罪条款可为“情节严重”提供解释资源。解释要素应按照行为、对象、后果完成类型化界分，并在评价犯罪行为时产生独立效用。但各要素不能单独作为定罪依据，须结合不同罪名中要素权重综合考察。在构建“情节严重”解释体系时，应先以非法经营额为入罪标准，而后根据侵权损失和其他情节等评价要素定罪量刑。

作者：彭学龙　张成
单位：中南财经政法大学知识产权研究中心　中国知识产权研究会
文献出处:《知识产权》2022 年第 8 期

没收组成犯罪行为之物的实质解释

司法实践中组成犯罪行为之物没收形式化解释的泛滥，严重损害了国民合法财产权。为合理解释并容纳组成物，避免出现供犯罪所用的本人财物被没收的漏洞，应将供罪财物解释为包括犯罪工具与组成物。没收组成物的规范性质是保安处分，应以特殊预防必要性作为限制的正当根据。应坚持实质的直接专门说，组成物意义上的供罪财物应被限制解释为“直接且专门供犯罪所使用的财物”，由此实现仅仅将值得《中华人民共和国刑法》没收的被作为或准备作为组成物的财物没收的正义结果。所谓“供犯罪使用”，是指直接供犯罪使用或准备直接供犯罪使用。所谓直接关系，是指财物对犯罪的完成起到了决定性或促进性的作用。某种财物是否被行为人专门作为或准备作为组成物，应当从使用次数、使用比例、财物获取难易程度、主观目的、财物数量、财物特殊性以及行为人的社会角色等方面进行类型化界定。

作者：冯文杰
单位：西南政法大学行政法学院暨监察法学院
文献出处:《甘肃政法大学学报》2022 年第 4 期

刑法同类解释规则：一个反思性的证立

刑法同类解释规则对于刑法规范含义的确定具有重要价值，我国刑事立法、司法解释以及司法裁判中的适法统一对于刑法同类解释规则的运用有着巨大的现实需求。但是，刑法学界关于刑法同类解释规则的关注呈现出“碎片化”“工具化”“符号化”倾向，刑法同类解释规则的操作性不强且缺乏与其他解释方法的融合，由此造成理论供给与实务需求的严重失衡。刑法同类解释规则要想真正回应现实需求并具备作为一种刑法解释方法的一般性特征和应有属性,应重点聚焦解决刑法同类解释规则“是什么”以及“怎么用”两个层面问题。一方面，在澄清认识误区的基础上，依托该规则的概念回归、适用条件、基本定位等支点完成刑法同类解释规则作为法律解释方法的理论构建；另一方面，基于过程调控和结果调控视角，通过判断标准和结论校验两个维度确定刑法同类解释规则作为法律解释方法的操作原理。

作者：俞小海

单位：上海市高级人民法院研究室

文献出处:《新疆社会科学》2022 年第 4 期

我国药品犯罪的立法变迁与教义阐释

——以《药品管理法》和《中华人民共和国刑法》的最新修改为中心

回顾我国 40 多年来的药品犯罪立法历程，药品犯罪刑法规范与《药品管理法》的关系经历了“完全独立—完全从属—相对独立”的演变过程。近期药品犯罪修改着力于解决药品犯罪完全行政从属性及其弊端等问题，确立了药品犯罪相对行政从属性的特征，由此决定药品犯罪兼容自然犯和法定犯的性质。假药和劣药的认定标准是形式标准与实质标准的统一，这种二元标准可以构建“形式入罪、实质出罪”的犯罪构成体系,合理划定药品犯罪的规制范围,实现药品犯罪规范目的之纯化。生产、销售假（劣）药罪与提供假（劣）药罪的界限在于是否有偿提供，有偿提供构成前罪，无偿提供构成后罪。生产、销售劣药，涉案药品又是刑法上的伪劣产品，销售金额达到 5 万元以上的，可构成生产、销售伪劣产品罪。涉案药品是否属于《药品管理法》规定的假药，是区别生产、销售假药罪和妨害药品管理罪的标准。涉案药品是否属于《药品管理法》规定的劣药、是否对人体造成严重危害，是区别生产、销售劣药罪和妨害药品管理罪的标准。

作者：王刚

单位：南京审计大学法学院

文献出处:《北京联合大学学报》（人文社会科学版）2022 年第 3 期

预设同意型诈骗罪的理论阐释及实践展开

数字经济时代，具备代行交易功能的自动交易设备、网络交易平台等智能交易主体已超越纯粹的工具范畴，在法律定位上属于电子代理人，是自然人主观意思的延伸。在电子代理交易模式下，自然人对于转移财物占有存在预设同意，行为人通过欺诈性手段满足智能交易主体的识别验证条件来获取、支配财物时，本质是对智能主体背后的真实权利人实施诈骗。预设同意型诈骗罪是基于智能科技发展和交易模式创新的时代背景而演变产生的一种新的诈骗类型，其不仅符合诈骗罪的行为结构，而且具有较强的实践解释力，能够契合司法实践中业已形成的裁判规则。在明知自动交易设备或者网络交易平台存在漏洞的情况下，行为人利用系统漏洞或程序瑕疵进行虚假交易进而非法获取财物时均应认定为诈骗行为，不能简单依据“机器不能被骗”来推翻这一认定结论。

作者：郑洋

单位：北京理工大学法学院

文献出处:《政治与法律》2022 年第 6 期

危害性原理的解释困境及自然秩序化建构

不论从大陆法系国家的法益侵害说、规范违反说以及折中说，还是英美法系国家的损害原则，抑或我国的社会危害性说来看，传统的危害性原理是以社会秩序为本位建立起来的。这种危害性原理不但难以解释环境犯罪的法益，而且对环境犯罪罪刑阶梯的设置带来了阻碍，同时不利于环境犯罪制裁措施的拓展。为此，应当实现危害性原理的自然秩序化，即把保护自然秩序作为危害性原理的重要立场，进而以对自然秩序造成侵害或者有造成侵害的危险作为建构和解释环境犯罪的事实根据。危害性原理的自然秩序化，要求在环境犯罪的建构上将对环境要素的侵害和对环境要素有造成侵害的危险，分别作为设立环境犯罪的侵害犯和危险犯的基本依据。

作者：李梁

单位：中央民族大学法学院

文献出处:《中国地质大学学报》(社会科学版) 2022 年第 3 期

聚众哄抢罪的历史解释

——兼论现行法研究的法史维度

聚众哄抢罪是我国当代刑法中特有的、来自实践的罪名，相关行为及司法处置在传统时代亦不鲜见，有必要运用历史解释的方法、从法律史的视角进行解读。在这样的解读之下，聚众哄抢罪是抢夺罪而非盗窃罪的特别减轻法条。因为抢夺罪与盗窃罪的界限在于公然性（而非公开性），公然性包括主观恶性与客观上对社会公共秩序的损害及可能损害。聚众哄抢罪与抢夺罪保护的法益均包括社会公共秩序，但主观方面的期待可能性和主观恶性较低。盗窃罪与侵占罪较抢夺罪轻，具备与聚众哄抢罪同样主观心态的盗窃、侵占行为人，也应类推适用特别减轻的办法。不仅研究聚众哄抢罪、抢夺罪这样与传统有莫大关系的罪名可以并应当运用历史解释、法律史的方法，而且现行各类民商事、行政、诉讼程序制度和实践均存在古为今用的空间与价值。

作者：谢晶

单位：中国政法大学法学院

文献出处:《社会科学》2022 年第 5 期

《刑法》第 27 条“起次要作用的人”的教义学阐释

妥当确定从犯的范围，对于适当量刑至关重要。实务上对于《中华人民共和国刑法》第 27 条规定的在共同犯罪中起次要作用的从犯通常不予认可；理论上也有人认为该规定是多余的。但上述认识值得商榷。应当以犯罪支配说确定正犯，再对共犯人进一步细分其作用大小。在共同犯罪中，对“起次要作用的人”的判断主要是事实判断，其判断以涉及责任刑的事实为审查重点，由于共同犯罪是违法事实，在“共同犯罪中”意味着认定“起次要作用的人”以本次犯罪的违法事实为基础，主观的责任事实则辅助性地予以考虑，属于预防刑的事实不能作为区分主从犯的依据。从类型分析的角度看,《中华人民共和国刑法》第 27 条“起次要作用的人”包括起次要作用的（共同）正犯、个别共谋共同正犯、绝大多数教唆犯。

作者：孟红艳

单位：清华大学法学院　清华大学法学院中国司法研究中心

文献出处:《法学评论》2022 年第 3 期

网络时代刑法客观解释路径

传统犯罪的网络异化主要表现为行为对象的数字化与行为方式的电子化。解释论立场的对立在具体路径上表现为主观文义解释与客观文义解释之争。网络时代刑法解释的目标是解析刑法条文在当前时代背景下的规范意义，应当舍主观文义解释而择客观文义解释。目的解释在存在论意义上只可能是主观的，客观目的解释这一解释方法存在先天的逻辑缺陷。主观目的解释可以与客观解释论立场兼容。同类解释规则可以视作主观目的解释对体系解释的补充，对“同类”的判断应当重视行为的实质可罚性。

作者：陆一敏

单位：华东政法大学

文献出处:《国家检察官学院学报》2022 年第 2 期

论刑事司法解释的效力问题

——以走私犯罪司法解释中的“禁止”为分析重点

在中国的立法语境与刑法理论话语体系下，讨论刑法司法解释的溯及力问题，似乎不仅是政治不正确的伪命题，而且是得不到理论与实践支持的假议题。但如果正视司法解释的现实状况，我们会发现，司法解释的法律续造现象非常普遍。司法解释中将走私犯罪中的“禁止”解释为“包括绝对禁止与相对禁止”就是法律续造情形的体现，有越权解释的嫌疑。走私国家限制进出口的货物、物品中的“禁止”是“相对允许”。对于实际上具有法律续造性质的刑事司法解释而言，承认其刑法渊源地位，明确其在不利于行为人时不可以溯及既往，既符合实际又不违法理，也能最大限度地守住罪刑法定原则的核心价值。

作者：蔡道通

单位：南京师范大学法学院　中国法治现代化研究院　江苏高校区域法治发展协同创新中心

文献出处:《南京师大学报》（社会科学版）2022 年第 1 期

因果关系错误问题及其应对

——以行为危险现实化说的再阐释为中心

因果关系错误，是为了解决在因果关系上认定过宽，让行为人对一些罕见的偶然结果也要承担既遂责任的问题而提出的概念，是试图将在客观违法阶段难以解决的问题转移至主观责任阶段加以解决的尝试。但这种尝试不仅无法解决具体问题，还会加重责任阶层判断的负担，导致违法阶层判断与责任阶层判断失衡。因此，在客观层面处理因果关系错误问题成为学说主流，其中，行为危险现实化说应当成为首选方案。只是，当前对行为危险现实化说的理解带有较浓厚的相当因果关系论色彩。行为危险现实化说强调因果关系的客观性，认为在有无因果关系的判断上，没有必要以内容模糊的规范性因素即“异常性”作为判断依据，而只要以科学鉴定所确认的行为对现实结果发生的贡献度或者参与度为根据，判断现实结果能否评价为行为危险的现实化即可。

作者：黎宏

单位：清华大学法学院

文献出处:《法学研究》2022 年第 1 期

醉驾行为出罪路径的刑法教义学阐释

从醉驾行为入罪的教义内涵、经济性以及社会治理效果三个方面来看，为醉驾行为保留合理的出罪空间具备正当性。醉驾行为的刑法教义学层面的出罪路径主要有以下四条：一是行为不符合醉驾型危险驾驶罪的客观构成要件，对于行为不符合客观构成要件的论证，应否定抽象危险反证的研究范式，对于客观构成要件要素应进行实质解释；二是行为不符合醉驾型危险驾驶罪的主观构成要件，对于以隔夜醉驾为代表的行为不符合主观构成要件情况的判断应聚焦于对故意要素的规范解读；三是行为符合《中华人民共和国刑法》第 13 条但书之规定；四是行为构成可以出罪的正当化事由，具体包括正当防卫、紧急避险、自救行为和法令行为。

作者：王志祥　融昊

单位：北京师范大学刑事法律科学研究院

文献出处:《北方法学》2022 年第 1 期

监察官与监察制度内在关系的法理阐释

监察官自身认识存在的局限性限制了其“内生性动力”的发挥，而监察制度对监察官的“塑造”存在“异化”现象，针对监察官与监察制度内在关系所存在的这些问题进行分析，进而从法治的角度提出解决这些问题的策略：一方面，监察官要增强对监察制度的敬畏和信仰意识，要遵循新时代监察工作规律积极促进监察制度的创新；另一方面，监察制度要不断优化以适应新时代监察官发展和工作的需要，从而进一步提高监察效能。

作者：徐伟红

单位：华南理工大学法学院

文献出处:《湖南大学学报》(社会科学版) 2022 年第 6 期

社会信用信息的规范定义及其标准阐释

社会信用信息属于规范性概念，应明确其规范定义，发挥其应有的功能。我国现行的地方社会信用条例对社会信用信息的定义存在过于抽象的问题。社会信用信息概念明确的关键是对“信用”的定义，目前的社会评价说、意愿与能力说、三维构成说存在法律与道德混淆问题，应坚持履行义务状态说并结合义务标准对社会信用信息进行阐释。基于社会契约理论和阶级理论，义务与社会信用之间存在密切关系。作为社会信用信息定义的“义务”，应坚持效力性、行为的可评价与明确性、责任的关联与强制性三项判断标准。效力性标准限定了法定义务与约定义务中“法”与“约”；行为的可评价与明确性标准使得信息的认定与分类成为可能；责任的关联与强制性标准则确保了社会信用信息认定与处理始终处于法秩序的范围内。

作者：张路

单位：湘潭大学信用风险管理学院

文献出处:《征信》2022 年第 10 期

论“生态环境法典”之“生态环境”的阐释

概念作为语句的基本组成单位，是逻辑的起点和意义的来源，一般可分为常识概念、科学概念和法律概念三种。在追求适用稳定和理解准确的法律语境当中，如果概念之间不能保持有效的区分，在具体文义解释向度上势必会造成相互分歧、混淆、冲突等负效益。“生态环境”这一概念缘起于我国特殊的历史情境，具有偶然性和主观性。如果仅从常规语法结构上分析，存在偏正结构、并列结构和联合结构三种不同且皆合理的解析样式。但置身于我国《宪法》以及部门法语境中，应当以法律人的体验为基准，并紧密结合法学学科的特质,从科学概念向法学概念回归。未来“生态环境法典”中“生态环境”应是一个统称，至少包含三重含义：和谐的生态关系、完整的生态系统和良好的生活环境。

作者：李树训

单位：武汉大学环境法研究所

文献出处:《中国环境管理》2022 年第 5 期

中国环境法预防原则的实质阐释

伴随环境法典编纂进入立法进程，预防原则迫切需要实现体系化。《环境保护法》第 5 条预防原则存在象征立法问题，造成环境法理论上的不同观点并存，这种模糊状态与体系化需求形成反差，需要通过解释来对其进行完善。预防原则的实质阐释可从整体预防观出发，突破象征性立法困局，最大程度实现精细化立法，通过危险与风险双层预防视野下的适度精细化展开。实质阐释会产生整体观下公私法协调效应、法律适用效应以及相应改革效应。

作者：刘明全

单位：东南大学法学院

文献出处:《清华法学》2022 年第 5 期

已公开个人信息处理规则的类型化阐释

《个人信息保护法》第 13 条第 6 项与第 27 条可被视为规制已公开个人信息处理行为的“责任规则”与“财产规则”，二者在适用上的竞合导致已公开个人信息处理行为的合法性判准陷入模糊。已公开个人信息可被划分为意定公开信息与法定公开信息，二者在公开的依据、承载的利益形态、信息主体可施加的控制程度等方面均存在实质差异。这些差异构成了立法对二者区别评价与区别对待的客观基础。依托法经济学上的“卡 – 梅框架”进行分析，对于意定公开信息，可保持当前以财产规则为主体的制度设计，以信息主体的意思作为认定信息处理行为是否合法的判准；对于法定公开信息，则应当优先适用责任规则，以促成针对此类信息的有效率的“强制交易”。

作者：齐英程
单位：吉林大学司法数据应用研究中心
文献出处:《法制与社会发展》2022 年第 5 期

区块链赋能个人破产后信用监管的理论阐释与制度创新

个人破产制度已开始运行，然而个人破产后信用监管尚存在立法完备度偏低、监管部门权责模糊、信息管控能力偏弱、差异化监管模式缺失以及监督机制乏力等问题。近年来，区块链技术在多领域广泛应用，其技术特性与个人破产后信用监管制度逻辑契合，可提高个人破产后信用监管的结果公信力与实践效能并优化信用监管秩序。我国应积极提升个人破产后信用监管的立法完备度，明确监管部门权责，提升信息管控能力，构建差异化监管模式，加大监督力度，从而助力被监管主体早日恢复经济再生能力，优化市场经济环境。

作者：闫晴　马苗
单位：合肥工业大学文法学院
文献来源:《征信》2022 年第 9 期

品种权开放许可

——理论阐释、规范构造与运行保障

品种权开放许可是一种遵循自愿原则，体现开放共享、责任规则精神的品种权许可创新模式。品种权开放许可制度具有减少交易成本、加速育种成果转化、促进育种开放式创新的功能。本文从理论阐释、规范构造和运行保障方面对我国引入品种权开放许可问题进行了学术探讨，认为应围绕申请主体、开放许可声明与合同订立、年费减免与撤回等方面构造品种权开放许可制度，通过明确行政部门职能，完善多元纠纷解决机制，建立失信行为惩戒机制等保障品种权开放许可制度的运行。建议在我国植物新品种保护制度中引入开放许可制度，同时考虑该制度的运行成本、吸引力，以及与我国国情的契合性，以充分发挥其制度功能，促进品种创新与转化，更好地保障国家粮食安全。

作者：万志前　周贤桀

单位：华中农业大学文法学院　农业农村法治创新研究中心
文献出处:《浙江农业学报》2022 年第 9 期

行刑衔接的规范阐释及其机制展开

——以新《行政处罚法》行刑衔接条款为中心

为化解行政执法与刑事司法衔接的制度空转风险，应明确新《行政处罚法》“行刑衔接条款”的规范内涵，完善行刑衔接的制度体系。在实体衔接层面，一方面，基于功能主义立场重塑行政违法与刑事犯罪的实体界分标准，建构行政犯罪构成要件梳理制度和行刑衔接清单管理制度，以“形式化的案件移送标准”替代“实质化的犯罪认定标准”；另一方面，确立行政责任与刑事责任的并处适用模式，坚持刑事责任优先原则，采取功能相似责任形式折抵、功能相异责任形式并处规则，实现行政责任与刑事责任的实体衔接。在程序衔接层面，重点是推动行政证据向刑事证据转化，实现行政证据与司法证据衔接；核心是坚持刑事程序优先原则，实现行政刑法责任追究程序的衔接；关键是完善联席会议制度、案件咨询机制和信息共享机制，构建程序衔接制度体系。完善行刑衔接机制亦应警惕行政犯罪不良扩张所导致的衔接机制异化风险，以及企业合规制度引入所带来的衔接机制被解构风险。

作者：李煜兴
单位：东南大学法学院
文献出处:《中国刑事法杂志》2022 年第 4 期

环境法独立性阐释与环境法典编纂

环境法独立性阐释的缺失将导致环境法典编纂面临根本性挑战，不仅使环境法典在法典化背景下难以确定自身定位，也将使环境法典缺乏内在法律逻辑一致性的支持。当前，在理论上阐明环境法独立性的条件与基础已经具备。对环境法独立性的阐释应摆脱部门法思维的认知局限，以生态利益为基础，通过充分阐明环境法生成缘起及独特价值取向，确认环境法的独立性。以生态利益为基础的环境法独立性阐释，不仅有助于环境法典以独特价值导向为基础与相关领域法典进行区分与协同，也将在立法技术层面对环境法典体例安排的优化提供有说服力的理论支持。

作者：张璐
单位：华东政法大学经济法学院
文献出处:《中共中央党校（国家行政学院）学报》2022 年第 4 期

新时代全民健身的法律激励：文本检视、理念阐释及制度革新

我国现行的全民健身相关法律法规中存在较多具有激励意义的规定并起到了一定的激励作用。站在新时代这一历史方位上，深入实施“全民健身”国家战略和“健康中国”国家战略，助力体育强国建设，其在激励对象、激励范围、激励措施等方面还存在一些问题亟待改进。因此，应当秉持人本主义、实质正义、社会本位的制度革新理念，在激励对象明晰、激励范围扩大、激励措施细化 3 个方面进行具体的制度革新，从而不断夯实全民健身“中国之治”的基座，切实保障人民群众的健身权益，让全民健身事业取得更多的改革发展成果并更公平地惠及广大民众。同时，为打造健康中国，实现健康强国，为构建人类卫生健康共同体提供中国智慧和中国方案。

作者：胡元聪　刘子华
单位：西南政法大学经济法学院
文献出处:《北京体育大学学报》2022 年第 7 期

土地经营权债权定性之解释论

土地经营权写入《民法典》后，解释论是对其定性的基本定位，以便理解其权利构造及推进制度适用。以期限长短（五年为界）、登记与否定性土地经营权缺乏法理基础和规范支撑。经由文义、体系与法目的解释的通盘思考，应将它定性为债权而非物权。就法文义而言，《民法典》第 339 条和《农村土地承包法》第 36 条是它定性成债权的规范依据，确立其基于土地承包经营权之出租、入股等债权性流转形式而产生，而承包经营权的互换、转让并未生成新的土地经营权，只是引起用益物权的整体性变动。就法体系而言，土地经营权再流转及融资担保需经“承包方书面同意”的法限制，可佐证它的债权定性。《民法典》中也不存在土地经营权定性为用益物权的母权基础。就法目的而言，“保持农村承包经营关系稳定”决定了承包地法制改革不应改变土地承包经营权的权利称谓和用益物权属性，也意味着无法把土地经营权纳入用益物权范畴，

避免与一物一权原则相悖。它的债权定性将对其设立模式、规则构造、对抗性和融资担保等产生体系效应。

作者：单平基

单位：东南大学法学院　东南大学民事检察研究中心

文献出处:《法学家》2022 年第 4 期

失信惩戒对象权利保护：缘由阐释、文本分析与路径完善

——以省级地方性法规为考察对象

基于失信惩戒实施目的和运行架构的分析，应当对失信惩戒对象的权利予以应有保护。从立法实践来看，已有省级地方立法不仅将失信惩戒对象权利保护确立为立法目的之一并作专章规定，而且对知情权、异议权、修复权等核心权利进行了明确规定，但同时存在权利保障措施粗陋、权利救济途径缺失、责任约束机制羸弱等问题。为有效保护失信惩戒对象权利，应当完善失信惩戒对象权利保障机制、健全失信惩戒对象权利救济机制、强化失信惩戒实施责任约束机制。

作者：刘广明　陈易佳

单位：河北大学国家治理法治化研究中心　河北大学法学院

文献出处:《征信》2022 年第 6 期

从属性劳动概念的法律化、解释与启示

将从属性劳动作为核心概念来划定保护范围，在何谓从属性的解释更迭中动态调整劳工保护范围，是现代劳动法的共通教义。以深入辨析规范功能为基础，意大利立法最先使用从属性术语，学理与司法裁判提出一系列释法方案，展现立法定义的倒空与回归、劳工保护范围的宽松与收紧。借鉴其制度经验，我国劳动立法可调整命名但不定义的保护边界法律化模式，通过厘清概念功能、找准社会原型、区分要素指征、预留开放要素，科学定义劳动关系；劳动法学理论可从意大利法的解释历程中总结从属性解释方案的历史性，纠偏当前理论继受的平面视角，通过对从属基础的深层追问，推动我国劳动关系从属性理论的创新发展。

作者：粟瑜

单位：华东理工大学法学院
文献出处:《东南学术》2022 年第 3 期

“行政处罚权交由”的规范阐释

——基于《行政处罚法》第 24 条第 1 款之展开

《行政处罚法》新增第 24 条第 1 款“处罚权交由”规则，撼动了既有的行政处罚体制，使得行政处罚权在一定程度上向基层延伸。新法实施后遇到了诸多适用问题，故有必要明确其规范意旨，通过内、外部视角的融合，从行政权能与行政权限两方面进行细致阐释。在具体适用层面，“处罚权交由”的决定主体既可以是省级人大及其常委会，亦可以为省级政府，省级政府部门同样可以进一步明确权限分工；“处罚权交由”的承接主体则需要为处罚权的有效运行提供必要的体制保障；同时，应结合相对集中处罚权的适用领域对“处罚权交由”的范围进行限缩，并根据行政处罚种类的损益性对基层处罚措施进行必要之限制。

作者：秦前红　陈芳瑾
单位：武汉大学法学院　武汉大学行政检察研究中心
文献出处:《法治研究》2022 年第 3 期

个人信息保护制度中告知同意原则的法理阐释与规范建构

《个人信息保护法》确立了以告知同意原则为核心的个人信息保护制度，但告知同意原则的实际效果一直遭到质疑，这主要是由于信息技术和商业模式的发展对“实质性告知同意”产生了障碍。对此，有必要重申人格尊严作为告知同意原则的理据，并充分认识到“信息茧房”、“数据权力”以及“个人信息价值对于个体和对于群体的巨大差异”对实现人格尊严的影响。在此基础上，告知同意原则理论的三大支柱包括：实现个人信息保护和信息自由流动的平衡、提升个人用户的数字理性、范围和边界的确定是分层次和动态化的。相应的，应当以“实质性参与”作为规范完善的路径取向：明确“知情、同意、撤回、删除、更正”的权利体系，保障多方参与的程序机制，建立多样化的纠纷解决机制和法律责任体系。围绕告知同意原则的这一完善思路，对于构建共建共治共享的网络治理格局也有所启发。

作者：冯健鹏

单位：华南理工大学法学院

文献出处：《法治研究》2022 年第 3 期

经济正义视角下数据确权原则的建构性阐释

数字经济是一种全新的经济形态，数据确权原则无疑是其中最本质、最根本的问题。中国正在经历一场从脱贫致富迈向共同富裕的重大政策变革，数字经济缺乏的不是经济效率，而是社会的公平正义。因此，数据确权原则的建构，应当在坚持以人民为中心的发展理念的指导下、共同富裕的发展战略部署下展开，以承载更高的价值追求。当前，不少研究机械地套用科斯定理，基于效率原则主张将数据确权于平台，这必然会进一步扩大数字鸿沟与财富鸿沟。努力实现经济正义是中国经济发展的价值取向，这将必然成为数据确权原则的逻辑起点。数据是消费者的数据，把数据赋权于消费者个人，是经济正义的内在要求。数据的非竞争性也使权能分离得以可能，只要满足平台的数据获取和使用需求，消费者数据产权不仅不会降低数据效率，反而有利于促进财富最大化，更重要的是能够实现全社会的公平正义。因此，“政府监管、个人所有、平台使用”理应是我国数据确权的最优选择。

作者：武西锋　杜宴林

单位：中国刑事警察学院　吉林大学理论法学研究中心　吉林大学法学院

文献出处：《武汉大学学报》（哲学社会科学版）2022 年第 2 期

论永久基本农田的概念阐释与法制完善

永久基本农田法律制度的完善是“藏粮于地”目标与“十四五”规划实现的重要依托，目前制度规范中仍存在永久基本农田与基本农田的混用表述。围绕文义解释、论理解释和社会学解释对永久基本农田进行阐述，分析表明永久基本农田与基本农田并无迥异，且前者的表述更契合现有实践。研究认为，上下位阶条文不统一、新旧政策性术语不匹配、法律制度体系不完备等问题均源自永久基本农田概念的含糊，以及规范性文件对永久基本农田与基本农田的混用。基于此，建议统一规范性文件中永久基本农田的表述，从宏观与微观层面对既有制度进行完善，其中宏观构造包括三方面：一是更新和完善法律与条例之间的良性互动，二是相关法律的系统性衔接，三是政策规范的及时性回应；微观设想表现在客体明晰下的范围划定与耕地补偿整合，责任主体明确下的监测监管治理力度的加强，以及价值衡平下保持粮食安全用途不变的生态发展型道路。

作者：冉曾红

单位：重庆大学法学院

文献出处：《华中农业大学学报》（社会科学版）2022 年第 2 期

个人信息权的体系化解释

——兼论《个人信息保护法》的公法属性

《个人信息保护法》是数字时代个人信息保护的基本法。它采取了将个人信息权作为新兴公法权利的思路，确立了完整的个人信息权利保护体系，在个人信息保护问题上和《民法典》一起形成了公私法共同协力的进路。《个人信息保护法》以权利束的方式规定了个人信息主体的知情权、决定权、查阅权、复制权、更正权、删除权、可携带权和信息权利救济权等。《个人信息保护法》从立法依据、权利体系、条文设计和规制措施上都体现出鲜明的公法属性，这也可以从基本权利的双重面向和个人信息国家保护义务得到理论上的证成。这部法律是数字时代公法秩序的基石，它对公法边界的形塑仍需通过其实施来确立。

作者：汪庆华

单位：北京师范大学法学院

文献出处：《环球法律评论》2022 年第 1 期

行政处罚中择一重罚规则的体系化阐释

择一重罚规则的适用面临执法管辖权与高额罚款权归属主体不一的难题。综合执法制度可以部分解决该问题，在综合执法之外，则需分情况适用不同的解决方案。在识别“罚款数额高的规定”时，应根据法定罚的上限而非决定罚来比较罚款的轻重。根据法定罚款额高的法律做出的决定罚，其数额不能低于法定罚款额低的法律所规定的罚款下限。行政机关错误适用择一重罚规则做出罚款决定，人民法院可以做出变更判决，但变更判决要受禁止不利变更规则的约束。在被人民法院判决撤销并责令重做的情形中，行政机关加重对当事人的罚款，通常应证明其加重罚款没有恶意，因裁量逾越被判决责令重做的除外。

作者：刘连泰

单位：厦门大学法学院

文献出处:《法学研究》2022 年第 1 期

生态环境保护综合行政执法改革：一个组织结构整合机制的阐释

生态环保综合执法改革的本质是组织结构整合和执法权的再分配。改革的关键是如何科学合理地划分职责范围，核心是整合机制选择。生态环保执法相关的“组织集”面临的任务环境，相互依赖的类型、范围和相互冲突的程度，以及生态环境保护的战略共同决定了以高正式化和高等级化的部门整合方式重塑统一、权威和高效的执法体制。不过，部门整合和相对集中执法权并非“灵丹妙药”。生态环保综合执法还面临职责整合空间拓展、综合执法机构与行业管理部门之间的职责关系理顺、职责扩张和机构能力建设滞后的矛盾，以及平衡综合性和专业性关系等难题，需要围绕整合职责范围、丰富政策工具箱、完善法治保障体系和创新执法方式等持续深化改革。

作者：杨志云

单位：北京科技大学

文献出处:《天津行政学院学报》2022 年第 1 期

论体育赛事转播权的体育法规制

体育赛事转播权作为一种体育行业约定俗成的惯用语，在我国并未构成法律权利。体育赛事转播“三点三层”的商业模式和法律构架能够证明，体育赛事转播建筑于赛事组织者对于体育赛事所享有的某种未经法律认可的基础性权利之上。学理分析表明，“商品化权”和“无形财产权”的学说并不能正确解释此种基础权利,而“物权”和“民事权益”的解释方法也难以精确的定位该权利属性。因此，赛事组织者对体育赛事所拥有的绝对权难以在现有法律体系内得到妥善解释。在比较欧美体育强国有关体育赛事转播权法律定性的基础上，本文指出，赛事权利应由体育法进行规范，赋予体育协会赛事权利人的合法地位，从而借助民法和体育法间的一般法和特别法关系完整保障赛事权利，这也是解决具有行业特殊性的体育法律问题的一种有效方式。

作者：姜栋

单位：中国人民大学法学院

文献出处:《法学家》2022 年第 1 期

优化算法可解释性及透明度义务之诠释与展开

算法推荐服务提供者需要履行优化算法可解释性及透明度的义务。算法可解释性是算法模型的客观属性，算法透明度则是算法运行结果与主观预期的关系。优化算法可解释性及透明度的要求包含两个需要相对区分的义务，需要分别作结构化、层次化的处理，按照初步优化、适度优化、充分优化三个层次，展开为有适用场景和程度变化的一系列具体要求。在具体法治建设中，应当进一步界定可解释性与算法透明度之概念,明确优化算法可解释性与算法透明度义务与算法解释请求权之关系,完善场景化、层次化的优化义务结构，并通过技术标准中的多元化可选规则为优化提供指引。

作者：苏宇

单位：中国人民公安大学法学院

文献来源:《法律科学》(西北政法大学学报)2022 年第 1 期

民兴于仁：中国传统最早庶民治理的理论与实践

——《论语·里仁篇》的法典化解释

孔子仁学提出以庶民社会有耻且格，进而乡里自治使民兴于仁来克服政治社会的礼崩乐坏。《论语》综合阐释孔子仁学应对春秋礼崩乐坏的系统性策略，提出以重塑美德、政治改革、礼乐革新、乡里自治为中心的全面革新。《里仁篇》提出乡里自治的基本宗旨、治理的基本原则、所要实现的目标人格，以及所需要实行的权变和不变策略，使得上述革新具有现实可能性和全面促进内在大人人格的实现，由此克服礼崩乐坏带来的消极影响，重塑安身立命之道，这一自治思想主导之后的中华传统。

作者：沈敏荣

单位：首都经济贸易大学法学院
文献出处：《学术探索》2022 年第 4 期

论我国合宪性审查中的宪法阐释与宪法解释

哲学诠释学意义上的“解释”与“阐释”的诠释方法，对于宪法解释学具有深刻的启迪意义。宪法解释与宪法阐释在性质上具有同源性与同质性，宪法解释包含着宪法阐释，宪法阐释从属于宪法解释。一旦有权解释宪法的机关采纳宪法阐释的结论，并依据法律规定出台宪法解释案，那么“宪法阐释案”成为正式的“宪法解释案”。尽管全国人大常委会尚未以正式具有法律效力的宪法解释案的方式发布宪法解释，但其在我国宪法实施中却常常以实质性宪法解释的形式积极回应民众对宪法问题的关切与强烈的现实需求以及党中央的殷殷要求，从而有效地保障了现行宪法的贯彻实施。

作者：范进学　张玲玲
单位：上海交通大学法学院
文献出处：《浙江学刊》2022 年第 3 期

铸牢中华民族共同体意识的法理阐释
——以《地方组织法》为例

《中华人民共和国地方各级人民代表大会和地方各级人民政府组织法》是关于地方组织制度的基本法律和法治保障，2022 年做出第六次修改。此次修法意义重大，亮点之一在于增加了铸牢中华民族共同体意识的内容。在法理层面，此次修法整体上提升了铸牢中华民族共同体意识的法治地位，使其从对地方组织的政策要求转变成法定职责；框定了铸牢中华民族共同体意识的法治内容，将少数民族的抽象权利细化到了合法权益；转变了铸牢中华民族共同体意识的法治思维，使其从尊重习惯具体到了保障自由；确立了铸牢中华民族共同体意识的法治方式，使其从应当采取发展到了可以依法采取。《地方组织法》的修订是铸牢中华民族共同体意识在地方组织法律制度建设上的重大发展。

作者：程荣　虎有泽
单位：四川大学法学院　西北大学法学院
文献出处：《中南民族大学学报》（人文社会科学版）2022 年第 11 期

第二部分

学术动态

大事记

1 “马克思主义中国化时代化与国际阐释”学术研讨会在广外举行

2022 年 12 月 25 日，由广东外语外贸大学主办，南方新闻网、羊城晚报合办，广东外语外贸大学马克思主义学院承办的“马克思主义中国化时代化与国际阐释”学术研讨会以线上方式成功举办。来自北京师范大学、中山大学、中共中央党校（国家行政学院）、吉林大学、华南师范大学、湘潭大学、山东大学、华中科技大学以及其他高校马克思主义学院的 18 位专家受邀做主旨报告。广东外语外贸大学马克思主义学院以及省内高校相关专业的师生近 200 人参加研讨会。

推动马克思主义理论学科高质量发展

广东外语外贸大学党委常委、副校长刘海春致开幕词时表示，加强中国化时代化的马克思主义国际阐释工作具有战略意义。习近平总书记在党的二十大报告中指出，要坚守中华文化立场，提炼展示中华文明的精神标识和文化精髓，加快构建中国话语和中国叙事体系，讲好中国故事、传播好中国声音，展现可信、可爱、可敬的中国形象。加强国际传播能力建设，全面提升国际传播效能，形成同我国综合国力和国际地位相匹配的国际话语权。深化文明交流互鉴，推动中华文化更好走向世界。

目前，广东外语外贸大学正以中华文化国际传播学科建设为契机，大力推动马克思主义理论学科高质量发展。坚持以国家所需、未来所向、广外所能为导向，充分发挥学科优势，紧密对接全球治理、“一带一路”倡议、构建人类命运共同体等国家重大战略需求，提升国际话语服务能力，建设文化传承创新高地，为构建中国特色哲学社会科学学科体系、学术体系、话语体系贡献广外智慧和力量。他希望与会的专家学者能够畅所欲言、发表真知灼见，共同为马克思主义理论学科建设寻求新思路，拓展新途径，共同谱写中国化时代化马克思主义国际阐释事业新篇章。

专家的报告集中在三个层面：第一个层面是对中国发展经验、中国发展道路、中国智慧、中国形象的国际阐释；第二个层面是对中国式现代化的国际阐释；第三个层面是马克思主义中国化、时代化的内涵、意蕴、意义的国际阐释。

对中国发展经验、中国发展道路、中国智慧、中国形象的国际阐释

北京师范大学中共党史党建研究院院长王炳林强调，习近平新时代中国特色社会主义思想的世界观方法论是打开中国所有智慧宝库的钥匙，是应对西方学术霸权、突破西方学术限制、用中国的学术理论讲好中国发展经验和发展道路的重要基础。

中央党校（国家行政学院）中国式现代化研究中心主任张占斌指出，中国式现代化的发展优越性要转化为国际话语的优势。对此，他提出具有实践指导意义的建议，例如议程的设置、学术话语的陈述以及采用具有亲和力和吸引力的表达方式等。

吉林大学党委副书记、教授韩喜平提出，世界上伟大的哲学社会科学成果都是在回答解决人和社会面临的重大问题，因此我们要坚持问题导向的理论话语体系的构建。他的主要观点是马克思主义理论话语体系构建必须先行一步，有关中国特色社会主义取得的伟大成就未能及时被理论化阐释，当前存在一定程度的“理论赤字”问题，需要着力构建具有中国特色、中国风格、中国气派的学科体系、学术体系、话语体系。

广东外语外贸大学马克思主义学院教授谢迪斌认为要从现代性与古典性相结合的话语逻辑、利益与价值相结合的话语逻辑、世界与民族相结合的话语逻辑，建构中国叙事体系的话语逻辑。

《羊城晚报》理论评论部主任温建敏从主流媒体理论平台的国际传播实践角度谈了马克思主义中国化时代化的国际阐释问题，指出传统主流媒体加大了对中国化时代化马克思主义理论的研究，刊发的理论文章呈直线上升的趋势，理论平台的融媒体创新拓宽了对外传播的途径。

暨南大学马克思主义学院院长程京武从如何讲好中国故事以及如何增强中华文明传播力影响力的角度，指出要从中国是谁、从哪里来、在什么方位、要去哪里四个方面讲清楚中国形象如何构建，以及如何使用中国话语进行阐释问题。

华南农业大学马克思主义学院院长张丰清从毛泽东的史料文献出发谈对外传播的自我革命问题。他强调，塑造“可信、可爱、可敬的中国形象”，需要做到：“有料”，即在传播内容上下功夫；“有招”，即讲好中国故事，一方面要用中国理论来阐释中国实践，另一方面要研究国外不同的受众特征，要用新的概念、新的表达；“有路”，即创新载体与媒体平台，表达要具体化。

广东药科大学马克思主义学院院长刘小龙从国际传播视角阐述了如何才能够更好

地讲好中国式现代化和平发展故事问题，提出讲什么、谁来讲、对谁讲三个问题。

广东技术师范大学马克思主义学院院长李尚旗从提升中华文明传播力影响力的角度阐释了如何才能进行中华文明传播、如何提高传播的实效、如何在精准方向发力、如何做有效评估以及新时代如何让每一个公民都有中华文明传播的意识等问题。

中国式现代化的国际阐释

中山大学马克思主义哲学与中国现代化研究所暨哲学系教授李萍围绕伦理旨趣与价值追求，探讨中国式现代化问题，指出从20世纪初“三大论战”开始，已经开启历史的、立体的百年中国现代化探索过程，并最后落地到新时代中国式现代化的实践之中。她还结合人的价值追求、人的发展、人的需要，深刻阐述了中国式现代化的根本内涵。

广东外语外贸大学党委常委、副校长刘海春谈新时代实现人的现代化的三重逻辑。第一，为人类求解放的马克思主义人学是实现人的现代化的理论逻辑。第二，为人类谋幸福，为民族谋复兴，为世界谋大同的百年党史是实现人的现代化的历史逻辑。第三，中国式现代化道路，是实现人的现代化的实践逻辑。

华南师范大学马克思主义学院院长陈金龙围绕中国式现代化怎样成为新议题问题，指出党的二十大报告提出中国式现代化的目标任务、基本特征、本质要求、重大原则、战略步骤和战略重点，为中国式现代化理论框架的建构提供了基础。

湘潭大学马克思主义学院教授李佑新梳理了习近平总书记关于继承发展中华优秀传统文化方面的重大贡献，尤其是明确提出和论述了马克思主义中国化的“第二个结合”，提出了实现中华优秀传统文化创造性转化与创新性发展的重大任务，并在多方面实现了创造性转化、创新性发展。

华南理工大学马克思主义学院院长解丽霞从改革开放史角度谈中国式现代化的探索历程，指出这一探索历程对于未来变革的重要意义。

广州大学马克思主义学院院长赵中源从治理主体角度，谈新时代马克思主义国家治理理论的原创性贡献，指出这些贡献包括：实现了对经典马克思主义国家治理理论的创造性继承与发展，实现了对中国传统治道和政道的创造性转化与创新性发展，实现了对西方治理理论的根本性超越，实现了对人类治理文明新形态的开创性建构。

广东工业大学马克思主义学院院长揭晓从意识形态角度解读了党的二十大报告文本，重点就什么是中国式现代化，如何才能实现中国式现代化、中国式现代化应当有什么样的社会意识形态的共识，以及如何建设社会主义的意识形态等问题做了理论阐述。

马克思主义中国化时代化的内涵、意蕴和意义的国际阐释

山东大学马克思主义学院院长张士海从三个方面分析了中国化时代化马克思主义行的内涵意蕴。第一，马克思主义行的逻辑前提体现在马克思主义科学性，尤其是对社会发展规律的把握上。第二，中国化时代化马克思主义行的核心驱动力，是中国共产党强大的理论自觉和理论创新能力。第三，习近平新时代中国特色社会主义思想是中国化时代化马克思主义的最新篇章。

华中科技大学马克思主义学院教授董慧以马克思主义中国化时代化的新的飞跃为主题，从四个方面进行了阐述：一是要学习马克思主义哲学的智慧，并且用于指导治国理政的实践。二是深入理解哲学，坚持用马克思主义哲学教育和武装全党，彰显马克思主义哲学对现实的解释力以及对实践的引领力。三是深刻理解世界观、方法论的自觉，这是理论创新的重要前提。四是深刻理解习近平新时代中国特色社会主义思想的立场观点和方法。

会议闭幕式由广东外语外贸大学马克思主义学院党委书记麦培年主持，马克思主义学院院长毛国民作学术总结。毛国民指出，这是一场有高度、有深度的思想盛宴和学术大餐，各位专家贡献了全方位、多维度的深邃思考和思想启迪，这将引领我们不断取得中国化时代化马克思主义国际阐释事业的新发展。

本次学术报告分三个阶段，由马克思主义学院毛国民院长、曾荣副院长和朱海龙副院长分别主持。

2　发掘传统 面向现实

——中国文学批评研究会 2022 年年会暨“阐释学与文学批评的话语创新”学术研讨会

为推进中国阐释学研究与文学理论、文艺批评的深度融合，巩固传统文艺评论阵地，加强文艺基础性、前沿性、倾向性问题研究，建设具有中国特色的文学理论与批评学科体系、学术体系和话语体系，2022 年 8 月 20~21 日，中国文学批评研究会 2022 年年会暨“阐释学与文学批评的话语创新”学术研讨会在山东威海举办。会议由中国文学批评研究会主办，山东大学文化传播学院、山东大学文艺美学研究中心、中国社会科学院大学文学院、《中国文学批评》杂志承办。来自各大高校和科研机构的 150 余名学者针对中国阐释学、西方阐释学、现当代文学批评等问题进行了精彩发言，展现了中国学者对阐释学与中国文学批评话语创新的有效探索。

中国文学批评研究会会长、中国社会科学院原副院长张江教授在大会主旨演讲中提出，当前阐释学体系建构的一个关键点是公共阐释的问题，要继续完善和扩展这一题目，解决阐释的根本性问题。他谈到，中国古代阐释学具有丰厚的资源储备，是一片值得深耕的沃土。当前的重要工作是研究中国古典阐释学，寻找可以与西方阐释学相对接且能够被青年人所接受的本土概念，建立汉语的阐释概念、范畴和体系。山东大学文艺美学研究中心主任谭好哲教授在开幕式致辞中表示，张江教授所倡导的中国当代阐释学研究极具理论价值和意义，主要表现为以下三个方面：第一，打破了一种亦步亦趋的模仿式文论的基本格局；第二，引领了中国文论自主知识创新的时代潮流，创造了一批值得关注的热点性话题；第三，对当代中国阐释学的基本理论和问题架构做出了开拓性的探索，从而使中国学者能够在富有深度的理论体系内对相关问题做出更进一步的研究和思考。

（1）经典重释：概念和语境的还原

基础概念和文本语境的还原，是构建当代中国阐释学体系，解决中国文艺理论和文学批评实践中存在的诸多问题的基本方法。一些专家历史性地思考与解析基础概念，重构了概念的思维链条。中国社会科学院大学校长张政文教授强调阐释的前置语境，认为要对从西方引入的概念进行基本语义的溯源，从而减少不必要的学术论争。他将西方思想史中的“理性”概念追溯至古希腊哲学中的“logos”和“nous”这两个源头，并由此区分出理性的两种类型：一种是运用概念范畴分析、综合推理、计算等方法认识世界的认知理性；另一种是人在冷静合理的心智状态中秉持自觉、坚守目的、不断扬弃的实践理性。

中国中外文艺理论学会会长、中国文学批评研究会副会长高建平教授指出，要重视文学实践对于建立文学理论学科体系的重要性，将文学理论的方向导向文学活动本身。首先，文学理论来源于事实，这决定了它的实践先导性；其次，文学理论以学科体系建立为先导，以话语体系的完善为中心；最后，文学理论不仅需要对特定思想资源的继承，也依赖于当下文学实践的指导。

中国社会科学院民族文学研究所所长朝戈金教授提出，对当下文学现象和规律的把握可以口头文学为参照。作为人类文学早期形态的口头文学是书面文学发展的参照物，口头文学在人类文学创作活动的早期阶段所呈现出的清晰谱系关系和社会功能成为当下文学现象的一个批评理据。新的口语艺术形态在不断更新，要挖掘口头文学资源，加强其与书面文学以及整个文学界的对话。

西南大学寇鹏程教授回顾了新中国文学价值话语体系的生成过程，指出“人民文学”

是占据新中国文学中心地位的重要话语，具有人民喜闻乐见、以人民为表现对象、礼赞人民、人民自己创造等基本内涵。植根于大量的文艺批评经验，他归纳出人民文学的批评标准，并依此反思批评实践中的问题。

一些学者致力于回到经典文本的历史原初语境中，重思文本的生成现场。中国人民大学程光炜教授认为，社会性的文学批评相比常识性的文学批评更依赖于具体的历史语境，基于常识的文学批评反而是一种更有生命力的话语传承。北京大学陈晓明教授就文学批评的学理性重建问题，梳理了当代中国阐释学理论对于文学批评的内在建构的四重重大意义：阐释学重建文学批评的知识视野，为文学批评提供丰富资源；激发文学批评主体意识，使批评者主动反思与文本的关系；重建文学批评文本的复杂性；重建文学批评的对话关系。文学批评理论只有在对话中才能建立一种阐释关系；反之，阐释关系是建立这种对话关系的基础。首都师范大学孙士聪教授论述了萨义德和伊格尔顿围绕“文学的马克思主义”进行的批评与反批评活动，这对于重思马克思主义文学批评的理论性、实践性、批判性品格起到了重要的启示作用。

中国社会科学院民族文学研究所党委书记、中国文学批评研究会副会长丁国旗研究员认为，对毛泽东《在延安文艺座谈会上的讲话》中政治标准第一、艺术标准第二提法的认识，不能偏离其真实意义与马克思主义经典作家的基本论述。《在延安文艺座谈会上的讲话》中的这一提法只是在描述一个普遍问题，而在现实语境中，毛泽东强调的其实是“三统一”的问题，即政治和艺术的统一、内容和形式的统一、革命的政治内容和尽可能完美的艺术形式的统一。

（2）视野延伸：方法和对象的创新

拓展阐释的方法和对象，是当前阐释学研究，尤其是当代中国阐释学领域中的一大理论动向。对这一问题的讨论既界定了阐释学的边界，使中国阐释学的学科范式有了进一步建构的可能，也激发了阐释学研究领域的诸多学术生长点。

许多学者关注当代阐释学体系的建构方法和建构路径，为中国阐释学划定学科边界。上海大学曾军教授提出，阐释学话语体系的中国建构不仅要超出作为一种学术思潮的西方诠释学的范围，吸纳以中国古代经学阐释为代表的非西方的阐释思想和方法，更重要的是要立足现代汉语百年来形成的文化经验和学术传统，为中国阐释学学科的系统性建构找到根基。他提出，中国阐释学得以立足的独特建构正是基于其“为共识而努力”的理论面向，这是一种关于批评方法的元理论。黑龙江大学韩伟教授提出中国古代的文学阐释是一种整体性阐释，具有鲜明的民族性，其创构基础在于语感想象的存在，整体上按照礼边界、德边界、理边界的逻辑演进。感性直观、诗性话语和生命体验是整体性阐释的构成要件。华南师范大学段吉方教授以西方阐释学传统、中国阐释学发展、中国当代文本阐释学理论构建为坐标系，拓宽公共阐释论的理论边界。四川大学傅其林教授提出，文学阐释存在着真理性与依赖趣味判断、普遍性与具体性、规范性与原创性的三重悖论，阐释的悖论孕育着阐释学的新形态即悖论阐释学。河南大学张清民教授认为，两个“文艺讲话”从模式建构、叙事方式、价值追求等方面提供了文艺发展模式和道路的中国方案，塑造出一个中国化马克思主义文艺理论的理论模型。

一些学者聚焦中国阐释学本土经验与传统，对如何利用中国古代文论的话语资源这一问题做出了回答。南京大学吴俊教授表示，现当代文学史料学转向要求以古为师，要从学术品评、学术规范、学科建设和人格建设四个方面达成这一目标。他特别提到了翻译的重要性，认为翻译是古典资源再利用乃至重构中国文学的一个动态机制，要重视古典资源的现代语境,通过翻译打通古今中外沟通的路径。深圳大学李健教授认为，中国古代文学理论参与现代文艺理论话语建设的重要途径就是在尊重历史和本源的同时，对核心范畴和基本原理进行现代阐释，通过还原和比较两种方式，衔接古今和中西文论。深圳大学李心峰教授认为“以诗释诗”是中国文学批评中极其独特的阐释方式，带有鲜明的本民族特性。所谓“以诗释诗”就是以诗歌本身的形式阐释诗歌、评价诗歌，它可以渗透到批评的各个环节，也可以拓展到其他的文学形式，应该继续探索和思考如何利用好这一笔文化遗产。

一些学者从符号学理论视角出发，对文学阐释的机制加以探讨。浙江大学苏宏斌教授指出，文学文本的双重结构决定了文学阐释面临着弄清隐形文本的符号构成机制和完成显性文本解码的双重任务。湖南师范大学赵炎秋教授认为，从时间维度思考符号的意义生成，可以区分出线性的解释过程和多元复杂的循环解释两种符号解释类型。湖南省社会科学院文学研究所卓今教授同样对阐释活动的具体机制问题做出了探讨，她认为阐释对象一方面是召唤阐释者意识的动力，另一方面也规训着阐释者意识的边界，由此对阐释的边界问题做出深刻的反思。

（3）场域拓展：新媒体时代的阐释挑战

新媒体时代以其去中心化、分散化、多元化的特点，为文艺批评活动提供了更为多元的生态空间，文学批评和阐释学的发展也因此面临更多话语创新的可能性和亟待加固的薄弱环节。对新媒体时代的文学批评进行反思，是对当前公共理性和文艺实践所面临的新问题的解决和回应，也是在新的时代潮流中对文学批评有效性、专业性、学理性的重建。

就新媒体语境下的文学批评活动所面临的问题，中南大学欧阳友权教授认为目前网络文学批评本身存在的一些无法回避的悖论式的选择题，是造成网络文学批评滞后和缺失的重要原因。他概括出以下三个悖论：阐释网络文学的路径选择究竟是赓续传统还是基于现实；网络文学批评的持论逻辑是立足审美还是适应市场；网络文学批评话语中线下批评与线上批评的巨大落差。山东大学泓峻教授通过分析一则网络热门视频的两次舆情反转，归纳出话语修辞、价值立场、理性逻辑、事实等四种引发公共意见形成的因素。他还探讨了公共理性底线问题，认为基本事实的澄清是构筑公共理性的基础。中国海洋大学柴焰教授则将视角转向当代电影批评，分析了詹姆逊对一些经典电影文本的批评路径，勾勒出詹姆逊电影批评的伦理—政治向度。她认为詹姆逊对电影文化内涵的剖析展现出其对于晚近资本主义社会危机的批判和反思。

一些学者探讨了新媒体时代文艺批评的建设问题。中国传媒大学杨杰教授肯定互联网技术与融媒体平台的发展为文艺活动和文艺评论提供了一个新的舞台，同时指出，融媒体时代文艺样态的快速更迭也制约了传统文艺批评阐释的有效性。文学批评阐释需要兼顾文艺理论和文艺实践两个方面，避免走向极端与片面。杭州师范大学杨向荣教授指出当下的文学批评面临着一种话语困境，新媒介导致了文学批评深度阐释模式和整体性的消解，文学叙事和批评话语呈现出碎片化的形态。他认为，文学批评话语精神品格建构的首要问题是呈现中国经验，做好中华文化和思想资源的输出工作，同时也要注重对文学批评话语的越界性进行反思，及时地调整拓展研究对象和研究方法，寻求一种更具包容性的批评方式；还应当反思文学批评实践中的技术向度，以开放的眼光来审视当前的文学现象，使文论话语在新时代保持旺盛的生命力。

（4）话语融合：阐释学的美学维度

美学是一门研究人类感性的学问，构建阐释学话语体系中的美学维度，首先意味着对阐释实践中理性因素与感性因素进行调和，这是中国阐释学话语当代形态的开拓创新。美学维度的纳入也使文学理论和文学批评实践可以更好地对受众的艺术趣味加以引导，从而促进社会审美理想的树立，推动时代文化新风尚的生成。

从发掘文学批评活动本身的审美性这一角度，山东师范大学孙书文教授呼吁提升文艺批评的力度、温度和美感。他针对当前文艺评论中存在的批评的无力与批评的失语两个问题，倡导文艺批评实践首先要把握社会意义上的“人”这一核心要素，其次要遵循美的规律，最后还要将理论积累有效地转换为讲真话的文艺批评。山东大学文艺美学研究中心凌晨光教授从杨小彦《我读过他们的脸》这本书出发，审视了作者对于面容这样一种富有意味的对象所做出的美学认知和解读。山东大学文艺美学研究中心程相占教授梳理了 20 世纪 90 年代末到 21 世纪，英美文艺理论界出现的一股回归美学的热潮。他认为回归美学并不意味着文化研究的终结，反而是文化研究的新出路。审美的文化研究不仅有助于对审美问题进行多层次的深入分析，也为展开多元文化研究实践打开了局面。

一些学者具体研究审美对象、美学史等问题。上海大学刘旭光教授注意到，审美灵境是审美活动中存在的一种特殊的精神性因素，这一因素在康德美学体系中以"审美理念"的身份初现,并在现代美学理论中得以彰显。审美灵境是审美行为的真谛所在，既是一种独特的审美对象观，也是中西审美精神的共鸣之处。山东大学文艺美学研究中心韩清玉教授梳理李泽厚中国美学史研究的模式，概括出其实践论美学立场、审美意识史研究视角、文化与思想相结合的书写方式等三大特征，认为这些特征对于当下美学话语体系的建构有重要的启示作用。

这次会议不仅是对近期中国阐释学和文学批评成果的一个历史性的回顾，也展现出中国学者构建中国阐释学话语体系、建构中国自主的知识体系的理论勇气、理论底气，对于促进文艺理论和文学批评的繁荣，扩大文学理论和文学批评的研究队伍，构建良好的学术生态环境都将起到积极作用。

3　中国诠释学专业委员会 2022 学术年会

"伽达默尔与当代中国诠释学——纪念伽达默尔逝世 20 周年"顺利召开

2022年12月3日至4日,由中国诠释学专业委员会、山东大学中国诠释学研究中心、山东大学哲学与社会发展学院主办，华东师范大学诠释学研究所、华东师大"中国诠释学"上海社科创新研究基地、华中科技大学解释学研究中心暨伽达默尔文献馆协办的"中国诠释学专业委员会 2022 学术年会"在线上成功举行。今年是著名哲学家伽达默尔逝世 20 周年，中国诠释学专业委员会以"伽达默尔与当代中国诠释学"为会议主题，纪念这位享誉世界的诠释学大师，同时讨论诠释学中国话语体系的创造性建构取得的成果。来自北京大学、清华大学、山东大学、复旦大学、华中科技大学、中山大学、华东师范大学、中国社会科学院大学、大连理工大学、湖南大学、安徽大学、黑龙江大学、南京师范大学、深圳大学、山东师范大学、广西大学、曲阜师范大学、安徽师范大学、山东财经大学、南方医科大学、华东理工大学、山东省委党校、台州学院、韶关学院等近 30 多所高校及科研机构的学者出席了会议，就伽达默尔与诠释学的未来、中国诠释学的创造性构建、中国诠释学的多元探索、西方诠释学的多维发展、艺术的诠释学向度与现代性、诠释学与实践智慧、中国经典诠释之审思、诠释学的新视域等话题展开了为期两天的热烈而深入的讨论，全景式展现了中国学术界诠释学研究，特别是诠释学中国化所取得的最新成果。

大会开幕式由中国诠释学专业委员会会长、山东大学中国诠释学研究中心主任傅永军教授主持，山东大学哲学与社会发展学院院长刘森林教授，中国诠释学专业委员会名誉会长洪汉鼎教授、潘德荣教授分别致辞。刘森林院长首先代表山东大学哲学与社会发展学院对各位专家学者莅临会议表示了诚挚的感谢。他在致辞中充分肯定了学院的诠释学学术团队在学术研究、学科建设和创新团队组建等方面所发挥的重要作用。洪汉鼎教授和潘德荣教授代表中国诠释学专业委员会以及与会的专家学者对山东大学会议筹备组的工作给予高度评价，表达了诚挚感谢之情。两位学者在致辞中回顾了伽达默尔诠释学对中国诠释学的研究的特殊意义，并围绕如何从中国两千多年来的经典诠释传统出发，吸收西方诠释学的理论精华这一现实感极强的学术问题谈了各自的看法，提出中国的诠释学研究要有学术雄心，做原创性学术工作，努力建构一门能够充分体现中国智慧的普遍的中国诠释学。

大会的主题报告设立两个论题，第一论题为“伽达默尔与诠释学的未来”，华中科技大学教授何卫平、山东大学教授傅永军、安徽大学教授张能为分别做了题为“试析伽达默尔的审美无区分思想的理论意义”“内在话语、外在话语与理解的开放性”“伽达默尔与西方思想发展史中两个转向的实现——纪念伽达默尔逝世二十周年”的主题报告。何卫平教授的论文讨论伽达默尔“审美无区分”思想，认为该思想奠基在现象学和辩证法之中，基本宗旨是要反对美学领域中的主观主义，以及由之而来的相对主义、虚无主义、怀疑主义和不可知论；傅永军教授的论文通过分析“内在话语”和“外在话语”在理解过程中构成的辩证诠释关系，解析了意义诠释在对话辩证法中的历史性实现，强调在哲学诠释学视域内“强制阐释”是一个认识论命题，而非诠释学命题；张能为教授的论文讨论伽达默尔完成的思想史上的“两个转向”——“解释学的转向”和“实践哲学的转向”，指出伽达默尔解释学和实践哲学的最高思想主题是强调人类生命存在的理想的良好形式和形态。三篇论文致敬伽达默尔，纪念这位享誉全球的百岁哲人。

第二论题为“中国诠释学的创造性建构”，中国社会科学院大学教授张江、华东师范大学教授潘德荣和深圳大学教授景海峰分别做了题为“中国阐释学建构的若干问题”“从经典诠释到德行诠释学（下）”“追寻经典诠释的现代价值”的主题报告。张江教授围绕建构中国风格、中国气派的当代中国阐释学面临六大难题——基础建构的出发点和落脚点、重在方法论还是本体论、与语言文字学研究之关系、多学科交叉与相融、理论的实践与应用、形态的系统和完备性——展开讨论，主张通过提取和改造中国传统阐释学资源，从本体论到方法论，提出和建构中国阐释学的概念、范畴、命题以至完备的体系。潘德荣教授通过厘清“经”与“经典”概念，主张诠释学的重心回归经典，将经学诠释学之规范价值（实践本体论）、真理的考量（认知性诠释学的方法理论）与经典的时代精神及其时代意蕴加以整合，建构以“立德”为旨趣的“德行诠释学”。景海峰教授认为，当代向经典的回归以及经典诠释问题的凸显，是一种历史记忆的唤起和文明传统的觉醒，重新理解与解释这些经典，目的在于使经典的思想内容与当下的历史境遇及社会实践活动融合在一起。

随后展开了多场研讨会，涉及的中外诠释学议题非常广泛。有关中国经典诠释问题的研讨，议题主要涉及，从古典汉语之“在”与“八”角度对中国哲学诠释的本体探源、中国经学诠释学何以是中国诠释学的主脉、历史、文化与诠释学的意义、“我注六经”与“六经注我”的相互融贯、汉宋之争的现代语言学视域内的批评分析、赵岐的引经诠释学、如何在后经学时代，通过“经”的经典化，建立一种融合了“训诂＋义理”的“经典诠释学”等。有关西方诠释学问题的研讨是本次研讨会的重头戏，可以归纳为三类。第一类主要研究诠释学的理论问题，议题主要有：诠释学的核心问题意识是“理解的本质”还是“理解的条件”，普遍性、实践性与历史性是当代诠释学的基本特征，当代方法论诠释学如何廓清与重塑 Auslegung 概念，伽达默尔概念构成的修辞学路径和对话的语义学向度，哲学诠释学中语言与理解的同构关系，等等。第二类主要研究诠释学的美学和实践哲学问题，议题主要有，文学诠释学的建构、伽达默尔的诗学思想、抽象绘画与生命、哈贝马斯现代性哲学话语的逻辑理路、伽达默尔《真理与方法》中的亚里士多德阐释、古希腊实践智慧的意义转换及其解释学重建、斯宾诺莎与隐微写作等。第三类主要讨论西方诠释学的多维度发展，议题主要有，从“被认同的记忆”角度讨论自身解释学，从“前见”的将来向度辨析一种希望的解释学，以贝蒂现代方法论诠释学建构为中心透视现代方法论诠释学对传统方法论诠释学的发展与超越、通过分析现代哲学的基础特征钩沉自身存在的诠释学等。来自山东大学易学与中国古代哲学研究中心特聘教授林安梧、复旦大学教授和福建师范大学特聘教授杨乃乔、安徽师范大学教授彭启福、大连理工大学教授秦明利、湖南大学教授李清良、曲阜师范大学教授铁省林、中山大学教授蔡祥元等著名诠释学学者，以及牛文君、杨东东、邵华、黄小洲、陈太明、王慧茹、王宏建、刘岱等一批诠释学新锐学者就上述学术议题发表了学术论文，显示出诠释学在汉语学界发展的多彩图谱，展示了诠释学理论与实践对人文社会科学其他领域的渗透影响以及蓬勃发展的学术生命力。

此次研讨会秉持专业委员会长期形成的传统，特别研究设立了“研究生学术论坛”。来自清华大学、湖南大学、华中科技大学、山东大学、上海师范大学、大连理工大学等高校的 20 多名研究生提交论文并做报告。担任评议的专家给予充分肯定，希望研究生们勇于创新，跳出窠臼，不断提升学术思维能力，产出更多优秀学术成果。

这次会议引起了汉语学界的高度关注，据不完全统计，数百学人线上参加了此次学术会议。

4 “文艺学经典的当代阐释研讨会”线上举行

自 20 世纪 80 年代起，西方阐释学经由译介进入中国。长期以来，我国阐释学研究主要以西方阐释学为主导。近年来，我国学界为推动构建具有中国风格、中国气派的当代中国阐释学，不断努力探索，以“强制阐释论”“公共阐释论”等为代表的原创理论得到国内外学术界的广泛关注和认可。进一步打破西方传统理论固有模式的束缚，落脚于中国当代文化与社会实践，发展具有独特生命力的当代中国阐释学体系，既是时代需求，也是学科发展的关键。

把握中国阐释学的核心问题与方向

近日，由复旦大学中国语言文学系、《复旦学报》编辑部以及《学术月刊》编辑部共同主办的“文艺学经典的当代阐释”学术研讨会在线举行。专家学者立足中外文艺学经典文本与中国当代文艺学研究现状，兼顾方法论和实践创新，围绕构建当代中国阐释学的新路径、新视野和新方法等话题展开研讨。

会上，中国社会科学院原副院长、中国社会科学院大学阐释学高等研究院院长张江提出了构建当代中国阐释学的六个核心问题及其要点，引起了与会学者的积极回应。张江指出，中国学术传统中虽无阐释学的概念和学科，但有丰富的阐释学思想和经验，这是构建当代中国阐释学的可靠资源和坚实基础。我们应立足于当代中国的政治、经济、文化实践，提取和改造中国传统阐释学资源，从本体论到方法论，提出和建构我们自己的概念、范畴、命题，以至系统完备的当代中国阐释学体系。

张江表示，要从中国阐释学传统与经验出发，落脚于当代文化实践，构建中国形态的当代阐释学。坚持方法论与本体论并重，从方法论入手实现本体论的超越。重视中国语言文字学的基础性意义，既要弘扬民族精神，辨识民族基本概念，又要在融合西方概念的基础上创造自己的学科理论。学习和运用多学科发展的突破性成果，以开放的态度迎接学科交叉与融合。扩大阐释学在文学、历史、哲学乃至法学等人文学科中的应用，在不断前进的实践中为阐释学建构提供生动的思想资源。将零散的阐释经验和成果集合为阐释的一般知识，构建系统、完备的阐释学形态。

在西方，第一个完整的现代性理论体系是康德的批判哲学。中国社会科学院大学校长张政文表示，康德将现代性的核心理解为启蒙，而启蒙是建构现代社会的历史过程和环节。福柯身处后现代社会，理性早已被秩序化、知识化、权力化，理性依附秩序，秩序使启蒙理性边缘化。张政文认为，关于康德与福柯的现代性之争，应立足中国学者立场，站在中国文化现场，从更本质的方面来看。现代性之争关涉什么是进步，人类怎样才能进步，人类是否已经进步并将继续进步的问题，需要在人类共同命运、共同问题、共同价值、共同未来的高度进行更全面、更深入、更有现实性的思考与探究。

近年来，中国阐释学建构引起广泛关注并取得较大成绩。上海大学文学院教授曾军表示，在中西文论互鉴的视域中讨论中国自主的文论知识体系建构问题，需要建立起古今中西的多重视野。构建中国阐释学需要直面西方诠释学传统提出的各种理论问题，尤其是应对西方诠释学进入后现代主义之后所遭遇的诸多阐释困境。清理中国古代阐释传统，尤其高度重视与西方诠释学传统存在异质性的因素，还需要建立阐释学的跨学科的对象意识。

重视文艺学经典的当代阐释

中国现代美学起源于清末民初，以“立人”为主旨。20 世纪初，王国维积极引介康德、席勒、叔本华等人的美学思想，以此会通中国传统审美经验，同时结合经验论观念以针砭时弊。中国人民大学文学院院长陈剑澜表示，百年来中国文艺思想长期陷于自律与他律之争，而关乎人性、人道的美学立场始终存在。今天，从观念史角度审视中国现代美学问题的缘起及其流变，既是为了正本清源，也是为了重续美学的人文之思。

华东师范大学中文系教授王峰梳理了近代以来以林传甲、黄人等学人为代表的“文学史”观念，提出把文学史实当作客观基础是 20 世纪以来文学史书写产生的固定范式，后来的文学史料学和文学编年则进一步强化了这种形式。但文学史实并不是真的事实，而是在范式形成过程中塑造出来的理论观念。由此将引发学界对既有文学史范式的反思和重构。

随着中国式现代化的推进，红色经典的美学理论阐释成为 21 世纪马克思主义美学的一个重要理论问题。浙江大学当代马克思主义美学研究中心教授王杰认为，中国社会现代化进程中，自延安时期以来出现的“红色经典”的理论阐释，既是当代中国现实中需要解决的理论问题，也是当代马克思主义美学发展的重要机遇。不同于阿列西的“第三种形态的先锋派”，而是大众性的、民族性的、以社会主义目标为基础的先锋派，中国式现代化进程中的先锋派的“第四种形态的先锋派”的理论概念，着力对“红色经典”的美学意义和社会意义作出分析和阐释。

文艺学经典也是一种历史流传物，其意义和价值是在持续不断的理解和阐释中生成的。山东大学文艺美学研究中心教授谭好哲认为，语境的转换会导致文艺学经典问题视域的重置，从而形成理论聚焦的改变、理论内容的重释、理论价值的再审视。当代文艺学对中外经典的接受应该立足对历史语境变化的理论自觉，基于当代社会和文艺发展的时代需要，自主重置文艺学经典研究的问题视域，形成新的理论聚焦、新的理论阐发、新的价值认定，将经典的再认识再阐释汇聚于中国当代文艺学学术体系与话语体系的建构之中。

症候阅读法是法国哲学家阿尔都塞在《读〈资本论〉》一书中提出的阅读方法。在南京大学文学院教授汪正龙看来，症候阅读不仅是一种阅读观念，也具有人文科学研究方法论的意义。文本表述与意义表达、文化形态与意指过程的不一致，不惟存在于哲学文本、理论文本，更是文学的基本存在样态，在如今广泛存在。因此，时代症候、文本症候和症候阅读法三个层面如影随形，研究前景十分广阔。

汇通中西拓展阐释空间

浪漫主义思潮与德国古典美学是西方近代美学史上的高峰，产生了诸多经典的文艺学理论，为后世研究者留下了广阔深邃的再阐释空间。此次会议的主要发起人、复旦大学教授朱立元结合黑格尔的哲学、美学体系，论述了艺术、宗教、哲学三个环节的三段式辩证演进，并进一步阐释了艺术的三种历史类型——象征型、古典型、浪漫型的过渡、转化关系。他表示，浪漫型艺术是三个历史类型演进的最后一个环节，所有关于艺术“终结”“解体”的言说，都出现在浪漫型艺术的最后阶段。要弄清黑格尔如何通过否定之否定的三段式运动，描述艺术发展的逻辑进程。浪漫型艺术的“终结”“解体”不等于整个艺术的终结，浪漫型艺术之后，出现和开启了另一种新的当代艺术形态，即自由艺术。

马克思主义美学或艺术哲学的创立与发展，实现了世界美学史或艺术理论史上一次伟大而深刻的理论变革与范式转换。上海交通大学人文艺术研究院教授宋伟谈到，只有从“范式革命”的视域来理解和把握从“解释世界”到“改造世界”的哲学革命意义，才能够深刻领会马克思主义“实践品格”的哲学内涵和理论意义。从本体论层面看，马克思开启并完成了从“实体本体论”到“实践本体论”的艺术哲学范式转换；从认识论层面看，马克思开启并完成了从“抽象的唯物主义”到“实践的唯物主义”的艺术哲学范式转换；从现代性层面看，马克思开启并完成了从“批判美学”到“解放美学”的艺术哲学范式转换。

我国当代文艺学的创新发展，离不开对各种文艺学理论资源的吸纳借鉴。面对中外古今各种文艺学经典论著，如何进行研究阐释的方法论问题颇受关注。江西师范大学文学院教授赖大仁提出了“原旨性阐释”和“应用性阐释”两种方法论。前者旨在使阐释目标回归历史语境，从而理解和把握经典论著本来的理论内涵；后者试图联系现实语境，形成富有创见、助益当下的阐释话语。赖大仁表示，这两种阐释向度虽各有不同，但都应当基于对经典文论精神内涵的深刻理解，形成一定的阐释张力，同时又能够相互呼应和彼此契合，从而达到对各种文艺学理论资源的充分阐释和借鉴应用。

5 广东外语外贸大学阐释学研究院举办“公共理性与公共阐释”学术研讨会

2022年8月28日上午9点，“公共理性与公共阐释”学术研讨会在线上举办。《江海学刊》主编赵涛主持了本次研讨会，中国社会科学院大学张江教授、中国社会科学杂志社孙麾编审、中山大学政府事务学院院长谭安奎教授、北京师范大学哲学学院院长沈湘平教授、吉林大学马克思主义学院院长吴宏政教授、中国人民大学哲学学院院长臧峰宇教授、阐释学研究院常务副院长陈开举教授、中国社会科学杂志社文学部主任张跣教授、中国社会科学杂志社马涛教授作为嘉宾参与发言与讨论。

张江教授作开场致辞，围绕阐释的公共性、公共理性在公共阐释中发挥的作用、公共理性的定义与建构等方面展开交流探讨。指出不同于哈贝马斯提出的公共领域，阐释空间里，人们自愿进入，展开平等、自由对话，不受身份地位限制，通过协商努力达成共识或者没有共识。阐释的自觉性应该落实在阐释的公共性追求上，其中，自由的语言表达是公共的基本前提之一，复杂的是公共理性。公共理性有显性、隐性之分。期望阐释学运动能进一步深入下去，不是简单地照搬西方学者理论，而是建构中国阐释学，可以与西方阐释学进行对话、相融。认为中国阐释的标准是通达，如果说阐释本身是一种生产，中国传统的生产方式是衍生，并希望中国阐释的相关概念能被接受和广泛使用。

6 鞍山师范学院举办中国艺术学理论学会艺术史专业委员会第四届年会暨“中国艺术史学的研究路径与当代阐释”学术研讨会

8月11日至12日，中国艺术学理论学会艺术史专业委员会第四届年会暨“中国艺术史学的研究路径与当代阐释”学术研讨会在鞍山召开。本次会议由中国艺术学理论学会艺术史专业委员会和鞍山师范学院主办，鞍山师范学院和上海交通大学人文艺术研究院联合承办，南京艺术学院艺术研究院、东北大学人文艺术研究中心、首都师范大学艺术与美育研究院、四川音乐学院、哈尔滨音乐学院、辽宁省美术家协会理论艺委会等单位联合协办;《文艺研究》《文艺理论研究》《民族艺术》《民族艺术研究》《艺术百家》《艺术学研究》《艺术评论》《艺术传播研究》《贵州大学学报（艺术版）》《中国社会科学报》《中国美术报》等作为学术媒体支持单位。会议以线上线下结合的方式进行，来自全国各大高等院校和科研院所等 200 多位专家学者参加了本届大会。

7　中国文学批评研究会 2022 年年会暨“阐释学与文学批评的话语创新”学术研讨会举行

8 月 20 日至 21 日，中国文学批评研究会 2022 年年会暨“阐释学与文学批评的话语创新”学术研讨会在威海召开，会议以线上线下相结合的方式举行。中国文学批评研究会会长、中国社会科学院原副院长张江教授致辞并作主旨发言。山东大学威海校区副校长夏利东教授、山东大学文艺美学研究中心主任谭好哲教授分别代表承办方致辞。中国文学批评研究会秘书长张跣教授主持开幕式。此次会议由中国文学批评研究会主办，山东大学文化传播学院、山东大学文艺美学研究中心、中国社会科学院大学文学院和《中国文学批评》杂志承办。

张江教授表示，此次会议参会学者提交的论文选题极具创新性，越来越多的学者参与到中国阐释学研究中，体现了中国阐释学近十年来影响力显著增强，希望借这次会议的召开，继续扩大中国文学批评研究会的影响，不断增强学会的生命力。同时，他还介绍了自己近期学术方面的一些思考，希望继续完善公共阐释这一题目，解决阐释的根本性问题，建立汉语的阐释概念、范畴和体系，并指出当前的主要工作是研究中国古典阐释学，寻找可以与西方阐释学相连接且能够被青年人所接受的本土概念。

夏利东代表校区向各位参会者表示欢迎，并对社科院、中国文学批评研究会及各位与会专家长期以来对山东大学学术研究、学科发展的支持表示感谢。谭好哲教授代表山东大学文艺美学研究中心对本次大会的主办方表示感谢，认为本次大会既是落实党中央加强文艺评论工作指示、构建中国特色的文艺理论与评论学科体系、学术体系、话语体系的重要举措，也是对张江先生引领的当代中国阐释学研究的一次具体回应。

20 日上午、21 日上午的大会主题发言，中国社会科学院大学校长、中国文学批评研究会副会长张政文教授，中国社会科学院文哲学部主任、民族文学研究所所长朝戈金教授，中国文学批评研究会副会长高建平教授、陈晓明教授、程光炜教授、吴俊教授、丁国旗教授等 30 位知名学者围绕阐释学与中国文学批评的话语创新发表演讲，视域涵盖了阐释还原、公共阐释、中国阐释学体系的构建、融媒时代的文艺批评等话题。各位专家共享了中国阐释学研究的最新动态，传播了中国文学批评的前沿成果，推动了中国阐释学的当代构建和文学批评的话语创新。

20日下午的小组发言中，百余名学者在两个线下分会场、两个线上分会场围绕中国阐释学、西方阐释学、现当代文学批评等主题进行了精彩发言，与会学者充分挖掘中西阐释学资源，就当代中国文学批评的实践与反思发表了自己的观点，展现了中国学者对阐释学与中国文学批评话语创新的有效探索。

20日晚，《中国社会科学》《中国文学批评》的代表组织召开了杂志选题策划会，会议就稿源质量、选题创新性等话题与各位学者进行了深入探讨。

大会闭幕式由文化传播学院常务副院长张红军教授主持，高建平教授对大会进行总结。高建平教授认为，该次会议的学术成果不仅呈现出丰富的思想和观点，而且紧密围绕“阐释学”这一会议主题。他从概念和语境的还原、方法和对象的创新、融媒时代的阐释、阐释学中的美学维度等四个方面对学界同仁的发言进行了总结，充分肯定了本次会议对于焕发后疫情时代文艺理论和文学批评的繁荣、检阅文学理论和文学批评的研究队伍所起到的积极作用。

8　“马克思主义文学批评经典重铸与当代拓展”国际学术研讨会召开

2022年12月3~4日，“马克思主义文学批评经典重铸与当代拓展”国际学术研讨会在湖北武汉华中师范大学召开。会议由华中师范大学中国语言文学一流学科、“马克思主义文学批评经典重铸与当代拓展”国家社科基金重大项目课题组主办。中外专家学者就马克思主义文学批评“重返经典文本”与“拓展当代问题”展开交流和对话。

中国社会科学院原副院长、中国社会科学院大学阐释学高等研究院院长张江教授在致辞中谈到，此次国际学术会议召开是国内马克思主义文艺理论界落实党的二十大精神的重要举措，希望华中师范大学文艺学团队在国内马克思主义文艺理论领域继续走在前列，并为世界马克思主义文学批评贡献中国智慧和中国方案。

全国马列文论研究会会长、中国社会科学院党圣元研究员在致辞中强调，要把马克思主义原典的“元阐释”与“具体阐释”相结合，将马克思主义文艺理论中国形态和当代形态不断推进与深入。

华中师范大学校长郝芳华教授出席开幕式并致辞。会议开幕式由华中师范大学人文社科资深教授、重大项目课题组首席专家胡亚敏主持。

本次会议有五场大会发言和四场分组研讨。大会发言主要围绕马克思主义文学批评“重返经典”“对话域外”“中国立场”三个方面展开。

重返经典

中国社会科学院大学校长张政文教授认为，在马克思主义文学批评经典重铸中，迫切需要重新设计与安置文艺理论话语与文艺思想语义、文学评论与艺术评论、问题导向与学科导向三重关系。中国社会科学杂志社文学部主任张跣教授指出，马克思《巴黎手稿》强调必须从社会历史运动的过程中寻找克服异化的物质力量。扬州大学姚文放教授从方法论等维度重新解读了马克思“艺术生产”概念。上海社会科学院马驰研究员认为马克思“人类解放”的主题为世界各国无产阶级寻求自身解放提供了重要的伦理尺度和实践探索路径。浙江大学王杰教授指出马克思主义美学传统中存在的人类学维度对马克思主义文学批评理论建设和实践具有重要方法论意义。上海交通大学宋伟教授强调马克思将“世界历史变革”作为现代悲剧冲突根本矛盾，赋予悲剧美学以新的现代性历史意义与价值。胡亚敏阐释了马克思晚年人类学笔记中的研究转向和世界意识，为世界各国社会发展道路的多样性提供探索的理论基础。

对话域外

澳大利亚人文科学院院士、新南威尔士大学哲学讲席教授保罗·帕顿深入探讨了德勒兹与马克思和文学的关系，指出资本主义局限的根本原因在于资本主义与生俱来的资本本身。欧洲科学院外籍院士、美国杜克大学刘康教授以 2022 年德国马克思专题特展为参照，指出马克思的超前性思维为今天重新思考全球化和逆全球化等问题具有引领作用。俄罗斯圣彼得堡国立大学彼得罗夫教授提出了一种“历史社会学”的研究方法。瑞典哥德堡大学大流士·杜斯特教授认为，马克思批判的根本特征是一种从历史时刻的生成角度进行的批判，即投射性的历史化批判。国际知名批评理论家、杜克大学肯尼斯·苏林教授阐述了各类文化理论与“全球英语”和“没有国界的英语”的多样性与复杂性。美国得克萨斯州立大学罗伯特·塔利教授通过以马克思主义为导向的文学空间研究揭示了西方资本主义及其背后的资本逻辑。大卫·梁赞诺夫奖获得者、陕西师范大学日籍学者玉冈敦梳理了日本《共产党宣言》翻译史。四川大学傅其林教授论述了东欧马克思主义理论家亚当·沙夫的马克思主义语言哲学。

中国立场

2022 年是毛泽东《在延安文艺座谈会上的讲话》（以下简称《讲话》）发表 80 周年，聚焦《讲话》精神的阐释成为关注的重点。吉林大学哲学社会科学资深教授张福贵认为，《讲话》是一种历史事实和现实精神的互动存在，应从历史、政治、伦理三个逻辑层面进行历时性和现实性的客观评价。山东大学谭好哲教授强调，重视《讲话》方法论意义有利于将新时代中国马克思主义文艺理论的话语建构与创新建立在科学方法的基础之上。中国社会科学院丁国旗研究员指出，“革命的政治内容和尽可能完美的艺术形式”的统一才是《讲话》关于文艺批评标准具体、完整、辩证的论述。湖南师范大学赵炎秋教授从指导思想、学科体系等方面论证毛泽东在文艺方面的思想对具有中国特色的文学理论的形塑。湘潭大学季水河教授认为，习近平总书记提出的“历史的、人民的、艺术的、美学的”文艺批评标准，开辟了马克思主义文学批评中国化时代化的新境界。南京大学汪正龙教授强调马克思主义经典文艺思想的中国化时代化是一个如何与本土语境相结合的实践问题。陕西师范大学李西建教授认为，深入总结党的文艺制度建设的成就和经验，可为新时代社会主义文艺发展繁荣和话语体系创新提供思想引领与理论借鉴。江西师范大学赖大仁教授强调了意识形态论对于拓展和深化文艺本质特性与价值功能的作用。西北大学谷鹏飞教授指出“中国语境”对马克思主义文学阐释学“中国问题”的价值。华南师范大学段吉方教授强调要从具体文艺评论实践出发。上海大学曾军教授提到中国接受马克思主义后展示的创新能力。中国艺术研究院刘永明研究员认为“意识形态”概念经历了由形式所指到内容所指的过程，完成了从科学性到革命性、从社会形式范畴向主体性范畴的转换。

会议设置了四场分组讨论，围绕经典马克思主义文学批评的文本及文本群、西方马克思主义文学批评与西方当代文论、马克思主义文学批评的跨文学和跨文化研究、马克思主义文学批评与中国当代问题展开。来自美国、俄罗斯、澳大利亚、瑞典、日本等国家及中国社会科学院、中国社会科学院大学、吉林大学、中国人民大学、复旦大学、南京大学、浙江大学、山东大学、四川大学等国内科研机构与院校的 80 多名中外专家学者以线上线下结合的方式参会并讨论。

本次国际学术研讨会加强了中国马克思主义文学批评与世界马克思主义文学批评的对话和交流，有利于中国马克思主义文学批评的深入推进，中国马克思主义文学批评将在中外专家学者对话中继续走向世界。

9 “中国当代文艺发展与文论话语构建”国际学术研讨会召开

2022 年 7 月 9 日上午，“中国当代文艺发展与文论话语构建”国际学术研讨会暨中国中外文艺理论学会第 19 届年会在浙江省杭州市召开，本次学术研讨会由中国中外文艺理论学会主办，杭州师范大学人文学院中国语言文学学科、艺术学理论一级学科、浙江省哲学社会科学重点研究基地“文艺批评研究院”联合承办。

当今中国正面临着百年未有之大变局，本次大会旨在发现新情况、提出新问题、共享新见解，探讨文艺理论话语体系构建的新表达、新方向、新形态，为我国文艺理论在当下获得更多话语空间提供助力。

大会开幕式由中国社会科学民族文学所党委书记丁国旗研究员主持召开，中国社会科学院原副院长、《中国社会科学》杂志社原总编辑张江教授莅临会议致辞并做主题发言，他针对如何建设中国自己的阐释学话语分享了自己的观点。张江教授强调，中国阐释学的基础建构应当从中国传统阐释学思想和经验出发，落脚于当代文化实践。此外，张江教授还从阐释是公共行为还是私人行为、公共阐释的定义与内涵如何界定，历史谱系与理论依据何在等方面详细阐释了建构当代中国“公共阐释”理论的若干重要问题。

杭州师范大学黄兆信副校长在欢迎辞中介绍了承办单位近年来取得的佳绩，希望本次盛会能够促进当代中国文论话语研究的深化与拓展。中国中外文艺理论学会会长高建平研究员在致辞中回顾了中国中外文艺理论学会的发展历程，并表达了对与会青年学者的期许。大会由金元浦教授宣读了《给钱中文先生90寿辰致敬信》。

开幕式后进行了大会学术报告，分上下两场，分别由高楠教授和张政文教授主持，金元浦教授和谭好哲教授评议，上半场高建平、杜卫、张政文、许明、谭好哲、周启超、姚文放教授围绕文艺理论的本土化、公共阐释、学者理论操守、马克思主义文艺理论中国化、当代俄罗斯比较文学学科等问题发表了自己的观点。下半场高楠、金元浦、赵炎秋、张晶、丁国旗、李春青、陆扬教授围绕文学理论人中国范式、元宇宙、延安文艺讲话的价值与意义、没有文学的文学理论、福柯的《宫娥》解读等问题发表了自己的观点。

10日下午的第二场大会学术报告由张跣教授主持，王宁、欧阳友权、宋伟、刘方喜、朱志荣、苏宏斌、赖大仁、邢建昌、泓峻以及来自美国杜克大学、巴黎－西岱大学、南非约翰内斯堡大学的刘康、徐爽和Damien Tomaselli等学者围绕数字人文、网络文学批评、马克思主义艺术理论、当代中国马克思主义文论跨学科创新发展、中国古代文论思想资源的阐释方法等问题表达了自己的观点。

在闭幕式上，各分会场代表汇报了各自会场的发言情况，杭州师范大学人文学院院长洪治纲教授致闭幕词，高建平会长做了学术总结。在为期两天的会议中，大会共开设了8个线下分会场和5个线上分会场，围绕中国传统文论的创造性转化，中国当代文论的发展建设，西方文艺理论资源的现实运用与实践，新媒介、AI、后人类、物转向、元宇宙与文论创新，文艺美学与其他问题等主题展开了热烈的交流与讨论，来自中国社会科学院、中国社会科学院大学、杭州师范大学等国内外科研机构与高校的近300位学者参加了会议。

10 中国中外文艺理论学会巴赫金研究分会2022年年会暨“巴赫金与21世纪：跨文化阐释与文明互鉴”学术研讨会举办

2022年7月13~15日，中国中外文艺理论学会巴赫金研究分会年会暨“巴赫金与21世纪：跨文化阐释与文明互鉴”学术研讨会在哈尔滨举行。本次研讨会由中国中外文艺理论学会巴赫金研究分会主办，教育部人文社会科学重点研究基地黑龙江大学俄罗斯语言文学与文化研究中心、黑龙江大学俄语学院承办。来自中国社会科学院、北京大学、浙江大学、复旦大学、南京大学、中国人民大学、北京师范大学、华东师范大学、上海交通大学、南开大学、四川大学、中山大学、吉林大学、南京师范大学、北京外国语大学、黑龙江大学等30余所高校和科研单位的70余位专家学者线上或线下参加了此次研讨会。

在开幕式上，黑龙江大学刘锟教授宣读中国中外文艺理论学会创会会长钱中文先生发来的贺信。钱先生对我国巴赫金研究和黑龙江大学俄罗斯文学研究团队取得的成绩给予充分肯定，对中国文艺理论的未来提出殷切希望。中国中外文艺理论学会巴赫金研究分会会长周启超教授随后致辞，他总结了近年来我国巴赫金研究取得的突出成绩，指出巴赫金研究对我国文艺理论研究仍具有重要的现实意义，对巴赫金研究分会未来的工作提出了设想。黑龙江大学党委常委、副校长钟卫东教授在致辞中介绍我校办学历史及对俄办学取得的重要成果，对我国巴赫金研究取得的成绩给予高度评价，表达了黑龙江大学愿意与国内同行一道，继续推进中国巴赫金研究和推动中国文艺理论建设的愿望。开幕式由俄罗斯语言文学与文化研究中心主任叶其松研究员主持。

会议安排了5场主旨发言，20余位专家围绕巴赫金理论的跨学科意义和跨文化价值、巴赫金重要学术观点的理论阐释和批评实践、巴赫金学术思想与其他重要文艺理论家的对比研究等，分享自己最新的研究成果，与学界同行切磋交流，实现了学术思想的碰撞和交流。在3个分会场讨论中，30余位中青年才俊、博士和硕士研究生围绕“巴赫金的跨理论研究”“巴赫金文论与批评、翻译实践”“巴赫金与文化诗学”3个议题展开讨论。分会场讨论视角独特，观点新颖，方法多样，表明我国巴赫金研究后继有人。

闭幕式由黑龙江大学俄语学院党委书记黄东晶教授主持。中国中外文艺理论学会巴赫金研究分会副会长夏忠宪教授在总结发言中充分肯定此次研讨会对我国巴赫金研究的重要意义，指出本次会议在促进我国的巴赫金研究、实现文艺理论和哲学美学的纵深化和本土化、凸显我国文化、文学和理论的主体意识等方面取得了历史性的新进展。

著作出版

1.《探寻与阐释：中国革命中的几个问题》

作者：罗平汉

出版社：生活·读书·新知三联书店

出版时间：2022年2月

内容简介：本书探讨了有关中国革命的六个问题：中央苏区第五次反“围剿”为何失败、抗日战争前期中共组织的发展与巩固、抗日战争时期中共的经济政策与经费来源、延安整风是如何发动的、“五四指示”后陕甘宁边区的土地征购、老解放区土地改革运动。全书立意新颖，史料扎实，注重史料挖掘与史实考证，是一部论从史出、史论结合的学术普及读本。

2.《晚清今文经学与孔学义理的阐释》

作者：鲍有为

出版社：复旦大学出版社

出版时间：2022年12月

内容简介：晚清今文经学的兴起受到乾嘉汉学的影响，包括治学方法、思路等方面，同时汉学家对经学义理的考量，也促使今文经学转向对经学义理的重新讨论。本书通过对刘逢禄、宋翔凤、戴望等学者相关学术思想的分析，意在表明晚清学者对经学义理的关注，离不开对孔学精神的不断探究，而这种精神的把握需要借助今文经学。而晚清学者思想的复杂性与多样性，又折射出今文经学的复杂历史面貌。同时，为了更好地理解晚清今文经学，本书把研究范围延长至民国，通过张尔田、蒙文通、顾颉刚的研究，可见民国时期虽然传统经学逐渐瓦解，但晚清今文经学的影响依然存在，且随着社会政治环境的转变，孔学被赋予诸多新意。

3.《编织意义之网：博物馆物的语境化阐释》

作者：毛若寒

出版社：浙江大学出版社

出版时间：2022 年 12 月

内容简介：任何物的意义都形成于特定的语境网络。然而，博物馆通过将物从语境中抽离的行为，实现对物的收藏和利用。这种“去语境化”的现象很容易导致博物馆物意义不明。为深化藏品与公众的意义对话，“再语境化”解读博物馆物成为当代博物馆的一个重要使命。本书从物的语境的本体论、方法学与实践法三个角度切入，尝试探索一套系统开展博物馆物“再语境化”的理论与实践体系。本体论层面，以关联物、关联人群、特定时空为语境的构成要素，并从尺度与维度界定语境的基本结构。方法学层面，从藏品研究与展示传播两个环节剖析语境化阐释的方法特点。实践法层面，在收藏原则、研究方法、策展过程等实践环节中，分别保存、探索、编织物的语境关系，最终使物回归意义之网。

4.《当代文学理论问题阐释录》

作者：孙媛

出版社：东南大学出版社

出版时间：2022 年 10 月

内容简介：围绕着当代文学理论的学科定位问题、建设基点问题、多维走向问题、指导思想问题、话语建构问题、批评实践问题、育人导向问题展开了深入论述，力求在文学理论基础研究、文学批评应用研究、文学理论教学探索的交叉融合中将文学理论研究推向深入。除绪论和结语外，主要内容包括文学理论的学科定位问题、文学理论的价值基点问题、文学理论的多维走向问题、文学理论的指导思想问题、文学理论的话语建构问题、文学理论的批评实践问题，以及文学理论的育人导向问题。

5.《理解、尊重与包容：残疾问题的哲学阐释》

作者：张虎

出版社：中国社会科学出版社

出版时间：2022 年 12 月

内容简介：最近几十年，西方哲学界掀起“残疾研究热”。相关学者从社会建构论、后结构主义、现象学、新唯物主义和后人本主义等立场对残疾问题做了多维度解读，反思和批判了关于它的旧有观念，修正了一些习以为常的理论预设。其中的主要观点是，残疾不能简单地归结为个人的医学或生物学问题，其不仅仅是身体上的某种异常、偏差和缺陷，实际上具有社会构成性，也是文化意义体系的基本元素；对待残疾人，也绝不只是怜悯和慈善的问题，而与社会制度的首要德性——正义理念有关，与社会是否给予他们和其他社会成员一样的平等尊重有关。本书强调了残疾的社会历史性，突出了关于残疾的具身经验的理论价值，并批判性地反思了主流哲学理论的某些一般假定。

6.《意象之美：意象阐释学的观念与方法》

作者：顾春芳

出版社：中国国际广播出版社

出版日期：2022 年 11 月

内容简介：《意象之美：意象阐释学的观念与方法》集合了顾春芳教授比较有代表性的戏剧、电影及其他学术论文 24 篇，阐述了中国传统美学的核心概念——意象的当代意义。全书论述了宗白华、张世英等美学家的美学思想，梅兰芳大师的表演艺术，经典名著《红楼梦》的叙事美学，电影《小城之春》《白蛇传·情》的美学意义……将中国传统艺术的叙事艺术与现代电影的叙事特点相互照应，深入解读了中国美学的审美意蕴和艺术精神，字里行间渗透着中国优秀传统艺术和文化的深刻感悟与强烈自信，为中国当代艺术领域的研究与创作指引了方向。

7.《道家道德思想及其德育价值阐释——以〈老子〉为中心的考察》

作者：王康宁

出版社：人民出版社

出版时间：2022 年 10 月

内容简介：《老子》的道德智慧在当代依然影响深远，要阐释、转化和运用老子的道德思想，既要尊重文本，又要与当下实际相结合，不断赋予《老子》道德思想以新的内涵和意蕴。本书以“道德教育”作为古今互通的支点，提供了创造性转化与创新性发展传统文化的具体和真实载体，旨在有的放矢地挖掘道家道德思想的古老智慧与时代价值；以道德教育的理论框架作为古今互比的标准，探索《老子》道德思想与现实道德教育之间的高度相关性，切实为教育领域的以古鉴今提供可行性论证；以《老子》道德思想观照道德教育理论与实践，追寻关乎道德教育发展的古人智慧，促成教育中人对自我生存样态、美德起源、道德是否可教、道德教育现状与问题等的省思与体察。

8.《19 世纪西方文学思潮现代阐释》

作者：蒋承勇　马翔　杨希

出版社：浙江工商大学出版社

出版时间：2022 年 11 月

内容简介：该书旨在“重返”西方文学的 19 世纪，重新阐释 19 世纪西方文学思潮，从人学逻辑、审美现代性和观念聚焦与关系辨析、中西文学文化比较等多重路径，对这一时期的浪漫主义、现实主义、自然主义、唯美主义、象征主义、颓废主义这六大文学思潮做反思性、系统性、整体性阐释，揭示其本原性特质和彼此间之内在联系以及与 20 世纪西方现代主义文学、20 世纪中国新文学之间的勾连。

9.《传统佛教的现代阐释》

作者：张云江

出版社：宗教文化出版社

出版时间：2022 年 1 月

内容简介：该书以“现代性背景下的中国传统佛教阐释应如何开展”为问题导向，以个案研究为基本方法，从以下五个方面展开论述：其一是中国传统佛教哲学思想的现代诠释；其二是中国传统佛教如“宗教医疗”“感应”“净土信仰”“解脱”等宗教观念的现代阐述；其三是对中国传统佛教几个历史片段的现代审视；其四是民俗视域下的传统佛教文化的现代解读；其五是儒佛关系新论。

该书重在个案研究，既包括了对古代作为典型个案的学者如智者、窥基、李通玄、澄观、王夫之等人，以及现代作为典型个案的学者如汤用彤、吕澂、印顺、陈垣、牟宗三、唐君毅等人学术观点的寻问、寻求，也包括了对典型方法的寻找。传统佛教思想如何在现代语境下，用现代语言或更准确地说用现代学术规范讲清楚、说明白，也是佛教中国化研究的应有之义。

10.《康德与本体论证明的批判——当代争论中的阐释与辩护》

作者：李科政

出版社：中国社会科学出版社

出版时间：2022 年 10 月

内容简介：康德对本体论证明的批判在哲学史上具有重要的地位，因为它从根本上否定了理性神学的可能性，并使之彻底退出哲学研究的中心舞台。然而，20 世纪中期以来，许多西方学者对康德提出了质疑，试图挽救理性神学。近期，康德的批判及其核心论据（存在论题）也成了国内学者关注的焦点。该书结合最新的研究材料重新阐释了康德的批判，区分并澄清了五个核心论据及其论证目标。对于存在论题本书区分了康德在前批判时期与批判时期的两个版本及其发展，揭示出了长期存在的混淆与曲解；对于“逻辑的谓词”与“实在的谓词”的区分，该书批判了当前流行的两种诠释，并在充分吸收其各自优点的基础上提出了第三种诠释。针对近七十年来国内外学界对康德的批评，该书选择其中最具代表性的观点与论证进行深入的反驳。该书的根本目标是要维护康德提出的一种真正现代性的观念，即我们所能认识的、所要面对的世界在任何时候都是眼前这个现实的、活生生的世界，而不是一种不切实际的超验存在。

11.《视域融合与文本意义踪迹——基于哲学阐释学视角的译者主体性研究》

作者：林夏

出版社：武汉大学出版社

出版时间：2022 年 10 月

内容简介：哲学阐释学作为阐释本体论常被误解为阐释方法论。该书基于哲学阐释学对译者主体性进行的纯理论思辨性研究，在厘清哲学阐释学中的视域、前见、权威、视域融合、效果历史等核心概念的基础上，对翻译主体——译者在翻译行为中发挥的主观能动性进行本体性分析，并从多角度探讨了译者主体性的本质，并尝试阐述了翻译研究语言学派的忠实对等与文化学派的创造性叛逆、译者主体性与误译和高质量译本、译者主体性与归化异化、译者显身隐身之间内在逻辑关系。

12.《马克思主义批评理论的当代阐释》

作者：张永清

出版社：浙江工商大学出版社

出版时间：2022 年 10 月

内容简介：该书着力于马克思主义批评理论的当代阐释问题，主要围绕三大问题域展开。第一，从现实出发，以时代性为视角探索马克思主义文艺理论在新的社会、政治、经济、技术、文化等变革中如何发展等问题。第二，以“理论形态”视角审视马克思主义批评的历史境遇、现实状况、存在的突出问题等，努力为马克思主义批评理论研究提供新的路径、拓展新的研究空间。第三，以“回到历史现场”等方式对恩格斯的文学活动、批评观念等问题做进一步的追问，内容包括青年恩格斯与青年德意志的关系，白尔尼在青年恩格斯思想发展中所起的作用，青年恩格斯在白尔尼—海涅论争中的基本立场等问题。

13.《社会道德风尚的现代性阐释》

作者：郭长军　苗永利

出版社：中国社会科学出版社

出版时间：2022 年 9 月

内容简介：社会道德风尚是社会文明进步程度的风向标，良好的道德风尚有利于社会的健康和谐发展。社会道德风尚不是一成不变的，从传统社会转向现代社会，人们的思维方式和价值观念都发生了深刻的变化。本书从社会的现代性转向——从超越转向世俗——的视角出发，系统分析了现代性转向对人生态度、价值取向、人际关系和社会整合等方面的影响，在此基础上，从社会主义核心价值观的引领、舆论环境的营造、公正严明的制度建设、发展理念的人文关怀等方面阐述了培育知荣辱、讲正气、作奉献、促和谐的社会道德风尚的路径选择。

14.《阻隔与爱慕：中国经典传说的多元阐释》

作者：肖波

出版社：中国社会科学出版社

出版时间：2022 年 9 月

内容简介："牛郎织女""白蛇传""梁山伯与祝英台""孟姜女哭长城"，是中国历史上最为经典的四大民间传说。该书重点考察四大传说的经典化过程、民众接受心理以及当下的思想艺术价值等。前四章各聚焦一个经典传说，分别解析人物、名胜、地域、情节之于传说的意义、作用以及传说的演进机制；后两章关注经典传说的共性与个性、当下与未来。

"盈盈一水间，脉脉不得语。"四大传说的主人公均面临困境和矛盾，即"阻隔"。他们各自冲破艰难险阻，表现出对"爱慕"的坚守与追寻。阻隔与爱慕，展现了人类爱情故事中的"隔河情结"，传达了经典传说震撼人心的悲剧美与温暖向上的力量。

15.《〈资本论〉哲学思想的当代阐释》

作者：孙正聿

出版社：北京师范大学出版社

出版时间：2022 年 9 月

内容简介：该书为国家社科基金重大项目"《资本论》哲学思想的当代阐释"的最终成果。该书以《资本论》与马克思主义哲学的"互释"为出发点，以阐释《资本论》的哲学思想和重新理解马克思主义哲学为主要目的。全书的主要内容分为四大部分：一是"导论"，系统地阐述了本课题组对《资本论》哲学思想的总体性理解；二是"上篇"，集中地研究了关于《资本论》哲学思想的各种解读模式；三是"中篇"，具体地、深入地探讨了《资本论》的理论性质、理论思维及其所揭示的人类历史的发展规律和资本主义的运动规律，阐述了《资本论》的历史的内涵逻辑；四是"下篇"，从人类文明形态变革的高度深切地阐述了《资本论》的当代意义。

16.《阐释学视角下的中国古代神话翻译研究》

作者：郜菊

出版社：中国社会科学出版社

出版时间：2022年9月

内容简介：神话是文化的源泉，神话翻译有助于促进不同文化之间的进一步交流和理解。因此,对于神话的译介和阐释研究就具有独特的跨文化意义。本书以《山海经》《楚辞》《淮南子》《庄子》等典籍中的中国古代神话英译本为研究对象，以翻译阐释学和哲学阐释学理论为主线，从中国古代神话中的文化形象、叙事形式和语言意义等三个方面切入，探讨中国古代神话翻译阐释的方法、原因和效果。本书的学术创新价值和意义主要体现在：对于中国古代神话翻译的实践和中国文学和文化的对外传播具有方法论上的创新意义；对于中国古代神话翻译阐释理论的建构具有一定的创新价值；拓展了中国古代神话翻译研究的对象，丰富了神话翻译研究的内容，因而具有史料创新价值。

17.《巴赫金话语理论：以广义修辞学为阐释视角》

作者：郑竹群

出版社：社会科学文献出版社

出版时间：2022年8月

内容简介：巴赫金话语理论所涉修辞问题呈碎片化分布于全集七卷之中，为彰显其整体样貌，该书选择中国本土理论——广义修辞学的理论范式，采用修辞技巧、修辞诗学以及修辞哲学的理论框架，对巴赫金话语理论进行解析和建构。以中国本土理论范式研究巴赫金话语理论，其意义不仅在于强调中国本土理论的在场，更在于以国际化的视角，探寻中国广义修辞学与巴赫金话语理论的平等对话空间。本书以中国本土理论范式研究巴赫金话语理论，对巴赫金话语理论进行解析和建构。修辞技巧方面，批判分析巴赫金话语理论中理论与实践相互矛盾的修辞技巧观；修辞诗学方面，巴赫金话语理论走出修辞审美的束缚，建构大于词句的“修辞统一体”的超语言学修辞诗学观；修辞哲学方面，通过话语参与主体精神世界的建构，巴赫金话语理论打开修辞哲学关于人的自由、必然以及首创的精神问题的阐释空间。

18.《〈资本论〉中的认识论问题与历史唯物主义的当代阐释》

作者：吴猛

出版社：上海三联书店

出版时间：2022年8月

内容简介：《〈资本论〉中的认识论问题与历史唯物主义的当代阐释》是吴猛近年来

在《资本论》和历史唯物主义研究领域所做工作的一个汇集，包括发表在不同刊物上的 16 篇文章。在这本书中，这些文章在同一个逻辑线索下被整合为一个统一的整体，这个线索就是：在《资本论》认识论研究中关注其意义论维度，并在对这一维度的深层内涵的探问中追溯到历史唯物主义的方法论意义问题。作者试图以此方式将马克思哲学理解为一个在当代语境中彰显其独特思想意蕴和理论价值的具有内在统一性的整体。该书所收入的文章有多篇在国内学界产生过较大影响，围绕这些文章所提出的主要观点出现了比较集中的学术讨论（比如关于“价值形式”和“形式分析”问题的讨论，关于《资本论》中的认识论问题的讨论，等等），将这些工作作为一个整体呈现给学术界，将有助于相关讨论的进一步展开和走向深入。

该书内容分为上下两编。上编探讨的主题是“《资本论》中的认识论问题”，主要从“对《资本论》意义论维度的初步探索”“从意义认识论角度重新理解《资本论》”“《资本论》意义认识论视野下的形式分析方法及其运用”等方面呈现对于《资本论》的意义论解读的基本理论成果。下编讨论的主题是“在意义认识论视野下重新理解历史唯物主义”，包括“重思历史唯物主义的‘前史’”“马克思的历史唯物主义转向与认识论问题”“在意义论视野下重新理解历史唯物主义的诸理论支点”等内容，试图在意义论视野下重新理解马克思哲学的当代意义。

19.《解读马基雅维利——不体面的作品、暧昧的阐释与平民主义政治的德性》

作者：〔美〕约翰·麦考米克著，谢惠媛译

出版社：华夏出版社

出版时间：2022 年 8 月

内容简介：《解读马基雅维利》由两部分构成。第一部分集中剖析《君主论》《李维史论》《佛罗伦萨史》的核心议题，阐明政治与经济平等及宗教修辞在马基雅维利一系列制度设计中的重要意义。第二部分围绕重要学者对马基雅维利的解读，关注卢梭式、施特劳斯式与剑桥学派式（特别是波考克和斯金纳）等三种颇具影响力的文本解读方式。立足于文本本身，该书批评了三种方式对马基雅维利思想的任意“剪裁”及其造成的误解，认为这会掩盖佛罗伦萨看重的民主政治，因而无法把握马基雅维利撰著的真正目的。正是通过阐释与反向阐释等方法，该书为理解马基雅维利提供了一条极具启发性的新路径。

20.《世界视野与中国现代戏剧：中外比较的阐释》

作者：胡星亮

出版社：北京师范大学出版社

出版时间：2022 年 8 月

内容简介：该书在广阔的世界视野中展开现代中外戏剧关系研究，从比较戏剧的角度对这些问题进行深入分析和总结，这对当前及今后中国戏剧的发展有重要的实践意义。

21.《地域、传统与未来性：文学现场的诗性阐释》

作者：王瑞瑞

出版社：中国社会科学出版社

出版时间：2022 年 8 月

内容简介："元宇宙"新近成为全球性热词，燃起了人们对未来的技术热望。若元宇宙意味着文学需秉持一种世界性视野，那些围绕在文学创作和研究周围的诸多在地性概念（如"地域""传统"等概念）是不是就将面临阐释效力的丧失？在这样一个虚拟 / 现实边界渐趋模糊的时代，我们有必要梳理并重审那些曾经活跃于文学领域的在地性概念，并探寻它们可能的未来性意涵。本书以上述问题为契机，以地域空间与文化为研究对象，对其展开全方位研究，既有返归历史现场的宏观考察，也有以创作个案为立足点的文本细读。除绪论和附录，共包括五章正文，分别是：寻根之旅与失根之痛、地域书写与超克地域、传统文化的理性审视、历史之殇与身体图景、技术未来与伦理迷途。该书试图勾连历史、传统与未来，全面拓展文学地域与文化关系研究空间。

22.《中国精神的理论阐释》

作者：鲁力　徐荧松

出版社：社会科学文献出版社

出版时间：2022 年 7 月

内容简介：人无精神不立，国无精神不兴。精神是一个民族发展壮大的关键。随着中国精神在中国特色社会主义现代化强国建设中作用的日益凸显，关于中国精神的研究越来越受党和国家的重视，越来越受学界的关注。该书系统阐述了中国精神的内涵与特点、中国精神的价值、中国精神的时代表现、中国精神的时代谱系、中国精神的教育和中国精神的发展创新，提出了一系列独立而新颖的见解，以期为建设社会主义文化强国提供借鉴、参考。

23.《阐释的有限与无限》

作者：中国社会科学院大学阐释学高等研究院编

出版社：中国社会科学出版社

出版时间：2022 年 7 月

内容简介：该书收录 30 余篇论文，都是围绕中国社会科学院原副院长张江教授发表的《论阐释的有限与无限——从 π 到正态分布的说明》一文展开的学术争鸣的有关成果。张江教授的这篇论文发表在《探索与争鸣》杂志，在学界引起了巨大反响，这些成果也都在《探索与争鸣》杂志组织的栏目中发表，代表了学术界目前对这一问题所达到的新的认知水平。本次结集出版，更有助于深化这一问题的研究，带有引领阐释学话题和开辟学术前沿的意义。是学术界继《强制阐释争鸣集》之后又一轮的学术对话。

24.《文化翻译与经典阐释（增订本）》

作者：王宁

出版社：译林出版社

出版时间：2022 年 7 月

内容简介：该书是作者的一部专题研究文集，分为上中下三编：上编“翻译的文化学反思”，在中文的语境下提出了文化研究的翻译学转向，并结合翻译学自身的边缘特征对其做出了全新的描述和界定；中编“文化阐释与经典重构”，在从文化学视角重新界定翻译的基础上将其视为一种文化阐释，并认为通过文化的“阐释”或“翻译”有可能实现对文学经典的质疑乃至重构；下编“文化研究与文化理论的阐释”，对 21 世纪以来文化研究在西方的走向和未来前途作了理论描述，并勾勒了“后理论时代”西方理论的发展和有潜力的几种理论思潮的现状及走向。书中不少篇幅曾以英文的形式在 学术刊物上发表，或者是作者在欧美一些大学演讲的内容，在学术界产生过一定的影响。增订版在修订原有内容的基础上，新增了论述新文科视域下的翻译研究、理论阐释的循环与悖论等问题的四篇作者较新的研究成果。

25.《对亚里士多德的现象学诠释》

作者：〔德〕海德格尔著，孙周兴译

出版社：商务印书馆

出版时间：2022 年 6 月

内容简介：这本书是海德格尔为了申请马堡大学的哲学教授职位而提供给马堡大学的哲学家那托普的研究纲要，因而被称为“那托普报告”（Natorp-Bericht）。跟随那托普读博的伽达默尔读到这份手稿之后，为海德格尔的哲学天赋所折服，两次转学跟随海德格尔学习。在这本书中，海德格尔认为，如果要彻底理解西方 - 基督教的历史及其创造性，要在其来源之中使我们自己的处境变得显而易见，并且在一种活生生的当下中源始地据有它，那就必须重新回到亚里士多德。海德格尔于是从当代哲学问题出发重回亚里士多德，以这样一种方式建立了一种全新的哲学提纲。这一工作酝酿了《存在与时间》，是海德格尔思想道路的决定性的第一步。所以说，这一著作不仅是海德格尔的求职作品，也是海德格尔从一个哲学教师向哲学家转变的标志。在这本书里，海德格尔表达了对哲学、哲学对象、时间以及历史的崭新理解。借由此书，可以理解：（1）海德格尔从现象学走向存在主义，在哲学上与胡塞尔分道而行了。（2）理解《存在与时间》并不是横空出世，它的写作和思考线索，海德格尔思想的线索，都埋藏在这本书里了。理解为何这本书被视作海德格尔哲学的起点，是《存在与时间》起点。（3）理解本来只是方法论的诠释学是怎样成为一门哲学的。（4）“那托普报告”的第一个中文单行本译本，此外，还有伽达默尔的导读。

26.《书法的形态与阐释》

作者：邱振中

出版社：生活・读书・新知三联书店

出版时间：2022 年 5 月

内容简介：该书对中国书法进行了全新的阐述。全书包括两部分内容，一部分是对书法形式构成的研究，另一部分是对书法有关现象的解说。作者基于对书法作品中时间和空间共生这一基本特征的思考，对书法的形式构成建立了一套新的分析工具，并运用它对笔法史、章法史、书法与绘画基本性质的比较等重要课题进行深入剖析。此外，作者对书法现象所引发的语言学、美学与哲学等领域的诸多问题进行了讨论，由此而将书法引向一个更加广阔的思想领域。

27.《主体间的双向国际交往实践：基于哈贝马斯交往行为理论的一种阐释》

作者：郭杰妮

出版社：中国社会科学出版社

出版时间：2022 年 5 月

内容简介：该书以哈贝马斯交往行为理论为视域。探讨公共外交的本质属性和一般原则，在此基础上，对公共外交的国际实践进行了学理分析和梳理。该书认为，主体间性特征是公共外交的本质属性。公共外交的“交往”本质和所体现出的交往行为特性，这意味着它必须是遵循交往理性和主体间性的实践行为。公共外交以公众舆论为基础，以“公共舆论场”为交往媒介，表现出参与主体的公共性、运行制度的开放性、对公共权力的合法性批判、有赖于实践话语机制的四个特点。公共外交的交往载体是话语，同时满足言语行为的三个有效性声称是公共外交达成共识、实现理解的必然要求。这就是交往行为理论指导公共外交实践而得出的一般原则。

28.《马克思主义哲学的时代阐释》

作者：藏峰宇

出版社：人民出版社

出版时间：2022 年 5 月

内容简介：马克思主义哲学在与中国具体实际和中华优秀传统文化相结合的过程中形成了具有中国风格和中国气派的理论形态，形成了以辩证唯物主义和历史唯物主义为基础，包括实践唯物主义、认识论、价值论、人学、政治哲学、经济哲学、文化哲学、发展哲学等研究领域的学术体系，形成了“实事求是”“知行合一”“理论联系实际”“把握主要矛盾”“遵循客观规律”等人们耳熟能详的哲学命题与中国话语。实现中华民族伟大复兴的中国梦，全面建设社会主义现代化国家，需要重新确认中华民族的哲学自我和全面深化改革的哲学主题。本书力图以中国马克思主义哲学综合创新的内在逻辑回答新时代的理论问题与现实问题，在世界历史语境和世界哲学格局中构建当代中国哲学创新的鲜活形态，生发古今中外有益思想资源的时代内涵，凸显当代中国哲学的思维方式、价值观念和精神气质。

29.《马克思主义视域下经济生活世界的现象学阐释》

作者：栾林

出版社：中国社会科学出版社

出版时间：2022 年 4 月

内容简介：该书在马克思主义视域下，讨论经济学与现象学的关系。当前主流经济学方法是在科学哲学的基础上形成的，在方法上侧重科学性，而忽视了人文性这个重要维度。只有在马克思主义关于科学与人文统一的思想指导下，将“面向事情本身”的现象学方法引入经济学，才能认清纷繁复杂的经济现象之间的联系，实现马克思主义对经济学性质的正确理解，实现“直面经济问题”的初衷。这不仅有助于增强对现象学的理解，而且有助于对经济学进行科学性与人文性的双重解读，并加强对马克思主义理论的认识。

30.《中国环境法治转型的规范阐释》

作者：陈海嵩

出版社：社会科学文献出版社

出版时间：2022 年 3 月

内容简介：中国环境法治正处在全面转型与创新的历史性进程之中，这来源于中国特色社会主义建设的丰富实践，来源于党和国家推进生态文明建设的积极探索。如何理性认识这一转型过程并体现在环境法研究之中，是当代中国环境法学者不可回避的时代任务与历史使命。该书从法解释论出发，立足于规范分析的视角，遵循“实践背景—理论基础—规范内涵—制度构建”的逻辑理路，对中国生态文明建设实践进行深层次的分析，总结、提炼其中的规范形态与规范内涵，在“政党—国家”的互动关系中揭示当代中国环境法治发展与演化的深层逻辑，特别针对近年来出现的制度现象，在现行宪法、法律的基本框架内提出具有理论融贯性和秩序整体性的解释方案，实现环境法治历史逻辑、理论逻辑、实践逻辑的统一。

31.《大数据时代侵权责任法的理论阐释与制度创新》

作者：马新彦

出版社：中国人民大学出版社

出版时间：2022 年 3 月

内容简介：该书以新的分配正义学、法社会学、现实主义法学和社会风险分担理论为依据产生的侵权损害赔偿社会化，秉承“损害承担社会化”的基本理念，以构筑责任保险制度与救助基金制度相互配合的大规模侵权损害赔偿社会化救助体系为核心，明晰损害赔偿社会化在不以营利为目的的大数据事业发展问题。

32.《中国阐释学的兴起》

作者：孙麾　陈开举

出版社：社会科学文献出版社

出版时间：2022 年 1 月

内容简介：该书是论文集。主编认为，阐释学作为一门学问诞生于西方，但西方阐释学如今饱受后现代主义沧海横流的冲刷，特别是文艺学向度的阐释理论已几无确定性可言，竟以制造误读并为之辩护为己任。捍卫阐释学之为学问，需要哲学阐释学对基础理论研究的坚持。哲学阐释学，中国学者应该有自己的主张。中国的古典传统虽无系统的阐释学理论体系，却有着丰富的阐释思想和阐释实践。从中国的经学传统出发，可以找到一系列独具特色的阐释语言和阐释方法。在中国当代的实践阐释中，特别是在对马克思主义的中国化阐释中，我国也的确形成了一套当代中国自己的阐释理解、阐释要求和阐释规范。更重要的是，由语言所决定的思维方式的异质性，中国的阐释思想与西方的阐释理论不同。创建中国阐释学学派，对于阐释学，对于中国学术，都是一个开创性的事业。对阐释学而言，这将是一次崭新的重塑与捍卫；对中国学术而言，其将是全新的创制，而非任何意义上的恢复或重建。该书汇集了相关领域优秀的学者的相关成果，围绕问题交流、讨论、碰撞，在哲学阐释学的基本概念、基本范畴和基本问题上做出厘清，既涉及西方阐释学的核心概念，如 Auslegen、Hermeneutik 与 interpretation，也包括中国语言的表达，如“阐”、“诠”和“解”的确切含义等。

图书在版编目（CIP）数据

阐释学年鉴. 2022 年 / 陈开举主编；周新，张伟副主编. -- 北京：社会科学文献出版社，2023.12

ISBN 978 - 7 - 5228 - 2861 - 9

Ⅰ. ①阐… Ⅱ. ①陈… ②周… ③张… Ⅲ. ①阐释学 - 2022 - 年鉴 Ⅳ. ①B089.2 - 54

中国国家版本馆 CIP 数据核字（2023）第 225394 号

阐释学年鉴（2022 年）

主　　编 / 陈开举
副 主 编 / 周　新　张　伟

出 版 人 / 冀祥德
责任编辑 / 卫　羚
责任印制 / 王京美

出　　版 / 社会科学文献出版社 · 人文分社（010）59367215
地址：北京市北三环中路甲 29 号院华龙大厦　邮编：100029
网址：www.ssap.com.cn
发　　行 / 社会科学文献出版社（010）59367028
印　　装 / 三河市东方印刷有限公司

规　　格 / 开　本：787mm × 1092mm　1/16
印　张：31.5　字　数：632 千字
版　　次 / 2023 年 12 月第 1 版　2023 年 12 月第 1 次印刷
书　　号 / ISBN 978 - 7 - 5228 - 2861 - 9
定　　价 / 398.00 元

读者服务电话：4008918866